René Lenz

INTERNATIONALISIERUNG, KOOPERATION UND TRANSFER

Externe bildungspolitische Akteure in der Russischen Föderation

Mit einem Vorwort von Frank Ettrich

ibidem-Verlag
Stuttgart

Bibliografische Information der Deutschen Nationalbibliothek
Die Deutsche Nationalbibliothek verzeichnet diese Publikation in der
Deutschen Nationalbibliografie; detaillierte bibliografische Daten sind im
Internet über http://dnb.d-nb.de abrufbar.

Bibliographic information published by the Deutsche Nationalbibliothek
Die Deutsche Nationalbibliothek lists this publication in the Deutsche Nationalbibliografie;
detailed bibliographic data are available in the Internet at http://dnb.d-nb.de.

∞

Gedruckt auf alterungsbeständigem, säurefreien Papier
Printed on acid-free paper

ISSN: 1614-3515

ISBN-13: 978-3-8382-0751-3

© *ibidem*-Verlag
Stuttgart 2015

Printed in Germany

Soviet and Post-Soviet Politics and Society (SPPS)   Vol. 140
ISSN 1614-3515

General Editor: Andreas Umland,
Institute for Euro-Atlantic Cooperation, Kyiv, umland@stanfordalumni.org

Commissioning Editor: Max Jakob Horstmann,
London, mjh@ibidem.eu

Soviet and Post-Soviet Politics and Society (SPPS)

ISSN 1614-3515

Founded in 2004 and refereed since 2007, SPPS makes available affordable English-, German-, and Russian-language studies on the history of the countries of the former Soviet bloc from the late Tsarist period to today. It publishes between 5 and 20 volumes per year and focuses on issues in transitions to and from democracy such as economic crisis, identity formation, civil society development, and constitutional reform in CEE and the NIS. SPPS also aims to highlight so far understudied themes in East European studies such as right-wing radicalism, religious life, higher education, or human rights protection. The authors and titles of all previously published volumes are listed at the end of this book. For a full description of the series and reviews of its books, see

www.ibidem-verlag.de/red/spps.

Editorial correspondence & manuscripts should be sent to: Dr. Andreas Umland, DAAD, German Embassy, vul. Bohdana Khmelnitskoho 25, UA-01901 Kyiv, Ukraine. e-mail: umland@stanfordalumni.org

Business correspondence & review copy requests should be sent to: *ibidem* Press, Leuschnerstr. 40, 30457 Hannover, Germany; tel.: +49 511 2622200; fax: +49 511 2622201; spps@ibidem.eu.

Authors, reviewers, referees, and editors for (as well as all other persons sympathetic to) SPPS are invited to join its networks at www.facebook.com/group.php?gid=52638198614 www.linkedin.com/groups?about=&gid=103012 www.xing.com/net/spps-ibidem-verlag/

Inhalt

Abstract in English

Internationalisation, Cooperation, and Transfer. External Actors within the Russian Higher Education System.

The book debates whether or not external actors, such as professors, universities or academic organisations such as the *DAAD, Justus-Liebig-Universität Gießen* or the *Robert Bosch Stiftung* diffuse organisational models and practices. It shows that German academic organisations on an individual and organisational level employ their ideas and practices in cooperation projects with Russian partners in Kazan, St. Petersburg and Moscow. While working in Russia, organisations and individual academics transfer ideas and methods of teaching and organisation and their approaches to improving the academic systems. The activities of German individuals and institutions can be perceived as part of a diffusion process in which ideas, models and concepts are transferred into the Russian context. The transfer agents are the individual actors on site. In this context the Bologna-Process functions as a framework that provides the instruments, rhetoric means and models which help to orientate the Russian HEI administration experts.
Bilateral academic relations are embedded in a diplomatic framework. The German state is the main source of funding that supports organisations such as *DAAD* and cross-border university partnerships. These institutions use these means to increase their national and international reputation while cooperating with Russian partner organisations. Nevertheless, they still have the potential to strengthen the ties between the Russian and the German academic communities and thus to further the internationalisation of the Russian system.

The author:
René Lenz, PhD (Universität Erfurt '14), is currently Academic Coordinator of International Ph.D. Programmes at the Faculty of Architecture and Urbanism at the Bauhaus-Universität Weimar, Germany. In 2005-2007, he was teaching in the position of a "starshij prepodavetl'" at the then Kazan State University and the Tatar State University for Humanites and Education, Russia.

The foreword author:
Frank Ettrich is editor of the *Berliner Journal für Soziologie* as well as Professor for Sociology at the Universität Erfurt, Germany.

Tabellenverzeichnis

Abkürzungen

AA	Auswärtiges Amt
AAA	Akademisches Auslandsamt
AKBP	Auswärtige Kultur- und Bildungspolitik
AKP	Auswärtige Kulturpolitik
AvH	Alexander von Humboldt-Stiftung
AWP	Außenwissenschaftspolitik
BIP	Brutto-Inlandsprodukt
BMBF	Bundesministerium für Bildung und Forschung
BMF	Bundesministerium der Finanzen
BMI	Bundesministerium des Innern
BMWi	Bundesministerium für Wirtschaft und Technologie
BMZ	Bundesministerium für wirtschaftliche Zusammenarbeit und Entwicklung
BLK	Bund-Länder-Kommission
BP	Bologna-Prozess
BMBF	Bundesministerium für Bildung und Forschung
BRD	Bundesrepublik Deutschland
CHE	Centrum für Hochschulentwicklung
DAAD	Deutscher Akademischer Austauschdienst
DAMU	Deutsche Assoziation der Absolventen und Freunde der Moskauer Lomonossow-Universität e.V.
DDR	Deutsche Demokratische Republik
DFG	Deutsche Forschungsgemeinschaft
DGAP	Deutsche Gesellschaft für Auswärtige Politik
DHV	Deutscher Hochschulverband
DSW	Deutsches Studentenwerk
ECTS	European Credit Transfer System
ENQA	European Association for Quality Assurance in Higher Education
ERASMUS	European Community Action Scheme for the Mobility of University Students
ERC	European Research Council
ESU	European Students' Union

EU	Europäische Union
EUA	European University Association
ERP	European Recovery Programme
FES	Friedrich-Ebert-Stiftung
FRDIP	Freies Deutsches Institut für Publizistik
FU	Freie Universität Berlin
GATE	Germany Guide to Academic Training and Education
GATS	General Agreement on Trade and Services
GEW	Gewerkschaft Erziehung und Wissenschaft
GG	Grundgesetz
GI	Goethe-Institut
GP	Gesprächspartner/in
GTZ	Deutsche Gesellschaft für Technische Zusammenarbeit
GUS	Gemeinschaft Unabhängiger Staaten
H. i. O.	Hervorhebung im Original
HRG	Hochschulrahmengesetz
HRK	Hochschulrektorenkonferenz
HSE	Higher School of Economics
ICSU	International Council for Scientific Unions
JLU	Justus-Liebig-Universität Gießen
KGU / KFU	Staatliche Universität Kasan (namens W.I.Lenin) / Föderale Universität Kasan
KMK	Kultusministerkonferenz
KPdSU	Kommunistische Partei der Sowjetunion
LINGUA	Programm zur Förderung der Fremdsprachenkenntnisse der Europäischen Gemeinschaft
MAIB	Master für Internationale Beziehungen
MGIMO	Moskauer Staatliches Institut für internationale Beziehungen
MGU	Moskauer Staatliche Universität
MOE	Mittel-Ost-Europa
NGO	Non-Governmental Organisation
NPM	New Public Management
NRO	Nichtregierungsorganisation

OECD	Organisation for Economic Co-operation and Development
OEZ	Osteuropazentrum der Universität Hohenheim
OMC	Offene Methode der Koordination
OSZE	Organisation für Sicherheit und Zusammenarbeit in Europa
PHARE	Pologne, Hongrie: Assistance à la Restructuration Economique
RBS	Robert Bosch Stiftung
RGGU	Russischen Staatlichen Geisteswissenschaftlichen Universität
RF	Russische Föderation
RFFI	Russische Stiftung für Grundlagenforschung
RGNF	Russische Geisteswissenschaftliche Stiftung
RL	René Lenz/Autor, Verfasser, Fragender in Interviews
RUDN	Russische Universität der Völkerfreundschaft
SDS	Sozialistischer Deutschen Studentenbund
SPbGU	Sankt Petersburger Staatliche Universität
TACIS	Technical Assistance for the Commonwealth of Independent States
TEMPUS	Trans-European Mobility Programme for University Studies
THK	Theodor-Heuss-Kolleg
UdSSR	Union der Sozialistischen Sowjetrepubliken
UB	Universität Bielefeld
UL	Universität Leipzig
UNESCO	United Nations Educational, Scientific and Cultural Organization
UNO	Vereinte Nationen
URL	Uniform Resource Locator
USA	United States of America
WTO	Welthandelsorganisation
WTZ	Wissenschaftlich-Technische Zusammenarbeit
ZDES	Zentrum für Deutschland- und Europastudien
ZfA	Auslandsschulwesen

.

Danksagung

Anlass für die vorliegende Arbeit war die Reflektion meines zweijährigen Arbeitsaufenthaltes an zwei Universitäten in der Russischen Föderation. Die Robert Bosch Stiftung und ihr Lektorenprogramm haben mir dies durch ein Stipendium ermöglicht. Aufgrund meines Interesses für Internationale Beziehungen lag es nahe, ins Ausland zu gehen, gerade weil ich mein Wissen im universitären Kontext weitergeben wollte. Gleichzeitig konnte ich ein Land intensiv kennenlernen. Dessen Sprache stellte sich dann doch als eine größere Herausforderung dar, als ich es mir mit meinem "Schulrussisch" vorgestellt hatte. Das Land war mir dagegen viel weniger fremd als gedacht. Allen Personen, die mir im privaten wie im beruflichen Leben gerade in den ersten Monaten in Russland geholfen haben, gilt mein besonderer Dank.

Vor allem gilt mein Dank meinem Betreuer Prof. Dr. Frank Ettrich von der Universität Erfurt, seinen Mitarbeitern am Lehrstuhl Dr. Stefan Waldheim und Eric Schröder sowie den Mitgliedern des Colloquiums "Politik und Gesellschaft". Außerdem möchte ich an dieser Stelle meinem Zweitgutacher und Betreuer Prof. Dr. Peer Pasternack von der Martin-Luther-Universität Halle-Wittenberg an dieser Stelle ebenso danken.

Die vorliegende Studie wäre nicht ohne die Gesprächsbereitschaft der von mir in Russland und Deutschland interviewten Personen möglich gewesen. Für die dafür aufgewandte Zeit und das Interesse meine Arbeit damit zu unterstützen sei allen herzlichst gedankt.

Darüber hinaus gilt die Danksagung allen, die mir bei der Transkription geholfen haben, dies waren vor allem Akin Ugurlu, Katrin Pohlmann sowie Sylvia Ehl. Für das Gegenlesen bei der Fertigstellung bedanke ich mich insbesondere bei Dr. Sabrina Walter, René Seyfarth und Eduard Klein. Zeitweilige Unterkunft haben mir nicht nur Gunnar Wendel und Simone Voitel geboten. Bei den Aufenthalten in Russland konnte ich auch die Gastfreundschaft von Sergej Nasekin, Olga Dormidontova, Dr. Christian Fröhlich und Nurislam Zirafeev sowie von Aigul und Avram Lyon genießen. Allen sei hierfür noch einmal ein herzlicher Dank ausgesprochen.

René Lenz,
Leipzig 10.1.2015

Vorwort

Der vorliegenden Monographie liegt die im Februar 2014 erfolgreich verteidigte Dissertationsschrift des Autors zugrunde. Aus heutiger Sicht markiert das Jahr 2014 mit dem Beginn der Ukraine-Krise, dem Bürgerkrieg in der Ostukraine und den quasi kriegerischen Auseinandersetzungen zwischen der souveränen Ukraine und Russland eine historische Zäsur, die bestimmte Aussagen und Wertungen der vorliegenden Schrift wie aus einer anderen Zeit erscheinen lässt.

Derzeit wird die Bundesrepublik in der offiziellen russischen politischen Öffentlichkeit vor allem als Teil der EU und damit "gegnerischen Westens" wahrgenommen. Im Moment lässt sich nur schwer abschätzen, welche langfristigen Folgen dies im Hinblick auf die deutsch-russischen Beziehungen, vor allem auch im Universitäts- und Hochschulbereich, haben wird. Die vorliegende Arbeit würde heute sicherlich in einer anderen politischen Perspektive geschrieben werden. Der Konflikt mit Russland um die Ukraine macht aber zugleich die Bedeutung des Themas der vorliegenden Schrift deutlich, denn sie zeigt, dass eine funktionierende und langjährige Kooperation zwischen den beiden Ländern möglich ist, war und wäre. Der Beitritt Russlands zum Bologna-Prozess 2003/2004, dessen Vorgeschichte und bisherige Verlaufsform stellen unter Beweis, dass in einem zentralen institutionellen- und Wertebereich moderner Gesellschaften, dem Wissenschafts- und Universitätssystem, eine für beide Seiten fruchtbare Kooperation möglich ist.

René Lenz lenkt in seiner Dissertationsschrift die Aufmerksamkeit auf eine in der deutschen Sozialwissenschaft vergleichsweise selten untersuchte Problemstellung: Die grenzübergreifende Zusammenarbeit in Forschung und Lehre und den möglichen Transfer von organisatorischen Problemlösungen in einen anderen nationalstaatlichen Handlungskontext. Theoretischer Ausgangspunkt der vorliegenden Arbeit ist der World-Polity Ansatz und damit ein soziologisch-institutionalistischer Ansatz, der eine weltweite Ausbreitung von Modellen, Ideen und Praktiken annimmt und untersucht. Zu seinen übergreifenden Befunden gehört das Konstatieren einer globalen Praxis der Institutionalisierung ähnlicher Handlungsmuster. René Lenz fragt in seinem spezifischen Untersuchungskontext, wer die deutschen Akteure bisher waren und welche Motive und Ausgangslagen sie für ihr Engagement im russischen Kontext mitbrachten. Die ausgewählten deutschen Organisationen und Universitäten sind dabei nur ein Ausschnitt, wenn auch ein sehr guter, aus der Vielzahl der Akteure, die sich im russischen Hochschulsystem auf verschiedenste Art und Weise engagieren. Tenor und Kontext der Arbeit ist eine Europäisierung und Internationalisierung der Universitäten vor allem in Deutschland. Die Russische Föderation stellte bislang dabei ein wichtiges Zielgebiet dar.

Der Autor übernimmt die Zusammenführung der theoretischen Perspektive des Neo-Institutionalismus mit einer praxis- und lebensnahen Analyse eines transnationalen Feldes. Dies wird in einem eigenen Kapitel gut und verständlich dargestellt. Er weist dabei zu recht auf den besonderen Stellenwert der Förderung der Kooperation von deutschen Hochschulen und Wissenschaftseinrichtungen durch die bundesdeutsche Außenpolitik hin. Dies gilt im besonderen Maße für das Engagement deutscher Akteure an den Standorten St. Petersburg und Moskau. Die Leser und Leserinnen werden in einer kondensierten Form mit der Entwicklung des russischen Hochschulsystems vertraut gemacht. Der Fokus liegt dabei auf den ersten zwei Jahrzehnten nach der Gründung der Russischen Föderation. Als Teil eines übergreifenden Argumentationsganges lässt die Arbeit materialreich präsent werden, dass die Aktivitäten externer bildungspolitischer Akteure in der Russischen Föderation seit den 1990er Jahren des 20. Jahrhunderts in rapide Veränderungsprozesse der nationalen und internationalen Hochschul- und Bildungslandschaft eingebettet waren und sind, die mit Sicherheit Ziel- und Strategieveränderungen *aller* Akteure implizierten. René Lenz zeigt aber auch, wie historisch lange die Verbindungen zwischen deutschen und russischen Wissenschafts- und Bildungseinrichtungen zurückreichen.

In seiner Untersuchung skizziert der Autor neben der Hochschulpolitik auch den außenpolitischen Rahmen. Das hochschulpolitische Feld in Europa längst über den nationalstaatlichen Rahmen und den der EU hinausgewachsen ist. Der "Bologna Prozess" bot hier eine Möglichkeit für die russischen Entscheidungsträger der Hochschulpolitik, sich der Entwicklung der Hochschulen im westlichen Europa anzuschließen und theoretisch sogar mitzugestalten. Seit 2003, mit dem Entschluss, dem "Bologna-Prozess" beizutreten, lässt sich von einer allmählichen Konsolidierung des russischen Hochschulsystems sprechen, wobei die Entwicklungen im "Europäischen Hochschulraum" zweifellos den organisationellen Maßstab und die institutionellen Leitlinien für die Akteure dieses inkrementellen Wandels abgaben. In der Arbeit wird klar dargestellt, dass seit dem Ende der Sowjetunion gerade die Kooperationen zwischen wissenschaftlichen Einrichtungen von einem stetigen quantitativen und auch qualitativen Wachstum der Beziehungen zwischen den beteiligten Institutionen und Akteure geprägt waren. Diese nachhaltige Verstetigung wurde von Organisationen wie dem DAAD gefördert und von den beteiligten Akteuren auf der russischen Seite in aller Regel unterstützt. Internationalisierung, wie in der Studie herausgearbeitet wird, ist auf der deutschen Seite eine politische Strategie, um einerseits die Bundesrepublik als Ganzes in einem Wettbewerb nationalstaatlicher Gesellschaften besser zu platzieren und kann andererseits zugleich als ein Ansatz des neueren Hochschulmanagements zur Ressourcenerweiterung begriffen werden.

Die vorliegende Dissertation stellt insgesamt umfassend die Rahmenbedingungen der deutschen Hochschulentwicklung im Europäischen Hochschulraum und in der Russischen Föderation dar und gibt einen umfassenden Einblick in das Akteurshandeln deutscher Organisationen in der Russischen Föderation. Die Arbeit lädt nicht nur dazu ein, das deutsch-russische Verhältnis exemplarisch zu reflektieren, sondern dabei auch das berufliche Engagement all derjenigen, die sich den grenzübergreifenden Kooperationen widmen, zu berücksichtigen. Dies gilt in erster Linie für die deutschen Akteure, in zweiter Linie werden aber auch die Handlungsbedingungen auf der russischen Seite deutlich.

Es ist sicherlich ein Verdienst dieser Arbeit, bei der Analyse nicht nur auf der Ebene vertraglicher Regelungen geblieben zu sein, sondern auch die Mikroebene genauer zu beleuchten. Dabei wird gezeigt, wie wichtig die Rolle einzelner Personen ist, die erst dazu beitragen, dass Kooperationen dauerhaft möglich sind. In diesem Rahmen wird auch der Transfer von Ideen, Modellen und Praktiken befördert. Die Diffusionsbedingungen im spezifischen deutschen und russischen Kontext werden anschaulich dargestellt.

Dem Buch ist eine breite Rezeption zu wünschen, es erscheint mir nicht nur für den deutsch-russischen Kontext relevant, sondern bietet darüber hinaus allgemeine Hinweise für die grenzübergreifende akademische Zusammen-arbeit.

Prof. Dr. Frank Ettrich
Erfurt, 12.3.2015

I Erkenntnisinteresse und Vorgehen

In der vorliegenden Untersuchung wird die grenzübergreifende Zusammenarbeit von deutschen Organisationen mit ihren russischen Partnern analysiert. Hochschulen werden dabei wie akademische Organisationen als Akteure in einem transnationalen Kontext betrachtet, deren Kooperationen über Ländergrenzen hinweg gesellschaftliche Prozesse unterstützen. Dabei sollen folgende Fragen beantwortet werden: Wie ist die Motivation und welche Faktoren tragen zu einem Engagement der deutschen Akteure im russischen Hochschulsystem bei und welche Ziele werden verfolgt?

Die deutsch-russischen Kontakte profitieren im Hochschulwesen von den außenpolitisch guten Beziehungen der beiden Länder zueinander; dies wurde durch das "Deutsch-Russische Jahr der Bildung, Wissenschaft und Innovation 2011/12" deutlich. Dabei handelt es sich zwar um eine von den Bildungsministerien getragene Veranstaltungsreihe zur Außendarstellung sowie zur Wirkung in die beiden Wissenschaftssysteme. Möglich ist dies aber nur dadurch, dass alle großen deutschen Wissenschaftsorganisationen in der Russischen Föderation präsent sind und durch die steigende Zahl der bilateralen Kooperationen von Hochschulen.

1.1 Eine deutsche Perspektive auf einen russischen Kontext

Die vorliegende Arbeit untersucht das Engagement von deutschen Organisationen im russischen Hochschulsystem. Als relevante Akteure stehen hier nicht nur deutsche Hochschulen und Wissenschaftler im Fokus, die in der Russischen Föderation (RF) tätig sind, sondern auch Mittlerorganisationen der Auswärtigen Kulturpolitik (AKP) der Bundesrepublik sowie private Stiftungen als auch wichtige deutsche Wissenschaftsorganisationen.

Mein Interesse an externen, zumal deutschen Akteuren entstand durch meine Tätigkeit an zwei russischen Hochschulen in Kasan/Tatarstan, welches mir durch ein Stipendium der Robert Bosch Stiftung ermöglicht wurde. Während der Lehr- und Projekttätigkeit näherte ich mich meinem späteren Untersuchungsobjekt im Feld, was durchaus als eine teilnehmende Beobachtung bezeichnet werden kann. Dabei konnte ich in Kasan wichtige Kontakte knüpfen und gewann eine erste Idee von dem zu skizzierenden Feld. Außerdem war ich durch Projekte an einer grenzüberschreitenden Zusammenarbeit mit Studierenden und Hochschulmitarbeiter/innen in Berlin und Gießen beteiligt. Die Gründe für das Engagement deutscher Akteure wollte ich in dem spezifischen deutsch-russischen Kontext verstehen. Ihr Handlungsfeld ist das Hochschulsystem eines Landes[1], das vor 20 Jahren noch als Supermacht galt oder zumindest der Hegemon des Mittleren und Östlichen Europas war. Nach 1990 durchlebte Russland eine "Transformation" bzw. einen tiefgreifenden Wandel, während es gerade in den ersten Jahren auf externe Hilfe angewiesen war. Diese kam unter anderem aus dem wiedervereinigten Deutschland. Ein Land, das, so meine Erfahrung, trotz der Grausamkeiten des Zweiten Weltkrieges mit Respekt und mit beinahe freundschaftlichem Wohlwollen wahrgenommen wird. Der Zerfall der staatssozialistischen Regime und das Ende des Ost-West-Konfliktes ist zugleich der Beginn einer Phase einer verstärkten Internationalisierung von Produktion, Dienstleistungen und Kultur, die umgangssprachlich mit dem Begriff Globalisierung beschrieben wird. Die Grenzen des Einflussbereiches westeuropäischer Staaten verschoben sich seit dem Beginn der 1990er Jahre sukzessive immer weiter in den osteuropäischen Raum. Zugleich suchte Russland den Anschluss an die Staaten der sogenannten westlichen Welt. Die Modernisierung der Staaten Mittel- und Osteuropas ging nach 1990 auch mit Reformen innerhalb ihrer Hochschulsysteme einher. Dieser Prozess wurde mit einer Internationalisierung und vor allem mit dem Anschluss an den Westen verbunden. Dies galt und gilt, wenn auch in geringerem Maße, für die Modernisierung der russischen Gesellschaft, bei deren Gestaltung sich anfangs deutlich an westlichen Strukturen orientiert wurde (Stent 2000: 317f). Die Entscheidungsträger des russischen Hochschulsystems blickten insbesondere in den 1990er Jahren nach Europa und in die Vereinigten Staaten, um Anschluss an die dortige Entwicklung zu finden (vgl. Sadownitschi 1999: 34-35). Die Haltung der russischen Funktionseliten zum "Westen" ist jedoch ambivalent. Einerseits wird ein Sonderweg für Russland diskutiert und das machtpolitische Verhalten in den internationalen Beziehungen ist von Distanz geprägt (vgl. Lomagin 2009). Andererseits ist das Land ein wichtiger Bestandteil internationaler und europäischer Strukturen. Die Modernisierungsbestrebungen orientieren sich auch weiterhin an Modellen und Mechanismen in den OECD-Staaten. In diesem Kontext steht auch der 2003 erklärte Beitritt der Russischen Föderation

---

1   Ich bin mir bewusst, dass die RF nur ein Teil der ehemaligen Sowjetunion darstellt. Sie erbte jedoch einen Großteil ihrer Einrichtungen. Vergleich das Kapital 4.

zum Bologna-Prozess. Das Konzept eines Europäischen Hochschulraums im Rahmen des Bologna-Prozess bietet hier Modell und Normen an, die in der Russischen Föderation aufgegriffen werden.

1.1.1 Die Politische Situation in Russland

Die neu gegründete Russische Föderation erbte den Großteil aller Institutionen und Einrichtungen der untergegangenen UdSSR. Die Atomraketen befanden sich darunter, genauso wie die wichtigsten Universitäten und der Sitz im UN-Sicherheitsrat. "Russland" versteht sich bis heute als das Zentrum einer ehemaligen Weltmacht. Der Erhalt des neuen Staates war aber nicht nur ein demokratischer Prozess, sondern vor allem ein Kampf der regionalen Eliten mit den Vertretern des Zentrums, die ebenso auf ihren Vorteil bedacht waren. Sie bereicherten sich an den sowjetischen Errungenschaften und den natürlichen Ressourcen. Trotz aller politischen und ökonomischen Krisen zeigten Menschen und Strukturen in der neu entstandenen Russischen Föderation eine erstaunliche Resistenz gegenüber dem Chaos.[2]

Zweifelsohne haben die russischen Führungseliten ein eigenes funktionales Verhältnis zum Begriff der Zivilgesellschaft entwickelt (Stykow 2007; 2006, Patomäki/Pursianen 1998). Dabei hat sich ein autoritäres Entwicklungsmodell durchgesetzt. Wolfgang Merkel (2007: 428) hat jedoch auf den komparativen Demokratisierungsvorteil der osteuropäischen Gesellschaften gegenüber anderen Weltteilen mit sich herausbildenden Demokratien verwiesen. Ein wesentlicher Grund hierfür liegt seiner Meinung nach in der Modernisierungsleistung, die die staatsautoritären Regime im Bildungssektor geleistet haben. Mit dem Ende des Ost-West-Konfliktes galt die Aufmerksamkeit der Transformationsforschung besonders dem Demokratisierungsprozess in Mittel- und Osteuropa (Bertelsmann 1999, Croissant/Lauth/Merkel: 2000, Brusis/Thiery 2005). Die Entwicklung in der Russischen Föderation wird allgemein pessimistisch eingeschätzt (Kryschtanowskaja 2005, Wilson 2005). Das politische System gilt schon länger als "Defekte Demokratie" (Merkel 2003) und auch die Entwicklung des Wirtschaftssystems kann kritisch beurteilt werden (vgl. Tatur 1995, Gustafson 1999, Stykow 2006). Im Unterschied zu anderen Transformationsländern in Mittel- und Osteuropa wird von einem russischen

---

2   Wie Karl Schlögel während der Tagung "Zwanzig Jahre seit dem Ende der Sowjetunion: Wandel, Kontinuität und neue Fragen" feststellte, welche vom Kompetenznetz Institutionen und institutioneller Wandel im Postsozialismus (KomPost) zusammen mit der Deutschen Gesellschaft für Osteuropakunde und dem Frankfurter Institut für Transformationsstudien vom 1.-3.12.2011 in Berlin veranstaltet wurde.

Sonderweg gesprochen (Beichelt/Kraatz 2000: 135). Doch auch wenn sich die russische Zivilgesellschaft sich in einem sehr kritischen Zustand befindet (vgl. Schiffer/Siegert 2004, Eicher/Beichelt 2006), so ist sie doch existent (vgl. Bister 2002, Lange 2004, König/Männel 2009).

1.1.2 Zukunft: Autoritarismus und moderne Konsumgesellschaft?

Die Russische Föderation ist als ein Vielvölkerstaat immer noch eine Gesellschaft im Übergang, zumindest wenn in der westlichen Perspektive das Transformationsziel Demokratie und Marktwirtschaft aufrechterhalten wird. Die politische Kultur hat sich in Russland seit den 1990er Jahren anscheinend nicht wirklich weiter entwickelt. Die Partei der Kreml-Herrschenden hat eine solidere Basis bei den Bürokraten in den Verwaltungsapparaten und den Sicherheitsorganen als das in den 1990er Jahren jemals der Fall war. Es gibt seit zwei Jahrzehnten Wahlen, die allerdings noch nie westliche Standards eingehalten haben.

Die russischen Millionenstädte abseits Moskaus sind Zentren einer neuen Mittelschicht in den Regionen. Wann immer sie es kann, liegt auch diese gerne an den Stränden der Türkei. Deutsche Konzerne wie OBI oder METRO verdienen kräftig mit der wachsenden Mittelschicht. Das Land modernisiert sich, mit und ohne staatliche Programme. Einem bürgerlichen Liberalismus fehlt jedoch noch die gesellschaftliche Masse. Der Kommunismus ist bei der Mehrheit diskreditiert. Eine Arbeiterbewegung ist derzeit quasi nicht existent.[3]

Die politische Kultur spiegelt sich in der schlagfertigen außenpolitischen Rhetorik in einer Art und Weise wider, bei der eher handfeste geopolitische Ansprüche geltend gemacht werden, als sich an Aushandlungsprozessen zu orientieren, die in einigen westlichen Theorien der internationalen Beziehungen gerne als relevant beschrieben werden. Welches davon ehrlicher oder realistischer ist, sei dahingestellt.

Der russische Lebensstandard steigt. Bei der Lebensqualität kann man sich da nicht sicher sein, da die Umweltpolitik nur ein unbeachtetes staatliches Aufgabenfeld ist. Russland ist voller Widersprüche auch in der gesellschaftlichen Entwicklung. Wirtschaftlich will es mehr bieten als nur Rohstoffe und Moskau lässt mit Skolkovo ein vermeintliches russisches Silicon Valley errichten. Obwohl der russische IT-Sektor nicht zu unterschätzen ist, kann bezweifelt werden, ob das Experiment funktioniert. Die Infrastruktur wird in den Zen-

---

3   Diese Passagen wurden trotz der bei Demonstrationen wieder kurzfristig sichtbar werdenden oppositionellen "Zivilgesellschaft" seit dem Dezember 2011 nicht angepasst.

tren ausgebaut. Der Schnellzug fährt in wenigen Stunden von Petersburg nach Moskau und dann nach Nischni Nowgorod. Von dort kommt man aber nur noch mit einem gemächlich fahrenden Nachtzug nach Kasan. Fahrten in andere Großstädte dauern von dort mindestens eine ganze Nacht oder man fliegt gleich. In der tatarischen Hauptstadt Kasan angekommen, geht es mit dem Linienbus weiter. Die Marschrutkas hat man hier inzwischen fast ganz abgeschafft. Diese Kleinbusse waren und sind immer noch der Inbegriff des postsowjetischen Nahverkehrs. Fahrpläne gibt es für den ÖPNV auch in Kasan immer noch nicht.

Gleichzeitig ist Russland das einzige Land, welches noch eine bemannte Raumfahrt betreibt. Der russische Weltraumbahnhof Baikonur verbindet in der kasachischen Steppe die Erde mit dem All. Russland ist ein Gigant, dessen Strukturen oft zu schwerfällig für gesellschaftliche Reformen wirken. Aber diese Trägheit hat zugleich das Land bei aller tagespolitischer Dynamik durch die Wirren der 1990er Jahre gerettet.

Konkurrenz und Partnerschaft prägt das Verhältnis der Russischen Föderation zu den Staaten in Westeuropa und vor allem zu den USA. Gespannt sind die Beziehungen zu einigen Staaten des ehemaligen Warschauer Vertrages, insbesondere zu Polen. Postkoloniale Verwerfungen beeinflussen wiederum das Verhältnis zur postsowjetischen Welt, ob nun zum Baltikum mit seinem großen russischen Bevölkerungsanteil oder zu den Staaten des Kaukasuses. Neben allen wirtschaftlichen Interessen zielte das Engagement "des Westens" auf Stabilisierung. Demokratieförderung war hier lange das bestimmende Schlagwort. Dabei versuchten allen voran die USA, aber auch die Bundesrepublik demokratisch gesinnte Personen, Organisationen und Prozesse auf dem Gebiet der ehemaligen Sowjetunion zu unterstützen. Das mag kritisch gesehen werden, insbesondere wenn die US-amerikanische Förderung nicht nur den Export von Ideen, Werten und Normen propagiert, sondern auch den Regimewechsel vorantreibt (vgl. Huber 2005). Erfolgreich war diese Art der Demokratisierung nicht. Sie produzierte eher eine imitierte Zivilgesellschaft.

1.2   Problemstellung in der Literatur

Das Ziel der Studie ist es, die Rolle von externen Akteuren, die im russischen Hochschulsystem tätig sind, zu untersuchen. Thematisch muss sich dabei mit verschiedenen Gebieten auseinandergesetzt werden. Es gilt die Akteure in ihrem spezifischen Kontext also dem deutschen und russischen Hochschulsystem als auch in Bezug zu dem beabsichtigten Europäischen Hochschulraum als politischem Projekt zu untersuchen. Hinzu kommen die speziellen bilateralen außenpolitischen Vereinbarungen, die das Handlungsfeld unmittelbar beeinflussen. Die Tätigkeit externer Akteuren in anderen Ländern kann nicht ausschließlich als außenpolitisches Problem beschrieben werden, zumal wenn die Organisationen keinen rein staatlichen Charakter besitzen.[4] Bildung ist eine wesentliche Transformationsressource (vgl. Teichmann 2006: 161). Hierbei bedarf es eines autonom arbeitenden Hochschulsystems. Gleichzeitig ist das Selbstverständnis der sich selbst verwaltenden Wissenschaft eine Quelle von gesellschaftlichen Autonomiebestrebungen gegenüber der Einmischung durch den Staat oder rein gewinnorientierten Akteuren. Die Zivilgesellschaft gilt als ein Instrument zur gesellschaftlichen Selbststeuerung und ist zugleich eine konzeptionelle Modellierung dessen. International bekannt wurde der Begriff der Zivilgesellschaft ab den 1970er Jahren durch die Debatten der Dissidenten hinter dem Eisernen Vorhang in Osteuropa (Kößler/Melber 1993: 63f, Klein 2001: 35). Die Entwicklung einer europäischen Zivilgesellschaft erfolgt zweifelsohne vor allem durch Akteure jenseits des Staates (vgl. Knodt/Finke 2005). Der Austausch und die Zusammenarbeit im kulturellen Bereich wird von Joseph S. Nye als eine wichtige weiche Machtressource in der internationalen Sphäre gewertet. Er verweist dabei insbesondere auf die Kooperation von Hochschulen, den Austausch von Studenten und Wissenschaftlern, der damit vor allem Eliten beeinflussen würde (Nye 2004: 46). Die wissenschaftliche Gemeinschaft kann als eine Kommunikationsgemeinschaft im Sinne von Jürgen Habermas beschrieben werden (vgl. Risse 2000), aber auch als epistemische Gemeinschaft im Sinne von Peter Haas (1992). Die Dynamik der Globalisierung der Wissenschaft ist erklärungsbedürftig, allerdings erscheint die Universität als ortsgebundene Organisation nicht globalisierungsfähig, wie Rudolf Stichweh feststellte (2000: 136). Interkulturelle Prozesse in der immer stärker internationalisierten Hochschulbildung untersuchte Matthias Otten (2006) in seiner kultursoziologischen Studie und fragt dabei nach den Bedingungen für deutsche Wissenschaftler in Hochschulkooperationen auf einer individuellen Ebene.

Entscheidenden Einfluss bei der Verbreitung von Normen hat eine Weltordnung, die "den einzelnen Ländern jetzt Modelle zum Kopieren zur Verfügung" (Meyer/Ramirez 2005: 220) stellt. Verantwortlich hierfür ist ein "dichtes Netzwerk internationaler Regierungs- und Nichtregierungsorganisationen ein-

---

4   Genauso wenig kann die Teilnahme der Russischen Föderation am Bologna-Prozess allein mit Modernisierungsbestrebungen der russischen Regierung erklärt werden. Aber dies ist hier nicht Thema, da es eine eigene Forschungsfrage ist.

schließlich der UNESCO" (ebd.). Die grenzüberschreitende Tätigkeit von nichtstaatlichen Akteuren wird heute als integraler Bestandteil eines Regierens jenseits des Nationalstaats angesehen (Take 2002, Frantz/Zimmer 2002, Beisheim 2004). Gunter Hellmann (2006: 154ff) weist in seinem einführenden Band zur deutschen Außenpolitik auch darauf hin, dass gesellschaftliche Interessengruppen heute Teil der Außenpolitik und dass "Prozesse der Transnationalisierung [...] vor allem für NGOs bedeutsam" (ebd.: 159) sind. Im Gegensatz dazu stehe der Begriff der Außenpolitik, der zumindest bisher für staatliche Akteure reserviert war (ebd.: 15).

Die Diskussion über den Export von Demokratie und Marktwirtschaft konzentriert sich auf die Rolle der USA, deren "Kreuzzug" jedoch als gescheitert gilt (vgl. Carothers 2002, Cohen 2000). Deutsche Organisationen sind relativ unbeachtet geblieben. Mit den Veröffentlichungen von Matthias Freise (2004, 2005) liegen Publikationen zur externen Demokratieförderung für Länder vor, die der EU beitreten wollen. Doch noch immer gilt, dass die Analyse der Unterstützung von Transformationsprozessen durch äußere Akteure im Anfang begriffen ist (Sandschneider 2003: 4). Deutsche Organisationen engagieren sich dabei besonders in Russland (Malerius/Odermatt 2005: 175). Externe Demokratieförderung in Russland geht auch von der Bundesrepublik aus (Spanger 2001). Stiftungen wie die Konrad-Adenauer- und die Friedrich-Ebert-Stiftung waren schon in den Zeiten von Perestroika und Glasnost in der Sowjetunion tätig (Imangalijev 2006: 182). Die Arbeit deutscher Stiftungen des konservativen Parteienspektrums, die in Russland tätig sind, wurde von Swetlana Pogorelskaja (1997) untersucht. Nach ihr begleiten die parteinahen Stiftungen die amtliche deutsche Außenpolitik (Pogorelskaja 2002). Ausländische Organisationen im russischen Bildungssystem sowie die transnationale Zusammenarbeit sind in diesem Kontext bislang unbeachtet geblieben.

Normen können als Standards für ein angemessenes Verhalten für die beteiligten Akteure definiert werden. Dabei werden einzelne Standardnormen beschrieben, während mit Institutionen der Prozess der Normstrukturierung als eine Sammlung von Vorgaben und Praktiken betont wird (Finnemore/Sikkink 1998: 891). Nichtregierungsorganisationen traten vor allem in den sogenannten Transformationsländern in Mittel- und Osteuropa als sogenannte Normunternehmer auf (Croissant/Lauth/Merkel 2000: 30). Die Auslandsaktivitäten vieler deutscher Organisationen, vor allem von parteinahen Stiftungen, lassen diese als "Grenzgänger zwischen Gesellschafts- und Staatenwelt" (Bartsch 1998) erscheinen. Ihre Zugehörigkeit zur Zivilgesellschaft ist umstritten (Schwertmann 2006: 97), wohl aber betrachten sie sich selbst als Teil dieser

(Nuscheler 1993: 224).

Die transnationale Tätigkeit von politischen Stiftungen analysierte erstmals Peter Bell (1971). Sie bemühen sich als Normunternehmer nicht nur um den Aufbau und die Entwicklung eines Parteiensystems in Russland, sondern ebenso um zivilgesellschaftliche Prozesse (vgl. Schneider-Deters 2005). McIntosh Sundstrom (2005) skizzierte in ihrem Beitrag für "International Organization" konkret die Bedingungen, die für amerikanische NGOs beim Export von internationalen Normen in der Russischen Föderation herrschen. Zuvor hatte bereits Sarah Henderson die westliche Hilfe für russische nichtstaatliche Organisationen untersucht und dabei ein äußerst kritisches Bild der Mittelvergabe und zugleich der Legitimität der russischen NGOs, deren Vertreter als "leaders without followers" (Henderson 2002: 160) charakterisiert werden, gezeichnet.

Die Arbeit deutscher Organisationen, deren Zielvorstellungen und Strategien innerhalb der Russischen Föderation insbesondere im Bildungssektor blieb dort aber unberücksichtigt. Schon lange verfügt die Alexander von Humboldt-Stiftung (AvH) mit ihren Stipendiaten über Kontakte nach Osteuropa (vgl. Jansen 2004). Organisationen wie der Deutsche Akademische Austausch Dienst (DAAD), die überwiegend vom Staat finanziert werden, können insofern als nichtstaatliche Akteure oder Quasi-NGOs gelten, da sie privatrechtlich organisiert und Regierungsbehörden ihnen gegenüber nicht weisungsberechtigt sind (vgl. Diamond 1997).

Viele international anerkannte Normen begannen ihre "Karriere" im regionalen, nationalstaatlichen Rahmen (Finnemore/Sikkink 1998: 893). Diese werden von verschiedenen Normunternehmern jenseits der nationalstaatlichen Grenzen diffundiert. Hier kann an institutionelle Ansätze angeknüpft werden, die weltweit einen strukturellen Isomorphismus für die Institutionen der Nationalstaaten festgestellt haben. Allerdings wird in der vorliegenden Arbeit nicht ein normativer Wandel in der russischen oder europäischen Hochschulpolitik erklärt, sondern das strategische Verhalten von externen Akteuren untersucht. Damit wird dazu beigetragen, die Diffusion von Normen in einem europäisierten Hochschulraum zu erklären. Für den Akteursbegriff wird hierfür auf organisationssoziologische Arbeiten insbesondere des World Polity Forschungsprogramms zurückgegriffen. Dabei sollen Ziele, Instrumente, Voraussetzungen und Maßnahmen als Vergleichsmerkmale analysiert werden. Theoretischer Ausgangspunkt für mein Forschungsprojekt sind die Arbeiten von Vertretern des Neo-Institutionalismus, allen voran die von John W. Meyer und des im Wesentlichen von ihm entwickelten World Polity Ansatzes, der kurz zusammengefasst davon ausgeht, dass Strukturen und Konzepte von einem global dominierenden Modell weltweit übernommen werden. Damit einhergehend kann eine Angleichung an die Entwicklung in den OECD-Staaten festgestellt werden. Dies wurde von Meyer als eine weltweite Tendenz beschrieben (Meyer/Boli/Thomas/Ramirez 1997; Schofer/Meyer 2005; Meyer 2005). Als Akteure im Prozess sich angleichender nationalstaatlich organisierter Gesellschaften wurden bisher vor allem internationale Organisationen wie die OECD oder die EU betrachtet. In beiden ist Russland nicht Mitglied, dafür jedoch im Europarat und in zahlreichen hochschulpolitischen Organisationen.

Die Entwicklung des russischen Bildungssektors ist bislang ein eher randständiges sozialwissenschaftliches Thema (Keith/Umland 2006, Teichmann 2001). Die anhaltende Implementierung des Bologna-Prozesses in der Russischen Föderation ist in ersten beschreibenden Veröffentlichungen dargestellt (Smolin 2005, Teichmann 2006, Gorzka/Lanzendorf 2006, Kastouéva-Jean 2007, Meister 2008, Gorbunowa 2008). Diskussionen über die Umsetzung des Bologna-Prozesses finden auch in den russischen Regionen statt (vgl. Erofeev 2006). Die Lern- und Lehrkultur an Hochschulen unterscheidet sich bis heute von der deutschen (vgl. Teichmann 2007). Die gewachsene Bedeutung der Internationalisierung für die russischen Hochschulen wird in der Dissertation von Stefan Meister (2008) deutlich. Sein Fokus liegt auf den Wandel der beiden von ihm untersuchten Hochschulen gerade in Bezug auf den Bologna-Prozess. Externe Akteure werden in der Studie erfasst und ihr Wirken angerissen. Eine Analyse ihrer Tätigkeit lag aber nicht im Erkenntnisinteresse der sehr aufschlussreichen Arbeit.

Die Reform des Hochschulsystems stellt auch für einige osteuropäische Wissenschaftler eine Grundbedingung für die Stabilisierung der sich im Übergang befindenden Gesellschaften dar, wobei sie auf internationale Kooperationen und "effektive Bildungsprogramme" angewiesen wären, so der langjährige Rektor der ehemals in Minsk ansässigen Europäischen Geisteswissenschaftlichen Universität Anatoli Michailov (2005: 61). Der Sinn deutscher Fördermaßnahmen in der Russischen Föderation wurde von Karl Eimermacher und Ursula Justus bereits 2002 in einem Sammelband hinterfragt. Der Problemaufriss bietet in erster Linie Erfahrungsberichte aus der Dekade nach dem Zerfall der Sowjetunion. Die Arbeit des DAAD, der wichtigsten deutschen Auslandsorganisation, die im Bildungsbereich tätig ist, kann an dessen jährlich erscheinenden Berichten der Außenstellen nachvollzogen werden (Prahl 2006; 2009; Berghorn 2010). In einem Schwerpunktheft des Berliner Journals für Soziologie stellte der Mitherausgeber Frank Ettrich (2005) fest, dass der westliche Einfluss entscheidend für eine positive Entwicklung der russischen Sozialwissenschaften in den 1990er Jahren war. Die Konstituierung der russischen Soziologie analysierte Alexander Bikbov (2005) kritisch und kenntnisreich im selben Heft. Darüber hinaus wird die Situation der russischen Soziologie in der ersten Ausgabe des Journals Laboratorium dargestellt (vgl. Sokolov 2009; Bikbov 2009).

1.3   Fragestellung und Struktur

Die vorliegende Arbeit analysiert, wie eine externe Unterstützung bei der Reform des Hochschulsystems und eine Anbindung an die Entwicklung im europäischen Hochschulraum erfolgen. Im Zentrum stehen zwei primäre Fragen, zum einen, warum und mit welchen Zielen sich deutsche Akteure im Bildungssektor der Russischen Föderation engagieren. Zum anderen soll untersucht werden ob sich die deutschen Organisationen an der Diffusion eines westlichen Modells von Hochschule beteiligen. Daran anschließend wird gefragt, wie dieser Transport von Modellen und Konzepten erfolgt. Damit geht eine Analyse des kommunikativen Rahmens einher, womit die Wege der Diffusion in einem "europäisierten" Raum von Wissenschaft und Hochschule begrifflich und theoretisch gefasst werden können. Einige der hier zu untersuchenden Akteure sind als im Ausland tätige Organisationen direkt oder indirekt Teil der deutschen Auswärtigen Kulturpolitik (AKP), daher wird auch der Einfluss der AKP auf die Arbeit der Organisationen untersucht.

1.3.1 Methoden und Empirische Basis

Um die Tätigkeit von deutschen Organisationen, die sich im russischen Hochschulsystem engagieren, zu analysieren, stehen vertiefende Einarbeitungen in die Themenkomplexe Organisation und Hochschule sowie die Diskussion eines transnationalen Hochschulraums am Anfang. Die Ausgangsbasis für die zu untersuchenden nichtstaatlichen Akteure ist der nationalstaatliche Rahmen und damit die Diskussionen über die Reformen im deutschen Bildungssystem. Anhand des Bologna-Prozesses wird deutlich, dass die Debatte zugleich eng mit der internationalen Ebene verbunden ist. Es erfolgt daher eine kurze Erläuterung der Bedeutung des Bologna-Prozesses für den deutschen und europäischen Raum. Zugleich gilt der zwischenstaatlichen Zusammenarbeit in den deutsch-russischen Beziehungen besondere Aufmerksamkeit, da hier spezifische Vereinbarungen gelten.
Die Entwicklung in Deutschland wird anhand von Dokumenten und Veröffentlichungen zentraler Akteure, insbesondere der Bundesregierung im Hinblick

auf die Internationalisierung der Hochschulen und die Außenkulturpolitik analysiert. Dabei werden statistische Daten zur Entwicklung des europäischen Hochschulraums im Hinblick auf die Entwicklung der Bundesrepublik als empirische Basis verwendet. Im direkten Fokus stehen die beiden Jahrzehnte nach der Gründung der Russischen Föderation und insbesondere der Zeitraum zwischen 1998 und 2012. Damit wird die erste Amtszeit von Präsident Putin erfasst. Außerdem fanden innerhalb dieser Zeit zwei Regierungswechsel in Deutschland statt. 1998 erfolgte außerdem die Sorbonne-Erklärung der Bildungsminister von Frankreich, Italien, Großbritannien und Deutschland sowie ein Jahr später in Bologna die Erklärung über die "Schaffung eines Europäischen Hochschulraumes", an dem sich die Russische Föderation seit 2003 beteiligt. Die Aktivitäten im Rahmen des deutsch-russischen Wissenschaftsjahres 2011/12 bildet den Schlusspunkt des Betrachtungszeitraumes.

Die Analyse der Entwicklung des russischen Hochschulsystems nach 1990 erfolgt anhand der Fachliteratur sowie anhand statistischer Daten des Föderalen Statistischen Dienstes der RF. Die innerrussische Entwicklung beeinflusst die Diskussion in den deutschen Organisationen, was hier auch anhand ihrer Entscheidungen dargestellt wird. Daher gehörten auch Vertreter/innen von ausgewählten russischen Hochschulen zu den Gesprächspartner/innen. Daneben konnten Anordnungen und Gesetze für die Untersuchung sowie Sekundärquellen genutzt werden. Diese und internationale Verträge sind Teil der Untersuchung insofern, als dass sie die Arbeit vor Ort und auch die strategische Diskussion mit beeinflussen.

Die hier untersuchten transnational arbeitenden deutschen Akteure sind Hochschulen und Organisationen, wie z. B. Stiftungen, und Wissenschaftsorganisationen, die mit russischen Hochschulen kooperieren. Als transnationale Akteure stellen sie eine wichtige Basis für die deutsch-russische Zusammenarbeit dar. Ausgangspunkt für die Analyse des Akeursverhaltens sind die Dokumente dieser zu den Themen ihrer Arbeit im Ausland und in Russland im Besonderen, zur Internationalisierung und dem Bologna-Prozess sowie zur Kooperation mit ihren Partnern. Die ausgewählten Hochschulen in Deutschland sind die Universität Bielefeld, die Justus-Liebig-Universität Gießen sowie die Freie Universität Berlin sowie die Universität Leipzig. Alle drei verfügen über mindestens eine russische Partnerhochschule.

Die Untersuchung fokussiert auf die Arbeit der Organisationen an drei ausgewählten Standorten in Russland, um damit eine räumliche Beschränkung zu erreichen, die notwendig ist, um den komplexen Handlungsrahmen bearbeiten zu können. Ein Kriterium für die Auswahl der russischen Standorte war, dass sie über mindestens eine Hochschule verfügen, an der mindestens drei deutsche Organisationen tätig sind oder zumindest zeitgleich in dem o.g. Zeitraum aktiv waren. Dieser Anforderung entsprechen Kasan mit der Staatlichen Universitäten Kasan (die KGU bzw. heutige KFU), St. Petersburg mit der Staatlichen Universität (SPbGU) sowie Moskau mit dem Moskauer Staatlichen Institut für Internationale Beziehungen (MGIMO) und der Staatlichen Universität Moskau (MGU). Moskau ist nicht nur die Hauptstadt in einem auf das administrative Zentrum ausgerichteten Land, sondern es stellt auch im russischen Hochschulsystem mit der starken Konzentration an Hochschulen und Forschungseinrichtungen ein Sonderfall dar.

Unterschieden werden muss allerdings die Perspektive der deutschen Akteure vor Ort und die der entsendenden Organisationen in Deutschland. Untersucht werden fachbezogene Verbindungen in den Kooperationen mit einem Schwerpunkt auf die Sozialwissenschaften. Bei den Stiftungen bzw. den deutschen Mittlerorganisationen wird auf diesen Fokus verzichtet.

Primäre Grundlage der eigenen empirischen Forschung sind Interviews, in denen die Vertreter/innen von deutschen Organisationen und ihren russischen Partnern zu ihren Strategien sowie Aktivitäten mittels qualitativer Interviews befragt wurden. Hierzu wurde ein Leitfaden erarbeitet. Insgesamt wurden 32 Interviews in Deutschland und Russland durchgeführt. Die Länge variierte zwischen 45 und bis zu 240 Minuten. Der Unterschied erklärt sich aus dem Charakter der Gesprächsführung. Dabei wurde versucht Elemente des Experteninterviews mit dem eines von der "Grounded Theory" beeinflussten Fragekonzept zu koppeln (vgl. Strübing 2008; Clarke 2012). Die von mir im Feld erworbenen Kenntnisse werden hier miteingebracht, gleichzeitig sollte es vermieden werden, durch die Fragen die Antworten zu stark zu lenken; das Gelingen dieses Balanceaktes kann hier leider nicht diskutiert werden. Offene Fragen zu acht Komplexen bildeten die Grundlage der Gesprächsführung. Die Gesprächspartner (GP) konnten in aller Ausführlichkeit antworten. Nachfragen erfolgten, wenn bestimmte vorher formulierte Problemstellungen nicht angesprochen wurden. Die Interviews sind stark geprägt von den individuellen Ansichten und daher nicht zwingend aussagekräftig über den Erfolg eines Diffusionsprozesses oder gar eines Normtransfers. Es soll daher auch keine Evaluation des Erfolgs der Verbreitung von "westlichen" Praxen und Konzepten der russischen Partner erfolgen. Dies wird explizit als eine eigenständige zukünftige Arbeit angesehen.

Die Interviews wurden geführt mit Vertretern und Mitarbeitern des DAAD in Bonn und Moskau sowie mit Lektoren in Moskau, St. Petersburg und in

Kasan; mit Mitarbeitern der Freien Universität (FU) Berlin und des FU-Vertreters in Moskau; der Universität Bielefeld und der Justus-Liebig-Universität (JLU) Gießen sowie der Universität Leipzig; dem Büroleiter der Deutschen Forschungsgemeinschaft (DFG) in Moskau sowie des "Projektträgers 'Internationales Büro' beim Deutschen Zentrum für Luft- und Raumfahrt e.V." in Bonn, dem zuständigen Mitarbeiter der HRK. Hinzukamen Mitarbeiter/innen der SPbGU (St. Petersburg) und der KGU/KFU (Kasan); der Robert Bosch Stiftung sowie des Osteuropazentrum (OEZ) der Universität Hohenheim als Koordinationsstelle des Boschlektorenprogramms plus zahlreiche ehemalige und gegenwärtige Boschlektoren an russischen Hochschulen. Eine komplette Anonymisierung ist aufgrund des Forschungsfeldes und der dabei notwendig zu beschreibenden Zusammenhänge nicht möglich. Alle Organisationen sind so mit Klarnamen zu finden. Alle Interviewpartner konnten selbst darüber entscheiden, ob sie mit Namen aufgeführt werden wollen oder nicht. Die Mehrzahl von ihnen entschied sich dafür, genannt zu werden. Trotzdem werden alle hier verdeckt mit einem entsprechenden Code bei der entsprechenden Passagen im Text angegeben.

Die Interviews wurden in zwei Stufen ausgewertet: der Transkription folgte eine unmittelbare Analyse anhand der Gespräche, die handschriftlich festgehalten wurde. Danach wurden die transpirierten Dokumente in eine Datei des Programms MAXQDA zusammengeführt und mittels dessen noch einmal ausgewertet und verglichen. In beiden Analysestufen wurden Codes und Kategorien entwickelt. Einige finden sich hier als Überschriften im Text wieder und zeigen so eine in den Gesprächen deutlich gewordene Relevanz an. Darüber hinaus floss die teilnehmende Beobachtung bei Seminaren und Konferenzen, die teilweise in der Form von Memos festgehalten wurde, in die Analyse mit ein.

1.3.2 Aufbau der Arbeit

Nach der Diskussion des Erkenntnisinteresses und des methodischen Vorgehens wird sich im folgenden zweiten Kapitel eingehend mit der Rolle von Organisationen und Institutionen im akademischen System auseinandergesetzt. Außerdem wird das zu untersuchende Feld und mögliche Akteure charakterisiert. Dabei wird der neo-institutionalistische Ansatz der World-Polity näher vorgestellt, der als theoretische Ausgangsbasis für die vorliegende Untersuchung dient. Zugleich kann hiermit die Ausbreitung von global dominierenden Modellen in einer "Weltgesellschaft" thematisiert werden. Die Aktivitäten der Akteure vollziehen sich nicht auf der Bühne der internationalen Politik, aber ebenso wenig in einem nationalstaatlichen Rahmen. Sie können dagegen als transnational beschrieben werden, darum erfolgt im Kapitel 2 eine Erörterung der Begrifflichkeit des transnationalen Feldes inklusive der in einem Europäischen Hochschulraum relevanten Akteure. Die untersuchten Organisationen stammen alle aus dem deutschen Kontext, darum wird im dritten Kapitel die Entwicklung des Hochschulsystems und die Diskussion des westlichen Modells der Universität und der Internationalisierung skizziert. Daran anschließend steht die Entwicklung des Europäischen Hochschulraumes und damit der Bologna-Prozess im Fokus.

Der Arbeitskontext der externen Akteure sind russische Hochschulen, deshalb wird die Entwicklung des russischen Hochschulsystems nach dem Zusammenbruch der Sowjetunion im Kapitel 4 skizziert. Die Reformen der 1990er und der 2000er Jahre orientieren sich an der Entwicklung im europäischen und US-amerikanischen Hochschulsystem. Hier soll zugleich untersucht werden, inwieweit sich Prozesse eines strukturellen Isomorphismus im Wandel und eine Einbindung des russischen Hochschulsystems in die Weltgesellschaft beobachten lassen.

Die Rolle der deutschen Außenpolitik und die bilateralen Beziehungen zur Russischen Föderation ist Thema des Kapitels 5. Hierbei wird vor allem die Außenkulturpolitik seit 1999 erörtert.

Die Untersuchung der Programmatik, der Ziele und der materiellen Ressourcen der einzelnen deutschen Organisationen erfolgt im Kapitel 6. Anhand dessen ist eine Typisierung in verschiedene Akteurstypen möglich. Im Anschluss wird der unmittelbare lokale Arbeitskontext in Kasan, Moskau und St. Petersburg skizziert. Darüber hinaus werden die Wahrnehmungsmuster der dort tätigen Deutschen im Hinblick auf Russland untersucht, da diese als handlungsrelevant gelten. Dies kann dann anschließend anhand der Ziele, die die Akteure vor Ort verfolgen, analysiert werden. Der Fokus richtet sich dabei insbesondere auf ihre Eigenschaft als mögliche Transferagenten in Bezug auf fachliche, hochschulpolitische und gesellschaftspolitische Themen und Verfahren. Darüber hinaus werden Wege der Diffusion herausgearbeitet, aber auch Problemfelder in der Kooperation und mögliche Hinderungsgründe für eine Verbreitung "westlicher" Verfahren und Ideen benannt. In den Interviews wurde die Rolle individueller Akteure in den Kooperationszusammenhängen deutlich. Diese wird im Kapitel 7 diskutiert. Zum Abschluss werden die Strategien und Aktivitäten der deutschen Organisationen im Kapitel 8 verglichen und ihre Bedeutung im Kontext eines europäischen akademischen Feldes diskutiert.

Am Ende dieses einleitenden Kapitels seien noch einige Anmerkungen zur

Schreibweise im Text angefügt. Bei russischen Familiennamen wurde die wissenschaftliche Translation verwandt. Bekannte Ortsnamen wurden dagegen in der im deutschen üblichen Schreibweise angegeben. Bei den hier verwendeten Abkürzungen bzw. Akronymen für russische Organisationen wurde sich an der russischen Schreibweise orientiert. Die vorliegende Arbeit greift auf eine Vielzahl von Quellen, Analysen, Arbeitspapieren und Statistiken bei der Untersuchung zurück. Diese werden, wenn sie der Allgemeinheit ausschließlich im Internet zur Verfügung stehen und dem Autor kein gedrucktes Exemplar dieser Studie vorliegt, als Internetquelle angegeben und zwar immer als Fußnote, um den Textfluss nicht zu stören. Andere Literaturverweise werden in der kurzen amerikanischen Zitierweise unmittelbar in der entsprechenden Passage im Fließtext angegeben. Ebenfalls im Sinne einer besseren Lesbarkeit habe ich auf eine durchgehende differenzierte Verwendung von weiblichen und männlichen Pluralformen und ihre z.T. eigentümlichen Schreibweisen verzichtet. Während im 19. Jahrhundert im deutschen und russischen Hochschulsystem Frauen praktisch ausgeschlossen wurden, sind sie mittlerweile ein integraler Teil dessen und überall dort im Text, wo die weibliche Form notwendig ist, kann sie im Fließtext auch gefunden werden. Dies gilt auch für die im Rahmen des Forschungsprojekts befragten Gesprächspartnerinnen. Ansonsten gilt hier, dass die Pluralform immer beide Geschlechter bezeichnet, so wie dies in der herkömmlichen deutschen, aber auch englischen oder russischen Schreibweise üblich ist.

2 Forschungsgegenstand: Institutionen und Organisationen in einem transnationalen Feld

Organisationen und Institutionen sind für die sozialwissenschaftliche Analyse eines gesellschaftlichen Wandels als Untersuchungsobjekt von besonderem Interesse, da sich mit ihnen Veränderungen lokalisieren lassen, auf die sie zugleich selbst starken Einfluss ausüben. Organisationen weisen ihrer Mitgliedschaft Rollen zu, die wiederum an Handlungserwartungen und Normen geknüpft sind. Abhängig von der Perspektive treten Organisationen nach außen als kooperativer Akteur auf und erscheinen für ihre Mitglieder zugleich als System in dem sie als Individuen agieren (Müller-Jentsch 2003: 18). Universitäten handeln als Organisationen im Sinne einer "rechtlich rationalen Einheit" (Lockwood 2010: 122) und als "Institution, die kraft ihrer Kollegialität dauerhafte und innengeleitete Werte der wissenschaftlichen Erkenntnis und Dienstleistung" (ebd.) entwickelt und an ihre Mitglieder weitergibt.

2.1 Der neo-institutionalistische Ansatz

Für die politikwissenschaftlich/soziologische Untersuchung der Entwicklung des Hochschulsektors sind neo-institutionalistische Ansätze und dabei vor allem der soziologische Institutionalismus m. E. das geeignetste und auch am stärksten genutzte Theoriemodell um Prozesse, die über den Nationalstaat hinausgehen, zu analysieren (vgl. Wissel 2007; Meier 2009; Münch 2007; Olsen 2009; Münch 2009). Dieser Ansatz und vor allem der World Polity bzw. Weltkultur-Ansatz wird im folgenden Kapitel näher dargestellt.

2.1.1 Isomorphe Institutionen
Der Institutionenbegriff bleibt bei wichtigen Vertretern des soziologischen Neo-Institutionalismus allumfassend und diffus. Er kann nur schwer von dem der Organisation unterschieden werden. Der Institutionenbegriff umfasst sowohl Prozeduren und Normen, aber auch Organisationen im herkömmlichen Sinne oder Bildungseinrichtungen wie die Universität.
Institutionen stellen Interpretationsmuster für Akteure bereit. Sie sind dabei keine starren Strukturen. Sie wandeln sich aus der Sicht der Neo-Institutionalisten, und damit ist es zugleich notwendig, diesen Wandel, der immer in einem gesellschaftlichen und kulturellen Kontext stattfindet, zu erklä-

ren. Diese Veränderbarkeit ist ein zentraler Unterschied zu Ansätzen des alten Institutionalismus (Wissel 2007: 49). Neo-institutionalistisch argumentie-
rende Autoren betonen die Rolle von Institutionen für das Verständnis des
Handelns in Organisationen und Gesellschaften (March/Olsen 1998: 948).
Institutionen sind Träger von politischen Merkmalen sowie von Geschichte
und Ideen. Für politische Institutionen stellten James March und Johan Olsen
(1989: 22) fest, dass diese aus "routines, procedures, conventions, roles,
strategies, organizations, forms and technologies around which political activity is constructed" bestehen. Es handelt sich ihrer Meinung nach um "beliefs, paradigms, codes, cultures and knowledge that sourround, support, elaborate, and contradict those rules and routines" (ebd.) und damit um in den
jeweiligen Gesellschaften konstruierte, überwiegend immaterielle kommunikative Akte.
Institutionen in der Gestalt von Organisationen sind der Rahmen, in dem die
Internalisierung von Regeln und Normen und damit auch die Integration von
Individuen in die Gesellschaft organisiert ist. Dabei wird ihnen Legitimität zugeschrieben, welche wiederum die Basis von Institutionen und Organisationen ist. Sie sind damit eine "Stütze für Sinnwelten", wie sich unter Rückgriff
auf Berger/Luckmann (2000: 124) formulieren ließe. Gerade politische Institutionen gewährleisten eine gewisse Stabilität und nehmen zugleich Einfluss
auf den Verlauf von Geschichte (March/Olsen 1989: 54 und ebd.: 159). Nach
Richard Scott (1995: 34-40) ruhen Institutionen auf drei Säulen: normativ auf
Werten und Normen; regulativ auf Regeln und kognitiv in dem sie Wahrnehmungsmuster prägen.
In diesen Prozessen entstehen Organisationen und entwickeln sich. Sie sind
zugleich an der Weiterentwicklung von Normen und Organisationen beteiligt.
Sie übernehmen dabei Praxen und Modelle von anderen Organisationen,
insbesondere dann, wenn diese das jeweilige Organisationsfeld dominieren.
Damit verschaffen sich die Organisationen Legitimität, in dem sie die Mythen
dieser Programme und Techniken übernehmen, so John Meyer und Brian
Rowan in ihrem 1977 erschienen grundlegenden Artikel "Institutionalized Organization: Formal Structure as Myth and Ceremony". Meyer und Rowan orientieren sich dabei an den Legitimitätsbegriff von Peter Berger und Thomas
Luckmann. Legitimität ist demnach ein kognitiver Prozess und ist zugleich als
eine soziale Praxis eine konstruierte Zuschreibung durch Andere (Ber-
ger/Luckmann 2000: 100).
John Meyer und Brian Rowan argumentieren, dass sich in modernen Gesellschaften Institutionen entwickelt haben, die als legitim, also als richtig und ra-

tional angesehen werden. Diese Strukturen und Modelle werden von ihnen als Mythen bezeichnet, denn solange sie allgemeine Anerkennung genießen, werden sie nicht in Frage gestellt; so gilt Bildung, insbesondere Hochschulbildung, per se als richtig und erstrebenswert. Der Besuch der Bildungseinrichtungen unterstützt zugleich die Verbreitung moderner und somit säkularer Erklärungs- und Legitimitätsmuster. Die Existenz moderner Institutionen gilt als selbstverständlich und ihre gesellschaftliche Rolle als funktional. Meyer und Rowan machen nun die Anpassung der Organisationen an diese Mythen dafür verantwortlich, dass sie sich erheblich untereinander angleichen. Dies ist umso bemerkenswerter, da Organisationen sich auch ungeachtet der eigenen Bedürfnisse an die starken institutionellen Strukturmythen anpassen können. Dies wird vor allem damit erklärt, dass die Übernahme gängiger Muster stabilisierend nach innen und außen wirkt (Meyer/Rowan 1997: 351). Gleichzeitig drängen dominante Organisationen auf die Anpassung an ihre Praxen durch die schwächeren Partner in der Umgebung.[5] Aus ihren organisationssoziologischen Untersuchungen schlossen Meyer und Rowan, dass sich Prozesse von strukturellen Angleichungsprozessen von Organisationen beobachten lassen. Sie greifen dabei in ihrer Umgebung dominante Modelle, Programme und Techniken auf. Diese Skripte sind für Meyer und Rowan (1977: 341) Mythen eines vermeintlich rationalen Handelns. Aufgrund dieser ähneln sich die Organisationen in ihren institutionellen Strukturen. Dies bezeichnen sie als Isomorphismus bzw. institutionellen Isomorphismus (ebd.: 349).

Der "institutionelle Isomorphismus" (ebd.: 349) ist für den Erfolg einer Organisation von entscheidender Bedeutung. Organisationen passen sich den in ihrem Umfeld erwarteten Verhaltens- und Strukturmustern an. Gleichzeitig entwickelt sich in diesem Prozess ein eigenes Neusprech, welches sich in einer neuen organisationalen Sprache widerspiegelt. Die Anpassung an die neuen Organisationsmuster kann sogar ungeachtet aller Effizienz erfolgen. Organisationales Handeln ist zugleich von Zeremonie bestimmt, denn wenn es die Funktionsfähigkeit erfordert, wird an den bisherigen Praxen und Modellen festgehalten, nach außen hin aber eine neue Praxis zelebriert. Daher kann es passieren, dass die interne Praxis von den formal erforderlichen und

---

5   Gleichwohl kann es hier auch starke Konkurrenten geben, d. h. Modelle und Praxen müssen sich dann im Wettbewerb durchsetzen (Meyer/Rowan 1977: 348). Welches sich dann durchsetzt und vor allem warum bleibt m. E. hier offen. In späteren Arbeiten wird Dominanz von Meyer thematisiert (Meyer et. al. 1997: 167). Macht und Konflikt können also auch im Neo-Institutionalismus eine Rolle spielen, allerdings steht dies nicht explizit im Fokus.

sichtbaren Strukturen abweicht (ebd.: 341). Die Legitimität durch formal an-
geglichene Strukturen und Verfahren muss jedoch gewahrt bleiben. Die Re-
gelverstöße gegenüber den neuen Normen und Erwartungen dürfen nicht offensichtlich sein und müssen daher Evaluationen und Inspektionen standhal-
ten können (ebd.: 359). Die Anpassung und Konformität ist in den formellen
Strukturen immer gegeben, doch im Alltag haben sich die Praxen davon ent-
koppelt. Prozesse des "decoupling" zeichnen moderne Organisationen. Die
für isomorphe Prozesse notwendigen Mythen diffundieren durch Netzwerke
(ebd.: 347), die sowohl in einem lokalen Kontext bestehen, als auch in Verbindungen mit Organisationen auf einer gesamtgesellschaftlichen Ebene auf
der insbesondere die Organisationseliten wirken (ebd.: 353).

2.1.2 World Polity

Das Konzept des institutionellen Isomorphismus kann auf einer lokalen Ebene von Praktiken in Firmen, aber auch auf der globalen Ebene angewandt
werden (vgl. Schofer/Meyer 2005). Basierend auf weltweit erhobenen Da-
tensätzen, haben eine Reihe von Autoren um den in Stanford ansässigen Soziologen John W. Meyer die These von sich weltweit angleichenden Strukturen entwickelt (vgl. Meyer/Boli/Thomas/Ramirez; Meyer/Jepperson 2000;
Meyer/Ramirez 2005; Ramirez 2006; Schofer/Meyer 2005; Drori/Meyer
2006).
Institutionen sind hier zugleich Akteur und Objekt des Wandels. Die sich dem
World Polity Forschungsprogramm widmenden Arbeiten sind eine spezifische
Form des Neo-Institutionalismus mit seinen diversen Ansätzen (Mense-
Petermann 2006: 64). Der Schwerpunkt der World Polity Studien liegt auf der
Untersuchung der globalen Ausbreitung von Modellen. Auch im World Polity
Ansatz werden Institutionen vor allem als Regeln, Standards und Normen
sowie daraus geformte Modelle verstanden, die den Handlungsrahmen für
die Akteure darstellen (Meyer 2005b: 8). Die Rolle von Institutionen wird für
das Verständnis des Handelns in Organisationen und Gesellschaften betont.
Die Strukturen von Institutionen sind nicht starr, sondern verändern sich. Der
Wandel spiegelt sich dabei in immer neuen, vermeintlich rationaleren Organisationsprinzipien wider. Mit dieser Konzeption kann der Wandel und institutionelle Transformationsprozesse im nationalen und internationalen Rahmen
theoretisch in der Analyse gefasst werden. Einige Organisationsmodelle sind
in der Lage, sich über Ländergrenzen hinweg auszubreiten. Diese Modelle
und Praxen werden in den Nationalstaaten im Rahmen einer "institutionaliza-
tion of world models" (Meyer/Boli/Thomas/Ramirez 1997: 145) übernommen.
Die Einbindung in den Weltmarkt und in die politischen Institutionen einer

Weltgesellschaft führt zu einer höheren Konformität mit global dominierenden Normen und Regeln. Diese Strukturen nennen Meyer und seine Kollegen "world polity", ein Begriff der jedoch schwer ins Deutsche zu übersetzen ist. Aufgrund der Betonung der kulturellen Fundierung der World Polity wird er oft als Weltkultur übersetzt.

Ein Resultat der Rationalisierungsprozesse im Zuge der Moderne sei es, so John W. Meyer und andere Vertreter des World Polity Ansatzes, dass "die moderne Gegenwartsgesellschaft von universellen, hochgradig institutionalisierten Konzepten verantwortlicher Handlungsträgerschaft (actorhood) durchdrungen" (Meier 2009: 14) ist. Das Konzept des Akteurs wird von John W. Meyer als etwas historisch und kulturell Konstruiertes betrachtet (Meyer/Jepperson 2000: 101). Der Akteursbegriff erscheint gleichzeitig im World Polity Ansatz relativ unspezifisch, da in diesem sowohl Individuen und Organisationen als auch Staaten diesen Status innehaben können. Entscheidend ist hierbei, dass das "elaborate system of social agency" das Ergebnis einer langen (post-)religiösen Evolution ist (Meyer/Jepperson 2000: 101). Im Rahmen der Evolution hin zu einer modernen Gesellschaft und der damit einhergehenden Abkoppelung von der Religion als der dominierenden Deutungskraft in den Gesellschaften nimmt die Bedeutung von Bildung und Wissenschaft zu, die für Meyer aber selbst wichtige globale Mythen sind (Meyer/Ramirez 2005: 234). In den modernen Gesellschaften transportieren Bildung und Wissenschaft, als zentrale Imperative, die in der Gesellschaft geltende Rationalität. Erst dadurch wird die Herausbildung von Individuen und Organisationen zu Akteuren möglich. Der Nationalstaat hat mit der Entwicklung von modernen Staatsstrukturen eine maßgebliche Bedeutung erhalten und steht bei Meyer sicherlich im Zentrum der Untersuchung, wie auch in den Beiträgen zum Bildungssystem deutlich wird.

In der Rezeption des Meyerschen Ansatzes lassen sich für die Moderne drei Akteurstypen herauskristallisieren: Nationalstaaten, Organisationen bzw. Gruppen sowie Individuen (vgl. Meyer et. al. 1997: 168; Meyer/Jepperson 2000: 100). Individuen agieren in der Perspektive des soziologischen Neo-Institutionalismus rational, allerdings eingebettet in Institutionen und deren kulturelle Rahmung.[6] Deren Rationalität ist jedoch nicht a priori vorhanden, sondern an den jeweiligen kulturellen Kontext gebunden. Institutionen sind für einen Aufbau an Normen und Werten sowie deren Wandel verantwortlich.

---

6   Aus dieser Sicht ist es eben auch ein Unterschied, ob wir in einer Welt leben in der die kulturellen Vorstellungen der USA und des Westen inklusive Europa die Welt prägen im Gegensatz zu "a world with a hegemonic China" (Meyer et. al. 1997: 167).

Eine Basis der weltweiten Ausbreitung von ähnlichen Handlungspraxen sind Organisationen, deren Zahl wiederum selbst im Zuge des Prozesses der modernen Rationalisierung beständig zunimmt. In der von Institutionen geprägten Weltgesellschaft tragen internationale Organisationen zur Diffusion von global dominierenden Modellen bei. Grenzübergreifende Anforderungen werden von Organisationen weitergegeben (Meyer/Rowan 1997: 346). Sie verstärken damit Diffusionsprozesse und die Angleichung von institutionellen Arrangements in den Nationalstaaten, wofür die weltweite Ausbreitung von Hochschulbildung im 20. Jahrhundert ein Beispiel ist (Schofer/Meyer 2005: 917). Weltweit ist dabei eine Expansion des Hochschulsektors zu beobachten, der ähnliche, ja beinahe identische Charakteristika, Strukturen und Verfahren aufweist. Bei der Entwicklung von isomorphen Systemen im Bildungssektor wird außerdem ein positiver Zusammenhang zwischen der Demokratisierung von Gesellschaften sowie Verwissenschaftlichung und Bildung beobachtet (Schofer/Meyer 2005: 906f). Die Teilhabemöglichkeit an der Hochschulbildung sowie deren Finanzierung ist in einigen Ländern der westlichen Welt ein zentrales Thema in den Wahlkämpfen.[7] Universitäten können aufgrund ihrer normativen Komponente als Institution begriffen werden. Sie sind jedoch immer auch Organisationen mit einer eigenen abgrenzbaren Mitgliedschaft.

Die methodische Grundlage für die Argumentation der World Polity Arbeiten sind "nahezu ausschließlich" (Krücken 2006: 145) verfügbare quantitative Daten, die bei Längsschnittanalysen Korrelationen zwischen den verschiedenen lokalen, also nationalstaatlichen Gesellschaften erkennen lassen sollen. Doch, wie auch schon Georg Krücken (ebd.: 146) anmerkt, werden auf diese Weise wichtige regionale Differenzierungen und Unterschiede schnell übersehen. Bezogen auf die Entwicklung in den Staaten des Mittel- und Osteuropas (MOE) verneinen Robert Reisz und Manfred Stock eine generalisierte allgemeine Angleichung der Hochschulsysteme, denn eine anhaltende Expansion des Hochschulsystems hätte es so vor 1989 in Osteuropa nicht gegeben. Sie widersprechen damit einer impliziten These des World Polity Ansatzes (dies. 2007: 93). Anhand ihrer eigenen Forschungsdaten beobachten sie eben nicht nur Perioden eines wachsenden Hochschulsystems, sondern auch Momente der Schrumpfung und Stagnation der Studierendenzahlen in den MOE-Staaten. Die Modernisierungsprämissen unterschieden sich dort eben doch von den westlichen Mustern. Allerdings befand sich das staatsso-

---

7   Im besonderen Maße gilt das für Großbritannien (vgl. Stevens 2004, Giddens 1998).

zialistische Modell generell im Einklang mit einem rationalistischen Konzept der Moderne, welches John Meyer als Grundlage für den Ausbau des Bildungssystem ansieht (ebd.: 94). Damit wird deutlich, dass nicht ausschließlich große Aggregationsdaten die Grundlage für theoretische Modelle und Ableitungen hieraus sein können. Vielmehr bedarf es einer genauen Kenntnis der lokalen und regionalen Entwicklung, um nicht auf falsche Erkenntniswege zu geraten. Dem würden John Meyer und Kollegen kaum widersprechen, denn diese wollen grundsätzlich auch eher die Konsistenz von feststellbaren Trends überprüfen (Meyer et. al. 1997: 167). Pfadabhängigkeit und die Weiterentwicklung lokaler Kulturen, die auch die Entwicklung von Hochschulen beeinflussen, werden durchaus auch im World Polity Ansatz wahrgenommen. Schofer und Meyer (2005: 908) sehen rein historische Gründe für die Begrenzung des Hochschulsektors in den Ostblockländern zwischen 1970-1990, die in ihrer Perspektive nicht den Grundannahmen des World Polity Ansatzes widersprechen dürften. Die verschiedenen nationalstaatlichen Modelle sind eben auch Teil eines transnationalen organisationalen Feldes, in dem sie miteinander in Konkurrenz stehen (Ramirez 2002: 257). In diesem Wettbewerb setzen sich dominante Staaten wie die USA durch (Meyer et. al. 1997: 167). Ein konflikttheoretischer Erklärungsansatz hierfür ist im World Polity Forschungsprogramm allerdings bislang nicht zu finden. Kritisiert wird außerdem, dass in dem dem Neo-Institutionalismus verpflichteten Forschungsprogramm die Relevanz "regionaler Differenzen und überhaupt die Fähigkeit sozialer Akteure zu selbstbestimmtem Handeln jenseits dieser Ideen" (Görg 2002: 284) ignoriert würde. Hierzu sei angemerkt, dass die bisherigen World Polity Studien sicherlich keine regionalspezifischen Analysen sind, Individuen jedoch als Akteure immer eine Rolle in der allgemeinen Konzeption inne haben, allerdings bisher kaum als "Forschungsobjekt". Meyer und seine Kollegen haben, basierend auf Datenmaterial im Bildungssektor sowie für den Bereich der internationalen Organisationen, ein theoretisches Erklärungsmodell für die weltweite Ausbreitung institutioneller Handlungsmuster und -verfahren entwickelt. Der eigentliche Prozess der Diffusion von Normen auf der Ebene der Organisationen und der darin verwickelten Akteure wurde jedoch nur gestreift. Es stellt ein von Meyer selbst formuliertes Forschungsprogramm dar. Meyer und seine Kollegen bieten nur vage Hinweise auf die Mechanismen der Diffusion der Praktiken und Modelle. Nichtregierungsorganisationen und soziale Bewegungen übernehmen durch ihr Engagement in der Sicht von Meyer die Funktion eines "Agenten für soziale Probleme" (Meyer et. al. 1997: 165, Übersetzung RL). Sie werden von diesen als solche definiert und die

Agenda zum Handeln von ihnen festgelegt. Die diversen Lösungskonzepte und Handlungsempfehlungen werden über Ländergrenzen hinweg propagiert.

2.1.3 Angleichungsprozesse, Normen und Modelltransfer

John W. Meyer verwendet den Begriff des "institutionellen Isomorphismus", um die Angleichung von institutionellen Arrangements in den Nationalstaaten bei immer noch bestehender Vielfalt in ihren jeweiligen nationalen Ausprägungen zu charakterisieren. Entscheidenden Einfluss "bei der Verbreitung der "kulturellen Elemente", also auch von Normen, hat eine bereits vorhandene Weltordnung, die "den einzelnen Ländern jetzt Modelle zum Kopieren zur Verfügung" (Meyer/Ramirez 2005: 220) stellt. International arbeitende Organisationen können dabei als Knotenpunkte der Diffusion von global standardisierten Modellen untersucht werden. Internationale und nichtstaatliche Organisationen bieten sich als Mittel der Interessensvermittlung für Nationalstaaten an, wobei der Trend des Wachstums dieser Akteure in Europa besonders ausgeprägt ist, so Meyer (2005: 173). Gleichzeitig vermitteln Stiftungen und Hochschulen über Kooperationen das nötige organisatorische "Wissen", das einen Anschluss an die Entwicklung gestattet. Managementtexte und Beratungsfirmen erscheinen als die neuen Missionare, die in allen Ländern und Sektoren tätig sind, so John Meyer (2005a: 111). Steuerungsmodelle im Sinne des Keynesianismus oder gegenwärtig des Neoliberalismus werden gerade in den letzten Jahrzehnten fast modeartig in den westlichen Ländern übernommen. Meyer macht "worldwide waves of copying of fashionable institutions and policies" (Meyer 2007: 263) und einen Konformitätsdruck hierfür verantwortlich. Eine Quelle des Konformitätsdrucks ist unter anderem die Mitgliedschaft in internationalen Organisationen, die an eine Zustimmung zu den Zielstellungen als auch an eine Einhaltung der Regeln und Beschlüsse der Organisation gebunden ist. Die Einführung von New Public Management in allen gesellschaftlichen Bereichen bewertet Meyer als Teil der "Fragmentierung des Staates" (Meyer 2005a: 176), womit der Verlust von Kompetenzen beschrieben wird, die der Staat im Zuge der Moderne erst erhalten hatte. Hier sei nur auf die Diskussion und Praxis zur Privatisierung von Polizeiaufgaben in Großbritannien verwiesen.[8]

Normen bilden auch im internationalen Rahmen "den unhinterfragten Rahmen und gleichermaßen die Motivation für das Handeln der Akteure" (Deitelhoff 2006: 80). Dabei werden einzelne Standardnormen beschrieben, wäh-

---

8   Siehe den Artikel im The Guardian, URL (letzter Zugriff 30.5.2012): http://www.guardi an.co.uk/uk/2012/mar/02/police-privatisation-security-firms-crime

rend mit Institutionen der Prozess der Normstrukturierung als eine Sammlung von Vorgaben und Praktiken betont wird (Finnemore/Sikkink 1998: 891). Hier kann zwischen regulativen und konstitutiven Normen unterschieden werden. Erstere haben ordnenden und zwingenden Charakter, letztere schaffen neue Akteure, Interessen und Handelskategorien. A priori schlechte oder gute Normen gibt es nicht, vielmehr ist ihre Wertung an die Gesellschaft gebunden, die sie generiert hat.

Ein Hauptmittel von Normunternehmern ist die Konstruktion von "cognitive frames" (Finnemore/Skikkink 1998: 897). Beratung ist dabei ein diskursives Element, welches es aus der Sicht von Experten ermöglicht, die Partner in den Transformationsländern "zu stärken und heranzuführen an die westliche Denkweise. Hierzu würden Institutionen aufgebaut, aber nicht übertragen" (Beer 2006: 162). Sie schaffen beim Transfer durch ihre Beratungsleistungen den kognitiven Rahmen, also das Verständnis für die Modelle, die den Ländern des ehemaligen Ostblocks zur Übernahme angeraten werden.

Mit dem World Polity Ansatz wurde ein Erklärungsansatz für isomorphe Prozesse in den verschiedenen nationalstaatlich organisierten Gesellschaften herausgearbeitet. Verantwortlich hierfür ist eine globale Verbreitung von Handlungsmodellen. Diese Diffusion ist eine grenzübergreifende Ausbreitung von Normen, Standards und konkreten Handlungsmustern sozialer Praktiken. Diese bestimmen den organisationalen aber auch den individuellen Alltag. Hieran soll meine Untersuchung anknüpfen, da diese Trends als Prozesse in dem von mir zu untersuchenden Felder in Deutschland und Russland anzutreffen sind und daher nachfolgend skizziert werden. Zugleich werden die hierfür relevanten Akteure beschrieben: Hochschulen spielen hierbei ebenso eine Rolle, wie das staatliche Handeln der Bundesrepublik als auch das Engagement von Berufsverbänden sowie von Organisationen mit philanthropischem Charakter. Darüber hinaus haben die Individuen, die als "Einzeltäter" in Hochschulen besonders relevant sind, in diesem Erklärungsmodell einen Platz. Die handlungsrelevante Mikroebene wurde dabei bislang jedoch außen vorgelassen. Bis dato mangelt es der Diffusionsforschung an Beiträgen, die gerade die Tätigkeit dieser individuellen Akteuren wie auch der Organisationen in ihrem Handlungsrahmen analysiert.[9] Der bislang schwache Fokus auf

---

9   Als Organisation wird hier eine abgrenzbare Gruppe von natürlichen oder juristischen Personen verstanden, die längerfristig ein oder mehrere Ziele verfolgen. Sie entwickeln dabei spezifische Strukturen, Programme und soziale Praxen. Organisationen können den Anspruch erheben, allgemeingültige Interessen zu vertreten oder aber ebenso rein partikulare Ziele zu verfolgen.

Individuen und ihren Aktivitäten wird auch von Neo-Institutionalisten beklagt
und als ein wichtiges Forschungsfeld bewertet, denn "individuals also play a
powerful role in maintaining social order" (Powell/Colyvas 2008: 278).

2.2 Transnationalismus – eine Begriffsbestimmung

Der Begriff transnational wird verwandt, um die grenzüberschreitende Zusammenarbeit jenseits offizieller Regierungskontakte sozialwissenschaftlich
zu erfassen (vgl. Keohane/Nye 1971, Merle 1976). Im Rahmen der Untersuchung deutscher Akteure im russischen Hochschulsystem stellte sich die
Frage, ob er zur Beschreibung der Aktivitäten deutscher Organisationen an
russischen Hochschulen und damit auch zur Untersuchung dieses Hand-
lungskontextes verwandt werden kann.
Als transnational in grenzüberschreitenden Feldern gelten insbesondere soziale Bewegungen und Akteure aus anderen Ländern, die im Unterschied zu
einheimischen oder zumindest nur lokalen Kräften zu sehen sind. So ist eine
russische Initiative zur Verbesserung des russischen Gesundheitssystems
oder eines Krankenhauses nur in einem nationalstaatlichen Kontext aktiv.
Das Rote Kreuz, welches sich als nichtstaatlicher Akteur jedoch mit einem
immensen Apparat zwischen den Fronten in Konflikten in und zwischen Staaten bewegt, ist klar als ein transnationaler Akteur anzusehen.[10]
Seit der Jahrtausendwende gibt es immer wieder Kampagnen, die eine Reform des Finanzsystems fordern. Diese sind u. a. mit der in vielen Ländern
operierenden Organisation Attac verbunden. Das Internet unterstützt dabei
den Protest genauso, wie die den Globus umspannenden Finanztransaktio-
nen. Ohne "das Netz" wäre Wikipedia oder freie "open software" als Wis-
sensbewegung des 21. Jahrhunderts nicht möglich gewesen. Hinter all diesen virtuellen Zusammenhängen stehen fassbare Netzwerke, über die auch
die älteren transnationalen Organisationen wie Amnesty International oder
Medicins Sans Frontiers verfügen. Sie können ebenso wie Kampagnen für
die Erhaltung der Artenvielfalt oder gegen den Irakkrieg als Beispiele für einen vermeintlich neuen transnationalen Aktivismus gelten (vgl. Tarrow 2005).
Dagegen kann die Römisch-Katholische Kirche wiederum als transnationale

---

10   Gleichzeitig ist die Tätigkeit von lokalen und nationalen Organisationen heute stark
      mit Organisationen im Ausland verbunden. Das russische Rote Kreuz und die
      regionalen Gliederungen arbeiten recht intensiv mit Vereinen – also Organisationen
      die als NGOs - gelten in Deutschland zusammen, die Übersicht siehe URL (letzter
      Zugriff   16.11.2012):   http://www.stiftung-evz.de/projekte/ns-opfer/partnerschaften-
      fuer-ns-opfer/projekte-in-russland/

Organisation par excellence auf eine jahrhundertealte Tradition der grenz-
und gesellschaftsübergreifenden Verbreitung ihrer Ideen und Methoden zu-
rückblicken. Es stellt sich also die Frage, was bei der hier angedeuteten
Themenvielfalt mit der terminologischen Verwendung des Adjektivs transnational bezeichnet werden soll, deshalb folgt hier eine sozialwissenschaftliche
Einordnung des Begriffs.

2.2.1 Transnationale Politik

Wenn man sich mit grenzübergreifenden Politikprozessen beschäftigt, ist eine
Genese des Begriffs transnational notwendig. Auf die sozialwissenschaftliche
Debatte wird hier mit einer Schwerpunktsetzung auf die Politikwissenschaft
und die Soziologie eingegangen, wobei angemerkt sei, dass es in den anderen Disziplinen ebenso konzeptionelle Arbeiten hierzu gibt (vgl. für die Geschichtswissenschaft Weyland 2009). [11]
Mit Beginn des Kalten Krieges setzte sich in der politikwissenschaftlichen
Teildisziplin der Internationalen Beziehungen eine "realistische" Sicht der
Staatenwelt durch. Vertreter des Realismus sehen die internationalen Beziehungen als anarchisch strukturiert an, woraus ein Sicherheitsdilemma resul-
tiert, denn niemand verfügt über das Gewaltmonopol oder kann den Frieden
garantieren. Der einzelne Staat kann nur durch militärische und etwas nachrangig durch ökonomische Stärke bestehen.[12] Allein die Anzahl der Panzer
und Interkontinentalraketen schien in der "Realistischen Ära" der internationalen Beziehungen zu zählen. Es dominierte eine Wahrnehmung des Anderen
(vgl. Frei 1986), die im besten Fall von Misstrauen und im schlimmsten Fall
von Aggression geprägt war. Religion und Ideologie spielten als rhetorische
Mittel in der Propaganda zur Stärkung der Kampfmoral eine Rolle, doch kaum
als relevante Forschungsthemen. Diese "realistische" Wahrnehmung der politischen Welt änderte sich Ende der 1960er Jahre. Ein Grund war die friedliche Integration von einigen Staaten Europas, die sich früher feindlich gegen-
überstanden. Hinzu kamen die Ausbreitung des Anti-Kolonialismus und vor
allem der Sieg der diversen Befreiungsbewegungen seit den 1950er Jahren.
All dies konnte der realistische Ansatz in den internationalen Beziehungen mit

---

11   Historiker und Linguisten verwenden den Begriff sogar schon seit der zweiten Hälfte
      des 19. Jahrhunderts. In den Sozialwissenschaften setzte sich der Terminus jedoch
      erst ab den 1960er Jahren fest.
12   Diese Darstellung ist freilich etwas verkürzt. Sicherlich werden auch von der
      Realistischen Schule andere Faktoren mit einbezogen, so Technologie und die
      Geographie (vgl. Jervis 1978). Doch auch dann dominiert i. d. R. die
      sicherheitspolitische Betrachtung der internationalen Beziehungen.

seinem Modell nicht konsistent erklären.

Karl Kaiser (1969, 1971) war einer der ersten, der sein Konzept der transnationalen Politik bzw. der Bedeutung von transnationalen Aktivitäten in den Mainstream der Sozialwissenschaften und damit auch in die Theorie der Internationalen Beziehungen erfolgreich einbringen konnte. Der deutsche Politikwissenschaftler veröffentlichte sein Konzept zuerst 1968 in dem deutschen Fachjournal *Politische Vierteljahresschrift*. Die "Diffusion" erfolgte dann wahrscheinlich durch seine Tätigkeit in den USA und die dadurch entstandenen Netzwerke.[13] Es wurde 1971 in der amerikanischen Zeitschrift *International Organization* veröffentlicht. Bis heute ist das von Kaiser entworfene Konzept der transnationalen Politik eines der am häufigsten zitierten Modelle bei der Analyse grenzübergreifender Politikprozesse. Seine Definition bezeichnet "direkte horizontale Interaktionen zwischen gesellschaftlichen Akteuren aus verschiedenen Nationalstaaten, Transaktionen welche die Regierungsinstitutionen umgehen, aber einen starken Einfluss auf ihren Handlungsspielraum, die verschiedenen Formen der gegenseitigen Beeinflussung von verschiedenen Einheiten und die wachsende Zahl der nichtstaatlichen Akteure" hat (Kaiser 1971: 790, Übersetzung RL). Transnationale Interaktionen sind nicht neu. Sie und damit Interdependenzen haben jedoch zugenommen. Kaiser argumentiert weiter, dass der Nationalstaat eben nicht als eine "black-box" angesehen werden kann, weil alle Staaten in den modernen hochindustrialisierten Weltwirtschaft interagieren und Entscheidungsebenen miteinander verzahnt sind *(ebd.: 792f)*. Dies ist jedoch nur möglich, wenn die Grenzen nicht hermetisch abgeriegelt sind und eine Zusammenarbeit oder Aktivität über diese hinweg möglich ist. Gerade private gesellschaftliche Akteure wie Finanzunternehmen und deren Spekulationen auf die Entwicklung der Wechselkurse können einzelne nationalstaatliche Politikentwürfe ad absurdum führen, wie Kaiser darlegt (ebd.: 793ff).

Eine transnationale Gesellschaft ist in dieser Perspektive auch eine Bedingung für eine transnationale Politik (ebd.: 801). Kaiser negiert die Bedeutung des Nationalstaats nicht, aber er sieht ihn nur als einen wichtigen Faktor in einem breiteren Kontext von Politik an. Er definiert eine transnationale Gesellschaft "als ein System von Interaktionen in einem speziellen Themengebiet zwischen gesellschaftlichen Akteuren in verschiedenen nationalstaatlichen Systemen [...]. In jedem nationalen System sind Interaktionen abhängig

---

13   Kaiser (1971: 801f) konnte sich dabei auf renommierte Arbeiten von Raymond Aron in Frankreich oder auf die amerikanische Forschung von Stanley Hoffmann beziehen.

von den Entscheidungen der Eliten außerhalb der Regierungen und umgesetzt von sozialen, wirtschaftlichen und politischen Kräften in den beteiligten
Gesellschaften" (ebd.: 802, Übersetzung RL). Die bei Kaiser beschriebene
transnationale Gesellschaft ist nicht als eine geographische Einheit zu verstehen, die ganze nationalstaatliche Gesellschaften abdeckt, sondern sie
entsteht durch die Beschäftigung mit einem gemeinsamen Thema und zielt
dabei auf ein "Objekt der transnationalen Interaktion" (ebd.: 803, Übersetzung
RL). Transnationale Politik umfasst alle politischen Interaktionen (ebd.: 804).
Durch den wissenschaftlichen und technischen Fortschritt ist der Anstieg der
Interaktionen möglich, insbesondere in den Bereichen Mobilität und Kommunikation, die die Internationalisierung vorantreiben, so Kaiser (ebd.: 810).
Weiterhin muss eine ökonomische Interaktion vorausgesetzt werden, wobei
die modernen Industriegesellschaften auf einer transnationalen Ebene miteinander verbunden sind. Sozialer Fortschritt ermöglicht seinerseits erst die Internationalisierung. Die Interdependenz zwischen Gesellschaften ist an klare
Bedingungen geknüpft; sie kann erst durch das Überwinden von geographischen Hindernissen entstehen. Außerdem müssen die Menschen in der Lage
sein, sich mittels Schrift und technischen Kommunikationsmitteln zu verständigen, um damit an einer transnationalen Gesellschaft teilzuhaben. Mitglieder
einer transnationalen Gemeinschaft müssen den Globus auch kognitiv als eine mögliche Arena ihres Handelns wahrnehmen.
Kaisers Konzept der transnationalen Politik ist als ein wegweisendes Modell
der Interdependenz von moderner Weltpolitik zu verstehen. Es beschreibt
zugleich Bedingungen, die eine Diffusion von Praktiken und Normen wenn
schon nicht ermöglichen, so doch erheblich fördern und vereinfachen. Die
Verbreitung des Begriffs transnational und die Verwendung eines transnationalen Analyserasters setzten relativ rasch ein. Robert Keohane und Joseph
Nye (1971) publizierten einen bahnbrechenden Sonderband der *International
Organization,* in dem die verschiedenen Autoren die Bedeutung von grenzüberschreitenden Prozessen in ihren Untersuchungen herausarbeiteten. Nye
und Keohane (1971: 332, Übersetzung RL) schließen sich Kaisers Einschätzung an, denn hier heißt es: "eine transnationale Interaktion mag Regierungen mit einbeziehen, aber sie bezieht sich nicht ausschließlich auf Regierungen: Nichtstaatliche Akteure müssen eine signifikante Rolle spielen. Wir sprechen von transnationaler Kommunikation, Transport, Finanzen und Reisen,
wenn wir über Nichtregierungs- oder nur partiellen Regierungsaktivitäten über
Ländergrenzen hinweg reden." Es muss also mindestens ein Akteur, der in
die Interaktion von fassbaren oder immateriellen Gütern über Staatsgrenzen

hinweg involviert ist, nichtstaatlich bzw. unabhängig von Aktivitäten internationaler Organisationen sein. Akteure sind auch dann als transnational zu kategorisieren, wenn sich die Interaktion nur in einem Staat stattfindet, aber mindestens ein Akteur aus einem anderen Land daran beteiligt ist (ebd.: 335). Dies gilt auch deshalb, weil die meisten transnational tätigen Organisationen in erster Linie einer nationalstaatlich gefassten Gesellschaft verpflichtet bleiben, es sei denn in der Führung der Organisation würden signifikant mehr Führungskräfte aus mehr als diesem einen Land stammen, so Joseph Nye und Robert Keohane (ebd.: 336). Joseph Nye weist auch in späteren Arbeiten auf die Bedeutung nichtstaatlicher Akteure hin; sie bringen mittels ihrer "transnationalen politischen Koalitionen" (Nye 2004: 91, Übersetzung RL) über Ländergrenzen hinweg ihre Themen auf die politischen Agenden der Staaten. Der transnationale Aspekt wird in seiner Analyse zur Bedeutung der kulturellen Dimension der Außenpolitik klar herausgearbeitet, denn insbesondere der akademische und wissenschaftliche Austausch hätte eine entscheidende Rolle bei der außenpolitischen Stellung der USA gespielt (ebd.: 44f).

2.2.2 Soft Power

Wissen und Erkenntnisse setzten sich in der Geschichte häufig über Ländergrenzen hinweg. Wissen kann ohne Zweifel als eine Grundlage von Macht verstanden werden. Das gilt erst recht in den modernen Gesellschaften. Hochschulen und die umfangreichen Außenkontakte, die sie seit jeher pflegen, sind eine wichtige Quelle von "Soft Power" wie Joseph Nye darlegt (1990, 2004). Soft Power ist als sanfte Form von Macht, die Fähigkeit eines Nationalstaates, aufgrund der kulturellen Ausstrahlung für andere Gesellschaften attraktiv zu sein und dadurch realen politischen Einfluss zu haben (Nye 2004: 5ff).

Kultur spielt eine essentielle Rolle im Konzept von Nye, weil sie es ist, die als ein "Set von Werten und Praktiken Sinn für eine Gesellschaft schafft" (Nye 2004: 11; Übersetzung R.L.). Universitäten sind aus dieser Perspektive in modernen Gesellschaften unersetzlich. Darüber hinaus hat die Fähigkeit zu Soft Power eine Relevanz für die Demokratieförderung und die Propagierung von Menschenrechten, die nur mit Soft Power möglich wäre, so Joseph Nye (2004: 17). Nichtstaatliche Akteure hätten dabei eine eigene Art von Soft Power entwickelt. Hierzu zählt Nye neben Firmen auch "Universitäten, Stiftungen, Kirchen und andere Nichtregierungsorganisationen" (ebd., Übersetzung RL). Sie haben einen entscheidenden Anteil an der Attraktivität eines Staates bzw. einer nationalstaatlichen gefassten Gesellschaft in anderen Ländern. Wichtige Indikatoren in der Darstellung für die USA sind die Wertschätzung von Technik und Wissenschaft; Medienprodukte wie Fernsehserien, Musik oder Kinofilme; die Wertschätzung für die amerikanische Demokratie sowie die Art der Wirtschaftsführung und schließlich amerikanische Ideen und Verhaltensweisen. Entscheidend ist jedoch laut Nye nicht nur die Existenz von anerkannten Produkten, Werken, Personen und Ideen in all diesen Bereichen, sondern auch der konsistente Stil der "harten" Außenpolitik (ebd.: 60ff).[14]

Die ebenfalls hohe Attraktivität Europas bzw. der Mitgliedsländer der EU und ihre Popularität macht Nye (ebd.: 76f) an folgenden Indikatoren deutlich: an der hohen Zahl von Nobelpreisen in Literatur, Physik und Chemie, den Verkaufszahlen von Tonträgern, Büchern, der Nutzung von Internet-Host-Adressen, der Attraktivität für Touristen, aber auch der für politische Flüchtlinge, der hohen Lebenserwartung (zumal sie höher ist als in den USA), der Höhe der Entwicklungshilfezahlungen (zumindest in Relation zum BIP höher als die der USA), der weltweit hohen Popularität von Fußball als europäischem Sport, Musik aus europäischen Ländern und der Reputation von in der EU ansässigen Firmen und schließlich anhand der Ausgaben für "Public Diplomacy". Aus allem wird deutlich: Kultur ist eine Quelle für eine positiv besetzte Wahrnehmung politischer Entitäten und damit auch ein Mittel in der Außenpolitik der europäischen Staaten. Für Nye gilt dies auch für die Austausch- und Mobilitätsprogramme der Hochschulen, die oft "important effects on key foreign elites" (ebd.: 113) haben. Amerikanische Ideen und Werte werden gerade mit den hunderttausenden ausländischen Studierenden und Absolventen jedes Jahr in die Welt getragen, wobei Nye feststellt, dass dies heute insbesondere für China relevant wäre, so wie es früher für die Menschenrechtspolitik der Carter-Administration gegenüber Argentinien der Fall gewesen ist (ebd.: 13).

Soft Power ist aber auch für kleinere, relativ "schwache" Staaten von Nutzen, gerade dann, wenn sie harte machtpolitische Instrumente nicht nutzen können und wollen. An kaum einem Beispiel lässt sich das besser darstellen, als an der Bundesrepublik und ihrer Außenpolitik nach 1949. Aus einer geopoli-

---

14   Eine konsistente Außendarstellung gehört laut Nye dazu, ansonsten erscheint die US-Außenpolitik, auf die er seine Ausführungen vor allem bezieht, als "hypocritical" (2004: 60). Dies ist aber auch so der Fall, denn wenn einerseits Demokratie und Frieden gefördert werden, unterstützen die USA andererseits Diktatoren und Militärputsche oder setzen Napalmbomben gegen die Zivilbevölkerung eines anderen Landes ein. Angesichts dessen und des Engagements beispielsweise 1953 in Iran, 1973 in Chile und in Vietnam 1961-1975 haben die USA den sogenannten Kalten Krieg auch auf dem Gebiet der "Soft Power" eindeutig gewonnen.

tisch, realistischen Perspektive betrachtet, konnte das Land nie wieder in der
Lage sein, in die frühere Position einer "Großmacht" zurück zu gelangen. Der
Mehrheit der Westdeutschen und ihrer politisch-ökonomischen "Eliten" hat
diese Einsicht geholfen, sich in die westliche Bündniswelt zu integrieren, wovon wiederum die wirtschaftliche Entwicklung außerordentlich profitierte. Das
außenpolitische Mittel des Marshallplans und die Einbindung in die NATO
sowie in die Montan-Union und spätere Europäische Gemeinschaft unterstützte die BRD bei ihrer allmählichen Re-Integration in die internationale
westliche Staatenwelt. Auch wenn Deutsche unglaubliche Verbrechen gegen
die Menschlichkeit begangen hatten und verantwortlich für die Zerstörung Europas waren, konnten sie immer noch auf ihr Erbe als "Kulturnation" verweisen. Vor der ersten Weltkriegskatastrophe war es das deutsche Modell von
Hochschule und Forschung, welches weltweit rezipiert wurde und damit Eng-
lands "Oxbridge" starke Konkurrenz machen konnte. Wissenschaftler, Schrift-
steller, Erfinder und Komponisten aus dem deutschsprachigen Raum waren
schon damals Teil eines virtuellen Weltkulturerbes. Es ist also nicht verwunderlich, dass das Auswärtige Amt seine Tätigkeit insbesondere mit einem Fokus auf den kulturellen Bereich begann und die Gründung von Organisationen wie des Goethe-Instituts, der Alexander von Humboldt-Stiftung und des
DAAD als offizielle Mittlerorganisationen der deutschen Außenpolitik unterstützte. Sie helfen bis heute die Wahrnehmung der deutschen Kultur zu erhöhen und deutsche Hochschul- und Wissenschaftseinrichtungen bekannt zu
machen (Jansen 2004: 47; sowie die Beiträge in Alter 2000). Austauschprogramme und die Vergabe von Stipendien für einen Aufenthalt an deutschen
Hochschulen oder wissenschaftlichen Einrichtungen sind ein essentieller Teil
der Arbeit dieser Organisationen. Dabei wird durchaus darauf verwiesen,
dass ehemalige Stipendiaten in mittel- und osteuropäischen Staaten heute
einflussreiche Positionen innehaben (Jansen 2004: 8).

2.3   Transnationales akademisches Feld

Die akademischen Netzwerke sind seit jeher oft länderübergreifend und reichen von persönlichen Kontakten, die über Lehrstühle und Fakultäten institutionalisiert wurden, bis hin zu großen Forschungsverbänden und -projekten
sowie Universitätspartnerschaften. Die politischen Auswirkungen dieser Zusammenarbeit lassen sich auf einer nationalen und internationalen Ebene
beobachten (vgl. Crane 1971). Eine Reihe verschiedenster Akteure ist an Interaktionen über Ländergrenzen hinweg beteiligt. Diese Organisationen sind

in einem hochschulpolitischen Feld aktiv. Der sozialwissenschaftliche Begriff des Feldes wird vor allem mit Arbeiten des französischen Soziologen Pierre Bourdieu verbunden, der im folgenden Abschnitt näher betrachtet wird.

2.3.1 Der Feldbegriff bei Bourdieu

Mit dem Begriff des sozialen Feldes beschreibt Pierre Bourdieu einen autonomen Raum in der Gesellschaft, der einen mit "eigenen Gesetzen ausgestatteten Mikrokosmos" (Bourdieu 1998: 18) darstellt. Ein solches Feld wird erst durch die daran beteiligten Akteure und deren Beziehungen zueinander geschaffen und dabei stellt jedes "ein Kräftefeld und ein Feld der Kämpfe um die Bewahrung oder die Veränderung dieses Kräftefeldes" dar (Bourdieu 1998: 20).

Auch die scheinbar ideale akademische Welt kann als ein Feld von Positionen beschrieben werden. Im Anschluss an Bourdieu lassen sich auch hier die Kapitalformen finden, die konstitutiv für die Feldposition sind. Die ökonomische Ausstattung einer Institution bzw. eines Akteurs bestimmt dessen Handlungsmacht entscheidend mit. Dessen ungeachtet spielt das symbolische Kapital und damit die wissenschaftliche Reputation für die akademische Bildungselite die größte Rolle, da analog hierzu die Vergabe von Positionen im akademischen Feld erfolgt und dieses wiederum ausgebaut werden kann. Die unsichtbaren sozialen Grenzen in dem Feld verlaufen zugleich innerhalb der national verfassten Wissenschaftssysteme, denn ohne finanzielle Ressourcen fällt es schwer, Positionen im wissenschaftlichen Feld einzunehmen, die eine aktive Teilnahme erlauben.

Das universitäre bzw. das wissenschaftliche Feld stellt eine spezielle Form des sozialen Feldes dar. Hier können die Inhaber von Positionen in diesem Feld die Strukturen reziprok zu ihrer Machtposition mitgestalten. Voraussetzung hierfür ist vor allem die Ausstattung mit hoch angesehenem symbolischem, vor allem wissenschaftlichem Kapital, welches über die Anerkennung in der wissenschaftlichen Gemeinschaft erworben wird. Gleichzeitig gibt es aber eine eher profane, weltliche Macht. Sie ist gebunden an Positionen in den Bildungs- und Wissenschaftsinstitutionen und damit an die Verfügungsgewalt über Produktionsmittel und Reproduktionsmittel (Bourdieu 1998: 31). Das beinhaltet heute jedoch nicht nur die Hochschul- oder Fakultätsleitungen, sondern gerade bei den immer wichtiger werdenden Drittmitteln, den Vergabeausschuss von Wissenschaftsorganisationen, Stiftungen oder gleichwertigen Gremien in Unternehmen. Mitarbeiter und Professoren nehmen zugleich machtpolitische Positionen im akademischen Feld ein. Sie wirken an der Struktur mit, die ihre Arbeits- und Lebenswelt darstellt. Sie und hochschulpolitische Funktionäre sind für die Umsetzung von Reformen verantwortlich. Personen konstituieren Netzwerke, die die Weitergabe von Ideen und Modellen sowie deren Umsetzung ermöglichen. Diese Beziehungen untereinander stellen damit auch ein entscheidendes soziales Kapital dar, denn Netzwerke sind bei der Vergabe von Positionen in Organisationen von hoher Relevanz. Individuen agieren als eigenständige Akteure, zugleich sprechen sie bei einer entsprechenden Position innerhalb einer Hochschule oder einer Wissenschaftsorganisation auch für diese selbst.[15] Je stärker sie mit wissenschaftlichem Kapital ausgestattet sind, umso größer ist ihre Gestaltungsmacht und umgekehrt, je weniger sie hierüber verfügen umso mehr sind sie von den Strukturzwängen des Feldes abhängig (Bourdieu 1998: 21).

Aus neo-institutionalistischer Sicht führten die gestiegene soziale Einbindung der Universität sowie ein immer dichter werdendes wissenschaftliches Netzwerk zu einer weiteren Betonung der Bedeutung von Hochschulbildung (Ramirez 2006: 246). Die Übernahme und Angleichung von institutionellen Strukturen in den jeweiligen eigenen Kontext wird, wie bereits dargestellt, als Isomorphismus bezeichnet. Isomorphie findet dabei in organisationalen Feldern statt. Nicht nur begrifflich ergibt sich damit eine große Nähe zu dem Begriff des wissenschaftlichen Feldes bei Bourdieu. Insbesondere DiMaggio und Powell knüpfen hieran an, in dem sie das jeweilige Feld als einen Raum auffassen, der sich dadurch auszeichnet, dass er eine "Arena von Strategie und Konflikt" ist (hier zit. bei Scott 1995: 106f, Übersetzung RL). Staat und Berufsorganisationen gelten aus neo-institutionalistischer Sicht als die beiden wichtigsten Akteure im Feld (Scott 1995: 93ff). Die zunehmende Professionalisierung und Verwissenschaftlichung von Bildung besteht in einem reziproken Verhältnis zur weltweiten Kommunikation. Auch deshalb muss zur Erklärung der Entwicklung von nationalen Bildungssystemen der nationalstaatliche Rahmen verlassen werden, so John Meyer und Brian Ramirez (2005: 213). Meyer und Ramirez sehen nicht nur einen zunehmenden Prozess der Angleichung von Bildungssystemen, sondern argumentieren vielmehr, dass diese identisch wären. Als ein Beispiel führen sie die wechselseitige Anerkennung von Zeugnissen und Studienabschlüssen an (Meyer/Ramirez 2005: 229).

Das Lehr- und Forschungspersonal stellt jedoch nur eine Gruppe von individuellen Akteuren dar, zumindest wenn sie sich als Individuum oder Gruppe äußern. Im wissenschaftlichen Feld sind weitere Akteure aktiv, die die Feld-

---

15   Sie gestalten somit die Struktur der Organisation mit. Zugleich nehmen sie auch immer wieder Einfluss auf die Gestaltung der Praxen in der Bildungsinstitution.

struktur ganz wesentlich mitbestimmen. Neben den Hochschulen und deren Vertretern sind das gewiss die zuständigen Ministerien, außerdem – je nach Mitgliedschaft des jeweiligen Landes – internationale Organisationen, die wie die OECD Einfluss auf die Bildungspolitik ihrer Mitgliedsstaaten nehmen. Durch die zunehmende Öffnung des wissenschaftlichen Feldes für Akteure aus anderen Feldern gewinnen diese dort an Einfluss. Dies gilt für Stiftungen und deren Verbünde sowie für Unternehmen, die direkt und indirekt Einfluss auf die Hochschulorganisation und die Forschung nehmen können.

Es gibt zahlreiche Überschneidungen zwischen der akademischen Elite und ihren Organisationen mit einer polit-ökonomischen Elite. Machtstrukturen z.B. in Form von Expertennetzwerken oder der Mitgliedschaft in Kommissionen sind in einem nationalen und in einem transnationalen Feld zu finden.[16] Allerdings ist es nur für Wissenschaftler mit einem ausreichenden symbolischen Kapital möglich, leicht das eigene nationale akademische Feld zu wechseln. Handelt es sich um den bloßen Arbeitsplatzwechsel, so kann davon ausgegangen werden, dass nur der nationale Kontext verändert wurde. Bestehen jedoch Kontakte zu Organisationen und Institutionen in anderen nationalen Feldern, dann kann hier von einer transnationalen Tätigkeit ausgegangen werden. Diese erfolgt oft in der Form von Kooperationen, die institutionell durch Verträge abgesichert werden. Die Zusammenarbeit manifestiert sich räumlich in Seminaren, Workshops und Kongressen oder in mittel- und langfristigen Arbeitsaufenthalten. Hier kann der Austausch von Personen, Wissen und materiellen Gütern stattfinden.

Der Staat ist der stärkste Akteur im Bildungssektor, ausgestattet mit den jeweils national erbrachten Steuermitteln der Gesellschaft. Er ist auch für den transnationalen Rahmen immer noch entscheidend, da er nicht nur die meisten Finanzmittel zur Verfügung stellt, sondern über Verträge den institutionellen Rahmen absichert, ohne den kein Akteur in einem transnationalen Rahmen tätig sein kann. Gleichwohl existiert die wissenschaftliche Gemeinschaft nur durch die Initiative einzelner nichtstaatlicher Akteure sowohl auf einer individuellen als auch auf einer organisationalen Ebene.

---

16   Richard Münch skizziert in Anlehnung an Bourdieu für die OECD-Länder eine "Doppelstruktur der Herrschaft" (Münch 2009: 25). In diesem Koordinatensystem wird die y- Achse bestimmt durch das soziale Kapital und die x-Achse durch ökonomisches sowie kulturelles Kapital bestimmt.

2.3.2 Wissenschaftskultur transnational?

Nach dem 2. Weltkrieg stellte das Anknüpfen an grenzübergreifende Koope-
rationen im Hochschul- und Wissenschaftssystem aufgrund der politischen
Lage während des Kalten Krieges und der vorhandenen Ressentiments eine
Herausforderung dar. Zugleich erschwerte die technische Infrastruktur die
Kommunikation und die Mobilität im geteilten Europa. Die Kooperation mit
Partnern in anderen Ländern stellte für den beteiligten Personenkreis einen
zeitraubenden Kraftakt dar. Trotz dessen kam es 1955 zu einem ersten europaweiten Treffen der Rektoren in Cambridge und 1959 wurde die erste länderübergreifende Vereinigung der Rektoren gegründet.
Ein erstes Beispiel für eine multilaterale Forschungskooperation nach dem
Ende des Zweiten Weltkriegs kann schon 1954 mit den von 12 Ländern gegründeten CERN gefunden werden. Das Europäische Kernforschungszent-
rum befindet sich an der französisch-schweizerischen Grenze auf exterritoria-
lem Gebiet. Die Gründung sollte neben dem rein fachlichen Zweck zugleich
der Versöhnung gelten (Landua 2008: 11). Es kooperiert mit Universitäten in
mehreren Ländern, deren Kapazitäten es mitnutzt. Seit dem offiziellen Beginn
der wissenschaftlichen Forschung im Jahr 1959 hat sich das CERN zu einer
der teuersten Forschungseinrichtungen in Europa entwickelt.[17]
Wie bereits erwähnt, verstärkte sich die Kooperation vor allem zwischen den
westeuropäischen Universitäten in den 1980er Jahren. Die Vertreter der Universitäten initiierten selbst das erste europaweite Dokument, das das Entstehen eines europäischen Hochschulraums der Nachweltkriegszeit symbolisier-
te. Die Rektoren und Präsidenten von 380 europäischen Universitäten ver-
sammelten sich 1988, um den 900. Geburtstag der Universität von Bologna
zu feiern. Ein europäisches humanistisches Ideal von universitärer Bildung
wurde dabei in der Magna Charta Universitatum proklamiert. In dieser Charta
wurden die Grundprinzipien der Idee einer Europäischen Universität dargelegt: Lehre und Forschung gehören essentiell hierzu. Die Universität ist autonom und frei von staatlicher Willkür oder wirtschaftlichem Druck, wie es darin
heißt. Die Kooperation über Ländergrenzen hinweg ist demnach ebenso ein
Teil dieser europäischen Idee.[18] Die Magna Charta von 1988 hat zwar ein de-
klarativen Charakter, ist aber im Gegensatz zu der 11 Jahre später vereinbar-

---

17   Eines der Nebenprodukte, das World Wide Web, sorgt dafür, dass sich der Faktor
      Entfernung für die Kommunikation fast völlig vom Ort gelöst hat und ein globaler
      Kommunikationsraum in "Echtzeit" entstand.
18   Siehe URL (letzter Zugriff 20.3.2009): http://www.magna-charta.org/pdf/mc_pdf/mc_
      english.pdf

ten Bologna-Erklärung, als ein von nationalstaatlichen Einflüssen relativ freies Dokument der europäischen Hochschulen zu sehen. Globalisierung und Internationalisierung wurden als Themen in den 1990er Jahren geradezu entdeckt. Gleichzeitig nahm die Auseinandersetzung mit transnationalen Prozessen in der Soziologie zu. Gerade dort untersucht man verstärkt Phänomene der Migration und der damit einhergehenden Wanderungsbewegungen. Dabei ist klar, dass diese nicht ausschließlich in eine Richtung verlaufen, sondern Menschen sich bei einer Übersiedlung in ein anderes Land auch danach oft mit ihrem Heimatland enge Verbindungen pflegen und sich eventuell in zwei nationalstaatlichen Gesellschaften bewegen. Dies ist beispielsweise die Regel bei Arbeitsmigranten in Europa oder zwischen Mexiko und den Vereinigten Staaten. Ein Resultat ist die grenzüberschreitende Praxis als alltägliche soziale Praxis. Dabei entstehen transnationale Gemeinschaften und soziale Räume, bei den Prozesse gleichzeitig in zwei Gesellschaften von statten gehen. Sie bestehen aus Personen, Gruppen, Organisationen und deren Aktivitäten an verschiedenen Orten. Die Gesellschaft wird daher immer weniger als ein nach außen abgeschlossener Container betrachtet (Pries 2007: 7).

Grenzüberschreitende Aktivitäten von zivilgesellschaftlichen Organisationen sind die am häufigsten untersuchten Beispiele für Interaktionen in einem transnationalen Raum. Dieser umfasst nicht nur Güter, sondern auch Symbole und Ideen, die in einem Raum jenseits des dominanten Einflusses des Staates fließen (Faist 2000: 111). Dabei spricht Thomas Faist von einem Themennetzwerk, wenn es sich auf ein Problem oder ein Diskurs konzentriert. Eine transnationale Gemeinschaft konstituiert sich auf einer sozialen und symbolischen Ebene und kann daher auch losgelöst vom Territorium existieren (ebd.: 122). Grenzübergreifende Mobilität ist noch heute in vielen Regionen der Welt nur eingeschränkt möglich. Dies gilt auch für die deutsch-russischen Kooperationen im Hochschulsektor, da beide Länder für das jeweils andere Land bis heute eine Visa-Pflicht aufrecht erhalten. Für rein personengebundene Migrationsräume ist dies, wie von Faist herausgearbeitet, noch viel stärker ein Hindernis für die transnationale Mobilität.

Es gibt wohl wenige Gebiete in denen die grenzüberschreitende Praxis so häufig in der allgemeinen politischen und der sozialwissenschaftlichen Öffentlichkeit problematisiert wird, wie die der Migration zwischen Gesellschaften mit deutlichen Wohlstandsgefällen. Diese Wanderungsbewegungen gelten insbesondere dann als problematisch, wenn sie zwischen zwei Ländern auftreten und sich deren Kaufkraftparität im Verhältnis drei zu eins oder höher unterscheidet (Vobruba 1997b: 127). Doch selbst wenn diese Staaten nicht aneinandergrenzen, kann es aus den unterschiedlichsten Gründen, derzeit vor allem aufgrund wirtschaftlicher Prosperität, dazu kommen, dass Menschen aus anderen Regionen der Welt in die vermeintlich wohlhabenderen zuwandern. Sie brechen dabei nicht sofort ihre Verbindungen zu ihren Heimatgesellschaften ab. Auch deshalb sind die Wanderungsbewegungen und deren Auswirkungen seit einigen Jahren von besonderem Interesse für die Soziologie, wie sich die Arbeiten von Thomas Faist (2000) und Ludwig Pries (2008) zeigen. Pries betont, dass die Vorstellung von hermetisch abgrenzbaren, staatlich kontrollierten Territorien mit Beginn des 21. Jahrhunderts endgültig Vergangenheit ist. Gleichzeitig weist er in seiner Studie "die Behauptung einer durchgängigen Globalisierung" (2008: 15) zurück. Es kann seiner Meinung nach nicht von weltweit und damit überall gültigen Phänomenen gesprochen werden, die das Spezifische von ortsgebundenen gesellschaftlichen Prozessen aufheben. Vielmehr wären verschiedene Typen der "*Internationalisierung der Vergesellschaftsbezüge*" (Hervorhebung im Original, ebd.: 16) zu beobachten. Dabei ist durchaus ein Wandel zu beobachten, der jedoch nur in einer sozialen Praxis zu untersuchen ist, die lokal und regional verankert ist. Der Nationalstaat verliert sich nicht in einem globalen Dorf, denn vor allem finanzielle und wirtschaftliche Zentren treten gehäuft in bestimmten Regionen der Welt auf. Der Nationalstaat beeinflusst auch weiterhin die Struktur der sozialen Welt, die ebenso von "globalen Ereignissen und Tendenzen beeinflusst" (ebd.: 47) ist. Gleichwohl ist eine rein nationalstaatliche Perspektive nicht mehr adäquat, um die seit Jahrzehnten zu beobachtenden Prozesse zu beschreiben, die sich charakterisieren lassen als die "Herausbildung relativ dauerhafter und dichter pluri-lokaler und nationalstaatliche Grenzen übergreifende Beziehungen von Praktiken, Symbolsystemen und Artefakten" (Pries 2008: 44). Neben der nationalstaatlichen Rahmung des Sozialen treten nun verstärkt gesellschaftliche Zusammenhänge, die nicht von Grenzen aufgehalten werden. Der Feldbegriff kann helfen, Kräfteverhältnisse in der Gesellschaft zu beschreiben, unterstützt aber kaum die Analyse der konkreten grenzüberschreitenden Interaktionen (ebd.: 228). Eine genaue Analyse verlangt einen Fokus auf die Prozesse, die an einem geographisch lokalisierbaren Raum gekoppelt sind, in dem das Soziale verankert ist. Grenzüberschreitende Prozesse sind Teil eines alltäglichen Handelns von Individuen und Organisationen im heutigen akademischen Feld. Herunter gebrochen für das Hochschulsystem kann das an einem deutschen Professor gezeigt werden, der für eine private Universität in den USA oder gar für deren Filiale in einem

dritten Land arbeitet. Gerade die wissenschaftliche Gemeinschaft kann als
ein transnationales Phänomen beschrieben werden. Sie ist jedoch nicht in
allen Ländern gleichermaßen präsent. Eher kann von einer Dominanz der
OECD-Staaten gesprochen werden.
Die transnationale Praxis entwickelt eine eigene Dynamik, die in der Regel
schwer effektiv von einer Zentrale gesteuert werden kann. Dies gilt insbesondere für transnationale Organisationen, ob gewinn- oder gemeinwohlorien-
tiert. In ihnen entwickeln sich die von Pries (ebd.: 75; H. i. O.) konstatierten
"komplexen Wechselbeziehungen zwischen alltagsweltlichen und organisationalen *Bedürfnissen* einerseits und alltagsweltlichen und organisationalen
Möglichkeiten andererseits." Dadurch hat sich die zwei Jahrhunderte dominierende Bindung des Sozialraumes an eine überwiegend nationalstaatlich
verfasste Gesellschaft gelöst. Die von Pries verwendete Kategorie des sozialen Raumes erlaubt es, Raum, Fläche und Zeit in Beziehung bzw. in Relation
zu Symbolen, Artefakten und sozialer Praxis zu setzen (ebd.: 94). Hierbei
kann man eine objektiv messbare Internationalisierung in Form von Kapital,
Daten, Waren und Personenströme sowie eine subjektiv – und damit eine
schwer messbare – Internationalisierung unterscheiden, so Pries (ebd.: 125).
Letztere beinhaltet den gewandelten Raumbezug der Menschen, der heute
nicht nur lokal oder regional beschränkt ist, sondern weit über die nationalen
Grenzen hinausgeht. Neben der individuellen, lebensweltlichen Mikro-Ebene
differenziert Ludger Pries jeweils zwei weitere autonome aber dennoch miteinander verbundene Modi von Vergesellschaftung: Organisationen und Institutionen. Diese versteht er als Sozialraumtypen in denen soziale Praxis, Arte-
fakte und Symbolsystem ausgeprägt werden. Institutionen gelten dabei als
"höhere Ordnungseinheit sozialer Strukturierung" (ebd.: 244) in denen "komplexe Normen- und Handlungsprogramme" festgelegt werden. Als Beispiele
dienen ihm der Professionsgedanke von Berufen oder das vielschichtige Ge-
füge von Familien. Dem gegenüber sind Organisationen "relativ dauerhafte
arbeitsteilige Kooperationszusammenhänge von Menschen" (ebd.: 225), die
einen verdichteten Sozialraum darstellen. Von Transnationalisierung möchte
Pries, dann sprechen, wenn über die Grenzen der Nationalstaaten eine "Zunahme pluri-lokaler und dezentraler, dauerhafter und dichter Sozialbeziehun-
gen und Austauschverhältnisse" (ebd.: 161) beobachtet wird. Dies gilt nicht
nur für Migrationsbewegungen, sondern auch für internationale Konzerne.
Der McKinsey-Konzern ist für Ludger Pries hierfür ein Idealtypus: Er verfügt
über keine klar zu definierende Zentrale und ist trotzdem in vielen Ländern
mit eigenen Büros tätig. Transnationalisierung als ein Forschungsprogramm

richtet den Fokus auf das Handeln von Akteuren und dem Entstehen von netzwerkförmigen sozialen Räumen sowie den entstehenden "Wechselbeziehungen zwischen lokalen, regionalen, nationalen und globalen Prozessen" (ebd.: 166). Die jeweiligen verbundenen lokalen Räume stehen nicht in einer hierarchischen Beziehung zueinander. Hier existierende Themennetzwerke haben eine besondere Bedeutung. Sie helfen den Organisationen, sich auf einen Schwerpunkt, also zum Beispiel Migration oder den Klimawandel, zu fokussieren. Eine transnationale Gesellschaft ist nicht an ein Territorium gebunden, sondern auf einer sozialen und symbolischen Ebene anzusiedeln (ebd.: 122).

Die Wanderungsbewegungen betreffen alle gesellschaftlichen Bereiche. Nach dem Ende der Sowjetunion gingen tausende Wissenschaftler "in den Westen", weil dort die Lebens- und Arbeitsverhältnisse eine wissenschaftliche Tätigkeit eher ermöglichten, als es in den sich im Umbruch befindlichen Gesellschaften der Fall war. Die so entstehende akademische Diaspora transportiert bis heute Methoden und Literaturkenntnisse zurück in das Herkunftssystem, womit sie zur Diffusion westlicher Muster beiträgt, wie es auch in den russischen Sozial- und Wirtschaftswissenschaften der Fall ist (vgl. Popov/Tvorogova/Fedjukin/Frumin 2011).

Die akademische Welt mag keine ideellen Grenzen kennen, die Teilnahme an diesem öffentlichen Raum ist jedoch auch in Europa an eine exzellente Beherrschung der englischen Sprache und an ein Visa des Ziellandes gebunden. Ein transnationales wissenschaftliches Feld bietet ideale Bedingungen für Diffusionsprozesse. Wissenschaftliches Arbeiten verlangt Logik, offene Kritik, eine freie Argumentationsmöglichkeiten sowie die Nachweisbarkeit der verwendeten Daten. Letztlich ist die Freiheit von Wissenschaft und Lehre nur mit der freien Rede, dem unzensierten Publizieren und einer zweckfreien Forschung (vgl. Münch 2011: 45) vorstellbar, womit die Autonomie des wissenschaftlichen Betriebes sowie der freie Fluss des Wissens und die Mobilität gewährleistet sein muss. Nur dann können Modelle und Praxen von anderen wirklich übernommen werden, zumindest wenn nicht ein rein auf Zwang beruhender Isomorphismus, also staatliche oder private Vorgaben, die Dynamik des wissenschaftlichen Feldes bestimmen soll.

2.3.3 Akteure im transnationalen Hochschulraum

Austausch und beinahe uneingeschränkte Mobilität charakterisieren den europäischen Hochschulsektor. Universitäten und Forschungseinrichtungen sind hier zu kulturellen Schnittpunkten zwischen nationalen Kulturen mit einem vielfältigen sozio-kulturellen Leben geworden. Generell sind Forschung

und Wissenschaft "increasingly de-nationalized and less constrained by national borders" (Olsen 2005: 3). Die Internationalisierung der europäischen
Universitäten ist ein Multi-Level-Prozess mit mehreren Teilaspekten. Hier wird
der Fokus in Bezug auf die Organisationsentwicklung auf den Bologna-
Prozess (BP) gelegt, da er als das derzeit dominierende Phänomen gelten
kann. Innerhalb dieses andauernden Prozesses sind Hochschulen Akteure
und Objekte des Wandels. Neben dem Staat formt eine zunehmende Zahl
von Akteuren die europäische Hochschullandschaft um. Eher traditionelle Organisationen der Professionen aber auch vergleichsweise junge wie die Europäische Union sind hier ebenso aktiv.

Hochschulen

Die bedeutendsten Akteure in Bezug auf Internationalisierung und Europäisierung sind die Hochschulen selbst, da sie die Akteure sind, die die Verträge
bezüglich der grenzübergreifenden Zusammenarbeit, der "cross border education" unterzeichnen. Als Organisation bieten sie auch die räumliche sowie
institutionelle Bindung der beteiligten Hochschulangehörigen und schaffen die
kulturelle Persistenz dieser Praxis. Das Büro in Form des Akademischen Auslandsamtes oder des "International Office" ist hierfür ein Beispiel im Sinne
von Lynne Zucker (1977). Kooperation mit Partnern im Ausland ist hier sicherlich die am meisten verbreitete und traditionelle Form der Internationalisierung für jede Hochschule und Forschungseinrichtung. Dies beinhaltet den
Austausch von Studierenden, Forschenden und Lehrenden. Forschungsko-
operationen werden besonders in komplexen und teuren Projekten benötigt.
Austauschprogramme existieren nicht nur auf einer bilateralen Ebene, denn
bei größeren Projekten sind oft drei und mehr Partner beteiligt. Diese multilateralen Projekte werden derzeit im Rahmen des 7. Forschungsrahmenprogramms (FRP) von der EU für einen Förderantrag erwartet und bei Genehmigung finanziell unterstützt.[19] Aber auch Lehrprogramme sollen mehrere Länder umfassen, wie es beim Erasmus Mundus Programm der Fall ist. Konferenzen und Seminare profitieren von Außenperspektiven anderer Länder und
anderer akademischer Kulturen. All diese transnationalen Kooperationen benötigen Normen, explizit oder implizit. Doch nicht nur Studierende haben si-
cherzustellen, dass ihre Arbeit, Studiengänge und -abschlüsse von anderen
Institutionen anerkannt werden. Die Forscher müssen bei einem Antrag im

---

19   Siehe URL (letzter Zugriff 1.1.2011): http://www.bmbf.de/pub/antragstellung_im_sieb
      ten_forschungsrahmenprogramm.pdf

64   RENÉ LENZ

Rahmen des 7. FRP mit einen umfangreichen Prozedere rechnen, so dass viele Einrichtungen hierfür extra Stellen geschaffen haben, die ausschließlich diesem Verfahren gelten.[20] Damit wird deutlich, dass es neben dem Austausch auch die Seite des Managements und der Organisation gibt, die ausgebaut wird und auf das Wissenschaftssystem einwirkt.

Europäische Universitäten sind normalerweise sich selbst regierende Körperschaften, deren Oberhaupt von dem Kollegium gewählt wird. So verstehen sich insbesondere die britischen und die deutschen Hochschulen als autonome Institutionen mit demokratischen Traditionen. Die professionellen akademischen Organisationen und die studentischen Organisationen arbeiten von jeher auf der lokalen Ebene der Hochschule. Heute sind die nationale und die länderübergreifende Ebene jedoch auch von entscheidender Bedeutung. Jeder Nationalstaat hat mindestens eine landesweite Organisation der Hochschulen, worin die Rektoren oder Präsidenten wiederum ihre Hochschulen repräsentieren. Allein die 1949 gegründete deutsche Hochschulrektorenkonferenz (HRK) zählte 2009 exakt 257 institutionelle Mitglieder, die wiederum entschieden haben, dass sie und ihre Einrichtungen am BP teilnehmen. Ebenso engagiert sich ihre politische Vertretung, die HRK, dafür.[21] Universitäten sind darüber hinaus mit Herausforderungen konfrontiert, die nicht direkt mit der Internationalisierung verbunden sind. Die Finanzierung stellt für die meisten europäischen Hochschulen das Hauptproblem dar. Die Situation ist besonders schwierig für die Universitäten in Deutschland, denn ein beinahe jährlicher Anstieg der Studierendenzahlen ("Massenuniversitäten") und eine in Relation dazu stagnierende Ausstattung mit staatlichen Grundmitteln sind dort ein seit Jahrzehnten bekanntes Problem. Die allgegenwärtige Beschwerde ist – nicht nur in der Bundesrepublik – dass die Hochschulen "unterfinanziert und überfüllt" (Plümper/Schneider 2007: 651) sind. Das Verhältnis von Studierenden und deren Finanzierung je Universität sank oder stagnierte seit Mitte der 1970er Jahre, so wie in der Mehrzahl der anderen europäischen Länder. Die vermeintliche Wissensgesellschaft hat Finanzierungsprobleme, die im größeren Kontext des unterfinanzierten öffentlichen Sektors betrachtet werden müssen.

Der Niedergang der sozialdemokratischen Idee gab der Einführung von New

---

20   Davon gehen auch die Geldgeber und "Herren des Antragsverfahrens" aus, siehe URL (letzter Zugriff 3.5.2012): http://www.forschungsrahmenprogramm.de/administration.htm
21   Siehe URL (letzter Zugriff 2.11.2012): http://www.hrk.de/themen/internationales/arbeitsfelder/europaeischer-hochschulraum/

Public Management (NPM) und marktorientierten Regulationsmustern Raum. Beginnend im Vereinigten Königreich und den Niederlanden sind diese wissenschaftsfremden Organisationsformen nun in allen europäischen Hochschulen Teil der universitären Arbeitswelt geworden (vgl. Olsen 2005). Dabei wurde das Wettbewerbsprinzip nicht nur zwischen den Universitäten verankert, sondern auch in die Einrichtungen hinein getragen. Die Universitäten haben nun die Autonomie und das Recht erhalten, selbst zu entscheiden, wo innerhalb ihrer Grenzen zuerst zu kürzen ist bzw. wem Fördermittel zuerkannt werden.

Nationale Regierungen

Bildung ist immer noch einer der Politikbereiche, der in den EU-Mitgliedsländern primär als nationale Politikarena angesehen wird. Hinzu kommt, dass Hochschulen in der Mehrzahl staatliche Einrichtungen sind bzw. selbst bei größter Autonomie von Steuergeldern leben. Im föderalen System Deutschlands setzen die jeweiligen Ministerien der Bundesländer die Prämissen für das Hochschulsystem, während die Bundesebene nur den Rahmen und internationale Bezüge gestalten darf. Doch gerade von dieser Ebene ging die Initiative für die Sorbonne-Erklärung und nachfolgend den Bologna-Prozess aus. Die Bundesregierung und das Bundesministerium für Bildung und Forschung (BMBF) waren bei der Sorbonne-Erklärung treibende Kräfte. Für die deutschen Hochschulen hat das BMBF 2008 sogar eine eigene Internationalisierungsstrategie veröffentlicht. Die diversen Agenturen und Organisationen des deutschen Wissenschaftssystems sind bei deren Umsetzung einbezogen. Die staatliche Koordination erfolgt hier auf einer inter-gouvernementalen Ebene. Der Bologna-Prozess war dann auch eine Initiative von vier Regierungen. 1988 wurde von Großbritannien, Frankreich, Italien und Deutschland in der Sorbonne-Erklärung proklamiert, dass sie Lehren und Lernen in Europa durch Mobilität und eine engere Zusammenarbeit fördern wollen, d. h. konkret durch die einheitliche Anerkennung von Studienleistungen sowie die allgemeine Einführung eines Studiensystem mit zwei Stufen und die Bewertung der Studienleistungen in Form des European Credit Transfer Systems (ECTS). Ein Jahr später unterschrieben 29 europäische Bildungsminister die so genannte Bologna-Erklärung, bei der offiziell das Ziel deklariert wurde, bis 2010 einen Europäischen Hochschulraum zu schaffen.[22]

---

22   Die laut Verfassung verantwortlichen Landesministerien in der Bundesrepublik, aber auch in Österreich wurden nicht beteiligt. Für die Bologna-Erklärung siehe URL

Interessant ist vor allem die Beteiligung von Großbritannien, als dem euro-
skeptischen Land schlechthin. Ein Erklärungsansatz für die britische Beteiligung am BP ist sicherlich die Motivation, die EU und die Kommission in Brüssel zu umgehen und andererseits dennoch Einfluss auf den Verlauf und die
Gestaltung nehmen zu können. Die britische Regierung erwartete keine Änderungen und damit eventuell entstehende Kosten durch die Reformen im
eigenen Hochschulsystem, sondern eher, dass die Länder auf dem "Konti-
nent" das britische System einführen (Martens/Wolf 2006: 156). Im Vereinigten Königreich wird der BP als ein positiver Einfluss auf "mobility, employability, and competitiveness" (House of Commons 2007: 17) wahrgenommen. Eine Nichtbeteiligung wird als Gefahr angesehen (ebd.: 25).
Die Unterstützer des BP in allen Teilnahmeländern sehen den BP als eine
Gelegenheit an, Reformen in den jeweils eigenen Systemen zu implementieren. Eine gesellschaftliche Modernisierung ist wiederum auch der diskursive
Rahmen für die Teilnahme der Russischen Föderation seit 2003 (Meister
2008: 173).

Europäische Union

Die Bildungspolitik ist kein Kernbereich europäischer Politik. Die Römischen
Verträge sahen für die damals entstehende Europäische Gemeinschaft (EG)
keine Verantwortung bzw. Zuständigkeit im Gebiet der Bildungspolitik vor. Die
Kommission erhielt im Zuge der Marktintegration und allgemeiner Harmoni-
sierungstendenzen schrittweise im Bereich der Arbeitsmarktpolitik – und hierbei vor allem der Berufsbildung – ein Mitspracherecht und Gestaltungsspielraum, denn hier sah das Vertragswerk von 1957 Kompetenzen vor. Die europäische Integration kann in der Berufsbildung bis in die 1970er Jahre zurück-
verfolgt werden. Relevanz erhielt das Gebiet jedoch erst in den 1980er Jahren.
Mit der verstärkten politischen und wirtschaftlichen Integration der Europäischen Union wurde auf die Krisensymptome des fordistischen Modells in Europa reagiert. Eine bessere Zusammenarbeit auf der europäischen Ebene lag
auch im Bildungssektor nahe, allein um die gegenseitige Anerkennung von
Studienleistungen und Abschlüssen und ein besseres Fremdsprachenniveau
in den Mitgliedsländern zu gewährleisten. Seit Ende der 1980er Jahre wurden
Anstrengungen unternommen, die Studienleistungen in Europa einfacher
transferieren zu können, z. B. durch die Einführung des ECTS. Die Umset-

(letzter Zugriff 12.6. 2009): http://ec.europa.eu/education/policies/educ/bologna/bolo
gna.pdf

zung der EU-Programme im Bildungssektor erfolgt bis heute über nationale Agenturen in den Mitgliedsstaaten; in Deutschland hat derzeit der DAAD diese Aufgabe übernommen.

Nach dem Wandel in den ehemaligen Staaten des Warschauer Vertrages initiierte die EG bzw. später die EU Anfang der 1990er Jahre Programme, um die Bemühungen der MOE-Staaten zu unterstützen, ihre Systeme an westliche Modelle anzupassen. Die Förderung der Transformationsprozesse über Reformen in den Hochschulen ist auch heute noch ein Ziel, erfolgt aber nun unter der Ägide des Bologna-Prozesses bzw. zu einem geringeren Maße über das Erasmus-Mundus sowie das Trans-European Mobility Programme for University Studies (TEMPUS). Letzteres proklamiert gleich auf der Startseite der Internetpräsenz die Absicht, die "Modernisierung"[23] in den Hochschulsystemen in den EU-Nachbarländern fördern zu wollen, womit denen unmittelbar ein Reformbedarf unterstellt wird.

Erst mit dem Vertrag von Amsterdam von 1997 wurden der EU bildungspolitische Kompetenzen von den Regierungen der Mitgliedsstaaten zuerkannt. Im Artikel 126 bzw. im heutigen Artikel 149 wurde nun explizit im Absatz 2 erklärt, dass die "Entwicklung der europäischen Dimension im Bildungswesen, insbesondere durch Erlernen und Verbreitung der Sprachen der Mitgliedstaaten" eine Aufgabe der EU ist.

Eine in den 1990er Jahren entwickelte Offene Methode der Koordination (OMC) wurde auf dem Gipfel von Lissabon 2000 auf der intergouvernementalen Ebene der EU als Arbeitsprinzip eingeführt, welche eine bessere Abstimmung mit externen Partnern ermöglichen soll (vgl. Gornitzka 2006). Diese Methode ist eigentlich ein komplexer Koordinationsprozess zwischen den Mitgliedsstaaten, der EU-Kommission, den Beamten des EU-Rates, Experten und gesellschaftlichen Organisationen, die speziell in den zu behandelnden Themen engagiert sind. Diese Akteure diskutieren sogenannte Best-Practise-Modelle und Wege, diese in der EU zu implementieren. Die OMC findet u.a. neben dem Bereich Bildung und Training auch im Bereich Forschung und Entwicklung Anwendung. Die dabei getroffenen Entscheidungen und Empfehlungen sind völkerrechtlich jedoch nicht bindend. Die breite Einbindung von gesellschaftlichen Akteuren und Berufsorganisationen schafft aber eine Basis, die die Legitimität des politischen Prozesses erhöht (Gornitzka 2006: 229). Auf der anderen Seite untergräbt die Offene Methode aber

---

23   Siehe URL (letzter Zugriff 31.5. 2012) http://ec.europa.eu/education/external-relatio n-programmes/tempus_en.htm

auch weiter die Einflussmöglichkeiten gewählter Institutionen, denn die Regionalparlamente in Mitgliedsländern mit einem starken Föderalismus sind nicht daran beteiligt und folglich von Entscheidungen und dem Informationsfluss ausgeschlossen (Duina/Raunio 2007: 493). Die EU-Kommission repräsentiert die EU-Mitgliedsstaaten in allen Themengebieten in der Welthandelsorganisation. Bildung ist dort eines der heiklen Themen, gerade in Bezug auf das General Agreement on Trade and Services (GATS).

Die EU-Bildungspolitik wird von Heiko Walkenhorst als ein "classical intergovernmental policy regime" (Walkenhorst 2008: 569) beschrieben. Er sieht einen signifikanten Anstieg von Policy-Dokumenten der EU in diesem Bereich nach der Unterzeichnung des Maastricht-Vertrages. Daraus schließt er, dass die Etablierung der EU als eigenständiger bildungspolitischer Akteur in diese Periode fällt (ebd.: 573). Dennoch, Regulierungsrechte hat die EU auch heute nicht im Feld der Bildungs- und Wissenschaftspolitik. Sie kann bei der von Kerstin Martens und Klaus-Dieter Wolf diagnostizierten "schleichenden Vergemeinschaftung bildungspolitischer Zuständigkeiten" (dies. 2006: 153) nur Akzente setzen und in Koalitionen mit gesellschaftlichen Gruppen und nationalen Regierungen die politische Agenda in der Hochschulpolitik mitbestimmen. Insbesondere die EU-Kommission versucht sich im Rahmen des BP mit kommunikativen Mitteln wie ihren Mitteilungen an den Rat und anderen eher als weich zu charakterisierenden Mechanismen als Akteur in der hochschulpolitischen Debatte zu etablieren (Friedrich 2005: 121).

Internationale Organisationen

Die älteste für den Hochschul- und Forschungssektor relevante internationale Organisation ist die unmittelbar nach dem Zweiten Weltkrieg im November 1945 in London gegründete United Nations Educational, Scientific and Cultural Organisation (UNESCO), deren Mitglied die Bundesrepublik seit 1951 ist. Der 1949 gegründete Europarat hat seit den frühen 1950er Jahren zahlreiche Konventionen für die gegenseitige Anerkennung von Studiendauer, -leistungen und Abschlüssen erlassen, die inzwischen für 47 Mitgliedsstaaten einschließlich der Türkei und der Russischen Föderation gelten. Die erste Konvention "Über die Äquivalenz von Abschlüssen zur Zulassung zur Hochschule" ist für das Jahr 1953 verzeichnet. Die derzeit wohl wichtigste ist die "Konvention über die Anerkennung von Qualifikationen im Hochschulbereich in der europäischen Region". Gerade letztere wurde in das Regelwerk der UNESCO aufgenommen und von den Mitgliedsstaaten inklusive der Bundesrepublik und der Russischen Föderation unterzeichnet und ratifiziert. Außerdem ist die seit 1961 arbeitende Organisation für wirtschaftliche Zu-

INTERNATIONALISIERUNG, KOOPERATION UND TRANSFER   69

sammenarbeit und Entwicklung (OECD) zu nennen. Wenn es auch der Name nicht vermuten lässt, so verfügt die OECD doch über eine große Abteilung für bildungspolitische Fragen. Von ihren Analysen und Policy-Papieren geht zweifelsohne ein institutioneller Druck aus (vgl. Martens/Wolf 2006; Leibfried/Wolf 2008). Die OECD hat vor allem eine diskursive Macht, die insbesondere von der wissenschaftlichen Beratungs- und Monitoringstelle ausgeht.[24]

Zivilgesellschaftliche Akteure

Auf den verschiedenen Ebenen der europäischen Hochschulpolitik gibt es eine Reihe von Organisationen, die der selbstorganisierten Sphäre der Gesellschaft zugerechnet werden können. Eine der ältesten transnationalen wissenschaftlichen Organisationen ist das International Council for Science (ICSU) mit Sitz in Paris.[25] Mitglieder sind internationale Wissenschaftsorganisationen der verschiedenen Disziplinen sowie 120 nationale Wissenschaftsorganisationen wie beispielsweise die DFG. Die Mantelorganisationen der Wissenschaftsorganisationen und der Akademien der Wissenschaften wurde 1931 gegründet. Eine Vorläuferorganisation gab es bereits ab 1918 bzw. als Internationale Assoziation der Akademien schon ab 1899.[26]

Im historischen Kontext können transnationale Organisationen der Hochschulen wie die Europäische Vereinigung der Universitäten (EUA) als neue Akteure gelten. Die EUA existiert nach einem 2001 stattgefundenen Zusammenschluss von zwei älteren Organisationen.[27] Die EUA repräsentiert heute 874 Hochschulen in 47 Ländern sowie deren nationale Dachverbände. Die Mehrzahl dieser Hochschulen verfügt über das Promotionsrecht. Der deutsche Vertreter im Vorstand ist derzeit Dieter Lenzen für die Hochschulrektorenkon-

---

24   Die Weltwirtschaftsorganisation WTO und das Welthandelsabkommen GATS beeinflussen das weltweite bildungspolitische Feld. Diese internationalen Organisationen werden hier allerdings nicht weitergehend untersucht, da bislang keine direkte Implementierung von Politiken durch diese Organisationen im russischen Kontext erfolgte. Die WTO und die GATS-Vereinbarungen haben außerdem bislang noch keine direkten Implikationen auf die europäischen Institutionen im Hochschul- und Wissenschaftssektor oder gar für die deutsch-russischen Hochschulbeziehungen.

25   Das Akronym ICSU geht auf den bis 1998 gültigen früheren Namen International Council for Scientific Unions zurück. Für die Selbstdarstellung der ICSU siehe URL (letzter Zugriff am 22.1.2013): http://www.icsu.org/about-icsu/about-us

26   1899 stand die Organisation unter starken deutschen Einfluss. Nach dem 1.Weltkrieg blieben die Deutschen vor allem auf Druck der französischen Wissenschaftsorganisationen außen vor (vgl. Landström 1996).

27   Das Abkommen hierzu siehe URL (letzter Zugriff 9.11.2012): http://www.eua.be/eua /jsp/en/upload/Merger_Report_of_Joint_task_group.1068798950790.pdf

ferenz (HRK), der zuvor Präsident der FU Berlin war.[28] In Deutschland propagiert gerade die HRK die Implementierung des BP. Abgesehen von nationaler Einflussnahme durch Gesetze und finanzielle Anreize, beschlossen die Hochschulen und damit die Leitungsgremien mit den Rektoren und Präsidenten die Teilnahme am BP. Sie sind es auch, die auf eine Europäisierung und Internationalisierung ihrer Organisation entscheidenden institutionellen Einfluss nehmen können.

Forschungseinrichtungen haben ihr Repräsentationsorgan im European Heads of Research Councils (Eurohorcs), sie sind im Bologna-Prozess aber von randständiger Bedeutung, da der BP auf die Hochschulen zielt. Gewerkschaften aus dem Bildungs- und Dienstleistungssektor, wie die Gewerkschaft Erziehung und Wissenschaft (GEW), nehmen an den BP-Folgetreffen teil, ebenso wie die Berufsvereinigungen, der an den Hochschulen arbeitenden Wissenschaftler/innen wie der Deutsche Hochschulverband (DHV). Sie können im organisationssoziologischen Sinne als Professionsvereinigungen gelten. Durch ihre hohe Mitgliederzahl sowie ihre Publikationen haben sie eine diskursive Macht. Auf der nationalen Ebene trägt die Mitgliedschaft die Kosten hierfür, jedoch fehlt für eine effektive "Lobby-Arbeit" auf der europäischen Ebene das entsprechende ökonomische Kapital. Diese Lücke wird durch die EU aufgefangen, indem sie die Kosten hierfür übernimmt. Sie hilft damit diese Akteure zu konstruieren, so auch bei der Vertretung der Studierenden. Der European Students Union (ESU) ist seit 1982 als Dachverband der nationalen Studierendenverbände auf dieser Ebene tätig ist. Der ESU, damals noch unter dem Kürzel ESIB arbeitend, ist seit der Folgekonferenz im Jahr 2001 am BP beteiligt.

Ein weiterer Akteurstyp sind große Stiftungen mit Verbindungen zur Wirtschaft bzw. zu einer Gründungsfamilie und einer Firma, die den Kapitalstock bildet. Diese Art philanthropischer Organisationen haben i.d.R. einen gesellschaftsliberalen Konsens als Grundlage für ihr Tätigkeit. Ein Beispiel in der Bundesrepublik ist das Centrum für Hochschulentwicklung (CHE), welches einen klar formulierten Anspruch hat, Bildungspolitik zu beeinflussen.[29] Diese Denkfab-

---

28   Die Informationen sind auch der Seite der EUA zu entnehmen, siehe URL (letzter Zugriff 31.5.2012): http://www.eua.be/about/at-a-glance.aspx

29   Das CHE "versteht sich als eine Reformwerkstatt für das deutsche und europäische Hochschulwesen. Es arbeitet an neuen Ideen und Konzepten, als Projektpartner für Hochschulen und Ministerien, als Anbieter von Fortbildungsprogrammen und des differenziertesten Hochschulrankings. Die Idee der "entfesselten Hochschule", die Müller-Böling im Jahr 2000 in einem gleichnamigen Buch skizziert hat, dient als Leitmotiv.", siehe URL (letzter Zugriff 31.5.2012): http://www.che.de/cms/?getObject=

rik ist eine Ausgründung aus der Bertelsmann Stiftung, die wiederum selbst vom Eigentümer des Bertelsmann-Konzerns gegründet wurde. Seine starke Legitimation hat das CHE durch die Kooperation mit der HRK erhalten, die seit der Gründung an dem "Think Tank" beteiligt ist. Ein Kommunikationsweg ist die Veröffentlichung des bekanntesten deutschen "Rankings" in Kooperation mit der Wochenzeitung *DIE ZEIT;* das derzeit am meisten zitierte und kritisierte Hochschulranking im deutschsprachigen Raum.[30]

Die Möglichkeiten der gesellschaftlichen Akteure bei der Beeinflussung des politischen Diskurses und somit auch des hochschulpolitischen Entscheidungsprozesses sind ungleich verteilt (Gornitzka 2006: 23). So dürfte die Bertelsmann Stiftung ungleich größere personelle Ressourcen haben als Studierendenorganisationen.

Stiftungen spielen auch in Mittel- und Osteuropa eine wichtige Rolle. Die Soros Foundation ist dort am aktivsten. Sie wurde genauso wie das "Open Society Institute" vom ungarisch-stämmigen US-Bürger George Soros gegründet. Die europäischen Stiftungszentren befinden sich in Budapest, Paris und London. Vor allem in den 1990er Jahre lieferte das Open Society Institute und die Soros Stiftung dringend benötigte materielle und finanzielle Hilfe an Hochschulen in den MOE-Staaten. Das Open Society Institute ist dort immer noch aktiv, wobei es insbesondere Lehrende und Wissenschaftler mit Stipendien und Forschungs- sowie Strukturprogrammen fördert. Die Arbeit orientiert sich dabei an den liberalen Prinzipien, die damit in die Transformationsstaaten transportiert werden sollen. Die vom Netzwerk der Soros Stiftungen und vor allem der Open Society Foundations finanzierte Central Eastern European University in Budapest hat maßgeblich Einfluss auf die Entwicklung der Sozialwissenschaften in Mittel- und Osteuropa genommen.[31]

237&getLang=de
30   Zur Kritik der Deutschen Gesellschaft für Soziologie siehe URL (letzter Zugriff
      2.11.2012): http://www.soziologie.de/uploads/media/Stellungnahme_DGS_zum_CHE
      -Ranking_Langfassung.pdf
31   Der Fokus richtet sich dabei auf angewandte, sogenannte "Policy"-Themen. Diese
      Ausrichtung impliziert, so die Kritik (Guilhot 2007), eine Entpolitisierung dieser
      Fächer.

2.3.4 Zwischenfazit: Transnationaler Hochschulraum

Eine transnationale Gemeinschaft existiert jenseits einer nationalstaatlichen Ebene, doch ist dies natürlich auch eine zugleich naive Darstellung, denn Hochschulen sind ganz klar an Staaten und vor allem an deren Finanzierung gebunden. Will man diese gesellschaftlichen Prozesse mit ihren Akteuren untersuchen, muss hierfür ein passendes Analyseraster gefunden werden. Zugleich proklamiert die Ausrufung des Europäischen Hochschulraums geradezu eine länderübergreifende Ausdehnung von akademischen Strukturen.

Es gilt zu prüfen, wer in welchem Ausmaß den Raum der Interaktionen im akademischen Feld zwischen Russland und der Bundesrepublik prägt und sich an transnationalen Prozessen beteiligt. Damit wird es möglich, die Praxen dieser Organisationen und ihre jeweiligen strategischen Ansätze einzuordnen und es kann gezeigt werden, welche Position sie in dem wissenschaftlich-akademischen Feld sie einnehmen. Raum wird, im Gegensatz zu den Positionsbeschreibungen die in dem Bourdieuschen Feld eingenommen werden, als ein Rahmen verstanden, in dem soziale Praxis stattfindet, wobei Modelle für die Umsetzung sozialer Praxen transportiert werden. Diese Interaktionen können zu einer Veränderung der Positionen im Feld beitragen.

Das von mir untersuchte Feld ist ein Ausschnitt aus den bilateralen Beziehungen zwischen Russland und Deutschland im akademisch-wissenschaftlichen Feld. Dies sowie der Raum sozialer Praxen werden von mir als transnational betrachtet, da sie Merkmale eines verdichteten Kommunikations- und Sozialraumes aufweisen und über die Ländergrenzen der beiden Staaten hinausgehen. Knotenpunkte sind Organisationen, die durch ihre Aktivitäten eine Grundstruktur schaffen. Wenn der Begriff transnationale Organisation verwandt wird, dann ist ein Akteurstyp gemeint, der in mindestens zwei Gesellschaften aktiv ist und dessen strategische Ziele sich auf Prozesse in beiden sozialen Räumen beziehen.

3 Wandel und Internationalisierung in Deutschland

Hochschulen und ihre Mitglieder spielten eine wichtige Rolle in der diskursiven Formation der modernen Nationalstaaten. Allerdings wurden die ältesten dieser Einrichtungen Jahrhunderte vor den modernen Staaten errichtet. Universitäten waren damals, neben der katholischen Kirche und der Hanse, die Organisationen, die über eine hohe Autonomie und Beständigkeit verfügten. Allein der Zugang zu einer Universitätsausbildung blieb bis weit ins 20. Jahrhundert ein Privileg. Erst in den 1960er Jahre wurde die Hochschule mit rasant steigenden Studierenden- und Absolventenzahlen ein Ort für alle Bevölkerungsteile in den OECD-Mitgliedsstaaten (vgl. Schofer/Meyer 2005).

3.1 Anmerkungen zum westlichen Modell der Universität

Im 20. Jahrhundert breiteten sich jedoch nicht nur die Wissenschaft und die Institution Hochschule in allen Gesellschaften aus, es entstanden zugleich eine Reihe von internationalen Organisationen, die diese rationalen "Mythen" kontinuierlich weitergetragen haben. Heute plädieren nicht nur EU und OECD für eine Steigerung der Zahl von Erwerbstätigen, die über einen Hochschulabschluss verfügen sollen, sondern diese sollen zugleich ihre interkulturellen Kompetenzen durch einen Studienaufenthalt im Ausland stärken. Internationalisierung, Globalisierung und Europäisierung sind dabei nicht zu ignorierende Schlagwörter in der Beschreibung für die Entwicklung der Hochschullandschaft in Deutschland geworden. Dieser Diskurs existiert ebenso in Russland (vgl. Kljačko 2011, Pugach 2011).
Die moderne Ausprägung der deutschen, amerikanischen und französischen Hochschulsysteme verlief historisch parallel zur Konstituierung dieser Nationalstaaten und trug zur Formierung nationaler Diskurse und Ideologien bei. Der Aufstieg des deutschen Wissenschaftssystems wurde dabei in Frankreich als Bedrohung wahrgenommen (Burke 2012: 197).
Das Modell der "europäischen Universität", welches sich eigentlich aus verschiedenen historischen Schichten und nationalen Varianten zusammensetzt, dominierte die globale Hochschulentwicklung vor allem in der zweiten Hälfte des 19. Jahrhunderts (Shils/Roberts 2004: 145).[32] Die britische und französi-

---

32   Die autonomen Universitäten "nach Art der mittelalterlichen Korporationen" (Bornhak

sche Universität sind dabei sicherlich von besonderer historischer Relevanz. Das heute aber so beherrschende Modell der amerikanischen Universität wurde jedoch vor allem durch das preußisch-deutsche Modell im 19. Jahrhundert beeinflusst, auf das sich daher hier in einer skizzenhaften Darstellung konzentriert wird.

Das ab 1810 entwickelte Berliner Modell wird insbesondere mit Formulierungen wie der Freiheit von Forschung und Lehre oder einer Gemeinschaft von Lehrenden und Lernenden assoziiert (Charle 2004b: 56).[33] Das Studium erwartete von den Studierenden eine selbstständige Organisations- und Arbeitsweise und damit auch relativ reife Persönlichkeiten. Von Walter Rüegg (2004: 29) wird darauf verwiesen, dass es das "deutsche Universitätssystem war, das die wissenschaftliche Forschung zu einer professionellen, bürokratisch geregelten Tätigkeit werden ließ." Die wissenschaftliche Arbeit profitierte dabei von einer verhältnismäßig guten Ausstattung. Eine strenge Orientierung an Wahrheit und Logik sowie an der wissenschaftlichen Weiterentwicklung der jeweiligen Disziplin wurde zum vorherrschenden Arbeitsmodus an den Universitäten. Die dafür notwendige Transparenz war mit der Pflicht der Veröffentlichung von Forschungsergebnissen und somit der Zugänglichkeit für die Kritik der Fachkollegen verbunden. Zwingend ist, dass alle Schritte auf dem Weg zu der Erkenntnis nachvollziehbar und daher öffentlich zugänglich sind. Somit verlangt das moderne akademische System eine gewisse Autonomie. Im "Humboldtschen System" können Studierende in den höheren Semestern Anteil an der Forschungsarbeit haben. In Vorlesungen wurden neben sedierten Wissensbeständen neue Entwicklungen sowie Forschungsmethoden vermittelt und in den Seminaren konnte mit den Professoren diskutiert werden. In dieser "Republik der Wissenschaften", wie das Wissenschaftssystem später von Michael Polanyi (1967: 54) beschrieben wurde, entscheiden – in einer idealistisch erscheinenden Perspektive – die Wissenschaftler selbst über die zu bearbeitenden Probleme und wie die damit verbundenen Fragen beantwortet werden können. Diese Form der Universität trug entscheidend zur Institutionalisierung von Wissenschaft bei, wobei die preußischen Reformer wie Friedrich Schleiermacher schon bei der Neugründung der Berliner

---

1910: 22) hörten im 17. Jahrhundert auf zu existieren.

33   Der Beginn der modernen Form der Universität in Deutschland reicht bis ins frühe 18. Jahrhundert zurück, wofür die 1694 gegründete Universität Halle in Preußen steht und andererseits die in den 1730er Jahren gegründete Universität Göttingen im Herrschaftsbereich der Welfen und dem Kurfürstentum Braunschweig-Lüneburg, an der auch Wilhelm von Humboldt studierte. Berufsorientierte Ausbildungsgänge wie Medizin oder Jura gab es bekanntermaßen schon zuvor.

Universität auf die internationale Attraktivität des Standortes Acht gaben: "um irgend Ausländer an sich zu ziehn, die für die Universität von der höchsten Wichtigkeit sind" (Schleiermacher 1808: 294).
Die Diffusion des europäischen Modells der Universität wäre im 19. und 20 Jahrhundert ohne die bescheidene transnationale akademische Mobilität nicht möglich gewesen.[34] Die Personalpolitik und damit die Rekrutierung von Hochschullehrern in den USA, die in Deutschland studiert oder sogar promoviert hatten, trug zu einer Verstetigung des Modells an den dortigen Universitäten bei (Shils/Roberts 2004: 151). Der deutsche Einfluss erstreckte sich sowohl auf organisatorische als auch auf fachliche, disziplinäre Gebiete. Er hatte aber auch seine institutionellen Grenzen, denn die oligarchische Struktur der Institute und die Habilitation mit anschließender selbstausbeuterischer Privatdozentur wurde nicht ins System der amerikanischen Forschungsuniversität übernommen (ebd.: 152). Der deutsch-amerikanische Austausch zwischen einzelnen Hochschulen wurde schon vor dem 1. Weltkrieg als einer der weltweit ersten überhaupt institutionalisiert.[35] Die spätere Humboldt-Universität Berlin vereinbarte 1905 mit zwei der führenden Hochschulen der USA, mit Harvard und der Columbia Universität, einen jährlichen Austausch der Professoren. Von dem geopolitischen Konkurrenten Frankreich wurden diese Beziehungen einer deutschen Universität als Teil einer aggressiven Außenpolitik angesehen. Es folgten Anstrengungen der Pariser "Kontrahenten" auf diesem Gebiet gleich zu ziehen; die im Jahr 1908 in einer ähnlichen Austauschsvereinbarung zwischen der Sorbonne und denselben beiden amerikanischen Universitäten mündeten (Charle 2004a: 403).
Akademische Mobilität gab es auch in Richtung Osten. Zahlreiche deutsche Wissenschaftler waren an der Gründung und dem Aufbau russischer Universitäten im 19. Jahrhundert beteiligt. Vor dem ersten Weltkrieg zählten russische Studierende zu der vergleichsweise größten Gruppe der ausländischen Studierenden an mitteleuropäischen Universitäten. Die steigenden Zahlen ausländischer Studierender an den dortigen Universitäten verdeutlichen die wachsende Bedeutung transnationaler Beziehungen vor dem 1. Weltkrieg (vgl. Stichweh 2004: 389).

---

34   Der erste Präsident der John-Hopkins-University Daniel C. Gilman entwickelte sein Modell der ersten modernen forschungsstarken Universität in den USA anhand der Erfahrungen, die er in Europa und vor allem in Deutschland gemacht hatte.
35   Im akademischen Jahr 1911/12 war die Zahl von amerikanischen Studierenden in Deutschland zwar gesunken, jedoch wurden immerhin 255 von ihnen an deutschen Hochschulen verzeichnet, während 143 deutsche Staatsbürger in den USA studierten (Goldschmidt 1991: 143f).

Tabelle 1: Russische Studierende an Hochschulen in Europa 1900-1912 (Auswahl)

Akademisches Jahr	Frankreich	Belgien	Deutschland	Schweiz
1900/01	366	122	571	805
1904/05	95	339	1140	1826
1911/12	2615	874	1891	2152

Quelle: Stichweh 2004: 389

Die grenzübergreifende Verflechtung gesellschaftlicher Bezüge und damit die Internationalisierung der Universitäten wurden durch die erste moderne Weltkriegskatastrophe unterbrochen. Die akademische Mobilität kam im Zuge der mit der Weltwirtschaftskrise einsetzenden Wirren und endgültig mit dem 2. Weltkrieg vollkommen zum Erliegen. Zuvor gab es jedoch die letzte signifikante Migrationswelle mit einhergehendem Ideentransfer von Deutschland in Richtung USA, verbunden mit dem Exil zahlreicher Wissenschaftler, die von den Nazis in ihrer Heimat verfolgt wurden.[36]

Gesellschaftliche Prozesse, die nur lose mit dem Wissenschafts- und Hochschulsystem verbunden sind, haben dieses häufig tiefgreifender verändert als mancher hochschulpolitischer Diskurs. Der von Deutschland ausgehende 2. Weltkrieg war für fast alle akademischen Gemeinschaften der damaligen Zeit eine beispiellose Katastrophe.[37]

Der Sieg der Alliierten verschob 1945 die geopolitische Machtstruktur in der Welt hin zu einer Dominanz der USA im Westen und der Sowjetunion im Osten. Heute, fast 70 Jahre danach, ist die amerikanische Universität das Modell an dem sich global orientiert wird. Die europäischen Universitäten sind quantitativ und qualitativ immer noch von großer Bedeutung, doch mit der Emanzipation des globalen Südens und dem Wiederaufstieg Asiens sind die Hochschulen Europas zu einer "Provinz in einer globalen Universitätslandschaft geworden", wie es Walter Rüegg (2010: 21) formuliert.

Die Ausbreitung globaler Muster und Handlungskonzepte lässt sich auch in

---

36   Vgl. die Darstellung von Dietrich Goldschmidt (1991:176-185). Am stärksten war der deutsche Einfluss wohl in der The New School for Social Research, siehe URL (6.9.2012): http://www.newschool.edu/nssr/subpage.aspx?id=9064

37   Wissenschaftliches Vorgehen eröffnet eben auch neue wissenschaftlich-technische Formen des Genozids und Theodor W. Adorno & Max Horkheimer wiesen nicht zu Unrecht auf diese "Dialektik der Aufklärung" hin (1996: 17): "Die »unerschütterliche Zuversicht auf die Möglichkeit der Weltbeherrschung«, die Freud anachronistisch der Zauberei zuschreibt, entspricht erst der realitätsgerechten Weltbeherrschung mittels der gewiegteren Wissenschaft."

den Hochschulen beobachten. Markt und unternehmerisches Handeln bestimmen hier zunehmend die Strukturprinzipien der Universität, so die Kritik
an einem "akademischen Kapitalismus", die in Deutschland vor allem der hier
schon mehrfach zitierte Richard Münch formulierte. Der Begriff "akademischer Kapitalismus" stammt aus der amerikanischen Debatte (vgl. Slaugh-
ter/Rhoades 2004; Bullard 2007). Damit wird ein marktorientiertes Verhalten
der Organisationen, also im Wesentlichen der Hochschulen beschrieben.
Träger dieses marktkonformen Verhaltens sind aber auch die Angehörigen
der Hochschule. Ökonomische Prinzipien prägen nun das akademische bzw.
wissenschaftliche Feld, wobei es zu einem Wechsel von einem "public good
knowledge/learning regime to an academic capitalist knowledge/learning regime" gekommen ist (Slaughter/Rhoades 2004: 8). Netzwerke individueller
Akteure sorgen dafür, dass sich die Grenze der Organisation Hochschule
verwischt und immer mehr Verbindungen zwischen einem öffentlichen und
einem privaten, wirtschaftlichen Sektor entstehen (ebd.: 12). Erst dadurch
wird der Transfer von Forschungsergebnissen, die Kommodifizierung von Pa-
tenten und Lehrmaterial möglich. Im Zentrum steht dabei der Wissenstransfer
vor allem in den Naturwissenschaften und in den anwendungsbezogenen Ingenieurwissenschaften (ebd.: 29). Der Staat fördert den Transfer und hat
auch bei der Gestaltung der Patentgesetzgebung eine entscheidende Bedeutung (ebd.: 20ff). In den USA wie auch in der Bundesrepublik kommt es nicht
zu einer Privatisierung der Hochschulen, denn die potentiell negativen Auswirkungen dieses Schrittes schreckt zumindest die Hochschulmanager (ebd.:
26f), allerdings sank der prozentuale Anteil der öffentlichen Ausgaben für die
Lehre an den Hochschulen deutlich (ebd.: 13).
Der Wandel in der Organisationskultur hin zum Marktmodell beschränkt sich
jedoch keineswegs auf die USA. Weltweit lässt sich die Einführung von NPM-
Methoden beobachten, ebenso – wenn nicht schon vorher vorhanden –
kommt es zu einer stärkeren Differenzierung der jeweiligen nationalen Hochschulsysteme. Gewünscht ist vor allem das Profil der Forschungsuniversität,
der neben einer hohen Reputation von ausgezeichneten Wissenschaftlern
auch ein hoher "spill-over effect" für die Region und vor allem für die Wirtschaft durch die Gründung von Unternehmen nachgesagt wird. Diese Forschungsuniversitäten sind als Kernelemente einer Wissensgesellschaft "institutions with a high priority on the discovery of new knowledge and the produc-
tion of Ph.D. in a wide range of disciplines", so Kathryn Mohrman, Wanhua
Ma und David Baker (2008: 5). Sie sehen dabei eine Gruppe von Universitäten, die das weltweite akademische Feld dominiert. Sie sind engagiert in

einem Umfeld der (ebd.: 6):

"worldwide competition for students, faculty, staff, and funding; they operate in an environment in which traditional political, linguistic, and access boundaries of the countries are increasingly porous. These top universities look beyond the boundaries of the countries in which they are located to define their scope as trans-national in nature."

Die acht Hauptcharakteristika des Modells einer Forschungsuniversität, die die amerikanischen Hochschulforscher beobachtet haben, seien hier zusammenfassend wiedergegeben (ebd.: 7):

Sie arbeiten gezielt mit Partnern in grenzübergreifenden Kooperationen zusammen und haben dabei eine globale Perspektive. Die Bedeutung der Forschung nimmt zu, wobei "harte Wissenschaftsmethoden" auch in den anderen Disziplinen an Einfluss gewinnen. Die Fakultätsmitglieder – und insbesondere bezogen auf Deutschland die Professoren – werden in interdisziplinäre, internationale, team-orientierte Problemstellungen und Forschungsaufgaben einbezogen. Aufgrund der kostenintensiven Forschungsprojekte müssen die Universitäten ihre Finanzierungsbasis mittels privater Geldgeber und eigener akademischer Unternehmensausgründungen verbreitern. Es entstehen neue Beziehungen zwischen den Hochschulen, den Regierungen und Unternehmen. Sie entwickeln eine weltweite Personalpolitik. Die Hochschulen entwickeln eine komplexere Struktur mit speziellen Trainingseinheiten und interdisziplinären Zentren. Die Universitäten kooperieren außerdem mit internationalen NGOs und internationalen Organisationen um ihre Hochschulangehörigen bei ihrer akademischen Mobilität und Reputation zu unterstützen.

Letztlich sehen sie ein Weltmodell einer Forschungshochschule am Entstehen, wobei Englisch als Weltsprache, diejenigen bevorteilt, die die Sprache schon auf akademischem Niveau sprechen (Mohrman/Ma/Baker 2008: 20). Die Rolle der Professoren als öffentliche Intellektuelle sehen sie in den global wichtigen Forschungsuniversitäten eher gestärkt (ebd.: 23). Zu den Verlierern gehören die Wissenschaftler und Hochschulen mit einem regionalen Fokus, so der perspektivische Ausblick (ebd.: 25). Das beschriebene Modell orientiert sich stark an den Entwicklungen im amerikanischen Hochschulsystem. Dieses ist hoch differenziert und weist neben einer Vielzahl von Lehranstalten ohne Graduate School und damit ohne signifikante Forschung eben auch eine Vielzahl von renommierten Universitäten mit einem starken Profil in der Forschung auf (vgl. Schreiterer 2008). Die internationalisierte Forschungsuniversität ist Teil eines Prozesses, bei dem weltweit ökonomischer Handlungsprämissen in das wissenschaftliche Feld an Gewicht gewinnen. Die hochschulpolitischen Debatten in Russland sind davon maßgeblich geprägt.[38]

---

38   Dies wurde beispielsweise in einer Vielzahl von Beiträgen der Konferenz "3rd International Conference of the Russian Association of Higher Education

3.2   Hochschulpolitischer Wandel in Deutschland

Politische Entscheidungen sind in einer Demokratie immer umstritten und werden in gesellschaftlichen Diskursen vorbereitet. Der Wandel von Organisationen kann über den Diskurs, der über diese gehalten wird, nachvollzogen und untersucht werden, wie dies Carsten von Wissel exemplarisch für die deutschen Hochschulen getan hat. Er stellt für seine Untersuchungsobjekte fest, dass sie aus einem "Bündel von Institutionen" bestehen, diese wiederum "durch Diskurse konstituiert und reproduziert" (Wissel 2007: 15) werden. Ein wichtiger Raum, in dem diese gesellschaftliche Auseinandersetzung stattfindet, ist das akademische Feld mit den Universitäten. Der ökonomische Druck spiegelt sich demzufolge auch in der Art und Weise wider, wie im akademischen Feld über Hochschulen gesprochen wird (Wissel 2007: 137). Die Deutungshoheit oder besser die Gestaltungsmacht liegt dabei seit gut zwei Jahrzehnten bei Bildungspolitikern und "Bildungsmanagern" mit einem eigenen Organisationssprech. Die aktuelle Debatte konzentriert sich auf die Hochschulentwicklung und das Management von Bildungseinrichtungen. Zentral hierfür ist der Begriff der "unternehmerischen Universität" (Weingart 2010).

3.2.1 Wissensgesellschaften und Märkte

Die Hochschulen waren in den 1960er Jahren der Ausgangspunkt und das Zentrum für gesellschaftliche Debatten. Bildung wurde zu einem Bürgerrecht (vgl. Dahrendorf 1965) erklärt und sollte verstärkt der Emanzipation dienen. Neue Hochschulen, wie die damalige Gesamthochschule Kassel, wurden als Reformeinrichtungen gegründet. Neugründungen waren Teil eines strategischen Konzeptes. Sie sollten den Strukturwandel im industriellen Umbruch unterstützen. Dieser planerische Politikansatz war dem Eindruck geschuldet, dass die modernen Industriegesellschaften mehr und mehr Hochschulabsolventen benötigen würden. Die Wissensgesellschaft wurde damals nicht nur von Daniel Bell (1971) ausgerufen. Die weltweit zu beobachtende Expansion des Hochschulsystems stellte zugleich ein Steuerungsproblem und vor allem Finanzierungsproblem dar. Schon 1959 gab es eine erste Denkschrift der Bundesregierung mit dem Titel "Überfüllung der Hochschulen" (vgl. Bartz 2006). Gestufte Studiengänge und ein strikter Studienablauf wurden bereits 1966 in den "Empfehlungen zur Neuordnung des Studiums an den wissen-

---

Researchers, The Birth and Revival of Universities" vom 19. bis 20. Oktober 2012 deutlich. Fragen des NPM und der Entwicklung von Forschungsuniversitäten bestimmten dort die Agenda.

schaftlichen Hochschulen" der Kultusministerkonferenz der Länder (KMK) durch den Wissenschaftsrat empfohlen. Dies scheiterte jedoch an einem Widerstand, der von den Burschenschaften, der Mehrheit der Professoren bis hin zum Sozialistischen Deutschen Studentenbund (SDS) reichte, so Olaf Bartz. Seitdem wird versucht, entweder die bildungsbürgerliche Festung gegen eine Lawine von Studenten zu verteidigen oder aber es wird festgestellt, dass "Begabungsreserven nicht voll ausgeschöpft" (zitiert in ebd: 73) sind. Die Wirtschaft im Informations- bzw. in der Wissensgesellschaft würde mindestens 40 Prozent eines Jahrgangs benötigen, die über eine Hochschulausbildung verfügen, so noch heute der allgemeine Tenor. Ab Mitte der 1960er Jahren expandierte der Hochschulsektor in Westdeutschland massiv. So stieg die Zahl der Professoren von knapp 5.000 im Jahr 1960 auf beinahe 18.000 im Jahr 1975. Mitte der 1970er Jahre wurde ein Höchststand für die jeweilige Anzahl des nichtwissenschaftlichen Personals sowie der wissenschaftlichen Mitarbeiter/innen in Relation zu der Zahl der Studierenden erreicht. Zwar wurde das Ansteigen der Studentenzahlen beklagt, doch verlangte die Wirtschaft gleichzeitig nach immer mehr hochqualifizierten Absolventen. Der Ausbau der Hochschullandschaft durch staatliche Neugründungen fand Mitte der 1970er Jahre ein Ende. Das Verhältnis der Lehrenden zu der Zahl der Studierenden konnte in vielen Fachrichtungen nicht mehr in gewohnter Weise mithalten. Das "fordistische Modell" der Nachkriegszeit, wie es von Vertretern der Regulationstheorie beschrieben wurde, geriet spätestens Ende der 1970er Jahre in eine schleichende und anhaltende Krise. Dieser anhaltende Wandel ist u. a. gekennzeichnet von einer relativ starken Verschuldung der Nationalstaaten, einer sinkenden Steuerbelastung für Unternehmen und gleichzeitig der hegemonialen Wahrnehmung in der politischen Öffentlichkeit, dass eine übergreifende, die gesamte Gesellschaft und ihre Funktionssysteme umfassende Koordinierung sowie die bisherige Finanzierung der Sozialsysteme nicht mehr möglich wäre. Der partielle Verlust an Steuerungskapazität betrifft nicht nur die klassischen Bereiche des Sozialstaats, sondern auch den Bildungssektor und hier in erster Linie die Hochschulen.[39] Mit dem stetigen Anstieg der Studierendenzahlen verstärkten sich Effekte einer Unterfi-

---

39   Verdoppelten sich die staatlichen Bildungsausgaben in der Bundesrepublik noch zwischen 1970 und 1975, wurde danach im Verhältnis zu den kontinuierlich steigenden Studierendenzahlen beim Hochschul- und Wohnheimbau gespart. Nach 1980 wurde die Studienförderung beschränkt und die Leistungen des Bafög nur noch als Teildarlehen gezahlt (Hödl/Zegelin 1999: 29). Schon Mitte der 1980er Jahre wurde in Studien von einer Krise des akademischen Arbeitsmarktes gesprochen, jedoch mit der Ausnahme von Fächern wie der Informatik (Bochow/Joas 1987: 9).

nanzierung des bundesdeutschen Hochschulsystems, die schließlich 1988/89 zu Studierendenprotesten dagegen führten. Die politischen Entscheidungsträger reagierten wiederum eher mit kurzfristigen Anpassungsmaßnahmen und temporären Verbesserungen. Im Kontext einer notwendigen konzeptionellen Gestaltung und Steuerung der "Massenuniversität" kann eher von einer Stagnationsphase als von tiefgreifenden Reformen gesprochen werden. Erst mit Beginn der 1990er Jahre begann eine allmähliche Neuorientierung (Serrano-Velarde 2008: 554). Zwar sind die Ausgaben für die Hochschulen von Bund und Ländern seit 1995 deutlich von 16 auf 20 Milliarden gestiegen (Friedrich-Ebert-Stiftung 2009: 20), doch steht dies nicht im Verhältnis zu den ebenfalls gestiegenen Studierendenzahlen. Im Verhältnis zum BIP ist für diesen Zeitraum sogar ein Rückgang um 0,3 Prozent zu verzeichnen (ebd.).

3.2.2 Hochschulreform und neue Steuerungsmechanismen

Die Stagnation der öffentlichen Bildungsausgaben und der Bildungspolitik bis Anfang der 2000er Jahre gab Raum für "das Agieren von konservativen Interessengruppen und mächtigen Kulturbürokraten und Finanzexperten" (Hödl/Zegelin 1999: 31).[40] Das deutsche Hochschulsystem stand angesichts einer relativ hohen Abbrecherquote bei gleichzeitig überfüllten Seminaren unter Legitimationsdruck. Darüber hinaus wurden Hochschulen nun verstärkt unter finanzpolitischen Gesichtspunkten betrachtet und ein "Zeitalter der Deregulierung war angebrochen" (Serrano-Velarde 2008: 554). Eine überforderte akademische Gemeinschaft setzte nun ihre "Hoffnungen auf Wettbewerb, Benchmarking, Monitoring und Qualitätsmanagement im Rahmen der Umstellung der akademischen Selbstverwaltung auf New Public Management" (Münch 2011: 98).

Das von dem marktorientierten Teil der Wirtschaftswissenschaften entwickelte NPM soll dem Staat durch eine angeblich effizientere Organisationsform und Praxis wieder zu "Handlungsfähigkeit" verhelfen. Ziel ist außerdem eine enge Zusammenarbeit mit Unternehmen und mit gesellschaftlichen Gruppen. Zentral für das NPM im Hochschulsektor sind folgende Schlagworte: dezentrale Ressourcenverantwortung statt Zentralismus, Stärkung der Dienstleistungs- und Kundenorientierung und ergebnisorientierte Budgetdisposition statt Kameralistik (Hödl/Zegelin 1999: 228f). Das Personal gilt nun als die wichtigste Ressource eines Unternehmens. Zumindest soll das Personalmanagement die Motivation durch Anreizsysteme und Alimentation steigern. NPM ist in der

---

40   Wird der jeweilige Jahreswert in Bezug auf die demografische Entwicklung, also die beständig steigende Zahl der Studierenden gesetzt, ist dies augenfällig.

"Welt zum dominierenden Modell der rationalen, zielgerichteten Steuerung öffentlicher Einrichtungen geworden", wie Richard Münch feststellt (2011: 11). Ziel und Prozess sind vor allem über die Schaffung einer Organisationsidentität durch Autonomie zu erreichen (Meier 2009: 36, Weingart 2010: 66). Die an alle Hochschulen herangetragenen Ziele und Forderungen haben sich mit Beginn der sozialen Öffnung der Universitäten vermehrt und dafür gesorgt, dass dort "ein veritables *Zielwirrwarr* herrscht" (Schimank 2001: 229, H.i.O.; Anm. RL). Außerdem hätten staatliche Überregulierung und das Hineinregieren in die Hochschulen sowie die akademische Selbstverwaltung zu Entscheidungsblockaden geführt (ebd.: 229 ff), so der Klagetenor noch zu Beginn des dritten Jahrtausends. Für das alte Hochschulmodell stellt Frank Meier (2009: 120 f.) zusammenfassend fest, dass "wenig dafür spricht, deutsche Universitäten in ihrem traditionellen Governance-Muster für Akteure zu halten. Nach außen fehlt ihnen die Autonomie gegenüber dem Staat, nach innen mangelt es angesichts hochgradig autonomer Hochschullehrer an organisationaler Kohärenz und Kohäsion ebenso wie an Möglichkeiten eines kompakten organisationalen Durchgriffs auf die eigenen Kernprozesse." Um genau dies aber zu erreichen, wird eine Stärkung der Leitungsebene und deren Autonomie bei Entscheidungen angestrebt. Staatliche Regulierung wird durch Deregulierung und Übertragung von Entscheidungsrechten an die Hochschulen ersetzt. Außerdem wird an die Stelle der kompletten Außensteuerung durch Ministerien eine Neuregelung in Form von Kontrakten gestellt.

Die schon lange bestehende Orientierung am US-amerikanischen Modells nahm angesichts wachsender Zweifel am eigenen Hochschulsystem zu, wobei vor allem die relative Unterfinanzierung der deutschen Hochschulen dazu führte, dass sich "ein sprunghaftes Interesse am amerikanischen Hochschulsystem" (Stucke 2001: 125) entwickelte. Insbesondere Personen, die hochschulpolitische Positionen in Bund und Ländern innehatten, forderten eine Neuorientierung (ebd.: 124). Dabei wurde von Vertretern der Wirtschaft und dem Stifterverband für die Deutsche Wissenschaft eine unternehmerische Ausrichtung der deutschen Universität verlangt.[41] Bis in die 1990er Jahre waren die bundesdeutschen Hochschulen in ihrem wissenschaftsinternen Mo-

---

41   Der damalige Generalsekretär des Stifterverbands für die Deutsche Wissenschaft Manfred Erhardt fragte so 1997 rhetorisch: "Warum sollten deutsche Hochschulen nicht wie amerikanische geführt werden? Das Rektorat soll die Haushaltskompetenz erhalten und über die interne Mittelvergabe entscheiden können. Die Universität könnte wie ein Unternehmen mit dem Rektor als Vorstand und einem Board als Aufsichtsrat geführt werden" (zitiert in Stucke 2001: 128).

dus mit dem Staat durch die Mittelvergabe und grobe Zielvorgaben verbunden. Bei diesem Steuerungsmodell war ausschließlich die wissenschaftliche Gemeinschaft für die Sicherung der Qualität von Forschung und Lehre verantwortlich.

Marktinstrumente und eine dazu gehörige Atmosphäre des Unternehmertums werden, sofern nicht schon vorhanden, vom Staat seit dem in den Hochschulen geschaffen und unterstützt. Die Hochschule als ganze Einheit muss sich nun durch "das Setzen auf Quasi-Märkte und Wettbewerb als Steuerungsinstrumente" (Münch 2011: 17) immer neu beweisen. Die Rangliste, ob vom Times Higher Education Supplement oder vom deutschen CHE erstellt, soll dabei zwar Studierwilligen dem Selbstverständnis nach Orientierung geben, funktioniert aber auch als "Straße der Besten" in der weltweiten Konkurrenz von nationalen Bildungsmärkten und deren kleinsten Einheiten Hochschule und Fakultät. Die anhaltenden Veränderungen können als neue Regulationsverhältnisse interpretiert werden, wobei die Transformation der "gesellschaftlichen Kompromissstrukturen mittels Ökonomisierung gleichsam von innen aus den Gesellschaften heraus" (Röttger 2003: 34) erfolgt. Als Kontrollgremien werden extern besetzte Hochschulräte eingeführt. Die stärkere Notwendigkeit sich um zusätzliche Fördermittel zu kümmern, öffnete das Tor für externe Ansprüche. Zugleich wird eine sich wiederholende Akkreditierung durch privatrechtliche Akteure eingeführt. Ziele, Profile und Leitbilder einer Hochschule werden nun wichtiger als die akademische Selbstorganisation. Ein zentrales (staatliches) Instrument sind die Kontrakte und Zielvereinbarungen der Landesregierungen mit den Hochschulen. Diese Hochschulvereinbarungen bzw. -verträge beinhalten Soll- und Kann-Bestimmungen zwischen dem Bundesland und der Hochschule. Budgetkontrolle und Erfolgsbilanz sollen auch hier unternehmerische Effizienz schaffen. Zielvereinbarungen erfolgen auch auf weiteren Ebenen, so kann die Hochschulleitung Vereinbarungen mit den eigenen Fachbereichen schließen. Erste Verträge zwischen Hochschulen und ihren jeweiligen Landesregierungen wurden 1997 in Baden-Württemberg, Berlin und Niedersachsen geschlossen. Die finanzielle Planungssicherheit stellte hierbei ein Hauptziel hierbei dar. Allerdings, so Karsten König (2006: 34), wird diese Verbindlichkeit der Länder gegenüber ihren Hochschulen bezweifelt und die Machtverhältnisse zwischen geldgebender Landesregierung und Hochschulleitungen sind klar: "Die Hochschulen haben letztlich die Möglichkeit, irgendetwas nicht zu unterschreiben. Aber dann singt irgendwo der Haushaltsausschuss. Oder das Ministerium singt mit dem Haushaltsausschuss" (anonymisierter Universitätsvertreter zitiert in König 2006: 46). Auch auf der persönlichen Ebene führt der verstärkte Wettbewerb zwischen und innerhalb der Bildungseinrichtungen zu einem Prozess "in Richtung einer Individualisierung von akademischen Unternehmern" (Meier 2009: 164), wobei die Bindung zur Organisation also der Hochschule nachrangig ist. Das müsste aber der unternehmerischen Steuerung der Hochschulen zuwiderlaufen. Die akademische Selbststeuerung wird nicht abgeschafft, aber durch verschiedene Mittel wie Hochschulräte und vor allem durch "Bildungsmanager" ergänzt. Hierfür erfolgt die Stärkung der Leitungsebene mittels der Ausweitung des universitären Managements und der Professionalisierung der Verwaltungsmitarbeiter/innen (Meier 2009: 133-172). Diese speziellen Mitarbeiter sind notwendig, um die aufwendigen Drittmittelanträge wie bei der EU und die stärker werdende Qualitätssicherungsbürokratie bewältigen zu können.

Im Zuge der Umgestaltung des Wissenschafts- und Hochschulsektors "wird die Kontrolle über Wissenschaft externalisiert" (Münch/Pechmann 2009: 68). damit sind nicht nur beratende und empfehlende Gremien gemeint. Beinahe jeder Bereich muss sich im neuen Governance-Modell beständig wiederkehrenden Evaluationen stellen, wobei die Geldgeber, also d. h. in Deutschland immer noch die Bundesländer oder semi-staatliche Agenturen, die Finanzierung von der Teilnahme und den Ergebnissen an Evaluationen abhängig machen. Extra gebildete Kommissionen verbreiten bei der Vergabe von Geldern, der Akkreditierung von Studiengängen und "in ihren Empfehlungen offenbar bestimmte Vorstellungen von der Universität als solche und tragen damit zur Diffusion institutioneller Muster bei", so Frank Meier (2009: 162). Mit den 1990er Jahren tauchte ein weiterer neuer, extern zu verortender Steuerungsmechanismus auf dem europäischen und deutschen "Bildungsmarkt" auf: Mit der ständigen Publikation von Ranglisten wurde der Druck von außen auf die Institutionen insbesondere auf die Universitäten erhöht. Eines der ersten deutschen "Rankings" veröffentlichte 1993 die Wochenzeitschrift *Der Spiegel*. Die bekannteste dürfte heute die vom CHE und der *Zeit* veröffentlichte Rangliste sein. Ähnliche Hitparaden gibt es natürlich auch für den globalen Bildungsmarkt, auf dem deutsche Bildungspolitiker und -funktionäre sowie verstärkt auch die Hochschulen aktiv sein wollen. Dabei gelten gute Ergebnisse in den nationalen und internationalen Ranglisten als Zeichen für vermeintliche Exzellenz und Kundenorientierung in Lehre und Forschung. Sie haben dadurch a priori eine Relevanz bei der zusätzlichen Einwerbung von so genannten Drittmitteln. Die zusätzlichen finanziellen Mittel, die hierfür von der Bundesregierung eingesetzt werden, konzentrieren sich auf wenige Leuchttürme. Der in diesem Rahmen inszenierte Wettbewerb um zusätzliche

Gelder wurde Exzellenz-Initiative genannt.

3.2.3 Restrukturierung durch Exzellenz ?

Das amerikanische Modell der Hochschulen ist der Fixpunkt, mit Harvard und dem MIT als besonders leuchtende Vorbilder. Ein neues strukturbildendes Moment ist die Debatte um wissenschaftliche Exzellenz und die daraus resultierende "Exzellenzinitiative" der Bundesregierung. Diese Idee wurde von der rot-grünen Regierung zu einem Bestandteil der politischen Agenda gemacht, wobei sich selbst führende Spitzenpolitiker der SPD für ihre Obsession zur Elite bekannten. Die Sonderstellung dieser Einrichtungen im jeweiligen nationalen Kontext und die konkreten finanziellen Bedingungen, also vor allem das beispielsweise über 300 Jahre gewachsene Stiftungsvermögen von Harvard wird dabei entweder ausgeblendet oder aus Unkenntnis ignoriert (vgl. Weingart 2010). Nichtsdestotrotz ist die Exzellenzinitiative ohne großen Widerspruch aufgenommen worden.

2007 wurden die Exzellenzinitiative als Wettbewerb umgesetzt und dessen Gewinner bekannt gegeben. Das vom Bund verwandte Budget betrug circa 1,9 Milliarden Euro; im Rahmen dessen können die Hochschulen mit drei Elementen gefördert werden: Graduiertenschulen für den wissenschaftlichen Nachwuchs, Exzellenz-Cluster mit interdisziplinären und möglichst organisationsübergreifenden Förderschwerpunkten sowie Mittel für die gesamte Universität mit einem auf Restrukturierung zielendem Zukunftskonzept. Dabei wurden die wissenschaftliche Qualität, die internationale Sichtbarkeit der geplanten Vorhaben sowie der interdisziplinäre Ansatz und die regionale Kooperation mit anderen Forschungseinrichtungen bewertet. Insbesondere die Förderung der Zukunftskonzepte erlaubte eine stärkere Ausrichtung auf eine internationale und sich vor allem an amerikanischen Modellen von Forschungsuniversitäten ausgerichtete Umstrukturierung der jeweiligen Universität.

Die Mehrheit der Hochschulen beteiligte sich an dem Wettbewerb und dem mehrstufigen Verfahren. Der Titel einer Exzellenzuniversität für die gesamte Einrichtung als Hauptgewinn durfte geführt werden, wenn das Zukunftskonzept für förderungswürdig bedacht wurde. 2006 wurden die ersten 37 Universitäten mit durchschnittlich jeweils 6,5 Millionen Euro gefördert. Einzelne mit dem Titel der Exzellenz-Universität geförderte Hochschulen erhielten sogar bis zu 76 Millionen Euro (Hartmann 2010: 370). Dieser Status erhöht quasi automatisch die Chancen zusätzliche Fördergelder einzuwerben. Mit diesen vor allem von der Deutschen Forschungsgemeinschaft (DFG) stammenden Mitteln erfolgt eine zusätzliche und auch beabsichtigte Konzentration von Kapital, denn dadurch will das BMBF international sichtbare "Leuchttürme" in der deutschen Hochschullandschaft schaffen. Allerdings können die Gewinner (zumindest vorerst) nicht mit einer dauerhaften Förderung rechnen. Die zusätzlichen Mittel fließen bei der Personalausstattung lediglich in Projektstellen, die dem jeweiligen Lehrstuhl zugeordnet sind (vgl. Münch 2009: 193).

Innerhalb der akademischen Gemeinschaft wird die Exzellenzinitiative vor allem von der DFG getragen, die diese im Auftrag des BMBF auch koordiniert und leitet. Die DFG versteht sich als selbstverwaltende Organisation der deutschen Wissenschaft, die "die besten Forscherinnen und Forscher mit besonderer Aufmerksamkeit für den wissenschaftlichen Nachwuchs" fördert.[42] Sie ist als eingetragener Verein organisiert. Die Mitglieder sind neben den außeruniversitären Forschungseinrichtungen, die Akademien der Wissenschaften sowie 69 Hochschulen (Deutsche Forschungsgemeinschaft 2009: 46). Finanziert wird die DFG zu knapp zwei Dritteln aus Haushaltsmitteln der Bundesregierung und zu einem Drittel mit Mitteln der Bundesländer (ebd.: 6). Ihren Sitz hat sie seit der Wiedergründung im Jahr 1949 in Bonn. Schon seit 1968 gab es eine langfristige Förderung von ausgewählten Forschungsprojekten in sogenannten Sonderforschungsbereichen (SFB) durch die DFG, deren Zahl allein von 170 im Jahr 1990 auf 259 im Jahr 2009 stieg.[43]

Im Juni 2012 wurden nach zweijähriger Antrags- und Begutachtungszeit 2,4 Milliarden Euro von der DFG neu vergeben. An dieser haben sich rund zwei Drittel aller staatlichen Hochschulen beteiligt, wie der Pressmitteilung der DFG zu entnehmen ist.[44] Bei der Auswahl und Begutachtung wurden 114 Experten zu Rate gezogen, davon über 80 Prozent aus dem Ausland. Erstmals war auch die forschungsbezogene Lehre in der Förderlinie der Zukunftskonzepte berücksichtigt worden. Gerade den mit den Sondermitteln der Exzellenzinitiative geförderten Universitäten ist es möglich, ihre internationalen Kontakte und Netzwerke auszubauen. Damit war es beispielsweise der FU Berlin möglich, einen offiziellen Vertreter für die gesamte "Russische Föderation" an eine Universität in Moskau zu entsenden.

Bei der Bewertung der Restrukturierung des deutschen Hochschulsystems kommen Vertreter führender deutscher Wissensorganisationen bzw. der dort

---

42   So die Selbstdarstellung auf dem Internetportal der DFG, siehe URL (letzter Zugriff 22.1.2013): http://www.dfg.de/dfg_profil/aufgaben/index.html

43   An denen haben Geistes- und Sozialwissenschaften einen Anteil von zuletzt 10,3 Prozent, siehe URL (letzter Zugriff 23.1.2013): http://www.dfg.de/foerderung/programme/koordinierte_programme/sfb/zahlen_fakten/index.html

44   Siehe URL (letzter Zugriff 11.12.2012): http://www.dfg.de/service/presse/pressemitteilungen/2012/pressemitteilung_nr_26/index.html

tätigen Fachgutachter zu einem positiven Urteil (vgl. Neidhart 2010: 60f). Bei diesem Wettbewerb gibt es aber nicht nur Gewinner, sondern wie Richard Münch (2011: 275ff) dargestellt hat, eine ganze Menge Verlierer. Alle Hochschulen, die leer ausgehen, so seine Argumentation, haben aufgrund des Matthäus-Effektes in der Wissenschaft systematische Nachteile. Friedhelm Neidhart bestätigt zwar die Relevanz der Argumente von Münch, insbesondere die Kritik an der Fixierung einer ökonomischen Bewertung von Wissenschaft, die "gravierenden Probleme der herkömmlichen Universitätsforschung" (Neidhart 2010: 61) hätten jedoch zum Handeln gedrängt. Das Problem der vermeintlichen Exzellenz- und Elitenuniversitäten ist, dass die Förderung durch den Bund derzeit verfassungsrechtlich bedenklich ist und deshalb nach der zweiten Förderphase auslaufen müsste, sofern keine andere Konstruktion gefunden wird.

Sowohl Richard Münch (2011: 18ff) als auch Peter Weingart (2010: 69) sehen die Exzellenzinitiative als ein Element eines Prozesses, der NPM in die deutsche Hochschullandschaft stärker verankert. Der Kampf um zusätzliche Mittel in Form von Anträgen ist neu. Durch das Abhalten von Wettbewerben erzeugen die politischen Entscheidungsträger eine Atmosphäre von Konkurrenz und schaffen die Illusion eines existierenden Marktes (Münch 2011: 25). Der Ausgang des von der Bundesregierung initiierten Wettbewerbsprozesses liegt vorhersehbar in der Schaffung eines Mehrklassensystems von Hochschulen (Hartmann 2010: 372).

Von der Exzellenzinitiative relativ unberührt bleiben die Fachhochschulen, die seit ihrer Etablierung ab 1968 einen Fokus auf die Lehre von angewandten Wissenschaften, also insbesondere der Ingenieurwissenschaften, aber auch in der Ausbildung von Sozialarbeitern haben. Aus der Perspektive einer Forschungsuniversität formieren Fachhochschulen eine regionale Liga. Andererseits sind sie für das bislang relativ erfolgreiche "Modell Deutschland" ein zentraler Pfeiler in der tertiären Berufs- und Hochschulbildung.

3.3   Internationalisierung

Nach dem Zweiten Weltkrieg wurde Europa in zwei politische Zonen halbiert. Der östliche Teil unterstand dem Einfluss der Sowjetunion, der mit dem westlichen kapitalistisch-demokratischen Teil mit den USA als Hegemon im Konflikt lag. An den südlichen Rändern lagen Länder mit faschistischen Militärdiktaturen, die wie die demokratischen skandinavischen Länder des Nordens dem westlichen System zugerechnet werden können. Gleichzeitig gingen Jugoslawien und Albanien ihre eigenen diktatorisch organisierten Wege in einen vermeintlichen Kommunismus. Auch Länder ohne EU-Mitgliedschaft partizipierten an dem ideellen Projekt Europa, das durchaus organisationale Formen annehmen konnte, wie sie der 1949 gegründete Europarat von Beginn an hatte. Die seit dem begonnene Europäisierung wird einerseits mit einem Prozess der wirtschaftlichen und politischen Integration assoziiert, er umfasst andererseits auch Länder, die nicht oder erst nach der vergangenen Jahrtausendwende Mitglied der EU geworden sind. Die Schaffung der Europäischen Gemeinschaft, beginnend mit der Montanunion und vor allem den Römischen Verträgen zur Gründung der Europäischen Wirtschaftsgemeinschaft von 1956, umfasste nur einen Teil der west- und südeuropäischen Länder. Das Ende des sogenannten Kalten Krieges bedeutete auch das Ende für eine jahrzehntelang geteilte globale akademische Welt. Austausch und beinahe uneingeschränkte Mobilität charakterisieren von nun an den europäischen Hochschulsektor. Universitäten und Forschungseinrichtungen sind hier zu kulturellen Schnittpunkten zwischen nationalen Kulturen mit einem vielfältigen sozio-kulturellen Leben geworden. Während sich in Europa die sicherheitspolitische Lage anscheinend langfristig entspannt und die EU seit ihrer letzten Erweiterung 2007 bis an die Gebietsgrenzen des Leningrader Oblast reicht. Im Fernen Osten entwickelte sich China in wirtschaftlicher und politischer Perspektive wieder zu einem Staat von Weltrang, dessen wohlhabende Ober- und Mittelschicht die Kinder zum Studium verstärkt ins Ausland schickt.

Die Entwicklung der Zahl der Bildungsausländer an deutschen Hochschulen spiegelt den Wandel des transnationalen bildungspolitischen Feldes wider, denn neben den Studierenden aus Mittel- und Osteuropa sind es vor allem die aus den asiatischen Staaten – insbesondere aus China – die die größten Gruppen stellen (vgl. DAAD 2012). Seit dem Ende der 1980er Jahre ist ein Trend unverkennbar: Die ehemaligen nationalstaatlichen Hochschulsysteme in Europa und damit seine diversen Akteure orientieren sich immer stärker an Maßgaben und Anforderungen, die auf Studierende und Wissenschaftler sowie Finanzmittel in anderen Ländern zielen. Gleichzeitig nahm die Zahl der ausländischen Hochschulangehörigen in anderen Ländern wieder zu, ebenso die Bedeutung der grenzübergreifenden Zusammenarbeit.[45]

---

45   Allein die Zahl der Kooperationsvereinbarungen von deutschen Hochschulen mit ausländischen Hochschulen stieg zwischen 1987 und 1993 von 1.357 auf 6.704 an, wobei dies nicht nur durch den zahlenmäßig geringen Zuwachs der Hochschulen der DDR, die das westdeutsche System 1990 inkorporierte, verursacht wurde, sondern

3.3.1 Internationalisierung am Beispiel Deutschland

Für den Hochschulforscher Ulrich Teichler (2010: 52) ist Internationalisierung "die Zunahme grenzüberschreitender Aktivitäten unter der Annahme, dass nationale Hochschulsysteme im Prinzip weitgehend erhalten bleiben." Zentral ist der Wissenstransfer, so Teichler (2003: 54), der "internationales Wissen und internationale Kompetenzen" beinhaltet, die wiederum an "grenzüberschreitende Kommunikation und Diskurse" gebunden sind. Damit sind ideelle und materielle Formen des Austauschs von grundlegender Bedeutung. Die Mobilität von Personen sowie die Kooperation in Forschung und in der Lehre erfolgen jenseits nationaler und supranationaler Grenzen. Teichler (2005: 298) unterscheidet für die Bundesrepublik und Westeuropa verschiedene Phasen der Internationalisierung, die an dieser Stelle auf drei reduziert werden: Eine erste unsystematische Periode endet mit der Einführung des ERASMUS-Programms. In der nach 1985 einsetzenden systematischen Phase gewann die Internationalisierung deutlich an Bedeutung, ebenso wie die Themen Qualität und Quantität. Die zweite systematische Phase und damit die dritte Phase begann mit dem Bologna-Prozess 1999.[46]

Bereits Jahre zuvor hat außerdem eine Debatte in Deutschland begonnen, in der Kooperation verstärkt im Kontext "von Konkurrenz, Marketing, «Globalisierung» und ökonomischer Bedeutung der internationalen Hochschulbeziehungen" debattiert wurde, so Ulrich Teichler (2006b: 308). In der Regel ist der Begriff der Globalisierung "mit der Vorstellung verbunden, dass im Zuge wachsender grenzüberschreitender Aktivitäten die Grenzen und die nationalen Systeme erodieren und allmählich durch ein Welthochschulsystem ersetzt werden" (Teichler 2010: 52). Zugleich ist der Begriff nicht konsistent, gerade in Bezug auf die internationale Hochschullandschaft. Außerdem führt der gestiegene Wettbewerbsdruck nicht zu einem Verzicht auf die jeweilige nationale Bildungspolitik (Teichler 2003: 59). Auch ein hochgradig internationalisiertes und weite Teile der Erde umspannendes Gesellschaftssystem bleibt bislang weiter stark an den nationalstaatlichen Rahmen und die dort zur Verfügung gestellten Ressourcen gebunden.

Verglichen mit dem Begriff Globalisierung ist der der Internationalisierung weniger umstritten. Er soll verdeutlichen, dass die Arbeit mit Partnern im Aus-

---

vor allem durch den Einfluss der zahlreichen Förderprogramme der damaligen EG, worauf Erich Hödl & Wolf Zegelin (1999: 431) hinweisen.

46   Hatte Teichler 2005 noch zwischen drei Perioden unterschieden, differenziert er in einem späteren Beitrag vier Phasen. In der vierten Phase wird ein europäischer Hochschulraum eingerichtet (Teichler 2010: 54).

land eine wesentliche Rolle spielt. Dabei wird darauf verzichtet, auf eine historische Einmaligkeit oder Neuartigkeit der Situation zu verweisen, wie das
beim Begriff der Globalisierung unterstellt wird, sondern es wird auf historische Kontinuitäten, insbesondere auf die Jahrzehnte vor dem 1.Weltkrieg
verwiesen. Der Begriff Internationalisierung impliziert das Weiterbestehen nationalstaatlicher Strukturen mit ihren gewachsenen Eigenheiten. Er betont jedoch die gewachsenen grenzübergreifenden Verflechtungen und die damit
einhergehenden Interdependenzen.

Die grenzübergreifende Zusammenarbeit von deutschen Universitäten und
Fachhochschulen mit Partnern im Ausland ist heute akademischer Alltag (vgl.
Hahn/Teichler 2011: 471). Dem liegt ein strategisches Verhalten der daran
mitwirkenden Organisationen zu Grunde.

Internationalisierung als Strategie

Der in den 1990er Jahren einsetzende deutsche Globalisierungsdiskurs attestierte dem wirtschaftlichen Modell Deutschlands im internationalen Vergleich große Schwächen.[47] Die Sorge um die vermeintliche Wettbewerbsfähigkeit Deutschlands und seiner Institutionen hat seine Wurzeln somit in der
ökonomisch geführten Standortdebatte, die Mitte der 1990er Jahre einen ersten Höhepunkt erreichte (vgl. Czada 1998). Dieser Diskurs wurde auch im
hochschulpolitischen Feld aufgenommen. Die Bildungspolitiker der KMK erarbeiteten im Frühsommer 1996 "unter der Federführung des Auswärtigen
Amtes" (KMK 1996: 1) einen Maßnahmenkatalog und einen Bericht über die
"Stärkung der internationalen Wettbewerbsfähigkeit des Studienstandortes",
den sie im November desselben Jahres vorlegten. Neben den allgemeinen
Studienbedingungen wäre die internationale Konkurrenzfähigkeit auch von
der Kompatibilität der Studiengänge abhängig, gleichzeitig müsste aber auch
für die deutsche Sprache und das deutsche Hochschulsystem in der Welt
geworben werden, heißt es dort (ebd.: 2).[48]

Das BMBF startete 1997 erstmals ein langfristiges Programm, welches die
Internationalisierung der deutschen Hochschulen fördern sollte. Damit bildete

---

47   Die Debatte um die Verlagerung von Unternehmensstandorten "über die Folgen der
      Globalisierung wird durch ein geschickt inszeniertes Katastrophenszenario
      bestimmt", (Wortmann/Dörrenbächer 1997: 40). Hartmut Elsenhans sieht
      Panikmache am Werk, denn Globalisierung könne durch ihre ökonomische und
      politische "Vertiefung beherrscht werden" (1997: 147).
48   Siehe URL (letzter Zugriff 5.11.2012): http://www.kmk.org/fileadmin/veroeffentlic
      hungen_beschluesse/1996/1996_11_18-_Staerkung-Wettbewerb-Studienstandort-
      Deutschl.pdf

sich eine nationale Internationalisierungsstrategie heraus (Hahn/Teichler 2012: 464). Auf auch der Ebene der Kultusminister der Bundesländer wurde sich weiter um die Internationalisierung von Deutschlands Hochschulen gesorgt. Ein von der KMK veröffentlichter 26-seitiger Beschluss vom 24.10.1997 sah erste konkrete Empfehlungen zur Einführung von Bachelor und Master-Abschlüssen vor, die "nach Möglichkeit auf bestehende Studienangebote in Diplom- und Magisterstudiengänge zurückgreifen" und dafür nicht länger als fünf Jahre benötigen sollen (KMK 1997: 9).[49] Es folgten diverse Programme ausgehend vom BMBF, das in der Regel den DAAD als zentrale Agentur beauftragte. Die HRK und der DAAD gründete 2001 mit "GATE-Germany" eine eigene Marketing Plattform für ihr internationales Hochschulmarketing.[50] Da die Mobilitätsraten in Richtung der Länder Mittel- und Osteuropas beginnend bei Tschechien und Polen auf einem niedrigen Niveau verharrten, wurden ab 2002 mit dem "Go East-Programm" zusätzliche Mittel für individuelle Auslandsaufenthalte oder Sommerschulen von Hochschulen durch den DAAD bereitgestellt, um Auslandsaufenthalte für deutsche Studierende und Hochschullehrer in den Staaten in MOE und der GUS zu fördern.[51] Es folgte 2003 in Kooperation von DFG, DAAD und der AvH das Programm GAIN.[52] Die Internationalisierung des Hochschulsystems stellte für das BMBF und die Wissenschaftsorganisationen keine Einbahnstraße in Richtung Deutschland dar, deshalb begann ab 2006 die Kampagne "Go out!-Studieren und forschen weltweit", welches ebenfalls vom BMBF und dem DAAD konzipiert wurde, explizit ein Studium oder Praktikum im Ausland zu bewerben. Das BMBF legte darüber hinaus 2008 ein Strategiepapier zur Internationalisierung der deutschen Hochschulen vor.[53] Im Zielkatalog wurde dort unter anderem formuliert, dass man "mit den weltweit Besten" kooperieren will und "die Ausbildung des wissenschaftlichen Nachwuchses zu internationalisieren und die internationale Mobilität von Wissenschaftlerinnen und Wissenschaftlern weiter zu flankieren, ohne eine Abwanderung Hochqualifizierter in die Bundesrepublik auszulösen oder zu verstärken" (BMBF 2008: 17). Die beabsichtigte Zusammenar-

---

49 Siehe URL (letzter Zugriff 5.11. 2012): http://www.kmk.org/fileadmin/veroeffentlichun gen_beschluesse/1997/1997_10_24-Staerkung-Wettbewerb-Studienstandort-Deutsc hl.pdf
50 Hier ist die organisationelle Verknüpfung von DAAD und HRK interessant, siehe URL (letzter Zugriff 7.11.2012): http://www.gate-germany.de/fileadmin/dokumente/GATE_ Organigramm_07_12A.pdf
51 Siehe URL (letzter Zugriff 30.12.2012): http://goeast.daad.de/
52 Siehe URL (letzter Zugriff 7.11.2012): http://www.gain-network.org/
53 Siehe URL (letzter Zugriff 9.9.2012): www.bmbf.de/pub/Internationalisierungsstrategi e.pdf

beit sollte aber nicht uneigennützig erfolgen, denn "Kooperationsbeziehungen mit den besten Forschungskapazitäten in der Welt stärken die wissenschaft-lich-technologische Kompetenz in Deutschland und optimieren Wertschöp-fungsketten" (ebd.: 19). Entscheidend wären dabei "die Aktivitäten der For-schungs-, Kontakt-, Informations- und Beratungsstellen deutscher Wissen-schafts-, Förder- und Mittlerorganisationen, der Hochschullandschaft sowie der forschenden Wirtschaft in wichtigen Partnerländern" (ebd.: 27). Die Bun-desregierungen Schröder und Merkel setzten beide darauf, die Aktivitäten in anderen Ländern zu intensivieren und damit die "Präsenz der deutschen Wissenschaft im Ausland" (ebd.: 7) auszubauen. Hierzu zählen neben der Netzwerkarbeit, als die gezielte Kooperation mit ausgewählten Partnern, das Sammeln von Informationen über die Hochschul- und Wissenschaftsentwick-lung in anderen Ländern und das Auslandsmarketing. Eine wichtige Rolle spielen seit jeher die Mitarbeiter/innen von deutschen Organisationen und ih-re Büros in den Zielländern.

Ein zusätzlicher, neuer strategischer Ansatz stellt die Außenwissenschaftsini-tiative der Bundesregierung dar, die insbesondere vom früheren Generalsek-retär der Alexander von Humboldt-Stiftung und jetzigen Staatssekretär im BMBF gefördert wurde (vgl. Schütte 2010). Die konkreten Maßnahmen sind aber nur eine Fortsetzung einer schon seit langen bewährten Praxis der deutschen Außenpolitik im Bereich der Hochschulen und der wissenschaftli-chen Einrichtungen (vgl. Kapitel 8). Die Eröffnung von sogenannten Deut-schen Häusern der Wissenschaft und Innovation (DWIH) in als besonders wichtig empfundenen Partnerländern wird als ein Element dieser "Außenwis-senschaftspolitk" angesehen. Zwei konnten hiervon in Delhi und Sau Paulo eröffnet werden, während die Aktivitäten in Moskau ohne festes Domizil von statten gehen (vgl. Kapitel 6).

Internationalisierung messen

Die Zahl ausländischer Studierender und Wissenschaftler/innen, aber auch die der (temporär) ins Ausland Gehenden wird als Indikator für die "Wettbe-werbsfähigkeit" der deutschen Hochschulen gewertet. Mit Hilfe der nach au-ßen wie innen gerichteten Programme und hochschulpolitischer Reformen:

> "werden Maßnahmen zur Internationalisierung der Universität und ihrer Akteure er-griffen, z.B. verstärkte Rekrutierung ausländischer Studierender und Wissenschaft-ler, Summer Schools, Mobilitätsprogramme, besondere Orientierungs- und Betreu-ungsprogramme für Ausländer, Gastwissenschaftler und internationale Besetzung der Beiräte. In den geförderten Projekten sind bisher rund 4.200 Wissenschaftler rekrutiert worden, davon ca. 25% aus dem Ausland" (Deutscher Bundestag 2009: 8),

wie es im Bericht der Bundesregierung zu ihrer Internationalisierungsstrategie gegenüber dem Bundestag heißt. Die HRK begleitet die Mitgliedshochschulen beratend bei ihrer Praxis und organisiert zusätzlich ein Audit. Insbesondere der DAAD ist als Internationalisierungsagentur im Auftrag des BMBF und des Auswärtigen Amtes tätig.

Der Grad der Internationalisierung der Hochschulen und der jeweiligen nationalen Systeme lässt sich anhand verschiedener Indikatoren diskutieren. Der Faktor Mensch und damit der Austausch an Studierenden, Lehrpersonal und Forschern spielt dabei sicherlich die größte Rolle. Eine hohe Quote bei den ins Ausland Gehenden und von dort Kommenden wird per se in den Internationalisierungskonzepten und -strategien als wünschenswert und förderungswürdig angesehen. Doch die statistische Erfassung ist nicht ganz unproblematisch. Die Hochschulen sind zwar per Gesetz dazu verpflichtet, die Datensätze über ihre Studierenden und Absolventen an die jeweiligen Statistischen Landesämter zu übermitteln, es liegen aber beispielsweise laut Aussage des Portals "wissenschaftweltenoffen.de" keine gesicherten und von zentraler Stelle gesammelten Daten für den Wissenschaftleraustausch vor.[54] Selbst die Daten der deutschen Studierenden im Ausland sind nur annähernd gesichert, da beispielsweise Graduierte, die im Ausland ein Studium aufnehmen nur schwer in Deutschland erfasst werden. Dennoch wird die Erfassung der Mobilität immer weiter vorangetrieben und liefert heute relativ gute Vergleichswerte für die letzten beiden Dekaden.

---

54   Dort heißt es hierzu: "Es gibt keine Institution in Deutschland, die Daten zum Wissenschaftleraustausch zentral, d. h. auf Bundes- oder Länderebene, nach einheitlichen Kriterien und Merkmalen erfasst und aufbereitet. Der Wissenschaftleraustausch ist nicht Gegenstand des Hochschulstatistikgesetzes, sodass die Statistischen Ämter keinen Auftrag haben, geeignete Daten zu erheben." siehe URL (letzter Zugriff 10.11.2012): http://www.wissenschaftweltoffen.de/met hode/#8

Tabelle 2: Studierende in einigen europäischen Ländern 2003

Land	Studierende gesamt	ausländische Studierende in %	davon außer- europäisch in %
Deutschland	2.242.397	10,7	38
Frankreich	2.119.149	10,5	69,1
Großbritannien	2.287.833	11,2	57,4
Niederlande	526.767	3,9	38
Polen	1.983.360	0,4	25,5
Österreich	229.802	13,5	11,7
Spanien	1.840.607	2,9	41,7
Türkei	1.256.629	1,3	48
Schweden	414.657	7,8	20
Rumänien	643.911	1,5	23,6
Finnland	291.664	2,5	41,7
Ungarn	390.453	3,1	15,5

Quelle: Teichler 2007: 81

Bereits in den frühen 2000er Jahren war die Rate der ins Ausland gehenden deutschen Studierenden und der ins Land kommenden ausländischen Studierenden hoch, beispielsweise kamen mehr als zehn Prozent der Student/innen in Deutschland und Frankreich aus dem Ausland. Ihre Zahl stieg in Deutschland zwischen 1975 und 2006 von 45.490 auf 189.450. Die Zahl der ins Ausland gehenden Deutschen stieg wiederum von 46.300 im Jahr 1998 auf 77.300 im Jahr 2005 (Statistisches Bundesamt 2008: 7) bzw. 75.364 nach Zahlen des BMBF (2008: 9). Schon drei Jahre später wurden 115.000 aus Deutschland stammende Studierende im Ausland verzeichnet. Das größte "Abnehmerland" war 2009 dabei Österreich mit über 23.700 Studierenden und gut 20,5 Prozent, gefolgt von den Niederlanden mit 18, Großbritannien mit 12,8 und der Schweiz mit 10,7 Prozent. Hochschulen in anderen EU-Ländern sind das Ziel für über Zweidrittel der Deutschen, die im Ausland studieren.

Die deutsche Internationalisierungsquote, also der Prozentsatz aller deutschen Studierenden an Hochschulen im Ausland, erreichte 2009 immerhin eine Quote von 4,3 Prozent. Der Vergleichswert für die ins Ausland gehenden Studierenden lag dagegen in Großbritannien bei 1,3 und in den USA bei 0,3

Prozent.[55]
Allerdings liegt die Zahl der nach Russland gehenden deutschen Studierenden zwischen der für Island und dem Vatikanstaat; sie stieg von geschätzten
170 im Jahr 2005 auf 191 im Jahr 2009 (Statistisches Bundesamt 2011: 37).
Die Internationalisierung an deutschen Hochschulen verläuft in der Praxis
sehr selektiv, da dies individuelle Entscheidungen sind. Es zeigt sich hier eindeutig eine Präferenz für das "westliche" Ausland inklusive der USA und Australien.
Der Grad der Internationalisierung ist mit der Zahl der ankommenden ausländischen Studierenden als Indikator für die europäischen Länder verschiedenartig ausgeprägt.[56] Das unterschiedliche Ausmaß kann anhand der Zahlen für
das Jahr 2003 deutlich gemacht werden. Beim Spitzenreiter Österreich kamen über 13 Prozent der Studierenden aus dem Ausland zum Studium ins
Land, während dies in Polen im selben akademischen Jahr kaum für ein halbes Prozent der Gesamtzahl der Studierenden zutraf. Die Zahlen legen nahe,
dass die stärksten Ökonomien auch einen besonders hohen Anteil an ausländischen Studierenden erreichen und damit als besonders attraktive Ziele
gelten können. Eine weitere Ursache kann in der Geschichte von Frankreich
und Großbritannien als frühere imperiale Kolonialmächte liegen. Sie verfügen
gegenüber kleineren Ländern und Sprachräumen wie Ungarn oder Finnland
über einen klaren kulturell-sprachlichen Vorteil.
Von den 2,4 Millionen Studierenden in Großbritannien waren 2009 laut OECD
knapp 500.000 Bildungsausländer. In Frankreich wurden bei 2,17 Millionen
Studierenden immerhin rund 250.000 Bildungsausländer verzeichnet (DAAD
2012: 46f). Seit den 1970er Jahren ist sicherlich ein beachtlicher Anstieg der
Studierendenzahl aus dem Ausland in Deutschland zu verzeichnen. Für das
Wintersemester 2009/10 wurde eine Quote von 11,5 Prozent ausländischen
Studierenden verzeichnet. Im Zeitraum 1997 bis 2010 stieg die Zahl der ausländischen Studierenden als Bildungsausländer von circa 100.000 auf etwa
180.000 an, wobei der Höhepunkt für das Jahr 2006 mit 179.000 erreicht

---

55   Siehe URL (letzter Zugriff 20.1.2013): http://www.wissenschaftweltoffen.de/daten/4
      /3/1
56   Es mag auffallen, dass Länder wie Großbritannien oder auch Schweden im
      Vergleich zur Bundesrepublik erstaunlich viele ausländische Studierende an ihren
      Hochschulen aufweisen. Dies kann sicherlich auch mit den Unterschieden des
      Stellenwerts der Hochschulbildung im Ausbildungssystem für den Arbeitsmarkt zu
      tun haben; so ist der Abschluss einer Krankenschwester bzw. eines Krankenpflegers
      in diesen Ländern ein Hochschulstudiengang, während er in Deutschland im
      Berufsbildungssystem verortet ist.

96   RENÉ LENZ

wurde (2010: 10f).
Die Internationalisierung ist, wie die entsprechenden Reporte für die Bundes-
länder verdeutlichen, nicht überall gleich stark. Die Gruppe der russischen
Studierenden gehört seit einigen Jahren zu einer der größten ausländischen
Gruppen in der Bundesrepublik.

Tabelle 3 Studierende in Deutschland als Bildungsausländer aus den 10 wichtigsten Herkunftsländern

	2001	2004	2008	2011
China	8.745	24.095	23983	22828
Russische Föde-ration	**5.955**	**8.906**	**9502**	**10077**
Polen	7.856	11.588	10289	7463
Bulgarien	4.699	11.586	10161	7537
Frankreich	5.523	5.598	4726	5530
Marokko	5.130	6.791	6247	5163
Türkei	5.104	6.474	6911	6575
Kamerun	4.003	5.111	5308	5412
Spanien	3.889	4.179	3563	4485
Österreich	3.761	4.290	4503	7072
Italien	3.700	3.867	3461	4373

Quelle DAAD 2012: 16

Ähnlich hoch ist die Zahl der aus der Türkei und aus China stammenden Stu-
dierenden an deutschen Hochschulen Mengenmäßig relevant sind weiterhin
Griechen und Polen, gefolgt von Italienern, Franzosen sowie Spaniern.
Bemerkenswert ist außerdem Großbritannien; für das Jahr 2008 sind 2.000
Studierende von dort in der Bundesrepublik verzeichnet und somit weniger
als aus dem deutlich kleineren Ungarn (DAAD 2012: 16). Langfristig fällt der
Rückgang der Bildungsausländer unter den Studierenden auf, die aus der
Türkei stammen. Ihre Zahl erreichte nach dem Hoch, welches im Jahr 2000
mit knapp 22.000 erreicht wurde, im Jahr 2010 mit 6.635 dagegen eine An-
zahl, die zuletzt in den frühen 1980er Jahren gezählt wurde.[57]
Schon 2001 stellten die aus China stammenden Studierenden mit weitem Abstand die größte Gruppe der aus dem Ausland kommenden Personen, gefolgt

---
57   Siehe URL (letzter Zugriff 5.7.2012): http://www.wissenschaftweltoffen.de/daten/1/6/4

von denen aus Polen, Russland und Bulgarien. Alle vier Länder haben auch zehn Jahre später noch diese Spitzenposition in der Statistik inne, nur mit deutlich höheren Zahlen. Dabei belegt 2011 die Russische Föderation nach China mit circa 10.000 Studierenden den zweiten Rang derjenigen, die zum Studieren nach Deutschland gingen.

Tabelle 4: Bildungsausländer-Absolventen der zehn wichtigsten Herkunftsländer für Deutschland 2000 bis 2010

Herkunftsland	Prüfungsjahr			Anstieg in %
	2000	**2005**	**2010**	
China	511	2.227	4.437	868,3
Russische Föderation	**338**	**938**	**1.533**	**453,6**
Bulgarien	125	665	1.489	1.191,2
Polen	386	1.028	1.443	373,8
Ukraine	119	474	1.039	873,1
Österreich	287	571	969	337,6
Frankreich	597	818	926	155,1
Türkei	419	728	866	206,7
Süd-Korea	410	553	762	185,9
Indien	59	767	756	1.281,4

Quelle: DAAD 2012: 34.

Polen, als östliches Nachbarland, stellt zusammen mit der Türkei in der Langzeitperspektive derzeit die meisten Bildungsausländer an den deutschen Hochschulen. Der historische Wandel, der ab 1988 in den MOE-Staaten einsetzte, spiegelt sich auch in den Zahlen der nach Deutschland kommenden Studierenden wieder. Insgesamt stieg die Zahl der Studierenden aus Mittel- und Osteuropa zwischen 1991/92 und 2005/06 um über 300 Prozent (Risser/Makhlis 2007: 149).

Tabelle 5: Entwicklung der Zahl ausländischer Studierender in Deutschland

Jahr	Türkei (Rang 1)		Polen (Rang 2)	
	Anzahl	Veränderung zu 1976=100	Anzahl	Veränderung zu 1976=100
1976	4.208	100	168	100
1981	6.542	155,5	414	246,4
1986	9.215	219	1.414	841,7
1991	12.962	308	2.136	1.271,4
1997	21.856	519,4	5.271	3.137,5
2000	23.762	564,7	8.181	4.869,6
2001	23.640	561,8	9.328	5.552,4

Quelle: DAAD/HIS 2012[58]

Die Zahl der deutschen Studierenden in der Russischen Föderation lag dagegen im Vergleich dazu im Promillebereich. 2008 gingen gerade einmal 167 Studierende aus Deutschland dorthin (Bundesministerium für Bildung und Forschung 2008b: 17). Ein Jahr später war deren Zahl gerade einmal auf 191 gestiegen. Dagegen zog das viel kleinere Ungarn knapp 2.000 Studierende an und selbst Polen verzeichnete 630 Deutsche an den Hochschulen (Statistisches Bundesamt 2011: 279).

Der transnationale europäische Arbeitsmarkt für Akademiker entstand nach dem 2. Weltkrieg durch Großprojekte wie dem Conseil Européen pour la Recherche Nucléaire, kurz CERN (Burke 2012: 268). Wissenschaftliche Großforschung zusammen mit der "Rhetorik des internationalen Wettbewerbs" (Münch 2011: 65) erfordern zunehmend ein internationales Portfolio an Mitarbeitern. Auch an den Hochschulen und Forschungseinrichtungen stellen russische Bürger/innen einen bedeutenden Teil der ausländischen Wissenschaftler/innen in der Bundesrepublik. Eine ähnlich große Gruppe kommt lediglich aus China.[59] Wenn man die Zahl der Wissenschaftler/innen aus den verschiedenen Staaten der ehemaligen Sowjetunion, also neben Russland auch die Ukraine und Belarus, zusammenrechnet, dann kommen mindestens neun Prozent der ausländischen Wissenschaftler/innen an den deutschen Hochschulen aus dem postsowjetischen und damit vorwiegend russischsprachigen

58   Siehe URL (letzter Zugriff 10.1.2013): http://www.wissenschaftweltoffen.de/daten /2002/1/2/7
59   Es gibt bei wissenschaft-weltoffen.de verschiedene Angaben in den Tabellen. Es wird in der Tabelle 6 eine Prozentangabe angeführt, um damit eine Tendenz zu verdeutlichen, selbst wenn die Werte im Einzelnen leicht divergieren.

Raum. Insgesamt wurden 2010 über 31.000 ausländische wissenschaftliche und künstlerische Mitarbeiter/innen an deutschen Hochschulen gezählt (DAAD 2012: 72).

Es wird ein Missverhältnis deutlich: Einige asiatische sowie mittel- und osteuropäische Länder stellen eine hohe Anzahl an Bildungsausländern bei den Studierenden sowie bei den wissenschaftlichen und künstlerischen Mitarbeitern. Dagegen stellen Personen aus den deutschsprachigen und den englischsprachigen Ländern eine außerordentlich hohe Zahl an Professoren.

Tabelle 6: Ausländische Wissenschaftler/innen in Deutschland: die wichtigsten Herkunftsländer

Herkunftsland	Anzahl 2009	2008=100	In % aller Geförderten
Russische Föderation	2.408	114,7	8,1
China	2.338	106,3	7,9
Vereinigte Staaten	1.930	130,2	6,5
Indien	1.679	115,6	5,6
Italien	972	137,1	3,3
Polen	887	108,6	3
Frankreich	827	134,9	2,8
Spanien	570	127,8	1,9
Brasilien	560	106,7	1,9

Quelle: DAAD/HIS 2012[60]

Die AvH bietet ein zusätzliches, eigenes "Ranking" für ihre ausgezeichneten Stipendiaten. Dabei wurden zwischen 2007 und 2011 die Forschungsaufenthalte von über 6.000 Stipendiaten gezählt, die die vom Auswärtigen Amt finanzierte Mittlerorganisation unterstützte. Drei Viertel entfielen auf die Hochschulen, mit der FU Berlin an der Spitze. Ein Viertel zog es an die außeruniversitären Forschungseinrichtungen mit dem Fritz-Haber-Institut der Max-Planck-Gesellschaft auf dem ersten Platz.[61]

Bei der Mobilität des wissenschaftlichen Personals der deutschen Hochschu-

---

60   Siehe URL (letzter Zugriff 10.1.2013): http://www.wissenschaftweltoffen.de/daten/20
11/7/2/4
61   Siehe URL (letzter Zugriff 14.11.2012): http://www.humboldt-foundation.de/web/hu
mboldt-ranking-2012.html

len sind die Länder Westeuropas und die USA besonders häufig das Ziel. Dies spiegelt sich aber auch in den Fremdsprachenkenntnissen und in der Verkehrssprache von wissenschaftlichen Treffen und vor allem in den Publikationen wider.[62]

Tabelle 7: Wissenschaftliches und künstlerische Personal aus anderen Ländern

Land	Insgesamt im Jahr 2010	Professoren	Wissenschaftl./ künstl. Mitarbeiter
China	2.160	28	1.520
Italien	1.887	127	1.158
Österreich	1.873	520	961
Russische Föderation	1.753	63	1.172
Frankreich	1.541	92	744
USA	1.539	227	546
Indien	1.331	26	1.037
Spanien	1.307	56	586
Großbritannien	1.187	158	429
Polen	1.182	50	752
Schweiz	881	307	322
Niederlande	746	178	390

Quelle: DAAD 2012: 72

3.3.2 Europäisierung und der Europäische Hochschulraum

Die Europäisierung der Hochschulen ist ohne Zweifel beeinflusst vom Integrationsprozess der Europäischen Union, der deutlich seit den 1980er Jahren vorangeschritten ist. Europa ist zwar ein Projekt der Eliten und damit der ökonomischen und politischen Entscheidungsträger (vgl. Münch 2008, Haller 2009). Als Thema ist es heute aber auch ein Teil der Curricula in Schulen und Universitäten. Die Europäische Gemeinschaft bzw. die spätere Europäische Union entwickelte die am stärksten ausgeprägte Form der Idee Europa, die in vielen Bereichen wichtige Aspekte des modernen Staates angenommen hat. Die "Identität" und Idee der EU bzw. Europas wird dabei bewusst durch diver-

---

62 Hier sei noch einmal auf die asymmetrische Internationalisierung in den USA und Großbritannien verwiesen. Die USA zählte 2009 an den Hochschulen 3,5% ausländische Studierende, aber lediglich 0,3 % der einheimischen gingen ins Ausland. In Großbritannien lagen diese beiden Werte 20,7 % bei 1,3 %, Angabe laut URL (letzter Zugriff 10.12): http://www.wissenschaftweltoffen.de/daten/4/3/1

se Programme wie "ERASMUS" gefördert, wobei heute relativ oft eine Gleichsetzung des Kontinents mit der politischen Entität erfolgt. Die Einheitliche Europäische Akte von 1985 initiierte weitere Schritte zur Integration der Mitgliedsstaaten und mündete in die vertragliche Umformung der EG in die Europäische Union mit dem 1992 geschlossenen Vertrag von Maastricht.

Die EU wird dabei vor allem von Entscheidungsträgern in ihren eigenen Gremien unterstützt, die fast vollständig an europäischen Hochschulen ausgebildet wurden (vgl. Hartmann 2007). Für die "technokratische Modernisierungselite" (Giesen 1993: 497) ist das Beherrschen von mindestens zwei bedeutenden Sprachen ein Standard, um überhaupt "in Brüssel" in der eigenen Sphäre der EU-Bürokratie eine europäische Karriere machen zu können, wobei "die Kluft zwischen Eliten und Bürgern in Deutschland am größten ist" (Haller 2009: 47). Innerhalb der EU und ihrer Mitgliedsstaaten vollzieht sich ein "Harmonisierungsprozess", der zu institutionellen und lebensweltlichen Angleichungsprozessen führen soll, sich dabei aber vor allem auf wirtschaftliche und supranational-juristische Aspekte beschränkt (vgl. Münch 2008: 144f). Dies trifft auch auf das bildungspolitische Feld zu. Hier spielte das Gravier-Urteil vom 13.2.1985 eine entscheidende Rolle, da danach die Hochschulbildung zur Berufsausbildung, bei der die Kommission schon länger über Gestaltungskompetenzen verfügte, gezählt wurde (European Commission 2006: 101ff).

Die länderübergreifende Zusammenarbeit wird von diversen Programmen durch die EU unterstützt, um damit den Integrationsprozess zu stärken. Diese Entwicklung ist auch in der akademischen Gemeinschaft zu finden. Hochschulen sind eine wichtiger Teil des alltäglichen Zusammenlebens in Europa, wobei der juristische Diskurs direkt an die rechtswissenschaftlichen Fakultäten angebunden ist. Hier werden die "Grundprinzipien einer idealen Ordnung [...] eines paradigmatischen Kerns der europäischen Gesellschaftsordnung" (Münch 2008: 26) entwickelt.

Mit der 1985 unterzeichneten Einheitlichen Europäischen Akte wurde eine verstärkte Integration der EG hin zu einem Binnenmarkt festgelegt. Eine bessere Zusammenarbeit im Bildungssektor lag nahe, allein um die gegenseitige Anerkennung von Studienleistungen und Abschlüssen und ein besseres Fremdsprachenniveau für die verschiedenen Arbeitsmärkte in den Mitgliedsländern zu gewährleisten. Bildungspolitik war und ist aber kein Kernbereich der EU-Politik. Während sich die ökonomische Zusammenarbeit vertiefte, dies war und ist ja schließlich die Hauptantriebskraft für das Projekt EU, blieb die Bildungspolitik lange eine rein nationalstaatliche Aufgabe. Sie war nicht einmal Teil der der EG zu Grunde liegenden Verträge. Erst mit dem Vertrag von Amsterdam wurden der EU von den Regierungen der Mitgliedsstaaten nun Kompetenzen in diesem Bereich zuerkannt. Eine Reaktion war sicherlich die Einführung des European Community Action Scheme for the Mobility of University Students (ERASMUS) 1987. Damit begann eines der erfolgreichsten EU-Programme. ERASMUS fördert die akademische Mobilität von Studierenden und Lehrkräften. Die Zahl der an ERASMUS teilnehmenden Studierenden[63] stieg allein von rund 10.000 im akademischen Jahr 1988/89 auf knapp 100.000 zehn Jahre später.[64] Die kulturellen Auswirkungen des Programms insbesondere auf einer individuellen Ebene wurden sogar in zwei europaweiten Ko-Produktionen verfilmt, wobei "L'auberge espagnole" 2002 in Barcelona und "Les poupées russes" 2005 in St. Petersburg und London gedreht wurden. Sie spielen damit in europäischen Metropolen und geben die persönlichen und beruflichen Verstrickungen wieder, die während und nach einem ERASMUS-Aufenthalt verursacht wurden. Die Filme sind insofern bemerkenswert, da sie wohl die einzigen sind, die sich positiv auf ein EU-Programm beziehen und zugleich das Leben einer gebildeten europäisierten Studierendenschaft bzw. später junger Berufstätiger zeigen. Denn diese sind es, die neben der EU-Bürokratie, eine "europäische Gesellschaft als Erfahrungsraum und Erwartungshorizont" (Müller 2007: 20) durch ihre soziale Interaktion schaffen. Allerdings stellen auch in einem transnationalen Hochschulraum Visa-Erfordernisse immer noch eine Zugangshürde für Menschen aus Ländern außerhalb der EU dar.[65] Darüber hinaus sind die hohen Lebenshaltungskosten oft ein Hindernis. Das gilt teilweise auch für die deutschen Studierenden, für die sogar "eine leichte Vergrößerung der sozialen Ungleichheit" (Finger 2012: 4) für die grenzüberschreitende Hochschulmobilität festgestellt wurde, d. h. Kinder mit einkommensstarken Eltern und einem Hochschulabschluss studieren eher im Ausland, denn ein Auslandsstudium ist i. d. R. mit deutlich höheren Kosten verbunden, als ein Studium nahe des Heimatortes.[66]

---

63   Das Programm richtet sich auch an Hochschullehrer, wird aber überwiegend von Studierenden genutzt. ERASMUS gilt auch als Synonym für einen Auslandsaufenthalt an einer europäischen Universität.

64   Siehe URL (letzter Zugriff 13.12.2012): http://ec.europa.eu/education/erasmus/doc /stat/table1.pdf

65   Finanzielle Gründe halten aber selbst viele Studierende aus EU-Mitgliedsländern von einem Studium in einem anderen Land ab (Gallup Organization 2009: 28).

66   Basierend auf den Daten der Sozialerhebungen des Deutschen Studentenwerkes

Ende der 1980er Jahre wurde auch mit Maßnahmen begonnen, die einen Transfer der Studienleistungen in Europa einfacher gestalten sollten. Das European Credit Transfer System wurde ab 1987 im Zuge des ERASMUS-Programmes der EG bzw. nachfolgend der EU entwickelt. Es soll Informationen über die in dem jeweiligen Studiengang erbrachten Leistungen und eine Bewertung des Lernaufwandes (später oft nur "workload" genannt) liefern. Die Basis hierfür waren die untereinander geschlossenen Austauschverträge der am ERASMUS-Programm teilnehmenden Hochschulen. Der Erfolg von ERASMUS oder des ECTS zeigten, dass eine Bildungspolitik auf der europäischen Ebene möglich war und dass diese wiederum die europäische Integration förderte (Barblan 2010: 498).

Auf den Wandel hinter dem sogenannten Eisernen Vorhang wurde im Dezember 1989 mit der Einrichtung des Programms PHARE (Pologne, Hongrie: Assistance à la Restructuration Economique) reagiert. Als hochschulpolitisches Instrument wurde außerdem 1990 das Programm TEMPUS (Trans-European Mobility Programme for University Studies) beschlossen. Es sollte Strukturreformen und Anpassungsmaßnahmen in Hochschulen der Länder Mittel- und Osteuropas fördern. Innerhalb der EU-Förderstruktur wurde es Teil des zeitweilig existierenden PHARE-Programmes. Seit 1994 können die Nachfolgestaaten der Sowjetunion an dem Programm nach vorheriger Bewerbung der Hochschulen teilnehmen. Das ERAMUS-Programm wurde mit dem 1990 gestarteten Fremdsprachenförderprogramm LINGUA 1994 zusammengeführt und ist heute Teil des Programms Lebenslanges Lernen. TEMPUS wurde für das akademische Jahr 1994/95 um weitere vier Jahre fortgesetzt. Gleichzeitig wechselte die Programmzugehörigkeit von PHARE zu TACIS (Technical Assistance for the Commonwealth of Independent States), welches ein Jahr zuvor für die GUS-Staaten von der EU aufgelegt wurde. Die Förderphase IV, 2007 bis ins Jahr 2013, zielte neben dem Mittelmeerraum auf die Russische Föderation und die Länder Zentralasiens. Empfänger der Fördermittel und des Förderauftrages sind Hochschulen in der EU, die mit Hochschulen in der Zielregion kooperieren und Projekte zur Entwicklung der institutionellen Strukturen umsetzen sollen. Die so geförderten Projekte halfen beim Aufbau von Auslandsämtern oder der Entwicklung von neuen Curricula. Außerdem wurde die Erarbeitung von Leitbildern und Strategien unterstützt.

Die EU hat aufgrund der gewachsenen Zahl von grenzübergreifenden Kooperationen 2001 einen "Code of Good Practice in the Provision of Transnational

---

von 1997 bis 2006 (Bundesministerium für Bildung und Forschung 2008b).

Education" erlassen, an dem sich die verschiedenen Akteurstypen bei ihren transnationalen Aktivitäten und vor allem in der Vertragsgestaltung orientieren sollen.[67] Neben der Erstellung der eigenen Policy-Papiere und der Durchführung von Programmen zur Mobilitätsförderung im Hochschulbereich ist die EU auch in der Forschungsförderung aktiv. Hier stützt sie sich auf transnationale Wissenschaftskooperationen und fördert wiederum deren europäische Organisationsstrukturen. Als Organisation wurde nach einer 5-jährigen Vorlaufzeit 2007 das European Research Council (ERC) gegründet.[68] Ein über sieben Milliarden Euro starkes Budget wurde von der EU für das ERC im Rahmen des 7. Forschungsrahmenprogramms bewilligt. Die 22 Mitglieder des Wissenschaftlichen Komitees ernennt die EU-Kommission selbst. Die derzeit stattfindende Debatte um die Kürzung des Etats für das ERC in der Periode 2014 bis 2020 wird in der wissenschaftlichen Gemeinschaft grenzüberschreitend geführt.

Die Vielfalt der kulturellen Eigenheiten der Mitgliedsstaaten und ihrer Subeinheiten wird oft in Papieren der politischen Klasse in den EU-Mitgliedsstaaten, aber auch von den EU-Gremien gelobt und als ein zu pflegendes Erbe angesehen. Die Heterogenität der Universitätsabschlüsse jedoch galt zunehmend als kontraproduktiv. Die automatische gegenseitige Anerkennung von Studienleistungen und -abschlüssen war in den verschiedenen Ländern nicht gegeben und für die Privatpersonen hier nur über bürokratische Umwege zu erreichen. Ein erster Schritt diese Situation zu überwinden, wurde 1997 unternommen, als die EU die "Konvention über die gegenseitige Anerkennung von Qualifikationen im Hochschulbereich in der europäischen Region" zusammen mit der UNESCO als Vertrag ausarbeitete. Die meisten Länder inklusive der Russischen Föderation unterschrieben diese Erklärung bzw. die "Lissaboner Konvention" seitdem. In Russland wurde die Konvention im Jahr 2000 ratifiziert, in Deutschland jedoch erst 2007. Hinzukamen andere OECD-Staaten außerhalb Europas wie die USA, Kanada und Australien.

---

67   Siehe URL (letzter Zugriff 14.11.2012): http://www.coe.int/t/dg4/highereducation/rec ognition/code%20of%20good%20practice_EN.asp

68   Vgl. die Darstellung URL (letzter Zugriff 9.11.2012): http://erc.europa.eu/about-erc/ history

3.3.3 Der Bologna Prozess[69]

Der Bologna-Prozess (BP) nahm seinen Anfang auf einer inter-
gouvernementalen Ebene. Er war im Wesentlichen eine Initiative von vier
Regierungen. 1988 erklärten Großbritannien, Frankreich, Italien und Deutschland bei einem Treffen auf dem Gelände der Pariser Universität, der Sorbonne, dass sie Lehren und Lernen in Europa durch Mobilität und eine engere
Zusammenarbeit fördern wollen, d. h. konkret durch die Einheitliche Anerkennung von Studienleistungen sowie die allgemeine Einführung eines Studiensystem mit zwei Stufen und die Bewertung der Studienleistungen in Form des
ECTS-Schemas ("Joint Declaration on Harmonisation of the Architecture of
the European Higher Education System").[70] 1999 erfolgte dann in Bologna
von den damals 29 Bildungsministern der EU-Mitgliedsländer und anderer
Staaten die Erklärung, einen europäischen Hochschulraum schaffen zu wollen. Dieses Ziel ist auch im Kontext der im Jahr 2000 vom EU-Rat in Lissabon
verabschiedeten Strategie zu sehen, in der von den anwesenden Regie-
rungschefs erklärt wurde, die EU bis 2010 zum wettbewerbsfähigsten Wirt-
schaftsraum in der Welt zu machen. Bildung und Forschung und damit die
Hochschulen haben diesem Ziel explizit zu dienen.[71]

Ziele

Die Ziele des BP lassen sich in drei Punkten zusammenfassen: (1) Eine Angleichung der Hochschulsysteme; (2) eine Erhöhung der Mobilität der Studierenden; (3) eine verstärkte Zusammenarbeit in der Lehre und in der Hochschulorganisation. Erreicht werden soll dies mit einer umfassenden Reform
der Hochschulen, wozu die Einführung von gestuften Studiengängen gehört.
Allerdings taucht der Begriff Bachelor in der BP-Erklärung nicht auf. In dieser

---

69   Die offiziellen Dokumente des BP finden sich derzeit auf der Seite der aktuellen
      Bologna-Prozess Sekretariats, siehe URL (letzter Zugriff 10.5.2011): http://www.e
      hea.info/

70   Im ersten Absatz der sogenannten Sorbonne-Erklärung wird darauf verwiesen, dass
      die europäische Integration mehr sei, als ein rein ökonomischer Zusammenschluss:
      "The European process has very recently moved some extremely important steps
      ahead. Relevant as they are, they should not make one forget that Europe is not on-
      ly that of the Euro, of the banks and the economy: it must be a Europe of knowledge
      as well. We must strengthen and build upon the intellectual, cultural, social and
      technical dimensions of our continent. These have to a large extent been shaped by
      its universities, which continue to play a pivotal role for their development." Siehe
      URL (letzter Zugriff 12.6. 2009) http://www.bologna-berlin2003.de/pdf/Sorbonne_dec
      laration.pdf

71   Die Punkte 12; 13; 25 sowie 26 betreffen dabei explizit Forschung, Wissenschaft und
      die Hochschulen, siehe URL (letzter Zugriff 12.11.2012): http://www.europarl.eur
      opa.eu/summits/lis1_de.htm

ersten Erklärung erfolgt nur eine Festlegung auf ein Minimum von drei Jahren für den ersten Abschluss. Hervorzuheben ist die "Einführung eines Systems leicht verständlicher und vergleichbarer Abschlüsse, auch durch die Einführung des Diplomzusatzes (Diploma Supplement) mit dem Ziel, die arbeitsmarktrelevanten Qualifikationen der europäischen Bürger ebenso wie die internationale Wettbewerbsfähigkeit des europäischen Hochschulsystems zu fördern", wie es in der deutschen Textvariante der BP-Erklärung heißt.[72] Verglichen mit der Charta von 1988 ist die Bologna-Erklärung ein klarer Wandel mit der Betonung von solchen Begriffen wie "Employability" und "Mobilität". Gleichzeitig wurde der BP während der Bologna-Folge-Konferenz in Berlin 2003 offiziell mit der Lissabon Strategie der EU verbunden.

Implizit wurden von den Bildungspolitikern aber durch die Einführung von Bachelor und Master die Umsetzung von Steuerungsziele erwartet (vgl. Künzel 2010: 23): insbesondere eine Verkürzung der Studienzeiten. Weiterhin sollten die Abbrecherquoten gesenkt werden. Die Finanzierung der "Massenuniversitäten" sollte so abgesichert werden und Ausbildung im Sinne von "Employability" und Berufsfähigkeit gestärkt werden, wie es Rainer Künzel, der wissenschaftliche Leiter der Zentralen Evaluations- und Akkreditierungsagentur in Hannover, formuliert.

Der BP weitete sich mit jeder der alle zwei Jahre stattfindenden Folgekonferenzen aus. Seine geographische Reichweite umfasst mittlerweile das gesamte Europa und sogar angrenzende Länder, wobei 2010 Kasachstan als 47. Land aufgenommen wurde. Jedes der im BP verfassten Communiqués beinhaltete neue Ziele oder Erweiterungen, die von den teilnehmenden Staaten bis 2010 umzusetzen sind. Die Bologna-Erklärung und die Communiqués haben allerdings keinen völkerrechtlich bindenden Charakter. Sie leben damit von der Umsetzung in nationales Recht sowie von der Implementierung durch die Universitäten. In den Nachfolgekonferenzen stimmen sich die Vertreter der teilnehmenden Staaten, der Hochschulen und der diversen Interessenorganisationen über die detaillierte Durchführung und Organisation des Bologna-Prozesses ab. Seit 2001 wird auf die Vertretungen der Hochschulen und die Studierenden zugegangen; letztere sind seit der Berliner Konferenz von 2003 ein Teil der Governance-Struktur des BP (vgl. Walter 2007).

---

72   Siehe URL (letzter Zugriff 10.12.2012): http://www.bmbf.de/pubRD/bologna_deu.pdf

Umsetzung in Deutschland

Die juristischen Voraussetzungen für die Umsetzung der Bologna-Ziele lagen in der Bundesrepublik schon vor der Erklärung von 1999 vor. Bereits seit der Novellierung des Hochschulrahmengesetzes (HRG) im Jahr 1998 war in § 15 die Zweigliedrigkeit festgeschrieben worden. Allerdings ist dort im Absatz 1 nur von einer Zwischenprüfung und einem danach stattfindenden Hauptstudium die Rede, wobei Grund- und Hauptstudium mindestens vier Jahre umfassen müssen. Absatz 2 verlangt die Schaffung eines Leistungspunktesystems, um die Mobilität innerhalb der Institution und zu anderen Hochschulen zu gewährleisten. Das "Einfallstor" für die neuen Studiengänge ist der § 19, der die Einrichtung von Bachelor (B.A.) und Master (M.A.) als Abschlüssen ermöglichte. Hier wird für den B.A. eine maximale Regelstudienzeit von vier Jahren und für den M.A. von zwei Jahren vorgeschrieben.

In Deutschland ähnelt die Implementierung der neuen Studiengänge denen des schon länger existierenden B.A. in Großbritannien, dem Land welches eine der schwächsten Teilnahmequoten der Studierenden am Vorzeige-Austausch-Programm ERASMUS hat. Unter den 100 Hochschulen, die die meisten Studierenden in das EU-Ausland senden, befanden sich 2010/11 mit Platz 85 und 97 gerade einmal zwei aus dem Vereinigten Königreich.[73] Bei den wichtigen Entsendeländern war Großbritannien für Deutschland gar nicht verzeichnet, während aus den USA immerhin über 1.800 Studierende im Jahr 2006 kamen (BMBF 2008b: 8). Nach der 2002 erfolgten Novellierung des HRG schrieb der § 72 den Bundesländern die Aufnahme der §§ 15 und 19 in ihre Landesgesetze innerhalb von drei Jahren vor. Der B.A. wird weiterhin als erster berufsqualifizierender akademischer Grad beschrieben. Dieser Abschluss in den jeweiligen Disziplinen soll also in relativ kurzer Zeit fit für den Arbeitsmarkt machen. Damit mündete eine Debatte um die Berufsfähigkeit und die notwendigen Kompetenzen in erste juristische Normen. Die "Employability" umfasst dabei mehr als nur das fachliche Können, sondern eben auch soziale Kompetenzen, die jedoch relativ vage beschrieben sind (HRK 2004: 39ff). Es wird erwartet, dass die Absolventen "in der Lage sind, Daten zu sammeln und auszuwerten" oder "die Informationen, Ideen, Probleme und Lösungen vermitteln können" (ebd.: 40). Diese von der HRK geforderten Mindestkompetenzen stellen nicht etwas dezidiert Neues dar, sondern sind Versuche der Qualitätssicherung.

---

73   Siehe URL (letzter Zugriff 9.11.2012): http://ec.europa.eu/education/erasmus/doc/st at/1011/students100.pdf

Die Anerkennung der neuen Studiengänge ist seit 1998 hauptsächlich von der Akkreditierung durch private Agenturen und damit nur noch peripher von den Landesministerien abhängig. Die Agenturen werden wiederum durch eine neu geschaffene Organisation, der "Stiftung zur Akkreditierung von Studiengängen in Deutschland" zugelassen. Die KMK hat den Akkreditierungsrat in Absprache mit der HRK im Dezember 1998 eingerichtet. Derzeit sind für den deutschsprachigen Raum zehn Agenturen zugelassen.[74] Der Wissenschaftsrat (2010: 30) geht von Kosten zwischen 25.000 und 30.000 Euro je Studiengang und Akkreditierung aus. Der Staat hat durch seine Gesetze einen Markt und dessen Akteure erst geschaffen (vgl. Serrano-Verde 2008). Die Notwendigkeit der Akkreditierung und der allgemeine Aufwand sowie die Kosten des Verfahrens[75] werden kritisiert; so forderte die Interessensorganisation von über 24.000 deutschen Hochschullehrer/innen ihre Mitglieder zum Boykott auf, da es "teuer, bürokratisch, langsam, ineffizient, rechtlich zweifelhaft und autonomiefeindlich"[76] sei, so der Deutsche Hochschulverband (DHV).

Prinzipiell sind die Vorgaben in der Bologna-Erklärung und in den Communiqués der Folgetreffen recht vage. In Deutschland erfolgten auf nationaler Ebene detaillierte Festlegungen zu den Abschlussbezeichnungen, zu den Arten von Studiengängen, zur Studiendauer, zur Akkreditierung und zu den Modalitäten der Modularisierung" (Winter 2009: 16) 2004 und 2010 durch die bundesweiten und länderübergreifenden Beschlüsse der KMK und im Anschluss wiederum durch die einzelnen Bundesländer, In der letzten Strukturvorgabe für die Akkreditierung durch die KMK wurde ausdrücklich eine Studienzeit für den Bachelor von sechs, sieben bzw. sogar von acht Semestern erlaubt. Allerdings darf ein daran anschließender, also konsekutiver Master, nicht länger als ein Jahr benötigen, denn die Höchstzeit für beide beträgt laut Akkreditierungsregel fünf Jahre, so Punkt 1.3 in den Strukturvorgaben der KMK.[77] Ähnliche Formulierungen finden sich dann in den Hochschulgesetzen der Bundesländer, so besagt § 46 des Thüringer Hochschulgesetzes, dass

---

74   Siehe URL (letzter Zugriff 11.4.2012): http://www.akkreditierungsrat.de/index.php?i
      d=5
75   Siehe die juristische Regelung per Gesetz siehe URL (letzter Zugriff 11.4.2012):
      http://www.gesetze-im-internet.de/bundesrecht/akkstellekostv/gesamt.pdf
76   Siehe die Pressemitteilung vom 31.3.2009, DHV 12/2009, URL (letzter Zugriff
      11.4.2012): http://www.hochschulverband.de/cms1/pressemitteilung+M53b7fb95070
      .html
77   Siehe URL (letzter Zugriff 13.6.2012): http://www.kmk.org/fileadmin/veroeffentlichung
      en_beschluesse/2003/2003_10_10-Laendergemeinsame-Strukturvorgaben.pdf

ein konsekutiv geführtes Studium von Bachelor und Master höchstens 10 Semester betragen darf. Für den Bachelor werden in Deutschland allgemein 180 und für den Master in der Regel 120 ECTS bzw. für ein gesamtes Studium 300 ECTS verlangt. Die konkrete Umsetzung der mit dem BP verbundenen Reformen obliegt, neben der o.g. KMK, der HRK und ihren Mitgliedshochschulen. Im akademischen Jahr 2007/08 gab es bei einer Gesamtzahl von 11.369 Studiengängen 4.541 Bachelor-/Bakkalaureus- und 3.065 Master-/ Magisterstudienmöglichkeiten in Deutschland. Die neuen Studiengänge verfügten damit über einen Anteil von 67 Prozent des Studienangebots an deutschen Hochschulen (Hochschulrektorenkonferenz 2008: 8). Die Mehrzahl der B.A.-Studiengänge ist mit sechs Semestern bzw. der M.A. mit zwei Semestern geplant (ebd.: 14). Erhebliche Probleme gibt es bei der Einführung von Diploma Supplements (vgl. Knoke 2009).[78] Im Wintersemester 2011/2012 waren bereits 85 Prozent aller Studienangebote ein B.A.- oder M.A.-Studiengang. Dies ist ein deutlicher Anstieg im Vergleich zu 2007 mit 45 Prozent der Studiengänge (KMK/BMBF 2012: 1).[79]

Die vollständige Umsetzung der Bologna-Empfehlungen war bis 2010 geplant. Die deutschen Universitäten haben dies ebenso wenig geschafft wie die Mehrheit der anderen teilnehmenden Staaten und ihre Hochschulen. Dafür hat Deutschland 2007 immerhin die Lissaboner Konvention über die wechselseitige Anerkennung von Hochschulleistungen in Kraft gesetzt. Diese war allerdings bereits 1997 nach jahrelangem Verhandeln von allen europäischen Mitgliedern der UNESCO unterzeichnet worden.

KMK, HRK und die Hochschulen vereinbarten am 10.12.2009 zusätzliche Punkte, die auf eine bessere Studienfähigkeit der reformierten oder neuen Studiengänge zielten. Dem folgte am 16.12.2009 ein sogenannter Bildungsgipfel, der die in Protesten von Studierenden und Hochschullehrern artikulierten Anliegen thematisierte. Ein Ergebnis war der sogenannte Qualitätspakt Lehre, den die zuständigen Minister aus Bund und Ländern im Juni 2010 beschlossen. Darin wurden den Hochschulen für den Zeitraum 2011 bis 2020 zusätzliche 2 Milliarden Euro für die Lehre und damit für eine bessere Perso-

---

78   ECTS-Punkte werden häufig nicht nach dem Arbeitsaufwand der Studenten berechnet. Zeitfenster, die Platz für Mobilität ließen, tauchen in den Curricula der 3-jährigen Bachelor oft nicht auf. Die Praktika sind schlecht oder nicht integriert – mit Ausnahme solcher Fächer, wo dies seit jeher der Fall war. Hier wurde anscheinend auf die Mobilität nach dem ersten Abschluss, also dem B.A. gesetzt (Pletl/Schindler 2007: 35).

79   Siehe URL (letzter Zugriff 10.12.2012): http://www.kmk.org/fileadmin/veroeffentlichu ngen_beschluesse/2012/2012_00_00-Bologna-Bericht-2009-2012.pdf

nalausstattung, die Lehrqualität und die "Professionalisierung" vertraglich zu-gesichert. Der Widerstand gegen die Vereinheitlichung durch die Politik erfolgt in den Hochschulen teilweise von unerwarteter Seite und öffentlichkeitswirksam. Die Technische Universität München vergibt auch weiterhin nach einem erfolgrei-chen und kompletten Ingenieursstudium den Titel eines Ingenieurs, obwohl dies offiziell laut KMK nicht mehr möglich sein sollte. In solchen Fällen wird aber pro forma immer ein »Master of Science« (M.Sc.) mit vergeben. Der In-genieur wird von der TU München ebenso wie der TU Dresden aus Prestige-gründen beibehalten, denn er wäre "ein weltweit anerkannter Qualitätsbe-griff", wie es auf der Internetpräsenz der TU Dresden zu lesen ist.[80] Dem Ba-chelor wird an gleicher Stelle jegliche Funktion für den Arbeitsmarkt abge-sprochen. Das Sächsische Hochschulgesetz gewährt dieser TU-Variante in-zwischen die entsprechende Ausnahme, wobei im Diploma Supplement ent-sprechende Angaben zur internationalen Vergleichbarkeit enthalten sind. Die Interessengruppe "TU 9"[81], in der sich die neun großen Technischen Universi-täten zusammengeschlossen haben, sind sich über diese Vorgehensweise und den Erhalt des Ingenieurs einig.[82] Nicht eingeführt ist das neue System in der Medizin und damit in einem der bedeutendsten Fächer der klassischen Universität. Allerdings versuchen auch renommierte Einrichtungen wie die Charité in Berlin mit neuen Studiengängen und -konzepten zu experimentie-ren. Hier nehmen auch Stiftungen wie beispielsweise die Volkswagen Stiftung Einfluss. Sie unterstützt seit 2005 mit einem Programm Hochschulen bei strukturellen Reformen und Internationalisierungsbemühungen.[83]

Gelegenheitsfenster

Ein Ziel des BP ist die Sicherung der Qualität der Lehre im Europäischen Hochschulraum. Der Diskurs über Qualität und über das Management des-sen hält gegenwärtig in allen Bildungseinrichtungen Einzug (vgl. Serrano-Velarde 2008). Ein wesentliches Mittel hierzu ist die Implementierung von permanenten Monitoringverfahren und des hierfür notwendigen Bürokratie-Aufbaues (vgl. Erkkilä/Piironen 2009). Mit der Herrschaft von Zahlen, Kennzif-

---

Siehe URL (letzter Zugriff 13.11.2012): http://www.et.tu-dresden.de/etit/index.php?id =539
81 Siehe URL (letzter Zugriff 13.11.2012): http://www.tu9.de/
82 Siehe URL (letzter Zugriff 13.11.2012): http://www.tu9.de/media/docs/tu9/20100417 _PM_TU9_Beschluss_Dipl_Ing.pdf
83 Siehe URL (letzter Zugriff 13.11.2012): http://www.volkswagenstiftung.de/foerderung /personenundstrukturen/hochschulederzukunft.html

fern und Leistungsnormen sollen nicht nur die Einhaltung von Zielvorgaben überwacht, sondern auch die Masse der Studierenden bewältigt werden, ohne dafür die Ausgaben proportional steigern zu müssen. Der BP dient ohne Zweifel als der Referenzrahmen auf den immer wieder verwiesen wird, um die gegenwärtigen Reformen durchzusetzen. Diese werden zugleich bei der weiteren Gestaltung des BP während der Folge-Konferenzen und Arbeitstreffen in das Programm zumindest teilweise mit aufgenommen, wie dies u.a. für die Debatte um die Qualitätssicherung gilt. Innerhalb dessen versucht die Europäische Union und damit die "Ministerialbürokratie" der Kommission sich im Rahmen des Bologna-Prozesses zu positionieren (vgl. Friedrich 2005; Walkenhorst 2008).

Mit dem neo-institutionalistischen Analyseraster des Organisationsfeldes lässt sich argumentieren, dass starke Akteure den BP durchsetzen und so Prozesse des Wandels in den Hochschulen erreichen. Dem normativen Zwang der Hochschulgesetzgebung und der diskursiven Phalanx bestehend aus KMK, dem jeweiligen für die Hochschulen in dem Bundesland zuständigen Ministerium und den professionellen Organisationen HRK und DAAD können sich die Hochschulen nicht entziehen. Die deutsche Bundesregierung zählte nicht nur zu den Initiatoren der Sorbonne-Initiative[84] von 1998, sondern eben auch zu den Hauptantriebskräften für den 1999 beginnenden Bologna-Prozess. [85] Es zeigt sich, dass die Internationalisierung der Bildungspolitik innerhalb der EU durch die Nationalstaaten erfolgt. Als Träger des Bologna-Prozesses, sind sie daran interessiert, dass durch die Internationalisierung bildungspolitischer Diskurse hochschulpolitische Ziele im Innern der Staaten durchgesetzt werden (vgl. Martens/Wolf 2006: 159). Der Bologna-Prozess wird selbst als "ein Ergebnis der Diffusion weltkultureller Leitbilder" (Münch 2009: 31) betrachtet, womit "die globale Ausbreitung des akademischen Kapitalismus" (ebd.: 196) einhergehen würde.[86] Dies ist in seiner geographischen Breite und vor allem in der gesellschaftlichen Tiefe, die dieses länderübergreifende bildungspolitische Regime erreicht, nur möglich, weil nahezu alle hochschulpolitischen Akteure von den einzelnen Ministerien, über die Hochschulvertreter als auch

---

84 Siehe URL (letzter Zugriff 10.9.2011): http://www.bologna-berlin2003.de/PDF/Sorbonne_declaration.pdf
85 Siehe (letzter Zugriff 10.9.2011): http://ec.europa.eu/education/policies/educ/bologna/bologna.pdf
86 Der breite Konsens als Grundlage für den BP, der trotz aller Kritik immer noch herrscht, lässt sich nur durch das Governance-Modell erklären, bei dem alle wichtigen Akteuren bzw. deren politische Interessenvertreter miteinbezogen wurden (vgl. Walter 2007: 27).

Gewerkschaften und Studierendenvertreter eingebunden sind. Aufgrund dessen kann folgende Einschätzung unterstützt werden: "Mit seiner umfassenden Einbeziehung der hochschulpolitischen Stakeholder ist das Bologna-
Arrangement ein Beispiel für einen unter dem Begriff Governance diskutierten
Koordinationsmodus" (Walter 2007: 33).

3.4   Zwischenfazit: Der europäische Hochschulraum

Eine "europäische Zone" mit ähnlichen sozialen und politischen Prinzipien
wird mit dem Blick von außen sichtbar: Freiheit, Solidarität und Gemeinschaft
sind grundlegende Prinzipien im Alltag der Hochschulen, trotz althergebrach-
ter hierarchischer Strukturen und der neuen Wettbewerbsstrukturen, die auf
Exzellenz zielen. Die Bedingungen der europäischen und globalen akademischen Gemeinschaft sind bekannt und akzeptiert. Für die deutsche Universität gilt dabei wie für die Mehrzahl der anderen Hochschulsysteme im Bologna-Raum eine relative Autonomie für die innerorganisatorische Entscheidungsfindung. Das betrifft vor allem die Bereiche Forschung und Lehre.
Hochschulen sind auch Laboratorien des gemeinsamen Erlebens von Lern-
prozessen, die es den Studierenden ermöglichen, demokratisch geprägte
Strukturen weiter zu entwickeln. Hochschulen tragen wesentlich dazu bei,
dass sich Normen und Werte einer europäischen Gesellschaft weiter entwickeln können. Sie stellen als Orte den gesellschaftlichen Raum dar, in dem
diese immer wieder neu diskutiert und gelebt werden können. Die Nationalstaaten und die EU-Kommission können heute als die treibenden Kräfte hinter dem BP gesehen werden, die auf eine zu harmonisierende europäische
Bildungspolitik im Rahmen der EU zielt (Martens/Wolf 2006: 154). Ein erfolgreiches Beispiel für die Unterstützung der Mobilität der Studierenden in Europa ist das ERASMUS-Programm, welches sicherlich einen entscheidenden
Beitrag zur Europäisierung der Hochschulen der EU-Mitgliedsländer hatte.
Der in den vergangenen Jahren ohne Zweifel zu verzeichnende Anstieg der
Zahl der Bildungsausländer an deutschen Hochschulen scheint zumindest
nicht monokausal in einem Zusammenhang mit dem BP zu stehen, da die
Länder mit den höchsten Zuwächsen an deutschen Studierenden im Ausland,
also Österreich, die Schweiz und die Niederlande, auch schon früher dem
deutschen ähnliche Hochschulsysteme und -abschlüsse aufwiesen. Aufgrund
einer höheren Mobilität, Migration und der Zusammenarbeit auf zahlreichen
gesellschaftlichen Ebenen insbesondere innerhalb der EU kann von einer
Transnationalisierung europäischer Gesellschaften gesprochen werden. Der

nationalstaatliche Rahmen verliert auch für "die Wissensgesellschaft" gegenüber einer internationalen Perspektive leicht an Bedeutung, doch ist und
bleibt er der politisch prägende Bezugsrahmen. Europäisierung beschreibt
aber als Begriff mehr, damit soll eine Ausweitung hochschulpolitischer Bezüge erfasst werden und ein "Bedeutungsgewinn einer Region gegenüber einer
vormals starken nationalen (oder noch kleinräumigeren) Prägung und Interaktion" deklariert werden, wie Ulrich Teichler darlegt (2007: 51). Europäisierung
beschreibt aus der Perspektive von Teichler auch einen Fortbestand nationaler Besonderheiten oder eine Zunahme von europäischen Gemeinsamkeiten
bei einem Anstieg der Zahl der grenzüberschreitender Aktivitäten und einer
wachsenden Bedeutung von supranationaler Kooperation bei der Steuerung
von politischen Prozessen.

4 Das russische Hochschulsystem im Wandel[87]

Nach 1917 hatte sich ein eigener sowjetisch-russischer Typus des Hoch-schulsystems entwickelt und zwischen 1945 und 1989 war das sowjetische Hochschul- und Wissenschaftssystem das Modell, an dem sich die Staaten im Machtbereich der UdSSR orientierten. Das Ende der sowjetischen Vor-herrschaft, kaum besser illustriert als mit dem "Fall der Berliner Mauer", mar-kierte wiederum das Ende dieser wissenschaftspolitischen Hegemonie. Die Russische Föderation (RF) erbte bei ihrer Gründung im Dezember 1991 auch im Bildungssektor von der Sowjetunion geprägte Institutionen. Diese bestehen bis heute partiell fort. Gleichzeitig setzten Reformen ein. Der An-schluss an die globale Entwicklung und vor allem an Europa war und ist das Ziel für die RF. Das Land nimmt mit rund sieben Millionen Studierenden und offiziell 1.114[88] staatlichen und privaten Hochschulen mit über 1.600 Außen-stellen[89] seit 2003 am Bologna-Prozess teil. Mit der Teilnahme am BP signali-siert Russland, sich nun auch dem politischen Projekt des "Europäischen Hochschulraums" anzuschließen. Die Frage ist dabei, ob Russland wirklich die Anforderungen des BP implementiert. Darüber hinaus sollen Forschung und Lehre wieder international anschlussfähig werden.

4.1 Präsentes Erbe

Im zaristischen Russland erreichte die russische Universität nie den hohen Grad an Autonomie, den die europäischen Universitäten i. d. R. besaßen. Das autokratische System des Zarenreichs benötigte in erster Linie loyale Spezialisten, die in den Metropolen Moskau und Sankt Petersburg sowie in den administrativen Zentren Kasan und Tomsk an wenigen Universitäten

---

87 Das Kapitel ist in einer kürzeren bereits Version erschienen (siehe Lenz 2011).
88 Angabe laut dem russischen Föderalen Staatlichen Statistischen Dienst; die hier angegebene Zahl bezieht sich auf das akademische Jahr 2009/2010, siehe URL (letzter Zugriff 2.1.2013): http://www.gks.ru/free_doc/new_site/population/obraz/vp-obr1.htm
89 Die Zahl der Hochschulen schwankt seit Jahren um den Wert von 1100. Im Jahr 2008 wurden offiziell 1663 von diesen Zweigstellen gezählt. Für die Angaben der Zahl der Studierenden und der Hochschulen sei auf die Seite der russischen Regierung verwiesen; siehe URL (letzter Zugriff 10.8.2010): http://mon.gov.ru/files/m aterials/4328/vpo-uchrezhd.reg.pdf

ausgebildet wurden.[90] Die Zahl der Hochschulen stieg mit der sich sehr langsam vollziehenden Industrialisierung und Modernisierung seit dem 19. Jahrhundert kontinuierlich, so dass im Jahr des Weltkriegsausbruchs hiervon 72 und im Revolutionsjahr 1917 immerhin 150 mit 149.000 Studierenden gezählt wurden.[91] Den Revolution(en) von 1917 und dem Sieg der Bolschewiken im Bürgerkrieg folgte ein grundlegender Wandel auch im Hochschulsystem.[92] Allgemein wurden Studiengebühren für die Bevölkerungsmehrheit zwar abgeschafft, gleichzeitig jedoch für die vermeintlichen Angehörigen der Bourgeoisie auf ein hohes Niveau angehoben (Mühle 1995: 17). Reformen fanden nun statt und neue fortschrittliche Lehr- und Lernmethoden wurden eingeführt.[93] Nach dem Bürgerkrieg stiegen der Austausch und die Anzahl der internationalen Kontakte wieder allmählich; so wurde 1925 der 200-jährige Geburtstag der Akademie der Wissenschaften, der heutigen Russischen Akademie der Wissenschaften (RAN), im Beisein von 131 ausländischen Wissenschaftlern - darunter auch Max Planck und John M. Keynes – in Leningrad gefeiert (Goussakov/Fomin 1996: 36).

Schon wenige Jahre nach dem Bürgerkrieg wurden Hochschulen erneut in hierarchische Organisationen im bolschewistischen Sinne umgeformt und der Machtanspruch der Kommunistischen Partei Russlands auch hier durchgesetzt. Die letzten verbleibenden Teile einer Selbstregulierung wurden per Gesetz 1934 und 1937 abgeschafft, die die Ernennung der Rektoren durch eine Staatskommission festschrieben (Mühle 1995: 23).

Der primäre Fokus der sowjetischen Hochschulbildung galt der beruflichen Qualifikation für ein sich rasch industrialisierendes Land. Der Schwerpunkt lag hierbei auf den Ingenieur- und den Naturwissenschaften, die dem Wirtschaftswachstum eine intellektuelle Basis geben sollten (Anweiler 1978: 357ff; Connelly 2000: 25). Die Zahl der Studierenden wurde staatlich festgelegt. Absolventen wurde der Arbeitsplatz garantiert, jedoch konnten sie diesen

---

90   Zahlreiche wichtige Universitäten wie die von Dorpat oder Kiew des ehemaligen zaristischen und später sowjetischen Imperiums befinden sich nicht mehr auf den heutigen Staatsgebiet der RF.

91   Die Zahl folgt den Angaben des Föderalen Statistischen Dienstes der Russischen Föderation, siehe URL (letzter Zugriff 3.1.2013): http://www.gks.ru/free_doc/new_site /population/obraz/vp-obr1.htm

92   Der Bürgerkrieg verursachte nicht nur den Tod von hunderttausenden Menschen, sondern führte auch zum zeitweiligen Abbruch der Beziehungen mit den Hochschulen im Ausland (Goussakov/Fomin 1996: 34)

93   Gerade auf dem Gebiet der Pädagogik und des Bildungswesens engagierte sich die Frau von Lenin, Nadežda K. Krupskaja (vgl. Anweiler 1978: 81-89). Viele dieser Methodenansätze wurden aber mit der Durchsetzung der Alleinherrschaft von Stalin abgeschafft.

nicht selbst aussuchen und er wurde ihnen für ein Minimum von drei Jahren zugewiesen.

Tabelle 8: Anzahl der russischen Hochschulen und Studierender

Jahr	Anzahl der Hoch-schulen	Studierende in Tausend alle	Vollzeit-Studierende in Tausend
1914	72	86,5	86.5
1917	150	149	149
1940/41	481	478.1	335.1
1950/51	516	796.7	502.6
1960/61	430	1496.7	699.7
1970/71	457	2671.7	1296.5
1980/81	494	3045.7	1685.6
1990/91	514	2824.5	1647.7

Quelle: Föderaler Staatlicher Statistischer Dienst[94]

Im Zuge der teilweise rigorosen Maßnahmen gelang der große Sprung ins industrielle Zeitalter, das nun in allen Städten des Landes präsent war. Dem russischen Bildungssystem gelang außerdem schrittweise die nahezu vollständige Beseitigung des Analphabetismus.[95] Aus einem überwiegend agrarwirtschaftlichen Land war eine Gesellschaft geworden, in der Lesen eine alltägliche Tätigkeit in allen Bevölkerungsteilen war.

Die wissenschaftliche Forschung wurde an der Akademie der Wissenschaften und ihren Instituten konzentriert. Aber auch an den schon in der Zarenzeit existierenden klassischen Volluniversitäten fand weiterhin Forschung statt. Die Mehrzahl der in der Sowjetunion gegründeten Hochschulen waren dagegen eher Lehranstalten, die ihre Wurzeln oft in der pädagogisch-fachlichen Lehrer- oder Ingenieurausbildung hatten. Die Hochschulen waren institutio-

---

94   Angaben laut Föderalen Staatlichen Statistischen Dienst, dem ist nicht zu entnehmen, ob hier die Angaben nur für die RFSSR oder die gesamte Sowjetunion erfolgen. Allerdings gehe ich von der ersten Variante aus, siehe URL (letzter Zugriff 4.1.2013): http://www.gks.ru/free_doc/new_site/population/obraz/vp-obr1.htm
95   Erst in der Sowjetunion wurde 1930 eine vierjährige Grundschule obligatorisch. Aus der Zarenzeit erbte der Vielvölkerstaat eine hohe Analphabetenrate. Die Lesefähigkeit lag 1920 bei 20 bis 30 Prozent (erstere Angabe gilt für Frauen). 1939 betrug diese offiziell schon 87 Prozent (Nolte 2005: 191). Während dieser Zeit verschwand "das Analphabetentum als Massenphänomen aus dem sowjetischen Leben" (Anweiler 1978: 349).

nell an die verschiedenen wirtschaftlichen Bereiche der industrialisierten Sowjetunion gekoppelt. Die zahlreichen spezialisierten technischen Hochschulen, die vergleichbar mit den deutschen Fachhochschulen sind, unterstanden in der Regel einem Ministerium, das ihrer Spezialisierung bzw. Ausrichtung entsprach. Diese Ministerien unterhielten gleichzeitig ihre eigenen Forschungseinrichtungen, die den Betrieben zuarbeiteten.

Mit Beginn der Amtszeit von Nikita Chruščëv als Generalsekretär der KPdSU kam es im Zuge von allgemeinen gesellschaftlichen Reformen zu einer Reduzierung der Anzahl der Hochschulen; im Zuge dessen wurden einige in den 1950er Jahren zusammengeschlossen und zu Universitäten aufgewertet. Auch danach befand sich ein gutes Drittel der Hochschulen entweder in Moskau oder im damaligen Leningrad, dem heutigen St. Petersburg, wo auch die beiden ältesten Universitäten seit jeher ihren Sitz haben. Als drittes Zentrum wurde schon während des Zweiten Weltkrieges Nowosibirsk ausgebaut, dem ab 1957 das benachbarte Akademgorodok als komplett neue Stadt der Wissenschaft folgte. In diesen Städten waren und sind auch die wichtigsten Einrichtungen der Russischen Akademie der Wissenschaften als eigentliche Forschungsstätten zu finden. Hier und in den wenigen klassischen Volluniversitäten konzentriert sich die professionelle Forschung. Dagegen dienen die anderen, nachrangigen Hochschulen primär der Berufsausbildung. Dies ist sicherlich ein Grund, warum auch noch knapp 20 Jahre nach dem Ende der UdSSR nur Wissenschaftler/innen an einzelnen Hochschulen und insbesondere an den Staatlichen Universitäten von Moskau und St. Petersburg als forschungsstark gelten. Daneben werden Wissenschaftler/innen an Einrichtungen in Nowosibirsk, Jekaterinburg, Kasan, Nishnij Novgorod und Tomsk in wissenschaftlichen Zitationsindexen erwähnt.[96]

Die Freiheit von Wissenschaft und Lehre und eine akademische Selbstverwaltung war offiziell in der UdSSR nicht gewollt (vgl. Niederhut 2009). Das traf vor allem die sozialwissenschaftlichen Fachbereiche und die philosophische Richtung (Goussakov/Fomin 1996: 37). Die starren hierarchischen politischen Strukturen spiegelten sich auch in den sowjetischen Hochschulen wider. Spätestens Anfang der 1980er Jahre kam die ökonomische Stagnation hinzu.

Mit dem Zusammenbruch der Sowjetunion und der Gründung der Russischen Föderation war das kommunistische Experiment endgültig diskreditiert und

---

96 Diese wurde von der russischen Regierung für die Jahre 1999 bis 2004 veröffentlicht (Ministry of Education and Science of the Russian Federation 2009: 65).

der "dogamtisch-ideologische Ballast" (Mühle 1995: 51) wurde aus den
Hochschulen entfernt. Allerdings entsprechen der Lehrplan und der Studienablauf bis heute oft noch der "sowjetischen Arbeitsweise". Schüler beendeten
damals und heute ihre Ausbildung in der Regel nach der 11. Klasse, d. h.
auch gegenwärtig sind die Studierenden, wenn sie ihr Studium beginnen, oft
erst 17 Jahre alt. Auch deshalb verfügen Hochschulen gerade für die ersten
zwei akademischen Jahre über einen Erziehungsauftrag vergleichbar mit einer höheren Schule. Im ersten Jahr an der Hochschule werden die jungen
Studierenden allgemein in das jeweilige Fach eingeführt, allerdings nach einem rigorosen Stundenplan, der auch Sport vorsieht. Dieses erste Jahr hat
oft noch einen fächerübergreifenden Schulcharakter. Die Spezialisierung erfolgt erst im zweiten Jahr. In russischen Hochschulen sind Frontalunterricht
und pures Mitschreiben des Vorgetragenen dominierende Lehrmethoden. Die
Wissensvermittlung zielt auf Fakten. Das Ziel ist vor allem die berufliche Ausbildung von diplomierten "Spezialisten" innerhalb eines Zeitraumes von fünf
bzw. sechs Jahren.

Allerdings erarbeiteten sich die sowjetischen Wissenschaftler/innen und auch
zahlreiche Hochschulen eine hohe akademische Reputation. Die weltweite
Anerkennung gründete sich nicht nur auf technischen Großleistungen ("Sput-
nik-Schock"), sondern auch auf dem Hervorbringen zahlreicher Nobelpreisträger. Mitte der 1980er waren an den knapp 900 Hochschulen der Sowjetunion über fünf Millionen Studenten/innen eingeschrieben (Meister 2008: 56).
Außerdem konnte die UdSSR bei der Anzahl der ins Land kommenden ausländischen Studierenden durchaus mit den OECD-Staaten mithalten. Zumindest lag die Sowjetunion hier im Jahr 1990 mit 10,8 Prozent im Verhältnis zur
Gesamtzahl der Studierenden weltweit auf einem guten dritten Platz (Kastouéva-Jean 2007: 2). In der letzten sowjetischen Dekade verlor das Studium
für Personen im Inland jedoch deutlich an Attraktivität und die Studierendenzahl war 1990 deutlich niedriger als zu Beginn der 1980er Jahre.

4.2   Internationale Kontakte: Historische Verbindungen

Das russische Hochschulsystem war von seinem Beginn an eng mit der wissenschaftlichen Entwicklung in den anderen europäischen Ländern und vor
allem mit der in Deutschland verbunden. Hierfür steht insbesondere der Name Michail Lomonosov, der vier Jahre in Marburg und Freiburg studierte und
anschließend zu einem der Gründungsväter des russischen Wissenschaftssystems wurde.

Der Einfluss anderer europäischer Länder war gerade im 18. und 19. Jahrhundert prägend. Vor allem in den Naturwissenschaften waren Textübersetzungen, der fachliche Austausch und die akademische Mobilität mit den Universitäten und Akademien im europäischen Ausland von grundlegender Bedeutung (Engelhardt 2011). Die ausländischen Kontakte hatte schon Zar Peter I. bewusst als Modernisierungsprozess initiiert. Deutsche wie auch französische und andere Experten sollten beim Aufbau russischer Institutionen helfen. Neben vielen Wissenschaftlern, die aus dem Ausland kommend im russischen Imperium ihre Karrierepläne umsetzen konnten, gab es auch eine große deutschsprachige Minderheit, die vor allem im Baltikum über eine ausgebaute Infrastruktur an Bildungsinstitutionen verfügte. Das Zentrum war lange die Universität Dorpat.[97] Der Einfluss von Wissenschaftlern aus dem deutschen Sprach- und Kulturraum ist auffallend (Hempel 1999, Pfrepper 2009; 2012). Der erste Rektor einer russischen Universität stammte aus Westfalen.[98] Auch im 19. Jahrhundert gab es mit Emil Lenz[99] und Karl Kessler[100] in St. Petersburg zwei "deutsche Rektoren". Stark war der deutsche Einfluss auch in den ersten Jahrzehnten an der 1804 gegründeten dritten Universität in Kasan. Im Verlauf des 19. Jahrhunderts stieg die Absolventenzahl an den russischen Hochschulen, womit nun ganze Generationen von qualifizierten russischen Wissenschaftlern dem langsam expandierenden Universitätssystem zur Verfügung standen. Dies kann beispielsweise auch an der steigenden Anzahl der Publikationen russischer Wissenschaftler von russischen Institutionen in deutschen Fachzeitschriften abgelesen werden (Pfrepper 2009: 108; Pfrepper 2012: 89).

Ab 1870 setzte langsam eine Russifizierungspolitik ein, die dem deutschsprachigen Bildungssystem im Baltikum ein Ende machte und 1893 wurde Deutsch durch Russisch an der Universität Dorpat (heute Tartu) als Arbeitssprache ersetzt. Auch an der Universität in St. Petersburg kam es in dieser Zeit zu Konfrontationen zwischen einer russischen und einer deutschen Partei über die Besetzung von wichtigen Stellen (Roussanova 2011: 79f.). Die

97   Im Jahr 1897 gaben 1,79 Millionen Bürger des Zarenreichs als Muttersprache Deutsch an (Hempel 1999: 21).
98   Der biografische Eintrag ist der Internetpräsenz der SPbGU zu entnehmen; für den ersten Rektor Gerhard Friedrich Müller siehe URL (letzter Zugriff 8.1.2013): http://www.spbu.ru/about/arc/chronicle/15-persons/414-m-iller
99   Der Eintrag zu Emil Lenz fehlt auf der Startseite der SPbGU, ist aber auf der entsprechenden Fakultätsseite zu finden, siehe URL (letzter Zugriff 8.1.2013): http://www.phys.spbu.ru/library/history/personalia/lentz.html
100 Siehe URL (letzter Zugriff 8.1.2013): http://www.spbu.ru/about/arc/chronicle/156-persons2/432-k-essler

Verbindungen mit europäischen und deutschen Kollegen wuchsen dennoch bis zum 1. Weltkrieg. Der führte jedoch zu einer signifikanten Einschränkung der Mobilität und des wissenschaftlichen Austausches. Der nach 1917 folgende Bürgerkrieg war für die russische Wissenschaft katastrophal und viele Wissenschaftler verließen das Land. "Sowjetrußland" hatte nun als vermeintlich kommunistischer Staat eine Paria-Position innerhalb der internationalen Staatengemeinschaft inne. Gänzlich zum Erliegen kamen die Kontakte aber erst in der stalinistischen Periode (Niederhut 2009: 59). Wie oben schon skizziert, war die Wissenschaftspolitik gerade in der Stalin-Periode geprägt von ideologischen Ressentiments. Dessen ungeachtet verfolgte die Sowjetunion eine eigene bildungspolitische Internationalisierungsstrategie im Einklang mit den politischen Zielen; so zählte der Führer der vietnamesischen Unabhängigkeitsbewegung zu den bekannten Absolventen internationaler Hochschulen der Sowjetunion in den 1920er Jahren (Rupprecht 2010: 101).[101] Diese Einrichtungen waren jedoch eher Kaderschmieden für die diversen Konfliktherde in von westlichen Staaten kolonialisierten Ländern. Deren Unabhängigkeitsbewegungen und die zukünftigen Entscheidungsträger versuchte die Sowjetunion politisch für sich zu gewinnen und zugleich die autoritäre Organisationsform unter den ausländischen Studierenden aus Südostasien gegen deren Traditionen durchzusetzen (Priestland 2010: 305).[102]

Die Angehörigen von Hochschulen und Akademien litten jedoch wie alle anderen Menschen der Sowjetunion unter dem stalinistischen Terror, dem wiederum der Terror des deutschen Vernichtungskriegs folgte. Nach ihrem Sieg im 2.Weltkrieg nutzte die UdSSR als neuer Hegemon in Mittel- und Osteuropa die Kapazitäten der neuen Satelliten-Staaten (vgl. Weiss 2012: 69-203). Eine antiwestliche und anti-semitische Kampagne führte 1949 zu einer weiteren Isolation. "Kosmopolitismus" wurde ein Vorwurf, der zahlreichen Menschen in der Sowjetunion und in den Satellitenstaaten das Leben kostete. Als einer der wenigen wichtigen Kontakte mit dem westlichen Ausland in dieser Periode kann die offizielle Delegationsreise der sowjetischen Akademie der Wissenschaften zu den Feierlichkeiten der britischen Royal Society anlässlich des 300. Geburtstags von Isaac Newton im Jahr 1946 gewertet werden (Goussakov/Fomin 1996: 40).

---

101 Die 1921 gegründete Kommunistische Universität der Arbeiter des Ostens (KUTW) mit Filialen in Taschkent und Baku ist hervorzuheben.
102 David Priestland mach den Einfluss der von Stalin gelenkten Komintern nicht nur für eine fatale Bündnispolitik der chinesischen KP in den 1920ern verantwortlich, sondern auch dafür, dass sich die "relativ offene Kirche" (2010: 305) in eine dogmatische und zentralisierte Organisation wandelte.

Nach dem Tode Stalins wurden die internationalen wissenschaftlichen Kontakte wieder möglich und 1954 trat die Sowjetunion der UNESCO bei. Zugleich beteiligten sich Forscher aus der Sowjetunion erstmals wieder an einem großen grenzübergreifenden Forschungsprojekt (Niederhut 2009: 59). Gleichzeitig betrieben westliche Staaten und vor allem die USA eine Form der technisch-wissenschaftlichen Eindämmung, denn neue Erkenntnisse in Form von Publikationen und Geräten, die direkt oder indirekt dem militärisch-industriellen Komplex der UdSSR hätten nutzen können, unterlagen einem Export-Verbot. Zeitweise galten sogar Reisebeschränkungen für Wissenschaftler aus dem Ostblock (Niederhut 2009: 62f). Auf Antrag der amerikanischen Akademie der Wissenschaften während des Kongresses der International Council of Scientific Unions (ICSU) wurde 1958 eine Resolution zur politischen Nichtdiskriminierung innerhalb der wissenschaftlichen Gemeinschaft angenommen. Die ökonomischen und technischen Embargomaßnahmen waren innerhalb der westlichen Welt selbst nicht unumstritten (Mastanduno 1985: 519).[103] Allerdings sprach sich der Kreml 1966 explizit gegen die ICSU aus (Niederhut 2009: 67).

Das Gros der wissenschaftlichen Literatur unterlag nicht diesen Beschränkungen. Der Austausch an Publikationen kann auch als ein Kommunikationsmittel angesehen werden, welches damals zur Verständigung über die Systemgrenze beigetragen hat, zumal "viele persönliche Verbindungen zwischen Wissenschaftlern aus Ost und West hauptsächlich durch den Austausch wissenschaftlich-technischer Literatur hergestellt wurden" (Holtz 1980: 791). Die akademische Mobilität zwischen Ost und West blieb politisch heikel, insbesondere für den Ostblock.

Tabelle 9: Wissenschaftliche Mobilität zwischen UdSSR und BRD 1971-1977

Jahr	Wissenschaftler aus der BRD in der Sowjetunion	Wissenschaftler aus der Sowjetunion in der BRD
1971	81	75
1973	89	117
1975	80	97
1977	164	145

Quelle: Ropers 1980: 735

---

103 Frankreich und Großbritannien haben aber die Gründung und den Betrieb der Embargo-Koordinationsstelle CoCom aus sicherheitspolitischen Interessen immer unterstützt (Mastanduno 1985: 525).

Auf die Elite der Entwicklungsstaaten richteten sich die Studienangebote der 1960 in Moskau gegründeten Universität der Völkerfreundschaft, 1961 umbenannt nach dem ermordeten Partice Lumumba (vgl. Rupprecht 2010). Auch wenn hier sicherlich einige Führungskräfte geprägt worden, so war die Hochschule weniger eine revolutionäre Kaderschmiede. Die Studierenden bildeten in Moskau eher "ein Einfallstor für westliche Werte und Konsumgüter" (ebd.: 107).

Vielversprechende Studierende und Graduierte von Hochschulen der DDR wurden an die Staatlichen Universitäten in Moskau und Leningrad sowie an weitere Partnerhochschulen entsandt. Eine Partnerschaft, die auch einen aktiven Austausch von Studierenden und Hochschullehr/innen umfasste, bestand beispielsweise zwischen den Universitäten in Leipzig und Kasan. Bis 1989 konnten so bis zu 100.000 Studierende aus der DDR an diesen Einrichtungen studieren und zugleich Auslandserfahrungen in der Sowjetunion sammeln.[104] Dort trafen sie im Ausnahmefall die wenigen Hochschulangehörigen aus der BRD, denen ein Aufenthalt in der UdSSR möglich war. Gerade einmal 29 bundesdeutsche Stipendiaten wurden beispielsweise während der gesamten 1970er Jahre von der Alexander von Humboldt-Stiftung gefördert (Ropers 1980: 736).

Im Zuge der Wiedervereinigung gründeten ostdeutsche Absolvent/innen der Staatlichen Universität Moskau (MGU) 1990 den Verein "Deutsche Assoziation der Absolventen und Freunde der Moskauer Lomonossow-Universität e.V." (DAMU), um ihnen und anderen "Unterstützung beim Übergang in das westdeutsche System zu geben" (Titel 2001: 223). Die Organisation entwickelte sich zu einem Kontaktforum von und für Absolvent/innen der MGU.

4.3   Aufbruch, Neugestaltung und institutioneller Wandel

Anhand des russischen Hochschulsystems lässt sich die Wirkungsweise eines institutionellen Isomorphismus gut analysieren. Nationalstaatliche Regierungen können Zwang über Vorschriften, finanzielle Anreize und Gesetze nutzen, um selbst relativ autonome Institutionen zum Implementieren von neuen Modellen zu zwingen. Das sowjetische Hochschulsystem erlebte bis in die 1980er Jahre keine größeren Veränderungen (Mühle 1995: 24ff). Wandel

---

104 Diese Angabe ist in einer Rede der Leiterin der DAAD-Programmabteilung Nord vom 4.9.2010 in Berlin zu finden. Der DAAD erbte das DDR-Stipendiensystem welches Kooperationen mit dem Ausland unterstützte, siehe URL (letzter Zugriff 11.1.2013): http://www.go-east-generationen.de/docs/forum040910/Plenum-Julius-DAAD.pdf

und offen geführte Debatten über Reformen setzten 1985 mit der Wahl von Michail Gorbačëv zum Generalsekretär der KPdSU und des von ihm initiierten Prozesses von Perestroika und Glasnost ein. Die russische Regierung startete in den frühen 1990er Jahren mit der Einführung westlicher Modelle und Konzepte im Hochschulsystem. Der Anfang musste jedoch unter ungünstigsten Bedingungen stattfinden, denn der Zusammenbruch der Sowjetunion bedeutete für die Finanzierung von Lehre und Forschung einen massiven Einbruch. Erst nach der Jahrtausendwende besserte sich die Lage.

Demokratisierung und Autonomie

Noch in den letzten Monaten der Sowjetunion wurden entscheidende Schritte zur Demokratisierung der Hochschulen unternommen (Kuebart 2002: 41). Die akademische Freiheit kehrte in einem bisher ungekannten Ausmaß in die russischen Hochschulen ein (Holmes/Read/Voskresenskaya 1995; Kuebart 2002: 41f, Bain 2003: 6f). Der Wissenschaftliche Rat wurde zum höchsten Gremium für kollegiale Entscheidungen (Bain 2003: 10). Die Rektoren wurden so seit 1990 von einer Versammlung gewählt, die die Professoren, das wissenschaftliche Personal sowie die Studentenschaft repräsentierte. Die Wahl bzw. die Ernennung unterlagen aber einer endgültigen formalen Zustimmung seitens der Regierung. Die starke Stellung der Rektoren insbesondere gegenüber den Fakultäten erlaubt bis heute ein Durchgreifen bis auf die unterste Hierarchieebene.

Als erste Hochschule erhielt die MGU den Status einer autonomen Einrichtung durch Anordnung von Gorbačëv im Oktober 1990. Damit wurden die Freiheit in der Lehre, bei der Personalauswahl sowie zusätzliche finanzielle Mittel zur Entlohnung der Mitarbeiter gewährt. Die Organisationsstruktur der Hochschule konnte nun wie die Zahl der Studienanfänger im Rahmen der allgemeinen Quote selbst festgelegt werden (Mühle 1995: 64f). Die Wahlen an den Hochschulen wurden 1992 auch für die Ebene der Dekane durch die Fakultätsmitglieder eingeführt (Kitaev 1994: 323). Regionale und nationale Vereinigungen von Hochschulen und ihren Rektoren wurden überall im Land in einer Welle des "empowerment of social actors in higher education" gegründet (Bain 2003: 82). Die Konstituierung der russischen Rektoren-Union erfolgte so im November 1992. Der Rektor der MGU, Viktor Sadovničij, wurde wiederum 1994 zum langjährigen Präsidenten der Rektoren-Union gewählt.[105]

---

105 Er ist ohne Zweifel eine der einflussreichsten hochschulpolitischen Personen in der RF. Er ist seit 2008 auch Vize-Präsident der RAN und bis heute Vorsitzender der Russischen Rektoren-Union, siehe URL (letzter Zugriff 7.1.2013): http://www.rsr-

Sukzessive erhielten alle Hochschulen neue Handlungsbefugnisse, insbesondere in den Beziehungen nach außen. Russische Hochschulen konnten fortan selbstständig Kooperationen mit ausländischen Stiftungen und Hochschulen im Ausland eingehen (Meister 2008: 59). Sie waren mithin Ausdruck einer real vorhandenen Hochschulautonomie nach außen (ebd.: 157). Auch die akademische Kultur änderte sich allmählich. Aufenthalte an Hochschulen in westlichen Ländern führten dazu, andere Formen der wissenschaftlichen Kommunikation kennen zu lernen und zu übernehmen.[106]

In dieser Phase gesellschaftlicher Neuerungen und relativer Liberalität konnten sich die Sozialwissenschaften als Disziplin entwickeln. Die zwar schon in Ansätzen in der Sowjetunion bestehende Soziologie institutionalisierte sich erst nach 1989 (Sokolov 2009: 22).

Neuer Staat und neue Gesetze

Mit dem Auseinanderbrechen der Sowjetunion gingen die Hochschulen auf dem Territorium der damaligen Unionsrepublik "Russische Sozialistische Föderative Sowjetrepublik" in die Verfügungsgewalt des neuen russischen Staates und seiner Teilglieder über. Anfang 1993 verfügte die Russische Föderation über 535 Hochschuleinrichtungen, von denen 97 den Status einer Universität hatten (Meister 2009a: 59).

Rechtlich wurde das Bildungswesen mit dem "Gesetz über die Bildung" vom Juli 1992 neu verankert (vgl. Mühle 1995: 50-104). Es schaffte das staatliche Bildungsmonopol endgültig ab und bot so Raum für die Neugründung von nichtstaatlichen und gewerblich orientierten Bildungseinrichtungen. Eine generelle Privatisierung von früher staatlichen Einrichtungen scheiterte aber an einer breiten Opposition im Parlament und in den Hochschulen (Kuebart 2002: 43). Das föderale Gesetz über die Bildung von 1992 sah weiterhin die Zuständigkeit bei der Zentralmacht vor und wurde von der Mehrzahl der Hochschulen unterstützt. Im Gesetz wurden auch die an einem demokratischen Humanismus orientierten Prinzipien der russischen Bildungspolitik festgelegt.

Hochschuleinrichtungen sind seit der Novellierung des Gesetzes im Jahr

---

online.ru/structure01.htm

106   Hierfür ist gerade die individuelle Erfahrung bedeutsam, darum sei hier exemplarisch auf eine Anmerkung des Wissenschaftlers Andrej P. Nikitin während einer im September 1992 in Deutschland stattgefundenen Konferenz verwiesen: "Ich habe fast keine Erfahrung mit solchen wissenschaftlichen Symposien. Deswegen war es für mich sehr interessant, an dieser Konferenz teilzunehmen." (zitiert in: Heinemann 2000: 406).

1996 in drei Typen gegliedert: Institute und Akademien bilden die erste und
zweite Kategorie als primäre Lehreinrichtungen. Die Universitäten stellen den
dritten und prestigereichsten Typ der Hochschule dar.
Als Kontrollorgan fungierte ab 1992 ein "Staatliches Komitee für Hochschulbildung". Hier lag die Zuständigkeit für die Lehrplanentwicklung. Allerdings
galt das nur für 219 Hochschuleinrichtungen und knapp 1,4 Millionen Studierende. Für die anderen Hochschulen war jeweils eines von 23 Ministerien
verantwortlich, dem die jeweilige Hochschule zugeordnet war. An diesen studierten wiederum über 1,2 Millionen Männer und Frauen (Meister 2008: 86).
Gleichzeitig war das Ministerium für Volksbildung für 96 Hochschulen mit
über 400.000 Studierenden zuständig, während das Außenministerium nur
eine Einrichtung mit 3.200 Studierenden zu verwalten hatte. Diese "Vielfalt"
an Zuständigkeiten spiegelte eine uneinheitliche politische Planung für die
Entwicklung des Bildungs-, insbesondere des Hochschulsektors wider. Erst
1996 wurde ein Ministerium für Allgemein- und Berufsbildung geschaffen, das
neben der Qualitätskontrolle zumindest einen gemeinsamen Ansatz in der
Hochschulpolitik entwickelte (Bain 2003: 9).

Überleben

Für den gesamten Bildungssektor veränderte sich mit dem Zusammenbruch
der UdSSR die staatliche Unterstützung dramatisch. 1992 und 1993 hatten
mehrere Teilrepubliken die Weiterleitung von Steuereinnahmen an Moskau
eingestellt. Die Einführung einer Wirtschaftspolitik des freien Marktes über
Nacht führte zu einer Inflation und zum Zusammenbruch des Bruttoinlands-
produktes und damit zum Einbruch der Steuereinkünfte. Das Zentrum, aber
auch die föderalen "Subjekte" hatten immer weniger zum Verteilen. Die Handlungsfähigkeit des neuen Staates war nur noch eingeschränkt vorhanden. Die
neu entstandene Russische Föderation konnte die Zahlung von Gehältern im
öffentlichen Dienst nicht gewährleisten. Das galt erst recht für den Bildungssektor, hier waren die föderalen Subjekte nun für 80 Prozent der Staatsaus-
gaben im Jahr 1996 zuständig (Bain 2003: 74). Die staatlichen Bildungsausgaben gingen zwischen 1992 und 1998 von 5,8 auf 3,45 Prozent des Brutto-
inlandproduktes zurück. Gleichzeitig halbierte sich aber auch die Industrie-
produktion des Landes (Kuebart 2002: 104f.). Von Moskau wurden die Gehälter der Hochschulmitarbeiter oft mit Verspätung oder gar nicht bezahlt. Alle
anderen Ausgaben mussten lokal erwirtschaftet werden, daher wurde die Zusammenarbeit mit lokalen und regionalen Unternehmen in den Bereichen
Weiterbildung und Forschung überlebenswichtig. Dekrete des Präsidenten
erklärten zwar Forschung und Bildung zu einem prioritären Politikfeld (Hoch-

schulrektorenkonferenz 1995: 123), doch mangelte es der neuen Russischen Föderation auch hierfür an den entsprechenden Mitteln. Die Nichtzahlung der Gehälter wurde in einem Aufruf der ebenfalls neu gegründeten Russischen Akademie der Wissenschaften im April 1992 beklagt, darin wurden auch die schlechten Lebensumstände als auch der Zustand der wissenschaftlichen Einrichtungen und den dadurch verursachten "Brain Drain" in Richtung Westen kritisiert (Hochschulrektorenkonferenz 1993: 63f).[107] Auch der Russische Hochschulrektorenverband beklagte noch 1994 in einer Resolution, dass der neue Staat "seinen Verpflichtungen in bezug auf Unterstützung und Entwicklung der Hochschulbildung nicht gewachsen" sei (Hochschulrektorenkonferenz 1995: 278). Arbeitsstellen an Hochschulen verloren im Vergleich zu Positionen in der sogenannten freien Wirtschaft oder in der Verwaltung an Prestige. Eine Folge war ein Exodus an jungen Lehrkräften und Forschern. Der "Brain Drain" fand dabei nicht nur in Richtung Ausland statt, wohin rund 800.000 Wissenschaftler und Ingenieure abwanderten, sondern vollzog sich auch innerhalb des Landes (Mühle 1995: 86; Pogorerl'skaja 2008: 38).

Die Gründung von privaten Hochschulen war seit 1992 möglich. Gleichzeitig setzte auch eine Kommerzialisierung des Hochschulsektors ein, denn zum einen war die Aufnahme eines Studiums nun bei entsprechender Bezahlung jeder/m möglich, solange ein Zeugnis der 11. Klasse, also der formalen Hochschulreife, vorhanden war und die lokal durchgeführten Aufnahmetests bestanden wurden. Die Festlegung der Studiengebühren oblag nun der jeweiligen Hochschule, die damit einen wesentlichen Teil ihrer Einnahmen erzielen musste. Die Vereinfachung von Hochschulgründungen ließ die Zahl der Bildungseinrichtungen rasant steigen. Mit ihr stieg ebenso die der Studierenden von 2,6 Millionen im akademischen Jahr 1993/94 auf über 7,5 Millionen im akademischen Jahr 2008/09.[108]

Im 1996 beschlossenen "Gesetz über die Höhere Bildung und die Weiterbildung" wurde sogar festgelegt, dass zehn Prozent des BIP für Bildung auszugeben wären, doch die reale staatliche Ausgabenpolitik blieb davon unbeeindruckt und erreichte diese Vorgabe nie (Teichmann 2008: 3). Auch die Ge-

---

107   Noch 2003 wurden den Professoren als ordentlichen Mitgliedern der RAN monatlich rund 20.000 Rubel gezahlt. Korrespondierende Mitglieder mussten sich sogar nur mit der Hälfte zufrieden geben. Erst 2008 wurden diese Gehälter auf 50.000 Rubel also rund 1.500 Euro angehoben. Siehe den Beitrag "Оклад академиков будет повышен до 50 тыс. Руб." im Kommersant vom 22.5.2008, URL (letzter Zugriff 7.1.2013): http://www.kommersant.ru/doc.aspx?DocsID=895065

108   Siehe URL (letzter Zugriff 4.12.2009): http://www.gks.ru/bgd/regl/b09_11/IssWWW.exe/Stg/d01/08-10.htm

bäude und die wissenschaftlichen Geräte entsprachen immer weniger der Zahl der Studenten und Wissenschaftler oder waren dem Stand der Technik nicht angemessen. Forschung fand deshalb, auch weil historisch und strukturell so bedingt, kaum an den Hochschulen statt.[109]
Die Unterfinanzierung konnte in der vergangenen Dekade nur schrittweise verbessert werden. Der Tiefstpunkt der staatlichen Ausgaben für Bildung wurde im Jahr 2000 mit gerade 2,9 Prozent vom BIP erreicht (Meister 2007: 7). Noch stärker als die Hochschulen litt der Forschungssektor, zumindest der Teil dessen Einrichtungen nicht von der Regierung mit Aufträgen für die Rüstungs- und Raumfahrtindustrie versorgt wurde und keine ausländischen Auftraggeber hatte. Die anhaltend mangelnde finanzielle Ausstattung der Hochschulen führte für das Hochschulpersonal zu niedrigen Gehältern, die deutlich unter dem Existenzminimum lagen (Mühle 1995: 85). Der Lohn musste so mit Zweit- und Drittarbeitsverhältnissen aufgebessert werden. Nachhilfe war und ist dabei eine alltägliche Form des Einkommenserwerbs, wobei die Grenze zur (zum Teil lebensnotwendigen) Korruption oft überschritten wurde (vgl. Golthau/Schütt 2005; Osipian 2008; Klein 2010).[110]
Neben den finanziellen Problemen haben die russischen Hochschulen eine Reihe von weiteren spezifischen Problemen. Ein Problemkomplex kann mit dem Begriff Überalterung umschrieben werden. Lehrpersonal im Alter von deutlich über 65 oder 70 Jahren anzutreffen, ist nichts Außergewöhnliches. Das Durchschnittsalter der Mitglieder der Akademie der Wissenschaften betrug 2005 für die promovierten 53 und für die habilitierten 60 Jahre (Meister 2007: 7). Der Rektor der MGU Viktor Sadovničij erreichte 2009 immerhin schon das 70. Lebensjahr.
An staatlichen Hochschulen ist bis heute eine bestimmte Anzahl, i. d. R. 50 Prozent, der Studienplätze kostenfrei, die für die Studierende vom Staat aus seinem Budget bezahlt werden. Darüber hinaus existiert ein Stipendiensystem für die sogenannten ausgezeichneten Schüler. Doch stieg die Zahl der Stipendien schon in den letzten beiden Jahrzehnten der Sowjetunion kaum (Ministry of Education and Science of the Russian Federation 2009: 30). Heute kann und soll das staatliche Stipendiensystem nur noch einen kleinen Teil unterstützen. Stipendien decken zwar die Wohnheimkosten ab, sie reichen

---

109   Gerade einmal fünf Prozent des Hochschulpersonals beschäftigten sich 2005 mit Forschung und Entwicklung, wie von ausländischen Beobachtern festgestellt wurde (Prahl 2006: 146).
110   Zu den Gehälter an russischen Hochschulen siehe: Stefan Meister (2008: 96) sowie ausführlicher bei D.A. Endovnikij und A.A. Fedčenko (2009).

jedoch kaum für die verbleibenden Lebenshaltungskosten. Studierende sind daher bei einem Studium an einer staatlichen Hochschule mit hohen Kosten für die Ausbildung konfrontiert. Der Teil, dessen Studium gebührenpflichtig ist, hat schon lange zum Teil immense Beträge für das Studium zu entrichten. Die Liberalisierung und Deregulierung des Hochschulsektors bei gleichzeitiger Unterfinanzierung der Unterstützungssysteme begünstigten die Entstehung eines Bildungsmarktes. Gleichzeitig mussten sich auch die staatlichen Hochschulen stärker um zusätzliche Einnahmequellen bemühen. Ein ökonomisches Akteursverhalten ist also von den verschiedenen Gruppen der Hochschulangehörigen entwickelt worden.[111] Schon Schulkinder sind sich der enormen Kosten des Studiums gerade an den Moskauer Einrichtungen sehr bewusst (vgl. Logunova 2009). Die Hochschulen dort veranschlagen jährliche Gebühren, die sich leicht auf mehrere tausend Euro im Jahr summieren können. Die Studiengebühren sowie die Lebenshaltungskosten steigen dabei kontinuierlich. Minimale Abhilfe verschaffen hier, neben den Präsidentenfonds mit 100 Stipendien, nur einige privatrechtliche Förderungsmöglichkeiten, wie die der Stiftung des Oligarchen Vladimir Potanin.[112] Dieser fördert vor allem Studenten an den wichtigen Moskauer und 56 weiteren führenden Universitäten im Land. Im Jahr 2007/08 vergab die Potanin Stiftung immerhin Stipendien an 1.320 Studierende und 132 junge Lehrkräfte.

Tabelle 10: Zahl der Studierenden und der Hochschulen in Russland

Akademisches Jahr	Alle Studierende in Tausend	An staatlichen Hochschulen	An nicht-staatlichen Hochschulen	Staatliche Hochschulen	Private Hochschulen
2000/01	4741.4	4270.8	470.6	607	358
2003/04	6455.7	5596.2	859.6	654	392
2005/06	7064.6	5985.3	1079.3	655	413
2006/07	7309.9	6133.1	1176.8	660	430
2008/09	7513.1	6214.8	1298.3	660	474
2009/10	7418.92	6135.6	1283.3	662	452

Quelle: Staatlicher Föderaler Statistischer Dienst[113]; Centr Issledovanij i Statistiki Nauki[114]

---

111 Diese Entwicklung verläuft in ähnlichen Zügen auch in anderen ehemaligen Teilrepubliken der Sowjetunion, so zum Beispiel in Kirgisien (vgl. Amsler 2008).
112 Siehe URL (letzter Zugriff 2.1.2013): http://www.fondpotanin.ru/
113 Siehe URL (letzter Zugriff 10.5.2010): http://www.gks.ru/free_doc/new_site/populatio n/obraz/vp-obr1.htm

Trotz der widrigen finanziellen Umstände nahm die Zahl der Hochschulen und die der Studierenden seit dem Ende der Sowjetunion kontinuierlich zu.[115] In nicht einmal zwei Jahrzehnten verdoppelte sich die Anzahl der Hochschulen auf dem Gebiet der Russischen Föderation. Sie stieg von 514 im akademischen Jahr 1990/91 auf 1158 im Jahr 2008, ohne die Ausgründungen und Dependancen hinzuzurechnen. An den 733 staatlichen und kommunalen Hochschulen studierten über 6,2 Millionen, während an den anderen 425 privaten Einrichtungen 1,25 Millionen Studenten eingeschrieben waren.[116] Die Zunahme geht vor allem auf die massive Neugründung von privaten Einrichtungen und eine Vielzahl von Filialen staatlicher Einrichtungen in den Provinzregionen zurück.

Als eine neue Herausforderung kann die demografische Entwicklung in der RF gelten. Die durchschnittliche Fertilitätsrate sank von 1,89 im Jahr 1990 auf zeitweilig unter 1,2 pro Frau. Sie stieg allerdings wieder gegen Ende der 2000er Jahre auf etwas über 1,5 an. Währenddessen sank die Bevölkerungszahl aber von 147,5 Millionen auf 142,8 Millionen.[117] Mit Beginn des zweiten Jahrzehnts der 2000er Jahre sind die geburtenschwachen Alterskohorten nun in der Lebensphase, die für die Ausbildung an den Hochschulen besonders relevant ist. Der sich abzeichnende Einbruch der Studierendenzahlen wird vor allem für kleinere Einrichtungen zu einem existentiellen Problem werden.

Mobilität und internationales Ansehen

Die Mobilität der russischen Wissenschaftler und Wissenschaftlerinnen an russischen Hochschulen ist derzeit gering. Gleichzeitig gibt es eine beachtliche russische "Diaspora". Russische Wissenschaftler und Wissenschaftlerinnen leben heute in vielen Ländern der EU, in Kanada und den USA. Von denen, so eine Studie zur sozial- und wirtschaftswissenschaftlichen "Diaspora", steht deutlich über ein knappes Viertel in beständigem Kontakt mit Kollegen ihres Herkunftslandes und ein Zehntel ist in institutionalisierten grenzübergreifenden Netzwerken aktiv. Bezogen auf einen vergangenen Zeitraum von

---

114 Siehe URL (letzter Zugriff 14.1.2013): http://www.csrs.ru/statis/sc2009/%5B24%5D.p df
115 Siehe URL (letzter Zugriff 12.4.2010): http://www.gks.ru/bgd/regl/b07_13/IssWWW. exe/Stg/d02/07-01.htm
116 Siehe URL (letzter Zugriff 7.1.2013): http://www.gks.ru/bgd/regl/b08_11/IssWWW. exe/Stg/d01/08-10.htm
117 Angabe des Föderalen Statistischen Dienstes, URL (letzter Zugriff 7.1.2013): http:// www.gks.ru/wps/wcm/connect/rosstat/rosstatsite/main/population/demography/#

fünf Jahren, verwiesen knapp 60 Prozent darauf, dass sie mit Kollegen in Russland zusammengearbeitet hätten. Gerade einmal ein Zehntel aller befragten Personen plante eine Rückkehr innerhalb von 12 Monaten (Popov/Tvorogova/Fedjukin/Frumin 2011: 60ff). Von der befragten Personengruppe wurden folgende Gründe gegen eine Rückkehr genannt: die allgemeine Infrastruktur (mit 54,1 Prozent), die unzureichende Ausstattung für Forschung und Mobilität (mit 50,8 Prozent), die Ausstattung und der Zugang zu Bibliotheken (mit 40,1 Prozent), die geringe Qualität der Hochschuladministration und die Korruption (mit 41 Prozent), aber auch politische (mit 41 Prozent) und ökonomische Risiken (mit 32,8 Prozent) in ihrem Heimatland (ebd.: 63).

Die Internationalisierung des Lehrpersonals ist eher ein Wunsch und weniger der gelebte akademische Alltag. An den russischen Hochschulen sind ausländische Dozenten, wenn überhaupt, oft nur als Lektoren präsent, die die Fremdsprachenausbildung unterstützen. Die temporäre Mobilität ist auch bei Studierenden relativ schwach ausgeprägt: 0,7 Prozent der in Russland Eingeschriebenen befanden sich 2009 an einer ausländischen Hochschule.[118] Die Zahl aller ins Land kommenden ausländischen Studierenden liegt nach offiziellen Angaben bei circa 1,28 Prozent.[119] Dieser geringe Wert setzt sich vor allem mit Studierenden aus dem sogenannten nahen Ausland, also den russischsprachigen Staaten der GUS, sowie anderen Schwellen- und Entwicklungsländern zusammen. Die Anzahl von ausländischen Studierenden aus den OECD-Staaten ist an russischen Hochschulen verschwindend gering, was nicht nur daran liegen kann, dass die Russische Föderation mit Ausnahme des Erasmus Mundus Programms nicht an EU-Mobilitätsprogrammen teilnehmen kann.

Auch wenn internationale Hochschulranglisten aufgrund methodischer Schwierigkeiten nur einen eingeschränkten Aussagewert haben, so kann in der Tendenz die Wertschätzung des Zustands der russischen Hochschulen anhand von globalen Ranglisten abgelesen werden. In diesen Hitparaden ist selbst die Vorzeigeeinrichtung MGU gerade auf einem 70. Platz zu finden, während die nächste russische Einrichtung zwischen den Plätzen 400 und

---

118 Das ist jedoch deutlich mehr als der Vergleichswert von 0,3 Prozent für die USA, siehe URL (letzter Zugriff 8.1.2013): http://www.wissenschaftweltoffen.de/daten/4/3/1

119 Im akademischen Jahr 2007/08 waren von den 7,461 Millionen an russischen Hochschulen eingeschriebenen Studierenden knapp 95.781 aus dem Ausland. Vergleich die Zahlen des Föderalen Staatlichen Statistikdienstes, siehe URL (letzter Zugriff 3.1.2013): http://www.gks.ru/bgd/regl/b08_11/IssWWW.exe/Stg/d01/08-12.htm

500 zu finden ist. Eine russische Agentur präsentierte als Reaktion auf das schlechte Abschneiden der russischen Hochschulen eine eigene Wertung, nach der sich die MGU auf dem fünften Platz noch vor Harvard oder Cambridge befand (Smolentseva 2010: 20).[120]
Die schiere Zahl und die Arbeitsweise der russischen Hochschulen wurde auch vom damaligen Minister für Bildung und Wissenschaft Andrej Fursenko scharf kritisiert, der meinte dass "nur 10 Prozent der gegenwärtigen Universitäten und Hochschulen und gar nur 5 Prozent der wissenschaftlichen Forschungsinstitute den modernen Ausbildungs- und Forschungsaufgaben entsprechen", wie ihn der DAAD-Außenstellenleiter in seinem jährlichen Bericht zitiert (Prahl 2009: 288).

4.4 Organisationen aus dem Westen

Anfang der 1990er Jahre bauten Organisationen aus diversen westlichen Ländern Büros in Moskau auf. Präsent waren nun staatliche oder staatsnahe und nichtstaatliche Akteure aus den OECD-Staaten. Aus den USA kommend eröffnete 1993 *das Institute for International Education*, welches Programme der *Ford Stiftung*, der *Fulbright Kommission* und diverser amerikanischer Programme sowie der US-Regierung koordinierte.[121] Ein anderer wichtiger Akteur, der bundesdeutsche DAAD, eröffnete 1993 ebenfalls sein Büro in Moskau.
Die Delegation der Europäischen Kommission begann schon 1991 mit einem eigenen Büro ihre Tätigkeit in der russischen Hauptstadt.[122] Russland profitierte seit 1991 direkt vom TACIS bzw. seit 1991 vom TEMPUS-Programm der EU. Allerdings hatten die einzelnen Projekte nur begrenzte regionale Implikationen, wobei aber immerhin 250 Projekte mit Universitäten und Instituten gefördert wurden (Meister 2008: 159). Kooperationen mit Hochschulen in der EU sowie mit Stiftungen sind auf der lokalen Ebene seit den 1990er Jah-

---

120 Autoren russischer Publikationen und damit auch die russischen Hochschulen leiden im besonderen Maße darunter, dass der Science Citation Index (SCI) "biased" ist, also vor allem englische Titel berücksichtigt, wie ein bereits 2001 publizierte Studie darlegt (Van Leeuwen, Moed, Tussen, Visser & Van Raan 2001).Thomson Reuters, als für den SCI verantwortliches Unternehmen, proklamiert zwar einen globalen Wissenschaftsreport in acht Sprachen, ignoriert jeodch Russisch, siehe URL (letzter Zugriff 10.5.2011): http://thomsonreuters.com/news_ideas/press_rele ases/?itemId=435379
121 Siehe URL (letzter Zugriff 8.1.2013): http://www.iie.org/en/Offices/Moscow/About
122 Siehe URL (letzter Zugriff 8.1.2013): http://eeas.europa.eu/delegations/russia/abo ut_us/delegation_role/index_en.htm

ren von zentraler Bedeutung für die russischen Hochschulen in der internationalen Zusammenarbeit. Zugleich unterstützten die ausländischen Partner auch die technische Infrastruktur innerhalb von Fakultäten und Instituten, da die Hilfe in den 1990er Jahren zum Teil Finanzierungslücken schließen half und auch alternative Entwicklungswege und -möglichkeiten aufzeigen konnte. Bei dem EU-Russland-Gipfel im September 2003 wurde die Schaffung von vier "Gemeinsamen Räumen" beschlossen (vgl. Adomeit/Lindner 2005). Einer ist der im Bereich Forschung, Bildung und Kultur, wobei der BP eine wichtige Rolle spielte (Entin 2005: 52). 2004 nahm das Büro des TEMPUS-Programms zur Koordinierung der EU-Bildungsprogramme seine Arbeit in Moskau auf.[123]

Der DAAD unterstützt als Agentur die Kooperationen deutscher Hochschulen im Ausland. Er unterhält zugleich ein Netz an Lektoren, die an verschiedenen Hochschulen und Fächern arbeiten. 2008 arbeiteten auf dem gesamten Gebiet der RF allein 43 Lektoren sowie 6 Langzeitdozenten und 33 Kurzzeitdozenten (Prahl 2009: 302).[124] Deutsche Organisationen und Hochschulen bieten in der wissenschaftlichen Zusammenarbeit über bilaterale Hochschulkooperationen mit gemeinsamen Forschungsprojekten, Seminaren, Konferenzen und Tagungen eine für beide Seiten gewinnbringende Zusammenarbeit. Russische Hochschulen und Forschungseinrichtungen sind außerdem an Forschungsverbünden beteiligt.

Die pure Anzahl der deutsch-russischen Kooperationen im Hochschulbereich hat eine beachtliche Zahl erreicht. Institutionell ist hierbei eine deutliche Zunahme von gemeinsamen Studiengängen insbesondere Master-Studiengängen und Sommerschulen an russischen Hochschulen in der vergangenen Dekade zu beobachten, die in Zusammenarbeit mit Hochschulen aus der EU und vor allem Deutschland durchgeführt werden.[125] Die EU und vor allem Deutschland sind dabei auch das Hauptzielgebiet für russische Studierende. Deutschland zieht dabei fast so viele Studierende aus der RF

---

123 Es führt "methodische Seminare, Fragen der Vertrauensförderung und die Realisierung von Seminaren, runden Tischen zur Diskussion aktueller Fragen der Modernisierung des Hochschulsystems..." durch (URL, letzter Zugriff 8.1.2013, Übersetzung RL): http://www.tempus-russia.ru/office.htm

124 Ein Arbeitsverhältnis eines Bundesbürgers ausschließlich finanziert von einer russischen Hochschule ist nicht bekannt, dürfte aber aufgrund des zu erwartenden Lohnes nicht existieren (können).

125 Einen Überblick über die deutsch-russische Zusammenarbeit gibt hier die Seite der deutschen Hochschulrektorenkonferenz URL (letzter Zugriff 14.1.2013): http://www.hochschulkompass.de/internationale-kooperationen/kooperationen-nach-staaten.html

an, wie alle anderen Länder inkl. der USA zusammen (Prahl 2009: 301). Die Einflussmöglichkeiten der EU oder von Nichtregierungsorganisationen als Normunternehmer im GUS-Raum gelten als vergleichsweise schwach (vgl. Warkotsch 2007). Gleichwohl kommen auch hier diskursive Überzeugungsmechanismen, wie gemeinsame Tagungen und Seminare sowie Beratungs- und Ausbildungsprogramme zum Einsatz. Insbesondere der DAAD ist seit Jahren bemüht, mit russischen Hochschuladministratoren zusammenzuarbeiten und diese auch weiterzubilden. Die Zahl der dabei direkt in Deutschland geschulten Personen ist vergleichsweise gering, während jedoch innerhalb der RF umso mehr "Administratoren" an Weiterbildungsveranstaltungen teilnehmen können.[126]

In den 2000er Jahren änderte sich das Verhältnis zu den externen Partnern allmählich; waren die russischen Hochschulen in den 1990er Jahre häufig in der Position von Bittstellern, so treten sie seit der Mitte der 2000er Jahre in den Kooperationen gegenüber ihren westlichen Partnern immer selbstbewusster auf. Ein allzu politisches Engagement mit dem Hintergedanken der Demokratieförderung wird mit den Argusaugen der Sicherheitsbehörden beobachtet. Das Engagement der Open Society Foundation von George Soros wurde aus diesen Gründen schon 2003 beendet. Ein besonderes Thema ist die vermeintliche politische Einflussnahme aus dem Ausland. Starke Kooperationen mit ausländischen Partnern sind besonders dann verdächtig, wenn sie mit einem politischen Engagement im Lehrplan oder mit Initiativen im Hochschulraum einhergehen. Dies musste auch die kleine private Europäische Universität in St. Petersburg erfahren, als sie Ende 2008 vorübergehend von den staatlichen Aufsichtsbehörden geschlossen wurde. Das Vorgehen wurde mit einem mangelhaften Einhalten der Brandschutzbestimmungen begründet, doch kann diese offizielle Erklärung als vorgeschoben und politische Gründe wie die Durchführung von Wahlbeobachtungsseminaren innerhalb des Curriculums als wahrscheinlicher gelten. Der weltweite Protest gegen die Schließung bewirkte schließlich eine Wiedereröffnung (vgl. Galbas/Lindner 2008). Anzeichen für Probleme finden sich aber auch bei deutschen Organisationen; so sind in dem Jahresbericht 2005 der Außenstelle des DAAD im Beitrag zur RF drei Schließungen bzw. Verlagerungen von Lektoraten aufgrund so genannter schwelender Konflikte auf lokaler Ebene verzeichnet (Prahl 2006: 152).

---

126 2005 wurden von ersteren nur acht finanziert, in der RF betrug die Zahl der Veranstaltungsteilnehmerinnen laut DAAD 350 Administratoren (Prahl 2006: 155).

4.5   Bologna an der Wolga?

Erste Erfahrungen mit dem neuen westlichen, in diesem Falle angloamerika-
nischen Hochschulmodell wurden innerhalb der noch existierenden Sowjetunion immerhin schon 1989 gemacht. Seitdem wurde an der früheren Lu-
mumba-Universität, der heutigen Russischen Universität der Völkerfreundschaft (RUDN), mit der Einführung von Bachelor- und Master-Studiengängen
experimentiert. Dort begann man auch schon 2001 mit der Umsetzung der in
der Bologna erklärten Prinzipien, also zwei Jahre bevor die RF überhaupt offiziell der Bologna-Prozess beitrat. Allerdings zielt die Universität seit ihrer
Gründung auf ausländische Studierende (Efremov 2006: 7).
Die seit 1992 mögliche Einführung von gestuften Studiengängen fand in
Russland wenig Beachtung. Das Diplom bestimmte weiterhin die Hochschullandschaft. Ebenfalls vor dem BP erfolgte im Jahr 2000 der Beitritt der RF zur
Lissabon Konvention des Europarates und der UNESCO und damit die Akzeptanz der im Ausland erworbenen Hochschulabschlüsse.[127] Bereits 2002
wurde per Erlass der Beginn eines "Experiments des Einsatzes von Leistungspunkten in der Lehre" erklärt (Gretčenko/Gretčenko 2009: 164). Dennoch befindet sich die Einführung von ECTS russlandweit noch am Anfang;
abgeschlossen war um das Jahr 2010 ein Großversuch an 30 russischen
Hochschulen. Der gesetzliche Rahmen hierfür wurde schon 1996 geschaffen.
Seit dem offiziellen Beitritt Russlands zum BP wurden zahlreiche gesetzliche
Schritte unternommen, die auf die Einführung eines neuen Systems von Studiengängen abzielten. Koordiniert werden die Aktivitäten im Rahmen des BP
von einer Implementierungsgruppe, die an das Bildungsministerium in Moskau angebunden ist. Die Bildungspolitiker setzen mit Hilfe zahlreicher födera-
ler Gesetze die Umsetzung formal auch in der Provinz durch. Die Arbeit wird
durch ein Berichtswesen kontrolliert. Analysiert werden von der Experten-
gruppe aber auch Bildungssysteme anderer Länder.
Ein erster Gesetzentwurf zum BP wurde im Februar 2004 vorgestellt. Das
Ministerium für Bildung und Wissenschaft veröffentlichte im Februar 2005 per
Erlass einen Fünf-Jahres-Plan über die Umsetzung der Ziele der Bologna-
Deklaration sowie die notwendigen Schritte zur Einführung des zweistufigen
Studiengangsystems und der Bologna-Kriterien vor (Gretčenko/Gretčenko

---

127   Die Nachweispflicht liegt hierbei nun bei den Vertragspartnern der Konvention und
nicht mehr bei den einzelnen Absolventen. Für den russischen Vertragstext
"Конвенция о признании квалификаций, относящихся к высшему образованию в
Европейском регионе СДСЕ №:165", siehe URL (letzter Zugriff 10.4.2010):
http://conventions.coe.int/Treaty/RUS/v3DefaultRUS.asp

2009: 143ff). In den Monaten darauf folgten weitere Erlasse, die die finanzielle Autonomie der Hochschulen erhöhen sollten und für alle Hochschulformen geltende Qualitäts- und Akkreditierungskriterien festlegten. Mit dem föderalen Gesetz vom 24.10.2007 wurde die Einführung von Studiengängen mit Bachelor- und Master-Abschlüssen und damit die Teilnahme am Bologna-Prozess für alle Hochschulen verpflichtend per Gesetz beschlossen.[128] Die Autonomie der Hochschulen wurde hierbei übergangen, wohl auch weil die Vorbehalte in den akademischen Kreisen zu stark waren.

Für den Erhalt eines Bachelor-Abschlusses muss man mindestens vier Jahre studieren, während der Master zwei Jahre bzw. vier weitere Semester dauern soll. Erfolgversprechend auf dem Arbeitsmarkt scheint dagegen nur der Master zu sein. Der Bachelor wird in vielen Fällen als nicht ausreichend betrachtet. Vor allem in den Rechtswissenschaften, der Medizin und in den Ingenieurwissenschaften bleiben die Diplomabschlüsse, die "Spezialisten", auch nach der Einführung von B.A. und M.A. per Gesetz erhalten. Der Master, die Magistratur, soll nach einem vorher erfolgreich absolvierten Bachelor-Studium möglich sein, während das Diplom-Studium mit dem Spezialisten-Abschluss ohne Unterbrechung innerhalb von fünf Jahren zu erfolgen hat (Fedorov/Koršunov/Karavaeva 2009). Es verwundert daher nicht, dass die Studierenden in den neuen Studiengängen bislang in der Minderheit sind.[129]

Schwierig wird auch die Umstellung der bisherigen Aspirantur bzw. der Doktorandenausbildung, also des dritten Zyklus innerhalb des BP. Der Nationale Bologna-Prozess Report der RF ließ diesen Fragekomplex 2009 komplett unbeantwortet (ebd.: 7). Neben der RUDN hatte das Moskauer Staatliche Institut für Internationale Beziehungen (MGIMO) im Bologna-Prozess eine Vorreiterrolle übernommen. Hier erfolgte die Einführung des ECTS als Modellversuch (vgl. Kirina /Schewjakow 2005). Der Report über die Umsetzung des BP, der "Russian Federation National Report" hält fest, dass gerade "137 Hochschulen und 209 Filialen das ECTS anwandten" (Russian Federation 2009: 33, Übersetzung RL).

Die russlandweite Implementierung des Diploma-Supplements befindet sich immer noch in der Diskussion bzw. wird nur an einigen Hochschulen ausge-

---

128 Für den Wortlaut siehe URL (letzter Zugriff 20.4.2010): http://www.rg.ru/2007/
      10/27/obrazovanie-dok.html
129 Im akademischen Jahr 2008/09 waren 9,4 Prozent aller Studierenden in einem B.A.-
      oder M.A.-Studiengang eingeschrieben. Gerade einmal 6.7 Prozent waren 2007/08
      in Bachelor Studiengängen eingeschrieben. Nicht mehr als 5 Prozent der
      Absolventen mit einem B.A. werden direkt nach ihrem Abschluss berufstätig. Die
      Mehrheit nimmt ein Masterstudium auf (Russian Federation 2009: 11).

INTERNATIONALISIERUNG, KOOPERATION UND TRANSFER   137

geben.[130] Für die Mehrheit der russischen Hochschulen gilt das jedoch derzeit nicht. Auch hier hat die Universität der Völkerfreundschaft die Verantwortung für die Ausarbeitung für später landesweit gültige Richtlinien. Die Re-
formvorhaben formulieren jedoch keine Vorgaben zur Errichtung Potemkin'scher Dörfer, sondern messbare Ziele. Die Sibirische Föderale Universität
plant beispielsweise die Erhöhung des Anteils der ausländischen Studierenden von 0,4 auf 7 Prozent bis zum Jahr 2015 (Meister 2009b: 3). Zielländer
sind dabei vor allem die Länder der ehemaligen Sowjetunion, die seit langem
mit Studierenden aus China und anderen Schwellenländern die größten Kon-
tingente der ausländischen Studierenden stellen.[131]
Auch in der RF müssen sich die neuen Studiengänge akkreditieren lassen,
wofür eine Nationale Akkreditierungsagentur geschaffen wurde. Qualitätssicherung soll aber nicht nur über externe Beurteilungen, sondern auch durch
Selbst-Evaluationsprozesse erfolgen. Von den über 1.100 Hochschulen haben laut letztem Nationalen Bericht der Russischen Föderation zum Bologna-
Prozess 920 interne Qualitätssicherungssysteme eingerichtet. Davon decken
661 jeweils die gesamte Einrichtung (Russian Federation 2009: 19). Dieser
Prozess wird unterstützt von der russischen *Agency for Higher Education
Quality Assurance and Career Development* (AKKORK). Sie orientiert sich an
den Empfehlungen der *European Association for Quality Assurance in Higher
Education* (ENQA). Diese wurden 2006 ins Russische übersetzt und von der
russischen Akkreditierungsagentur, der *National Center for Public Accreditati-
on*, als handlungsleitend empfohlen.[132]
Die Gestaltung der Modularisierung der B.A.-Studiengänge ähnelt dem bisher
an russischen Hochschulen üblichen Studiensystem und Curricula. Der Fokus
der russischen praxis-orientierten Diskussion liegt eindeutig auf dem, was in
der deutschen Debatte um "Wettbewerbsfähigkeit" an Themen und Empfehlungen zirkuliert. Musterbestimmungen werden zentral in Moskau erarbeitet.
Gerade in der Zielsetzung von Curricula sowie den Methoden wird auch in
der Russischen Föderation vor allem eine Verschiebung der Schwerpunkte
weg vom theoretischen Wissen hin zu praktischen Kenntnissen und Kompetenzen diskutiert.
Von der Einführung einer Evaluation auf breiter Ebene und gar einer Bewertung der Lehrveranstaltungen durch die Studierenden kann derzeit jedoch

---

130 Über die Verwendung des Diploma-Supplements gibt es keine gesicherten Angaben.
131 Programme zur Werbung ausländischer Studierender sind gegenwärtig nicht
     bekannt.
132 Siehe URL (letzter Zugriff 20.2.2013): http://www.akkork.ru/r/bolognese/

keine Rede sein. In russischen Hochschulen scheint Autorität als Wert weiterhin eine große Rolle zu spielen, als dass dieses Kritik- und Korrekturelement zugelassen werden kann. Die schon erwähnten Lehrmethoden sind auch heute noch bestimmend für den Hochschulalltag (Freunek 2005: 57f; Müller 2009: 110f). Zwar sind mittlerweile etliche Universitäten im Begriff, die im Rahmen des Bologna-Prozesses definierten Standards und Kriterien einzuführen bzw. umzusetzen, doch es kann nicht von einer flächendeckenden Beteiligung aller russischen Hochschulen gesprochen werden. Die Internationalisierung des Lehr- und des Forschungspersonals ist an der Mehrzahl der russischen Hochschulen eher Wunsch als Realität und kaum quantifizierbar.

4.6   Reformen im Hochschulsystem

Mit Beginn der ersten Präsidentschaft von Vladimir Putin rückte das Thema Bildung wieder auf einen der vorderen Plätze auf der innenpolitischen Agenda, die von der Modernisierung des Landes bestimmt wurde. Bereits nach wenigen Monaten wurde ein Strategieplan vorgelegt, in dem die "Stärkung des Humankapitals als Grundlage für Wirtschaftsreformen" bezeichnet wurde (Gavrilov/Kolesnikov/ Olesejuk/Šulus 2009: 138). Gleichzeitig stiegen in der Zeit des wirtschaftlichen Wachstums die Ausgaben für die Bildung laut Angaben der Weltbank wieder deutlich an: von 2,94 im Jahr 2000, auf 3,87 Prozent des BIP Im Jahr 2006 sowie 4,1 Prozent im Jahr 2008.[133] Außerdem stieg die Zahl des promovierten und habilitierten Personals an den Hochschulen deutlich von 161.044 im akademischen Jahr 2000/01 auf 229.486 im akademischen Jahr 2010/11.[134] Bildung und vor allem Forschung werden als zentrale Faktoren angesehen, die Russland einen Platz unter den global führenden Ländern sichern soll. Die politische Elite befürchtet andernfalls, den Anschluss an die anderen Hochtechnologieländer zu verlieren.[135]

Ein sichtbares institutionelles Zeichen für die gestiegene Bedeutung des Bildungswesens war die im Jahr 2000 erfolgte Zusammenlegung der beiden kleinen Bildungsministerien zu einem Bildungsministerium, allerdings verblieb die Zuständigkeit vieler technischer Hochschulen vorerst bei diversen Ministerien u. a. in den Bereichen Wirtschaft, Landwirtschaft und Bergbau. Au-

---

133   Siehe URL (letzter Zugriff 3.1.2013): http://databank.worldbank.org/ddp/home.do?
134   Dies bezieht sich auf Hochschulangehörige mit den Titel Kandidat Nauk und Doktor Nauk, siehe die Angaben des Zentr Issledovanij i Statistiki Nauki, hier URL (letzter Zugriff 30.1.2013): http://www.csrs.ru/statis/sc2011/35.pdf
135   Siehe URL (letzter Zugriff 23.4. 2010): http://g8russia.ru/docs/12.html

ßerdem ist ein stärkeres internationales Engagement zu beobachten, welches sich in der Mitgliedschaft und im Mitwirken in internationalen Gremien einer Weltgesellschaft zeigt. Die nationale Akkreditierungsagentur ist seit 2001 volles Mitglied des internationalen Dachverbandes *International Network for Quality Assurance Agencies in Higher Education* (INQAAHE) und verfügt seit Mai 2006 auch über den Kandidatenstatus in der für den Bologna-Raum zuständigen Vereinigung ENQA. Von Bedeutung ist die seit 2002 existierende Mitgliedschaft im Netz der Agenturen für Hochschulbildung der Länder Mittel- und Osteuropas *CEE Network*. Die Russische Föderation wird außerdem im *Asia-Pacific-Quality-Network* sowie in der *International Association for Educational Assessment* seit 2006 bzw. 2007 über eine Vollmitgliedschaft repräsentiert.

Tabelle 11: Ausgaben für die Forschung nach Föderalbezirken in Mill. Rubel

	2000	2005	2010
Alle zusammen	**76.697,1**	**230.785,2**	**523.377,2**
Inflationsrate im Jahr**	20,8 %	12,7 %	6,9%
Zentraler Föderationskreis	38.273,2	120.183,2	288.960,0
davon nur Moskau	24.927,1	85.240,3	194.439,2
Nordwestlicher Föderationskreis	10.757,0	30.988,3	70.737,3
davon nur St. Petersburg	8.780,1	26.329,9	59.222,8
Südlicher Föderationskreis	2.392,1	6.755,8	13.027,3
Nordkaukasischer Föderationskreis	310,3	944,0	2.639,8
Wolga-Föderationskreis	13.444,4	38.240,2	74.942,4
Ural-Föderationskreis	5.043,2	13.749,2	29.441,8
Sibirischer Föderationskreis	4.826,9	15.001,1	33.870,0
Fernöstlicher Föderationskreis	1.650,0	4.923,6	9.758,7

Quellen: *Zentr Issledovanij i Statistiki Nauki [136] und ** Weltbank[137]

---

136   Siehe URL (letzter Zugriff 14.1.2013): http://www.csrs.ru/statis/sc2011/81.pdf
137   Siehe URL (letzter Zugriff 30.1.2013): http://search.worldbank.org/data?qterm=inflation+russia&language=EN&format=html

140   RENÉ LENZ

Gesteuert wird die Modernisierung im Bildungssektor durch das 2004 neu-strukturierte und nun den Großteil der Hochschulen und Forschungseinrich-tungen umfassende Ministerium für Bildung und Wissenschaft unter der Lei-tung des promovierten Physikers Andrej Fursenko bzw. von seinem seit Mai 2012 amtierenden Nachfolger Dimitrij Livanov.

Das Wettbewerbsprinzip und die Einführung von Marktmechanismen wurden zur gestaltungsleitenden Idee gerade des Forschungssektors. In dem 2004 vorgelegten Gesetz zur beabsichtigten umfassenden Reform der Akademie der Wissenschaften (RAN) sollten die staatlichen Zuwendungen "an die Er-gebnisse der einzelnen wissenschaftlichen Arbeitsgruppe geknüpft" (Pogorel-'skaja 2008: 41) werden. Gleichzeitig sollte die Akademie aber ihren umfang-reichen Besitz an Gebäuden und Boden zugunsten von Ministerien verlieren. Dies wurde als Möglichkeit zur persönlichen Bereicherung und weniger als Chance für effizientere Strukturen kritisiert. In der Folge kam es zu einer hef-tigen Debatte über die Reform des russischen Forschungssektors, in der sich die Akademie der Wissenschaften vorerst durchsetzen konnte. Der Präsident der RAN wird zwar weiterhin von der Vollversammlung gewählt, jedoch muss diese ebenso wie die Satzung durch den Präsidenten der Russischen Föde-ration bestätigt werden, welches erstmals im November 2007 erfolgte (ebd.: 46).

Bildung wurde 2005 zu einem der vier Kerngebiete erklärt, die vom staatli-chen Investitionsprogramm im Rahmen der "nationalen Projekte" profitieren soll.[138] Das "nationale Projekt Bildung" gilt dabei als Baustein, um Innovatio-nen und Technologieentwicklung zu ermöglichen (Ministry of Education and Science of the Russian Federation 2009: 24f.). Die gestiegenen Rohstoff- und Steuereinnahmen des russischen Staates kommen nun auch dem Bildungs-sektor zu Gute. Die Regierungen Putin und Medwedew setzen dabei auf eine stärkere finanzielle Unterstützung bei einer gleichzeitig größeren Verantwor-tung der Hochschulen und der einzelnen Studierenden.

Im Zusammenhang mit der Hochschulstruktur bezieht sich Autonomie immer auf die Universität als eine unternehmerische Organisation, die aber gleich-zeitig eine staatliche Anstalt bleiben soll, in die jederzeit hineinregiert werden kann. In diesem Kontext ist auch die 2007 beschlossene Einsetzung eines externen Gremiums zu sehen, welches von den jeweiligen Regionalregierun-gen zusammengestellt wird und die Rektoren der Hochschulen zu bestätigen

---

138 Die Erklärung für den Bildungssektor im Jahr 2005 siehe URL (letzter Zugriff 3.1.2013): http://rus-reform.ru/nationalprojects/docs/10000071

hat. In ihrer Funktion erinnert das Gremium an die Rolle der aus Deutschland oder den USA bekannten Hochschulräte. Die schwache organisationsinterne Demokratie hat dadurch weiter an Bedeutung verloren.

Finanziell wurde der Lehrberuf in den letzten Jahren gestärkt und erfuhr auch eine symbolische Aufwertung, indem das Jahr 2010 per Erlass von Präsident Medwedew zum Jahr des Lehrers erklärt wurde.[139] Im Rahmen dessen wurde die Einführung eines reformierten Gehaltssystems für die Lehrer an Schulen und Hochschulen angekündigt.[140]

Von 1997 bis 2004 erfolgte die Akkreditierung der Hochschulen und der Studiengänge direkt bei dem zuständigen Kollegium am Bildungsministerium der Russischen Föderation. Seit 2004 ist hierfür ein föderaler Aufsichtsdienst für Bildung und Wissenschaft (ROSOBRNADZOR) zuständig, dessen Akkreditierungsgremium wiederum Evaluationsaufgaben an staatliche Agenturen weiter delegiert. Nichtstaatliche Agenturen sind bislang nur auf einer regionalen Ebene innerhalb der RF tätig (Gretčenko/Gretčenko 2009: 296f.). Die Akkreditierung wird auf der nationalen Ebene nicht auf einen Markt künstlich ausgelagert, wie beispielsweise in Deutschland, sondern verbleibt in staatlicher Kontrolle. Dies mag auch die relativ niedrigen Akkreditierungsraten der privaten Hochschulen erklären. Ziel der Regierung ist es, Quantität durch Qualität zu ersetzen. Bei der Realisierung des Vorhabens orientieren sich auch die russischen Entscheidungsträger an dem vorherrschenden Leuchtturmprinzip in der Bildungspolitik. Wenige nationale und föderale Universitäten sollen weltweit durch Exzellenz glänzen und mit Harvard oder Oxford konkurrieren und in die russische Regionen bzw. die verschiedenen föderalen Einheiten ausstrahlen. Die beiden "Staatlichen Universitäten" in Moskau und St. Petersburg wurden 2007 als erste zu nationalen Universitäten mit einem deutlichen Zuwachs an Finanzmitteln und organisatorischer Autonomie erklärt. Mit dem Gesetz vom 10.11.2009 sind diese endgültig in einen eigenen gesetzlichen Status gehoben worden. Sie stehen an der Spitze einer Hierarchie des russischen Hochschulsystems, die vom Staat innerhalb des staatlichen Hochschulsystems eingeführt wurde. Zu dieser ersten Gruppe zählen auch die Nationalen Forschungsuniversitäten, die in einer Art Wettbewerb gekürt wurden, im Rahmen dessen am Anfang vorwiegend Technische Universitäten

---

139   Siehe URL (letzter Zugriff 22.4. 2010): http://mon.gov.ru/dok/ukaz/obr/5232/
140   Die aktuelle Gehaltsentwicklung muss letztlich skeptisch beurteilt werden, kann aber derzeit zum Jahreswechsel 2012/2013 nicht näher erörtert werden. Die Regierungserklärung über ein einzuführendes neues Lohnsystem, siehe URL (letzter Zugriff 12.12.2009) http://mon.gov.ru/press/news/6379/ sowie: http://www.vestnik.edu.ru/putin2409.html

zu Nationalen Forschungseinrichtungen erhoben wurden. Um den Status einer "Nationalen Forschungsuniversität" hatten sich landesweit 110 Hochschulen beworben. Der Status verspricht die Mittel, um neben der Lehre auch forschen zu können und außerdem als "unternehmerische Universität" auftreten
zu können.[141] Der russische Staat versucht damit neben der MGU und der
SPbGU eine Gruppe von Forschungsuniversitäten zu etablieren.

Eine zweite Gruppe sind die ab 2006 entstandenen Föderalen Universitäten.
2006 wurden die Universitäten in Rostow am Don und Krasnojarsk zu "Föderalen Universitäten" gekürt. Der Status verspricht ebenso eine größere staatliche Unterstützung und ein hohes Prestige. Das Einzugsgebiet dieser Universitäten umfasst eine mehrere Republiken oder föderale Subjekte große
Region und entspricht den im Jahr 2000 von Präsident Putin eingeführten föderalen Distrikten. 2008 folgte die Gründung der Föderalen Universität in
Wladiwostok und im Oktober 2009 wurden drei weitere Föderale Universitäten erkoren. Diese befinden sich nun in Archangelsk, Kasan, Jekaterinburg.
Zusätzlich wurde mit der Föderalen Universität in Jakutsk im nordöstlichen
föderalen Distrikt eine die Region dominierende Einrichtung geschaffen.[142]
Diese föderalen Großuniversitäten sind i. d. R. Verbünde von bisher eigenständigen Hochschulen. Die jeweiligen regionalen Staatlichen Universitäten
werden mit kleineren etablierten staatlichen Hochschulen zusammengeschlossen.

In der Gesamtriege der neuen Nationalen Forschungsuniversitäten wurden
letztendlich alle klassischen Universitäten aufgenommen, die vor dem 1.
Weltkrieg gegründet worden waren, so beispielsweise die Staatliche Universität Tomsk, aber auch eine Reihe von wichtigen Gründungen der Sowjetzeit,
wie die in Nowosibirsk ansässige Novosibirsker Staatliche Technische Universität (NGTU). Mit der Higher School of Economics (HSE) ist eine Gründung von 1992 dabei, die explizit den Anschluss an die westlichen Sozial-
und vor allem Wirtschaftswissenschaften gefunden hat. Zusammen mit den
beiden Universitäten in St. Petersburg und Moskau wurde so eine "erste Liga"
von 39 Hochschulen eingeführt, wobei die Tabellenführer mit der MGU und

141 Siehe URL (letzter Zugriff 4.12.2009):http://mon.gov.ru/press/reliz/5682,print/
142 Dessen war sich wohl auch das Kabinett von Ministerpräsident Vladimir Putin
bewusst, der im April 2010 den insgesamt acht Föderalen Universitäten eine
zusätzliche Finanzspritze von 8 Milliarden Rubeln verteilt auf die folgenden vier
Jahre versprach. Vgl. das Gesetz (Übersetzung R.L.) «Über die Schaffung föderaler
Universitäten im Nord-Westlichen, im Wolga-, im Ural-, und im Fernöstlichen
Föderalen Bezirk» Siehe URL (letzter Zugriff 3.1. 2013): http://www.kremlin.ru/a
cts/5793

der SPbGU immer schon feststehen werden. Außerdem gibt es eine Reihe von Hochschulen, die aufgrund einer historisch gewachsenen Reputation die Schulabsolventen anziehen, die in den russlandweiten Schulolympiaden vorderste Plätze belegt haben.

Danach folgen die Staatlichen Universitäten ohne zusätzliche Auszeichnung und Titel, allerdings mit dem Prädikat eine effizient arbeitende Hochschule zu sein. Sie stellen die neue "2. Liga". Hierzu können auch einige Privatuniversitäten gezählt werden.[143] Als dritte Ebene können die "effizient" arbeitenden Filialen der großen Hochschulen gelten. Die vierte Stufe wird von den im Monitoring als ineffizient geltenden Hochschulen in der Provinz und ebensolchen Filialen gestellt.

Die Hierarchie im System der russischen Hochschulen wird sich in absehbarer Zeit aufgrund der staatlichen Restrukturierung und des Matthäus-Effektes verstetigen. Die ausgezahlten Gehälter sind bislang aber selbst dort, trotz gegenteiliger Planung, nicht auf ein Niveau angehoben worden, die es erlauben würden auf einem vermeintlichen Weltmarkt der akademischen Fachkräfte konkurrieren zu können.[144]

Tabelle 12: Hierarchie des russischen Hochschulsystems nach 2012

Erste Liga	Privilegierte Sonderstellung: Staatliche Universität Moskau M. Lomonossow (MGU) und Staatliche Universität St. Petersburg (SPbGU)
	Föderale Universitäten (8) und Nationale Forschungsuniversitäten (29), z.B. KFU
	Zentrale Moskauer Hochschulen z.B. das MGIMO, die HSE (ca. 10)
Zweite Liga	Große Staatliche Universität Udmurtische Staatliche Universität (ca. 200)
Dritte Liga	Regionale Hochschule und "effiziente Filiale" (ca. 200)
Vierte Liga	"Ineffiziente" Filiale und Hochschule (ca. 600)

---

143 Allerdings existieren derzeit jedoch keine Ranglisten oder Berichte, die eine entsprechende Hierarchie inklusive der Privathochschulen belegen.

144 Davon sollen 400 Millionen Rubel noch im Jahr 2010 ausgezahlt werden, siehe URL (letzter Zugriff 8.4.2010): http://www.kommersant.ru/doc.aspx?DocsID=1350863

Die Qualität des russischen Hochschulsystems soll außerdem durch eine Konzentration erreicht werden. Dies betrifft in erster Linie die staatlichen Einrichtungen. Dabei soll die Zahl der Hochschulen verringert bzw. deren Finanzierung eingeschränkt werden, da nicht alle den Kriterien des Bildungsministeriums genügen. Um bis zu einem Drittel soll die Zahl der Hochschulen verringert werden, wobei vor allem nach 1990 gegründete Institute und Universitäten von dem Akkreditierungsverfahren bedroht sein dürften.[145] Eine nicht erfolgte Akkreditierung führt jedoch nicht automatisch zu einer Schließung, denn im Januar 2008 waren von den staatlichen Hochschulen zwar schon 97,5 Prozent, aber nur 63,3 Prozent der privaten Einrichtungen akkreditiert, die jedoch weiterarbeiteten (Russian Federation 2009: 23). Nichtsdestotrotz werden Anstrengungen fortgeführt den "Qualitätsdruck" zumindest formal und von außen auf die staatlichen Hochschulen zu erhöhen. Ein 2012 vom Ministerium für Bildung und Wissenschaft veröffentlichter Monitoring-Bericht ergab erwartungsgemäß für viele entlegene Hochschulen "schlechte Messergebnisse".[146] Sie werden in dem Bericht als ineffizient dargestellt. In der Republik Mari El sind von den fünf Hochschulen vier davon betroffen (Ministerstvo obrazovanija i nauki Rossijskoj Federacii 2012: 27). Im benachbarten Tatarstan gelten von den 12 staatlichen Hochschulen immerhin neun als effizient. Allerdings wurden von den 23 Hochschulfilialen 14 als ineffizient eingestuft (ebd.: 29). Auch einige Universitäten in den Metropolen wurden mit den von internationalen Ranglisten bekannten Prozeduren schlecht evaluiert. In Moskau betraf dies von den 79 Hochschulen immerhin 20, darunter befand sich die bisher angesehene Russische Staatliche Geisteswissenschaftliche Universität (RGGU), an der sich der einzige mit einem Deutschen besetzte Lehrstuhl befindet(ebd.: 82).[147]

Die jüngsten Reformen betreffen auch den Hochschulzugang und damit die Schulen. Aufnahmeprüfungen an den Hochschulen stellten bislang zusam-

---

145 Vgl. Kommersant vom 28.1.2008; siehe URL (letzter Zugriff 3.1.2012): http://www.ko mmersant.ru/doc.aspx?DocsID=1109668

146 Überprüft wurden: die Durchschnittszensur der Abiturprüfungen (EGE), der wissenschaftliche "Output" des Lehrkörpers, die Zahl der ausländischen Studierenden, die Einkünfte aus Studiengebühren und der Vermietung von Gebäuden und Laboratorien. Die Filialen wurden nach drei Indikatoren bewertet: Zahl der Studierenden, Anteil der promovierten und habilitierten Wissenschaftler am Lehrkörper (Ministerstvo obrazovanija i nauki Rossijskoj Federacii 2012: 7)

147 Sie belegt immerhin Platz 16 unter den Hochschulen, die von den Siegern der verschiedenen Olympiaden, also den besten Schulabsolventen besucht werden, Angabe laut Russischer Rektoren Union, hier siehe URL (letzter Zugriff 8.1.2013): http://www.kommersant.ru/doc/2098609?isSearch=True

men mit den Abschlussprüfungen an der jeweiligen Schule die Zugangshürde zur Universität dar. Die Prüfungen an den Schulen verliefen ohne eine landesweit gültige Prüfung. Diese wurde nach einer achtjährigen Probephase 2009 landesweit mit der Allgemeinen Staatlichen Prüfung (EGE) basierend auf dem Gesetz vom Februar 2007 eingeführt. Damit soll zugleich ein einheitlicher Qualitätsstandard in der Schulbildung und gleiche Zugangsmöglichkeiten zur Hochschule sichergestellt werden.

4.7 Zwischenfazit: Russische Hochschulentwicklung

Nach der Auflösung der Sowjetunion suchten russische Bildungspolitiker Anschluss an die weltweite wissenschaftliche Gemeinschaft. Ein von staatlicher Planung geprägtes System wurde liberalisiert und doch blieb der staatliche Einfluss in der Gestaltung der Hochschullandschaft bestimmend. Das Hochschulsystem müsste also prinzipiell gut vorbereitet sein für administrative Reformen, die ohne große Diskussionen umgesetzt werden sollen. Bildung und damit der Hochschulsektor sind in den offiziellen Verlautbarungen zweifelsohne zentral für Reformbestrebungen der russischen Innenpolitik geworden. Die nach 2003 stattfindenden Reformen im Hochschulsystem sind ein Teil von Initiativen, die die RF modernisieren und damit "wettbewerbsfähig" machen wollen. Der russische Staat strukturiert sein Hochschulsystem ähnlich dem der westlichen Staaten, eine erste Liga mit zwei Leuchttürmen ist klar erkennbar.
Die Teilnahme am BP wurde als Modernisierungschance genutzt, um das nationale Bildungssystem an die internationale Entwicklung anzukoppeln. "Bologna" wird nun auch in der Russischen Föderation zur Realität. Allerdings ist zu erwarten, dass es nicht zu einer deckungsgleichen Übernahme westlicher Strukturen kommt, sondern dass sich ein hybrides Modell entwickelt. Kann nun von einem russischen Weg in den Europäischen Hochschulraum gesprochen werden? Die gegenwärtigen Reformen des russischen Hochschulsystems sind zweifelsohne von einer Gleichzeitigkeit verschiedener ineinandergreifender Prozesse gekennzeichnet. Es sind Angleichungsprozesse an weltweit gängige Muster in der Hochschulentwicklung zu beobachten. Diese gehen einher mit einer autoritären Modernisierung der Hochschulen im Rahmen von allgemeinen staatlichen Reformen des Bildungssystems. Das russische System hat zwar wesentliche Elemente des "globalen Modells" übernommen, hier sei neben den konsekutiven Studiengängen auf die Einrichtung von Hochschulräten als vermeintliche Aufsichtsgremien verwiesen, doch gel-

ten spezifische russische Aspekte weiter, wozu u. a. die starke Stellung des Staates in der Steuerung gehört. Beispielhaft sei die starke Stellung der Rektoren genannt. Die Reformen im russischen Hochschulsystem zeigen bislang die Intention, den "russischen Charakter" des Hochschulsystems zu erhalten. Somit entsteht durch die Modernisierung und bedingt durch die Teilnahme am BP eine russische Variante des globalen Modells der Universität, welches einerseits von globalen Ideen und Organisationsvorstellungen und andererseits von lokalen Mythen geprägt ist. Bologna liegt somit definitiv nicht an der Wolga, aber bekanntlich ja auch nicht an der Elbe.

Die Veränderungen des russischen Hochschulsystem lassen sich mit dem World Polity Ansatz und damit mit Prozessen des institutionellen Isomorphismus erklären. Dazu zählen die Anpassungen an westliche Organisationsmuster als auch die Mitgliedschaft in verschiedenen international tätigen transnationalen Organisationen. Die Ursachen sind jedoch nicht auf einen externen Anpassungsdruck zurückzuführen, sondern sind in erster Linie innerhalb der russischen Gesellschaft zu suchen. Die als notwendig betrachteten Reformen fanden mehrheitlich nach "westlichen Mustern" statt. Die Orientierung gen Westen sowie die Hochschulkooperationen, aber auch das Engagement von Stiftungen und damit die transnationale Zusammenarbeit haben diese bildungspolitische Ausrichtung gefördert, wie hier im Folgenden noch herausgearbeitet wird (vgl. Kapitel 6 und 7).

Institutioneller Isomorphismus ist in seinen drei Varianten auch innerhalb der Modernisierungsreformen im russischen Hochschulsystem zu finden. Der Wandel ist dabei nicht immer klar mit dem BP verbunden, aber er findet seine Motivation in dem Willen, ein Teil einer europäischen und vor allem einer globalen wissenschaftlichen Gemeinschaft zu sein. Gleichzeitig ist Russland als ein am BP teilnehmender Staat der Umsetzung der BP verpflichtet. Die Einbindung in die Strukturen einer Weltgesellschaft zeigt sich nicht zuletzt in der steigenden Anzahl von Mitgliedschaften der RF in internationalen und transnationalen Organisationen. Seit August 2012 ist das Land sogar Mitglied der WTO.

Mit der erzwungenen Kommerzialisierung in den 1990er Jahre haben die russischen Hochschulen bereits einige Etappen hinter sich, die in West- und Mitteleuropa mit einer "unternehmerischen Hochschule" und einem "akademischen Kapitalismus" assoziiert werden. Gleichzeitig intensivierten sich die Kontakte mit den OECD-Staaten insbesondere mit der Bundesrepublik Deutschland. Bildung und Kultur galten dabei als Bereiche, in denen die Zusammenarbeit auch auf europäischer Ebene relativ problemlos vonstattengeht. Die Teilnahme am Europäischen Hochschulraum stellt für die russischen Entscheidungsträger ein Gelegenheitsfenster dar, Impulse für die Reform im eigenen Land aufzunehmen.

5 Der bilaterale außenpolitische Rahmen[148]

Die Kontakte und die Kooperationen von deutschen und russischen Organisationen finden auf verschiedenen Ebenen statt. Dies reicht von zahlreichen Eigeninitiativen der Hochschulmitarbeiter/innen auf der Instituts- und Fakultätsebene über institutionell verankerte Hochschulpartnerschaften bis hin zu einzelnen Stiftungsprogrammen. Angesichts der modernen hochkomplexen Nationalstaaten benötigen die Hochschulen und ihre Angehörigen für ihre grenzübergreifende Zusammenarbeit – und damit für ihre transnationalen Aktivitäten – die Rückversicherung durch bilaterale und internationale Rahmenvereinbarungen, die wiederum von der außenpolitischen "Großwetterlage" beeinflusst werden. Damit ist der Staat ein zentraler Akteur in einem transnationalen Raum. Hinzukommt, dass Russland und Deutschland die grenzübergreifenden Kontakte in der Hochschul- und Wissenschaftspolitik als Teil ihrer Außenpolitik nutzen. Aufgrund des Gewichts über die der russische, aber auch der deutsche Staat in diesem Bereich verfügen, ist es notwendig, diesen Handlungskontext deutlich herauszuarbeiten.

Grundlage der deutsch-russischen Hochschulkontakte sind die zwischenstaatlich vereinbarten Verträge und Abkommen auf der Ebene der Regierungen und Ministerien. Im folgenden Kapitel wird daher die Außenkulturpolitik (AKP) auf dem Gebiet der deutsch-russischen Zusammenarbeit dargestellt.

5.1. Zivilmacht und Interessen

Einen erheblichen Einfluss auf das kulturelle Engagement und die Zusammenarbeit deutscher Organisationen hat die offizielle Außenpolitik der Bundesrepublik. Dabei kommt ein vielfältiges Repertoire an Organisationen und Agenturen zum Einsatz. Die deutschsprachige oder auf Deutschland gerichtete Kultur- und Bildungsarbeit wird bewusst gefördert. Dies ist durchaus erklärungswürdig, denn ein solch fokussierter Ansatz, ist – mit Ausnahme der USA – in dieser Breite eine Seltenheit. Die historischen Wurzeln reichen bis in das Kaiserreich zurück, kamen jedoch mit der NS-Herrschaft zum Erliegen

---

148 Die Darstellung beschränkt sich auf die der bundesdeutschen Seite nach 1990, da die diversen Ministerien für die deutschen Organisationen nicht nur die Hauptansprechpartner und Geldgeber sind, Sie sind am hochschulpolitischen und außenpolitischen Kurs der Bundesrepublik beteiligt.

150   RENÉ LENZ

(vgl. Metzler 2010). Das Ende des Zweiten Weltkrieges bedeutete die Teilung des kriegsverursachenden Staates. Der westliche Teil, die Bundesrepublik Deutschland entwickelte sich mit amerikanisch-französischer Hilfe nach ihrer Gründung 1949 im Zuge der Westintegration wieder zu einer der größten europäischen Industrie- und Handelsmächte.

Für die Bundesrepublik ist der grundlegende normative Gestaltungsrahmen für die internationalen Aktivitäten im Grundgesetz festgelegt. Dort finden sich im Artikel 32 GG, die für die Außenpolitik konkreten politischen Grundsätze, die sowohl für die einzelnen Staatsbürger als auch für dessen Staatsorgane, also dem für die Außenpolitik verantwortlichen und seit 1951 wieder existierenden Auswärtigen Amt (AA) mit seiner Kulturabteilung gelten.[149] Die allgemeinen Regeln des Völkerrechts sind nach Artikel 25 GG direkter Bestandteil der Bundesgesetze. Aufgrund der beschränkten Souveränität der Bundesrepublik und der Erfahrungen in der ersten Hälfte des 20. Jahrhundert setzte sich schon während des Kalten Krieges ein außenpolitischer Ansatz durch, der sich an Multilateralismus, Institutionenbildung auf internationaler Ebene und supranationale Integration orientierte.[150] Hierfür ist es notwendig, Hoheitsrechte auf zwischenstaatliche Institutionen wie die EU oder die UNO zu übertragen (Knapp 2004: 142). Die Anwendung von Gewalt soll dabei durch internationale Normen eingeschränkt werden, welche gleichzeitig im Völkerrecht ihre Legitimationsquelle finden. Die überwiegend friedliche Konfliktregelung liegt im Interesse der Handelsmacht Bundesrepublik, allein um Ex- und Importe abzusichern, denn die bundesdeutsche Armee konnte und durfte diese Aufgabe bis in die frühen 1990er Jahre nicht übernehmen.[151]

In der wissenschaftlichen Analyse der bundesdeutschen Außenpolitik hat insbesondere das Konzept der Zivilmacht Beachtung gefunden. Demnach kann das außenpolitische Verhalten der Bundesrepublik als Zivilmacht klassifiziert werden, wobei entscheidend ist, dass "Bündel von Wertorientierungen und

---

149 Hinzuzählen müsste man freilich auch noch die im Bundeskanzleramt liegende außenpolitische Gestaltungsmacht sowie die einzelne Ministerien wie das Bundesministerium für wirtschaftliche Zusammenarbeit und Entwicklung und Fachabteilungen anderer Ministerien.

150 Der im Kapitel 3 erwähnte realistische Ansatz der Internationalen Beziehungen war sicherlich auch in der BRD in den 1950er und 1960er Jahren in der Tagespolitik präsent, doch spätestens mit der Regierung Brandt und der 1973 erfolgten Aufnahme in die UNO bestimmte die multilateral agierende Zivilmacht auch den außenpolitischen Alltag.

151 Wirklich souverän wurde die Bundesrepublik erst mit der Wiedervereinigung und dem Abschluss des "2+4 Vertrages", der am 15.3.1991 in Kraft trat, nach dem auch die Sowjetunion die Ratifizierungsurkunde hinterlegt hatte (Bender 2005, Knapp 2004: 165).

Verhaltensmustern, die der Schaffung und Aufrechterhaltung einer friedlichen und tragfähigen internationalen Ordnung dienen sollen" (Eng-ler/Maull/Kirste/Harnisch 1997: 4), vorhanden sind. Der Begriff Zivilmacht steht nicht für eine rein pazifistische, jedoch für eine sich militärisch zurück-haltende Außenpolitik (Streichert 2005: 6). "Demokratisierung als Friedens-strategie" (Richter 2005) avancierte in den 1990er Jahren zu einem Kernele-ment westlicher Außenpolitik. Dies gilt in besonderem Maße für die Bundes-republik. Dabei kann die sanfte "Einmischung in innere Angelegenheiten von Staaten" (Schneider & Schiller 2000: 14) und deren gesellschaftliche Entwick-lung notwendig erscheinen. Im Westen als erfolgreich geltende Praxen, Kon-zepte und Modelle werden dabei im Sinne des Exports von "Good Gover-nance" weitergegeben (ebd.; vgl. auch Beer 2006). Dies gilt in besonderem für die Staaten der ehemaligen Sowjetunion. Für diese legten die EU und die Weltbank nach 1990 Programme zur institutionellen Förderung auf.

Die Strukturen der OSZE und des Europarates sind neben der UNO für die bundesdeutsche Außenpolitik institutionelle Wege sowie zugleich Mittel der friedlichen Konfliktlösung oder im besten Fall der Konfliktvermeidung. Dieser interdependente Ansatz in der deutschen Außenpolitik kann als eine grundle-gende Rahmenbedingung der deutschen Außenpolitik beschrieben werden (Hellmann 2006: 80f). Damit manifestiert sich aus der Sicht des World Polity Ansatzes aber auch eine konsequente Einbindung in die Strukturen einer Weltgesellschaft.

Die bundesdeutsche Diskussion wird außerdem durch die Konzepte der Wel-tinnenpolitik und Global Governance geprägt. Während ersteres die Verant-wortung von Staaten und von supranationalen Organisationen wie der UNO oder der WTO betont, impliziert die Idee von Global Governance eine gute Regierungsführung, die auch von internationalen Organisationen unterstützt wird und sich wie selbstverständlich an den im Westen formulierten Normen orientieren soll. Staatliche und internationale Akteure sollen bei der Regulie-rung von Politikfeldern mit nichtstaatlichen Akteuren zusammenarbeiten, wo-mit vor allem die Kooperation mit Unternehmen sowie mit Stiftungen gemeint ist.

Die Außenbeziehungen der Bundesrepublik sind heute sicherlich eng mit der EU verbunden. Andererseits ist die Außenpolitik immer noch eine primär nati-onalstaatliche Domäne. Für die bilateralen deutsch-russischen Beziehungen trifft dies im besonderen Maße zu, wie anhand der zahlreichen bilateralen Vereinbarungen deutlich wird.

Russland ist ein wichtiger Handelspartner. Im Jahr 2011 erreichten die Ein-

152   RENÉ LENZ

fuhren aus Russland einen Wert von 40,9 Milliarden Euro während für 34,5 Milliarden Euro Waren und Dienstleistungen dorthin exportiert wurden. Damit liegt Russland auf Platz 12 bei den Ausfuhren und aufgrund der Rohstoffimporte Deutschlands immerhin auf Platz 7 bei den Einfuhren (Statistisches Bundesamt 2012: 2f). Im Jahr 2003 lagen die Werte noch bei 12,1 Milliarden Euro im Export nach sowie 13,3 Milliarden Euro beim Import aus Russland (Statistisches Bundesamt 2004: 32). Die deutlich gestiegenen Zahlen zeigen die gewachsene wirtschaftspolitische Grundlage der deutsch-russischen Beziehungen und zugleich das ökonomische Erstarken Russlands. Im Kontext des Zivilmachts-Konzepts ist auch die auf das Ausland zielende Kulturpolitik zu betrachten, wie sie für die deutsche Außenpolitik ebenfalls nach 1990 prägend und für die deutsch-russischen Beziehungen kennzeichnend ist.

5.2 Die deutsche Außenkulturpolitik

Bedingt durch die im Artikel 65 GG beschriebene Richtlinienkompetenz liegt die außenpolitische Definitions- und Gestaltungsmacht beim bzw. bei der jeweiligen Bundeskanzler/in und dem Bundeskanzleramt (Hellmann 2006: 45-47). Die Instrumente und die Vertretung nach außen werden jedoch vom Auswärtigen Amt (AA) bestimmt, denn dieses ist sowohl der "bürokratische Unterbau" und auch "das Rückgrat der außenpolitischen Expertise" (ebd.: 51). Hinzukommen weitere Ministerien, die ebenfalls Aufgaben in der Gestaltung der Außenbeziehungen übernehmen.[152] Zusätzlich arbeiten Agenturen wie die Gesellschaft für internationale Zusammenarbeit häufig im Auftrag von Ministerien.

5.2.1 Hochschulen als AKP-Politikfeld
Der akademische Austausch und die damit verbundene akademische Mobilität von Wissenschaft und Bildung sind Teil einer Außenpolitik, die bewusst versucht, die Prozesse in anderen Staaten im eigenen Interesse positiv zu beeinflussen. Programme des Staates bzw. von Akteuren aus einer nationalstaatlich verfassten Gesellschaft setzen ihre Ressourcen als "Soft Power" schon seit Anfang des 20. Jahrhunderts hierfür ein. Das 1946 vom US State Department im Hinblick auf die Bundesrepublik entwickelte Fulbright-

---

152   Das neueste Amt der Bundesregierung ist das seit 1998 existierende Amt des Beauftragten für Kultur und Medien, welches von einem Staatsminister geleitet wird. Es ist nach § 96 des Bundesvertriebenengesetzes auch zuständig für das "kulturelle Erbe" der deutschen Minderheit in den MOE-Staaten und der GUS.

Programm zielte auf die Verbreitung demokratischer Werte im Sinne des amerikanischen Modells durch Austausch und Förderung der individuellen akademischen Mobilität. Die Teilnahme der deutschen Stipendiaten sollte sie anhand der Erfahrungen, die sie u. a. bei dem Besuch von Bildungseinrichtungen in den USA machen konnten, von dem US-amerikanischen Modell überzeugen und für die deutsch-amerikanische Zusammenarbeit gewinnen.[153] Die Bundesrepublik nimmt infolge des Abkommens mit den USA vom 18.7.1952 an der Gestaltung des deutsch-amerikanischen Programms der Fulbright-Kommission direkt teil.[154] Im ersten Jahr des bilateralen Austauschs wurden je 200 Studierende und circa 20 Lehrende und Forschende in das jeweilig andere Land entsendet.[155] Für die USA ist der Bereich der "Public Diplomacy", womit hier ein in der englischsprachigen Welt geläufiger Begriff eingeführt sei, auch dem Außenministerium zugeordnet, wobei in diesem Bereich die United States Agency for International Development (USAID) als wichtigste Organisation gelten kann.[156] Allerdings spielen private Stiftungen wie die Ford Foundation oder die Soros Foundation für die amerikanische Version der Außenkulturpolitik eine große und vom Staat unabhängige Rolle. Daher können sie einfach als transnationale Akteure eingeordnet werden. Signifikante Maßnahmen unternehmen in der auf das Ausland gerichteten Kulturarbeit auch Großbritannien, die vor allem mit der Tätigkeit des British Council assoziiert wird, sowie Frankreich und Spanien respektive mit dem Institut Français[157] und der Alliance Française[158] dem Instituto Cervantes. Die neue kulturpolitische Organisation Russkij Mir kann zwar auch als ein Instrument der russischen Außenpolitik verstanden werden, verfehlt jedoch mit ihrer fast ausschließlichen Ansprache der russischen Minderheit im Ausland

---

153 Vergleich die Kurzdarstellung URL (letzter Zugriff 8.10.2012): http://www.fulbright .de/fileadmin/files/history/history.shtml
154 Siehe die Darstellung des Auswärtigen Amtes (2012: 83): "Die binationale Kommission besteht aus je fünf deutschen und amerikanischen Mitgliedern [...]. Die Fulbright-Kommission fordert das gegenseitige Verständnis zwischen den USA und Deutschland durch akademischen und kulturellen Austausch von hochqualifizierten Studierenden, Lehrenden und Wissenschaftlern mit ausgeprägter interkultureller Kompetenz. Der deutsche Beitrag lag im akademischen Programmjahr 2010/2011bei rund 4,9 Mio. Euro."
155 Siehe URL (letzter Zugriff 13.12.2012): http://www.fulbright.de/fileadmin/files/comm ission/program/downloads/first_class_fulbrighters.pdf
156 Für Details siehe URL (letzter Zugriff 2.10. 2012): www.fas.org/sgp/crs/row/R40989. pdf
157 Siehe URL (letzter Zugriff 10.10.2012): http://www.institutfrancais.de/federal/uber-uns-1/uber-uns-3873/
158 Siehe URL (letzter Zugriff 10.10.2012): http://www.alliancefr.org/sommes-nous

den Anspruch das Außenbild Russland signifikant zu verbessern, zumal hierfür weitgehend die finanziellen Mittel fehlen (vgl. Gasimov 2012).
Die Bundesrepublik hat einen spezifischen "Soft Power" Ansatz in ihren Beziehungen zu anderen Staaten entwickelt. Als sogenannte dritte Säule der
deutschen Außenpolitik gilt die Außenkulturpolitik (Deutscher Bundestag: 1,
Grolig/Schlageter 2007: 550).[159] Die AKP greift auf verschiedenen Ebenen
und deckt dabei sowohl den direkten internationalen Bereich, also die offiziellen supranationale Ebene der Regierungskontakte ab, aber schließt transnationale Elemente wie "Öffentlich-Private Partnerschaften" (Deutscher Bundestag 2011: 8f) in ihr Handlungskonzept mit ein. Der Begriff der AKP selbst wurde in der Phase unmittelbar vor dem 1.Weltkrieg geprägt (Metzler 2010: 61).
An politischer Bedeutung gewann die Auswärtige Kulturpolitik während der
Weimarer Republik (ebd.: 69-82). Den heutigen Stellenwert erlangte die AKP
jedoch erst sukzessive in der Bundesrepublik.
Im geteilten Deutschland war der DAAD ein außenpolitisches Instrument (vgl.
dazu Kapitel 6), um mit einer formal nichtstaatlichen Organisation die Kontakte mit und in anderen Gesellschaften wieder aufzunehmen, die durch den
Krieg in Europa abgebrochen wurden. Die erste Außenstelle des DAAD wird
1952 in London eröffnet und damit vor der offiziellen Eröffnung der Botschaft
dort, allerdings bestand das Generalkonsulat bereits seit 1950 in London. Die
ersten DAAD-Lehrkräfte konnten ab dem akademischen Jahr 1953/1954 entsandt werden. Von den neun Lektoren war einer in Übersee tätig. Hier war
1953 eine Kulturvereinbarung mit den USA geschlossen worden. Im Oktober
1954 folgte ein Abkommen mit Frankreich.
Neben staatlichen Programmen unterstützt das Auswärtige Amt direkt die sogenannten Mittlerorganisationen, die im Sinne ihrer Geld- und Auftraggeber
handeln. Diese Agenturen sind formal selbstständig und privatrechtlich organisiert. Damit verfügen sie über eine gewisse Autonomie, zumal es keine unmittelbare Weisungsbefugnis der Ministerien an die Organisationen gibt. Allerdings erfolgt eine Verständigung zwischen dem Auswärtigen Amt und den
Mittlerorganisationen durch Konsultationen und Zielvereinbarungen.
Das Feld der Organisationen, die in der deutschen AKP tätig sind, ist recht
breit. Es reicht von der Zentralstelle für Auslandschulwesen (ZfA), einer am
Bundesverwaltungsamt angesiedelten Einrichtung, über die Arbeit der Bot-

---

159 Um den Stellenwert der Bildung hervorzuheben, wird seit 1999 auch der Begriff der
     Außenkultur- und Bildungspolitik (AKBP) verwandt. 2001 wurde die Kulturabteilung
     im Auswärtigen Amt in Abteilung für Auswärtige Kulturpolitik ungenannt (zu deren
     Struktur siehe Auswärtiges Amt 2003: 82-83).

schaften bis hin zu Partnerschaften mit einzelnen Stiftungen. Bezogen auf den unmittelbaren Bereich der Kulturarbeit mit dem Fokus der Hochschulbildung sind vor allem drei, überwiegend vom Auswärtigen Amt finanzierte Mittlerorganisationen tätig: das "Goethe-Institut" (GI), der DAAD und die AvH. In Kooperation mit anderen Abteilungen des Auswärtigen Amtes sollen die Mittlerorganisationen helfen, deutschen Organisationen den Weg im Ausland zu bereiten bzw. sie und ihre Wahrnehmung dort zu unterstützen.[160] Ihre Arbeit wird vor Ort im jeweiligen Land durch die deutsche Botschaft koordiniert.

In der AKP spielt aufgrund der Ressortzuständigkeit auch das BMBF eine Rolle, wie es in den Aktivitäten zum deutsch-russischen Wissenschaftsjahr deutlich wurde.[161] Das BMBF und das Russische Ministerium für Bildung und Wissenschaft koordinieren sämtliche Maßnahmen, die im Rahmen des Abkommens über die Wissenschaftlich-Technische Zusammenarbeit (WTZ) organisiert werden. Dies gilt vor allem für die außeruniversitäre Forschung. Institute der Max-Planck- und der Helmholtz-Gesellschaft oder Leibniz-Gemeinschaft werden überwiegend vom BMBF in der Finanzierung ihres Budgets getragen.[162]

Die Hochschulen liegen gleichzeitig im ausschließlichen Verantwortungsbereich der jeweiligen Bundesländer. Aufgrund dessen kommt deren bundespolitischen Vertretung, der KMK, insofern Bedeutung zu, als dass sie kulturpolitische Aufgaben der Bundesländer, wie die Förderung der Auslandsarbeit mit Akteuren der Außenpolitik, koordiniert. Als eigenständiger Akteur tritt sie in Russland nur in Form des Pädagogischen Austauschdienstes in Erscheinung.[163] Das Entsendeprogramm für Deutschlehrer bezieht sich ausschließlich auf allgemeinbildende Schulen.[164]

---

160 Siehe URL (letzter Zugriff 12.12.2012): http://www.auswaertiges-amt.de/diplo/de/A
    Amt/Abteilungen/Wirtschaftsabteilung.html
161 Die Vielzahl der Aktivitäten sind der Internetpräsenz zu entnehmen, siehe URL
    (letzter Zugriff 27.12.2012): http://www.deutsch-russisches-wissenschaftsjahr.de/de/
    wissenschaftsjahr.php
162 Für die konkrete Durchführung Bereich "Forschung und Innovation" sind diese
    beiden Ministerien zuständig. Während die Schulung von Führungskräften dem
    BMWi bzw. der russischen Entsprechung im Bereich Wirtschaft sowie im Bereich
    des öffentlichen Dienstes dem BMI bzw. der russischen Präsidialverwaltung obliegt
163 Dies gilt auch für die einzelnen Kultusministerien der Bundesländer, die diese
    Aufgabe der Bundesebene überlassen haben.
164 Aufgrund der hohen Studierendenzahlen in der RF allgemein und des besonderen
    Sprachprofils dieser Schulen sei hier die Vermutung angefügt, dass von diesen
    Schüler/innen wiederum sehr viele ein Studium aufnehmen. Meine eigene Erfahrung
    als Lehrkraft ist hierfür eine Grundlage. Gerade die Studierenden mit ausgesprochen
    guten Deutschkenntnissen kamen von Schulen mit erweitertem Deutschunterricht.

Gerade im Bereich Jugendaustausch, Bildung und Kultur ist die Robert Bosch Stiftung als einer der größten unternehmensfinanzierten Stiftungen Deutschlands aktiv. Hierbei kooperiert sie mit Akteuren der AKP sowohl im Inland als auch im Ausland inklusive der Russischen Föderation.

Darüber hinaus arbeiten parteinahe Stiftungen mit Geldern des AA oder des Bundesministerium für wirtschaftliche Zusammenarbeit (BMWi) im Ausland, so unterstützten Stiftungen wie die SPD-nahe Friedrich-Ebert-Stiftung (FES) aktiv den Demokratisierungsprozess in Spanien und Lateinamerika in den 1980er Jahren (vgl. Bartsch 1998) und sind auch in der Russland präsent. Sie werden vom Auswärtigen Amt bzw. von der Bundesrepublik nicht als Teil der AKP bzw. als deren Mittlerorganisationen betrachtet (Deutscher Bundestag 2007: 69). Sie sind jedoch sicherlich ein Teil der "Soft Power" der Zivilmacht Bundesrepublik. Die von diversen Ministerien finanzierten Mittel der parteinahen Stiftungen fördern wiederum kulturelle und bildungspolitische Maßnahmen im Ausland.

Die FES veranstaltet im Sinne der Demokratieförderung an russischen Hochschulen Debattierklubs und Workshops (Spanger 2011: 76f). Dabei zielt sie von Anfang an auch auf die russischen Eliten (ebd.: 61).[165] Dieses Ziel teilt die FES mit der offiziellen AKP.

Einem transnationalen Bereich können Privatinitiativen zugerechnet werden, die sich in Vereinsform organisiert haben, so zum Beispiel die Deutsche Assoziation der Absolventen und Freunde der Moskauer Lomonossow-Universität e.V. (DAMU e.V.). In einzelnen Fällen fördern auch die zahlreichen zwischen russischen und deutschen Städten existierenden Partnerschaften die Kooperation von lokalen Hochschulen.

5.2.2 Aufgaben und Ziele der AKP

Kultur gilt spätestens mit der Formulierung der "Leitsätze für die auswärtige Kulturpolitik" von 1970 als ein offizieller und wichtiger Teil der deutschen Außenpolitik. Die Konzeption war das Arbeitsergebnis der Enquete-Kommission des Deutschen Bundestages und der Bundesregierung. Ziel der AKP ist es demnach u. a. zu helfen, Konflikte zu vermeiden. Dazu zählt auch die Förderung der "Beziehungen zum Ausland im akademischen und künstlerischen

---

165   Es darf jedoch nicht unerwähnt bleiben, dass ein wesentlicher Schwerpunkt der FES der Kooperation mit Gewerkschaften in der Russischen Föderation ist (Spanger 2011: 105-121). Siehe auch URL (letzter Zugriff am 16.10.2012): http://www.fesmo s.ru/spheres/Gewerkschaften

Bereich"[166] und sei es auf indirekten Weg, in dem sie grenzüberschreitende Kommunikation ermöglicht (Deutscher Bundestag 2007: 2). Jedoch spielt auch in der AKP, wie in einer Analyse der Standortpolitik des Goethe-Instituts herausgearbeitet wurde, weniger Idealismus eine Rolle, als vielmehr die Stärkung und Flankierung des außenpolitischen Einflusses der Bundesrepublik (Schneider/Schiller 2000: 28f). Die Ziele werden vom Auswärtigen Amt klar formuliert:

> "Die AKBP ist ein wichtiges Instrument zur Wahrung deutscher Interessen. Durch sie gewinnen unser Land, seine Gesellschaft, Wirtschaft und Politik wichtige und verlässliche Partner in der Welt. Zugleich ist ein starker, international anerkannter Kultur- und Bildungsstandort Deutschland ein wesentlicher Baustein, um im globalen Wettbewerb erfolgreich zu sein." (Auswärtiges Amt 2006: 5)

Die erste Zielstellenformulierung der bundesdeutschen AKP erfolgte ab den späten 1960er Jahren, wobei zwischen dem Auswärtigen Amt und dem seit 1951 existierenden Goethe-Institut 1969 ein erster Rahmenvertrag vereinbart wurde und seit 1976 explizit die "internationale kulturelle Zusammenarbeit" im Namen der Organisation geführt wird.[167] Schon damals hatte die internationale Ausrichtung der Hochschulen und Forschungseinrichtungen in Ost und West eine außenpolitische Motivation (Schütte 2010: 154). Die wichtigsten Ziele haben sich in den vergangenen Jahren kaum verändert und sind im alljährlich erscheinenden "Bericht der Bundesregierung zur Auswärtigen Kulturpolitik" (Auswärtiges Amt o. J.: 6) nachzulesen:

> "-Vermittlung von Kunst und Kultur aus Deutschland ins Ausland
> - Konfliktprävention durch interkulturellen Dialog
> - Förderung eines globalen Bildungs- und Wissenstransfers und Aufbau einer weltweiten Lerngemeinschaft
> - Stärkung des Wissenschaftsstandorts Deutschland
> - Unterstützung des europäischen Integrationsprozesses
> - Förderung der deutschen Sprache im Ausland
> - Sympathiewerbung für Deutschland und Vermittlung eines modernen Deutschlandbilds
> - Unterstützung der allgemeinen Ziele der deutschen Außenpolitik".

Ebenso sind die Ziele für die Kooperation im Bildungswesen explizit in den diversen Papieren des Auswärtigen Amtes nachzulesen, dort heißt es:

---

166 Das Papier ist auf dem Netzportal des Instituts für Auslandsbeziehungen einzusehen, vgl. auch die Formulierung "der Sicherung des Friedens dienen", S.4 siehe URL (letzter Zugriff 2.10.2012): http://www.ifa.de/pdf/aa/akbp_leitsaetze197 4.pdf

167 Für eine Übersicht über die Geschichte des Goethe-Instituts siehe URL (letzter Zugriff 2.10.2012): http://www.goethe.de/prs/pro/pressemappe60/Geschichte%20des %20Goethe-Instituts.pdf

"Zu den Aktivitäten der AKBP gehört auch die Entwicklung einheitlicher bildungspolitischer Rahmenbedingungen. So soll etwa der gemeinsame europäische Bildungs-
raum allen Bürgerinnen und Bürgern Europas ungehinderte grenzübergreifende
Mobilität in der Aus- und Weiterbildung ermöglichen" (ebd. 5).
Die Länder Mittel- und Osteuropas (MOE) wurden in den 1990er Jahren zu
einer der Schwerpunktregionen der bundesdeutschen AKP erklärt (Auswärtiges Amt 1999: 4). Für die bilateralen Beziehungen zu Russland gelten in der
Bundesrepublik dieselben außenpolitischen Strukturen, wie sie auch für andere Länder gelten. Eine Kernaufgabe der Auswärtigen Kulturpolitik ist die
Förderung der deutschen Sprache im Ausland.
In der "Konzeption 2000" wurde vom Auswärtigen Amt festgelegt, dass insbesondere "aktuelle und künftige Führungsschichten in Politik, Wirtschaft, Wissenschaft, Kultur und Medien sowie Angehörige deutscher Minderheiten in
Mittel- und Osteuropa" (Auswärtiges Amt 1999: 12) zu fördern seien. Als ein
entscheidendes Mittel wird die Förderung der deutschen Sprache im Ausland
angesehen, sie soll letztlich helfen die wirtschaftlichen Bindungen an die
Bundesrepublik zu stärken.[168]
Eine Besonderheit stellten gerade in der ersten Hälfte der 1990er Jahre, die
vom Bundesministerium des Innern getragenen Programme zur Förderung
der deutschen Minderheit in der ehemaligen Sowjetunion dar. Allerdings verfügten die dabei eingesetzten deutschen Mittlerorganisationen nicht immer
über den besten Leumund (vgl. Deutscher Bundestag 1996).
Die institutionelle Sprachförderung reicht von der Organisation von Sprach-
kursen an Goethe-Instituten über die Schulung von einheimischem Lehrpersonal bis hin zur Stipendienvergabe an Studierende und junge Wissenschaftler für einen Aufenthalt in der Bundesrepublik. Hierfür ist die ZfA zuständig,
auf deren Zahlen nachfolgend zurückgegriffen wird.[169] Hauptaufgabe ist das
Entsenden von derzeit rund 2000 Lehrkräften an Schulen im Ausland. Dabei
werden laut ZfA 140 deutsche Auslandsschulen in 71 Ländern gefördert. An
diesen Schulen werden in der Bundesrepublik anerkannte Abschlüsse verge-

---

168   So ist folgende Formulierung in der "Konzeption 2000" (Auswärtiges Amt 1999: 11)
       zu finden: "Sprachförderung erschließt den Zugang zur deutschen Kultur, fördert
       Mehrsprachigkeit und Multikulturalität, festigt die Stellung der deutschen Sprache in
       den europäischen Institutionen, schafft Sympathie für und Bindungen an
       Deutschland. In Zeiten globaler Konkurrenz hilft die Förderung der deutschen
       Sprache im Ausland nicht zuletzt auch, die wirtschaftliche Position Deutschlands in
       der Welt zu sichern."
169   Die Zentralstelle ist als Abteilung beim Bundesverwaltungsamt angesiedelt. Die
       Zahlen beruhen auf deren Angaben, siehe (letzter Zugriff 6.12.2011): http://www.
       auslandsschulwesen.de/cln_100/nn_2176914/Auslandsschulwesen/DieZfA/inhalt.ht
       ml

ben, wobei laut ZfA 79.000 Schüler/innen erreicht werden. Sie profitieren von den Langzeit-Aufenthalten der deutschen Lehrer, deren dauerhafte Lehrtätigkeit an einen Wohn- und Arbeitsort im Ausland gebunden ist. Allerdings haben nur 2.643 Schüler im Jahr 2010 die Abiturprüfungen abgelegt. Hinzukommen circa 30.000 Sprachprüfungen im selben Zeitraum. Den größten Anteil an der Gesamtförderung machen dabei die Einrichtungen in den MOE- sowie in den GUS-Ländern aus.

Die Botschaften sind als klassische Auslandsvertretungen verantwortlich für die AKP in den Zielländern. Zwar gab es seit der Jahreswende 1955/56 einen sowjetischen Botschafter in Bonn und seit 1956 den ersten Botschafter der BRD in Moskau, doch erst 1958 wurde ein Konsularvertrag zwischen der Sowjetunion und der BRD geschlossen, welcher mit der Bekanntgabe vom 17.3.1959 in Kraft trat. 1960 gab es die ersten Stipendien für "normale" Reisegruppen aus der Bundesrepublik in die und für Gruppen aus der Sowjetunion durch den DAAD.

Die wohl sichtbarste Adresse der AKP sind aber die Goethe-Institute mit ihren vielfältigen kulturellen Aktivitäten in den jeweiligen Ländern. Im heutigen Russland stehen den an der deutschen Sprache bzw. in dieser Sprache verfassten Medien interessierten Personenkreis drei Goethe-Institute in Moskau, St. Petersburg und Nowosibirsk zur Verfügung. Darüber hinaus wird mit deutschen Mitteln eine Reihe von Lesesälen in einigen Großstädten finanziert.[170] Hinzu kommt die Unterstützung von zahlreichen Lehrstühlen für Deutsch an russischen Universitäten und Lehrmittelzentren.[171]

Für die Hochschulen im Ausland ist der DAAD mit seinen Vertretern an den Hochschulen der Hauptansprechpartner. Allerdings unterstützt das Goethe-Institut vor Ort auch die Förderung des Sprachunterrichts an den Hochschulen durch Weiterbildungskurse und -materialien. Schon länger gehören die Vergabe von Stipendien und die Unterstützung des Wissenschaftleraustausches zu den zentralen AKP-Instrumenten im Bereich Hochschule und Wissenschaft (Auswärtiges Amt 1999: 13). Dies wird auch nicht altruistisch verklärt, sondern klar in einem interessensgeleiteten Kontext gesehen, denn die

---

170   Allerdings kann die Arbeitsfähigkeit regional eingeschränkt sein. Der Lesesaal in Kasan war beispielsweise ab dem Sommer 2006 bis mindestens zum Sommer 2007 geschlossen, da keine Person gefunden werden konnte, die für den offerierten Lohn den Lesesaal in der Nationalbibliothek der Republik betreuen wollte. Davon hatte allerdings das Goethe-Institut in Moskau keine Kenntnis, wie mir durch eine diesbezügliche Anfrage meinerseits im Frühjahr 2007 deutlich gemacht wurde.

171   Vgl. die Übersicht URL (letzter Zugriff 8.10.2012): http://www.goethe.de/ins/ru/lp/n et/lmz/stz/deindex.htm

Förderung des akademischen Austausches mit anderen Ländern "ist für ein Hochtechnologieland wie Deutschland essentielles Element" (ebd.) in der Außenpolitik. Dabei wird davon ausgegangen, dass es zu "persönlichen Bindungen zwischen den künftigen Führungseliten Deutschlands und der Partnerländer" (ebd.) kommt.

Mitte der 1990er Jahre wurde die Internationalisierung der deutschen Hochschulen und der Forschungseinrichtungen auch unter einem Defizitaspekt diskutiert. Offiziell diagnostizierte die Bundesregierung 1997 in einer Stellungnahme gegenüber dem Bundestag eine gesunkene Attraktivität der deutschen Hochschulen und der Forschungslandschaft, wobei eine stärkere Konkurrenz auf einem globalen akademischen Markt als Grund hierfür genannt wurde (Deutscher Bundestag 1997: 2). Zur selben Zeit stagnierten aber die Zuweisungen der Bundesministerien an die Mittlerorganisationen, was, bedingt durch die allgemeine Inflation und die regulären Gehaltssteigerungen, zu einer Verringerung des Anteils am Bundeshaushalt und letztendlich zu einem Sparzwang in der AKP führte. Sichtbares Zeichen war die Schließung mehrerer Goethe-Institute am Ende der 1990er Jahre. Ungeachtet dessen blieb die Internationalisierung der deutschen Hochschulen und der Wissenschaftsorganisationen auch in den 1990er Jahren ein wichtiges Ziel der AKP.[172]

Die Kulturabteilung des Auswärtigen Amtes gab auch ganz praktische handlungsleitende Punkte vor (1999: 14); so sollte eine "Intensivierung der Werbung für den Wissenschafts- und Studienstandort Deutschland (Hochschulmarketing) parallel zur Weiterentwicklung der auslandsorientierten Studiengänge (internationale Vergleichbarkeit durch B.A./M.A.-Abschlüsse)" erreicht werden. An selber Stelle wird das Ziel formuliert, die Zahl der Bildungsausländer in der Bundesrepublik auf zehn Prozent sowie der deutschen Studierenden im Ausland auf 20 Prozent zu erhöhen. Außerdem wird die "Gründung von "Deutschland-Zentren" an Hochschulen in wichtigen Partnerländern" (ebd.) gefordert. Der hier angemahnte Maßnahmenkatalog ist auch eine Reaktion auf eine sich gerade in den folgenden Jahren verstärkende Debatte um Internationalisierung und Wettbewerbsfähigkeit. Die Einführung von Bachelor und Master Studiengängen wird dabei als ein Teil der Internationalisie-

---

172 Hierfür gelten bis heute die folgenden Punkte als zentral: "Stärkung der internationalen Wettbewerbsfähigkeit der deutschen Hochschulen, stärkere internationale Ausrichtung des Studienangebots und der Mobilität deutscher Studierender, Gewinnung einer größeren Anzahl von qualifizierten ausländischen Studierenden und (Nachwuchs-)Wissenschaftlern für einen Ausbildungs- und Forschungsaufenthalt in Deutschland" (Auswärtiges Amt 2001: 7).

rungsbestrebungen beschrieben.

Im föderalen System der Bundesrepublik war von 1970 bis 2007 die Bund-Länder-Kommission für die übergreifende Koordinierung der "Bildungsplanung und Forschungsförderung" zuständig.[173] Dort wurde im Oktober 2000 eine "Konzertierte Aktion Internationales Marketing für den Bildungs- und Forschungsstandort Deutschland" gegründet. Neben der Präsenz auf Bildungsmessen wurde auch in die virtuelle Außendarstellung investiert und das Portal http://campus-germany.de eingerichtet.[174]

5.2.3 Partner und Finanzen

Der Haushalt des Auswärtigen Amtes ist seit 1990 relativ stabil geblieben. Ohne besondere Berücksichtigung der Inflation stieg das Budget von 1,71 Milliarden Euro im Jahr 1990 auf 2,39 Milliarden Euro im Jahr 2006 (Deutscher Bundestag 2007: 25). Im Jahr 2010 stammten 56 Prozent der AKP-Gelder auch aus dem Haushalt des AA. Danach folgt der Beauftragte für Kultur und Medien mit 18,8 Prozent sowie mit 17,9 Prozent das BMBF. Der Anteil des BMZ betrug lediglich 2,9 Prozent und des Bundesministeriums für Familien, Senioren, Frauen und Jugend noch 2,4 Prozent im Jahr 2010.

Die Finanzierung der AKP war in den beiden Jahrzehnten um das Millennium zahlreichen Schwankungen ausgesetzt. Eine Hochphase erlebte die AKP zu Anfang der 1990er Jahren. Der Anteil der Mittel betrug in den Jahren 1990 bis 1992 gut 0,11 Prozent des BIP. Er sank schon im Jahr 1993 auf 0,07 und in den folgenden Jahren auf 0,05 Prozent des BIP bzw. 0,45 Prozent des Bundeshaushalts (vgl. Deutscher Bundestag 2007: 23). Anfang der 2000er Jahre war das AKP-Budget und damit dass der Mittler weiteren Kürzungen ausgesetzt. Die Mittlerorganisationen reagierten mit Rationalisierungsmaßnahmen. Außerdem setzte das Auswärtige Amt jährliche Zielvereinbarungen als eine Art indirektes Steuerungsmittel bzw. für die Mittler als Sicherheit ein (Bundesregierung 2004: 17). Die Ausgaben stiegen erst wieder 2010 deutlich an und erreichten den Wert von 1,513 Mrd. Euro, was einem Anteil am Bundeshaushalt von 0,48 Prozent entspricht (Auswärtiges Amt 2012: 9-13).[175]

In der Auswärtigen Kultur- und Bildungspolitik wird mittlerweile bewusst auf

---

173 Im Zuge der Föderalismuskonferenz wurde eine "Gemeinsame Wissenschaftskonferenz" gegründet, die ab 1.1.2008 einen Teil der Aufgaben der BLK übernommen hat.

174 Dieses Werbe- und Informationsportal ist heute integriert in die Seiten des DAAD (letzter Zugriff 30.7.2011): http://www.daad.de/deutschland/index.en.html

175 Siehe URL (letzter Zugriff 24.10.2012): http://www.auswaertiges-amt.de/cae/servlet/contentblob/560176/publicationFile/170801/120111-AKBP-Bericht-2010-2011.pdf

162 RENÉ LENZ

einen "Pluralismus der Mittler" (Deutscher Bundestag 2010: 7) gesetzt. Im jüngsten Bericht der Bundesregierung zur Auswärtigen Kultur- und Bildungspolitik ist sogar zu lesen, dass man "auf private Stiftungen und Unternehmen als aktive Partner angewiesen" sei (Auswärtiges Amt 2012: 12; H.i.O.).[176] Im Ausland werden öffentlich-private Partnerschaften "zwischen Auslandsvertretungen, Kulturmittlerorganisationen und der deutschen Wirtschaft bei dem Format der Deutschlandjahre" (Deutscher Bundestag 2011: 8) unterhalten. Ein zentraler Partner ist dabei die Robert Bosch Stiftung, die in den Berichten des AA zur Auswärtigen Kulturpolitik immer wieder lobend erwähnt wird (vgl. Auswärtiges Amt 2008: 9; 20; 42f).[177]

5.3 Beziehungen mit der Russischen Föderation

Die allmähliche Öffnung der MOE-Länder und der Sowjetunion gegenüber den Westen ermöglichte es der deutschen AKP und damit den Mittlerorganisationen eine ganz neue Weltregion für ihre Aktivitäten zu erschließen. Während in westlichen Ländern Einrichtungen der AKP, insbesondere Goethe-Institute, geschlossen wurden, kamen im Osten neue Standorte hinzu (Schneider/Schiller 2000: 8). Gleichzeitig brachen aber Beziehungen ab, die die DDR bzw. deren Organisationen unterhielten. Die Beziehungen zwischen der Bundesrepublik und der noch existierenden Sowjetunion verbesserten sich Ende 1980er Jahre deutlich. Offiziell genossen die bilateralen Beziehungen in der Ära von Kohl und El'cin allerhöchste Priorität (Höhmann/Meier/Timmermann 1997: 10). Die deutsch-russischen Beziehungen finden seit dem auf verschiedenen Ebenen statt. Auf der individuellen Ebene pflegen Personen und Initiativen über Jahre hinweg intensive Kontakte. Dies gilt ebenso für Organisationen und die bilateralen staatlichen Beziehungen. Heute kommen die meisten Bildungsausländer an deutschen Hochschulen aus den MOE-Staaten, einschließlich der aus der Russischen Föderation.

---

176 Die AKP-Mittel betrugen 2009 circa 1.304 Mio. Euro, das heißt 0,46 Prozent des Bundeshaushalts (Deutscher Bundestag 2010b: 4). 2008 wurde vom damaligen Außenminister Frank-Walter Steinmeier die Außenwissenschaftsinitiative der Bundesregierung initiiert. In diesem Rahmen wurden 2009 erstmals mit zusätzlichen Mitteln "von ca. 43 Mio. Euro die bestehenden Instrumente zur internationalen Vernetzung der deutschen Wissenschaft ausgebaut" Deutscher Bundestag 2010b: 10).
177 Hervorgehoben wird vom Auswärtigen Amt (2009: 21) explizit auch das Lektorenprogramm mit seinen Weiterbildungsprofilen.

5.3.1 Grundlagen der Zusammenarbeit

In Folge der Entspannungspolitik der sozial-liberalen Bundesregierung unter Willy Brandt verbesserten sich die Beziehungen nicht nur zu Polen, sondern auch zur Sowjetunion. 1972 war ein umfangreiches Handelsabkommen zwischen der Bundesrepublik und der UdSSR abgeschlossen worden. Ein Jahr später besuchte Leonid Brežnev als erster Partei- und Staatschef der UdSSR die Bundesrepublik. Das dabei am 19.5.1973 zwischen der Sowjetunion und der Bundesrepublik unterschriebene Abkommen über eine kulturelle Zusammenarbeit bildete den Anfang verbesserter Kontakte für die akademische Zusammenarbeit. In Folge dessen wurde vom Auswärtigen Amt und der KMK eine Förderung der Hochschulkooperationen vereinbart, die seit dem vom DAAD als Programm "Ostpartnerschaften" durchgeführt wird.

1986 konnte die Erklärung über die Wissenschaftlich-Technische Zusammenarbeit (WTZ) zwischen der Bundesrepublik und der damaligen Sowjetunion unterschrieben werden (BMBF 2007: 10). Seit 1988 gab es ein erstes bundesdeutsches Aus- und Weiterbildungsprogramm für Fach- und Führungskräfte der UdSSR. In der Gemeinsamen Erklärung vom 13.6.1989 wird nicht nur die Achtung des Völkerrechts, der Menschenrechte und die herausragende Rolle Europas beschrieben, sondern auch die zentrale Rolle des gegenseitigen kulturellen Austausches für die bilateralen Beziehungen betont. Es folgten in den beiden kommenden Jahren der "Vertrag über gute Nachbarschaft, Partnerschaft und Zusammenarbeit" vom 9. November 1990 mit der UdSSR und die Gemeinsame Erklärung des Präsidenten der Russischen Föderation und des Bundeskanzlers der Bundesrepublik Deutschland vom 21.11.1991. Der Sowjetunion, deren Ende mit dem misslungenen Putsch im August 1991 offensichtlich wurde, drohte ein ordnungspolitisches Chaos. Deshalb, sowie aufgrund der vertraglichen und moralischen Verpflichtungen in Folge des 2. Weltkrieges, war es ein wesentliches außenpolitisches Ziel der Bundesrepublik den Wandel der institutionellen Strukturen zu sichern und somit den Aufbau des neuen russischen Staates zu unterstützen. Allein zwischen 1990 und 1993 sollen deswegen circa 40 Milliarden US-Dollar von Deutschland nach Russland transferiert worden sein (Heinecke 2011: 23).[178] Das Interesse an dem Schicksal Russlands wird auch europapolitisch erklärt, denn Europa könnte sich nicht ohne ein stabiles Russland solide entwickeln (Höhmann/Meier/Timmermann 1997: 9). Ein erstes fassbares Ergebnis der

---

178   Als relevant können auch die Zahlungen der USA gelten, die für den Zeitraum 1990-1993 auf ca. 12 Milliarden US-Dollar geschätzt werden (vgl. Fn. 41, Heinecke 2011: 23).

multilateralen Zusammenarbeit in der Wissenschaft war das 1992 in Moskau gegründete Internationale Wissenschafts- und Technologiezentrum[179], an dem sich die Bundesrepublik als Mitglied der EU neben anderen Staaten beteiligte.[180] Für die Länder in Mittel- und Osteuropa wurde 1993 das bis 2003 laufende Programm "TRANSFORM" zur Unterstützung ihrer Anpassungsmaßnahmen entwickelt. Mit Geld aus diesem Programm wurden Initiativen in der neuen Russischen Föderation unterstützt. Hinzu kamen zahlreiche zinsgünstige Kredite, so dass die Bundesrepublik sich zum größten Geldgeber des jungen Staates entwickelte (vgl. Heinecke 2011: 24-28). Gleichzeitig warb nicht nur die Regierung Kohl, sondern auch die des Nachfolgers Gerhard Schröder für Direktinvestitionen und den Aufbau von Geschäftskooperationen in Russland (ebd.: 40). Allerdings traf das Werben nur auf ein zögerliches Interesse der deutscher Industrie, deren Engagement sogar von dem der Niederlande übertroffen wurde (ebd.: 46).

Von der deutschen Seite wird die Förderung der Zusammenarbeit mit der Russischen Föderation im Bildungssektor bewusst als ein Teil der Außenpolitik betrieben. Die diversen gemeinsamen Hochschulprojekte profitieren von den guten Beziehungen beider Länder. Eine wesentliche Grundlage der deutsch-russischen Kooperationen im Hochschulsektor ist das Abkommen über die kulturelle Zusammenarbeit vom 16. Dezember 1992, welches im Mai 1993 in Kraft trat. In der Einleitung wird darauf verwiesen, dass die Zusammenarbeit in Bildung und Wissenschaft als Teil der kulturellen Beziehungen den Interessen von Deutschen und Russen entspreche.[181] Die Zusammenarbeit im Hochschulwesen ist in den Artikeln 3 bis 7 des Abkommens geregelt. Insbesondere in Artikel 3 wird der "Austausch von Wissenschaftlern, Lehrkräften, Doktoranden, Studenten und Schülern zur Vertiefung der Sprachkenntnisse" erwähnt. Dem folgt in Artikel 4 die explizite Betonung, dass die "umfassende Zusammenarbeit in den Bereichen Wissenschaft und des Bildungswesens einschließlich der Hochschulen, der Wissenschaftsorganisationen und Wissenschaftseinrichtungen" zu fördern sei.[182] Das Abkommen er-

---

179 Es ist nicht zu verwechseln mit dem gleich lautenden Kürzel für den Vertrag über die Wissenschaftlich-Technische-Zusammenarbeit von 1986, das WTZ in Moskau zielt auf Kooperationen im gesamten GUS-Raum, siehe URL (letzter Zugriff 26.9.2012): http://www.istc.ru/istc/istc.nsf/va_WebPages/StatutoryDocumentsAgreeEstabEng
180 Siehe URL (letzter Zugriff 26.9.2012): http://www.kooperation-international.de/detail /info/10-jahre-internationales-wissenschafts-und-technologiezentrum-iwtz.html
181 Einzusehen im Bundesgesetzblatt, siehe: BGBl. I993 II 1256-1259.
182 Die Aufzählung geht weiter und führt weitere Bildungsinstitutionen u. a. der Berufsbildung auf.

wähnt außerdem den Austausch von wissenschaftlicher und didaktischer Literatur. Artikel 5 sieht explizit die Förderung der Mobilität durch Stipendien vor. Im Artikel 7 wird die Absicht erklärt, eine spätere Vereinbarung über die gegenseitige Anerkennung der Studiennachweise und Hochschuldiplome zu prüfen.

Eine bilaterale Koordination fand auch in der sich unregelmäßig treffenden deutsch-russischen Gemischten Kommission statt, die sich 1995, 1997 und 2001 in den jeweiligen Hauptstädten auf Initiative einer der beiden Vertragsseiten traf (Bälz 2002: 12). Neben den "harten Themen" wie den Verpflichtungen, die im sogenannten 2-Plus-Vier-Vertrag festgeschrieben sind, prägten eher weiche Themen wie die Rückführung von im Zweiten Weltkrieg geraubten Kulturgütern die Agenda (Bastian 2006: 156). Ein anderer Aspekt ist, dass nach Jahrzehnten der stabilen Blockkonfrontation, der postsowjetische Raum in den 1990er Jahren als ein Hort der Instabilität wahrgenommen worden war. Russland musste nicht gefürchtet werden, sondern es benötigte nun Hilfe (Stent 1999: 338). Die Russische Föderation benötigte Unterstützung beim Übergang. Außerdem gab es eine beachtliche Zahl von Menschen, die als Nachfahren deutscher Siedler in der Wolga-Region oder der großstädtischen Führungsschicht im Zarenreich, als sogenannte Russlanddeutsche galten und aufgrund des deutschen Staatsbürgerschaftsrechts einen Anspruch haben Bürger der Bundesrepublik zu werden. Die Verständigung erstreckt sich daneben auf sicherheitspolitische Themen, Fragen der wirtschaftlichen Zusammenarbeit, wobei dem Energiesektor eine besondere Stellung zukommt. Die umfangreiche Themenpalette wird seit 1998 bei deutsch-russischen Regierungskonsultationen erörtert, die regelmäßig einmal im Jahr stattfinden. Diese stellen meistens auch den Rahmen dar, bei dem wichtige Verträge und Erklärungen unterzeichnet werden.

Die HRK unterzeichnete mit der Russischen Rektorenkonferenz 1999 ein "Rahmenabkommen über die Hochschulzusammenarbeit". Zusammen mit der KMK und dem russischen Bildungsministerium wurde sich im selben Jahr über die gegenseitige Anerkennung von Studienzeiten, Abschlüssen und wissenschaftlichen Graden verständigt.[183] Dies war gekoppelt mit einer ersten deutsch-russischen Hochschulbörse, die im Mai 1999 in Berlin stattfand.[184]

---

183 Der deutsche und russische Vertragstext ist abzurufen unter der URL (letzter Zugriff 24.10.2012): http://www.kmk.org/fileadmin/pdf/ZAB/Bilaterale_Erklaerungen_KMK_HRK/russl.pdf

184 In der Pressemitteilung 18/99 der HRK wird darauf verwiesen, dass "etwa 460 Kooperationen zwischen russischen und deutschen Hochschulen, an denen 160

5.3.2 Deutschland, die EU und Russland

Die deutsche Außenpolitik ist eng mit der europäischen Ebene verknüpft. Die vorsichtigen Ansätze einer gemeinsamen europäischen Außenpolitik befinden sich i. d. R. auch im Einklang mit den Ansprüchen des bevölkerungsreichsten Mitgliedslandes (vgl. Bastian 2006). Nicht nur von russischen Entscheidungsträgern, sondern auch von deutschen Experten wird Deutschland eine Schlüsselrolle bei der Gestaltung der Beziehungen zwischen der EU und der Russischen Föderation zugeschrieben (Rahr 2006: 20). Die Bundesrepublik profitiert wiederum indirekt von den diversen Programmen, wie ERASMUS, die den akademischen Austausch fördern sollen. Die EU entwickelt sich allerdings erst langsam zu einer eigenständigen politischen Kraft. Dies gilt nicht nur für die direkte Europäische Nachbarschaftspolitik, sondern auch für die Beziehungen der EU zur Russischen Föderation (vgl. Adomeit/Lindner 2005; Freie 2009). Die Nationalstaaten verfolgen ihre Ziele unilateral, wofür die Energiepolitik ein Beispiel ist. Das multilaterale Engagement mit dem Weg über die EU hat durchaus seinen Mehrwert und ergänzt die bilaterale Außenpolitik der Bundesrepublik auch gegenüber der Russischen Föderation, allerdings hat die Bundesrepublik mehr Spielraum für bilaterale Vereinbarungen (Bastian 2006: 270). Der im Lissabon-Vertrag (Art. 27 Abs. 3) beschlossene und nach Beschluss des Rates vom 26.7.2010 erst seit Dezember 2010 tätige Europäische Auswärtige Dienst verfügt zwar über eine auf Russland und Osteuropa inklusive des Balkans ausgerichtete Abteilung, eine eigene kulturelle Abteilung fehlt aber. Das organisationale als auch das inhaltliche Profil konnte bis jetzt nicht wesentlich geschärft werden, um als ein außenpolitisch relevanter Akteur wahrgenommen zu werden. Allerdings sind erste Ansätze einer kulturpolitischen Agenda der EU-Kommission in der Außenpolitik der EU vorhanden, die von der Bundesrepublik prinzipiell unterstützt werden (Brückner 2010: 96).

Exkurs: Die EU und Russland

Die EU fördert die diversen kulturellen Initiativen mit finanziellen Mitteln, wenn sie direkt oder indirekt den "europäischen Gedanken" durch ihre Tätigkeit fördern. Ein Großteil dieser Gelder wird über Agenturen in den Mitgliedsstaaten verteilt. In besonderem Maße werden Projekte gefördert, wenn sie mehr als zwei Partner aus verschiedenen Ländern und aus Nicht-EU-Ländern involvie-

---

deutsche und 170 russische Hochschulen sowie 30 weitere russische Forschungsinstitute beteiligt sind", bestehen; siehe URL (letzter Zugriff 24.10.2012): http://www.hrk-bologna.de/bologna/de/bologna_fuer_studierende/95_895.php

ren. Eine globale Perspektive besteht, in dem die Beteiligung von Entwicklungs- sowie Schwellenländern gefördert wird. Es richtet sich aber ebenso auch an die MOE-Länder, die nicht Teil der EU sind.

Die EU engagiert sich seit den frühen 1990er Jahren mit Unterstützungsprogrammen in der Region Osteuropa sowie auf dem Gebiet der ehemaligen Sowjetunion. Das TACIS-Programm ist dabei das erste und auch prominenteste. Es wurde 1991 noch mit der UdSSR vereinbart und nach deren Zerfall ein Jahr später neu konzipiert. TACIS zielt als Programm auf "die Demokratisierung, die Stärkung der Rechtsstaatlichkeit und den Übergang zur Marktwirtschaft in den aus dem Zusammenbruch der Sowjetunion hervorgegangenen Neuen Unabhängigen Staaten".[185] Projekte von Hochschulen, die mit TACIS-Geldern umgesetzt werden sollen, müssen multilateral verlaufen, d. h. neben mindestens zwei Koordinationspartnern sollte noch eine weitere Partei aus einem anderen EU-Land mitwirken.

Es bestehen mittlerweile eine Reihe von Abkommen zwischen der EU und der Russischen Föderation (vgl. Bastian 2006: 73-143). Allerdings sind die gegenseitigen Wahrnehmungen mitunter von Missverständnissen und Misstrauen geprägt, wie sie in den diversen Gaskonflikten der letzten Jahre und in der Debatte um die Stationierung eines Raketenabwehrsystems der USA in der unmittelbaren Nachbarschaft Russlands deutlich wurden (vgl. Lomagin 2009; Freire 2009). In der Zusammenarbeit der EU mit Russland ist der Bereich der "Bildung, Kultur und des Wissens", wie einer der 2005 zwischen der EU und der Russischen Föderation beschlossenen vier "Gemeinsamen Räume" heißt, das Gebiet, wo vergleichsweise früh eine kooperative Arbeitsebene und "am konkretesten ausformulierten Abschnitte des Dokuments enthält" (Adomeit/Lindner 2005: 16).

Russland und der Westen

Bereits während der diplomatischen Auseinandersetzungen um die Kriege in Jugoslawien artikulierte der versierte Außenpolitiker und damalige Ministerpräsident Evgenij Primakov am deutlichsten eine eigenständige, stärker unilateral auf Russland bezogene Politik, die sich eben nicht an einem Aufgehen in den westlichen Sicherheitsstrukturen bzw. deren Vorgaben orientierte. Mit der ersten Putin-Administration ab dem Jahr 2000 wurde dann die Betonung

---

185   Siehe Amtsblatt der Europäischen Gemeinschaften, L12/1 vom 18.1.2000, hier URL (letzter Zugriff 27.12.2012): http://eur-lex.europa.eu/LexUriServ/LexUriServ.do?uri =OJ:L:2000:012:0001:0009:DE:PDF

der Eigenständigkeit zum politischen Standardrepertoire.[186] Dies kann auch als Reaktion auf die von Russland als "Expansion" wahrgenommene Aufnahme neuer NATO-Mitglieder gewertet werden.[187] Der machtpolitische Diskurs wird dominiert von der Einschätzung, dass Russland eine Großmacht sei (Müller 2009: 58; Light 2005: 228). Der geopolitische Diskurs ist aber auch Bestandteil der Gestaltung von Lehrplänen und -inhalten. Dies gilt auch für den Studiengang der Internationalen Beziehungen an der MGIMO. Die Hochschule ist seit Jahrzehnten, als direkt dem Außenministerium zugeordnete Hochschule, die "Kaderschmiede" für Diplomaten und russische Führungskräfte (Müller 2009: 166).[188]

Noch Mitte der 2000er wurde das starke Wachstum und die wiedergewonnene Stabilität als ein Impuls für die deutsch-russische Partnerschaft wahrgenommen (Erler 2005: 181).[189] Das "Wiedererstarken" der "Großmacht" Russland bzw. die russische Diskussion wurde zunehmend skeptisch zur Kenntnis genommen (vgl. Bomsdorf 2007).[190] Bei der Münchener Sicherheitskonferenz machte Präsident Vladimir Putin 2007 in seiner Rede deutlich, dass Russland eine Vorherrschaft der USA ablehnt. Dem Westen warf er in Bezug auf die NATO-Erweiterungspolitik Wortbruch und letztlich ein Messen mit zweierlei Maß vor. Als Alternative zur unilateralen Hegemonie eines Staates schlug Putin eine multilaterale Ordnung und die UN-Strukturen vor.[191]In Deutschland

---

186 Der damalige und gegenwärtige Präsident Putin hat sich 2007 in einem internationalen Diskussionsforum hierzu so geäußert: "Russia will either be independent and sovereign or will most likely not exist at all." (hier zitiert in: Lomagin 2009: 61).

187 Das ehemalige Imperium der Sowjetunion ist nun nicht nur reduziert auf das Territorium der früheren RSSFR, sondern gerade einmal 135 km von der zweiten Hauptstadt St. Petersburg beginnt das Gebiet eines NATO-Mitglieds. Die ohne Zustimmung Russlands erfolgte NATO-Erweiterung kann als ein außenpolitischer Schock gewertet werden, der ähnlich aggressiv wahrgenommen wurde, wie die aktive Unterstützung von Bewegungen, die einen Regimewechsel in einigen GUS-Staaten erzielten oder zumindest beabsichtigten (Gudkov/Zaslavsky 2011: 188).

188 Subjektiv kann ich mich auf Erfahrungen stützen, die ich als Gesprächspartner mit russischen Kolleg/innen im Bereich Politik und insbesondere der internationalen Beziehungen an diversen Hochschulen während zahlreicher Tagungen und Konferenzen machen konnte.

189 Als Beispiel sei hier die Publikation von Gernot Erler (2005) genannt. Erler war Vize der SPD-Bundestagsfraktion sowie der Koordinator für die deutsch-russische zwischengesellschaftliche Zusammenarbeit im Auswärtigen Amt sowie Mitglied im Lenkungsausschuss des Petersburger Dialogs.

190 Der langjährige Moskau-Korrespondent der tageszeitung spricht in seiner äußerst kritischen Betrachtung von einem "Großmachttrauma" (Donath 2008: 74).

191 Die Rede von Vladimir Putin siehe URL (letzter Zugriff 4.10.2012): http://www.yo utube.com/watch?v=ZIY5aZfOgPA

wurden und werden gleichzeitig das autoritäre Präsidialregime und die Wahrung der Menschenrechte in Russland als problematisch angesehen.

Petersburger Dialog

Auf Initiative des Bundeskanzlers Gerhard Schröder und des russischen Präsidenten Vladimir Putin wurden die deutsch-russischen Regierungskontakte ab 2001 um eine zivilgesellschaftliche Komponente erweitert. Das Forum "Petersburger Dialog" tagte das erste Mal im April 2001 in St. Petersburg. Die Vertreter aus Politik, Wirtschaft und von gesellschaftlichen Organisationen sowie aus Kultur und Wissenschaft werden kooptiert, d. h. sie werden von dem russischen und deutschen Lenkungsausschuss zur Teilnahme eingeladen.[192] Sie erörtern wie die bestehende Zusammenarbeit in Gebieten intensiviert werden könnte, die nicht unmittelbar von bilateralen Verträgen der beiden Staaten reguliert werden. Die deutsche Geschäftsstelle des Petersburger Dialoges befindet sich in Berlin im selben Haus wie der Deutsch-Russische-Forum e.V. und wird auch von dessen Geschäftsführer geleitet.[193] Bis 2009 leitete Michail S. Gorbačev den russischen Lenkungsausschuss. Vorsitzender des deutschen Lenkungsausschusses ist seit 2005 der CDU-Politiker Lothar de Maizière.[194] Auf der russischen Seite ist derzeit, der aus Petersburg stammende ehemalige erste stellvertretende Ministerpräsident, Wiktor A. Subkov[195] Leiter des Lenkungsausschuss. Der derzeitige Rektor der SPbGU Nikolaj M. Kopračev[196] ist wie seine Vorgängerin und zwei anderen Personen der SPbGU ebenfalls Mitglied dieses Gremiums.[197] Auf beiden Seiten prägen staatsnahe Vertreter und Entscheidungsträger aus der Wirtschaft den angeb-

---

192 Dies kann auch dazu führen, dass der örtliche Leiter des Goethe-Instituts bei dem ersten Treffen in St. Petersburg nicht teilnehmen konnte (vgl. Meier 2003: 14).

193 Das Deutsch-Russische Forum wird von der Journalistin Gemma Pörzgen (2010: 60) wiederum als ein "exklusiver Klub von Führungskräften aus Wirtschaft, Politik, Wissenschaft und Kultur" beschrieben.

194 Ihm wurde bis dahin keine sonderliche Russland-Expertise nachgesagt. Noch 2010 galt er in Bezug auf die "zivilgesellschaftlichen Beziehungen beider Länder als erstaunlich ahnungslos" (Pörzgen 2010: 66).

195 Der ehemalige sowjetische Kader gehört zur "Petersburger Gruppe" im Kreml. Subkov war bis zum Mai 2012 der zweite Mann im Kabinett und ist heute Aufsichtsratsvorsitzender von Gazprom sowie Beauftragter des Präsidenten für die Zusammenarbeit und den Export von Gas.

196 Er wurde Dezember 2009 für fünf Jahre vom damaligen Präsidenten Medvedev zum Rektor ernannt und ist seit Dezember 2010 zugleich einer der beiden Vorsitzenden beim Rat für Wissenschaft, Technologie und Bildung beim Präsidenten der Russischen Föderation.

197 Siehe die Angaben URL (letzter Zugriff 12.10.2012): http://www.petersburger-dialog.de

170   RENÉ LENZ

lich zivilgesellschaftlichen Dialog. Diese Staatsnähe des angeblich zivilgesellschaftlichen Forums äußert sich u. a. durch eine unmittelbare zeitliche Nähe
der Treffen des Petersburger Dialoges mit den alljährlichen Regierungskonsultationen. Dies wird jedoch von dem deutschen Geschäftsführer damit begründet, dass dadurch besser "Sponsoren für die Finanzierung des Petersburger Dialogs gewonnen" (Pörzgen 2010: 78) werden können, also insbesondere *Gazprom* und der *Ostausschuss der deutschen Wirtschaft*.
Die acht Arbeitsgruppen tagen nicht öffentlich. Die Plenarveranstaltungen
sind der Öffentlichkeit aber zugänglich. Hochrangige Vertreter des deutschen
und russischen Hochschulsystems nehmen regelmäßig in einer eigenen Arbeitsgruppe teil, die sich mit Wissenschaft und Bildung über Fragen des Austauschs von Jugendlichen beschäftigt.[198] In dem ersten Dokument des Petersburger Dialogs wird zu diesem Themenbereich erklärt, dass "die Lehrinhalte der Universitäten und die Organisation der fachübergreifenden Seminare und Lehrveranstaltungen zu internationalisieren" seien. Laut Text wurden
auch "konkrete Formen und Richtungen des bi- und multilateralen Austausches von Dozenten und Studenten vorgeschlagen" (zit. in. Meier 2003: 36).
Die Arbeitsgruppe Bildung und Wissenschaft wird als effektiv beschrieben, da
in ihr immerhin "konkrete Projekte" besprochen werden (Pörzgen 2010:
74).[199] Eine der zentralen Figuren auf der Seite der deutschen Arbeitsgruppe
ist Wilfried Bergmann als deren Ko-Vorsitzender. Er verbrachte mit Mitteln der
DFG Mitte der 1970er Jahre als Austauschwissenschaftler einen Forschungsaufenthalt an der MGU. Darüber hinaus war er im Rahmen des
Transform-Programms als Rechtsberater bei der Formulierung von Gesetzen
und an der Moskauer Akademie für Volkswirtschaft tätig.[200] Wilfried Bergmann war zugleich von 1997 bis 2010 stellvertretender Generalsekretär des
DAAD und ist bis heute im Vorstand des *Deutsch-Russischen Forum e.V.* zu
finden. Der russische Vorsitzende der Arbeitsgruppe beim Moskauer Treffen
2012 war Igor Gorlinski, derzeit erster Prorektor der SPbGU.[201]

---

198 Die Koordinatoren der Arbeitsgruppe Jugendaustausch, Ausbildung und
     Wissenschaft waren beispielsweise 2003: Christian Bode als Generalsekretär
     DAAD, Christian Nedeß als Präsident der Technischen Universität Hamburg-Harburg
     sowie Ljudmila Werbizkaja als Rektorin der St. Petersburger Staatlichen Universität,
     siehe URL (letzter Zugriff 8.9.2011): http://www.petersburger-dialog.de/wissenschaft-
     und-bildung
199 Der Name der Arbeitsgruppe variierte leicht. Sie hieß auch Arbeitsgruppe für
     "Jugendaustausch, Bildung und Wissenschaft". Hier wurde auch die Gründung der
     Stiftung Deutsch-Russischer Jugendaustausch besprochen.
200 Siehe URL (letzter Zugriff 9.10.2012): http://www.petersburger-dialog.de/Bergmann
201 Siehe URL (letzter Zugriff 12.10.2012): http://petersburger-dialog.de/themen-und-

2001 wurde beim Treffen des Petersburger Dialoges erklärt, die Gründung eines Zentrums für Deutschland- und Europastudien (ZDES) unterstützen zu wollen. Die entsprechende Vorarbeit war durch den zuvor schon bestehenden Kooperationszusammenhang der SPbGU mit den Universitäten Bielefeld und Magdeburg geleistet worden. Das Studienangebot sollte ein gemeinsam entwickeltes Studienprogramm sein.[202] Zwei Jahre später nahm das vom DAAD finanzierte ZDES seine Arbeit an der SPbGU auf. Es wird deutlich, dass die vorherige Erklärung zum ZDES mehr als nur empfehlenden Charakter hatte, zumal die damalige Rektorin der SPbGU als russische Ko-Vorsitzende der AG Bildung den Entschluss mittrug.

Auffallend bei der Beteiligung an der Arbeitsgruppe ist, dass Professoren der deutschen Hochschulen rar vertreten sind und wenn, nur wenige führende Hochschulmitglieder wie der ehemalige EZB-Chefökonom und Präsident des Center for Financial Studies an der Goethe-Universität anwesend sind. Die großen und traditionsreichen Universitäten fehlen mit ihren Rektoren seit Jahren fast gänzlich. Gut vertreten sind die Wissenschaftsorganisationen. Dagegen glänzt die russische Seite mit den Rektoren und Professoren ihrer führenden Universitäten aus St. Petersburg und Moskau. Zwar waren die verschiedenen akademischen Disziplinen besser vertreten als bei der deutschen Delegation, jedoch ist aus der "Provinz" in der Regel nicht mehr als ein Vertreter anwesend; dies waren u.a. die Rektoren der Staatlichen Universitäten aus Jekaterinburg und Nischni Nowgorod.[203] Es erscheint zweifelhaft, ob sich die komplexen und vielschichtigen Hochschulsysteme beider Länder in dieser Arbeitsgruppe wiederfinden.

Entwicklungen und Vereinbarungen seit 2001

Im ersten Jahrzehnt des neuen Jahrtausends verstärkten sich die offiziellen deutsch-russischen Beziehungen. Die besonderen Beziehungen zwischen Deutschland und Russland werden gerade von den außenpolitischen Entscheidungsträgern beider Länder gerne betont.

Das Zusatzabkommen über das Erlernen der russischen und deutschen Sprache im jeweilig anderen Land aus dem Jahr 2003 ist eine der wichtigen Grundlagen für das Entsenden von Lehrkräften deutscher Organisationen,

koordinatoren-beim-12-petersburger-dialog-2012
202   Siehe URL (letzter Zugriff 23.10.2012): http://www.petersburger-dialog.de/bildung02
203   Als Beispiel sei hier die Teilnehmerliste für die AG Bildung im Jahr 2008 angeführt, siehe URL (letzter Zugriff 23.10.2012): http://www.petersburger-dialog.de/files/2%2 0Teilnehmerliste%20russische%20Teilnehmer%20ru.pdf

denn es ermöglicht das vereinfachte Ausstellen von VISA durch die russischen Konsulate in der Bundesrepublik.[204] Im April 2005 manifestierten sich
die guten Beziehungen beider Staaten in einer "Gemeinsamen Erklärung
über eine strategische Partnerschaft auf dem Gebiet der Bildung, Forschung
und Innovation", die zu Modernisierungserfolgen führen sollte.[205] Explizit wird
dabei auch die Unterstützung bei der Implementierung des Bologna-
Prozesses genannt, wobei allerdings in der Erklärung offen bleibt, wer hier
wen unterstützen soll.[206] Der Fokus liegt in der Erklärung klar auf den Natur-
und den Ingenieurwissenschaften.

Die russischen Hochschulen können außerdem seit 2004 am "Erasmus Mundus Programm" der EU teilnehmen. Dies ist das erste EU-Programm, bei
dem sich explizit Länder außerhalb des EU-Raums an der Förderung der
akademischen Mobilität beteiligen können.[207] Allerdings ist die Zahl der russischen Teilnehmenden noch relativ gering; im akademischen Jahr 2008/09
wurden gerade einmal 18 Wissenschaftler sowie 81 Studierende gefördert.[208]
Dagegen förderte allein der DAAD in einem akademischen Jahr mit 600 Stipendien deutlich mehr junge und etablierte Wissenschaftler/innen. Außerdem
konnten 1600 deutsche Staatsbürger bei ihrem Hochschulaufenthalt in der
RF im Rahmen des Programms unterstützt werden (Prahl 2006: 148). Unter
den empfangenden EU-Staaten ist die Bundesrepublik das Land, in das die
meisten russischen Studierenden für einen Studienaufenthalt gehen.

Der naturwissenschaftliche-technische Schwerpunkt in der deutsch-
russischen Forschungsförderung kommt auch in dem 2009 erneuerten WTZ-
Abkommen zum Tragen; dort werden auf Seite 5 folgende Schwerpunkte definiert: "a) Informations- und Kommunikationstechnologien; b) Nanotechnolo-
gien und -materialien; c) Lebenswissenschaften und Biotechnologie; d) Um-
welt und rationale Naturnutzung; e) Meeres- und Polarforschung; f) Raum-
fahrtforschung; g) Energiewirtschaft und Energieeinsparung; h) Transportsys-

---

204 Im Wortlaut siehe URL (letzter Zugriff am 11.9.2011): www.moskau.diplo.de/conten
    tblob/1521722/Daten/71959/Datei_Abkommen_Kultur.pdf
205 Die Begrifflichkeit der "strategischen Partnerschaft" ist gerade im Zusammenhang
    mit der russischen Außenpolitik nicht neu. Schon in den 1990er Jahren wurde die
    verschiedenen Partner (vor allem die USA) und die Ziele kritisch diskutiert (vgl.
    Alexandova 1997).
206 Siehe URL (letzter Zugriff am 12.9.2011) http://www.bmbf.de/pubRD/Gemeinsame
    ErklaerungRUS.pdf
207 Siehe URL (letzter Zugriff 8.10.2012): http://eacea.ec.europa.eu/erasmus_mundus/
208 Als Beispiel sei hier auf die Angaben der EU selbst verwiesen, siehe URL (letzter
    Zugriff am 12.4.2010): http://ec.europa.eu/education/programmes/mundus/doc/natio
    nality08.pdf

teme". Das Abkommen wurde von den damaligen Ministern Andrej Fursenko und Annette Schawan am 16.Juli 2009 unterschrieben und machte das mit der Sowjetunion 1986 unterzeichnete Abkommen obsolet.[209] Die WTZ zielt auf fünf Punkte: die bilaterale Zusammenarbeit "bei der Aus- und Weiterbildung von Führungskräften für Verwaltung und Wirtschaft" (BMBF 2007: 10) sowie auf Fachkräfte der Berufsbildungssystems und des Hochschulwesens. Weiterhin soll der Austausch von Studierenden, Dokto- randen, Lehrenden und Forschern gefördert werden. Daneben sollen die Kontakte und die Kooperation von Hochschul- und Forschungseinrichtungen aber auch von Unternehmen unterstützt werden. Schließlich wird auch die Förderung der Implementierung des BP in Russland beabsichtigt; aus der WTZ soll außerdem ein wirtschaftlicher Ertrag erzielt und letztlich die techni- sche Entwicklung vorangetrieben werden (vgl. BMBF 2007: 10-12). Die bila- teralen Beziehungen gelten als gut, wobei Deutschland für Russland "der füh- rende westliche außenpolitische Partner Russlands" ist, wie Vladislav Belov, Mitglied der RAN es formuliert (Below 2010: 86).[210] Russland wird heute vom Auswärtigen Amt (2012: 11) als eines der neuen weltpolitischen "Kraftzen- tren" angesehen.[211] In Deutschland wird nicht nur an der Partnerschaft mit Russland festgehalten, sondern es gibt immer wieder Initiativen zum Ausbau dieser.[212] Bei den 2011 in Hannover stattgefundenen Regierungskonsultatio- nen wurden u. a. die Durchführung eines "Deutschlandjahres" in Russland auf Initiative des Auswärtigen Amtes und eines "Russlandjahres" in Deutsch- land 2012/2013" zwischen dem BMBF und dem russischen Bildungsministe- rium beschlossen.[213] Außerdem begann das 2010 während der Regierungs- konsultationen in Jekaterinburg beschlossene "Deutsch-Russische Jahr der

---

209 Siehe URL (letzter Zugriff 27.9.2012): http://www.bmbf.de/pubRD/Abkommen_D _RUS_unterzeichnet.pdf

210 Es wird von den russischen Vertretern auch immer wieder der Gewinn an Expertise hervorgehoben, der durch die Kooperation mit den deutschen Organisationen in der Ausbildung von Fachkräften erzielt werden kann, so Vladislav Below (2010: 96) "Deutschland und Russland arbeiten weiterhin bei der Ausbildung von Verwaltungsfachkräften zusammen, und Deutschland unterstützt seit 1998 das so genannte Präsidentschaftsprogramm: Mehrere Tausend seiner Absolventen waren bereits zu einem Praktikum in der Bundesrepublik."

211 Dies sind Brasilien, Russland, Indien und China; kurz BRIC.

212 Siehe den Antrag der SPD-Bundestagsfraktion "Modernisierungspartnerschaft mit Russland", vom 23.3.2010, URL (letzter Zugriff 1.10.2012): http://dip21.bundest ag.de/dip21/btd/17/011/1701153.pdf

213 Siehe URL (letzter Zugriff 1.10.2012): http://www.bundesregierung.de/nn_1264/Cont ent/DE/Artikel/2011/07/2011-07-19-dt-rus-regierungskonsultationen.html

Bildung, Wissenschaft und Innovation 2011/2012",[214] welches vom "Projektträger 'Internationales Büro' beim Deutschen Zentrum für Luft- und Raumfahrt
e.V." (DLR) betreut wurde. Das DLR agiert im Auftrag des BMBF agiert.[215]
Während der 12. gemeinsamen Regierungskonsultationen wurden zahlreiche
Zusatzabkommen unterzeichnet, darunter eines über die Zusammenarbeit in
der audiovisuellen Sphäre.[216] Die bilateralen Beziehungen im Bereich der
deutsch-russischen Zusammenarbeit von Hochschulen und Forschungseinrichtungen werden von zahlreichen Verträgen abgesichert. Da diese für die
Akteure der Kooperation einen grundlegenden Charakter haben und die Pra-
xis als institutionellen Rahmen mitbestimmen, sei hier an der Stelle eines
Zwischenfazits eine Darstellung für die AKP-Vereinbarungen im Bereich der
Zusammenarbeit von Forschung und Lehre angefügt. [217]

---

214 Siehe die Pressemitteilung des BMBF URL (letzter Zugriff 10.4.2012): http://www
.bmbf.de/_media/press/pm_20100715-130.pdf
215 Siehe URL (letzter Zugriff 20.2.2013): http://www.internationales-buero.de/de/1031
.php
216 Siehe URL (letzter Zugriff 20.11.2012): http://www.bundesregierung.de/Content
/DE/Pressemitteilungen/BPA/2011/07/2011-07-19-deutsch-russische-konsulta
tionen.html
217 Auf die zahlreichen Zusatzabkommen, vor allem im Bereich der Ingenieur- und
Naturwissenschaften sei hier auf die entsprechenden Seiten der Bundesregierung
bzw. des Russischen Ministeriums für Bildung und Wissenschaft verwiesen, siehe
URL (letzter Zugriff 29.9.2012): http://www.mid.ru/spd_md.nsf/webcantr/ sowie unter
Punkt 3 Einzelvereinbarungen siehe URL (letzter Zugriff am 8.10.2012): http://ww
w.kooperation-international.de/buf/russland/kooperationen/grundlagen.html

Tabelle 13: Abkommen der akademischen Zusammenarbeit BRD-RF (UdSSR)

Jahr	Titel
1973	Abkommen über die kulturelle Zusammenarbeit der UdSSR mit der Bundesrepublik
1973	Vereinbarung über die Förderung von Hochschulpartnerschaften mit ost- und südosteuropäischen Staaten sowie der Sowjetunion
1986	Abkommen über die Wissenschaftlich-Technische Zusammenarbeit
1987	WTZ – Wissenschaftlich-Technische Zusammenarbeit tritt in Kraft. Abkommen über die friedliche Nutzung der Kernenergie Abkommen über Zusammenarbeit im Gesundheitswesen und in der medizinischen Wissenschaft Abkommen über Zusammenarbeit in der Agrarforschung
1990	Vertrag über gute Nachbarschaft, Partnerschaft und Zusammenarbeit
1992	Abkommen zwischen der Regierung der Bundesrepublik Deutschland und der Regierung der Russischen Föderation über kulturelle Zusammenarbeit
1993	Vereinbarung über die Förderung von Hochschulpartnerschaften mit mittel-, ost- und südosteuropäischen Ländern Vereinbarung über die Förderung von Hochschulpartnerschaften mit ost- und südosteuropäischen Staaten sowie der Sowjetunion, am 9.2.1993
1997	Partnerschafts- und Kooperationsvertrag
1999	18.2.1999: Gemeinsame Erklärung zur gegenseitigen akademischen Anerkennung von Studienzeiten und Abschlüssen im Hochschulbereich sowie von Urkunden über russische wissenschaftliche Grade und deutsche akademische Qualifikationen
2001	Petersburger Dialog: Gruppe Wissenschaft, Jugend, Bildung und Kultur bzw. AG Bildung seit Oktober 2008
2003	Abkommen über das Erlernen der deutschen Sprache in der Russischen Föderation und der russischen Sprache in der Bundesrepublik Deutschland
2005	Gemeinsame Erklärung über die strategische Partnerschaft auf dem Gebiet der Bildung, Forschung und Innovation Abkommen über die Zusammenarbeit in den Geistes- und Sozialwissenschaften
2008	Gemeinsame Erklärung des Petersburger Dialogs zur Gestaltung der Modernisierungspartnerschaft
2009	Neuauflage des WTZ-Abkommens von 1986
2011/ 2012	Deutsch-Russisches Jahr der Bildung, Wissenschaft und Innovation 2011/12
2012	Deutschlandjahr in Russland: "Russische Wochen an deutschen Hochschulen 2012/2013 unter dem Motto Deutschland und Russland – gemeinsam die Zukunft gestalten"

6 Deutsche Organisationen im russischen Hochschulsystem

Die deutsch-russischen Beziehungen haben sich nach 1990 gerade im Hochschulbereich besonders intensiv entwickelt. Für die russische Seite erklärte der Präsident der Russischen Rektoren-Union und Rektor der Moskauer Staatlichen Universität (MGU) Viktor Sadovničij bei einem Treffen mit seinen deutschen Kollegen im Mai 1999, dass die "Kontakte von Regelmäßigkeit und überaus hohen Dynamik gekennzeichnet" (Sadownitschi 1999: 33) sind. Alle wichtigen Organisationen der deutschen Hochschullandschaft sind in Russland aktiv.

Der Schwerpunkt der Untersuchung liegt im Folgenden auf drei Akteurstypen. Zuerst wird eine Organisation untersucht, deren Aktivität entscheidend die Internationalisierung der deutschen Hochschulen fördert und zugleich als Mittlerorganisation ein aktiver Teil der bundesdeutschen Außenkulturpolitik (AKP) ist. Anschließend werden zwei weitere Organisationen, die sich zu dieser in direkter Nähe des organisationalen Feldes befinden, untersucht. Der nächste Schwerpunkt gilt vier Hochschulen, die mit Hochschulen in Russland kooperieren; dabei ist die Dauer und der Grad der Zusammenarbeit unterschiedlich ausgeprägt. Unter den philanthropischen Organisationen wurde eine mit einem starken Engagement in Osteuropa ausgewählt und hierbei ein Programm betreibt, welches auch auf russische Hochschulen zielt.

6.1 Organisation der AKP: der DAAD

Der Deutsche Akademische Austauschdienst (DAAD) ist die zentrale Organisation aus dem deutschen Wissenschafts- und Hochschulsystem, die Kontakte in Ausland aufbaut, pflegt und weiterentwickelt. Das Hauptziel des DAAD ist dabei die Förderung der studentischen Mobilität und die der lehrenden Wissenschaftler/innen.

Nach der Konstituierung der Bundesrepublik Deutschland wird auch der akademische Austausch institutionell wieder belebt. Im August 1950 wird der Deutsche Akademische Austauschdienst in Bonn als gemeinnütziger Verein neu gegründet.[218] Offiziell ist der DAAD eine unabhängige Organisation deutscher Hochschulen und damit eine akademische Organisation mit einem breitgefächerten Portfolio an hauptsächlich staatlichen Geldgebern. Beim DAAD besteht daher eine starke Abhängigkeit von der Förderung durch Ministerien der Bundesrepublik. Die Finanzierung erfolgt vor allem durch das Auswärtige Amt, das den DAAD als Mittlerorganisation der AKP fördert. Ab 1952 wurden Lektorate und Außenstellen in den Hauptstädten der westlichen Alliierten eröffnet. Eine "transatlantische" Aufgabe übernahm der DAAD im Jahr 1957 mit der Durchführung des Ungarn-Programms der US-amerikanischen Ford Foundation, das sich an Exil-Studierende richtete, die, nach dem von der Sowjetunion niedergeschlagenen Aufstand, aus ihrem Land geflüchtet waren.

Am Anfang konnten dem DAAD nur Privatpersonen, in der Regel Hochschullehrer, beitreten. Nach einer 1958 erfolgten Satzungsänderung war auch die Mitgliedschaft von Institutionen als juristischen Personen möglich, womit die in der Westdeutschen Rektorenkonferenz organisierten Hochschulen beitreten konnten. Ab 1968 war außerdem die Aufnahme von pädagogischen und theologischen Hochschulen möglich. Nach 1976 erfolgte die sukzessive Aufnahme der Fachhochschulen in die Förderprogramme und die Organisationsstruktur des DAAD. Seit 1981 existiert ein Alumni-Verein, der inzwischen Mitglieder auf der ganzen Welt hat. Neben der Mobilitätsförderung entwickelte sich ab Anfang der 2000er Jahre das Marketing für den Hochschulstandort Deutschland zu einem wichtigen Aufgabengebiet des DAAD.

6.1.1 Organisation, Aufgaben und Budget

Der DAAD ist eine Vereinigung von derzeit circa 230 staatlichen Hochschulen in Deutschland. Die Mitgliederzahl ist im vergangenen Jahrzehnt relativ konstant geblieben. Als juristische Person ist der DAAD in der Rechtsform eines eingetragenen Vereins (e.V.) organisiert und verfügt über klar strukturierte hierarchische Arbeits- und Führungsstrukturen einer rational arbeitenden Organisation. Sein jährliches Haushaltsbudget umfasst gegenwärtig mehrere

---

218 Die Geschichte reicht zurück bis ins Jahr 1925, als die Organisation unter dem Namen Akademischer Austauschdienst gegründet wurde. Sie übernahm, wenn auch nach 1933 eingeschränkter und nach 1939 immer weniger, bis zum Ende des Zweiten Weltkrieges Aufgaben in der Kooperation und vor allem in der Förderung individueller akademischer Mobilität, vgl. die Darstellung URL (letzter Zugriff 20.11.2012): http://www.daad.de/portrait/wer-wir-sind/geschichte/08945.de.html

hundert Millionen Euro.[219] Auch wenn der Großteil dessen durch die Übernahme von Aufträgen und Zuweisungen von Ministerien des Bundes und der EU finanziert wird, versteht sich der DAAD als eine unabhängige Organisation der deutschen Hochschulen, deren Interessen er im Ausland vertritt.

Tabelle 14: DAAD Förderung, Personal und Hochschulen 1950 - 2010

	1950	1970	1990	2000	2008	2009	2010
DAAD Geförderte	426	10.883	33.959	46.659	57.514	66.953	73.660
davon Deutsche	230	2.035	11.985	20.063	21.322	25.264	31.613
davon Ausländer	196	8.848	21.974	26.596	36.192	41.689	42.047
Haushalt in Tausend Euro	75	26.404	134.590	218.801	303.919	347.911	383.977
Personal (Dritt- und Projektstellen)	8	142 (2)	309 (25,5)	307,5 (161)	271 (378)	281,5 (483,7)	293,5 (534,5)
Mitgliedshochschulen	(-)	38	189	231	229	229	234

Quelle: DAAD 2008; 2010

Haushalt und Geldgeber

Der DAAD kann laut Jahresbericht 2008 auf "536 ehrenamtlich tätige[n] Hochschullehrerinnen und Hochschullehrer in den 82 Auswahlkommissionen" (DAAD 2009: 14) verweisen, die seine Arbeit bei der Stipendienvergabe unterstützen. Der DAAD hebt außerdem hervor, dass die Kommissionsmitglieder "ohne staatliche Einflussnahme vom Vorstand des DAAD für vier Jahre berufen" (ebd.) werden.

Ein wichtiger Posten ist das weltweit durchgeführte Lektorenprogramm, wobei die höchste Zahl an Lektoraten im Jahr 1993 mit 501 erreicht wurde. Das Haushaltsbudget des DAAD-Lektorenprogramms stieg zwischen 1990 und 2010 von 14,879 auf 21,96 Millionen Euro. Hintergrund des Anstiegs ist die Erhöhung des Budgets durch das AA und das BMBF im Zuge des Beitritts der neuen Bundesländer und ihrer Hochschulen.

Die Entwicklung des DAAD ist die eines relativ beständigen Wachstums. Lediglich das Verhältnis der festangestellten Mitarbeiter/innen zu den befristeten Stellen zeigt einen Wandel an, der die gestiegene Bedeutung von befristeten Arbeitsverhältnissen auf dem bundesdeutschen Arbeitsmarkt plastisch verdeutlicht. Die Zahl der Lektoren fließt in die Aufstellung nicht ein, da ihr Ein-

---

219 Vgl. URL (letzter Zugriff 3.10.2012): http://www.daad.de/portrait/struktur/organigram m/08946.de.html

kommen als eine Art "Stipendium" gezahlt wird und sie sich damit nicht in einem versicherungspflichtigen Beschäftigungsverhältnis befinden. Der Geldgeber ist das Auswärtige Amt, der damit auch die Programmarbeit in der RF finanziert. Das BMBF ist hierfür mitverantwortlich und zugleich der zweitwichtigste Geldgeber des DAAD.

Tabelle 15: Einnahmen und Ausgaben DAAD 2010 in Euro

Geldgeber	In Millionen	Ausgaben Posten	In Millionen
davon BMBF	107,87	für Ausländer	87
davon BMZ	32,9	für Deutsche	109
davon AA	174,6	Internationalisierung der Hochschulen	68
davon BMWi/ERP/KfW	0,9+0,09	Förderung der Germanistik und der Deutschen Sprache	48
Verwaltungshaushalt sowie treuhänderische Mittel	29,3 2,85	Bildungszusammenarbeit	72
Bund und Länder	315		
EU	57,67		
Andere /Dritte	34,94		
Gesamt	**413,4**	**Gesamt**	**384,0**

Quelle: DAAD 2011: 16; 96-97

Zu einem dritten finanziellen Standbein hat sich in den vergangenen 25 Jahren die Finanzierung über Förderprogramme der Europäischen Union entwickelt. Entscheidenden Anteil daran hat das EU-Programm "Lebenslanges Lernen" mit den früher eigenständigen Programmen ERASMUS und SOKRATES. Für diese agiert der DAAD seit 1987, mit dem Beginn des ERASMUS-Programms, als in der Bundesrepublik verantwortliche "Nationale Agentur für EU-Hochschulzusammenarbeit" und tritt somit als Dienstleister für die EU in Erscheinung. Ein wichtiger Aspekt ist die Förderung der Mobilität durch das Programm ERASMUS.

Der Bedeutung der EU für die eigene Organisation wurde seitens des DAAD im Juni 2007 mit der Eröffnung eines eigenen Büros in Brüssel Rechnung getragen. Finanziert wird diese Maßnahme wiederum durch das BMBF. Die politischen Bewertungen und Diskurse der EU sind für den DAAD handlungsrelevant; so wird sich im Jahresbericht (2008: 132) explizit auf das Strategiepapier "Europäische Nachbarschaftspolitik" der EU-Kommission bezogen. Darin heißt es, dass der DAAD im bildungspolitischen Feld seine Rolle übernehmen will, um "die Beziehungen der erweiterten EU zu ihren neuen Nachbarn im Süden und Osten auf eine stabile Basis zu stellen" (ebd.). Auf die Hochschulen allgemein zielt das Programm "Promoting Bologna", welches der DAAD im Auftrag der EU-Kommission und mit einer Kofinanzierung des BMBF durchführt. Dabei wird von den Partnern im Ausland eine Ausrichtung an "einer nachhaltigen Reformbereitschaft" erwartet, wie es im Jahresbericht 2008 formuliert wurde (DAAD 2009: 22). In diesem Themengebiet ist auch die seit 2007 arbeitende Internationale DAAD-Akademie aktiv, die den "Hochschulvertretern ein breites Spektrum an Fortbildungsseminaren zu allen Themen der Internationalisierung" (DAAD 2008: 53) bietet. Die Akademie wird vom BMBF unterstützt. Neben der Förderung von Präsentationsfähigkeiten und Workshops zum internationalen Bildungsmarketing werden auch länderspezifische Seminare durchgeführt, wobei eines der ersten im Jahr 2007 zur Kooperation mit Russland stattfand.[220]

Förderung durch den DAAD

Bei den Angaben zur Förderung des DAAD kann grob zwischen der Förderung von Institutionen und der von Individuen unterschieden werden. Die Förderung von Individualstipendien bzw. des Engagements von Hochschulen mit Partnern im Ausland umfasst alle Disziplinen.

Im Jahr 2005 machten die Rechts-, Wirtschafts- und Sozialwissenschaften 27 Prozent und die Sprach- und Kulturwissenschaften 23 Prozent aller geförderten Personen aus, während die Hochschulangehörigen aus den Naturwissenschaften mit 22 Prozent gefördert wurden (DAAD o.J.: 28). Diese Förderquoten sind relativ stabil. Die Förderung von ausländischen Staatsbürgern ist mindestens gleichwertig bzw. überwiegt die der deutschen Empfänger und Empfängerinnen von Stipendien. Bei diesen wurde 2005 im DAAD-Jahresbericht für Studierende und Promovierende erstmals eine paritätische Verteilung zwischen Männern und Frauen erzielt (ebd.). Deutsche müssen sich in regulären Auswahlverfahren durchsetzen, dies gilt auch für Geförderte aus dem Ausland. Zugleich werden aber "für Ausländer die Stipendienquoten in Abstimmung mit dem AA als Geldgeber" festgelegt, wie es im DAAD Jahresbericht 2008 heißt (DAAD 2009: 22). Das AA ist in erster Linie der Fördermittelgeber für die aus dem Ausland kommenden Personen. Für einige

---

220 Siehe URL (letzter Zugriff 27.1.2013): http://www.daad-akademie.de/archiv/index.h tml?year=2007

Zielregionen werden Programme mit besonderen Fördermittel für deutsche Studierende und Hochschullehrer geschaffen, die als "Stimulierung einer politisch-fachlich erwünschten Nachfrage gelegentlich Sonderprogramme entwickelt" (DAAD 2006: 20) werden.

Bereits seit 1974 wird im Programm "Ostpartnerschaften" die akademische Mobilität mit Hochschulen in Mittel- und Osteuropa vom DAAD gefördert.[221] Der Fokus gilt dabei Partnerschaften zwischen den Hochschulen in der Bundesrepublik und einem Land in der MOE-Region. Die höchste Zahl der aus Osteuropa im Rahmen von "Ostpartnerschaften" kommenden Studierenden und Forschenden wurde 1997 mit 3.405 erreicht, während die Zahl der in die andere Richtung gehenden Personen, sprich die der Deutschen an Hochschulen in MOE-Staaten, ihren höchsten Wert im Jahr 2009 mit 1.864 erreichte. Der niedrigste Wert wird hingegen mit 1.363 für das Jahr 1993 angezeigt.

Das BMBF ist der Geldgeber für eines der wichtigsten Instrumente mit denen der DAAD strukturelle Veränderungen in der Kooperation mit Hochschulen erreichen will. Das seit 1999 laufende "Doppelabschlussprogramm – Integrierte internationale Studiengänge"[222] verlangt von den Hochschulen folgende Voraussetzungen: ein gemeinsames Curriculum, gleiche Studienzeiten an beiden Hochschulen, Vereinbarungen zur gemeinsamen Zulassung und Durchführung der Abschlussprüfungen inklusive eines Doppel- oder Gemeinsamen Abschlusses, zur Anrechnung von im Ausland erbrachten Leistungen, ein Diploma Supplement, sprachliche Vorbereitung und gemeinsame Studien- und Prüfungsregeln. Der DAAD fördert Studierende, deren Hochschulen am Programm teilnehmen mit einem Stipendium. Die deutschen Hochschulen erhalten wiederum bis zu maximal acht Jahre eine Förderpauschale. Im akademischen Jahr 2010/2011 wurden an 68 deutschen Hochschulen die Doppelabschlüsse mit Partnern im Ausland gefördert. Bis 2012 wurden in der Russischen Föderation 13 dieser Kooperationsprogramme durchgeführt.[223]

---

221 Anfang der 1990er Jahre wurden laut DAAD die meisten Anträge eingereicht. Alle Angaben bezüglich des Programms Ostpartnerschaften siehe URL (letzter Zugriff 11.1.2013): http://www.daad.de/hochschulen/kooperation/hochschulmanagement/os tpartnerschaften/05017.de.html

222 Alle Angaben laut Darstellung des DAAD, siehe URL (letzter Zugriff 27.1.2013): http://www.daad.de/imperia/md/content/hochschulen/doppeldiplom-programm/kurz beschreibung_doppelabschluss_2011.pdf

223 Ein Doppelabschlussprogramm im Fach Wirtschaftswissenschaften existiert jedoch bereits seit 1999 zwischen der Fernuniversität Hagen und der Staatlichen Universität St. Petersburg für Ökonomie und Finanzen. Der Studiengang wird derzeit nicht vom DAAD gefördert. Von 200 Personen, die bis 2010 studierten erhielten 36 einen Doppelabschluss, siehe URL (letzter Zugriff 26.1.2013): http://www.fernuni-hagen.de

Das Lektorenprogramm des DAAD

Ein zentraler Pfeiler ist seit Beginn der Auslandsarbeit des DAAD das Lektorenprogramm. Dies hat in Bezug auf Osteuropa im Wesentlichen drei Profile. Die Mehrzahl der Lektorate sind Stellen an Hochschulen, bei denen die Lektoren Deutsch als Fremdsprache oder Germanistik unterrichten. Das zweite Standbein sind Fachlektorate, in denen ein wissenschaftliches Fach überwiegend in Deutsch, aber auch im zunehmenden Maße in Englisch unterrichtet wird. Dies umfasst im Prinzip alle wissenschaftlichen Fächer. Der dritte Pfeiler sind Positionen an Hochschulen, die zwar auch eine Lehrverpflichtung beinhalten, jedoch liegt die Hauptaufgabe der IC-Lektorate in der Beratung der Hochschulangehörigen vor Ort, in der Unterstützung von Kontaktanbahnungen zwischen deutschen und den jeweiligen ausländischen Hochschulen bzw. den Hochschullehrenden sowie in der Öffentlichkeitsarbeit. Mit dem Rückgang des AKP-Haushalts in den 1990er Jahren sank auch die Zahl der Lektoren von einer Höchstzahl von 501 Lektoren auf 414 im Jahr 2005. Im selben Jahr wurde mit dem AA eine Zielvereinbarung unterzeichnet. Aufgrund der Finanzierung des Lektorenprogramms durch das AA ist dessen Referat 611 "Wissenschaft und Hochschulen" in der fachlichen und regionalen Abstimmung bei der Standortpolitik mit einbezogen. Wie im Jahresbericht 2005 festgehalten, wurde dem DAAD in der Zielvereinbarung eine solidere Finanzierung zugesichert (DAAD o.J.: 33). Nachfolgend stiegen die Mittel und damit auch die Zahl der Lektoren n den folgenden Jahren wieder leicht an.

/universitaet/aktuelles/2010/07/07_am_stud_st_petersburg.shtml

184   RENÉ LENZ

Tabelle 16: Verteilung der Lektoratstypen weltweit und GUS 2010/11[224]

Typ	Anzahl weltweit	Anzahl MOE/GUS	Erläuterung
Regellektorat	354	124	Deutsch als Fremdsprache/ Germanistik
Fachlektorat	54	15	Jura, Soziologie, Geschichte, VWL etc.
IC-Lektorat	45	16	Leitung einer Informations- stelle, Beratung, Marketing;
Zbv-Lektorat	10	2	"zur besonderen Verwen- dung" in der Außenstelle
German-Studies- Dozenturen	16	0	Mehrjährige Lehraufenthalte
Gesamt	479	157	

Im Jahr 2010 unterhielt der DAAD weltweit 479 DAAD-Lektorate, davon allein 157 in den Ländern Mittel- und Osteuropas und der GUS. Des Weiteren werden noch 51 deutsche Langzeitdozenten und Lehrstühle in dieser Region gefördert (DAAD 2012: 60f). Der DAAD betrieb 2010 weltweit 14 Außenstellen in Ländern, denen ein besonderes außen- und bildungspolitisches Engagement der Bundesrepublik gilt.[225] Darüber hinaus gibt es noch weitere 50 Informationszentren (IC). In besonders großen Ländern wie Russland gibt es neben der Außenstelle noch weitere IC-Lektorate. Diese befinden sich in St. Petersburg und Nowosibirsk.[226]

6.1.2 Der DAAD in Russland

Zwar gab es in den 1960er Jahren Stipendien für akademische Reisegruppen in die Sowjetunion bzw. für Gruppen aus dieser, doch waren diese Maßnahmen eher die Ausnahme. Die teilnehmenden Deutschen mussten schon mindestens ein Studium erfolgreich absolviert haben. Die wenigen Mobilitätshilfen beschränkten sich auf einzelne Personen und wurden von der DFG koordiniert. Ab dem Oktober 1974 war der DAAD jedoch für das Austauschpro-

---

224 Diese Angaben laut Darstellung des DAAD, siehe URL (letzter Zugriff 20.11.2012): http://www.daad.de/medien/ausland/dokumente/lektoren__programmuebersicht_12-2011.pdf
225 Der größte, zusammenhängende weiße Fleck ohne ein Lektorat befindet sich in Afrika und zieht sich von der lybischen Mittelmeerküste bis nach Botswana.
226 Konkret an der Russischen Staatlichen Pädagogischen Herzen-Universität in St. Petersburg sowie an der Technischen Universität in Nowosibirsk, der inoffiziellen Hauptstadt Sibirien.

gramm mit dem sowjetischen Hochschul- und Kultusministerium verantwortlich (vgl. Ropers 1980: 735). Richtig aktiv wurde der DAAD erst ab Ende der
1980er Jahren in der Sowjetunion. Am Anfang konnten bei der Stipendienvergabe nur handverlesene [I a (1) BO11] "Studierende, die quasi aus dem
Komsomol kamen, die quasi zur sowjetisch-sozialistischen Elite gehörten",
begünstigt werden, wie ein DAAD-Vertreter dies im Interview beschrieb. Den
ersten Lektor konnte der DAAD, nach einer offiziellen Verständigung von
DDR und BRD über dieses Politikfeld, im akademischen Jahr 1986/87 in die
Sowjetunion entsenden.[227]

Anfang

Eine offizielle Vertretung des DAAD in Russland wurde erst nach dem Ende
der Sowjetunion und der Gründung der Russischen Föderation 1993 eröffnet.
Die Aktivitäten der deutschen Organisation begannen damit während einer
Phase politischer und ökonomischer Instabilität im Gastland.[228]
Grundlage der Arbeit waren Sondermittel des Auswärtigen Amtes als Teil des
Sonderprogramms "Deutsche Sprache in Mittel- und Osteuropäischen Staaten". Bei der Personalrekrutierung wurde zum Teil auf Kolleg/innen mit Regionalexpertise aus der nun ehemaligen DDR zurückgegriffen.[229] Das galt auch
für das bis 1990 existente DDR-Stipendienprogramm, mit dem auch zahlreiche sowjetische Studierende und Wissenschaftler gefördert wurden. Von der
DDR wurden nicht nur die Russlandexpertise, sondern auch deren Räume
übernommen. Im ehemaligen DDR-Botschaftsgebäude am Lenin Prospekt ist
heute neben dem Goethe-Institut, der Konsular-Abteilung der bundesdeutschen Botschaft, auch der DAAD angesiedelt. Darüber hinaus müssen die
Aktivitäten in der Russischen Föderation auch innerhalb des DAADs koordiniert werden, welches in der Bonner Zentrale in der Programmabteilung Nord
und dort in der Gruppe "Mittel- und Osteuropa/GUS" im Referat "Russische

---

227   Vgl. URL (letzter Zugriff 20.11.2012): http://www.daad.de/portrait/wer-wir-sind/geschi
       chte/08945.de.html
228   Die Privatisierung der russischen Wirtschaft und marktwirtschaftliche Reformen
       wurden mit Präsidentenerlassen durchgesetzt. Der Einsatz von Panzern bei den
       Kämpfen um das Moskauer Weiße Haus beseitigte die Gefahr des Bürgerkriegs und
       ein Machtvakuum im Oktober 1993. Doch weder der Kampfeinsatz gegen den
       gewählten Obersten Sowjets und den Volkskongress auf Geheiß von Boris El'cin
       noch der 1994 folgende Einmarsch in Tschetschenien und die folgende brutale
       Kriegsführung der russischen Führung lösten nennenswerte politische Handlungen
       auf Seiten der Bundesrepublik aus.
229   Die einst von der DDR getragene Germanistik-Publikation "Das Wort" wird nach der
       Übernahme durch den DAAD bis heute fortgeführt.

Föderation, Belarus" erfolgt. Hier wird auch die Arbeit der im Jahresbericht 2011 verzeichneten 44 an russischen Hochschulen tätigen Lektoren koordiniert (DAAD 2012: 61).[230] Sie sind vor allem in der Vermittlung der deutschen Sprache und Landeskultur und damit an germanistischen bzw. philologischen Lehrstühlen tätig. Gerade deren Bedeutung, sowie die der Spracharbeit an den Hochschulen wird von in dem mit den DAAD-Vertretern geführten Gesprächen für die eigene Arbeit hervorgehoben. Die Förderung der deutschen Sprache ist eine der zentralen Aufgaben der AKP.

Programme in Russland

Das erste Programm auf dem heutigen Gebiet der Russischen Föderation wurde unter dem Titel "Sonderprogramm UdSSR" von 1989 bis 1993 durchgeführt. Im Juli 1989 trafen nach dem vorherigen Besuch Gorbačëvs erstmals auch Studierende als Stipendiaten des DAAD am Frankfurter Flughafen ein. Mit dem Zusammenbruch der UdSSR übernahm der DAAD die kompletten Reisekosten, die ansonsten nicht mehr von dem noch existierenden sowjetischen und später russischen Staat getragen werden konnten. Die Arbeit des DAAD wurde auch in den schwierigen Perioden der 1990er Jahre fortgesetzt. Der DAAD finanziert seine Arbeit in der RF mit Mitteln und im Auftrag deutscher Ministerien sowie in Zusammenarbeit mit deutschen Unternehmen. Inzwischen gibt es eine Vielfalt an Programmen, die neben den Hochschulpartnerschaften vor allem auf die Förderung des wissenschaftlichen Nachwuchses zielten.[231] Hier seien im Folgenden nur einige der gegenwärtig wichtigsten aufgeführt:

Seit 1998 fördert der DAAD mit Mitteln des AA im "Leonhard-Euler-Stipendienprogramm" Diplomanden und Doktoranden in der Ukraine, Belarus, Moldova und in der Russischen Föderation. Ziel ist es, über die individuelle Nachwuchsförderung "gemeinsame bilaterale Forschungsprojekte auf den Weg zu bringen und nicht zuletzt dadurch einen Beitrag zum Verbleib des Hochschullehrernachwuchses an den Hochschuleinrichtungen" zu erreichen, wie es auf der entsprechen Programmseite des DAAD heißt.[232] Die Studierenden und/oder ihre Hochschulen müssen dabei in einem deutsch-russischen Kooperationszusammenhang stehen. Die deutsche Organisation

---

230 Information gegenüber dem Autor durch den DAAD nach Angaben vom 1.2.2011.
231 Die entsprechende Seite der Außenstelle des DAAD in Moskau listet derzeit 19 verschiedene Programme allein für russische Interessenten auf, siehe URL (letzter Zugriff 15.1.2013): http://www.daad.ru/?m=1.5&seite=1_5_1a
232 Siehe URL (letzter Zugriff 15.1.2013): http://www.daad.de/hochschulen/kooperatio n/partnerschaft/leonhard-euler-programm/05036.de.html

INTERNATIONALISIERUNG, KOOPERATION UND TRANSFER   187

unterstützte so das russische Hochschulsystem, damit gelang es "wissenschaftliche Karrieren fortzusetzen, ohne für immer das Land verlassen zu
müssen" (Deutscher Akademischer Austauschdienst/ Ministerium für Bildung
und Wissenschaft der Russischen Föderation 2007: 6). Ein Meilenstein und
ein offensichtliches Zeichen für die bessere finanzielle Situation des russischen Staates war die Unterzeichnung des Programms "Michail Lomonossow" im September 2004, denn seitdem beteiligt sich der russische Staat an
den Programmen, die russischen Wissenschaftlern zu Gute kommen. Dies ist
sicherlich auch im Kontext der Bemühungen zur Modernisierung des Landes
zu sehen. Im Herbst 2005 wurden erstmals 62 Stipendiaten des gemeinsam
vom DAAD und Russland finanzierten Stipendienprogramms "Michail Lomonosov" zu einem Einführungsseminar in Bonn begrüßt (Jahresbericht 2005:
52).
Für die geistes- und sozialwissenschaftlichen Fächer aber auch die Rechts-
und Wirtschaftswissenschaften erfolgt die Nachwuchsförderung im Programm
"Immanuel Kant", welches seit Herbst 2007 existiert. Bewerben können sich
für die Programme nur Angehörige von Hochschulen, die dem russischen Ministerium für Bildung und Forschung unterstellt sind. Private Einrichtungen
entfallen damit.
Darüber hinaus wird seit 2004 an der SPbGU das Zentrum für Deutschland-
und Europastudien (ZDES) als eine gemeinsame Einrichtung der Staatlichen
Universität St. Petersburg und der Universität Bielefeld vom DAAD gefördert.
2008 wurde zwischen dem DAAD und dem Bildungsministerium der Republik
Tatarstan ein über fünf Jahre laufendes Programm mit einem Budget von
zwei Millionen Euro vereinbart. Beide Seiten teilen sich die Kosten des nach
Nikolai Lobachebsky[233] benannten Programmes. Auch die Tschetschenische
Republik finanziert seit 2008 komplett ein für zehn Jahre Programmlaufzeit
vereinbartes Programm, welches neben Deutsch als Fremdsprache ein Studium der Natur- und Ingenieurwissenschaften und der Medizin in Deutschland ermöglichen soll (DAAD Jahresbericht 2009: 25).
Seit Anfang der 2000er Jahre werden mit "Go East" auch in Russland zusätzliche Mittel für die Mobilität von Deutschen für Studien- und Forschungsaufenthalte als auch für die Teilnahme an vom DAAD geförderten Sommerschulen bereitgestellt.

---

233 Nikolaj Lobačevskij prägte die moderne Geometrie im 19. Jahrhundert entscheidend
     mit und war Dekan sowie Rektor der Kasaner Universität. Er war Schüler des
     deutschen Mathematik-Professors Johann Bartels, der über ein Jahrzehnt in Kasan
     Mathematik lehrte.

Darüber hinaus erfolgte in den Jahren 2011 und 2012 eine Förderung von sieben deutschen und russischen Hochschulen bei der Durchführung eines gemeinsamen Studienganges. Im Bereich der Sozialwissenschaften wird die Zusammenarbeit der FU Berlin und der MGIMO mit dem "Center for Global Politics" gefördert[234] Anzumerken ist noch ein Programm, welches es in Russland nicht gibt, dafür jedoch in der Ukraine. 2009 wurde mit Mittel des AA ein Programm zur Förderung der Demokratie durch den DAAD aufgelegt.[235] Dieses erfolgt in der Zusammenarbeit mit deutschen Hochschulen. Die explizite Betonung von Rechtsstaatlichkeit und Demokratie ist in dieser Form bei keinem Programm des DAAD in Russland zu finden.

Lektoren

In der Russischen Föderation verfügt der DAAD über eine Reihe von Lektoren, die an über 40 Standorten zu finden sind. Seit der zweiten Hälfte der 2000er Jahre baut der DAAD sein Lektorennetzwerk in der Russischen Föderation weiter aus. Der Schwerpunkt liegt dabei einerseits auf den Informationszentren den IC-Lektoraten und anderseits auf den Fachlektoraten. In der Erdölmetropole Tjumen wurde 2006 ein Lektorat für Wirtschaft am Internationalen Institut für Finanzen, Verwaltung und Business an der Tjumener Staatlichen Universität eingerichtet.[236] Hinzu kamen die IC-Lektorate in St. Petersburg und Nowosibirsk sowie Lektoratsstandorte in weiteren 31 russischen Großstädten u. a. in Kaliningrad, Jekaterinburg, Irkutsk, Kasan sowie am weitesten östlich in Chabarovsk. Darüber hinaus gibt es einige Langzeit-Dozenten, in aller Regel Professoren aus Deutschland, die für mindestens zwei Semester an einer russischen Universität lehren.

Neu und bisher singulär ist die 2005 zwischen dem DAAD und der RGGU vereinbarte Einrichtung eines regulären Lehrstuhls für Deutsche Literatur- und Kulturwissenschaft geblieben, auf den ein deutscher Wissenschaftler berufen wurde.[237] Die Professur nahm noch im Herbst desselben Jahres seine

---

234 Der Studiengang "Transition Studies" mit dem Abschluss eines Masters in "Management of Ecosocial Market Economies" der Justus-Liebig-Universität und der Staatlichen Universität Kasan kann außerdem hierzu gezählt werden. Angabe laut siehe URL (letzter Zugriff 16.11.2012): http://www.daad.de/hochschulen/kooper ation/deutsche-sprache-foerdern/studiengaenge/05007.de.html
235 Siehe URL (letzter Zugriff 3.2.2013): http://www.daad.de/hochschulen/wiederaufbau /demokratie/10244.de.html
236 Siehe den Brief der ersten DAAD-Lektorin Iris Tschöpe dort URL (letzter Zugriff 27.9.2012): www.utmn.ru/?showdoc=196
237 Siehe DAAD-Pressemittteilung Nr. 42/2005 vom 10.08.2005, hier URL (letzter Zugriff

Arbeit auf. Derzeit wird zwischen der Universität Freiburg, der RGGU sowie mit der Ruhr-Universität Bochum und mit finanzieller Unterstützung des DAAD auch ein gemeinsamer Master durchgeführt.[238] Darüber hinaus wurde ein deutsch-russisches Institut für Literatur- und Kulturbeziehungen gegründet.

Am ZDES in St. Petersburg ist ein sozialwissenschaftliches Fachlektorat angesiedelt. Hier lehrten bislang promovierte Soziologen. An der renommierten Moskauer Higher School of Economics arbeitet seit 2010 ein weiterer promovierter Fachlektor für Soziologie. Beide unterrichten in Englisch, wobei es jedoch am Petersburger ZDES immer noch einen deutschsprachigen Schwerpunkt und entsprechende Veranstaltungen gibt.

Individuelle Förderung

Von den 2.038 russischen Alumni, die als Langzeitstipendiaten, also länger als ein Semester vom DAAD bis 2006 gefördert wurden, waren 46 Prozent bzw. 950 Absolventen der Recht-, Geistes- und Sozialwissenschaften. Weitere 18 Prozent hatten ein Studium der Naturwissenschaften oder der Mathematik und 14 Prozent eines der Ingenieurwissenschaften abgeschlossen. Kunst, Musik und Sport machten drei Prozent aus und die Medizin kam mit 95 Absolventen auf 5 Prozent, während die Sprach- und Kulturwissenschaften 14 Prozent ausmachten bzw. 282 Absolventen aufwiesen.[239]

Im Jahr 2011 wurden 1.446 Deutsche in Russland und 3.682 Russen in Deutschland mit einem Stipendium gefördert. Diese relativ hohen Zahlen beinhalten allerdings auch kurzfristige Aufenthalte an den jeweiligen Hochschulen.[240] Von beiden staatlichen Seiten wird ein Visum verlangt. Für ein Visum müssen jedoch die russischen Antragssteller ein monatliches Einkommen nachweisen. Außerdem muss in Deutschland noch ein Betrag in der jeweilig aktuellen Höhe des Bafög für den gesamten Förderzeitraum auf ein Sperrkonto eingezahlt werden.[241]

10.1.2013): http://www.daad.de/presse/de/2005/8.1.1_4205.html

238 Siehe URL (letzter Zugriff 10.1.2013): http://studieren.de/fileadmin/europe/germany/_study/docs/Deutsch_Russisch_LIT.pdf

239 Angaben laut DAAD Referat 325 - Russland, Belarus vom 6.6.2007, siehe URL (letzter Zugriff 18.11.2012): http://www.daad.de/de/download/laenderinfos/DAAD_in_Russland.pdf

240 Angaben laut URL (letzter Zugriff 11.1.2013): http://www.daad.de/laenderinformationen/russische-foederation/de/

241 Siehe die Verordnung (EG) Nr. 810/2009 der EUROPÄISCHEN PARLAMENTS und des RATES vom 13. Juli 2009 über einen Visakodex der Gemeinschaft im Amtsblatt der Europäischen Union L 243/31 vom 15.9.2009 und den aktuellen Stand der

Bei der Gestaltung der individuellen Förderinstrumente erfolgte eine Anpassung an das im Zuge des BP eingeführten dreigliedrigen System, wobei deren Höhe gestaffelt ist nach den neuen Studiengängen B.A., M.A. und der Promotionsphase.

6.2   Akademische Organisationen: HRK und DFG

Neben dem DAAD sind weitere Organisationen in der Russischen Föderation tätig. Wichtig ist sicherlich die schon erwähnte Alexander von Humboldt-Stiftung, die in erster Linie promovierte Wissenschaftler mit Stipendien fördert. Die AvH ist dabei ebenso wie der DAAD eine Mittlerorganisation der AKP. Unabhängiger von außenpolitischen Zielsetzungen sind dagegen akademische Organisationen, die unmittelbar im deutschen Hochschulsystem entstanden und in erster Linie mit diesem verbunden sind.

Die beiden im Folgenden vorgestellten Organisationen verfügen, bezogen auf ein Engagement in Russland, nicht über ein mit dem DAAD vergleichbares diversifiziertes Programm. Allerdings sind sie seit einigen Jahrzehnten in einem deutsch-russischen Feld von Hochschule und Wissenschaft aktiv: Die Hochschulrektorenkonferenz (HRK) ist eine Interessenvereinigung der deutschen Hochschulen mit einem deutlichen politischen Aufgabenprofil. Dies hat die Deutsche Forschungsgemeinschaft (DFG) zwar auch, sie ist jedoch in erster Linie eine Organisation der wissenschaftlichen Selbstorganisation. Die DFG verfügt seit 2003 über ein Büro und einen Mitarbeiter plus Sekretariat in Moskau. Alle russlandbezogenen Aktivitäten der HRK werden dagegen von einem kleinen Team in der Bonner Geschäftsstelle koordiniert. Die HRK war vor allem in den 1990er Jahren stark mit regelmäßigen Treffen und Seminaren mit den russischen Partnern engagiert.

6.2.1 HRK und Russland

Für 1992 und 1993 sind zwei Arbeitsbesuche eines hochrangigen Mitarbeiters sowie drei weitere Delegationsreisen der HRK in Russland verzeichnet.[242] Im Mai wurde dabei ein Seminar zur "Struktur und Funktion von Hochschulvertretungen und ihr Verhältnis zu staatlichen Instanzen" durchgeführt. Außerdem besuchte eine Delegation der Russischen Rektoren-Union im No-

---

deutschen Anforderungen, hier URL (letzter Zugriff 15.1.2013): http://www.daad.ru/?m=1&seite=1_4a&s=rus&a=

242   Alle Angaben beruhen auf Angaben der HRK in einem mir 2011 überreichten Papier "Aktivitäten der Hochschulrektorenkonferenz (HRK) mit Bezug auf die Russische Föderation 1992-2009)".

vember 1993 die Bundesrepublik. Diese ersten Besuche legten den Grundstein für die folgenden institutionellen Kontakte der HRK. Das damalige Bundesministerium für Bildung und Wissenschaft unterstützte dieses Engagement, wodurch von 1992 bis 1998 eine Koordinierungs- und Beratungsstelle der HRK für die Zusammenarbeit mit Hochschulen und Wissenschaftseinrichtungen in MOE arbeiten konnte. Die geförderten Maßnahmen zielten auf die Erneuerung der Hochschulen. Die Kontakte konzentrierten sich anfangs vor allem auf die Zentren Moskau und St. Petersburg; sie dehnten sich dann aber aus, so fand im Mai 1996 ein Koordinierungsgespäch zum "Stand und Perspektiven der Hochschulzusammenarbeit mit russischen Hochschulen außerhalb Moskaus und St. Petersburgs für deutsche Hochschulvertreter" statt. Im Juni desselben Jahres hospitierte der Generalsekretär der Russischen Rektoren-Union bei seinen Kollegen in Bonn.

Bis 1999 können die Kontakte als intensiv eingeschätzt werden.[243] Hierzu zählen auch die Verhandlungen über das schwierige Thema der Anerkennung von Hochschulabschlüssen, die im Januar 1999 abgeschlossen wurden. Im Februar 1999 wurde in Moskau vom russischen Bildungsministerium, der KMK sowie der HRK die "Gemeinsame Erklärung zur gegenseitigen akademischen Anerkennung von Studienzeiten und Abschlüssen im Hochschulbereich sowie von Urkunden über russische wissenschaftliche Grade und deutsche akademische Qualifikationen" unterzeichnet. Damit war ein Höhepunkt des institutionellen Engagements der HRK in Bezug auf Russland erreicht. Ein zweiter Höhepunkt war 1999 sicherlich die erste Deutsch-Russische Hochschulbörse, die im Mai 1999 im Russischen Haus der Wissenschaft und Kultur in Berlin im Beisein der beiden Minister für Bildung und Wissenschaft als auch der beiden Präsidenten der Rektorenvereinigungen stattfand. Der damalige Präsident der HRK setzte sich neben der internationalen Vernetzung der Hochschulen explizit unter Bezug auf die Sorbonne-Erklärung für eine europaweite Hochschulentwicklung als "ein Konzept und eine Vision" (Landfried 1999: 44) ein.[244] Im Jahr darauf nahmen HRK-Vertreter am Kongress der Russischen Rektoren-Union teil.

Die erste Veranstaltung zur Qualitätssicherung im BP fand im Juli 2004 in Ar-

---

243 So der Gesprächspartner der HRK im Interview. Dies wird aber auch anhand der Anzahl der Besuche und Veranstaltungen deutlich, Angaben siehe vorherige Fußnote.

244 Dabei äußert der damalige Präsident der HRK Klaus Landfried (1999: 41) die Hoffnung: "Das dichte Netzwerk der deutschen und russischen Hochschulen kann in Zukunft dabei helfen, die Ostgrenze der Europäischen Union [...[in Zukunft vielleicht einmal einfach überflüssig zu machen."

changel'sk statt. Das Thema bestimmte von da an die Aktivitäten der HRK in Bezug auf die russischen Hochschulen. Auffallend häufig fanden Veranstaltungen innerhalb der Russischen Föderation an der RUDN in Moskau sowie in Kasan statt. Außerdem wirkte die HRK seit 2004 zusammen mit Staatlichen Universität St. Petersburg an einem Aktionsprogramm des Petersburger Dialogs zum Europäischen Hochschulraum mit. Allerdings wird den russischen Hochschulen von der HRK bisher ein "zwiespältiges Verhältnis zum Bologna-Prozess" attestiert, denn die Beteiligung reiche von der kompletten Umsetzung bis zu einer als "halbherzig" charakterisierten Entwicklung.[245]

Unabhängig von der Entwicklung in Russland erarbeitete die HRK in Deutschland als Interessens- und Professionsgruppe Regeln, an denen sich die Mitgliedsorganisationen orientieren. Hierzu gehören auch Empfehlungen zur Gestaltung von Doppelabschlüssen, die im Februar 2005 beschlossen wurden. Sie gelten auch für die Vereinbarungen die mit russischen Hochschulen getroffen werden.

Darüber hinaus veröffentlichte die HRK zahlreiche Publikationen zur Entwicklung des russischen Hochschulsystems und zu den deutsch-russischen Kooperationen in deutscher und russischer Sprache. Sie bietet außerdem auf einem Internetportal eine aktuelle Übersicht über die grenzübergreifenden Kooperationsvereinbarungen der deutschen Hochschulen. Als Publikation mit hohem praktischem Wert ist das 2006 erschienene Glossar zum Bologna-Prozess zu erwähnen, welches in Deutsch, Russisch sowie in Englisch die wichtigsten Vokabeln in dem jeweiligen hochschulpolitischen Kontext erläutert (vgl. HRK 2006). Es wurde in vier gemeinsamen Workshops erarbeitet. Mit dem Glossar wird bis heute Übersetzungshilfe geleistet. Es muss daher, ebenso wie ein aus der Kooperation zwischen den Universitäten Hildesheim und Velikij Nowgorod entstandenes deutsch-russisches Wörterbuch, als praktische Normtransferhilfe betrachtet werden, weil damit abstrakte Begrifflichkeiten und ihre Relevanz für den russischen Kontext erläutert werden (vgl. Graumann/Keck/Pewsner/Rakhkochkine/Schirin 2004).

6.2.2. DFG und russische Spitzenforschung

Die DFG betrachtet die internationale Zusammenarbeit als einen essentiellen Teil des heutigen Forschungsprozesses und damit als wichtige Aufgabe für

---

245 Dies ist dem inoffiziellen HRK Papier "Die aktuellen Hochschul- und Wissenschaftsbeziehungen der Hochschulrektorenkonferenz (HRK) zur Russischen Föderation" mit dem Stand vom 15.11.2010 zu entnehmen, welches mir während des Interviews mit einem HRK-Vertreter überreicht wurde.

die Organisation selbst. Sie kooperiert deshalb mit Organisationen in 52 Ländern, davon 25 in Europa (Deutsche Forschungsgemeinschaft 2009: 38). Ähnlich wie der DAAD ist die DFG in der Weimarer Republik entstanden und wurde in der Bundesrepublik neu gegründet. Sie ist trotz der beinahe ausschließlichen staatlichen Förderung keine Mittlerorganisation der AKP. Diese spielt analog zur HRK im Selbstverständnis der Organisation keine Rolle. Allerdings kooperiert sie im Ausland mit den Mittlerorganisationen.

Bereits seit 1970 existiert eine Vereinbarung über die Zusammenarbeit zwischen der DFG und der damaligen sowjetischen bzw. heutigen Russischen Akademie der Wissenschaften. Die DFG fördert die Zusammenarbeit mit den russischen Hochschulen indirekt über ihre Förderung von Spitzenforschern, die an Hochschulen tätig sein können. Dabei stellt der örtliche Vertreter auch an renommierten Universitäten die Förderprogramme und -verfahren vor.[246] Ein wichtiges Element ist die Förderung des wissenschaftlichen Nachwuchses durch deutsch-russische Graduiertenkollegs. Diese existieren hauptsächlich in den natur- bzw. ingenieurwissenschaftlichen Fachbereichen. Das erste dieser Art begann 2007 seine Arbeit an der MGU in Moskau. Von deutscher Seite sind die Justus-Liebig-Universität Gießen und die Philipps-Universität Marburg beteiligt. Die Finanzierung von derzeit drei Millionen Euro wird durch die DFG und die Russische Stiftung für Grundlagenforschung (RFFI) gewährleistet.[247] Seit 2005 besteht auch ein Vertrag über eine vertiefte Zusammenarbeit mit der Russischen Geisteswissenschaftlichen Stiftung (RGNF). Allerdings gibt es dort noch keine finanzintensiven Programme, die mit denen in den naturwissenschaftlichen Fächern vergleichbar wären. Die dort seit 1995 zwischen der RFFI und der DFG gültige Fördervereinbarung für internationale Graduiertenkollegs und Sonderforschungsbereiche wurde im März 2012 von den Präsidenten beider Organisationen erweitert. Dabei erfolgte eine Konkretisierung von gemeinsamen Auswahlverfahren sowie für die Evaluierung.[248] "Die Integration Russlands in den europäischen Forschungsraum ist eines der Hauptziele der DFG-Aktivitäten in Russland"[249], wie der DFG-Präsident

246 Siehe URL (letzter Zugriff 23.1.2013): http://www.dfg.de/dfg_profil/geschaeftsstelle/d fg_praesenz_ausland/russland/berichte/2010/100531_universitaet_voelkerfreundsch aft/index.html
247 Siehe URL (letzter Zugriff 23.1.2013): http://www.uni-giessen.de/cms/ueber-uns/pre ssestelle/pm/pm300-10
248 Siehe URL (letzter Zugriff 23.1.2013): http://www.dfg.de/dfg_profil/geschaeftsstelle /dfg_praesenz_ausland/russland/berichte/2012/120312_erweiterung_foerderabkom men_rffi/index.html
249 Siehe die Pressmitteilung vom 3.3.2009 URL (letzter Zugriff 23.1.2013): http://www.d

bei einem Kongress in Moskau im März 2009 betonte, daneben ist die Förderung der wissenschaftlichen Zusammenarbeit zwischen deutschen und russischen Wissenschaftlern ein anderes offizielles Ziel. Die Programme stellt
man auch in den Regionen vor, so beispielsweise zusammen mit den Mittlerorganisationen DAAD und AvH sowie der Delegation der Europäischen Union
2010 vor rund 150 Wissenschaftler und Wissenschaftlerinnen an der Staatlichen Universität Kasan.[250]

6.3   Hochschulen und ihre Kooperationen

Anhand der Skizzierung der Förderinstrumente von DAAD und DFG sowie
der hochschulpolitischen Maßnahmen der HRK wurde deutlich, dass die fak-
tische Kooperation der Wissenschaftler und Wissenschaftlerinnen eines institutionellen Rahmens bedarf, der überwiegend in den beteiligten Hochschulen
zu finden ist. Hier gab es in den letzten Jahrzehnten entscheidende Veränderungen. Lange waren Kooperationsvereinbarungen oder Hochschulpartnerschaften zwischen den bundesdeutschen Universitäten und sowjetischen
Hochschulen eine Ausnahme. Ende der 1970er Jahre wurden hiervon ganze
fünf Vereinbarungen gezählt (Ropers 1980: 733). Im Jahr 2001, gut zehn Jahre nach der Gründung der Russischen Föderation und dem Beitritt der fünf
neuen Bundesländer zur Bundesrepublik gab es zwischen den Hochschulen
beider Länder 480 Kooperationen, an denen sich 330 Hochschulen beteiligten.[251] Zwischen den deutschen und russischen Einrichtungen wurden 2012
über 700 Partnerschaften auf verschiedenen Ebenen gezählt. Zum Vergleich
im Oktober des vorherigen Jahres wurden laut HRK noch 602 Kooperationsvereinbarungen gezählt. Im Jahr 2011 hatten hiervon 133 den Rechtscharak-
ter eines Vertrages, der die ganze Hochschule umfasst.[252] Hochschulpartnerschaften beinhalten i. d. R. ein aktives Austauschprogramm zur Förderung
der individuellen Mobilität zwischen den Partnern. Oft sind sie auch ein Mittel

---

fg.de/service/presse/pressemitteilungen/2009/pressemitteilung_nr_08/index.html
250 Siehe URL (letzter Zugriff 23.1.2013): http://www.dfg.de/dfg_profil/geschaeftsstelle/
dfg_praesenz_ausland/russland/berichte/2010/100428_marketingveranstaltung_kaz
an/index.html
251 Siehe S.4 des Protokolls der Sitzung der deutsch-russischen Gemischten
Kommission für kulturelle Zusammenarbeit vom 28. Februar bis 2. März 2001 in
Berlin, hier URL (letzter Zugang 26.9. 2012): http://www.daad.ru/status/deu/dt_r
uss_prot.pdf
252 Die Anzahl der Partnerschaften und Kooperationen auf allen Ebenen betrug 727 am
9.9.2011 nach Angabe der HRK (letzter Zugriff am 12.9.2011): http://www.ho
chschulkompass.de/internationale-kooperationen/kooperationen-nach-staaten.html

der institutionellen Internationalisierung, da gemeinsame Studien- und Forschungsprogramme durchgeführt werden. Dabei erlauben sie eine regionale Schwerpunktsetzung, so wie dies für die Justus-Liebig-Universität Gießen und ihre Kooperation mit der Föderalen Universität in Kasan der Fall.[253] Die Hochschulen erhalten jedoch i. d. R. von ihren Bundesländern keine zusätzlichen Mittel, die sie explizit für die Kooperation mit Hochschulen im Ausland einsetzen können.[254]

6.3.1 Universität Leipzig

Von den hier ausgewählten Hochschulen, ist die Universität Leipzig (UL) mit ihren 600 Jahren die älteste. Die Gründung der UL 1409 war eine Folge der universitätsinternen Machtkämpfe sowie des anschließenden Auszugs der deutschsprachigen Angehörigen aus der Universität Prag.

Als klassische europäische Universität erlebte Leipzig ihre Glanzzeit zweifelsohne im 19. Jahrhundert bis zum Anfang der 1930er Jahre. In Leipzig arbeiteten währenddessen mehrere Nobelpreisträger. 1933 setzte dagegen das dunkelste Kapitel ein (Krause 2003: 587f). Gegen die Nazi-Diktatur engagierten sich einige wenige Hochschulangehörige im Widerstand und mussten dabei ihr Leben lassen, während die Universität ihnen die akademischen Titel aberkannte. Gleichzeitig wurde unter der Ägide des mit einem Nobelpreis geehrten Physikers Werner Heisenberg die Universität Leipzig zu einem frühen Zentrum der deutschen Atombombenforschung.[255]

Universität im Wandel

Im Juli 1945, mit dem Einzug der Roten Armee in die Messestadt Leipzig geriet die UL in den sowjetischen Machtbereich.[256] Einerseits kam es zu einer konsequenten Entnazifizierung, aber andererseits wurden auch Maßnahmen zur "Entbürgerlichung" der Universität umgesetzt (Krause 2003: 592). Die Selektion anhand des Sozialstatus der Eltern zielte vor allem auf die Studenten

---

253 Das gängige Kürzel lautet nach der jüngsten Reform KFU, für Kasaner Föderale Universität. Davor war es KGU, für Staatliche Universität Kasan.
254 Allerdings sind einige Bundesländer durchaus in der Lage zusätzliche Mittel zu bewilligen. Dies gilt sicherlich für Hessen, welches in der Finanzausgleich der Länder einzahlen kann und somit als ein wohlhabendes Bundesland gelten kann.
255 Am 23.6 1942 ereignete sich in Leipzig der erste dokumentierte Unfall der Kernphysik, siehe URL (letzter Zugriff 15.1. 2013): http://www.uni-leipzig.de/~gass e/gesch1.html
256 Die abziehenden US-amerikanischen Truppen deportierten in einen "Wissenstransfer" 18 Professoren und 34 Wissenschaftler in ihre Zone (Krause 2003: 590).

der UL. Darüber hinaus bestimmten wieder diktatorische und dogmatische Prinzipien den Universitätsalltag (ebd.: 593ff).[257] 1969 schien die "Sowjetisierung" mit der Entmachtung der Fakultäten und der Zentralisierung der Entscheidungen komplett (ebd.: 602). Gleichzeitig hatte die UL bis 1989 eine herausragende Stellung in der DDR. Sie gehörte neben der Berliner Humboldt-Universität zu den beiden wichtigsten Hochschulen des Landes. An der UL war beispielsweise die zentrale Journalistenausbildung angesiedelt. Die Universität profitierte mit der politischen Wende von 1989 zweifelsohne von der gesellschaftlichen Öffnung. Die Umstrukturierung und die Erneuerung wurden dabei "aus dem Westen" unterstützt. Das Verhältnis zu der inzwischen seit zwei Jahrzehnten CDU-geführten Landesregierung war jedoch lange Zeit aufgrund juristischer Auseinandersetzungen um Immobilien belastet. Die UL hatte außerdem mit über 51 Prozent überproportional stark den Stellenabbau an den sächsischen Hochschulen bis 1994 zu tragen (Pasternack 1999: 138).[258]

Der Freistaat selbst hat sich aufgrund der polit-ökonomischen Gestaltung der Wiedervereinigung bis heute nicht, zu einem Bundesland entwickelt, welches ohne Hilfe "aus dem Westen" agieren kann und ist somit von dem Finanzausgleich der Bundesländer und anderen Transfermechanismen abhängig. Die Landesregierung investiert daher vergleichsweise wenig in seine Hochschulen, wobei sich 2008 die Zuweisung von laufenden Grundmittel pro Studierenden in der Lehre und Forschung auf 6.602 Euro belief, während im Durchschnitt die Bundesländern 8.871 Euro hierfür ausgaben (Staatsministerium für Wissenschaft und Kunst 2011: 148).

An der UL sind die Studierendenzahlen in den vergangenen zwei Jahrzehnten deutlich gestiegen und zwar von 17.000 auf über 28.000 zwischen den akademischen Jahren 1993/94 und 2011/12, allerdings mit einer rückläufigen Tendenz nach dem akademischen Jahr 2004/05, als hier über 30.000 Studie-

---

257 Gerade in der unmittelbaren Nachkriegsphase fanden Verhaftungen von Gegnern der neuen Machthaber statt. Gleichzeitig gewann die Universität aber auch Personen die explizit gegen das NS-Regime eintraten bzw. unter ihm gelitten hatten. Exemplarisch sei hier die Person des Literaturwissenschaftlers Hans Mayer erwähnt, der von 1948 bis 1963 in Leipzig eine Professur inne hatte. Die DDR verließ er aufgrund politischer Auseinandersetzungen und Enttäuschung über die Entwicklung des neuen Staates (Klein 1997: 44f).
258 Sie wurde bei der 2012er Runde für die Exzellenzinitiative mit ihrem "Zukunftskonzept" ausgewählt und darf sich nun Exzellenz-Universität nennen. Auch bei der Zahl der Studierenden hat sie die Leipziger Nachbaruniversität deutlich und anhaltend überholen können.

rende eingeschrieben waren.[259]

Exzellenz und prekäre Lage

Der Freistaat Sachsen unterstützte die UL ohne sein ausgegliedertes Uni-Klinikum im Jahr 2009 noch mit 150 Millionen Euro. 2011 wurde dieser Betrag auf 135 Millionen reduziert (Staatsministerium für Wissenschaft und Kunst o.J.: 210).[260]

Die Stadt Leipzig profitierte von den wissenschaftspolitischen Entscheidungen auf der Bundesebene, wonach wichtige außeruniversitäre Forschungseinrichtungen, wie das aus Bundesmitteln finanzierten Max-Planck Institut für evolutionäre Anthropologie oder das Unweltforschungszentrum der Helmholtz-Gemeinschaft, dort angesiedelt wurden. Außerdem befinden sich sechs Leibniz-Institute in Leipzig. Für die Universität ergeben sich somit Kooperationsmöglichkeiten mit forschungsstarken Organisationen, die allein aufgrund des Promotionsrechts der Universität ein Interesse an der Zusammenarbeit haben. In den Runden des Exzellenz-Wettbewerbs war die UL allerdings nur mit dem interdisziplinären Konzept "Leipzig School of Natural Sciences – Building with Molecules and Nano-objects" erfolgreich. Der Fortsetzungsantrag wurde 2012 nicht bewilligt.[261]

Dramatisch verlief die Bewerbung in der Mathematik, wie es Michael Hartmann darstellte (2010: 381f). Die Universität Leipzig bewarb sich auch dort mit einem "Exzellenzcluster" um die zusätzliche Förderung, allerdings ohne Erfolg. Die Gewinner warben jedoch mit den erhaltenen Mitteln einen großen Teil der Leipziger Wissenschaftler ab, so dass die Fakultät dort entscheidend und nachhaltig geschwächt wurde.

Auch andere sächsische Hochschulen waren hier nicht erfolgreich bzw. hatten sich gar nicht bei der Exzellenzinitiative beworben. Die Landesregierung

---

259   Diese und die folgenden Angaben zur Mobilität an der UL laut URL (letzter Zugriff 3.12.2012):http://www.zv.uni-leipzig.de/fileadmin/user_upload/Service/PDF/Publikationen/Zahlen-Fakten_290610.pdf

260   Der neuen Exzellenzuniversität TU Dresden wurden dagegen im Jahr 2012 über 171 Millionen Euro an Grundmittel und damit knapp drei Millionen mehr als im Vorjahr bereitgestellt (Staatsministerium für Wissenschaft und Kunst o.J.: 248). Im Jahr 2010 warb sie 168,7 Millionen Euro an Drittmitteln ein, während die UL hier nur knapp 52 Millionen erzielte (Statistisches Landesamt des Freistaates Sachsen 2010: 22). Interessanterweise wird aber die UL die Personalkosten laut Plan von 143 Millionen auf 154 Millionen Euro zwischen 2009 und 2012 anheben müssen, Angaben laut des Sächsischen Finanzministeriums, siehe URL (letzter Zugriff 3.12.2012): http://www.finanzen.sachsen.de/download/2011_2012_Epl12.pdf

261   Siehe URL (letzter Zugriff 3.12.2012): http://www.zv.uni-leipzig.de/forschung/exzellenzinitiative.html

versuchte eine eigene "Sächsische Landesexzellenzinitiative" der "Niederlage" in der ersten Wettbewerbsrunde der Exzellenzinitiative entgegen zu setzen. Hierüber wird das "LIFE – Leipziger Forschungszentrum für Zivilisationserkrankungen" an der UL gefördert.

Die unterschiedliche Finanzausstattung der Länder spiegelt sich auch in den Möglichkeiten der Hochschulen bei der Gestaltung ihrer Beziehungen mit Partnern im Ausland wieder. Die Mittel, die der Freistaat Sachsen beispielsweise die Universität Leipzig hierfür zur Verfügung stellt, belaufen sich auf "quasi null" (Poller/Lange 2009: 171). Die UL hat bislang als eine der wenigen großen Universitäten in Deutschland keine eigene Internationalisierungsstrategie oder ein Konzept für diesen Handlungsbereich vorgelegt.[262] Allerdings wird diesbezüglich auf den Punkt 4 des seit 2005 existierenden Leitbilds verwiesen (Universität Leipzig 2005: 7).

Dessen ungeachtet ist es ihr gelungen, ein erfolgreiches Engagement mit anderen Hochschulen zu entwickeln, zum einen deshalb, weil es hier wie wohl überall Hochschulangehörige und vor allem Professoren gibt, die aus eigenem Interesse heraus kooperieren, zum anderen sind sicherlich die vom DAAD bereitgestellten Mittel eine wichtige Ressource für die Universität Leipzig, wobei es ihr gelungen ist, sich bei der Einwerbung von Drittmitteln des DAAD 2007 als stärkste Hochschule nach der Humboldt-Universität und der TU Dresden zu platzieren. Diese Reihenfolge zeigt, dass es hier neuen Akteure des hochschulpolitischen Feldes möglich, sich gute Positionen zu erkämpfen. Ein Grund mag u. a. darin liegen, dass 1990 das ERASMUS-Programm 1990 für alle Hochschulen in Ost und West noch neu war.

Für eine Kooperation ist das Forschungsinteresse ein verbindendes Element. In den sozialwissenschaftlichen Fächern an der Universität Leipzig ist derzeit jedoch kein ausgeprägtes Interesse an der russischen Gesellschaft oder eine Regionalexpertise erkennbar.[263]

---

262 Allerdings wird nach Aussagen zweier Interviewpartner/innen der UL daran gearbeitet.

263 Der Lehrstuhl für Internationale Beziehungen mit dem Fokus auf Osteuropa war nach der Emeritierung der letzten Professorin erst vakant und ist heute nicht mehr als solcher existent. In den Kulturwissenschaften oder der Soziologie ist ebenfalls keine Expertise für Osteuropa erkennbar. Dafür existieren mit dem Geisteswissenschaftlichen Zentrum Geschichte und Kultur Osteuropas (GWZO) sowie der Slawistik forschungsstarke Institute an der UL, siehe URL (letzter Zugriff 12.1.2013): http://www.uni-leipzig.de/gwzo/

Leipzig International

In den frühen 1990er Jahren erfolgte eine teilweise Abkehr von der erzwungenen Ostausrichtung und eine Hinwendung gen Westen, welche sich auch in den grenzübergreifenden Kontakten der Hochschule widerspiegelte (Poller/Lange 2009: 174). Die bis dahin bestehende Kooperation mit der Staatlichen Universität Kasan namens V.I. Lenin wurde beendet, allerdings im Bereich der Physik fortgesetzt. Eine der wichtigsten Partnerschaften ist derzeit die 1992 geschlossene Vereinbarung mit der Ohio University in den USA, die für eine neue Westausrichtung der Universität Anfang der 1990er Jahre steht. Exemplarisch sei auf den aktuellen Stand der Internationalisierung der UL bezogen auf die individuelle Mobilität und die institutionellen Kontakte eingegangen: Im Wintersemester 2010/11 waren dort 2.794 ausländische Studierende eingeschrieben. Davon stammten 15 Prozent aus China und immerhin 7,7 Prozent aus der Russischen Föderation. Die internationale Arbeit der UL weist u.a. ein starkes Profil in der Germanistik bzw. Deutsch als Fremdsprache auf, wo sie nicht nur mit der University of Arizona kooperiert, sondern mit DAAD-Mitteln eine "Germanistische Institutspartnerschaft" unterhält (Universität Leipzig 2008: 91). Die Hochschule verfügte 2007 exakt über 331 Kooperationsbeziehungen mit Hochschulen im Ausland, wovon 47 den Status einer Universitätsvereinbarung besaßen. Weitere 38 waren Fakultätsvereinbarungen mit Partnern im Ausland. Über 700 der knapp 30.000 Leipziger Studierenden gingen in diesem akademischen Jahr ins Ausland und exakt 478 ausländische Studierende[264] kamen an die UL, davon 90 mit dem EU-Programm ERASMUS, welches wiederum auch von 90 Leipziger Dozenten für einen Auslandsaufenthalt genutzt wurde. Wesentlich stärker war hier die Bedeutung von Mobilitätsvereinbarungen innerhalb bilateraler Partnerschaften, über die 100 ausländische Wissenschaftler und Wissenschaftlerinnen den Weg in die sächsische Großstadt fanden und 43 aus Leipzig an die jeweiligen Partnerhochschulen gingen (ebd.: 93).

2007 wurde die frühere Partnerschaft mit der Staatlichen Universität Kasan wieder neu geschlossen. Die Initiative ging hierfür jedoch zur Überraschung der UL nicht von Hochschulangehörigen aus, sondern erfolgte durch die politischen Entscheidungsträger in der sächsischen Landeshauptstadt.

Die vertragliche Grundlage der Kooperation sei hier kurz exemplarisch dargestellt. In der "Vereinbarung über die wissenschaftliche Zusammenarbeit

---

264 Die Differenz zur erst genannten Ziffer lässt sich aus dem Umstand erklären, dass die zweite Zahl die temporär Studierenden und die erste Zahl alle, also auch die für ein komplettes Studium eingeschriebenen erfasst.

zwischen der Universität Leipzig (Deutschland) und der Kasaner Staatlichen Universität (Rußland)" vom 26.3.2008 wird in der Präambel auf das Abkommen der Russischen Föderation mit der Bundesrepublik über die kulturelle Zusammenarbeit vom 16.12.1992 Bezug genommen. Ohne konkrete Angaben wird "der Austausch von Studierenden, Wissenschaftlern und Angestellten" sowie der von Publikationen und die Organisation von gemeinsamen Lehr- und Forschungsprojekten vereinbart. Koordiniert wird dies an beiden Universitäten vom jeweiligen Auslandsamt und deren Leitern. Außerdem gibt es noch eine zusätzliche "Vereinbarung über den Studentenaustausch" vom 22.3.2010. Die Zahl der an der akademischen Mobilität Teilnehmenden ist jedoch vergleichsweise gering, denn beide Hochschulen sind nur "bereit, nicht mehr als 2 Studenten pro Studienjahr aufzunehmen." [265]

6.3.2 Justus-Liebig-Universität Gießen

Kaum 40 Zugminuten von Frankfurt am Main ist Gießen gelegen. Die Stadt erhielt 1607 als eine typische landesherrliche Gründung im Reformationszeitalter eine Universität. Die kleine Hochschule konnte sich im 19. Jahrhundert mit Justus Liebig und der Etablierung der Chemie als wissenschaftlichem Fach mit einer agrarwissenschaftlichen Ausrichtung profilieren.

Ihren Universitätsstatus verlor die Hochschule jedoch während des Zweiten Weltkrieges, um danach ihre Arbeit als Hochschule für Agrarwesen und Veterinärmedizin benannt nach Justus Liebig wieder aufzunehmen. Erst 1957 erhielt sie den Status einer Universität zurück, die danach beständig wuchs. Allerdings entwickelten sich die Zahl des Lehrpersonals und die Infrastruktur nicht im gleichen Ausmaß. Gegen die ihrer Meinung nach unzureichenden Zustände protestierten im Oktober 1997 die Studierenden der JLU. Die von hier ausgehenden Proteste waren bis heute die bundesweit stärksten nach der 1968er Bewegung, allerdings blieben nachhaltige Politisierungseffekte aus (vgl. Himpele 2009). Heute zählt die JLU mit über 26.000 Studierenden zu den großen deutschen Universitäten.

Hessische Ausstattung

Hessen gehört zu den wenigen "wohlhabenden" Bundesländern, das seit langem in dem Länderfinanzausgleich einzahlt. Die finanzielle Ausstattung der Hochschule müsste daher besser sein als im sächsischen Leipzig. 2012 belief sich der Haushalt der JLU auf 336,5 Millionen Euro und damit 7,4 Milli-

---

265   Die Vereinbarungen wurden von mir im Akademischen Auslandsamt der Universität
       Leipzig eingesehen.

INTERNATIONALISIERUNG, KOOPERATION UND TRANSFER   201

onen Euro mehr als 2010. Davon sicherte das Land Hessen mit 217,9 Millionen Euro die Grundfinanzierung der Universität. Weitere 67,3 Millionen Euro und somit gut 20 Prozent wurden durch Drittmittel sowie durch Mittel aus dem hessischen Landesförderprogramm "LOEWE"[266] in das Budget eingebracht. In ihrer diesbezüglichen Pressemitteilung verweist die JLU darauf, dass im Vorjahr 2011 der Anteil der Grundfinanzierung 219,3 Millionen Euro betragen hätte. Vor allem der Anstieg der eingeworbenen Forschungsmittel um 5,5 Millionen Euro ist somit für den Anstieg des Gesamthaushalts verantwortlich. Um einen positiven Haushaltsabschluss zu erzielen, sind alle Fakultäten zu anhaltenden Sparmaßnahmen gezwungen.[267] Nichtsdestotrotz stellt die Landesexzellenzinitiative LOEWE dringend benötigte Mittel für die Forschung, nicht jedoch für die Lehre bereit. Zumindest die wissenschaftliche Nachwuchsförderung profitiert im Bereich der Geistes- und Sozialwissenschaften von der Exzellenzinitiative des Bundes, denn seit 2007 wird hier das "International Graduate Centre for the Study of Culture" gefördert. Hinzu kommt ein gefördertes "Cluster" in der Medizin.

In der Zielvereinbarung des hessischen Kultusministeriums mit der JLU vom 15. Juni 2011 wurde die JLU darauf festgelegt, die internationale Mobilität zu erhöhen und erfolgreich ein ECTS-Label zu beantragen. Außerdem soll sich die Universität "fortlaufend stärker an EU-Drittlandkooperationen und weiteren EU-Programmen sowie an transnationalen Programmen des DAAD beteiligen".[268]

JLU international[269]

Die JLU verfügt nach eigenen Angaben über "mehr als 60 Partnerschafts-, Kooperations- und Austauschabkommen weltweit". Zusätzlich verfügt sie über 190 Partnerhochschulen im ERASMUS-Programm. Derzeit sind an ihr über

---

266 Auch bei diesem Programm werden die Mittel nach einem Wettbewerbsverfahren vergeben. Im Zeitraum 2009 bis 2013 vergibt die hessische Landesexzellenzinitiative insgesamt 410 Millionen Euro, siehe URL (letzter Zugriff 16.1.2012): http://www.hmwk.hessen.de/irj/HMWK_Internet?uid=fa560c0b-ed11-931 1-1010-43bf5aa60dfa
267 Alle vorausgegangenen Angaben beziehen sich auf die Pressmitteilung Nr. 159 der JLU vom 11. Juli 2012, hier URL (letzter Zugriff 16.1.2013): http://www.uni-giessen.d e/cms/ueber-uns/pressestelle/pm/pm159-12
268 Siehe URL (letzter Zugriff 16.1.2013): http://www.hmwk.hessen.de/irj/HMWK_Inter net?cid=cfcb17f51b4f7b9fa0d746c2c7944909
269 Zielvereinbarung zwischen dem Hessischen Ministerium für Wissenschaft und Kunst und der Justus-Liebig-Universität Giessen Für den Zeitraum 2011 – 2015 15. Juni 2011. S.12. Hier URL (letzter Zugriff 27.1.2013): http://www.hmwk.hessen.de/irj/H MWK_Internet?cid=cfcb17f51b4f7b9fa0d746c2c7944909

2.200 ausländische Studierende eingeschrieben. Partnerschaftsverträge, die die gesamte Universität umfassen, sind jedoch beschränkt auf ein gutes halbes Dutzend. Der älteste Vertrag wurde 1970 mit der Ege-Universität im türkischen Izmir vereinbart; weitere existieren seit 1976 mit der Kansas State University, seit 1978 mit der Universität Lódz und seit 1983 zwei Verträge mit Universitäten im US-Bundestaat Wisconsin. Die 1989 vereinbarte Partnerschaft mit der Kasaner KGU in der damaligen UdSSR ist die jüngste der internationalen Kooperationen dieser Art. Erwähnenswert sind ferner fachbezogene Partnerschaften, die über das DAAD-Programm Ostpartnerschaften gefördert werden, so die 2009 vereinbarte Kooperation mit der Prager Karl-Universität.

Das Präsidium der JLU beschloss im März 2006 ein Konzept zur Internationalisierung.[270] Der Bedarf hierfür wird begründet mit dem Bologna-Prozess und Veränderungen im deutschen Hochschulsystem.[271] Das Konzept enthält recht konkrete Vorgaben, so die Einführung von international kompatiblen Studiengängen und des ECTS in allen Fachbereichen sowie die Modularisierung. Außerdem soll es eine koordinierte Kooperation mit den Partnerhochschulen und ein "Internationales Studienzentrum" geben. Gleichzeitig wird auch an der JLU die Einführung englischsprachiger Studiengänge und Lehrveranstaltungen geplant, wozu verstärkt auf Wissenschaftler aus dem Ausland bzw. Personen mit internationaler Lehrerfahrung angeworben werden sollen. Neben diesen Punkten, die ergänzt werden von den gängigen Verweisen auf Qualitätsmanagement und Marketing, wird auch der verstärkte Einsatz digitaler Technik gefordert. So soll das Diploma-Supplement jederzeit auch elektronisch zur Verfügung stehen.

Die Internationalisierungsstrategie der JLU kann sich auch auf Finanzmittel des Landes Hessen stützen.[272] Die Integration von den über 1.000 ausländi-

---

270   Konkret heißt es: "Zukunft durch Internationalisierung: Ein Konzept für die Justus-Liebig-Universität Gießen" siehe URL (letzter Zugriff 16.1.2013): http://fss.plone.uni-giessen.de/fss/internationales/intstrat/strategie/file/Internationalisierungspapier.pdf

271   So heißt es dort auf S.2: "Zum einen ergibt sich die Herausforderung zur Internationalisierung aus dem gegenwärtig entstehenden europäischen Hochschulraum im Rahmen des Bologna-Prozesses, zum anderen bewirkt die Entwicklung eines internationalen Bildungsmarktes, der Hochschulbildung zunehmend als "Ware" versteht, einen Veränderungsdruck auf die deutschen Hochschulen."

272   "Internationalisierung@JLU – lokal fördern, global qualifizieren" von JLU und Studentenwerk Gießen. Das Projekt wird durch den Europäischen Sozialfonds (ESF) und das Land Hessen gefördert. JLU-Pressemitteilung Nr. 154, 5. Juli 2012 (letzter Zugriff 9.10. 2012): http://www.uni-giessen.de/cms/ueber-uns/pressestelle/pm/pm15 4-12/

schen Studierenden wird in der JLU mit eigenen Strukturen unterstützt, so arbeitet seit März 2011 das Projekt "Internationalisierung@JLU", welches im November 2011 eine Betreuungsstelle für Gastwissenschaftler und Studierende auf dem Campus eröffnete. Die Stelle wird mit Mitteln des Europäischen Sozialfonds (ESF) und des Landes Hessen bis 2014 gefördert. Das Projekt widmet sich der Kompetenzbildung und -vermittlung in einer globalisierten Arbeitswelt. Zur Internationalisierungsstrategie können auch die Landespartnerschaften von Hessen gerechnet werden, wobei das Bundesland für ausgewählte Stipendiaten die Kosten für die gebührenpflichtigen Studiengänge in einzelnen Bundesstaaten der USA und Australien übernimmt.[273]

Die Umsetzung der Internationaliserungsstrategie der JLU vor Ort als "Lokal international" wurde 2011 mit dem "Preis des Auswärtigen Amtes für exzellente Betreuung ausländischer Studierender an deutschen Hochschulen" geehrt. Die zusätzlichen personellen und finanziellen Kosten werden durch das DAAD-Programm PROFIN gedeckt werden.[274]

2005 wurden vom Land Hessen die geisteswissenschaftlichen Fächer neugruppiert und an einigen Hochschulen zusammengefasst. Die JLU konnte mit ihrem bestehenden Netzwerk erreichen, dass hier ein regionalwissenschaftliches Zentrum für Osteuropa angesiedelt wurde.[275] Der Erfolg wird u. a. dem damaligen Präsidenten zugerechnet.[276] Der langjährige Präsident der JLU (1997-2009) Stefan Hormuth prägte nicht nur die Hochschule mit ihren Internationalisierungsbemühungen, sondern war von 2001 bis 2007 als Vizepräsident zuständig für das Internationale Engagement der HRK und 2008 bis zu seinem Tod 2010 DAAD-Präsident. Er hatte damit eine einflussreiche Position im wissenschaftspolitischen Feld der Bundesrepublik inne. Der neue Präsident der JLU ist seit dem Januar 2012 Vizepräsident des DAAD.

Doch auch wenn die JLU über eine hohe Reputation verfügt, sehen ihre Vertreter die Gefahr, dass Forschung dort bald nur noch mit Drittmitteln stattfinden kann, so meint der Präsident der JLU in Anwesenheit des DFG-Präsidenten: "Mit immer weniger grundfinanzierten Stammpersonal müssen

---

273   Siehe URL (letzter Zugriff 10.2.2013): http://www.uni-giessen.de/cms/internationales/
       internationale-abkommen/landespartnerschaften
274   Gießener Universitätszeitung uniform Nr.5/8.12.2011, S.5.
275   Siehe URL (letzter Zugriff 10.2.2013): http://www.idw-online.de/de/news140188
276   Siehe die Rede "Stefan Hormuth, Osteuropa und die Bildung eines
       regionalwissenschaftlichen Zentrums an der JLU"von Prof. Dr. Monika Wingender
       auf der akademischen Trauerfeier zu Ehren von Stefan Hormuth am 20.10.2010.
       Siehe auch die diesbezügliche Pressemitteilung URL (letzter Zugriff 16.1.2013):
       http://www.idw-online.de/de/news356588

immer mehr Anträge für immer mehr befristete und zweckgebundene Pro-
jektmittel gestellt werden..."[277].

Das TEMPUS-Programm der EU ist eine zusätzliche Quelle für organisatori-
sches Engagement. Auch aufgrund der bestehenden Partnerschaft mit den
Universitäten in Lódz und in Kasan belegt die JLU hier einen Platz unter den
ersten fünf deutschen Universitäten, die sich am TEMPUS-Programm beteiligen. Mit der polnischen Universität führt sie außerdem ein vom DAAD gefördertes Doppelmasterprogramm in der Germanistik durch.

Die JLU und die KGU

Die starke Orientierung der JLU Richtung Osten begann noch zu Zeiten des
Kalten Krieges. 1978 wurde die Partnerschaft mit der polnischen Universität
Lódz geschlossen.

Die Partnerschaft zwischen der Justus-Liebig-Universität Gießen und der
Staatlichen Universität Kasan wurde zu einem Zeitpunkt in die Wege geleitet,
als letztere den Beinamen Vladimir I. Lenin als Auszeichnung trug.[278] Erste
Kontakte entstanden bereits 1984 während eines Besuchs des Kasaner Rektors mit anderen Rektoren und Hochschulpolitikern der UdSSR in der BRD.
Die Unterzeichnung der offiziellen Partnerschaft erfolgte dann im Oktober
1989. Die Kooperation hatte ihre substantielle Basis am Anfang vor allem in
der Fakultät für Agrarwissenschaften der JLU.[279] Ein Wissenschaftler, der hieran auf Gießener Seite stark beteiligt war, hatte selbst 1968/69 als einer der
ersten westdeutschen Wissenschaftler einen längeren Auslandsaufenthalt in
der Sowjetunion verbringen dürfen.[280]

---

277 Und als Fortsetzung "...es wird nicht mehr lange dauern, bis man sich ernsthafte
     Sorgen um die Statik des Gebäudes namens "Hochschulfinanzierung" machen
     muss" Joybrato Mukherjee zitiert in der Gießener Universitätszeitung uniform
     Nr.5/8.12.2011, S.11.

278 Der sich übrigens noch eingraviert über dem Eingangsportal am Hauptgebäude
     befindet. Dem gegenüber steht eine Statue des Studenten Vladimir I. Uljanow, der
     hier bis zur seiner Relegation aufgrund eines demokratischen Protestes einige
     Monate studierte.

279 "Die Ursprünge dieser Partnerschaft gehen auf Kontakte zurück, die der frühere
     Präsident der Universität Gießen, Prof. em. Dr. Karl Alewell, bei einem Besuch von
     Hochschulrektoren aus der damaligen Sowjetunion 1984 in Gießen mit dem früheren
     Rektor der Universität Kasan, Prof. Dr. Aleksander. I. Konovalov, geknüpft hat. Der
     Partnerschaftsvertrag ist dann im Oktober 1989 in Kasan von dem damaligen
     Gießener Universitäts-Präsidenten Prof. em. Dr. Heinz Bauer und von Prof.
     Konovalov unterschrieben worden.", siehe URL (letzter Zugriff 23.1.2013): http://idw-
     online.de/pages/de/news15172

280 Dr. Günter Jaehne wurde für die Kooperationsbemühungen mit Hochschulen in
     Osteuropa und in China im Juni 2002 mit dem Bundesverdienstkreuz geehrt, siehe

Weitere Träger der Zusammenarbeit wurden die beiden naturwissenschaftlichen Disziplinen der Biologie und der Chemie, bei denen es bereits historische Bezüge zu Russland bzw. zur Kasaner Universität gab.[281] Außerdem waren die philologischen Disziplinen und insbesondere die Slawistik stark engagiert, wie der langjährige Gießener Partnerschaftsbeauftragte im Interview darlegte.

Dem Austausch der Studierenden und jungen Wissenschaftler wurde 1992 mit einer zusätzlichen Vereinbarung im Rahmen der Partnerschaft eine vertragliche Grundlage gegeben. Dieser Austausch hält bis heute an. Er umfasst bei entsprechendem individuellem Engagement alle Fakultäten. Hier profitiert zum Beispiel die Gießener Turkologie von der Zusammenarbeit mit der Tatarischen Fakultät in Kasan.[282] Ein wichtiger Kooperationspunkt war von Anfang an die tatarische Sprache, die zu den Turksprachen gehört und damit die entsprechende Fakultät für tatarische Philologie an der KGU.

Das 10jährige Bestehen der Partnerschaft wurde im Oktober 1989 in Gießen gefeiert, wobei die Delegation aus Tatarstan aus über 40 Personen bestand. Die 20-Jahr-Feier fand wiederum mit zahlreichen Gästen der JLU bei einem mehrtägigen Symposium auf einem Schiff auf der Wolga statt. Hochrangige Besuche finden in der Partnerschaft zwischen Kasan und Gießen regelmäßig statt. 2009 wurde dem JLU-Präsidenten von der damaligen KGU in Anwesenheit des Kasaner Vizerektors die Ehrendoktorwürde verliehen.[283] Im Herbst 2010 folgte ein "Antrittsbesuch" des neuen KFU Rektors in Gießen, der im Mai 2012 mit einem Gegenbesuch des JLU-Präsidenten und einer Delegation in Kasan beantwortet wurde.[284] Die dabei stattfindenden Gespräche

---

URL (letzter Zugriff 23.1.2013): http://www.idw-online.de/de/news50064

281   Justus Liebig personifizierte die Verbindung der Agrarwissenschaft mit der Biologie und der Chemie. Seine Forschung ermöglichte den industriell hergestellten Dünger und damit eine effizientere Landwirtschaft.

282   Bis Dezember 2011 lief dort folgendes Projekt: "DFG-Projekt: Mehrheit oder Minderheit? Identitätskonstruktionen im sprachpolitischen Diskurs russisch-türksprachiger Sprachgemeinschaften", siehe URL (letzter Zugriff 12.9.2011): http://www.uni-giessen.de/cms/fbz/fb04/institute/turkologie/Aktudrittmittelprojek te/DFG-Projekt/

283   Bei dem dafür stattfindenden Empfang war auch eine Prorektorin einer anderen Partner-Universität der JLU von der Universität Lódz anwesend, siehe die Meldung URL (letzter Zugriff 2.12.2012): http://idw-online.de/pages/de/news348691

284   Die Partnerschaft zwischen der JLU und der KFU geht über eine rein institutionelle Kooperation hinaus, so findet sich in der Gießener Universitätszeitung vom 6.10.2011 auf Seite 6 ein Spendenaufruf der Slawistik um einen befreundeten Regisseur aus Kasan bei der Genesung bzw. den Kosten einer schweren Krankheit zu unterstützen, wobei der Kontakt durch gegenseitige Besuche und Aufführungen von Stücken seit 2007 besteht.

erörterten die Kooperationsentwicklung vor allem in der Physik, der Philologie und in der Kunst. Außerdem waren bei einem Gespräch mit dem Bildungsminister der Republik Tatarstan die Einrichtung von Doppelmasterprogrammen sowie die Problematik der Anerkennung von Studienleistung Teil des offiziellen Programms.[285]

2009 begann die vom DAAD geförderte Erprobungsphase des Studiengangs "Transition Studies" von der JLU und der KGU als "Management of Ecosocial Market Economies". Der englischsprachige Studiengang will insbesondere zur Ausbildung von "Kernkompetenzen in Ökonomie bzw. Agrarökonomie, Recht und Politik"[286] beitragen. Basis ist das Gießener Modell mit 120 Leistungspunkten (Zentrum für internationale Entwicklungs- und Umweltforschung (ZEU) 2010: 27). Koordiniert wird das interdisziplinäre Projekt eines gemeinsamen Studienganges von den Gießener Wirtschaftswissenschaften. Beteiligt sind in Kasan die wirtschaftswissenschaftliche Fakultät (Lehrstuhl für Staatliche und Kommunale Verwaltung) sowie die Fakultäten für Rechtswissenschaften, Geographie und Ökologie, Journalistik und Soziologie sowie Philosophie mit dem Lehrstuhl für Politikwissenschaften (ebd.).[287]

6.3.3 Die Freie Universität Berlin

Die FU, wie die Freie Universität Berlin allgemein mit ihrem Kürzel genannt wird, ist in der unmittelbaren Nachkriegszeit 1948 am Rande von West-Berlin entstanden. Ziel des Lehrpersonals und der westlichen Alliierten war es, den Universitätsbetrieb einer demokratischen Hochschule in Berlin zu erhalten. Das hier lange erprobte "Berliner Modell" setzte explizit auf die Stärkung demokratischer Strukturen und die Öffnung hin zur Gesellschaft (Lämmert 1999: 282). Vor allem die Ford Foundation förderte die FU in den 1950er Jahren nachhaltig (ebd.: 285). Außerdem wurde das neue Modell nicht nur von den Studierenden organisatorisch mitgetragen (Zeuner 2007: 337), sondern sie waren auch für ein neuartiges an der FU eingeführtes Tutorensystem verantwortlich, bei dem fortgeschrittene Studierende die Studienanfänger bei zusätzlichen Veranstaltungen in Lehr- und Lerngruppen unterstützten. Neben Frankfurt am Main war Berlin mit der FU ein Zentrum der bundesdeutschen

---

285 Wie in der Gießener Universitätszeitung vom 5.7.2012 auf S.6 zu erfahren ist.

286 Für die Programmdarstellung siehe URL (letzter Zugriff 27.1.2013): http://www.daad .de/hochschulen/de/download.html/5878a7ab84fb43402106c575658472fa167

287 Außerdem führen die Wirtschaftswissenschaften ein weiteres Doppelabschlussprogramm mit der Staatlichen Universität Samara durch, siehe URL (letzter Zugriff 27.1.2013): http://www.daad.de/hochschulen/de/download.html/7e7 757b1e12abcb736ab9a754ffb617a166

Studentenbewegung und ein Ausgangspunkt für demokratische Hochschulreformen. 1990 waren an der Freien Universität Berlin etwas über 59.000 Studierende eingeschrieben, im Jahr 2000 immerhin noch über 41.000 (Amt für Statistik Berlin-Brandenburg 2006: 29). Gegenwärtig sind es nur noch rund 28.000 Studierende, davon circa 18 Prozent aus dem Ausland. Die FU verfügt laut ihrer Internetpräsenz über 286 Millionen Euro aus staatlichen Zuweisungen des Landes Berlin und 106 Millionen aus den sogenannten Drittmitteln.[288]

Arm und Exzellent?

Die finanzielle Lage der neuen Bundeshauptstadt ist spätestens seit dem Bankenskandal, der 2001 öffentlich wurde, als prekär zu bezeichnen. Der Sparzwang wurde an die Berliner Hochschulen weitergegeben. Die FU verfügte 1994 noch über eine Personalanzahl von 23.000. Zehn Jahre später betrug dieser Wert nur etwas mehr als 7.000 Beschäftigte (Amt für Statistik Berlin-Brandenburg 2006: 32).

Nach dem Jahr 2000 setzte eine Abkehr von der früheren losen Strukturierung der Universitätsorganisation ein.[289] Vor allem mit dem FU-Präsidenten Dieter Lenzen als einem Mitglied der "Initiative Neue Soziale Marktwirtschaft" wird eine deutliche Orientierung an dem Konzept der unternehmerischen Universität verbunden. Dieses Leitbild und die Einführung von NPM setzte sich auch in der FU sukzessive durch. Dazu gehörte es, Relikte der Gruppenuniversität zu entmachten, denn: "In diesen Jahren entscheidet sich, ob die Freie Universität unter den ,Top Ten' auch weiterhin ihren Platz hat, oder ob sie zurückfällt. Das bedeutet auch, dass alle strategischen Entscheidungen über Strukturen, Berufungen, Schwerpunkte, Arbeitsziele immer auch vor dem Hintergrund dieses Ziels bewertet und getroffen werden müssen", wie der damalige FU-Präsident in einer kritischen Analyse der NPM-Reformen zitiert wird (Zeuner 2007: 331). Daher wurden die Strukturen der FU verändert, weg von innerorganisatorischer Partizipation und Mitbestimmung und hin zu hierarchischen Management-Strukturen, wobei es seit 2003 eine Bün-

---

288   Siehe URL (letzter Zugriff 5.12.2012): http://www.fu-berlin.de/universitaet/leitbegri ffe/zahlen/index.html

289   Das Land Berlin wurde nach 2001 lange von einer Koalition aus SPD und PDS regiert. Letztere stellte zeitweise auch den Bildungssenator. Es ist aber auch festzuhalten, dass die akademische Selbstverwaltung und die demokratische Wahl auch in den FU-Gremien immer noch entscheidend sind. Für die Wahlergebnisse des Senats im Jahr 2011, siehe URL (letzter Zugriff 23.1.2013): http://userpage.fu-berlin.de/~wahlrabe/aktuell/1011ws/2011/bek2.pdf

delung von Forschungsschwerpunkten in Clustern gibt. Dies wird einerseits sehr kritisch betrachtet, anderseits musste die FU auch auf die Kürzungen ihres Budgets durch den Berliner Senat reagieren. NPM-Methoden stellten eine Alternative für eine ausweglose finanzielle Lage dar.[290] Die Umstrukturierung und die Bündelung von Ressourcen hat sicherlich zu einer deutlichen Schärfung des Profils beigetragen, zumindest in den Augen der Gutachter der Exzellenz-Initiative, die die Universität 2007 aufgrund des eingereichten Zukunftskonzepts "Veritas – Iustitia – Libertas. Internationale Netzwerkuniversität" zur Exzellenz-Universität kürten. Die Schwerpunkte werden von der FU auf die Forschung, die Internationalisierung sowie der Förderung des wissenschaftlichen Nachwuchses gelegt. Die Gutachter der Exzellenzinitiative sind allerdings selbst Teil einer Hochschullandschaft, die von Diskursen über NPM, Elite und Exzellenz als Leitbilder geprägt ist.

Auch nach 2012 darf die FU weiterhin den Titel Exzellenz-Universität tragen. Der Ausbau der internationalen Aktivitäten ist dabei ein wesentliches Element. Zentral sind dabei "strategische" Kooperationen mit Partnerhochschulen, die als ebenso "exzellent" angesehen werden.

Internationales Netzwerk

Ein strategischer Ansatz in der Neuausrichtung war sicherlich die Positionierung der FU im globalen Feld der Hochschulen. Sie sieht sich dabei als "Internationale Netzwerkuniversität".[291] Sie profitiert aber auch von dem gestiegenen Interesse im Ausland an dem Standort Berlin, der in der neuen alten Hauptstadt allen Hochschulen zu Gute kommt.

Die FU Berlin hat sich insbesondere für ihre internationalen Aktivitäten zusätzliche Mittel beschafft, so dass es ihr möglich ist, sieben Büros im Ausland zu unterhalten: in São Paulo, Brüssel, Kairo, Neu-Delhi, New York, Peking sowie in Moskau. Sie ist damit zugleich in allen Großregionen tätig, die auch von den außenpolitischen Entscheidungsträgern als strategische Zielregionen angesehen werden. Weltweit verfügt sie derzeit über 100 Partnerschaften plus über 330 Kooperationen im ERASMUS-Programm.[292]

Die FU und vor allem ihr "Center for International Cooperation" haben aber Ziele und Strategien, die über den akademischen Austausch und die grenz-

---

290 Als Beispiel für viele Meldungen aus dieser Zeit, URL (letzter Zugriff 23.1.2013):
    http://www.idw-online.de/de/news78192
291 Siehe URL (letzter Zugriff 5.12.2012): http://www.fu-berlin.de/presse/publikationen/m
    edia/kurzportraet_201208_de.pdf?1346141099
292 Siehe URL (letzter Zugriff 5.12.2012): http://www.fu-berlin.de/universitaet/profil/netz
    werk/index.html

übergreifende Mobilität von Studierenden und Wissenschaftlern hinausgehen, denn auf der Internetpräsenz dieses "Auslandsamtes" wird dargelegt, dass die FU nicht nur weltweit Marketing betreiben will, sondern die FU "als innovative Kraft in internationalen Diskursen zu aktuellen Themen der Hochschulentwicklung zu positionieren"[293] gedenkt. Damit wäre die FU ein Akteur mit dem Anspruch Hochschulpolitik nicht nur auf der Ebene der lokalen Umsetzung, sondern auch darüber hinaus in der Entscheidungsphase aktiv gestalten zu wollen. Die dazu gehörigen finanziellen Mittel sind bislang aber stark von der Förderung in der Form von Drittmitteln wie der Exzellenzinitiative abhängig.

Zielregion Russland

Die FU ist in vielen Fachbereichen mit der Region Osteuropa und vor allem mit Einrichtungen in der Russischen Föderation verbunden. Der älteste Vertrag existiert mit der SPbGU. Er wurde bereits 1968 geschlossen. Insgesamt sind derzeit sechs Vereinbarungen, Protokolle und Verträge zwischen den beiden Partnern in Kraft.[294] Diese regeln insbesondere den Austausch des akademischen Personals, der auf maximal 12 Personen und sechs Monate pro Universität begrenzt wurde.[295] 2006 sowie 2011 wurde der Partnerschaftsvertrag verlängert und im Mai 2012 wurde die Kooperation vertraglich zur Strategischen Partnerschaft erklärt.[296]

Die FU unterhält zusammen mit der SPbGU seit 2010 ein gemeinsames Exzellenzzentrum für Forschung und Lehre "German-Russian Interdisciplinary Science Center" (G-RISC), welches vom Auswärtigen Amt via dem DAAD finanziert wird. Das interdisziplinäre Zentrum zielt in erster Linie auf die Naturwissenschaften und stellt eine virtuelle Arbeitsplattform zwischen Dahlem und Peterhof dar. Das G-RISC wird so laut Punkt 3.2 des Vertrages in beiden Universitäten gleichzeitig organisiert und koordiniert.[297] Im Folgenden soll sich aber auf zwei gesellschaftswissenschaftlich orientierte Bereiche konzentriert werden.

---

293   Siehe URL (letzter Zugriff 5.12.2012): http://www.fu-berlin.de/sites/inu/cic/index.html
294   Diese sind nur auf der Seite der SPbGU einzusehen, siehe URL (letzter Zugriff 23.1.2013): http://ifea.spbu.ru/реестр-международных-соглашений?resetfilters=0
295   Siehe URL (letzter Zugriff 23.1.2013): http://ifea.spbu.ru/new/reestr/08-2-04-P-12-040.pdf
296   Siehe die Rahmenvereinbarung vom 22.5.2012, URL (letzter Zugriff 23.1.2013): http://ifea.spbu.ru/new/reestr/08-2-04-P-12-039.pdf
297   Siehe den Vertrag vom 22.3.2010 zwischen der Freien Universität Berlin und der Staatlichen Universität St. Petersburg und dem DAAD, URL (letzter Zugriff 23.1.2013): http://ifea.spbu.ru/new/reestr/08-2-04-P-10-006.pdf

Im Feld der Sozial- und Geisteswissenschaften ist das 1951 gegründete Osteuropa-Institut eine der wenige Einrichtungen in Deutschland, in denen eine
explizite Russlandexpertise vorhanden ist. Diese war zeitweilig äußerst gefährdet. 1992 wurde erstmals die Schließung auf der landespolitischen Ebene
gefordert. Der Wissenschaftsrat empfahl im Jahr 2000 in einer Evaluation
bestenfalls eine befristete Weiterexistenz der regionalwissenschaftlichen Einrichtungen.[298] In der zweiten Hälfte der 2000er wurde der Mangel an regio-
nalwissenschaftlicher Kompetenz in der Bundesrepublik auffällig. Das BMBF
reagierte 2008 auf die Kritik mit einer Wiederbelebung der entsprechenden
Förderung.[299]

Der zweite zentrale Partner in Russland ist das Moskauer MGIMO. Die Kontakte reichen zurück bis in die 1990er Jahre. Seit 1999 besteht ein Partnerschaftsvertrag zwischen der FU und der MGIMO. Sie wurden nach 2004 in
der Teildisziplin der Internationalen Beziehungen besonders intensiv. 2005
wurde ein gemeinsamer deutschsprachiger Studiengang gegründet. 2007 erfolgte die Gründung des "Centers for Global Politics" (CGP) in Berlin am Osteuropa-Institut. An diesem Zentrum werden auch die Aktivitäten in Russland
koordiniert, wobei die Studiengänge, die mit dem MGIMO durchgeführt werden, weitgehend vom DAAD finanziert werden. Deutsch ist die Arbeitssprache im einjährigen Zusatzstudium "German Studies Russia", welches mit 30
ECTS und einem Zertifikat abgeschlossen werden kann.[300] Die Module werden hauptsächlich von zwei deutschen Tutoren in Moskau durchgeführt, die
hierfür ein Stipendium erhalten und in aller Regel Absolventen deutscher
Hochschulen sind. Neben dem deutschsprachigen Zusatzstudium wird seit
2003 zusammen mit der Humboldt-Universität sowie der Universität Potsdam
ein Doppelmasterprogramm im Fach Internationale Beziehungen angeboten,
wobei die MGIMO der ausländische Partner für den Master ist. Der Abschluss
eines Masters kann nach vier Semestern inklusive eines verpflichtenden Aus-
landssemesters erworben werden.[301] Außerdem sind am CGP zwei weitere
Master-Studiengänge angesiedelt, die von einem Lehrstuhl betreut werden.[302]

298 In der Erwiderung des Osteuropa-Instituts wird auf die seit 1990 immer schlechter
werdende finanzielle Ausstattung verwiesen, siehe URL (letzter Zugriff 2..2.2013):
http://www.oei.fu-berlin.de/media/publikationen/boi/boi_18/19_evaluierung.pdf
299 Vergleich die Bekanntmachung des BMBF von Förderrichtlinien zur Stärkung und
Weiterentwicklung der Regionalstudien (area studies) vom 24.10.2008, siehe URL
(letzter Zugriff 2.2.2013): http://www.bmbf.de/en/furtherance/13101.php?hilite=a
rea+studies
300 Siehe URL (letzter Zugriff 23.1.2013): http://www.german-studies-russia.org/
301 Siehe URL (letzter Zugriff 23.1.2013):http://www.masterib.de/index.html
302 Siehe URL (letzter Zugriff 10.2.2013): http://www.global-politics.org/about_us/team

Hinzukommt noch die Organisation von Sommerschulen und ähnlich kompakten Lehreinheiten.

Der zweite, hier zu nennende Fachbereich der FU ist der des Journalismus. Hier ist das seit 1999 existente Programm "Journalisten International" zu nennen. Es wurde von einem Professor der FU mitentwickelt und vom DAAD gefördert. Partner war hier das an der MGU angesiedelte Moskauer Freie Deutsch-Russischen Institut für Publizistik. Im Juni 2007 wurde für das Wintersemester 2008/09 ein internationaler Studiengang "Master of Arts in Communication and Journalism" mit den Arbeitssprachen Deutsch und Russisch vereinbart.[303] 2009 finden sich noch Anzeichen dafür, dass hieran gearbeitet wird.[304] Doch 2012 deuten die Aktivitäten des FU Instituts für Publizistik und Kommunikationswissenschaft an, dass es zu keiner vertieften Kooperation mit der MGU in diesem Bereich kommen wird.[305] Dafür finden Veranstaltungen vom Institut für Journalistik und Kommunikationswissenschaft der SPbGU mit ihren Berlinern Kollegen statt. Außerdem befindet sich ab 2011 ein gemeinsamer Master in der vom DAAD geförderten Vorbereitungsphase.[306]

6.3.4 Universität Bielefeld

Im Vergleich zu Berlin ist Bielefeld nicht ein Brennpunkt des internationalen Interesses, dafür jedoch in einem der wirtschaftsstärksten und bevölkerungsreichsten Bundesländer gelegen. Das Land Nordrhein-Westfalen stellte der Universität Bielefeld 2010 knapp 148 Millionen Euro an Grundmittel für die Lehre und die Forschung zur Verfügung, für letzteres wurden noch weitere 48 Millionen als Drittmittel eingeworben.[307]

Reformuniversität

Die Universität Bielefeld (UB) entstand in einer Phase von zahlreichen Hochschulgründungen und Reformen. Sie wurde Ende der 1960er Jahre als eine

---

/index.html
303 Siehe die Pressemitteilung 125/2007 der FU vom 15.6.2007, hier URL (letzter Zugriff 22.1.2013): http://www.fu-berlin.de/presse/informationen/fup/2007/fup_07_125/index .html
304 Siehe den Beitrag von Benedikt Brisch: "Spannende Einblicke in die russischen Medien" URL (letzter Zugriff 27.1.2013): http://www.daad-magazin.de/12249/index .html
305 Laut Aussage der Lehrstuhlinhaberin an der FU findet die Zusammenarbeit nicht mehr statt. Nähere Angaben wurden leider nicht gemacht.
306 Siehe URL (letzter Zugriff 2.2.2013): http://www.daad.de/imperia/md/content/hochs chulen/doppeldiplom-programm/projektliste_2011-12.pdf
307 Siehe URL (letzter Zugriff 3.12.2012): http://www.uni-bielefeld.de/Universitaet/Ueb erblick/Organisation/Verwaltung/Dez_I/Controlling/daten.html

Reformuniversität gegründet, die interdisziplinäre Lehre und Forschung konsequent miteinander verbinden wollte. Im November 1969 nahm sie mit gerade einmal 270 Studierenden an drei Fakultäten den Lehr- und Forschungsbetrieb auf.[308] Die Soziologie war eine dieser ersten Fakultäten. Die Universität Bielefeld zählte im Winter-Semester 2011/12 mit über 18.000 Studierenden inklusive 1.427 aus dem Ausland zu den mittelgroßen deutschen Universitäten.[309] Die UB ist heute gleichzeitig eine der angesehensten Universitäten in Deutschland[310] und verfügt derzeit über drei internationale Graduiertenschulen. Sie kann sich, bestärkt durch ein internationales Ranking, selbst als beste Hochschule von Nordrhein-Westfalen bezeichnen (Universität Bielefeld o.J.: 1). In der Soziologie wird sie zweifelsohne mit dem Wirken von Niklas Luhmann verbunden. Relativ oft wurden Bielefelder Wissenschaftler mit dem seit 1985 existierenden wichtigsten deutschen Wissenschaftspreis geehrt, der sieben Mal in die westfälische Provinz ging. Die Auszeichnung erhielten 1994 auch zwei Personen der Soziologischen Fakultät.[311]

Der Einfluss der sich an NPM orientierenden Reformen war in der Periode einer konservativ-liberalen Landesregierung in NRW sehr stark. Nach dem im Oktober 2006 beschlossenen "Hochschulfreiheitsgesetz" wurden Universitäten zu eigenständigen Anstalten des öffentlichen Rechts erklärt. Im Rahmen des Reformdiskurses führte die Universität eine neue Grundordnung ein.[312] Damit wird die Wahl des Rektors von dem im Mai 2008 eingerichteten Hochschulrat abhängig, während der Senat dem nur zustimmen kann.[313] Die zu dieser Zeit eingeführten Studiengebühren wurden mit der neuen rot-grünen Mehrheit im Landtag 2011 wieder abgeschafft.

---

308 So die Darstellung der eigenen Geschichte durch die Universität, siehe URL (letzter Zugriff 3.12.2012): http://www.uni-bielefeld.de/Universitaet/Ueberblick/Geschichte/Zeitleiste/geschichte%20kap%201.html

309 Die genauen Angaben sind der Internetpräsenz der Universität zu entnehmen, siehe URL (letzter Zugriff 3.12.2012): http://www.uni-bielefeld.de/Universitaet/Ueberblick/Organisation/Verwaltung/Dez_I/Controlling/daten.html

310 In der Rangfolge von Times Higher Education landete sie auf dem 173.Platz aller dort verzeichneten Hochschulen in der Welt, siehe URL (letzter Zugriff 3.12.2012): http://www.timeshighereducation.co.uk/world-university-rankings/2010-11/world-ranking

311 Für die Angaben der verleihenden DFG siehe URL (letzter Zugriff 23.1.2013): http://www.dfg.de/download/pdf/gefoerderte_projekte/preistraeger/gwl-preis/leibniz_preistraeger_86_13.pdf

312 Vergleich "Satzung über den Erlass einer Grundordnung vom 20.12.2007", siehe URL (letzter Zugriff 15.1.2013): http://www.uni-bielefeld.de/Universitaet/Ueberblick/Organisation/Verwaltung/Dez_II/Mitteilungsblatt/Jahrgang_36/nr-24-36.pdf

313 Siehe URL (letzter Zugriff 15.1.2013): http://www.uni-bielefeld.de/Universitaet/Ueberblick/Geschichte/zeittafel.html

Bei der ersten Verkündung der Universitäten, die bei der Exzellenzinitiative gewonnen hatten, konnte die Universität Bielefeld am 19.10.2007 mit dem Exzellenzclustern "Cognitive Interaction Technology" und der Graduiertenschule "Bielefeld International Graduate School in History and Sociology" einen Erfolg und damit einen Gewinn an zusätzlichen Mittel verzeichnen.

Ausgewählte Kooperationen

Die Bielefelder Internationalisierungsstrategie kann auf den ersten Blick als selektiv beschrieben werden. Die Universität wirbt auf ihrer betreffenden Internetseite nicht mit einer Vielzahl von internationalen Namen, sondern nennt nur vier explizit. Zwei davon sind russische Hochschulen, die SPbGU und die Staatliche Universität Novgorod. Letztere ist eine Neugründung aus dem Jahr 1993 in der Stadt Velikij Novgorod, diese ist wiederum seit 1987 die Partnerstadt von Bielefeld. Explizit wird hier von der Universität die Förderung durch die VW-Stiftung und den DAAD hervorgehoben. Im Jahr 2000 wurde die Zusammenarbeit, die seit 1993 vor allem zwischen der Soziologie in Bielefeld und der an der SPbGU in St. Petersburg stattfand, intensiviert und erklärt eine Universitätspartnerschaft anzustreben.[314] Dadurch ist es der UB auch möglich, zusammen mit der dortigen Universität, das vom DAAD getragene Zentrum für Deutschland- und Europastudien nach 2001 aufzubauen.

Im Hochschulentwicklungsplan der UB erfolgte eine Unterteilung in strategische Partner mit der SPbGU an erster Stelle sowie nachfolgend den Universitäten Osaka und East China Normal University in Shanghai in einer Gruppe, wobei deren "Rang" im jeweiligen nationalen Kontext hervorgehoben wird (Universität Bielefeld 2010: 27). Eine zweite, namentlich nicht näher gefasste Gruppe soll aus einer amerikanischen und westeuropäischen Hochschule bestehen (ebd.: 28). Die UB kann dabei auf bereits existierende 75 Kooperationsabkommen mit anderen Hochschulen im Ausland zurückgreifen, wovon bereits 12 die gesamte Universität umfassen.[315] Ein Programmentwurf zur Internationalisierung liegt seit 2008 vor.[316] Zur organisatorischen Legitimierung wurde im Mai 2012 beschlossen, sich an dem Audit der HRK zur "Internationalisierung der Hochschulen" zu beteiligen. Dies wird für notwendig ge-

---

314   Siehe Bielefelder Universitätszeitung vom 24.11.2000, 203/2000; hier URL (letzter Zugriff 10.1.2013): http://www.uni-bielefeld.de/presse/buz/4buz203.pdf
315   Siehe URL (letzter Zugriff 15.1 2013): http://www.uni-bielefeld.de/Universitaet/Forsch ung/Int-Koop.html
316   Einzusehen unter URL (letzter Zugriff 15.1.2013): http://www.uni-bielefeld.de/Univ ersitaet/Ueberblick/Organisation/Rektorat/Intkom/Programm_Internationalisierung_2 008.pdf

halten, denn laut Hochschulentwicklungsplan von 2010 ist die UB: "Trotz der starken internationalen Forschungsvernetzung [...] als Institution bislang nicht in gleichem Maße international sichtbar wie manche in Metropolen oder traditionellen Universitätsstädten gelegenen Hochschulen" (Universität Bielefeld 2010: 27).[317] In dem Plan wird festgehalten, dass "die Etablierung strategischer Partnerschaften mit wenigen weltweit führenden Universitäten" (ebd.) als zentraler Punkt zu sehen ist. Weiterhin sollen eine "zunehmende Zahl englischsprachiger Studienangebote" (ebd.: 28) entstehen.

Die Universität Bielefeld gründete 1996 ein Absolventennetzwerk. Doch erst gut 15 Jahre später wurde auch eine grenzübergreifende Arbeit in anderen Ländern mit dem "DAAD Alumni-Programm zur Betreuung und Bindung ausländischer Absolventen" möglich.[318] Im April 2012 fand mit dessen Hilfe zum ersten Mal ein Alumni-Treffen russischer Absolventen der Universität Bielefeld statt. Veranstaltungsort war das ZDES an der SPbGU. Dabei wurde die Gründung einer russischen Alumni-Gruppe initiiert.[319]

6.4 Philanthropische Organisation: die Robert Bosch Stiftung

Parteinahe Stiftungen sind in die Außenpolitik der Bundesrepublik involviert und werden als Grenzgänger zwischen Staatenwelt und gesellschaftlichen Organisationen beschrieben (vgl. Bartsch 1998; aber auch Pogorelskaja 1997; 2002). Sie werden ähnlich den Mittlerorganisationen mit Mitteln des Bundeshaushaltes gefördert.

Private Stiftungen und ihre Aktivitäten gelten dagegen als ein Bestandteil der zivilgesellschaftlichen Sphäre (vgl. Schwertmann 2006; Anheier/Daly 2007; Speth 2010). Doch auch private von Familien- bzw. Unternehmensvermögen gespeiste Stiftungen kooperieren seit einigen Jahren einvernehmlich mit dem Auswärtigen Amt. Das gilt insbesondere für die Robert Bosch Stiftung (RBS), die zugleich eine der größten Stiftungen in der Bundesrepublik mit einer umfangreichen Programmpalette ist.[320]

---

317 Diese stammt aus dem Jahr 2011, siehe URL (letzter Zugriff 15.1.2013): http://www.u ni-bielefeld.de/Universitaet/Serviceangebot/Dokumente/
318 Siehe URL (letzter Zugriff 15.1.2013): http://www.daad.de/hochschulen/betreuung/al umniprogramm/06337.de.html
319 Vergleich die Meldung URL (letzter Zugriff 15.1.2013): https://www.uni-bielefeld.d e/International/alumni/dokumente/Alumni-Treffen_St.Petersburg_de.pdf
320 So hebt der Bericht der Bundesregierung zur Auswärtigen Kulturpolitik von 2008/09 "Beispiele für gelungene Kooperationen sind etwa das Kulturmanager-Programm der Robert Bosch Stiftung in Ost- und Mitteleuropa oder die Unterstützung der Fortbildung ausländischer Diplomaten ("Diplomatenkolleg") durch diese und die

INTERNATIONALISIERUNG, KOOPERATION UND TRANSFER   215

6.4.1 Die Robert Bosch Stiftung[321]

Die Gründung der Robert Bosch Stiftung geht zurück auf das Testament des Firmengründers Robert Bosch.[322] Die Stiftung wurde 1962 als Vermögensverwaltung Bosch GmbH gegründet. Sie verfügt über die Kapitalmehrheit der Robert Bosch GmbH. 1971 erfolgte die Umbenennung in Robert Bosch Stiftung.[323] Zum 31. Dezember 2009 verfügte die Stiftung über ein Vermögen von 5,192 Milliarden Euro (Robert Bosch Stiftung 2010: 87). Damit handelt es sich um eine der finanzstärksten philanthropischen Organisationen in Deutschland. Zum Vergleich: die Bertelsmann Stiftung verwies in ihrem Jahresbericht 2011 auf ein Vermögen von rund 800 Millionen Euro[324] und bei der Volkswagen Stiftung belief sich das Vermögen auf eine Summe von 2,3 Milliarden Euro im Jahr 2012.[325] Der RBS gehören 92 Prozent des Stammkapitals der gleichnamigen GmbH. Mit dieser finanziellen Sicherheit und den alljährlichen Zinserträgen war es der Stiftung beispielsweise 2009 möglich, ihre Projekte in den verschiedenen Programmen mit 64 Millionen Euro zu unterstützen, mit weiteren Posten inklusive der Personal- und Verwaltungskosten setzte sie 81,19 Millionen Euro im Jahr 2009 um und damit knapp sechs Millionen mehr als im Vorjahr.

Unabhängig von politischen Parteien und Konfessionen können Personen über Stipendien und Projekte sowie über Ausschreibungen und Wettbewerbe gefördert werden. Ein großer Anteil zielt dabei auf die Länder in Mittel- und Osteuropa, um dort für das Stiftungsziel der Völkerverständigung zu arbeiten, wie ein Stiftungsvertreter während einer Konferenz 2011 in Berlin erklärte:

BMW Stiftung Herbert Quandt." (Deutscher Bundestag 2010b: 6) hervor.
321 In dieses Kapitel floss ein 2007 publizierter Konferenzbeitrag (Lenz 2007) mit ein.
322 Das Vermächtnis des 1941 gestorbenen Unternehmers ist zugleich ein Zeugnis eines liberalen deutschen Industriellen, der neben dem eigenen Unternehmen auch am Allgemeinwohl und an einer friedlichen Entwicklung Europas interessiert war. Allerdings kamen auch im Bosch-Konzern zahlreiche Zwangsarbeiter zum Einsatz und folglich zu Tode.
323 Es gibt keine juristische Definition des Begriffs Stiftung in Deutschland (vgl. §§80-88 BGB), allerdings müssen die Aktivitäten bzw. der Einsatz des Vermögens einem näher definierten Zweck dienen. Im Fall der Robert Bosch GmbH ist es ein gemeinnütziger Zweck. Sie untersteht der Stiftuungsaufsicht von Baden-Württemberg, es gilt § 80 Absatz 1 BGB: "Zur Entstehung einer rechtsfähigen Stiftung sind das Stiftungsgeschäft und die Anerkennung durch die zuständige Behörde des Landes erforderlich, in dem die Stiftung ihren Sitz haben soll."
324 Siehe S.96 im Jahresbericht 2011, hier URL (letzter Zugriff 19.11.2012): https://www.bosch-stiftung.de/content/language1/downloads/RBS_Bericht_2011.pdf
325 Nähere Angaben waren der Internetpräsenz der Volkswagen Stiftung nicht zu entnehmen, siehe URL (letzter Zugriff 19.11.2012): http://www.volkswagenstiftung.de/stiftung/vermoegen/anlagestrategie.html

"Wir verstehen uns als Teil der Zivilgesellschaft und agieren im internationalen Feld komplementär zu den staatlichen Akteuren. [...] Wir haben als Robert Bosch Stiftung nicht Demokratieförderung als Stiftungsziel, sondern Völkerverständigung und das ist zunächst mal nicht gleichbedeutend mit der demokratischen Verfasstheit des Partners [...] und deswegen ist unser Ansatz einfach Erfahrungen machen lassen, durch Anschauung Demokratie betreiben. Wir sind oft in Ländern [...], wo es unser Pendant, also eine verfasste Zivilgesellschaft gar nicht gibt. Das macht es natürlich schwierig, wenn man dann als Stiftung, wie die unsere, Partner sucht. Da bleiben dann manchmal nur staatliche oder wirtschaftliche Partner oder man geht in einen Bereich, der unpolitisch ist, wie den Bereich der Kultur, der Bildung. Universitäten sind zum Beispiel..."[326]

Philipp Schwertmann (2006: 168) stellte für das deutsche Stiftungswesen insgesamt fest, dass der Begriff der Zivilgesellschaft relativ selten verwendet wird. Dies gilt jedoch nicht für die RBS, die gerade in der internationalen Zusammenarbeit "Impulse für die Weiterentwicklung der Zivilgesellschaft" geben will.[327] Die Stiftung kooperiert eng mit Akteuren der deutschen Außenpolitik, wie dem Goethe-Institut, aber auch mit anderen Stiftungen und Nichtregierungsorganisationen.

Die Tätigkeit der Stiftung war 2009 unterteilt in sechs Programmbereiche: (1) Wissenschaft und Forschung; (2) Gesundheit und Humanitäre Hilfe; (3) Völkerverständigung Westeuropa, Amerika, Türkei, Japan, Indien; (4) Völkerverständigung Mitteleuropa, Südosteuropa, GUS, China, (5) Bildung und Gesellschaft sowie (6) Gesellschaft und Kultur. Außerdem gehören noch vier unselbständige Stiftungen zum Programmportfolio (vgl. Robert Bosch Stiftung 2010).

6.4.2 Die Programme und ihr Russland-Fokus

Das Engagement in der Russischen Föderation ist innerhalb der RBS im "Programm Völkerverständigung Mitteleuropa Osteuropa"[328] und insbesonde-

---

326   Der heutige Geschäftsführer der RBS Joachim Rogall bei einem Panel auf der Konferenz "Zwanzig Jahre seit dem Ende der Sowjetunion: Wandel, Kontinuität und neue Fragen." Berlin 1.-3.12.2011. Zitiert nach Mitschrift von R.L.
327   So die Formulierung im Einführungstext zum Programmbereich "Völkerverständigung", siehe URL (letzter Zugriff 30.1.2013) http://www.bosch-stiftu ng.de/content/language1/html/684.asp
328   Das Programm verfügte in den 2000er Jahren jeweils über ein jährliches Budget von mehreren Millionen Euro. Den größten Sprung für diesen Programmposten gab es von 2003 auf 2004 bzw. von 7, 9 Millionen auf knapp 9,2 Millionen Euro (Robert Bosch Stiftung (2005): 125). Seit 2008 wurde die GUS und China in den Programmnamen aufgenommen, womit die Ausdehnung der Aktivitäten auf den zentralasiatischen Raum und eben China deutlich gemacht wurde, die 2007 beschlossen wurde.

re im wichtigen Teilprogramm "Sprach- und Kulturvermittlung" angesiedelt. Die partnerschaftliche Zusammenarbeit mit russischen Organisationen gilt als Grundlage der Tätigkeit in der Russischen Föderation. Die stiftungseigenen Programme sind permanent der Evaluierung und einem Innovationsdruck ausgesetzt. Eine Stagnation wird so organisationsintern vermieden. Die folgende Darstellung richtet sich nur auf Projekte die direkt oder indirekt mit dem Hochschulsystem verbunden sind.[329]

Die in Stuttgart ansässige RBS spielt eine bemerkenswerte Rolle als ausländische Organisation in den Ländern Mittel- und Osteuropas. In den 1990er Jahren lag der geografische Fokus des Engagements vor allem auf den direkten östlichen Nachbarn Deutschlands und damit auf den Ländern, die eine Mitgliedschaft in der EU beantragt hatten. In der Russischen Föderation engagiert sich die RBS erst seit 1997.[330] Allein aufgrund der politischen Bedeutung und der Bevölkerungszahl ist Russland und die GUS eine Region, auf die sich inzwischen im besonderen Maße die Stiftungsaktivitäten richtet. Zentral sind hierbei der Kultur- und vor allem der Bildungssektor. Spätestens seit Mitte der 2000er Jahre wird der geographische Fokus darauf gelegt, außerhalb Moskaus oder St. Petersburgs in den Regionen präsent zu sein.

Das Lektorenprogramm

Wie beim DAAD ist ein Schwerpunkt der kulturellen Aktivitäten der RBS in Osteuropa die Förderung der deutschen Sprache. 1993 wurde ein Lektorenprogramm entwickelt. Es sollte an den Hochschulen in den Ländern des ehemaligen "Ostblocks" beitragen zur:

> "Unterstützung der praxisnahen Ausbildung und Weiterbildung einheimischer Deutschlehrer, die Vermittlung von Kenntnissen über das gegenwärtige Deutschland [...] und die Entwicklung eines deutschen sprach- und landeskundigen akademischen Nachwuchses..." (Robert Bosch Stiftung 1999: 16).

Sowohl im germanistischen als auch im gesellschaftswissenschaftlichen Zweig werden junge Hochschulabsolventen entsandt, die über erste Auslandserfahrungen verfügen. Für ihre Tätigkeit als Dozenten erhalten sie ein Stipendium und das ortsübliche Gehalt der Gasthochschulen.[331] Die Stipendia-

---

329 Grundlage ist ein mir vorliegendes Papier der Robert Bosch Stiftung von Ottilie Bälz vom 27.10.2006 "Russlandaktivitäten der Robert Bosch Stiftung. Mittelfristige Planung (3-5 Jahre)".

330 Allerdings wurde sich in der Region Kaliningrad über ein Programm zur Humanitären Hilfe von 1995-1998 engagiert.

331 Dies erreicht jedoch nur ein Viertel bis Maximum ein Drittel der Höhe des Stipendiums der DAAD-Lektoren.

ten des Boschlektorenprogramms sind den DAAD-Lektoren vergleichbar. Formal eigenständig wurde 1997 das "Lektorenprogramm zur Förderung der Geistes- und Sozialwissenschaften in Mittel- und Osteuropa (Fachlektoren-programm)" gegründet, womit ab 1998 verstärkt sogenannte Fachlektorate für Jura, Wirtschaftswissenschaften, Politologie und Geschichte eingerichtet wurden. Damit wollte die Stiftung "einen Beitrag zum Transformationsprozeß der Wissenschaft" in den MOE-Staaten (Robert Bosch Stiftung 1999: 28) leisten, denn den Universitäten dort wurde "ein großer Bedarf an methodischer Erneuerung und wissenschaftlichem Austausch mit anderen, insbesondere westeuropäischen Ländern" (ebd.) attestiert.

Die Koordination des zusammengefassten "Boschlektorenprogramm Mittel- und Osteuropa" wurde 1999 an das Osteuropazentrum der nahegelegenen Universität Hohenheim übergeben, wobei die Finanzierung weiter über die Stiftung erfolgt. Ziel des Lektorenprogramms ist es, junge deutsche Hochschulabsolventen an Hochschulen in die Länder Mittel- und Osteuropas zu entsenden. Das Lektorenprogramm veränderte sich seit seiner Gründung. Am Anfang lag der Fokus auf dem Unterricht der deutschen Sprache und der Unterstützung der Lehrstühle für Deutsch in den MOE-Ländern. Auf Initiative der Lektoren kam in den folgenden Jahren eine Förderung der selbstständigen Projektarbeit hinzu. Die Stipendiaten entscheiden selbst über die Themen ihrer Projekte. Diese reichen von Kinoklubs, Theatergruppen über Bewerbungstrainings in deutscher Sprache bis hin zu Fragen des zivilgesellschaftlichen Engagements und Wahlbeobachtungsseminaren.

Die Lektoren sollen ein aktuelles Deutschlandbild sowie andere, als modern geltende Lehrmethoden vermitteln. Ein weiteres Hauptziel ist es, zum Stiftungsziel der Völkerverständigung beizutragen, welches eben durch die Förderung der deutschen Sprache erreicht werden soll. Darum waren gerade in den Anfangsjahren die Lektoren in der Mehrzahl in sogenannten Sprachlektoraten, also an Lehrstühlen mit einer philologischen Ausrichtung tätig. Gleichzeitig werden bei dieser "Investition in die Köpfe" – so die bei der Stiftung geläufige Beschreibung – auch junge Deutsche stärker zur Auseinandersetzung mit den Gesellschaften in Mittel- und Osteuropa befähigt. Gesellschaftliches Engagement ist ein wichtiges Auswahlkriterium. Die Wahrscheinlichkeit, dass so gesellschaftlich aktive Hochschulabsolvent/innen erreicht werden, die in die Gesellschaft des Gastlandes als auch in die bundesdeutsche Gesellschaft als Multiplikatoren wirken, ist groß. Von den Entscheidungsträgern in der RBS wird dies durchaus als eine spezifische Form der Demokratieförderung verstanden:

"Ein Modell ist zum Beispiel, dass wir junge Deutsche als Lektoren, wie wir das nennen, im Grunde Dozenten an Universitäten in die Ländern schicken, damit sie als Vertreter dieser Demokratie dort Anschauungsunterricht geben und dazu beitragen, dass sich die Kollegen dort und die Studenten sich informieren können über das andere Modell. Welche Schlüsse sie dann daraus ziehen, wie sie das adaptieren, ist ihre Sache."[332]

Gefördert werden im Lektorenprogramm in erster Linie deutsche Staatsangehörige bzw. deutschsprachige Muttersprachler und seit 2002 durch sogenannte Tandem-Lektorate auch Lehrkräfte an den Hochschulen der Gastländer. Im akademischen Jahr 2006/2007 haben 62 deutsche Lektoren ein Stipendium erhalten. Von diesen waren 16 in der Russischen Föderation tätig. Hinzu kommen dort noch einmal 11 russische Tandemlektoren. Boschlektoren arbeiten seit 1998 in der Russischen Föderation.

Eine institutionelle Förderung der Hochschulen oder einzelner ihrer Infrastrukturen erfolgt jedoch nicht. Das Boschlektorenprogramm unterstützt reformorientierte Institutionen in den Regionen und weniger in den Hauptstädten. Es ist inzwischen das am längsten arbeitende Programm innerhalb der Stiftung. Die wahrscheinlich größte Veränderung im Programm wurde ab dem akademischen Jahr 2006/07 implementiert. Die Fortführung in seiner bisherigen Form stand zuvor aufgrund des Programmalters zur Diskussion. Die Reform wurde zwischen dem Programm durchführenden OEZ der Universität Hohenheim und der RBS auf einer Klausur vereinbart. Für die Lektoren wurde die Teilnahme an Weiterbildungsmodulen in einem von drei Profilen mit den Richtungen Bildungsmanagement, Erwachsenenbildung oder Organisationsentwicklung obligatorisch. Der neue Schwerpunkt wurde mit der Arbeitsmarktfähigkeit der Lektoren nach einer Rückkehr aus dem Ausland begründet. Mit der Überarbeitung des Programms erfolgte zugleich eine implizite Fokussierung auf die Unterstützung der Reform des Hochschulsektors in Mittel- und Osteuropa. Die Initiative soll dabei von den deutschen Lektoren vor Ort, ihren Tandemlektoren und den jeweiligen Gastuniversitäten ausgehen. Die Umsetzung von Projekten mit den Partnern vor Ort hatte wiederum als inhaltliche Grundlage die verpflichtende Teilnahme der Lektoren an modularen Weiterbildungsgängen.

Durch die Lehr- und Projekttätigkeit profitieren aber auch die Studierenden vor Ort und gegebenenfalls auch andere Lehrkräfte, wenn Methodenwissen und Fachkenntnisse durch die Lektoren weitergegeben werden. Hervorgeho-

---

332 Der heutige Geschäftsführer der RBS Joachim Rogall bei einem Panel auf der Konferenz "Zwanzig Jahre seit dem Ende der Sowjetunion: Wandel, Kontinuität und neue Fragen." Berlin 1.-3.12.2011. Zitiert nach Mitschrift von R.L.

ben wird dabei insbesondere die Arbeit in Ischewsk. Dort, wie es die Leiterin des Lehrstuhls für Deutsche Philologie an der Udmurtischen Staatlichen Universität beschreibt, brachte sich eine Lektorin

"...bei der Umsetzung der Bologna-Prinzipien an unserem Lehrstuhl ein. Gemeinsam wurden vier Projekte durchgeführt. Für den Studiengang »Übersetzungswissenschaft und Fremdsprachendidaktik« wurden Studienziele definiert und (wie im Bologna-Prozess gefordert) Kompetenzen als Lernergebnisse beschrieben" (Platonenko 2008: 27).

Die Weiterbildung der deutschen Stipendiaten und auch der osteuropäischen Tandemlektoren erfolgt an deutschen Hochschulen.[333] Vorübergehend existierte außerdem ein zusätzliches Angebot für ehemalige Lektoren, die nach der Programmreform an einem Promotionsprogramm teilnehmen konnten, welches von der Deutschen Gesellschaft für Auswärtige Politik (DGAP) in Berlin koordiniert wurde.[334]

Die Zahl der Lektorate variiert von Jahr zu Jahr. Mit der Programmreform entstanden zusätzliche Kosten, die zu einer Reduzierung der Zahl der Lektorate führte. Im akademischen Jahr 2005/06 wurden 37 Personen an 24 Standorten in der Russischen Föderation gefördert. Der Jahrgang 2006/07 zählte immerhin 28 geförderte deutsche Lektoren in der Russischen Föderation, dagegen waren es 2011/12 nur 13 Standorte mit 17 jungen Lehrkräften. Grund hierfür ist auch die 2008 vorgenommene Schwerpunktverschiebung des Lektorenprogramms nach China und Zentralasien. Die seit dem gewachsene Bedeutung dieser Länder innerhalb des Lektorenprogramms hat den europäischen Charakter des Programms in den Hintergrund gerückt.[335] Die durch

---

333 Am Anfang stellten der Studiengang Bildungsmanagement der Universität Oldenburg sowie der Studiengang Organisationsentwicklung der Universität Hildesheim die Weiterbildungsmodule. Die Zusammenarbeit mit dem Bildungsmanagement stieß jedoch auf zahlreiche Probleme, da die Verantwortlichen der Universität auf eine reguläre Durchführung ihres Fernstudiums auch hinter dem Ural und mit eingeschränkten Bibliothekszugang bestand, siehe URL (letzter Zugriff 30.1.2013): http://www.mba.uni-oldenburg.de/13970.html
Die Partner des Studiengangs Organisationsentwicklung in Hildesheim waren eher bereit sich auf die Lebens- und Arbeitswirklichkeit der Lektoren einzustellen und sind noch heute Partner des Lektorenprogramms, siehe URL (letzter Zugriff 30.1.2013): https://www.uni-hildesheim.de/index.php?id=1095
334 Die Anforderungen in zwei Jahren zu promovieren, berufspraktische Erfahrungen zu sammeln und eventuell auch noch zu lehren, erwiesen sich als nicht umsetzbar, so dass dieses Projekt eingestellt wurde.
335 Dies lässt sich auch unschwer am Programmnamen nachvollziehen, Mitte der 2000er Jahre lautete dieser noch Lektorenprogramm der Robert Bosch Stiftung in Mittel-, Ost- und Südosteuropa. Die geografische Beschreibung lautet gegenwärtig "an Hochschulen in Osteuropa und China", siehe URL (letzter Zugriff 30.1.2013): http://www.bosch-stiftung.de/content/language1/html/13919.asp

die beiden Programmveränderungen entstandenen zusätzlichen Kosten wurden durch die Schließung von Lektoraten in Mitteleuropa eingespart.

Förderung von Instituten

Im Zuge der Ausdehnung des Lektorenprogramms in die Russische Föderation wurde eines der ersten Lektorate im akademischen Jahr 1999/2000 an der Staatlichen Universität Kaliningrad eingerichtet, dabei wurde von deutschen Lektoren Deutsch als Fremdsprache unterrichtet. Im akademischen Jahr 2003/04 kam ein Fachlektorat an einer zweiten Universität in Kaliningrad hinzu. Dieses unterstützt seit 2005 das Europainstitut "Klaus Mehnert", welches auch ausnahmsweise institutionell von der RBS gefördert wird. Kernelement des an der Kaliningrader Staatlichen Technischen Universität angelagerten Instituts ist ein Europastudiengang. Die Arbeit an dem einjährigen Master wurde in Zusammenarbeit mit der RWTH Aachen und dem dortigen Lehrstuhl für Politische Wissenschaften begonnen. Die wissenschaftliche Leitung liegt bei einem inzwischen emeritierten Professor, der als aktiver Lehrstuhlinhaber das Institut 2005 mitgegründet hat. Seit dem Sommersemester 2009 findet die Kooperation aber inzwischen mit der Bergischen Universität in Wuppertal statt. An der RWTH wird es nicht mehr als Kooperationsobjekt aufgeführt.[336] Voraussetzung für den einjährigen Master mit 60 ECTS ist ein vorheriges BA-Studium mit 240 ECTS bzw. ein vierjähriges Bachelorstudium. Neben dem Wuppertaler Master in Europäistik kann ein russisches Diplom in Europastudien erworben werden.[337] Der DAAD fördert den Studiengang im Rahmen seines Doppelabschluss-Programms.[338] Außerdem wird bis heute das Freie Russisch-Deutsche Institut für Publizistik an der MGU in Moskau mit einem Lektorat unterstützt.[339] Im Hinblick auf seine Aktivitäten ist das FRDIP derzeit als ein Institut mit geringer Außenwirkung einzuschätzen. Präsenter ist dagegen das Unabhängige Russisch-Deutsche Institut für Journalistik (URDIJ), das im Oktober 2002 eröffnete. In den ersten Jahren unterstützte die RBS es mit einer Projektförderung. Von 2001/02 bis 2005/06 wurde an eine Einrichtung in Rostow am Don ein Lektor entsandt.

---

336   Siehe URL (letzter Zugriff 19.11.2012): http://www.ipw.rwth-aachen.de/ins/koop.html
337   Siehe URL (letzter Zugriff 19.1.2013): http://www.internationales.uni-wuppertal.de/in coming/studiengaenge/ma_europaeistik/
338   Das Studienprogramm ist hier einzusehen URL (letzter Zugriff 27.1.2013): http://www .daad.de/imperia/md/content/hochschulen/doppeldiplom-programm/tagung2012/ag _4_knipping_wuppertal_studienverlauf.pdf
339   Vergleich URL (letzter Zugriff 23.1.2013): http://www.bosch-stiftung.de/content/lan guage1/html/441.asp

222 RENÉ LENZ

Das URDIJ ist inzwischen Teil der Südrussischen Föderalen Universität.[340] Die Liste der deutschen Förderer reicht von Amnesty International und der ARD, über das CHE und den DAAD, die Rosa-Luxemburg Stiftung, die FAZ und den Spiegel bis hin zum ZDF.[341] Im Oktober 2009 fand dort die "5. Internationale n-ost Medienkonferenz Russland 3.0 Von Blogokratie zu Demokratie?" statt. Unter den Förderern befand sich auch die RBS. Gerade mit der Förderung journalistischer Projekte kann eine Stärkung von Kontrollmechanismen einer Gesellschaft gegenüber staatlichen Institutionen und ökonomischen Organisationen erreicht werden.

Zivilgesellschaftliche Initiativen

In der Zusammenarbeit mit dem Staat folgt die Robert Bosch Stiftung auch in Osteuropa einem pragmatischen Ansatz, der nicht auf den Export von Zivilgesellschaft und Demokratie setzt, wie er lange das Engagement von amerikanischen Stiftungen prägte:

> "Wir haben diesen anderen Ansatz: Wir versuchen nicht nur mit der Zivilgesellschaft zu arbeiten, sondern teilweise auch mit staatlichen Stellen und dann die ersten Ansätze von Zivilgesellschaft zusammen zu bringen; im Grunde als neutraler Partner, der sagt: wir arbeiten mit dem Staat und da wo sich die Zivilgesellschaft sich entwickelt auch mit denen und bringen dann beide Seiten dazu überhaupt erst mal miteinander zu reden, denn es ist ja oft auch ein Problem, dass die Zivilgesellschaft, wenn sie sich dann entwickelt, mit dem Staat nicht zusammenarbeitet aus Angst unter Kontrolle zu kommen und wir zeigen: es gibt eben einen dritten Weg, man kann als Zivilgesellschaft mit staatlichen Stellen kooperieren ohne die eigene Freiheit sofort aufzugeben, aber manchmal funktioniert das nur über den Dritten im Bunde...[...] In Russland ist das ein Problem. Dort versucht der Staat die Zivilgesellschaft, soweit es sie gibt, zu kontrollieren, deswegen haben unsere bürgergesellschaftlichen Partner dort Schwierigkeiten mit dem Staat zu kooperieren. [...] Wir versuchen eine Vermittlerrolle einzunehmen."[342]

In Bezug auf die Russische Föderation sind vor allem zwei Organisationen hervorzuheben, die im Umfeld der RBS entstanden sind: Das Theodor-Heuss-Kolleg und die Stiftung Deutsch-Russischer Jugendaustausch.

Aus dem Lektorenprogramm und seinen ehemaligen Stipendiaten ist der MitOst e.V. als Organisation der Alumnis hervorgegangen. Sie initiierten 1996 den "Verein zur Förderung des Sprach- und Kulturaustausches mit Mittel- und

340 Siehe URL (letzter Zugriff 24.1.2013): http://www.urdij.sfedu.ru/
341 So die Darstellung des URDIJ siehe URL (letzter Zugriff 24.1.2013): http://www.urdi j.sfedu.ru/index.php?option=com_content&view=article&id=3&Itemid=112
342 Der heutige Geschäftsführer der RBS Joachim Rogall bei einem Panel auf der Konferenz "Zwanzig Jahre seit dem Ende der Sowjetunion: Wandel, Kontinuität und neue Fragen." Berlin 1.-3.12.2011. Zitiert nach Mitschrift von R.L.

Osteuropäischen Ländern", dessen Arbeit überwiegend von der RBS finanziert wird. Der MitOst e.V. ist wiederum die Trägerorganisation des Theodor-Heuss-Kollegs (THK). Obwohl es nur indirekt mit dem Hochschulsystem verbunden ist, gibt es doch einen starken Bezug, denn die Mehrzahl der Stipendiaten studieren an Hochschulen, wobei eine Bewerbung um die Teilnahme am THK nur im Alter zwischen 18 und 25 Jahren möglich ist. Die geförderten Personen kommen dabei aus den MOE-Ländern einschließlich Deutschland sowie der GUS. Die Boschlektoren bewerben wiederum in ihrem Umfeld das THK und können die Auswahl von geeigneten Kandidaten bei der Bewerbung unterstützen.[343] Die Teilnehmenden erhalten die Möglichkeit sich in mehreren Sommerseminaren in Projektmanagement weiterzubilden. Sie können dabei Ideen für eigene Projekte in ihrer unmittelbaren Umgebung aber auch auf einer überregionalen Ebene entwickeln. Die Themenpalette reicht dabei vom Theater, Umweltschutz, der Unterstützung von benachteiligten Personengruppen bis hin zum politischen Engagement.[344] Eine Umfrage unter den Kollegiaten zeigte nicht nur eine überwiegend positive Einschätzung (Rölle 2007: 80), sondern auch, dass für sie mit dem THK politische Ziele verfolgt werden, insbesondere der Aufbau von zivilgesellschaftlichen Strukturen (ebd.: 82). Die Kollegiat/innen können sich in Seminaren für ihr gesellschaftspolitisches Engagement weiterqualifizieren. Russland ist nicht ein besonderer Fokus, doch kam es ausgerechnet hier zur Überraschung der RBS zu einer eigenen Gründung in der Millionenstadt Perm:

> "Wir glauben damit Demokratieförderung ganz praktisch, im unmittelbaren Umfeld jedes Einzelnen machen zu können. das interessante war nur, dass dieses Modell, von ehemaligen Teilnehmern, gerade in Russland, dann einen Effekt hatte, den wir gar nicht erwartet hatten."[345]

In Perm entstand in Kooperation mit der Gebietsverwaltung Perm ein regionales Zentrum des THK. Im Februar 2007 begann das "Institut für Bürgerschaftliches Engagement" seine Arbeit.[346] Die politische Bildungsarbeit und die Anleitung zum eigenständigen Projektmanagement werden dort von vier Mitar-

---

343 Dies geschieht in aller Regel in der Hochschule und unter den dort studierenden Jugendlichen.

344 Für eine Übersicht siehe URL (letzter Zugriff 23.1.2013): http://www.theodor-heuss-kolleg.de/projekte.0.html?&L=1%20anfahrt%20gif%2012047%20Berlin%20filetype% 3Ahtml

345 Der heutige Geschäftsführer der RBS Joachim Rogall bei einem Panel auf der Konferenz "Zwanzig Jahre seit dem Ende der Sowjetunion: Wandel, Kontinuität und neue Fragen." Berlin 1.-3.12.2011. Zitiert nach Mitschrift von R.L.

346 Der russische Name lautet "Институт Гражданской Активности" und ist als unabhängige nichtkommerzielle Organisation in der RF registriert, siehe URL (letzter Zugriff 24.1.2013): http://civic-engagement-institute.de/index.php?id=11

beiter/innen koordiniert. 2010 fand in Perm außerdem das alljährliche MitOst-Festival statt, zu dem aus allen Förderländern Gäste, Künstler und Musiker anreisten.

2012 erfolgte ein Machtwechsel im Permer Kraj und der liberale Gouverneur der Provinzregierung wich einem eher konservativen Politiker (vgl. Kašin/Semendjaeva 2012). Trotz dessen geht die Arbeit des dortigen Instituts für bürgergesellschaftliches Engagement weiter. Der Gründung in Perm folgten weitere in Osteuropa. Inzwischen ist um das THK ein Netzwerk an Organisationen entstanden, das auch in Russland präsent ist.[347] Die zweite, hier besonders relevante Organisation entstand im Zusammenwirken mit staatlichen Akteuren. 2004 wird die Stiftung Deutsch-Russischer Jugendaustausch als gemeinnützige GmbH zur Förderung des schulischen und außerschulischen Austausches gegründet. Sie wurde von der RBS, den diversen Akteuren in der Arbeitsgruppe Bildung des Petersburger Dialoges sowie dem Bundeskanzleramt auf den Weg gebracht. Anfang 2006 nahm die Stiftung in "Public Private Partnership" ihre Arbeit in Hamburg auf.

Die RBS verfolgt bei der Unterstützung von bürgerlichen oder zivilgesellschaftlichen Engagements keine kurzfristigen Ziele. Es soll eher durch das persönliche Erfahren für das westliche Modell geworben werden.[348]

Die Förderung der politischen Bildungsarbeit oder die Förderung der persönlichen Kompetenzen, die die Kollegiaten hierzu in die Lage versetzt, ist eine langfristige und eher freundliche Einflussnahme in anderen Ländern. Auffällig ist die Parallele zur deutschen Außenpolitik insbesondere zur AKP, denn auch diese setzt auf langfristige Verbindungen und Veränderungen bei den Partnern.

Außenpolitisches Engagement

Durch den Fokus auf "Völkerverständigung" ist grenzübergreifendes Engagement einhergehend mit internationaler Expertise notwendig. Die RBS hat

---

347 Siehe URL (letzter Zugriff 26.1.2013): http://www.theodor-heuss-kolleg.de/angebote0.0.html

348 "Zivilgesellschaft mit viel Geld sozusagen aus dem Nichts aufzubauen, funktioniert so nicht. während wir festgestellt, wenn wir junge Leute einfach dazu animieren in ihrem Umfeld selber zu gucken und da was zu machen und dann sie dabei zu unterstützen, ist das erfolgversprechender. [...] Grundsätzlich glaube ich können wir nicht überall versuchen unsere Modelle, unsere Vorstellungen von Zivilgesellschaft zu übertragen. Das muss eigentlich wachsen. Man kann das unterstützen. Man kann helfen den Boden zu bereiten." Der heutige Geschäftsführer der RBS Joachim Rogall bei einem Panel auf der Konferenz "Zwanzig Jahre seit dem Ende der Sowjetunion: Wandel, Kontinuität und neue Fragen." Berlin 1.-3.12.2011. Zitiert nach Mitschrift von R.L..

ein großes außenpolitisches Kontaktnetzwerk aufgebaut, wobei das Engagement neben den USA, Frankreich und der Türkei vor allem der Region
MOE gilt, welches hier kurz skizziert wird. Ein zentraler Partner im außenpolitischen Engagement der RBS ist die Deutsche Gesellschaft für Auswärtige
Politik (DGAP). Hier ist seit 2007 das Zentrum für Mittel- und Osteuropa verankert, welches von der Stiftung getragen wird. Es organisiert Diskussionen
und Konferenzen. Außerdem erstellt es Analysen, die sich auf den MOE-
Raum beziehen. 2001 startete die Stiftung ein Programm für sogenannte
Nachwuchsführungskräfte aus Mittel- und Osteuropa, allerdings ohne die Region der postsowjetischen Staaten. Das bei der DGAP angesiedelte Stipendienprogramm wurde 2007 in Carl Friedrich Goerdeler-Kolleg für Good Governance umbenannt (vgl. Lux/Schuch 2008). Das Goerdeler-Kolleg soll ein Forum für die Weiterbildung und Vernetzung von sogenannten Führungskräften
aus dem GUS-Raum und der Türkei sein. Dadurch will man auch Verwal-
tungsreformen in den Zielländern fördern.[349] Seit 2008 führt die RBS zusammen mit der BMW-Quandt Stiftung und dem Ostausschuss der deutschen
Wirtschaft ein weiteres, jährlich stattfindendes Gesprächsforum, welches
auch auf "Eliten" fokussiert ist, die sich "über aktuelle Wirtschaftsthemen und
gesellschaftliche Fragestellungen" austauschen.[350] Zusätzlich gibt es seit
2011 die trilateralen "Gesprächskreis Grundewald", der auf Entscheidungsträger aus Polen, Russland und Russland zielt.

6.5   Vergleich und Typisierung

Am Ende dieses Kapitels steht der Versuch einer Typisierung der im russischen Hochschul- und Wissenschaftssystem aktiven deutschen Organisationen. Hierbei unterscheide ich drei Kategorien:
(I) Das ist zum einen eine Gruppe von Organisationen wie dem DAAD, die
HRK oder die DFG, die die Aufgabe und Funktion haben, die Hochschulen
und Wissenschaftler deutschlandweit und auch in anderen Ländern zu vertreten.
Der DAAD ist als Organisation selbst ein hybrides Gebilde, denn er ist sowohl
eine Organisation der AKP, die sich selbst als Mittlerorgansiation beschreibt

---

349   Allerdings ohne die zentralasiatischen Staaten, vgl. die Darstellung siehe URL
(letzter Zugriff 19.11.2012): http://www.bosch-stiftung.de/content/language1/downlo
ads/Goerdeler-Kolleg_2012_Faltblatt_deutsch.pdf
350   Siehe URL (letzter Zugriff 19.11.2012): http://www.deutsch-russische-gespraeche
.com/

und zugleich aber auch eine akademische Organisation der deutschen Hochschulen, die sich an einem rein meritokratischen Prinzip bei der Auswahl der Geförderten durch die Fachgutachter, also wiederum Professoren von deutschen Hochschulen, orientiert. Der DAAD übernimmt dezidiert Aufgaben der verschiedenen Ministerien im Bereich der internationalen Beziehungen der Bundesrepublik. Die Unterstützung der Hochschulen ist hierbei seine zentrale Aufgabe. Dabei wirkt der Austauschdienst damit eher wie eine im Staatsauftrag arbeitende Agentur, die zwar formal nicht in die verwaltungstechnischen Abläufe der Ministerien eingebunden ist, jedoch orientiert sich das Aufgabenprofil an die beinahe ausschließliche Finanzierung durch die Ministerien bzw. an die der EU. Der DAAD ist somit eine quasi nichtstaatliche Organisation, autonom, aber nicht unabhängig im eigentlichen Sinne. Ähnlich verhält es sich mit der AvH, nur dass diese einen ausschließlichen Förderschwerpunkt auf sogenannte Spit-zenwissenschaftler, also auf Personen mit einem schon vorhandenen hohen symbolischen Kapital im wissenschaftlichen Feld, hat. Diese beiden Organisationen sind akademische Organisationen, die dem Prinzip der Selbstregulierung folgen, zugleich aber auch bürokratische Organisationen mit einer starken Bindung an den Staat sind.

Einem anderen Typus der akademischen Organisation können die HRK und die DFG zugerechnet werden. Sie profitieren zwar auch von einer finanziellen Förderung durch den bundesdeutschen Staat, dies gilt vor allem für die DFG, aber sie betonen explizit ihre Unabhängigkeit vom Staat, was die DFG auch in ihrer räumlichen Entfernung von vergleichbaren Organisationen der AKP in Moskau ausdrückt,[351] die Universitäten und ihr heterogenes Set an Hochschulangehörigen, wobei die Professoren als starke individuelle "Agenten" hervorstechen. Universitäten können durch die Einwerbung von Drittmitteln, die oft vom Staat via beauftragte Organisationen verteilt werden, zusätzliche Mittel zur Internationalisierung einwerben. Dies ist sicherlich der FU Berlin mit ihrem Zukunftskonzept im Rahmen der Exzellenz-Initiative gelungen. Dadurch unterscheidet sie sich von anderen ebenfalls großen Universitäten.

(II) Bei der zweiten Kategorie handelt es sich um die Universitäten und ihr heterogenes Set an Hochschulangehörigen, wobei die Professoren als starke individuelle "Agenten" hervorstechen. Universitäten können durch die Einwerbung von Drittmitteln, die oft vom Staat via beauftragte Organisationen

---

351 Aufgrund der Rolle des DLR e.V. im Auftrag des Internationalen Büros des BMBF und damit als durchführende Organisation des deutsch-russischen Wissenschaftsjahres wurde auch ein Interview geführt, welches als DLR gekennzeichnet ist.

verteilt werden, zusätzliche Mittel zur Internationalisierung einwerben. Dies ist sicherlich der FU Berlin mit ihrem Zukunftskonzept im Rahmen der Exzellenz-Initaitive gelungen. Dadurch unterscheidet sie sich von anderen ebenfalls großen Universitäten.

(III) Im akademischen Feld spielen philanthropische Organisationen eine zunehmende Rolle. Diese Kategorie wird in dieser Untersuchung von der Robert Bosch Stiftung repräsentiert. Die Lektoren, die im Rahmen dieses Profils arbeiten, sollen den Transformationsprozess an ihren Hochschulen unterstützen. Zum "zivilgesellschaftlichen" Bereich gehören auch Vereine wie der DAMU e.V., als Organisation der Absolventen der Lomonossow-Universität. Aufgrund des ökonomischen Kapitals hat die RBS hier aber deutlich andere Wirkmöglichkeiten als private Initiativen. Folgende Einteilung versucht die verschiedenen Organisationstypen, die jenseits des Staates im russischen Hochschulsystem aktiv sind, zu ordnen.[352] Die Typen I und II sind von der staatlichen Finanzierung abhängig und würden ohne diese nicht existieren. Davon unabhängig ist der Typ III. Alle Typen lassen sich mindestens in zwei weitere Typen differenzieren. Außerdem sind Individuen, was an dieser Stelle vorweg genommen werden soll, starke innerorganisatorische Akteure, die im folgenden Agenten genannt werden.

In der anschließenden Analyse werden, bis auf den Typ IIIa, alle Akteurstypen untersucht. Der Typ IIIa wird aufgrund der sehr sporadischen Aktivitäten und des vergleichsweise geringen ökonomischen Kapitals nicht näher betrachtet; es ist aber nicht auszuschließen, dass z.B. durch Alumni-Vereine deren Zahl und Aktivitäten zunehmen wird.

Anhand von bisher gesichteten Programmen, Dokumenten und Publikationen lassen sich den Akteurstypen einige wichtige Kriterien zuordnen: Förderung von Mobilität von und nach Russland, die Förderung von Lehre und Forschung, Verfolgung gesellschaftspolitischer und hochschulpolitischer Ziele. Letzteres bezieht sich insbesondere auf den BP, aber auch auf die Entwicklung der akademischen Institutionen und Organisationen in Russland.

Hier wird für die Hochschulen zwischen zwei Typen unterschieden: eine Universität (IIa), die durch die Förderung im Rahmen der Exzellenzinitiative deutlich mehr Gelder für ihre Internationalisierung zur Verfügung hat und andere zwar auch stark aktive Hochschulen (IIb), die jedoch nicht dauerhaft Mitarbei-

---

352   Zur Vollständigkeit sei hier noch erwähnt, dass die Mehrheit der Institute, die sich der Grundlagenforschung in den diversen Disziplinen widmen, auch in Russland präsent sind, hier aufgrund des hochschulpolitischen Fokus nicht berücksichtigt werden.

ter in andere Länder entsenden können. Bei Typ IIa und IIb, also den Hochschulen fällt auf, dass sie zwar in Deutschland die Förderung des BP und Reformen im Hochschulsystem verfolgen auf einer programmatischen Ebene gilt dies jedoch kaum für das Engagement in Russland.

Tabelle 17: Typen deutscher Organisationen im russischen Hochschulsystem

I **Akademische Groß-organisation**	Auf die AKP ausgerichtet Ia	DAAD	Hochschulen als Mitglieder	Individuen als Gestaltende Agenten
	Allgemeine Vertretung hochschul- und wissenschafts-politischer Interessen	DFG	Hochschulen als Mitglieder	Individuen als Gestaltende Agenten
	Ib	HRK		
II **Hochschulen**	Hohe Ausstattung mit ökonomischen Kapital für Internationalisierung IIa	FU Berlin	Individuen als Angehörige	Individuen als Gestaltende Agenten
	Mittlere Kapitalausstattung für Internationalisierung IIb	Universität Bielefeld Universität Leipzig JLU Gießen	Individuen als Angehörige	Individuen als Gestaltende Agenten
III **Organisation der Zivilge-sellschaft**	Private Initiative/ Verein mit geringen ökonomischen Kapital IIIa	DAMU	Individuen als Angehörige	Individuen als Gestaltende Agenten
	Stiftung mit hoher Kapitalausstattung IIIb	Robert Bosch Stiftung, Haniel Stiftung	n.	Individuen als Gestaltende Agenten

In den folgenden Kapiteln wird dies für alle Akteurstypen näher untersucht. Zuerst werden aber drei Orte vorgestellt, in denen sich deutsche Organisationen besonders engagieren. Hier sind wieder, bis auf Typ IIIa, alle Akteurstypen anzutreffen. Dabei unterscheide ich zwischen Personen und ihren Interviews, die als Mitarbeiter für die Organisation sprechen (1) und Personen, (2) die mit einem Stipendium als Lektor vor Ort sind sowie Personen (3), die eine unbefristete Professor innehaben. Mit dieser Gruppenzuordnung werden aber auch alle Personen versehen, die nicht mehr für die Organisation tätig sind. Hinzu kommen Positionen von russischen Kollegen und Kolleginnen, die mit IV gekennzeichnet werden.

Tabelle 18: Akteurstypen in der Analyse

	Mobilität von und nach Russland	Förderung von Lehre und Forschung	gesellschafts-politische Ziele	hochschul-politische Ziele
Ia	ja	ja	nein	ja
Ib	nein	nein	nein	ja
IIa	ja	ja	nein	nein
IIb	ja	ja	nein	nein
IIIb	ja	ja	ja	nein/ (ab 2006) ja

6.6   Arbeiten vor Ort

An der Spitze des russischen Hochschulsystems stehen Hochschulen, die durch ihre Stellung als klassische Volluniversitäten und aufgrund ihrer "Ausstattung" über einen Standortvorteil im wissenschaftlichen Feld verfügen. Das gilt vor allem für die Hochschulen, die sich in den beiden Zentren Moskau und St. Petersburg befinden. Aber auch einzelne Universitäten, wie die Staatliche Universität in Tomsk oder in der Sowjetunion gegründete Volluniversitäten, wie die Staatliche Universität in Nowosibirsk, waren schon während der Sowjetunion Einrichtungen, an denen auch signifikante Forschung stattfinden konnte und an denen renommierte Wissenschaftler arbeiteten.

Neben den historischen und wissenschaftspolitischen Unterschieden beeinflussen in dem riesigen Land auch geografische Bedingungen die Möglichkeiten der Kooperation. Besonders die im europäischen Teil Russlands gelegenen Hochschulen verfügen durch ihre Lage über den Vorteil, dass sie wesentlich schneller und auch preiswerter von anderen Teilen Europas zu erreichen sind, ganz im Gegensatz zu denen in Fernost, bei Japan und China gelegenen Hochschulen in Charbarovsk und Wladiwostok. Zwar sind heute alle Gegenden der Welt mit Datennetzen verbunden und via Flugzeug schnell zu erreichen, doch Entfernungen greifen als eine finanzielle Herausforderung auf diesem Gebiet immer noch. Gute finanzielle Bedingungen in der Region sind für das Wohl einer Hochschule förderlich. Dies ist sicherlich auch der Fall für die Staatliche Universität Kasan, die hier als ein Beispiel für die Kooperationspunkte deutscher Organisationen herangezogen wird. Die beiden anderen lokalen Bezugspunkte sind Moskau und St. Petersburg. Zum einen aufgrund der besonderen Relevanz Moskaus als Hauptstadt und zum anderen weil es an der Staatlichen Universität in St. Petersburg seit geraumer Zeit eine langanhaltende deutsch-russische Zusammenarbeit in der Soziologie gibt.

6.6.1 Standort(aus)wahl

Allein aufgrund der finanziellen und personellen Ressourcen kann keine Organisation überall in Russland präsent sein. Einige Organisationen wie die Hochschulrektorenkonferenz operieren komplett von Deutschland aus. Für die HRK ist dies aus finanziellen Gründen die angemessenste Lösung. Die Auswahl bestimmter Partnerorganisationen und Hochschulen bzw. die Eröffnung von Büros in bestimmten Städten sind somit immer Teil einer strategischen Entscheidung bzw. eines Konzepts wie die Organisation in einem anderen Land vorgehen möchte. Der DAAD stimmt die Standorte seiner Lektorate jährlich mit dem Auswärtigen Amt ab, insbesondere wenn es sich um eine Schließung oder Eröffnung handelt:

> [I a (1) BO11] "Wir [der DAAD, Anm. RL] machen dort den Vorschlag, die geben dann ihr Statement und dann wird entschieden ein Lektorat zu eröffnen oder zu schließen oder vielleicht an einen anderen Standort zu verlegen."

Hier wird noch einmal die besondere Bedeutung der AKP für die Arbeit des DAAD deutlich. Nicht alle Regionen kann der DAAD mit einem Lektorat versehen. Auch in der Russischen Föderation gibt es daher weiße Flecken der Präsenz. Davon sind auch Hochschulen der neuen "ersten Liga" im russischen Hochschulsystem betroffen. Ein solcher weißer Fleck ist beispielsweise der riesige föderale Bezirk Nord-Ost:

> [I a (1) MO10] "Wir sind noch nicht in Jakutsk. Ja, das könnte mal werden. Ich will das jetzt weder sagen, das muss so sein, noch will ich es ausschließen, aber sollte sich das herausstellen, dass diese Hochschule dort eine regionale herausgehobene Stellung hat und sozusagen dadurch die Möglichkeit ist, durch diese Hochschule auch auszustrahlen auf andere Hochschulen, dann wäre das zum Beispiel ein wichtiges Kriterium. [...] Wenn diese föderalen Universitäten sich tatsächlich als regionale Bezugspunkte etablieren, dann kann das ein wichtiges Kriterium für einen Standort des DAAD sein..."

Wie mit dem Zitat deutlich wird, spielt der Standort einer Hochschule und ihre Bedeutung für die Region eine Rolle für die Errichtung von Lektoraten des DAAD. Das gilt sicherlich auch für die Lektorate des Boschlektorenprogramms. Dort hat sich seit Mitte der 2000er die Strategie durchgesetzt, die beiden Hauptstädte zu verlassen, denn:

> [III b (1) ST10] "Mit unseren geringen Mitteln heißt das, dass wir dann eben nicht unbedingt an die Lomonossov gehen oder an die Pädagogische Hochschule in St. Petersburg, wo bereits der DAAD und andere Institutionen und Forschungszentren

sind, sondern wir suchen eher in den Großstädten unbekanntere Hochschulen heraus oder wichtige Hochschulen in den Regionen. So sind wir in Kasan sehr aktiv,
ein ganz wichtiges Subzentrum als Hauptstadt Tatarstans, oder wir sind in Perm
sehr aktiv, weil das auch von der Lage her, das Tor zum Ural oder das Tor zu Europa, egal von welcher Richtung man sie betrachtet, ein ganz wichtiger Standort ist."
Wenn sich die deutschen Organisationen, die Russland als Ganzes im Blick
haben, vor Ort in Moskau die Infrastruktur gesichert haben, folgt in der Regel
ein Engagement im Rest des Landes und die Kontaktaufnahme mit wissenschaftlichen Einrichtungen dort. Ein typisches Beispiel ist das Engagement
der DFG, die nachdem in der Hauptstadt die Büroniederlassung im Moskauer
Haus der deutschen Wirtschaft gesichert und ein Netzwerk vor Ort aufgebaut
war, nun in anderen wichtigen russischen Zentren aktiv wird, wie der Büroleiter im Gespräch deutlich machte:

> [I b (1) MO10] "Nachdem man in Moskau bekannt war, versucht man stärker außer-
> halb von Moskau tätig zu werden, also ein sehr hohes Reiseaufkommen und in den
> Regionen Kontakte zu pflegen, anzubahnen, d. h. wir versuchen nicht nur in Mos-
> kau und Petersburg aktiv zu sein, sondern auch in den Regionen Kasan, Jekaterin-
> burg, Novgorod, Rostov..."

Eine ebenso wichtige Rolle spielt für die Organisationstypen Ia und IIIb die
Zahl der Studierenden, die Deutsch studieren und in der Lage sind, sich auf
einem Niveau beginnend ab B1 des Gemeinsamen Europäischen Referenz-
rahmens mit einem Muttersprachler auseinanderzusetzen. Außerdem erwarten sowohl RBS als auch der DAAD, dass die Gasthochschule das jeweilige
ortsübliche Gehalt für den Lektor sowie im Fall des Boschlektorenprogramms
ein Wohnheimzimmerplatz stellt oder bei der Suche nach geeignetem Wohn-
raum hilft.[353] Doch die jeweilige Arbeitsplatzsituation muss damit noch nicht –
und ist es in der Regel auch nicht – mit der an einer deutschen Hochschule
vergleichbar sein:

> [I a (2) BE11] "Als Deutscher bin ich es gewohnt, dass ich ein Büro habe, das ich
> vielleicht mit einem Kollegen teile, aber einen Computerplatz habe. Wenn ich dann
> sehe, dass sich dort sieben oder acht Kollegen einen Computer teilen müssen, ver-
> steht man, dass die russischen Kollegen logischerweise zu Hause arbeiten...."

Das Zitat ist insofern repräsentativ, als es von einem deutschen Lektor stammt,
der an einer angesehenen Hochschule in einer der beiden Metropolen arbeitet.

---

353   Vgl. die Äußerung eines Verantwortlichen des DAADs [I a (1) MO10]: "Nach dem
      Prinzip: lohnt sich das jemanden da hinzuschicken, gibt es da eine genügende Zahl
      von Deutschlernern. Bringen die Hochschulen die erforderlichen Gegenleistungen -
      tun sie in der Regel - ist das kulturpolitisch sinnvoll einen Lektor dorthin zu schicken
      oder ist das zu abgelegen? Man kann ungefähr sagen, dass wir alle wichtigen
      Standorte, die für die deutsche Sprache wichtig sind und darüber hinaus abgedeckt
      haben."

In der Regel besitzt nur der/die Lehrstuhlinhaber/in einen eigenen Arbeitsplatz an einer russischen Hochschule. Selbst wenn es noch andere Räume am Lehrstuhl geben sollte, die nicht der Lehre oder gegebenenfalls als Labor dienen, so gibt es für die anderen regulären Mitarbeitern meist nicht mehr als den einen Raum des Lehrstuhls, der Kafedra, der in Deutschland ein Lehrerzimmer an einer Schule sein würde. Die räumlichen und materiellen Kapazitäten sind für eine adäquate Ausstattung gegenwärtig in den Sozial- und Geisteswissenschaften nur eingeschränkt vorhanden.

In den Gesprächen wurde deutlich, dass in den 1990er Jahren im Falle des DAAD bzw. Anfang der 2000er Jahre im Falle des Boschlektorenprogramms die Bewerbung bzw. die vertragliche Vereinbarung der Etablierung von Lektoraten deutscher Lehrkräfte an russischen Hochschulen einfacher vonstattenging als heute:

> [III b (3): ST11mo] "...dass wir die Hochschulen [...], die mussten sich ja nicht bewerben, die haben das fast aufgedrängt bekommen, extrem gesagt. In der Zeit in der ich dann tätig war für das Lektorenprogramm und auch für die russischen Hochschulen gab es Antragsformulare und die mussten sich sehr dezidiert festlegen, sie mussten das Lektorat richtig beantragen und sich sehr stark festlegen, was der machen sollte, wer der Ansprechpartner ist usw."

Die Auswahl der Standorte ist innerhalb des Lektorenprogramms nun an mehr Bedingungen geknüpft. Sie müssen für das OEZ im Antrag, aber auch in der allgemeinen Außendarstellung der Hochschule deutlich machen, dass sie zu Veränderungen bereit sind und:

> [III b (3) ST10] "...dass sie halt ein bisschen ein Feld bietet für diese Projektarbeit, dass sie auffällt durch Institutionen oder Abteilungen innerhalb der Uni oder auch Projekte, die die Uni sowieso schon durchführt, wo man sich gut vorstellen kann, dass da ein Lektor etwas lernen kann in dem er mitarbeitet an diesem Projekt."

Die Entwicklung des Boschlektorenprogramms verläuft dynamisch. Die wenigsten Standorte existieren länger als acht Jahre. Schließungen von Lektoraten kommen vergleichsweise häufig vor. Als Gründe werden fehlende Veränderungen bzw. Weiterentwicklung der Hochschulen oder der mangelnde Raum zur Umsetzung der Projektarbeit in den Interviews genannt.[354] Standorte des DAAD sind in der Regel relativ fest an den jeweiligen Hochschulen eingerichtet. Äußerst selten kommt es zu Schließungen, die in Problemen mit dem jeweiligen Hochschulleitungs- und Verwaltungspersonal begründet sind.

In Moskau sind die deutschen Organisationen keine bemerkenswerte Beson-

---

354 Außerdem werden seit 2009/10 in Länder wie Polen oder Ungarn, die bis Mitte der 2000er Jahre den Kern des Programms darstellten, keine deutschen Lektoren mehr entsandt.

derheit, im Gegensatz zu den Regionen, denn dort:

[III a (2) MO10] "...bist [...] die einzige Deutsche und bist halt wie das Kind in der Kinderschaukel, also wirst echt sehr beachtet und man kann natürlich alles machen. Also ich meine hier in Moskau, da musst du dir schon was richtig Fettes ausdenken, damit du irgendwie dich profilieren kannst und dort kannst alles machen und es wird immer bejubelt so, kann man sich halt sehr gut ausprobieren."

6.6.2 Präsenz im russischen Zentrum: Moskau

Das russische Zentrum ist seit der Rückverlegung der Hauptstadt durch die Sowjets an den Wolga-Zufluss Moskva, die gleichnamige Stadt mit ihren inzwischen schätzungsweise 15 Millionen Einwohner. Der Moskauer Kreml ist quasi die architektonische Verkörperung der russischen Staatsmacht, wozu aber auch das unweit gelegene Ljubljanka-Gebäude des Geheimdienstes im Herzen der Stadt gezählt werden muss.

Administratives Zentrum

In Moskau haben zahlreiche bedeutende Hochschulen ihren Sitz. Darunter sind neben der ehrwürdigen MGU und der für die Diplomaten-Ausbildung der UdSSR 1944 gegründeten MGIMO auch unzählige vergleichsweise unbekanntere Hochschulen. Doch insgesamt überwiegen die großen Einrichtungen wie die Russische Staatliche Geisteswissenschaftliche Universität (RGGU), im nordwestlichen Zentrum der Stadt unweit des Metro-Rings gelegen. Nicht nur Hochschulen haben ihren Campus im Zentrum. Das öffentlich zugängliche Wissen hat mit der riesigen Lenin-Bibliothek ein zentral gelegenes markantes Gebäude mit eigener Metro-Station. Die Akademie der Wissenschaft ist wiederum ebenso im Zentrum am Ufer der Moskva gelegen. Im Südwesten ist die RUDN beheimatet, davor, nur wenige Metro-Stationen vom Kreml entfernt, liegt die MGU und weiter in derselben Richtung folgt die MGIMO, die neben einem Gebäudekomplex des Geheimdienstes ihren Campus hat.

In Moskau erfolgten Anfang der 1990er Jahre vor allem im Bereich der Wirtschafts- und Sozialwissenschaften mehrere wichtige Neugründungen, von denen insbesondere die New School of Economics als private Einrichtung und die Higher School of Economics (HSE) hervorzuheben sind. Letztere wurde als einzige Hochschule mit einem sozial- und wirtschaftswissenschaftlichen Profil zu einer Nationalen Forschungsuniversität erklärt.

Für die russischen und auch für die externen Akteure ist Moskau aber auch deshalb von herausragender Bedeutung, weil hier praktisch alle landesweit geltenden bildungspolitischen Entscheidungen getroffen werden. Außerdem kann man sich nirgendwo sonst mit so vielen anderen externen Partnern und zugleich russischen Entscheidungsträgern beraten und "vernetzen".

Repräsentieren und Koordinieren

Eine Reihe von Büros deutscher Organisationen in Moskau haben die Funktion, ihre jeweiligen russlandweiten Aktivitäten zu koordinieren, vor Ort Netzwerkarbeit zu leisten und russische Interessenten aber auch deutsche Organisationen ohne Russlandexpertise hinsichtlich eines Engagements im Land zu beraten.

Eine der wichtigsten Repräsentanzen ist die sich im zentrumsnahen Moskauer Südosten befindliche Außenstelle des DAAD. Sie wurde offiziell im Frühsommer 1993 nach Absprache mit dem Hauptgeldgeber, dem Auswärtigen Amt eröffnet.[355]

Eine wesentliche Aufgabe ist die Koordination der Stipendienvergabe an russische Studierende, Absolventen und Wissenschaftler, wobei die Mitarbeiter und Mitarbeiterinnen der Außenstelle die Vorauswahl treffen. Diese hatten die Deutschen anfangs noch mit den Kollegen der deutschen Botschaft gemeinsam treffen müssen, aber nach dem, wie es der Gesprächspartner darstellte, die deutsche als auch russische Seite Vertrauen in den DAAD gefunden hatte, konnte der DAAD bereits ab 1994 allein die Stipendiaten auswählen.[356] An der Außenstelle des DAAD ist die über zwei Jahrzehnte anhaltende personelle Kontinuität auf der Ebene der Leitung bemerkenswert. Zwei Personen wechseln sich in einem mehrere Jahre umfassenden Intervall in der Leitung des zuständigen Referats in Bonn und der Außenstelle ab. Sie sind somit länger vor Ort als jeder bundesdeutscher Diplomat es je war. Zweifelsohne ist so ein belastbares Netzwerk an Kontakten gewachsen. Dies wird auch von diesen selbst als ein wichtiger Vorteil bzw. als relevante Expertise gesehen.

Beim Boschlektorenprogramm kann die Einrichtung von Lektoraten durch die russische Hochschule initiiert werden. In jedem Fall gilt für die russischen Hochschulen, dass:

---

355 Diese seit Dezember 1992 arbeitende Außenstelle ist übrigens mit öffentlichen Verkehrsmitteln wesentlich leichter zu erreichen als die Botschaft der Bundesrepublik.

356 [I a (1) BO10] "Das hat sich insofern geändert, dass wir das Vertrauen der Botschaft erhalten haben, eine Art Vorauswahl zu treffen für unsere Stipendiaten, so dass die DAAD-Außenstelle in Moskau heute etwa 3700 bis 4000 Visa-Anträge vorab bearbeitet, auf Vollständigkeit kontrolliert, auf den kleinen Dienstweg an die Botschaft gibt und innerhalb von 10 Tagen alle ihre Visa bekommen. Das ist eine Riesenerleichterung, weil die Leute wirklich wissen, sie müssen nicht erst 1000 Dollar hinlegen, um nach Moskau zu fahren."

[III b (3) ST10] "Die müssen natürlich einen Antrag stellen. Aber man ermuntert bestimmte Hochschulen auch Anträge zu stellen. Auch das geht wieder eher über die
Lektoren, in der Regel auch über die Regionalkoordinatoren, die dann eben Ausschau halten nach interessanten Hochschulen und die dann durchaus auch ansprechen und auch Werbung dafür machen."
Die hier zitierte ehemalige Mitarbeiterin des Stuttgarter OEZs weist implizit
auch auf die Rolle der "Agenten" vor Ort hin. Insbesondere die Vertreter in
Moskau haben eine besondere Rolle, wie ein ehemaliger Regionalkoordinator
für das Boschlektorenprogramm in Russland deutlich macht:

[III b (3) BE08] "Es geht bei der Regionalkoordination in Russland vor allem darum
erstens die vergleichsweise hohe Zahl der Lektoren im Land zu betreuen und zu
koordinieren und abzustimmen. Das zweite Standbein ist es, die Arbeit mit den anderen Kulturmittlern abzustimmen. Als Regionalkoordinator ist man mit dabei bei
den größeren Kulturmittlerrunden, bei den Sprachmittlerrunden, bei den DAFler-
Runden, wo zusammen mit der Botschaft, mit den politischen Stiftungen, gemeinsam mit dem DAAD und dem Goethe-Institut etc. die Tätigkeiten abgestimmt werden."

Der DAAD ist, wie hier deutlich wird, auch der Ansprechpartner für andere
deutsche Organisationen. So sucht die Regionalkoordination des
Boschlektorenprogramms den Kontakt, um in Abstimmungsprozessen mit
dem DAAD ein effizientes Vorgehen der deutschen Akteure zu erreichen und
so [III b (3) PO09] "nicht die gleichen Standorte doppelt und dreifach besetzt
werden und andere Regionen vernachlässigt werden", wie es eine frühere
Regionalkoordinatorin beschreibt.
Das bereits erwähnte Konzept der Außenwissenschaftsinitiative zielt auf die
Propagierung von Deutschland als wissenschaftlichen Leistungsträger und
als Partnerland, welches an ausgewählten Standorten mit einer Konzentration
von deutschen Organisationen repräsentiert werden soll. Seit 2009 wird von
einer sich als "Netzwerk" verstehenden Gruppe von deutschen Organisationen die Idee eines "Deutschen Hauses der Wissenschaft und Innovation
(DWIH)" vorangetrieben, die auch in anderen Hauptstädten in Schwerpunkt-
ländern der deutschen AKP existieren. Können die Häuser in diesen Ländern
alle mit einer festen Adresse aufwarten, so ist dies in der russischen Hauptstadt bislang nicht möglich, so dass sich das Haus eher als ein Forum versteht, das durch Veranstaltungen wie Konferenzen, Vorträgen "zur Vernetzung von Wissenschaftlern in Deutschland und Russland [...] Experten aus
akademischen Institutionen, Forscher und Vertreter der Industrie und der Regierung zusammen" bringen will.[357] Die Kontaktadresse ist die des DAADs in

357   So die Selbstdarstellung auf URL (letzter Zugriff 16.11.2012): http://www.dwih.ru/

Moskau und der Leiter der dortigen Außenstelle ist derzeit zugleich der "Leiter des Projektstabs" des DWIH. Zu dem Netzwerk gehören neben dem DAAD das Auswärtige Amt und das BMBF, das Deutsche Historische Institut in Moskau, die DFG sowie die Deutsch-Russische Außenhandelskammer, die Fraunhofer-Gesellschaft und die Helmholtz-Gemeinschaft und die Freie Universität Berlin.

An der MGU

Die Staatliche Universität Moskau trägt den Namen des wohl wichtigsten Gründungsvater des russischen Wissenschaftssystems Michail Lomonosov. Das Hauptgebäude sowie der umgebende Park an den "Sperlingsbergen" mit Blick über das Zentrum der Metropole verleiht dem Gelände unter all den anderen wichtigen Hochschulen der Hauptstadt eine Aura des Besonderen, zu mal sie seit 1755 die älteste Institution dieser Art in Russland ist. Mit ihren rund 38.000 Studierenden und rund 1000 Professoren an über 40 Fakultäten bzw. zentralen Instituten taucht die MGU[358] als eine von zwei russischen Hochschulen in den diversen internationalen Ranglisten auf.

Der Widerstand des Rektors Sadovničij gegen den BP wich dem Zwang des russischen Gesetzgebers, so dass sich heute eine Mehrheit der Studierenden von 22.500 sich in den vierjährigen Bachelor-Studiengängen befindet. Allerdings studieren immer noch deutlich über 10.000 in Diplomstudiengängen.[359]

Aufgrund ihrer starken Position im russischen Hochschulsystem, die sie auch nach außen kommuniziert, gilt die MGU wiederum als schwierig in der Zusammenarbeit mit deutschen Universitäten, wobei sie Kooperationen und Partnerschaftsverträge mit diversen namhaften Universitäten eingegangen ist. Hier verfügt lediglich die Humboldt-Universität über eine gefestigte Position mit 35 Austauschplätzen für Studierende.[360] Dagegen funktioniert der Austausch mit der Universität Leipzig laut Aussage des dortigen Akademischen Auslandsamtes nur noch auf dem Papier, da die MGU auf die Zahlung der Studiengebühren besteht, ein für deutsche Hochschulen ansonsten unübliches Verfahren bei einem bestehenden Partnerschaftsvertrag.

Der DAAD startete 2012 ein Programm in Kooperation mit der MGU.[361] Lektorate bestehen an dieser Hochschule nicht. Partnerschaftsverträge bestehen

---

358   Angaben siehe URL (letzter Zugriff 3.2.2013): http://www.msu.ru/science/2010/sci-study.html

359   Siehe URL (letzter Zugriff 15.2.2013): http://www.msu.ru/science/2010/sci-study.html

360   Siehe URL (letzter Zugriff 29. 11. 2012): http://www.international.hu-berlin.de/formulare-und-broschuren/studierende/studieren_in_russland.pdf

361   Für Details siehe URL (letzter Zugriff 29.11.2012): http://www.msu.ru/int/daad.html

INTERNATIONALISIERUNG, KOOPERATION UND TRANSFER   237

neben der Humboldt-Universität auch mit der FU Berlin.[362] Hier engagierte
sich vor allem die Journalistik in der Kooperation mit dem 1994 mit deutscher
Unterstützung gegründeten Freien Russisch-Deutschen Institut für Publizistik.
Dies wurde außerdem von deutschen Verlagen und Journalisten aus dem
Umfeld der Frankfurter Allgemeinen Zeitung gegründet.[363]
Das FRDIP ist auch für das Boschlektorenprogramm von entscheidender Bedeutung, weil hier das Moskauer Lektorat angesiedelt ist. Dabei steht weniger
die Vermittlung von Lehrinhalten im Vordergrund, als dass damit ein Lektorat
als Koordinierungsstelle in der russischen Hauptstadt möglich ist.
Allerdings wurde das FRDIP aufgrund seiner Kontakte und seiner Reputation,
also aufgrund des vorhandenen sozialen und symbolischen Kapitals, als Lektorat für die Regionalkoordination ausgewählt, wie ein ehemaliger Regionalkoordinator im Interview darstellt:

> [III b (3) BE08] "Warum jetzt das Freie Russisch-Deutsche Institut für Publizistik an
> der MGU ausgewählt worden ist, hat sicherlich mit den engen Kontakten dieses In-
> stituts nach Deutschland und zu Journalisten, zu Wissenschaftlern oder wissen-
> schaftlichen Einrichtungen in Deutschland zu tun, d. h. dass da auf Strukturen auf-
> gebaut werden konnte, ohne grundlegend Neues zu schaffen."

Vor allem die Zusammenarbeit und die Weiterentwicklung vor Ort stellen sich
jedoch als die eigentliche Achillesferse des Lektorats dar, die von den deutschen Lektoren auch an das OEZ in Stuttgart gemeldet werden; daraus folgten: [III b (3) BE08] "auch Gespräche zwischen der Leitung des Lektorenprogramms und der Institutsleitung [...], die sehr sehr schwierig verlaufen sind."
Insgesamt wird die Zusammenarbeit gerade in Bezug auf die Veränderung im
Rahmen des Bologna-Prozesses als problematisch beschrieben. Auch wenn
das Lektorat bis heute besteht, wird der Leitung des Instituts attestiert:

> [III b (3) BE08] "...sehr darauf erpicht ein gutes Verhältnis zur Stiftung zu pflegen.
> Dabei wird der Lektor allerdings eher als billige Lehrkraft - im besten Fall – wahrge-
> nommen. Ansonsten geht es darum, möglichst wenig mit dem Lektor selbst zu ma-
> chen, weil er könnte ja eine gewisse Eigendynamik entwickeln und das zu verhin-
> dern, ist eines der Ziele der Institutsleitung."

An der MGIMO

An der im Moskauer Südwesten gelegenen MGIMO wird die Mehrzahl der
russischen Diplomaten an derzeit sieben Fakultäten mit ungefähr 6.000 Stu-

---

362 Doch wurde dieser von dem dortigen Vertreter nicht erwähnt.
363 Eine recht detaillierte Darstellung der Geschichte des Instituts ist auf der offiziellen
     Seite in Deutsch und Russisch zu lesen, siehe URL (letzter Zugriff 29.11.2012):
     http://www.frdip.org/

dierenden ausgebildet wird.[364] Der langjährige Außenminister Sergej Lavrov
ist derzeit einer der namhaftesten Absolventen. Ein Studium ist nicht nur pres-
tigereich, sondern gehört auch zu einem der teuersten im ganzen Land.
Die MGIMO wurde 1944 als eigenständiges Institut für Internationale Beziehungen an der MGU gegründet. Schon in der Sowjetunion gab es hier eine
hohe Quote an ausländischen Studierenden. Rund 15 Prozent der Absolventen aus dieser Zeit kamen aus Staaten des damaligen Ostblocks, die meisten
aus der DDR und Bulgarien. Sie wie auch die sowjetischen Absolventen wurden hauptsächlich für Positionen im Staatsapparat ausgebildet. Mit dem Ende
der UdSSR wurde die staatssozialistische Ideologie im Curriculum entfernt
(Müller 2008: 92f). Einige neue Fakultäten erweiterten in der Folge das angebotene Fächerspektrum. 1991 wurde u. a. die Fakultät für Internationale Wirtschaft und Geschäftsführung gegründet. Die Hochschule ging 1994 in die
Trägerschaft des Außenministeriums über und erhielt den Status einer Universität. Zentral für die Ausbildung und das Curricula ist das Erlernen von
Fremdsprachen. Gegenwärtig sind an der MGIMO über 50 Sprachen Teil der
verschiedenen Studiengänge.[365]
Die MGIMO ist für die FU ein wichtiger Partner in Moskau. Seit längerem
existiert die Zusammenarbeit im Fach Internationale Beziehungen des Osteuropa-Instituts der FU. Neben den zwei deutschen Tutoren ist seit 2009 auch
ein regulärer Mitarbeiter der FU in der MGIMO als Dozent und Repräsentant
der FU tätig. Sein Engagement wird mit Mitteln der Exzellenzinitiative finanziert. Das MGIMO ist für den FU-Mitarbeiter von entscheidender Bedeutung,
denn dort:

> [II a (1) MO11] "... gibt es einen Arbeitsplatz für mich und daraus folgend eine Auf-
> enthaltsgenehmigung, was natürlich für Russland das A und O ist. Wir haben lang-
> jährige gute Kontakte und ich unterrichte dort. [....] Früher war die Person, die das
> gemacht hat, stark an dem Master Internationale Beziehungen angehängt und [...]
> das Programm, also die Studenten und Professoren, die dort unterrichtet haben.
> Sie hat die ganzen Formalitäten wie Visa, Unterbringung usw. organisiert. Es gab
> kein Budget. Doch wenn man als Hochschulvertretung arbeiten will, muss man mo-
> bil sein können, [...] und das kostet irgendwie Geld."

Engagement an anderen Hochschulen

Basierend auf der Kooperation der Universität Freiburg mit der RGGU konnte
zum ersten Mal mit der finanziellen Unterstützung des DAAD ein russischer
Lehrstuhl mit einem deutschen Professor besetzt werden. Die RGGU ist erst

---

364   Angaben siehe URL (letzter Zugriff 3.2.2013): http://www.mgimo.ru/about/common/
365   Siehe die Angaben URL (letzter Zugriff 5.2.2013): http://www.mgimo.ru/about/history/

1990 gegründet worden, kann aber als ein wichtiges Zentrum der russischen Geisteswissenschaften gelten. Allerdings musste sie bei dem ersten landesweiten Hochschulmonitoring eine Kategorisierung als "ineffektiv" hinnehmen. Neben den sprachlich orientierten Lektoraten unterhält der DAAD seit Herbst 2010 an der HSE ein Lektorat mit einem stark ausgeprägten Profil in den Wirtschafts- und Sozialwissenschaften. Die anderen Moskauer Lektorate sind an Hochschulen mit einer technischen Ausrichtung angesiedelt. In keiner anderen russischen Stadt engagieren sich deutsche Hochschulen so stark wie in Moskau. Erst danach folgt die "zweite Hauptstadt" St. Petersburg.

6.6.3 Kooperation in der zweiten Hauptstadt: Sankt Petersburg

Innerhalb des eingeschränkt föderalen Systems der Russischen Föderation kann lediglich St. Petersburg als frühere Hauptstadt mit Moskau konkurrieren. Sie ist ein industrielles Zentrum und "ein Tor zum Westen", der seit der letzten Erweiterungsrunde der NATO und der EU kaum 140 Kilometer vor der Stadt beginnt. Doch nicht aus geografischen Gründen, sondern auch wegen der UNESCO-geschützten Innenstadt und der angrenzenden Bezirke ist St. Petersburg die "westlichste" Großstadt Russlands.

Wissenschaftsmetropole

Die kulturellen und akademischen Einrichtungen von "Piter", so der Spitzname der Stadt, sind durchaus denen von Moskau ebenbürtig. Andererseits ist sie mit knapp fünf Millionen Einwohnern deutlich kleiner als die 600 km entfernte Metropole.

Die wichtigste Hochschule vor Ort ist zweifelsohne die Staatliche Universität St. Petersburg (SPbGU). An den 24 Fakultäten sind über 30.000 Studierende eingeschrieben. Der Campus und das Hauptgebäude liegen in Sichtweite der Eremitage. Die Fakultäten für Soziologie und die Internationalen Beziehungen sind im Smolny untergebracht. Die Russische Akademie der Wissenschaften wurde 1724 in der damaligen Hauptstadt gegründet.[366] Diese verfügte im 18. Jahrhundert zwar auch über einen Lehrkörper und entsprechenden Lehrbetrieb. Als eigenständige Einrichtung wurde die Universität erst 1819 eröffnet. An ihr arbeiteten mehrere mit einem Nobelpreis geehrte Wissenschaftler, wovon drei diesen nach 1945 erhielten. Im November 1992 erklärte der damalige Präsident El'cin die SPbGU zum Teil des kulturellen Erbes der Russischen Föderation. Derzeit existieren an der Universität 98 Bachelor-

---

366 Sie wurde allerdings 1934 nach Moskau verlegt.

Studiengänge, 83 die das Diplom eines Spezialisten verleihen sowie 157 Masterstudiengänge. Außerdem werden fast 700 Programme und Studienmodule zu Fort- und Weiterbildung angeboten.[367]

In der Stadt sind vier weitere Universitäten mit einer technisch-naturwissenschaftlichen Ausrichtung angesiedelt, die den Titel einer Nationalen Forschungsuniversität tragen dürfen und somit auch über eine bessere finanzielle Ausstattung verfügen. An einem der vielen Kanäle der Stadt liegt die Pädagogische Universität Alexander-Herzen. Sie beherbergt das IC-Lektorat des DAAD,[368] aber auch noch fünf weitere Sprach- und Kulturzentren. An den über 20 Fakultäten sind aktuell rund 24.000 Studierende eingeschrieben.[369]

Zahlreiche deutsche Organisationen sind in St. Petersburg präsent. Die FU Berlin kooperiert seit 1969 mit der SPbGU. Die Zusammenarbeit begann damit deutlich vor der Eröffnung des Konsulats der Bundesrepublik, welches seit 1972 an der Newa existiert. Seit 1993 fördert die ZfA mit mehreren Lehrkräften den Unterricht an deutschen Schulen. Im selben Jahr nahmen das Goethe-Institut wie auch der DAAD die Arbeit mit Personal vor Ort in der Stadt auf. Außerdem verfestigten sich die seit Anfang der 1990er Jahre bestehenden Beziehungen mit der Universität Bielefeld. Im Jahr 2012 wurde die Zusammenarbeit mit der SPbGU von der FU Berlin in den Rang einer Strategischen Partnerschaft erhoben, dazu wurde im Interview vom Vertreter der FU erklärt: [II a (1) MO11] "das Exzellenz-Zentrum in St. Petersburg [...] ist eines unserer Leuchtturmprojekte".

Aufgrund der besonderen Rolle St. Petersburgs als sogenannte zweite Hauptstadt Russlands und der Relevanz seiner Hochschulen unterhält der DAAD dort ein IC-Lektorat, dessen [I a (2) SP11] "primäre Aufgabe ist es in Sankt Petersburg den DAAD zu repräsentieren, Präsenz zu zeigen mit seinen Programmen, mit den Förderprogrammen und die Leute entsprechend zu beraten und zu motivieren", damit russische Hochschulen im Nordwesten Russlands mit deutschen Hochschulen zusammenarbeiten, wie es der dortige IC-Lektor beschreibt:

367 Siehe URL(letzter Zugriff 14.2.2013) http://www.spbu.ru/about/un-today
368 Siehe URL (letzter Zugriff 2.2.2013): http://daad.spb.ru/cgi-bin/cms/index.cgi?lang=1
369 Siehe URL (letzter Zugriff 2.2.2013): http://www.herzen.spb.ru/en/About_University/1334731429/

[I a (2) SP11] "Das sind Gespräche und es ist Austausch, sei es, dass dort Messen, Kontaktbörsen organisiert werden, an denen wir uns beteiligen, sei es, dass jetzt - wie es vor einiger Zeit war - sich deutsche Hochschulen an die Kollegen der AHK wenden, um ab und zu einem Hintergrundgespräch und wir dann dazu geladen werden und in dieser Form beispielsweise, dass man versucht, vermittelt. Es gibt ja einige deutsche Studenten auch in der Stadt, die durchaus Interesse haben, sei es über Praktika oder sonst irgendwelche Jobs an deutsche Unternehmen heranzukommen. Da vermittelt man sich gegenseitig, hält sich auf dem Laufenden in dieser Form, in erster Linie die AHK; für die politische Stiftungsarbeit, da ist Moskau sicherlich mehr im Zentrum."

Das Lektorat wurde vom DAAD nicht an der SPbGU angesiedelt, sondern an der Herzen-Universität, denn damit wurde es möglich, dass

[I a (2) SP11] "...wir unsere Aktivitäten über die Petersburger Universitäten streuen und dann [gab es] gleichzeitig die pragmatische Überlegung: Na, wir haben hier ja schon hier die Lektorin, dann wird das hier eingerichtet und ich nehme mal an, dass dann auch das hiesige Lektorat entsprechend positiv reagiert hat."

In St. Petersburg wurde 1998 eines der ersten Lektorate des Boschlektoren-programms eingerichtet; allerdings nicht an einer Hochschule, sondern an der Bibliotheca Classica[370]. Erst seit dem akademischen Jahr 2000/01 war das Lektorat an der Staatlichen Universität präsent. Doch aufgrund anhaltender Konflikte an der SPbGU wurde das Lektorat nach 2006 nicht fortgeführt. Außerdem wurde ab Mitte der 2000er Jahre Wert darauf gelegt, dass auch in Russland das Lektorenprogramm der RBS verstärkt in den Regionen tätig wird. Hierzu erklärt eine frühere Lektorin:

[III b (2) FR10] "Für mich war immer so dann die ganze Zeit die große Frage, inwieweit man sich als Stiftung so - in Anführungsstrichen - zum Affen machen lassen sollte. Inwieweit Entwicklungszusammenarbeit soweit gehen sollte, dass man seinen Projektpartner machen lässt, was er will und ob das hehre Ziel : wir machen Kulturexport [...] soweit gehen sollte, dass man eben sagt: gut wir akzeptieren jetzt, dass unsere Forderungen nicht akzeptiert werden vor dem Hintergrund der Tatsache, dass wir gern in Petersburg in der entscheidenden Uni präsent sind."

Aus fachlich-inhaltlichen Gründen erscheint es für deutsche Organisationen und deren Vertretern wichtig, in St. Petersburg vor Ort zu sein, denn es ist Teil ihrer Strategie an akademisch relevanten Einrichtungen vertreten zu sein:

[I a (2) BE11] "Das heißt, man braucht eine Stadt, eine aussagekräftige Stadt. Und hinter Moskau steht nun mal St. Petersburg, danach kommt eine ganze Weile erst einmal nichts. St. Petersburg oder Leningrad ist die Stadt mit der größten sozialwissenschaftlichen Kompetenz in der ganzen gesamten Sowjetunion."

Vor allem die Kooperation in den sozialwissenschaftlichen Fächern ist der Kern der Kooperation zwischen der Universität Bielefeld und der SPbGU, die

---

370   Siehe URL (letzter Zugriff 28.1.2013): http://www.bibliotheca-classica.org/about-us

im Folgenden näher vorgestellt wird.

Das ZDES

Die Gründung des ZDES wurde 2001 während des Petersburger Dialogs initi-
iert und sollte vom DAAD dann ab 2004 mit den Partnern in Bielefeld und St.
Petersburg umgesetzt werden. Der Kontakt zwischen der SpbGU und der
Universität Bielefeld geht vor allem zurück auf das Engagement eines Pro-
fessors der Soziologie. Dieser leitete vom Wintersemester 1993/94 bis zum
Wintersemester 1995/96 einen vom DAAD geförderten "Deutschsprachigen
Studiengang der Soziologie" an der Fakultät für Soziologie der SpbGU. Da-
mals wie heute gab und gibt es:

> [II b (1) GI11] "...ein großes Interesse seitens der Bielefelder Soziologie, [das] darin
> bestand, maßgeblich Einfluss zu nehmen auf die Entwicklung der jungen Soziologie
> in Russland nach dem Zerfall der Sowjetunion."

Im Juli 1994 wurde eine Kooperation der Bielefelder Soziologie mit der an der
SpbGU beschlossen. Dabei wurde innerhalb eines Zusatzprogramms "die
wissenschaftliche Kompetenz in fremdsprachiger soziologischer Literatur gefördert" (Oswald 2001: 64). Dies zielte, wie der Bielefelder Internetseite immer noch zu entnehmen ist, auf eine "Erneuerung der Sozialwissenschaften
an der Staatsuniversität St. Petersburg"[371].

Der Ausbau der Beziehungen der beiden Universitäten war bereits in den
Jahren 1999 und 2000 intensiv diskutiert worden. Die Petersburger Seite war
mit der Rektorin Ljudmila Verbickaja im Petersburger Dialog vertreten. Dort
wurde das ZDES dann als ein deutsch-russisches Projekt innerhalb des Petersburger Dialoges 2001 vorgeschlagen. Die Einrichtung in St. Petersburg an
der SpbGU war aufgrund der Beteiligtenkonstellation schnell eine beschlossene Sache.[372] Der DAAD forcierte daraufhin dessen Aufbau an der SpbGU
und entsandte in Absprache mit der SpbGU und der Universität Bielefeld einen Aufbaubeauftragten. Im akademischen Jahr 2001/2002 wurde eine erste
Tagung durchgeführt und eine deutsche Geschäftsführung installiert.[373] Außerdem wurde ein wissenschaftlicher Beirat gegründet, ein deutscher sowie
ein russischer wissenschaftlicher Direktor wurden bestellt, letzterer war bis

---

371 Siehe die Angabe in der vorherigen Fußnote; URL (letzter Zugriff 10.11.2012):
     http://www.uni-bielefeld.de/Universitaet/Forschung/Int-Koop.html
372 Siehe S.36 der Berliner Universitätszeitung vom 27. 11. 2001, hier URL (letzter
     Zugriff 1.2.2013): http://www.uni-bielefeld.de/Universitaet/Einrichtungen/Pressestelle/
     dokumente/BUZ/buz208/buz208.pdf
373 Diese Position hatte der erste deutsche Fachlektor für Soziologie von 2001/2 bis
     2005/06 an der SpbGU bzw. am ZDES inne.

2012 der Dekan der Soziologie an der SPbGU. Die Eröffnung des ZDES benötigte dennoch mehrere Jahre. Erst im April 2004 nahm es seine Arbeit auf.
Das Selbstverständnis wird vom gegenwärtigen deutschen Direktor so beschrieben:

[II b (1) GI11] "Wir arbeiten in Russland, aber nicht zu Russland zwingend und auch
der Studiengang heißt Studies in European Societies und nicht Osteuropastudien in
Russland auf Russisch. Auch diese Öffnung der Universität Bielefeld für German
and European Studies ist glaub ich ganz wichtig, dass man das international ver-
netzt machen kann."

Diese Art der sozialwissenschaftlichen Zentren gehört zu den Förderinstru-
menten des DAAD, deren Förderung für mindestens zehn Jahre übernommen wird. Am "Deutschen Zentrum" wurden Kurse zur "Gegenwärtigen westeuropäische Soziologie" angeboten, wie sie an der SPbGU angekündigt wurden.[374] Mit der Einführung des englischsprachigen Studiengang "Studies in
European Societies"[375] veränderte sich im Winter 2004/05 die Arbeitssprache.
Die Bielefelder Soziologie unterstützte das Projekt nicht nur, sondern:

[IV_P2] "Die Leute, die das auch angefangen haben in den 90er Jahren, haben eigentlich auch den Antrag für das ZDES an den DAAD geschrieben [...] die haben
diesen Antrag geschrieben, das Konzept und alles, das heißt von Anfang an waren
sie sehr sehr stark daran angebunden. Sie haben eigentlich die ganzen Richtlinien
bestimmt."

Nur die wenigsten Personen, die auf den Internetseiten des ZDES als Lehrpersonal angegeben werden, sind permanent präsent. Die Mehrheit ist über
Gast- bzw. kurze Arbeitsaufenthalte in St. Petersburg. Vor Ort arbeitet neben
der russischen Geschäftsführerin und einigen Bürokräften auch ein Lektor
des DAAD.[376]

Tabelle 19: Eingeschriebene Studierende am ZDES/SPbGU

Studierende	2004	2005	2006	2007	2008	2010
Studierende	4	6	12	7	16	17
Davon nicht aus der RF	0		3	0	5	1

Quelle: ZDES 2011: 6

---

374 Vergleich die Vorlage bzw. das Protokoll Nr.3 des Wissenschaftlichen Rates der
Soziologischen Fakultät der SPbGU vom 15.10.2002, hier URL (letzter Zugriff
21.1.2013): http://www.soc.spbu.ru/img/up/files/File/S_Z_E_S.doc
375 Siehe die Internetseite URL (letzter Zugriff 30.1.2013): http://www.european-studies-
st-petersburg.com/
376 Siehe URL (letzter Zugriff 2.2.2013): http://www.european-studies-st-petersburg.co
m/Our-Teachers-Node_13496.html

Studierende können nach zwei Jahren mit dem Master of Sociology der SPbGU am ZDES abschließen. Das Programm beinhaltet jedoch keinen Doppelabschluss bzw. Doppelmaster, da ein Studiengang Europastudien nicht an der Universität Bielefeld angeboten wird. Die Anzahl der Studierenden stieg in den letzten Jahren und erreichte im Jahr 2010 immerhin 17, dabei allerdings nur eine Studierende aus dem Ausland.[377]

In dessen Rahmen stehen Stipendien für den beiderseitigen Austausch zur Verfügung. Die Studierenden erhalten bei ihrem Abschluss das Diploma Supplement. Dabei betont der deutsche Direktor, der Professor in Bielefeld ist:

> [II b (1) GI11] "Wir waren einer der ersten Master-Programme, Bologna-konformen Master-Programme an der Staatsuniversität St. Petersburg. Das hat auch am Anfang bei der Installierung auch deswegen ein paar Schwierigkeiten bereitet im Hinblick auf die Studierendenzahlen, die zu Beginn, das ist aber letztlich normal für jeden neu startenden Studiengang aber zu Beginn eben zufriedenstellend war, weil [...] die gesamte Hochschule noch nicht auf Bologna-konforme Abschlüsse umgestiegen war, so dass wir im Prinzip ein Master anzubieten hatten, ohne dass es entsprechende [...] Absolventen schon gegeben hätte."

Während sich die deutsche Hochschule formal bewerben musste, war das für die russische Seite nicht notwendig. Dies wird rückblickend durchaus kritisch gesehen:

> [I a (2) SP11] "...Anfang der 2000er ist die russische Hochschule nicht aufgefordert worden, sich für dieses Projekt zu bewerben. Es war eher eine Entscheidung, die ist eher unter den Akteuren auf deutscher Seite ausgehandelt worden in diesem Kräftefeld. Politisch, strategische Vorgaben, institutionelle Förderlinien des eigenen Hauses und das die Opportunitätsmöglichkeit, das zu verwirklichen durch die Partnerstruktur, die gegebene..."

In den ersten Jahren wurden alle Kosten von der UB und damit vom DAAD übernommen. Die SPbGU stellte die Infrastruktur, also vor allem die Räume zur Verfügung. Das inhaltliche Engagement war jedoch eher schwach ausgeprägt, so beklagt eine russische Hochschullehrerin die allgemeine Passivität, der russischen Seite in der Kooperation mit den deutschen Partnern:

---

377 Die Mehrzahl wurde davon lange kostenfrei gestellt [I a (2) BE11]: "Als dieses Masterprogramm eingeführt wurde, gab es 15 freie Budgetplätze. Das heißt 15 kostenfreie Studienplätze. Seit diesem Jahr haben wir nur noch neun. Das heißt, die Universität oder die Fakultät hat die Zahl der kostenfreien Studienplätze stark abgekürzt. Wir haben aber auch keine Selbstzahler im Programm. Letztes Jahr hatten wir eine, die ist jetzt im zweiten Kurs, die praktisch selbst diese Studien bezahlt."

[IV_P2] "Ich würde sagen, meistens ist es nur so ganz passiv angenommen worden. Besonders betrifft das die Leute an der Staatlichen Universität Sankt Petersburg, die haben nie für sich die Möglichkeit gesehen, dass zu beeinflussen, also die konnten das beeinflussen, die können das noch immer sehr stark beeinflussen, aber die denken daran nicht..."

Innerhalb der SPbGU wurde daher auch nach anderen Partnern Ausschau gehalten, bei denen sozialwissenschaftliche Europastudien hätten verankert werden können. Die Fakultät für Internationale Beziehungen kam hier in Frage, doch erwiesen sich die Gespräche als zu problematisch für die Vertreter der Bielefelder Soziologie.

[IV_P2] "Also sie haben wirklich an etwas Neuem gearbeitet und die Russen, die saßen dann, die haben einfach geschwiegen und am Ende des ganzen Workshops hat eine Person einfach so gesagt: Das war alles sehr interessant, aber wir haben das schon alles. Wir müssen an nichts mehr arbeiten bitte. [...] Wir brauchen das alles nicht neu entdecken, weil wir das alles haben. Das war natürlich auch frustrierend für die Deutschen. [...] ...letztendlich haben die Deutschen gesagt: Nein, so geht es nicht. Wir gehen doch zurück zur Soziologie."

Allerdings wird nicht nur das frühere, sondern auch das gegenwärtige Engagement der Soziologie an der SPbGU von deutschen Kollegen sehr kritisch beurteilt.

[I a (2) BE11] "...alles was vom Ausland kommt, wird auch gerne angenommen, wenn es nichts kostet. Allerdings das größte Problem in den letzten Jahren, was auch mit dem ZDES zu tun hat, die Lehrkräfte, die in diesem Masterprogramm arbeiten, um das sich das ZDES ja auch kümmert, wurden bis vor zwei Jahren aus deutschen Mitteln bezahlt. Auch die russischen Professoren wurden entschädigt für ihre Lehrtätigkeit mit deutschem Geld. Das hat sich in den letzten zwei Jahren geändert, d. h. die russische Universität muss ihre eigenen Lehrkräfte, Russen, die in diesem Programm arbeiten, entschädigen. Das gab natürlich hohe Schlagwellen und Missmut, weil sie dazu nicht bereit waren. Man hat argumentiert: Was wollen die Ausländer, die uns dieses Programm gebracht oder dieses Zentrum gebracht haben, warum bezahlen die das denn nicht selbst? Warum erwartet man das denn praktisch von uns? Das ist, sag ich mal so, solang das nichts kostet, wird es auch nicht kaputt gemacht, sondern wird einfach laufen gelassen. Aber dass sich jetzt einer dafür groß einsetzt von Seiten der Universität, hab ich eigentlich noch nicht gesehen."

Erst seit der zweiten Hälfte der Förderphase beteiligte sich die SPbGU an den Gehältern der russischen Mitarbeiter des ZDES. Es gehört zur Hochschulstruktur der SPbGU und ist somit von allen organisatorischen Vorgängen dort abhängig:

[II b (1) GI11] "Wir sind ja Teil, also unser Studiengang ist ein ganz ordentlicher Studiengang der St. Petersburger Universität, d. h. wir unterliegen natürlich auch diesen Regularien, wenn neue Abrechnungssysteme usw. installiert werden, neue Hierarchien und Verantwortlichkeiten muss man eben stärker direkt dem Rektor, als

den Fakultäten Zugeordneten rechenschaftspflichtig sind, das betrifft uns auch. Aber jetzt nicht so, das es in unsere Arbeit in irgendeiner Weise einschränken würde, sondern wir sind eben auch von diesen permanenten Reformen affiziert."
An der Soziologischen Fakultät unterrichten zwar rund 100 Soziologen,[378] aber vor allem die private European University[379] wird als das eigentliche innovative Zentrum der russischen Soziologie vor Ort wahrgenommen, wo inzwischen eine ganze Generation von russischen Sozialwissenschaftlern mit längeren Auslandserfahrungen an westeuropäischen und amerikanischen Hochschulen arbeitet: [IV_P2]: "...meine Leute, also meine Kohorte, die sind zur Europäischen Universität gegangen..."

6.6.4 Hauptstadt in der Provinz: Kasan

Kasan liegt knapp 800 km östlich von Moskau an der Wolga und an deren Zufluss, der Kasanka. Die Hauptstadt der Republik Tatarstan ist das administrative Zentrum der Republik, die Teil des Wolga-Föderationskreises ist. Heute ist Tatarstan mit seinen vier Millionen Einwohnern eine der wirtschaftsstärksten Regionen der Russischen Föderation mit zahlreichen institutionellen Verbindungen ins Ausland. Die Region weist wichtige Industriebetriebe wie den LKW-Hersteller Kamaz auf. Gleichzeitig spielen der Dienstleistungssektor und vor allem die diversen Hochschulen vor Ort eine wichtige Rolle als Arbeitgeber und gesellschaftlicher Impulsgeber.

Kasan verfügt in der Liga der herausgehobenen Einrichtungen über zwei Universitäten, lediglich Perm und Tomsk als Hochschulstandorte "in der Provinz" haben eine ähnlich privilegierte Hochschulstruktur. Allerdings ist die Kasaner Föderale Universität der Wolga-Region mit dem Nimbus versehen, in der kleinen Gruppe der überregionalen Föderaluniversitäten zu sein. Die mit Abstand größte Einrichtung wurde 1804 gegründet und ist damit auf dem heutigen russischen Territorium eine der ältesten Universitäten. Der Staatlichen Universität (KGU) wurde in den 1930er Jahren der Name des Staatsgründers Vladimir Iljitsch Lenin verliehen, da er hier bis zu seiner Relegation einige Monate studiert hatte. Im Zuge der Reformen im russischen Hochschulsystem wurde die KGU 2010 zur Föderalen Universität (KFU) erklärt.

Außerdem ist die örtliche Technische Universität zu nennen, die insbesondere im Bereich der Flugfahrt und der Raketentechnik einen Schwerpunkt aufweist, wobei hier eine gute Anbindung zu lokalen Industrieunternehmen existiert. Die Technische Universität Kasan Andrej Tupolev ist wohl auch deshalb

---

378 Siehe URL (letzter Zugriff 29.1.2013): http://www.soc.spbu.ru/rus/profs/
379 Siehe URL (letzter Zugriff 30.1.2013): http://www.eu.spb.ru/en/

internationalisierungINTERNATIONALISIERUNG, KOOPERATION UND TRANSFER   247

bei dem russlandweit geführten Wettbewerb als eine von 29 Universitäten im Jahr 2009 zur Nationalen Forschungsuniversität erklärt worden.

Tatarische Besonderheiten

In dem sie die nationalistisch-populistische Bewegungen unterstützen, konnten die tatarischen Eliten in den Wirren der frühen 1990er Jahren weitgehende Sonderrechte gegenüber dem Moskauer Zentrum durchsetzen. Der Führungsriege um den ehemaligen KP-Funktionär Mintimer Schajmijev ließ die Unabhängigkeitsbestrebungen und deren Vertreter jedoch umgehend fallen und fügte sich in die allgemeine russische Entwicklung ein.[380] Bis in die Anfangsjahre der Putin-Ära verfügte die tatarische Elite über eine relativ große Handlungsfreiheit in den regionalen Machtstrukturen. Dies ermöglichte auch einen Zugriff auf die ökonomische Basis der Republik, wobei vor allem die Einnahmen aus der Ölindustrie Tatarstan und Kasan eine stabile und seit den späten 1990er Jahren auch erfolgreiche ökonomische Entwicklung gewährleistete.

Die Region und insbesondere Kasan wird auch in Deutschland häufig als mustergültiges Beispiel für ein konfliktfreies Zusammenleben von Menschen mit russischer und mit tatarisch-stämmiger Herkunft beschrieben. Dabei wird ein aufgeklärter Islam praktiziert (vgl. Heller/Göckenjan/Giljazow/Gimadejew/Plamper 2001). Der Frieden ist jedoch auch Ausdruck einer inzwischen alternativlosen Akzeptanz der Vormachtstellung der russischen Sprache und Kultur. Konnten die Straßennamen in den 1990er wieder mit dem für die tatarische Sprache nützlichem lateinischem Alphabet angegeben werden, so musste dies nach 2004 auf Druck Moskaus rückgängig gemacht werden. In den Schulen ist die Sprachpolitik ein kontroverses Thema. Zuletzt wurde das Unterrichten in Tatarisch stark eingeschränkt, um so eine russlandweit anerkannte Bildung zu ermöglichen. In den Hochschulen erfolgt die Ausbildung ausschließlich in Russisch. Allerdings gibt es Fakultäten und Lehrstühle, die sich der tatarischen Sprache widmen können.

---

380   Separatistische Strömungen und Aufstände wurden seit der Eroberung im Jahr 1552 immer gewaltsam unterdrückt. 1990 erfolgte die Souveränitätserklärung der vormaligen ASSR Tatarstan noch vor der Tschetscheniens. Am 31.3.1992 wurde der Verbleib innerhalb Russlands per Vertrag geregelt, obwohl eine Mehrheit beim Referendum vom 21.3.1992 die Unabhängigkeit der Republik befürwortete, siehe URL (letzter Zugriff 2.3.2013): http://www.kcn.ru/tat_ru/politics/pan_for/wb77.htm

Universität in der Region

Die dominierende Lehr- und Forschungseinrichtung ist die 2009 zur Föderalen Universität erklärte ehemalige Staatliche Universität Kasan (KGU). Die KGU wurde 1804 per Zarenerlass als eine der ersten russischen Universitäten gegründet. Ihre Geschichte ist in den ersten Jahrzehnten auch geprägt von zahlreichen deutschen Wissenschaftlern, die zeitweise oder dauerhaft den Aufbau der Universität in der Lehre organisatorisch mitgestalteten.[381] Aufgrund der wissenschaftshistorischen und der gegenwärtigen Bedeutung, zu der auch einige prominente Figuren der russischen Geschichte beitragen, wurde die KGU im Jahr 1996 via Präsidentenerlass in den Rang einer Einrichtung des kulturellen Erbes des russischen Volkes erhoben. An der KGU erfolgte, wie an anderen russischen Hochschulen auch, in den 1990er Jahren eine Ausrichtung an die Entwicklungen in Westeuropa und den USA. 1993 wurde ein Büro für Internationale Beziehungen eingerichtet, welches mit der Position des Vize-Rektors verbunden ist. Der damalige Prorektor der KGU, verantwortlich für die Einwerbung zahlreicher TEMPUS-TACIS-Projekte erklärt seine Reformbereitschaft auch folgendermaßen (Knjazev 2001a: 449):

> "Russland kann man nicht verstehen [...] an Russland kann man nur glauben." An diese Formulierung glaube ich nicht!" Ich bin überzeugt, dass wir talentiert sind, dass wir engagiert sind, dass wir wie andere zivilisierte Länder arbeiten und leben werden!" [Übersetzung RL]

Eine wichtige finanzielle Grundlage für die grenzübergreifende Zusammenarbeit bildete das EU-Programm TACIS bzw. TEMPUS ab 1994.[382] Erste Kooperationen wurden mit Belgien und Spanien realisiert (Knjazev 2001a: 441). Damit wurden ab 1994 in der Universität institutionelle Reformen durchgeführt. Sie erlaubten es jungen Wissenschaftlern das akademische Leben an der KGU mitzuprägen und eine berufliche Perspektive im Hochschulsystem zu entwickeln, so erklärt ein damals Beteiligter rückblickend im Interview:

---

381 Der aus Thüringen stammende Johann Ludwig Andreas Vogel (1771-1840) war der erste Professor für Pharmakologie und zeitweiliger Dekan der Medizinischen Abteilung in Kasan, siehe Pfrepper (2012: 37f). Aber auch in anderen Fächern war der deutsche Einfluss präsent (Pfrepper 2009: 31-59).

382 Das Projekt lief unter der Bezeichnung: TEMPUS/ TACIS 08511-94 "Управление университетом в меняющемся мире" (КГУ), ein weiteres Projekt lief ab 1996: TEMPUS/TACIS CP-00035-96 "Стратегическое университетское планирова-ние непрерывного образования для государственной службы и Промышленности в Татарстане" (КГУ)

[IV_K2] "That was incredible important. It saved me from the corruption system, from leaving the university. I was able to stay within the university because it provided me with my income [...] this was absolute essential for my personal, my family life, for simple survival..."

Die diesbezüglichen Bedingungen für eine Zusammenarbeit mit der KGU werden deshalb auch heute gelobt. Dort existiert das notwendige Interesse und Engagement:

[II b (3) GI10] "Also ich habe in Kasan sehr gute Erfahrungen gemacht, weil das International Office, das es da gibt, eben einfach genau das ist, was es sein sollte: das ist genau ein institutioneller Punkt, an dem sehr viel Organisationswissen und internationale Verwaltungsexpertise – darauf kommt es ja letzten Endes auch erst mal an – zusammenfließt."

Allerdings wurden in den 2000er Jahren strukturelle Reformen lange eher behindert, insbesondere eine Implementierung von Verfahren des Bologna-Prozesses: Weder wurde das ECTS verwandt, noch ein Diploma Supplement ausgestellt. Der damalige Vizerektor für Internationale Beziehungen kritisierte die konservative Entwicklung der KGU, aber auch der russischen Hochschulen insgesamt und trat von seiner Position 2007 zurück.[383] Auch in den darauffolgenden Jahren stagnierte die Entwicklung. Eine Hochschullehrerin, die stark am Austausch mit Deutschland beteiligt ist, beschreibt die Situation 2010 in Bezug auf die Implementierung des BP folgendermaßen:

[IV_K1] "Für meine Arbeit hat das sehr viele Folgen [...] aber am Beispiel unserer Universität komischerweise gar keine, weil [der] Bologna-Prozess entwickelt sich irgendwie nicht so, wie ich mir das vorstellen würde [...] Also wir haben seit diesem Jahr einen neuen Prorektor für Lehre. Ich hoffe es wird sich positiver entwickeln. Bis jetzt hatten wir einen sehr konservativen Prorektor. Die Universitäten sollen selber aktiv sein. Er hat immer Verordnungen von oben erwartet, sein Hauptziel war alles so zu machen, wie das von oben vorgeschrieben wurde."

Mittlerweile sind die Studiengänge der KFU bis auf wenige Ausnahmen komplett auf das neue gestufte Studiensystem umgestellt. Die wichtigste Reform stellt jedoch die schon o. g. Umwandlung der KGU in eine Föderale Universität dar, in die 2010 auch noch zwei andere wichtige lokale Hochschulen integriert wurden, womit die 1931 ausgegliederte Ökonomische Fakultät nun wieder Teil der Universität ist. Eine Doppelung ergab sich insbesondere in der Philologischen Fakultät. Dort wurden die bestehenden Lehrstühle für die fremdsprachliche Ausbildung der KGU als auch die der früheren Tatarisch Staatlichen Geisteswissenschaftlichen Pädagogischen Universität zusam-

---

383 Die Kritik wurde besonders scharf in seiner Eröffnungsrede des Boschlektorentreffens am 6.5.2007 geäußert. Diese Tagung wurde von mir als Lektor des Boschlektorenprogramms organisiert.

mengeführt.[384] Die nunmehr circa 35.000 Studierenden der KFU können bis auf die Medizin[385], die an einer separaten Hochschule beheimatet ist, alle wichtigen Fächer einer modernen Voll-Universität belegen. In einigen naturwissenschaftlichen Fächern gilt sie außerdem als forschungsstark, insbesondere in der Physik und in der Chemie. In den Sozialwissenschaften ist die Lage differenzierter darzustellen, während die Fakultät für Internationale Beziehungen und Politik 2008 aufgelöst und in andere Fakultäten integriert wurde, ist die Soziologie als Teil der Fakultät für Soziologie und Journalismus etabliert.[386] Hervorzuheben ist das von Soziologen und vor allem von Historikern aus Kasan initiierte Journal "Ab Imperio", welches als transnationales Projekt neben Russland inzwischen auch in Deutschland und den USA beheimatet ist.

Im Hinblick auf die akademische Mobilität ist Deutschland das wichtigste Zielland für Hochschulangehörige der KFU. 2011 sind 64 Studierende und 98 Mitarbeiter dorthin gereist. Nach Großbritannien reisten im selben Jahr gerade einmal 9 Mitarbeiter und in die USA wiederum nur 12 Mitarbeiter und Studierende. Auch bei den ausländischen Studierenden haben die aus Deutschland Kommenden einen vorderen Platz inne, im akademischen Jahr 2011/12 kamen so 24 aus der Bundesrepublik; 20 davon im Rahmen von Hochschulpartnerschaften.[387]

Die Sprachausbildung ist an der KFU ein wichtiger Brückenkopf für die Kontakte mit dem westlichen Ausland und den Hochschulen dort, denn die Zusammenarbeit profitiert stark von den hier vermittelten Fähigkeiten. Neben der philologischen Fakultät existiert noch ein Institut für Fremdsprachen, das die diesbezügliche Ausbildung für alle Studiengänge mit einer entsprechenden Vorgabe im Curriculum organisiert. Darüber hinaus existiert ein Mitte der 2000er Jahre von einer Tandemlektorin des Boschlektorenprogramms gegründetes Zentrum für Bildung, Sprache und Kultur, welches in Kursen von einem Monat bis zu einem Jahr zusätzliche Fort- und Weiterbildungskurse anbietet.[388]

---

384 Siehe URL (letzter Zugriff 24.1.2013): http://kpfu.ru/main_page?p_sub=6556
385 Diese wurde aufgrund der sowjetischen Wissenschaftspolitik Anfang der 1930er Jahre aus der KGU ausgegliedert und befindet sich ebenfalls im Stadtzentrum von Kasan.
386 Entscheidenden Anteil hatten EU-Mittel des TEMPUS-TACIS-Programms, so das mit 200.000 Euro dotierte TEMPUS-TACIS-Projekt D-CP-20603-1999 zur Implementierung neuer soziologischer Methoden, siehe URL (letzter Zugriff 10.2.2012): http://old.kpfu.ru/umc/general/rep99/pp1.htm#1
387 Siehe URL (letzter Zugriff 10.2.2013) http://kpfu.ru/main_page?p_sub=7980
388 Siehe URL (letzter Zugriff 16.2.2013): http://www.kpfu.ru/dz

Deutsche in Kasan

Die Staatliche Universität Kasan (KGU) war auch in der Sowjetunion eine der wichtigen Universitäten des Landes. Die Zusammenarbeit mit Hochschulen in Deutschland beschränkte sich in der zweiten Hälfte des 20. Jahrhundert auf die in der DDR. Hier hatte die Universität Leipzig eine herausgehobene Stellung als Partner-Universität inne. Studierende von der Leipziger Karl-Marx-Universität konnten an der Kasaner Universität studieren und umgekehrt. Schon damals entstanden länger anhaltende Verbindungen. Eine der in Bezug auf Deutschland wichtigen Mitarbeiterinnen des Kasaner Auslandsamts verfügt über ein Diplom der Leipziger Universität. Außerdem ist in der Philologischen Fakultät eine Germanistin tätig, die in den 1980er Jahren als Austauschstudentin nach Tatarstan kam. Die mit Leipzig zu Sowjetzeiten bestehende Vereinbarung lief in den 1990er Jahren aus.[389] Während die Kooperation mit der ostdeutschen Universität im Zuge der Umwälzungen sowohl in der KGU aber vor allem in Leipzig beendet wurde, entstand die Partnerschaft mit der JLU in Gießen.

Die Zusammenarbeit mit Wissenschaftlern der JLU Gießen konnte sich erst richtig mit dem Ende der Sowjetunion entwickeln, da nun keine grundsätzlichen Reiseeinschränkungen mehr vorhanden waren. Auch über 20 Jahre nach der Vertragsunterschreibung ist die heutige Föderale Universität in Kasan für die JLU ein wichtiger Partner:

> [II b (2) GI11] "Also als Volluniversität ist sie für uns sehr interessant, weil sie das gesamte Fächerspektrum anbietet und verglichen mit anderen Standorten, auch wissenschaftlich, nicht in allen Disziplinen, muss man ehrlicherweise auch zugeben, doch aber in vielen Disziplinen einfach auch ein bisschen besser ist als andere Universitäten in diesen Ländern."

Die JLU Gießen und die KGU setzten von 1998 bis 2000 im Rahmen des DAAD-Programms Alexander Herzen ein Projekt zur Förderung der Modernisierung der Studienkurse "Management" und "Öffentliche Wirtschaft und Kommunalverwaltung" um, welches mit 440.000 DM gefördert wurde.[390]

Das DAAD ist seit 1995 mit einem Lektorat in Kasan präsent. Der Lektor an

---

389   [II b (1) LE10] "Und nach der Wende sind diese Partnerschaften zum Großteil zerbrochen. Das hat Havanna betroffen, Kasan, aber auch andere, wo einfach kein wissenschaftlicher Austausch mehr stattgefunden hatte und auch kein Interesse mehr, den zu durchzuführen."

390   Das von 1998 bis 2003 laufende Alexander-Herzen-Programm des DAAD sollte vor allem in den Geistes-, Wirtschafts-, Sozial- und Rechtswissenschaften Reformen unterstützen und die Zusammenarbeit mit deutschen Hochschulen fördern. Für die Kooperation der JLU mit der KGU siehe URL (letzter Zugriff 2.2.2013): http://old.kpfu .ru/umc/general/rep99/pp2.htm

der heutigen KFU verfügt seit 2007 über einen eigenen Arbeitsplatz. Außerdem wurden ab diesen Zeitraum mehr Veranstaltungen zur Bewerbung von deutschen Programmen durchgeführt bzw. haben mehrere große deutsch-russischen Wissenschaftstreffen stattgefunden. 2013 wird das einstige Germanistik-Lektorat zu einem IC-Lektorat aufgewertet. Im Folgenden wird jedoch das Entstehen von neuen Partnerschaften zweier anderer Akteure beschrieben.

Die Wiederaufnahme der institutionellen Kontakte zwischen der KGU bzw. KFU und der Universität Leipzig ging, wie bereits dargestellt, nicht von den beiden Hochschulen aus, sondern von den politischen Entscheidungsträgern. Der Freistaat Sachsen bzw. seine Repräsentanten hatten die Initiative zur Aufnahme partnerschaftlicher Beziehungen zwischen der UL und der KGU übernommen:

> [II b (1) LE12] "Und dann wurde ein Communiqué unterschrieben, in dem stand, dass die Universitäten, die Kasaner Staatliche und die Uni Leipzig zusammenarbeiten werden. Da dachten wir "Hoi, es ist interessant, dass man das so erfährt und nicht gefragt wird. Das wurde damals ein bisschen wie eine Kopfgeburt vom SMWK [391] angesehen."

Auch für die Kasaner Universität kam die Initiative von außen, wie eine Mitarbeiterin deutlich macht:

> [IV_K1] "Das wurde auf der politisch-wirtschaftlichen Ebene entschieden. Hier war unser Präsident, der ehemalige der Republik Tatarstan Schajmijev mit einer kleinen wirtschaftlichen Delegation zu Besuch und es ging um Erdöl, Erdgas. Ja und irgendwie zwischendurch wurde entschieden: Es gibt auch Universitäten hier und in Tatarstan und man könnte daraus etwas machen."

Im Rahmen eines Besuchs des damaligen tatarischen Präsidenten in Sachsen wurde am 14.3.2007 eine Absichtserklärung über die Zusammenarbeit der beiden Universitäten unterschrieben. Hintergrund ist die verstärkte wirtschaftliche Kooperation des Bundeslandes mit der Republik Tatarstan. Danach dauerte es über ein Jahr bis die Vereinbarung unterschrieben wurde. Die Gründe hierfür lagen vor allem in Leipzig, da dort die notwendige Anzahl an Fakultäten und damit Lehrstuhlinhaber/innen gefunden werden mussten, die aktiv diese Partnerschaft unterstützen.

Auch für die Zusammenarbeit zwischen der UL und der Staatlichen Universität Kasan werden die geographische Lage und der kulturelle Kontext als Gründe angeführt, die für die Partnerschaft sprechen:

> [II b (3) LE11] "Ja die dritte Fakultät ist für Geschichte und Orientwissenschaften. [...] da habe ich mich natürlich an die Orientwissenschaften gewendet, weil die sich

---

391   SMWK steht für Sächsisches Ministerium für Wissenschaft und Kunst.

vielleicht mit Tatarisch, Turksprachen beschäftigen [...] die haben tolle Sammlungen mit Handschriften und so, und habe das denen hier ein bisschen schmackhaft gemacht. Und die haben auch angebissen."
Ein Lehrstuhlinhaber der Universität setzt sich besonders für die Kooperation mit Kasan ein. Er hatte vorher schon ausgeprägte Kontakte mit Kollegen an russischen Hochschulen, unter anderem auch an der KGU. Er sprach die anderen Fakultäten an:

> [II b (3) LE11] "...Physik, Philologie und in der Philologie sollte ich vielleicht noch dazu sagen, die Slawistik habe ich natürlich versucht einzubeziehen und inzwischen gibt es auch einige Slawistik-Studenten, die nach Kasan regelmäßig zum Austausch fahren. Und ich habe versucht, denen das schmackhaft zu machen, weil Kasan eben nicht nur russisch ist, sondern auch tatarisch und islamisch, multikulturell und [...] eine islamische Republik, wo es eben friedlich zugeht..."

Nach wenigen Jahren hat sich die Partnerschaft etabliert. Die Partnerschaft wird schon früh in Leipzig als ein Erfolg betrachtet:

> [II b (1) LE11] "Und entgegen anderer Projekte [...] ist die Kasaner Kooperation sehr gut geworden und hat sich sehr gut entwickelt. Von Jahr zu Jahr kommen da mehr Institute dazu. Also diese Kopfgeburt hat sich gelohnt."

Das Boschlektorat bestand an der Staatlichen Universität Kasan von 2002/03 bis 2008/09. Schon vorher wurden vom Lektorenprogramm Lektoren an die Kasaner Staatliche Pädagogische Universität (KGPU) entsandt.[392] Das dortige sprachlich bzw. landeskundlich orientierte Lektorat existierte vom akademischen Jahr 1999/2000 bis 2005/2006, entfiel aber bei der Reform des Lektorenprogramms und der Einführung von Weiterbildungsprofilen.
Die Möglichkeit, einen deutschen Muttersprachler in der Lehre einzusetzen, wurde auch an der KGU von einer Dozentin als Chance wahrgenommen. Bei der Beantragung des Lektorats an der KGU konnte von dem damals bereits an der Pädagogischen Universität bestehenden Lektorat profitiert werden:

> [IV_K1] "Also, ich hab davon gehört und dann gab es einen Robert Bosch Lektor an der Pädagogischen Universität damals und er ist einfach zum Kennenlernen gekommen. Ich hab ihm unsere "Projekte" gezeigt. [...] Ich hab ihm ganz konkrete Vorschläge gemacht und er hatte eine positive Meinung [...] in diesem Jahr startete auch das Tandem-Lektorenprogramm..."

Das Lektorat entstand aber auch, weil ein Lektor an einem Germanistik-Lehrstuhl im südlich von Kasan gelegenen Samara, dies unterstützte und er im darauffolgenden akademischen Jahr an die KGU wechseln konnte. Für ihn entsprach die Tätigkeit in Kasan eher seinem Ausbildungsprofil als Absolvent

---

392 Die Pädagogische Universität wurde 2005 mit einer anderen Hochschule zur Tatarisch Staatlichen Geisteswissenschaftlichen Pädagogischen Universität (TGGPU) fusioniert und 2010 wurde diese wiederum in die KFU integriert.

des Osteuropa-Instituts der FU, der in einem sozialwissenschaftlichen Umfeld an einer russischen Universität arbeiten wollte. Den Antrag stellte jedoch die russische Kollegin in Kasan. Sie selbst wurde als Tandemlektorin vor Ort für zwei Jahre ebenfalls mit einem Stipendium gefördert und unterstützte die deutschen Lektor/innen in Kasan bis zum Auslaufen des Lektorats. Aus der Tätigkeit der früheren Stipendiatin ging außerdem das von ihr gegründete Deutsche Zentrum für Bildung, Wissenschaft und Kultur an der Universität hervor. An der Weiterentwicklung der Partnerschaft mit Leipzig war sie ebenfalls beteiligt. Dabei knüpfte sie Kontakte mit Fakultäten und zentralen Einrichtungen der Universität Leipzig. Hier zeigt sich, dass das Zustandekommen von Kooperationen von einzelnen Hochschulangehörigen abhängig ist. Darauf wird in den Interviews von den GP immer wieder hingewiesen; so betont auch eine Auslandsamtsmitarbeiterin einer deutschen Hochschule:

[II b (1) LE12] "So was ist ganz häufig an bestimmte Personen gebunden, die sich dafür einsetzen oder nicht einsetzen, dass gewisse Bedingungen gerade für Studenten erfüllt werden können."

6.7 Personal, Regionalexpertise und die Organisationen

Interesse und Kenntnis des anderen Landes bzw. der Gesellschaft sind an Personen gebundene Faktoren, die Kooperationen von Organisationen fördern. Die Regionalexpertise selbst ist eine über Jahre entwickelte Kompetenz. Bei einem Großteil der in Russland tätigen und hier interviewten Personen stand die Teilnahme an einem akademischen Austausch am Anfang ihres späteren Engagements. Die individuelle Mobilität innerhalb von akademischen Austauschprogrammen entsteht oft kurzfristig im Rahmen von Forschungs- oder Konferenzreisen. Die Kenntnis der englischen Sprache ist für die Teilnahme an internationalen Tagungen und Kongresse in der Regel ausreichend. Bei längeren Studien- und Arbeitsaufenthalten in anderen Ländern ist die Auseinandersetzung mit den Verhältnissen vor Ort definitiv notwendig. Das Lektorenprogramm der Robert Bosch Stiftung sieht für seine Stipendiaten einen Mindestaufenthalt von einem akademischen Jahr an der Gasthochschule vor. Der DAAD erwartet von seinen Lektoren mindestens zwei Jahre an der ausländischen Einrichtung.
Der DAAD klärt alle Bewerber/innen über die Arbeits- und Lebensbedingungen an den Hochschulen im Ausland gründlich auf.[393] Diese unterscheiden

---

393 Die nachfolgenden Zitate siehe Seite 20 einer Broschüre des Lektorenprogramms des DAAD, siehe URL (letzter Zugriff 25.1.2013): http://www.daad.de/medien/ausla

sich mitunter drastisch von denen in Deutschland. Dies gilt sicher für einige Länder in der sogenannten Dritten Welt, in denen "tagtäglich erfahrbare Armut nur schwer zu ertragen" sei, wie der DAAD potentielle Bewerber um Arbeitsstellen vorwarnt. Auch "fehlende akademische Freiheit kann in verschulten Studiengängen als Zeichen für autoritäre Strukturen im Bildungssystem empfunden werden", dies mag als Beschreibung für die Situation an russischen Hochschulen etwas einseitig klingen, ist aber durchaus immer noch ein Aspekt des dortigen Systems, mit dem deutsche Hochschullehrer/innen dort umzugehen wissen müssen. Zugleich ist die Ausstattung und die Arbeitsplatzsituation im Normalfall nur schwer vergleichbar. Gerade engagierte Sozialwissenschaftler müssen sich mit "politischen Bedingungen auseinandersetzen, die ihren eigenen Wertvorstellungen und demokratischen Maßstäben widersprechen".

Angesprochen auf die Anforderungen für die Lektoren an den russischen Hochschulen, beschreibt ein DAAD-Mitarbeiter diese so:

> [I a (1) MO10] "Klar, sie müssen zunächst erst mal in der Klasse klarkommen, in der Gruppe, müssen also das Handwerkszeug können. Das ist die conditio sine qua non, aber dann kommen doch sehr stark Management-Fähigkeiten dazu, die gefordert werden, insbesondere bei den Lektoren, die wir Information-Center-Lektoren nennen, die machen etwas weniger Sprache aber dafür mehr Aufgaben wie eine kleine Außenstelle: Werbung für den Standort Deutschland vor allen Dingen. Da kann ich natürlich keinen gebrauchen, der sich zwar bestens bei Thomas Mann auskennt, aber nicht weiß, wie man ein Plakat schreiben muss."

Regionalexpertise, also die Kenntnis des anderen Hochschulsystems und vor allem der anderen Sprache, erleichtert die institutionellen Kontakte für die Hochschulzusammenarbeit wesentlich, wie ein Mitarbeiter des DAAD darlegt:

> [I a (1) MO10] "Wir konnten auch eine ganze Reihe von praktischen Erfahrungen, auch den Hintergrund der Erfahrungen mit in unsere Arbeit einfließen lassen, gerade was die Hintergrunderfahrungen angeht, [...] Das war erleichternd und hat eigentlich dazu geführt, dass wir einen sehr guten Start hatten."

Besonders zu Beginn der Tätigkeit in der Russischen Föderation, Anfang der 1990er profitierte der DAAD von den Kolleg/innen der früheren DDR, wie ein anderer DAAD-Mitarbeiter betont, denn:

> [I a (1) BO10] "Der DAAD hat als eine der wenigen Organisationen nach der deutschen Einheit auf die ehemaligen DDR-Bürger zurückgegriffen [...] die das Knowhow über Russland und Osteuropa mit einbrachten, sowohl Sprachkenntnisse, es gab ja kaum einen, der hier Russisch sprach oder Tschechisch oder Polnisch oder Ungarisch."

Ein erkennbares Interesse für das andere Land, seine Menschen und die

---

Verhältnisse dort sind wichtige Auswahlkriterien für die Stipendiat/innen des Lektorenprogramms:

> [III b (1) ST10] "...die Deutschen, die wir entsenden sowie die Russen, die wir holen - um es jetzt auf Russland zu beziehen - müssen Interesse haben an der anderen Seite. Das müssen sie zum Ausdruck bringen können. Ein ganz bestimmtes, aus persönlichen oder beruflichen Gründen, aber sie müssen wirklich Interesse an diesem Austausch und an diesem Kennenlernen haben und nicht nur ein rein wissenschaftliches Interesse für eine Forschungsarbeit, sondern es geht schon darüber hinaus: dass man Verständnis für das andere Land entwickelt."

Generell wird für das Boschlektorenprogramm betont, dass die Stipendiaten im Vordergrund stehen:

> [III b (3) ST11ka] "Wir haben da sehr viel dem Lektor vertraut, also unterm Strich stand der immer im Vordergrund und die Weiterentwicklung der Persönlichkeit."

Selbst wenn eine ausgeprägte Regionalexpertise auf Seiten der deutschen Hochschulmitarbeiter/innen vorhanden ist, lassen die häufig befristeten Arbeitsverhältnisse mitunter kein langfristiges Engagement in den Kooperationsbeziehungen zu.

Während der Tätigkeit vor Ort muss immer wieder um die Wahrnehmung und den Kooperationswillen der Partner gekämpft werden, zumindest dann, wenn man institutionelle Veränderungen vorschlagen will, wie dies im Boschlektorenprogramm seit dem akademischen Jahr 2006/07 der Fall ist:

> [III b (1) ST11] "Man versucht natürlich die eigenen Vorteile zu vermitteln und das passiert in der Regel auch durch den Lektor, also abgesehen von den öffentlichen Publikationen, die das Lektorenprogramm bereitstellt, wo man sich gut informieren kann, aber der Lektor ist da schon in einer Vermittlungs-, nicht Pflicht, aber wir versuchen die Leute schon anzuhalten, dass sie da Überzeugungsarbeit leisten."

6.8 Die Wahrnehmung des Anderen

Die strategische Planung der Organisationen ist auch geprägt durch die Wahrnehmung des anderen Landes. Die Präsenz von Vorurteilen und das Zuschreiben von Mentalitäten bzw. die Idealisierung der Zustände im anderen Kontext können hier Indikatoren für eine Wert- oder der Geringschätzung sein. Die gruppenbezogene Zuschreibung von angeblichen persönlichen Eigenschaften ist sicherlich kein auf Deutsche und Russen beschränktes sozialpsychologisches Phänomen. Bezogen auf den Austausch mit Mittel- und Osteuropa wurde bereits vor über 30 Jahren festgestellt, dass "das ‚Vorurteilsgefälle von West nach Ost' mehrfach beschrieben und analysiert worden" (Ropers 1980: 704) ist. Es stellt sich daher auch die Frage, ob es in den deutschen Organisationen und bei ihren russischen Partnern heute noch bestimmende Muster der Wahrnehmung des Anderen gibt.

6.8.1 Russische Wahrnehmung der Deutschen

Die vorliegende Arbeit setzt sich in erster Linie mit deutschen Akteuren aus-einander, deshalb kann hier die russische Sicht nur als ein notwendiger Rahmen skizziert werden, der sich sowohl aus den Interviews, aber auch aus einer umfangreichen eigenen Arbeitserfahrung und auf zahlreiche Gespräche im russischen Kontext stützt.

Die Unterstützung durch deutsche Organisationen wird Wert geschätzt. Der Anteil der Bundesrepublik an europäischen Programmen wird jedoch nicht hervorgehoben. Die Kooperation mit deutschen Hochschulen und anderen Organisationen, als auch das Hochschulsystem als Ganzes genießen ein hohes Ansehen bei den russischen Partnern. Der Austausch mit der Bundesrepublik wird demzufolge auch für die Zukunft als wichtig betrachtet:

> [IV_K2] "I would love to see more German students coming to study in Russia on full support from DAAD but what the DAAD is doing is incredibly important and I only hope that this organisation will get even more funding and again what is important is to see that the funds are used efficiently. [...] but what I mean by efficiency is maybe one day we should think more about this concentrating on real breakthrough areas not just to spread it thinly which was one of the major mistakes of the European policies towards cooperation's in the 1990s."

Die Veränderungen im Rahmen des BP werden allerdings nicht unbedingt als vorteilhaft wahrgenommen bzw. wird eine Annäherung des deutschen Systems der Curricula an das stärker strukturierte russische Modell ohne Wahlmöglichkeiten festgestellt. Im Zuge der Veränderungen fand ein Lernprozess statt, der zu Kritik befähigt, aber auch Zweifel an hochschulpolitischen Entscheidungen weckt.

6.8.2 Wahrnehmung der russischen Verhältnisse

Die Reflektion der Arbeitsbeziehungen, die konkreten gesellschaftlichen Verhältnisse und deren Auswirkungen auf die eigene Organisation sind eine handlungsrelevante Ebene des eigenen strategischen Verhaltens von Organisationen wie auch von Individuen. Entscheidend für die deutschen Organisationen und deren Mitarbeiter/innen ist hier die Bewertung der Entwicklung in der Russischen Föderation.

Gesellschaft

Die 1990er Jahre wurden von den Gesprächspartner/innen als Jahre des Mangels in allen Bereichen dargestellt. Die deutschen Organisationen sahen sich hier im Rückblick stärker in der Rolle des Hilfestellenden, wobei in den

Kooperationen keine oder wenig Eigenbeteiligung von der russischen Seite erwartet wurde. Dagegen erscheint das darauffolgende Jahrzehnt als eine Dekade, die auch eine Entwicklung des Wissenschaftssystems und eine ökonomische Zusammenarbeit im akademischen Bereich wahrscheinlicher werden ließ. Der Veränderung in der russischen Gesellschaft, die als ökonomische und politische Stabilisierung nach innen und außen wahrgenommen wird, stehen zivilgesellschaftliche Akteure im Prinzip erst einmal positiv gegenüber, dass es [III b (1) ST10] "...eine andere Selbstwahrnehmung gibt, ein gestärktes vor allem Selbstbewusstsein und das ist schon mal etwas - denke ich mir - Positives, grundsätzlich."

Der durch die Rohstoffe garantierte finanzielle Wohlstand begünstigt die Zusammenarbeit, worauf auch verwiesen wird.[394] Kritisch wird dagegen die Einschränkung der individuellen politischen Freiheitsrechte bewertet. Das gilt auch für die Reformierbarkeit der Gesellschaft, die allein durch die mangelnde Rekrutierung von fähigem und handlungsbereitem Personal gefährdet zu sein scheint, wie ein deutscher Gesprächspartner auch in Bezug auf den BP deutlich macht:

> [I a (2) BE11] "...Es ist zwar angeordnet, aber wenn man immer nur die gleichen Personen und die Kader hat, und den neuen heranwachsenden, vielleicht gut Englisch sprechenden russischen Nachwuchs gar nicht in diese Position einbindet, das zu fördern, [...] dass die Kernpositionen immer noch mit den alten Führungskräften besetzt sind."

Die Modernisierung der russischen Gesellschaft wird prinzipiell begrüßt. Doch die Verfahren und Prozesse der Forschungsförderung werden weiterhin mit Skepsis betrachtet: Besonders kritisch wurde dabei vom Leiter des DFG-Büros die Art und Weise der Grundlagenforschung betrachet:

> [I b (1) MO10] "Die Akademie hingegen ist als Organisation recht statisch aufgestellt. Unsere Partnerorganisationen, RFFI und RGNF, sind mit so wenig Mitteln für die Grundlagenforschung ausgestattet, dass eine Kooperation mit der DFG kaum möglich ist und gemeinsame Förderung für die russischen Forscherinnen und Forscher kaum attraktiv sein kann."

---

394 [III b (1) ST10: "Wir nehmen auch wahr, dass endlich - natürlich durch den Öl- und Gasreichtum und die etwas geschicktere Ausnutzung der Vorräte - das Land wieder deutlich stärker in der Lage ist gegen zu finanzieren, das heißt sowohl in der Stiftung Deutsch-Russischer Jugendaustausch, die ja Deutschland und Deutschland und Russland gemeinsam machen und wo die russische Stiftung maßgeblich an der Initiierung und Finanzierung beteiligt war auf deutscher Seite, als auch jetzt an Universitäten, die plötzlich eine Ausstattung haben und neue Räumlichkeiten bekommen. Das sind ganz wichtige positive Entwicklungen."

Hochschulsystem

In der Mehrheit wird den russischen Hochschulen ein Bedarf zur Entwicklung attestiert. Hier wird als Beispiel die niedrige akademische Mobilität angeführt. Aber auch die starke Stellung von Rektoren und das Machtgefüge an den Hochschulen werden kritisch wahrgenommen. Das russische Hochschulsystem wird ambivalent beurteilt. Das gilt insbesondere für Akteure mit ausgeprägter Regionalexpertise, wie sie beim DAAD anzutreffen sind. Dort wird von einem GP erklärt:

> [I a (1) BO10] "Diese ältere Generation sagt immer noch in jedem Gespräch: 'Ja, unser Hochschulwesen!' Erst wenn man ihnen dann sagt - und ich hab ja nun selber 5 Jahre ein Vollstudium dort gemacht - ich kenne das, dann werden die plötzlich ganz kleinlaut. Diese ganzen Mythen werden dann gar nicht mehr aufgetischt. Im Inneren haben sie natürlich verstanden, dass sie weit weit zurückgeblieben sind, vor allem die ältere Generation."

Ein Gießener Professor bezieht sein interne Kenntnis des russischen Hochschulsystems bzw. der Partnerhochschule neben seinen dort gemachten Erfahrungen auch aus den Gesprächen, die er mit einem befreundeten russischen Kollegen, einem ehemaligen Vizerektor einer russischen Hochschule führt, der die Lage vor Ort äußerst kritisch bewertet. Der Gießener Kollege schildert diese zusammengefasst so:

> [II b (3) GI10] "...dass es um Transparenz geht, um faire Bedingungen, um die Abschaffung von Korruption usw. [...] dass an vielen Hochschulen Leute beschäftigt seien, die quasi aufgrund von Korruption oder Nepotismus ihre Stellen bekommen hätten und alles umgewandelte Marxisten-Leninisten seien."

Bei der Bewertung der russischen Hochschulen sind die Unterschiede zwischen den Standorten auffällig, insbesondere die privilegierten Moskauer Hochschulen und die ökonomische Situation in der Hauptstadt werden positiv eingeschätzt:

> [II a (1) MO11] "Das MGIMO hat eine ausgezeichnete Ausbildung von Studierenden, die Deutsch sprechen. In Moskau gibt es noch weitere Universitäten. Es gibt eine Reihe von mittelständischen großen Anwaltskanzleien, wo Juristen arbeiten mit hervorragenden Deutschkenntnissen. Wir glauben, dass es ein Markt dafür gibt, dieses Programm anzubieten."

Ambivalent sieht dagegen die Einschätzung des BP aus. Er war auch in der zweiten Hälfte der 2000er Jahre, mit der Ausnahme von einzelnen Hochschulen bzw. wenigen Instituten, für die in Russland tätigen Deutschen kein Thema, da dieser nicht an den Partnerhochschulen umgesetzt wurde. Die Studienstrukturen behinderten sogar die Mobilität, wie sich eine früher in Moskau tätige Boschlektorin erinnert:

[III b (2) PO09] "Also [...] von Bologna war einfach nichts spürbar. Und vor allem die Aspekte nicht, die eigentlich zu einer Internationalisierung führen sollen, nämlich dass die Studienmodule so gebaut sind, dass man sich eins zwei Semester aus-klinken kann. An beiden Universitäten war das - so lange ich dort war, für Studen-ten, die ein Auslandssemester gemacht haben oder machen wollten, extrem schwierig, das war sozusagen eine Lücke im Studium. Dann kamen sie zurück, da wurde nichts anerkannt und [...] das hat sie ein Jahr zurückgeworfen."

Die strikte schulische Struktur des Studiums an russischen Hochschulen wird von der Mehrzahl der hier interviewten Vertreter/innen deutscher Organisati-onen als ein Manko für die Persönlichkeitsentwicklung der Studierenden emp-funden. Darüber hinaus steht gerade die sekundäre Infrastruktur in der Kritik:

[II a (1) MO11] "Auch in den Hochschulen ist die Situation nicht immer zum Besten bestellt, sprich Wohnheimzustände, wie ist die Betreuung von den Studierenden - jetzt unabhängig davon, ob wir da auch noch verbesserungsfähig sind - die ist si-cherlich auch noch nicht so, dass man sagen könnte, ja wegen der Betreuung muss man unbedingt nach Russland gehen..."

Kritisiert wird die Implementierung der Reformen im Ministerium sowie in den Hochschulen:

[I b (1) MO10] "Das erschwert die Zusammenarbeit immens, denn wir haben es mit Strukturen zu tun, die entweder komplett unveränderlich sind oder sehr schnell ver-ändert werden. Zweiteres führt dazu, dass man sehr häufig Gespräche immer wie-der von vorne beginnen muss. In diesem Jahr ist beispielsweise die Umstrukturie-rung des zuständigen Ministeriums wieder einmal abgeschlossen worden."

Insgesamt wird eine bessere ökonomische Ausstattung festgestellt, die die Arbeit erleichtert. Auch wenn die finanzielle Lage der RF inzwischen als gesi-chert gilt, so wird doch die Fähigkeit der russischen Institutionen, sich an eu-ropäischen Verbundvorhaben und Projekten dieser Art in Kooperation mit deutschen Organisationen zu engagieren, skeptisch und sogar negativ ein-geschätzt und das obwohl Russland:

[I b (1) MO10] "..momentan als assoziierter Partner im EU-Rahmen das erfolg-reichste Drittland ist: Russland zahlt fast nichts ein, macht aber relativ viel ‚Gewinn'. Als voll integriertes Mitglied, also auch voll assoziiert im EU-Forschungsrahmenprogramm, müsste Russland ein gewaltiges Grundbudget ein-stellen und das sehe ich momentan nicht."

Die prinzipielle Leistungsfähigkeit des russischen Hochschulsystems und der Wissenschaftler/innen wird jedoch anerkannt, wobei häufig auf die Naturwis-senschaften verwiesen wird. Damit ist letztlich auch eine Anschlussfähigkeit möglich:

[II b (3) GI11] "Wir haben ganz konkrete Ziele, wir möchten das Curriculum verbes-sern dort, gerade auch in solchen Fächern, die unter dem Sozialismus gelitten ha-ben, wenn ich an die sozialistische Betriebswirtschaftslehre denke oder an die Wirt-schaftswissenschaften generell, wo es doch große Defizite gibt, also auch in die-

sem Bereich. Bei den Naturwissenschaften ist der Rückstand überhaupt nicht so, sondern im Gegenteil, es gibt viele tolle Kollegen, die dort auch international führend mitarbeiten."
Als problematisch wird im zunehmenden Maße die demografische Entwicklung Russlands gesehen, denn die Zahl der Deutschlernenden nimmt ab und damit auch der Bedarf an Hochschullehren für Germanistik, aber auch die Qualität der Lehre, die die Deutschlehrer genossen haben.
Die Re-Organisation an den russischen Hochschulen geht einher mit einer Zentralisierung von Entscheidungen. Insbesondere an der SPbGU führt dieser Reformprozess zur Unzufriedenheit der Hochschulangehörigen, so beklagt sich eine Dozentin über den kleiner werdenden Handlungsspielraum, während die Verwaltung der Universität ausgebaut wurde:

> [IV P1] "Aber bei uns kann man ja jetzt schwer überhaupt etwas realisieren, also weil so eine sehr autoritäre Führung jetzt an der Uni ist und die Uni wird umgebaut seit zwei Jahren und es geht darum, wer welchen Einfluss hat und wer wieviel Geld bekommt. Also dass wir auch Studenten und Professoren an der Uni sind und das hat man eigentlich vergessen [...]."

Die Situation der sozialwissenschaftlichen Fächer an den russischen Hochschulen, aber auch die der außeruniversitären Forschung wird als defizitär wahrgenommen. Eine häufige in diesem Zusammenhang genutzte Vokabel ist Nachholbedarf, so auch bei einem Vertreter des DAAD:

> [I a (1) BO11] "Es ist allgemein so, dass Wirtschaftswissenschaftler, Soziologen, Politologen sowjetischer Herkunft es schwer hatten in den letzten 20-30 Jahren in der internationalen Forschung in der ersten Liga mitzuhalten, weil man gesagt hat, deren Möglichkeiten des Studiums und der Forschung waren so eingeschränkt, dass sie einfach zu wenig Zugang hatten zu Literatur, zum Stand der Wissenschaft, zu internationalen Debatten. Da hat man sie vielleicht häufig zu Konferenzen eingeladen, einfach weil sie aus Russland kamen."

Die an deutschen Hochschulen tätigen Professoren beurteilen die Situation ähnlich und sehen ein Bedarf an Reformen:

> [II b (3) GI11] "...vor allem in den Fächern, die sehr vom Sozialismus geprägt waren, da gehören die Politikwissenschaften und Soziologie dazu und natürlich die Wirtschaftswissenschaften und die Juristen, die waren ja nun wirklich einseitig geprägt und da ist ein ganz großer Änderungsbedarf. Im Bereich des Managements hat man das erkannt, weil die natürlich alle auch inzwischen wissen, wie man Geschäfte macht, [...] aber was so grundlegende Zusammenhänge auch des menschlichen Zusammenlebens der Soziologie, der Politikwissenschaften und im volkswirtschaftlichen Sinne, da sehe ich einen großen Entwicklungsbedarf."

Für die fachliche Kooperation ist die Wahrnehmung eines Defizits bestimmend; dies gilt auch für das Lektorenprogramm der RBS:

[III 3 (b) ST10] "...gerade in den Geisteswissenschaften gab - und darauf legt die Bosch Stiftung einen gewissen Wert - es einen gigantischen Nachholbedarf; und in den Sozialwissenschaften erst recht, Politikwissenschaft gab es nicht in den kommunistischen Ländern."

Allerdings wird teilweise auch eine Verbesserung festgestellt:

[II b (1) GI11] "Die Kenntnisse auch im sozialwissenschaftlichen Fachbereich zum Beispiel auch die Theoriekenntnisse und die Anschlussfähigkeit an den internationalen sozialwissenschaftlichen Diskurs wird beinahe von Jahr zu Jahr, meines Erachtens, sichtbar besser. Durch das Nachwachsen auch neuer Hochschuldozenten und Dozentinnen..."

Der Nachholbedarf geht einher mit einem von den deutschen Akteuren wahrgenommenen Förderbedarf für die Sozialwissenschaften, während dies kaum für die Naturwissenschaften und die Ingenieurstudiengänge gelte, zumal es dort gut funktionierende Kooperationsstrukturen gebe. Erschwerend kommt hinzu, dass sich aufgrund der gegenwärtigen Förderpolitik der russischen Regierung die Lage kaum verbessern wird, denn:

[I a (1) BO11] "...die Geistes- und Gesellschaftswissenschaften und auch die Wirtschaftswissenschaften werden aktuell als nicht mehr so prioritär gesehen. Immer wieder in Redebeiträgen, Statements von wichtigen Regierungsvertretern. [...] Also noch spüren wir jetzt keine so starken Auswirkungen, aber wir müssen uns darüber im Klaren sein, dass der Wandel der Hochschullandschaft Auswirkungen auf unsere Arbeit hat und dass wir dann auch darauf reagieren."

Auch wenn die finanzielle Ausstattung der russischen Hochschulen sich bessert, gilt dies kaum für die Sozialwissenschaften. Dies hat sich im Gegensatz zu den natur- und ingenieurwissenschaftlichen auch Ende des ersten Jahrzehnts der 2000er Jahre wenig geändert. Dies wird von den deutschen Akteuren auch so wahrgenommen.

Abschließend sei noch darauf hingewiesen, dass alle hier untersuchten Akteure mit staatlichen Hochschulen zusammenarbeiten bzw. dorthin Lehrkräfte entsenden. Die Situatuion an den privaten Hochschulen ähnelt aber der an staatlichen Einrichtungen.[395]

---

395 Im Lektorenprogramm der RBS ist 2012/2013 erstmals ein Lektorat an einer privaten Hochschule in Kasan eingerichtet worden.

7 Kooperation und Diffusionswege

Kooperationen zwischen Organisationen aus verschiedenen nationalstaatlichen Gesellschaften tragen zur Ausbreitung von Modellen und sozialen Praxen bei. In diesem Kapitel wird untersucht, ob sich die in den Dokumenten und allgemeinen Erklärungen formulierten Zielvorstellungen der deutschen Organisationen auf der Arbeitsebene im russischen Hochschulsystem wiederfinden. Danach wird die Transferpraxis der deutschen Akteure anhand von Kategorien analysiert, die im Verlauf der Auswertung aus den durchgeführten Interviews entwickelt werden konnten. Damit wird die Analyse der Kooperationsbeziehungen sowie der möglichen Mechanismen und Wege möglich, in denen eine Diffusion von Ideen, Verfahren und Handlungsweisen stattfinden kann.

Motive und Handlungsstrategien lassen sich analog zu den jeweiligen Akteurstypen bei den deutschen Organisationen unterscheiden. Nach diesen wird differenziert, wobei die hier zitierten Gesprächspassagen exemplarisch deren Positionen deutlich machen.

7.1 Ziele, Zielgruppen und Aufgaben

Ein für alle gleichermaßen gültiges Ziel lässt sich ebenso wie auf einer programmatischen Ebene auch in den Interviews nicht herausarbeiten. Wohl aber lassen sich akteurstypische Ziele und Aufgaben herausarbeiten.

7.1.1 Typ I

Die AKP mit ihrem Fokus auf die Elitenförderung findet sich im Ansatz auch in den Aktivitäten des DAAD in Russland wieder. Für die in Russland tätigen Mitarbeiter gilt das Ziel "ausländische Eliten an Deutschland und Europa heranzuführen" [I a (1) BO11]. Der Kreis der geförderten Personen umfasst eine Generation, die noch in den späten 1980er Jahren an den Programmen teilnehmen konnte:

> [I a (1) MO10] "Das ist die Generation an jungen Leuten, mit denen der DAAD zu der damaligen Zeit in großem Maße seine Förderung aufgenommen hat. Die sind jetzt die Entscheidungsträger und das sind Ausgangspunkte, die man jetzt noch gar nicht abschätzen kann... [...] Die sind dann Rektoren, einige sind es jetzt schon, die sitzen in Ministerien, die sitzen an den Entscheidungsstellen und da öffnen sich immer ganz andere Türen und das ist dann eigentlich auch ein Langzeiteffekt, der

in der Außenpolitik angestrebt wird. Der ist erreicht und hier in Russland käme dann noch spezifisch dazu: Es sind große Zahlen. Junge Leute gibt es auch aus anderen Ländern, aber die Zahlen sind nicht so doll. Hier sind es jedes Jahr tausend Personen, die ein Stipendium kriegen."

Die gut 40 Lektoren des DAAD können zu den wichtigsten Ansprechpartnern für russische Studierende und Lehrende gezählt werden, wenn diese Fragen zur deutsch-russischen Kooperation oder zur akademischen Mobilität haben, denn neben der Lehrtätigkeit ist es die Aufgabe der DAAD-Lektoren, vor Ort zu Stipendien sowie zu Studienmöglichkeiten zu beraten, wie der Lektor in Kasan erklärt:

> [I a (2) KA10] "Es kommen vermehrt Anfragen von deutschen Universitäten, die gerne Rekrutierungs-Events haben möchten, das war vorher nicht der Fall. Man sieht jetzt auch, dass es ein Standort ist, der den Austausch sucht [...] und wie gesagt, diese beratende Funktion – angefangen von Studierenden, die im 3. Studienjahr für einen Sommerhochschulkurs nach Deutschland gehen müssen, bis zu ganz erfahrenen Professoren, ehemaligen Stipendiaten des DAAD, oder anderer deutscher Gemeinschaften oder Gesellschaften – das ist ein sehr sehr großes Spektrum der Arbeit. Es ist nicht mehr nur das reine Deutsch-Unterrichten, was es noch an einigen Standorten gibt oder die Förderung Germanistik, aber hier kommt es wirklich zum Austausch."

Diese Tätigkeit findet in den Räumen der Gasthochschulen statt. Gleichzeitig spielt hierbei die Kommunikation via Emails eine immer größere Rolle. Darüber kann auch schnell und effektiv der Kontakt mit der DAAD-Außenstelle in Moskau sowie mit dem DAAD in Bonn gehalten werden. Mit der Entwicklung des Lektorenprogramms über die Lehrtätigkeit hinaus, ist es für den GP auch zu einer Aufgabe geworden:

> [I a (2) KA10] "...diese Programme mit zu entwickeln, mit anzustoßen und zum Laufen zu bringen. Und dafür muss ich Werbung machen. Das müssen die Leute wissen. Kommunikationswege sind oft schwieriger in Russland."

In den diversen Programmen des DAAD wird häufig der Fokus auf die zukünftigen Entscheidungsträger betont. Das gilt auch für das ZDES als einem konkreten Projekt der Hochschulzusammenarbeit:

> [I a (2) SP11] "Russland ist ein wichtiges Feld. Es gibt da die Eliten, dann gibt es da eben die Vorstellung, dass man Experten haben möchte. Das war jetzt die Gründungsidee, die offizielle Gründungsidee hinter diesem Zentrum..."

Die deutsch-russische Modernisierungspartnerschaft spielt eine Rolle bei der Auswahl der Zielgruppe von neuen Programmen, da die Entwicklung vor Ort gefördert und das Bildungssystem entwickelt werden soll, insbesondere dann, wenn sich die russische Seite daran finanziell beteiligt:

> [I a (1) BO10] "...aber letztendlich kommen wir immer wieder darauf zurück: wir müssen erst mal was für die Bildung tun, für die Weiterbildung, für den Personalbestand. Der Gouverneur sagt: 'Mensch, ich hab nur alte Herren hier, die sowieso

nichts begreifen. Ich brauche junge Leute. Können sie mir Verwaltungswissen-
schaftler ausbilden?' Okay, dann sollen sie sich an einem Wettbewerb beteiligen
oder wir machen ein Sonderprogramm dafür."
Auf die junge Generation zu setzen, macht aus der Sicht des DAAD auch deshalb Sinn, weil dieser am ehesten zugeschrieben wird neue Impulse aufzunehmen. Anders als die derzeit in den Funktionsstellen amtierende Personengruppe, denn selbst das Beispiel der deutschen Förderpolitik, die man auch in
Russland anpreisen möchte, trifft bei dieser alten Generation noch auf Unver-
ständnis:

> [I a (1) BO10] "Das verstehen sie nicht. [...] Der Student, der jetzt als Austauschstu-
> dent hier ist, der begreift das am ehesten, weil er a) noch nicht verhärtet ist in sei-
> nen Denkstrukturen und b) sagt, es funktioniert hier ganz ordentlich."

Der Fokus in der Zusammenarbeit des DAAD als auch der Hochschulen liegt
auf "den Besten". Die Gefahr durch die Anwerbung der russischen Spitzenkräf-
te einen Brain Drain zu verursachen, wird vom DAAD nicht gesehen und es
wird hier auch kein Zusammenhang mit der eigenen Arbeit gesehen, denn wie
der GP erklärt:

> [I a (1) BO11] "Wir haben über 1000 Leute in diesem Programm gemeinsam finan-
> ziert und ausgebildet und davon sind sicherlich 95 Prozent auch zurückgegangen
> und wurden dann auch für die russische Hochschule wirksam, ja."

Der DAAD rühmt sich: "wir kennen im Prinzip fast alle Rektoren der russischen Hochschulen" [I a (1) MO10]. Dazu gehört allerdings auch ein relativ
hoher Aufwand an Zeit und Geld, um dieses Netzwerk aufzubauen und die
Kontakte zu pflegen. Auch deshalb sagt der Mitarbeiter: "Also ich habe selber
etwa 80.000 Dienstreisekilometer pro Jahr."
Generell wird der persönliche Kontakt und die Ansprache vor Ort für sehr
wichtig gehalten [I a (1) MO10]: "Das machen wir einmal in Individualgesprä-
chen mit Studenten oder beim Professor, beim Rektor. Wir besuchen Hochschulen, sprechen dort vor dem wissenschaftlichen Rat." Doch die Hochschulen werden nicht nur aufgesucht, sondern auch bei Seminaren und Messen
wird das "deutsche Modell" vorgestellt:

[I a (1) BO10] "Wir machen große Messen und wir machen Hochschuladministrato-
ren-Weiterbildungsveranstaltungen. Wir haben zum Beispiel im Studienjahr
2008/2009 über 2.000 russische Hochschuladministratoren von den akademischen
Auslandsämtern oder Studiengangsleiter, Prorektoren oder Dekane für Auslandsarbeit - eingeladen, sind zu ihnen hingefahren und haben sie weitergebildet. Gerade
im bildungspolitischen Bereich: Was ist der Bologna-Prozess? Wie funktioniert eine
deutsche Hochschule von innen? Studentische Selbstverwaltung, Autonomie der
Hochschule: was ist das konkret? Wie schafft es ein Rektor einer deutschen Universität mit den Dekanen der Fakultäten, die ja eigentlich die Herrscher und Macht-
inhaber in der deutschen Universität sind, zusammenzuarbeiten um die Uni als
Ganzes vorzubringen? Wie funktioniert die staatliche Finanzierung der Universität?"

Die Netzwerk- und die Öffentlichkeitsarbeit war seit der Einführung der IC-
Lektorate in den 2000er Jahren deren wichtigste Aufgabe. Ein wichtiger Teil
davon ist neben der Beratung die Organisation von Messen:

[I a (2) SP11] "... wir laden dazu jetzt auch deutsche Hochschulen ein, sich mit uns
an diesen Messen zu beteiligen. Wir laden sie ein oder sie kommen direkt auf uns
selber zu - oder manche kommen, sind in der Stadt, haben Gespräche mit Partnerhochschulen und möchten vielleicht noch irgendwelche Hintergründe erfahren oder
sich einfach austauschen, dann kommen sie vorbei."

7.1.2 Typ I b

Die Wissenschaftsorganisation DFG verfügt über ein Büro in Moskau, das für
die gesamte Arbeit in der RF zuständig ist, allerdings neben dem Sekretariat
nur über einen zuständigen Mitarbeiter verfügt. Die Präsenz in Russland ist
eng mit der Fähigkeit und der Bereitschaft des russischen Staates verbunden,
in die Forschung zu investieren und dabei mit ausländischen Partnern zu kooperieren, wie der Leiter des Moskauer DFG-Büros erklärt:

[1 b (1) MO10] "Als DFG suchen wir in Russland Kooperationspartner, die in der
Lage sind, unsere Projekte zu ko-finanzieren. DFG-Projekte werden mit deutschem
Steuergeld bezahlt. Entsprechend brauchen wir Partner, die auf der staatlichen
Ebene selbst Fördergelder vergeben. Dazu zählen die Akademie, die RFFI (Stiftung
für Grundlagenforschung) und die RGNF für die Geistes- und Sozialwissenschaf-
ten."

Die direkte Förderung der Mobilität von russischen Wissenschaftlern muss
über einen anderen deutschen oder russischen Partner erfolgen.[396] Die Kon-

---

396 Der Leiter, Dr. Jörn Achterberg, erklärt [I b (1) MO10]: "Die DFG kann jedoch nicht –
     hier sei nochmal auf das deutsche Steuergeld verwiesen – Projekte von russischen
     Wissenschaftlern in Russland finanzieren. Was funktioniert, sind Kooperationen, die
     ein deutscher Partner initiiert. Konkret heißt das: Der deutsche Partner beantragt für
     seinen Part in einem internationalen Projekt Förderung bei der DFG. Nach der
     Bewilligung wenden wir uns – zumindest im Falle der RFFI – an die
     Partnerorganisation, um dort die positive Begutachtung zu hinterlegen. Damit

takte zu den russischen Stiftungen und den staatlichen Strukturen pflegt das Moskauer DFG-Büro. Hier werden die Maßnahmen zur Bewerbung der För-derprogramme koordiniert, die auch auf den Export von deutschen Verfahren zielen. Dies gilt insbesondere für die Förderung des wissenschaftlichen Nachwuchses:

> [I b (1) MO10] "Eine gemeinsame Förderung des wissenschaftlichen Nachwuchses ist uns mit der Einrichtung von zwei Internationalen Graduiertenkollegs gelungen. Das Förderinstrument der Graduiertenkollegs existiert in Deutschland ja schon seit mehr als 20 Jahren und hat großen Erfolg. Deshalb haben wir uns schon früh an die RFFI gewandt und für Internationale Graduiertenkollegs mit der Aussage ge-worben: ,Nachwuchsförderung ist wichtig, die DFG hat erfolgreich das Modell der Graduiertenkollegs etabliert und die internationale Kooperation ist möglich'. Insofern sind die zwei nun eingerichteten Kollegs ein großer Erfolg – und die russische Wis-senschaft schätzt und kennt die DFG."

Klar definiert ist für die DFG die Zielgruppe der Wissenschaftler in den Hoch-schulen und in den Einrichtungen der Akademie der Wissenschaften. Zum Verfahren und der Herangehensweise wird dargelegt:

> [1 b (1) MO10] "Die DFG arbeitet bottom up. Das heißt, sie nimmt Anträge für wis-senschaftliche Anträge nicht zu festen Themen und Terminen entgegen, sondern der Fragestellung und zu der Zeit, die der Forschungsarbeit entspricht. Das DFG-Büro Russland/GUS in Moskau versteht sich zuvorderst als Berater für deutsche und russische Wissenschaftlerinnen und Wissenschaftler, die mit Deutschland ko-operieren wollen. Unsere Türen stehen jedem offen."

Die Mitarbeiter warten aber nicht passiv in einem Moskauer Büro, sondern sie betreiben aufsuchende Kontaktarbeit in den beiden Metropolen, aber auch immer stärker in den Regionen wie Tartastan oder im Ural:

> [1 b (1) MO10] "Vor Ort suchen wir das Gespräch mit den Hochschulleitungen. Gleichzeitig wollen wir dem breiten Publikum die DFG-Programme vorstellen. In der Regel sprechen wir also über zwei Ortstermine: Ein Strategiegespräch mit der Hochschulleitung und ein Vortrag vor einem größeren offenen Auditorium von Stu-dierenden."

7.1.3 Typ II a und Typ IIb

Die Vertreter der Hochschulen suchen international nach Partnern, mit denen sie bzw. ihre Wissenschaftler zusammenarbeiten können. Während aus der Sicht der Hochschulverwaltung die Forschungsförderung an ihren Hochschu-len im Zentrum steht, interessieren sich die beteiligten Wissenschaftler für den Erfolg in gemeinsamen Forschungsprojekten. Mit einer grenzübergrei-fenden Zusammenarbeit in der Lehre lässt sich wiederum das Angebot an

---

unterstützt die DFG die Möglichkeit der Gegenfinanzierung von russischer Seite – für den russischen Teil des Projekts. "

Studiengängen erweitern und das eigene Profil schärfen. "Internationalisierung" kann in dieser Form ein Teil des Hochschulalltags sein. Hochschulen können in Partnerschaften die akademische Mobilität ihrer Angehörigen ohne zusätzliche Kosten erhöhen, wenn sie hierfür entsprechende Mittel von Dritten einwerben können. Darüber hinaus soll das eigene Engagement die Wahrnehmung und die Reputation der eigenen Organisation im akademischen Feld erhöhen, denn die eigene Expertise ermöglicht es, als Knotenpunkt im wissenschaftlichen Feld angesehen zu werden, der es anderen Organisationen und deren Angehörigen erlaubt bei ihren Aktivitäten dann dort anzuknüpfen bzw. auf sie zuzugehen:

> [II b (1) GI11] "...wir sehen uns auch immer noch als Ansprechpartner insbesondere für deutsche Wissenschaftlerinnen und Wissenschaftler, die zu Russland arbeiten, als Kontaktstelle zur Vermittlung von Kooperationspartnern..."

Kooperation impliziert auch eine Komponente des symbolischen Kapitals, weil die Partner möglichst ebenbürtig in Bezug auf das Ansehen im akademischen Feld sein sollen. Dies gilt auch für grenzübergreifende Arbeit, wobei Internationalisierung in der Bundesrepublik als ein wesentlicher Bestandteil der Hochschulentwicklung gilt:

> [II b (3) GI10] "Ich denke, dass sich die Ziele wahrscheinlich doch ziemlich stark gewandelt haben, [...] als ich begann mich zu engagieren, galt es auf einzelnen Gebieten auf eine emergente Weise Forscher und Forscherinnen zusammenzubringen, die zusammenarbeiten können über Ländergrenzen hinweg, [...] und mittlerweile hat sich das ein wenig gewandelt, weil ich denke mittlerweile Internationalität per se ein Attribut geworden ist, was Universitäten gerne haben und das trifft sicherlich auch sehr stark auf die Justus-Liebig-Universität Gießen zu, die sehr stark darauf achtet, möglichst viele Partnerschaften mit möglichst vielen interessanten Universitäten zu haben."

Dies gilt im besonderen Maße für die "Exzellenz-Universität", die Freie Universität Berlin, die sich selbst das strategische Ziel gesetzt hat:

> [II a (1) MO11] "...zur internationalen Netzwerk-Universität zu werden, dass es Verbindungsbüros in 7 Ländern der Welt gibt, unter anderem in Russland. Und deshalb ist der zweite Ansatz zu sagen, wir wollen unsere Kooperation konsolidieren und mit bestimmten Hochschulen verstärken. Das läuft intern unter dem Stichwort Strategische Partnerschaft. Strategisch heißt in der Umsetzung, dass man sagt, das ist ein Partner, der in unserer Liga spielt oder tendenziell in unserer Liga spielen könnte..."

Das große Ziel einer Netzwerk-Universität verlangt aber auch eine Reihe von kleinteiligen Arbeitsschritten auf allen Arbeitsebenen:

> [II a (1) MO11] "Das Erste ist: wir arbeiten bottom up, d. h. man muss Personen identifizieren, die mit einem kleinen Format angesprochen werden, um abzuklären, ob es dieselben Ideen und Ziele gibt, die wir erreichen wollen, also nicht dass man jetzt einen umfassenden Kooperationsvertrag anbahnt, der alle Fakultäten umfasst, wie man das gerne früher gemacht hat und de facto passiert nichts."

Durch eine Vorgehensweise, die auf funktionierende Kooperationen zwischen Hochschulangehörigen als "bottom up" Verfahren setzt, sind persönliche Beziehungen entscheidend für das Zustandekommen des strategischen Ziels einer Partnerschaft. Sie können gleichzeitig eine anhaltende, nachhaltige Praxis absichern.

7.1.4 Typ III

Stiftungen sind kein elementarer Bestandteil der akademischen Welt. Mit Förderprogrammen für die Lehre und Forschung sind sie aber in den letzten Jahrzehnten zu einem wichtigen Partner geworden. Die Kenntnisse des Hochschulsystems und vor allem von Hochschulsystemen anderer Länder müssen sie sich jedoch erarbeiten:

> [III b (1) ST10] "Dadurch, dass wir keine Auslandsbüros haben, sind wir stark auf unsere Geförderten und unsere Partner angewiesen, Lektoren waren die Geförderten und wir haben unglaublich viele Rückmeldungen bekommen und Wissen sammeln können, so dass wir uns auch als nichtakademische Einrichtung trotzdem im Hochschulwesen in Russland ganz gut bewegen. Eine Vielzahl von Initiativen und Programmen ist dadurch entstanden."

Eine frühere Vertreterin des Lektorenprogramms verneint auf eine diesbezügliche Nachfrage ein hochschulpolitisches Interesse, sondern verweist auf den Stiftungszweck, der auch mit dem Lektorenprogramm verfolgt würde:

> [III b (3) ST10] "...wir wollen, dass die Lektoren, etwas lernen und dass es eben zu einer wie auch immer gearteten Völkerverständigung kommt. Aber das ist nicht das Mittel zum Zweck, [...] die Hochschulentwicklung als Ganzes interessiert die Stiftung nicht, weil das ist Aufgabe des jeweiligen Landes, die eigene Hochschulpolitik zu entwickeln. [...] und es gab auch noch mal eine starke Diskussion bei der Einführung des Moduls Bildungsmanagement, ob es da vielleicht wieder versucht wird. Aber ich würde sagen nein, weil es keine Strategie dahinter gab, sondern Bildungsmanagement war sozusagen nur die Verpackung für bestimmte Projekte, die allein der Sortierung der Projekte diente und damit der Sortierung der Lektoren und der Hochschulen."

Die eigentliche Zielgruppe des Boschlektorenprogramms sind, so wird es von den Gesprächspartnern sowohl vom OEZ als auch der Stiftung oder den Lektoren betont, die deutschen Stipendiaten und damit:

> [III b (1) ST11] "...deutsche, österreichische, schweizerische Berufseinsteiger, Geisteswissenschaftler, die jetzt ihr Studium abgeschlossen haben mit wenig Berufserfahrung..."

Die Zielgruppe der Stiftung lässt sich für das Boschlektorenprogramm in zwei bzw. drei Gruppen teilen. An erster Stelle stehen die deutschen Lektoren, dann die Tandemlektoren, also Hochschulangehörige der Gasthochschulen und die dritte Gruppe sind die Studierenden vor Ort, denn sie sind die angestrebte Zielgruppe:

[III b (1) ST11] "...Nutznießer der Projekte, die die Lektoren machen, sollten in erster Linie Studenten sein, also es kämen keine Projekte in Frage in denen jemand
partizipiert, der jetzt nicht in der Hochschule wäre oder so, eine also für eine komplett andere Zielgruppe, das wäre nicht möglich. Während es beim Theodor-Heuss-
Kolleg ja freier ist, also da kann ja fast jeder teilnehmen, der der Altersgruppe entspricht und das ansonsten mit eigenen Idealen mitträgt..."

Die Studierenden werden nicht nur in den typischen außercurricularen Projekten des Lektorenprogramms erreicht, sondern auch durch die Lehrtätigkeit
der Lektoren. Sie sind Vermittler von Fachwissen aber auch eines deutschen
Standpunktes zu gesellschaftlichen Fragen, die zwangsläufig ein Teil der
Vermittlung von landeskundlichen Aspekten ist, was auch vom Programm angestrebt wird. Sie sind damit selbst lebendiges Anschauungsmaterial für ein
"modernes Deutschlandbild".

Der Fokus auf die gegenwärtige Generation der Studierenden hat das
Boschlektorenprogramm mit dem DAAD gemeinsam, wobei es den Akteuren
vor Ort weniger um Eliten geht, sondern um eine zwischenmenschliche Ebene mit einer transnationalen Komponente, wie eine ehemalige Lektorin darlegt:

[III b (3) FR10] "Das Tolle und Gute daran ist, dass da eine Generation von russischen Absolventen herangezogen wird, die eine positive intensive Verbindung zu
Deutschland haben. Ich glaube das Ziel der Völkerverständigung oder dieses Austauschs ist ja, dass man in Russland Freunde Deutschlands schafft. Ich denke, das
Programm hat sein Ziel voll erreicht. Ich fand das die ganze Zeit immer wieder
überraschend, wie positiv viele Leute gegenüber Deutschland eingestellt sind...".

Den Boschlektoren werden die strategischen Aspekte der Programmentwick-
lung nur kaum durch die Stiftung oder das OEZ vermittelt. Alle Erklärungen zu
den handlungsleitenden Zielen und Motiven seitens des koordinierenden
OEZ und der RBS in Stuttgart beschränken sich auf das Ziel Völkerverständigung und die Investition in die intellektuelle Entwicklung der Lektoren selbst.
Auch die Regionalkoordination in Moskau verfügt diesbezüglich nicht über
mehr Informationen, wie eine Regionalkoordinatorin darlegt:

[III b (2) MO10] "Und wie gesagt, welches letzten Endes die Strategien sind und
was ausschlaggebend ist, das weiß ich eben nur ganz grob oder weiß es eigentlich
gar nicht. Und das kriegen wir eben auch nicht gesagt, auch auf Nachfrage nicht.
Das Einzige, was wir gesagt bekommen haben, ist eben, weil ich das mal ganz
konkret nachgefragt habe. [...] Irgendwie hängen wir mit dem Unternehmen Bosch
zusammen, gehen die jetzt nach China, weil man in China mehr Bohrmaschinen
verkaufen kann? Und da hab ich eine ganz klare Antwort bekommen, dass das
nicht so ist, weil die Stiftung agiert völlig unabhängig von dem Unternehmen
Bosch..."

7.2   Kooperation, Austausch, Transfer

Ein langfristiges Ziel des DAAD aber auch der DFG ist es, dass der russische Staat sich in der Praxis seiner Förderpolitik dem der Bundesrepublik annähert und diese im besten Fall übernimmt, denn die deutschen Förderverfahren werden als effizient betrachtet, wohingegen das etatistische russische Modell wissenschaftliche Prozesse im Zweifel behindern würde:

> [I a (1) BO10] "In Russland sagt der Minister: hier du bekommst das Geld und du machst das. In Deutschland gibt der Staatshaushalt sein Geld an Mittlerorganisationen, die wiederum über Wettbewerb Projekte ausschreiben oder eine Personenförderung ausschreiben. Das ist etwas, was man in Russland eigentlich in diesen Sinne überhaupt nicht kennt: Der Staat bezahlt und er will Rechenschaft selbst in diesem gemeinsam finanzierten Programm."

Der Gesprächspartner des DAAD wies darauf hin, dass er den russischen Partnern die Unterstützung anbietet, aber nicht auf die Übernahme deutscher Strukturen und Verfahren drängt. Dies wird im Übrigen von allen Gesprächspartner/innen als äußerst kontraproduktiv dargestellt. Bei ihrem sanften Transfer von Ideen und Konzepten behaupten die Akteure vor Ort nicht über die ultimative oder beste Lösung zu verfügen:

> [I a (1) BO10] "Nicht mit dem Gedanken: Ihr müsst es so machen wie wir, sondern ihnen einfach Denkmodelle an die Hand zu geben und zu sagen: Ihr kennt euer System, wir sagen, wie unseres läuft und jetzt könnt ihr darüber nachdenken, was ist davon machbar, was geht auf gar keinen Fall oder wenn wir etwas vom deutschen System übernehmen, was müssen wir dann an Rahmenbedingungen ändern?"

7.2.1 Exzellenz und andere hochschulpolitische Diskurse

Die im nationalen Kontext der Bundesrepublik geführten hochschulpolitischen Debatten finden sich selten in den strategischen Ansätzen der deutschen Akteure vor Ort in Russland wieder. Zwei Themengebiete sind aber auch hier bei der Arbeit präsent: die Internationalisierung und der Bologna-Prozess, auf die hier gesondert eingegangen wird. Der dritte, weniger präsente Punkt ist die von den bundesdeutschen Bildungspolitikern beabsichtigte Restrukturierung des Hochschulsystems. Diese Leuchtturmpolitik wurde auch von den russischen Entscheidungsträgern wahrgenommen und mit dem DAAD diskutiert. Ein Mitarbeiter sieht deshalb die Aufnahme von Impulsen aus Deutschland durch den russischen Staat als gegeben an:

> [I a (1) BO10] "Wir werden jetzt auch vom Ministerium eingeladen als Sachverständige. Ich will es nur mal an einem Beispiel [zeigen]: Die Exzellenz-Initiative in Deutschland, die ist mit sehr großem Interesse in Russland aufgenommen worden. Sie haben dann eine ähnliche Initiative gestartet. Zu einer großen Beratung hierzu

mit dem Ministerium und den Rektoren ist als einzige [Organisation] der DAAD eingeladen gewesen, um über unsere Erfahrungen mit der Exzellenz-Initiative und den
deutschen Universitäten zu sprechen. Es ist mit sehr großer Aufmerksamkeit auch
zugehört worden. Und einige Sachen, die wir ihnen erzählt haben, finden wir heute
auch wieder."

Die in Russland und in Deutschland voranschreitenden Reformen werden
von einigen Hochschulangehörigen im Sinne der Internationalisierung als ein
Gewinn betrachtet, denn wie ein GP erklärt:

[II b (1) GI11] "...das neoliberale Schlagwort der Verschlankung und auch vielleicht der
Zusammenlegung von Strukturen, das kann sehr hilfreich sein und das ist ja auch etwas was man in der internationalen Kooperation nicht gering schätzen sollte, nämlich
diesen gesamten Bereich der Verwaltung solcher Projekte und da ist natürlich eine effektive Uni und da kann man jetzt die Schlagworte der Restrukturierung des Hochschulwesens auch positiv sehen, da ist eine effektive Uni-Verwaltung natürlich viel
Wert. Und auch mit klaren Zuständigkeiten und eben nicht so dezentral."

Von den deutschen Akteuren werden aber keine Diskussionen zu NPM in
Russland vorangetrieben. Allerdings wird Qualitätsmanagement und die Evaluation der Hochschularbeit als eine wichtige Aufgabe von den deutschen Akteuren betrachtet.

Der Diskurs zur Exzellenz und dem Elite-Charakter von bestimmten Hochschulen findet sich auch in den Internationalisierungsansätzen der deutschen
Akteure vom Typ Ia, Ib und IIa sowie IIb wieder. Dabei zwänge die Konkurrenz auf einem weltweiten Bildungsmarkt zu einer Internationalisierung mit
einem selektiven Kooperationsansatz, wie eine GP erklärt, allein [II a (1)
BE10] "um international wettbewerbsfähig zu bleiben, ist auch eine internationale Hochschulpolitik notwendig." Alle Hochschulen betrachten sich in der
Selbstwahrnehmung als exzellente Einrichtungen und wollen prinzipiell nur
mit den besten Wissenschaftler/innen und Hochschulen kooperieren. Die Orientierung an den "Besten" erlaube bewusste Lerneffekte, meint ein GP, denn:

[II b (3) GI11] "...sich in der Welt umschauen, wo, was die Besten machen und was
man davon für sich auch mitnehmen kann, wovon man profitieren kann und das
kann nur gelingen durch Austausch von Studierenden, von Doktoranden oder von
gestandenen Wissenschaftlern. Das ist für mich Internationalisierung."

Die Position von russischen Hochschulangehörigen ist nicht konträr hierzu.
Der Leistungsgedanke, das meritokratische Element des wissenschaftlichen
Prozesses, wird von ihnen betont. Allerdings wird hier auch die gesellschaftli-
che Verantwortung hervorgehoben:

[IV_P1] "...Leute, die gut genug sind und bereit sind die Verantwortung zu übernehmen, nun zum Beispiel in diesem Fall für das Amt. Und das soll die Quelle für diese Elite sein und das ist schon von sehr großer Bedeutung für die gesellschaftliche Entwicklung."

Weder das Boschlektorenprogramm noch die einzelnen Lektoren betrachten diese Debatten als zentral für ihre Arbeit. Sie sind sowohl auf der programmatischen Ebene als auch in den Interviews nicht zu finden.

7.2.2 Fachliche Themen des Transfers

Die bewusste Förderung des akademischen Nachwuchses in Russland, so machen DAAD-Vertreter deutlich, ist als ein Beitrag zur Entwicklung des jeweiligen Faches gewollt. Individuelle Mobilität soll daher nicht allein in Richtung Deutschland verlaufen. Von den Geförderten wird eine Rückkehr erwartet, wobei die ausgebildeten Wissenschaftler und Wissenschaftlerinnen nach dem Abschluss bzw. der Disputation auch noch in der Bundesrepublik arbeiten können, um so:

> [I a (1) BO10] "gewisse Erfahrungen zu sammeln und dann zurückzugehen, dass er dann eben nicht nur als junger Nachwuchsmann zurückkommt, sondern als ein gestandener Wissenschaftler, der einen Lehrstuhl übernehmen kann, der ein Institut mitgründen kann..."

Veröffentlichungen

Die gemeinsame Forschung und die anschließende Publikation stehen im Zentrum der wissenschaftlichen Zusammenarbeit. Diese findet sich sowohl für das Engagement zwischen Bielefeld und St. Petersburg (vgl. Shershneva/Feldhoff 1998; Ipsen-Petzmeier/Kaiser 2006), als auch für die der JLU mit der KGU (vgl. Heller et. al. 2001). Am ZDES impliziert die Veröffentlichung von Arbeiten auch das wissenschaftspolitische Ziel der Nachwuchsförderung:

> [I (a) (2) BE11] "auch Publikationen herauszubringen bzw. auch jungen Nachwuchswissenschaftlern diese Publikationen zu ermöglichen. D. h.für uns gibt es eine graue Reihe. Es ist jetzt kein Double-Blind-Verfahren, das durch die Begutachtung geht, sondern eine ganz normale graue Reihe, wie es sie bei anderen Instituten auch gibt, um halt den ersten Schritt in eine Publikation zu ermöglichen."

Publikationen werden nicht nur zusammen erstellt, sondern Fachbücher werden auch aus Deutschland an die Gasthochschulen versandt. Im Boschlektorenprogramm gibt es einen eigenen Budgetposten für Lehrmaterialien, die von den Lehrenden aus Deutschland an die Lehrstühle mitgebracht werden. Eine GP erklärt anerkennend, dass auch in Kasan [IV_K1] "viele viele Bücher auf Kosten der Robert Bosch Stiftung gekauft" wurden.

Lehre

Internationale Tagungen zur Präsentation und Diskussion von Forschungsfragen oder -ergebnissen sind eine der geläufigsten Möglichkeiten sich unter Kollegen und Kolleginnen auszutauschen. Die gemeinsame Durchführung

von Seminaren und Workshops im Bereich der universitären Lehre ist dagegen ein neues Phänomen. Hiervon profitieren nicht nur Wissenschaftler, sondern vor allem die Studierenden der beteiligten Hochschulen.

In der Kooperation zwischen der KGU und der JLU fanden gemeinsame Seminare in den Sozialwissenschaften vor allem in den Jahren 2005 bis 2007 in
beiden Städten statt (vgl. Langenohl/Westphal 2006; Ilikova 2006, Donezkaja
2011). Dabei war es den Studierenden möglich "akademische Diskursformen
und Arbeitsweisen einzuüben" (Langenohl/Westphal 2006: 46). Die Veranstaltungen bewerteten auch die russlanderfahrenen Lehrenden aus Gießen als
eine Bereicherung für ihre eigenen methodischen und regionalspezifischen
Kenntnisse (ebd.: 47). Im Rückblick sieht der beteiligte Hochschullehrer auch
langfristige Folgen des Lehrforschungsseminars und [II a (3) GI10] "dass das
gewisse Effekte hatte, die auch als solche intendiert gewesen sind, ohne
dass man sie wirklich hätte steuern können." Einige Gesprächspartner des
Boschlektorenprogramms betonen, dass sie bewusst ihre "deutsche" bzw.
"westliche" Sicht des Faches in die Lehre einbringen:

> [III b (3) FR10] "Mir war vor allem wichtig, das deutsche Medien- und Journalismus-
> verständnis und das deutsche Verständnis von Öffentlichkeit den Studenten nahe
> zu bringen. Das war mein Ziel. Auch bei den russischen Studenten so ein Gespür
> für: Wofür sind Medien da, was können Medien, was spielen sie für eine Rolle zu
> schaffen. Und was sich in dieser Zeit herauskristallisiert hat, war es für mich auch
> wichtig, nicht so sehr den erhobenen Zeigefinger zu schwingen und so einfach so
> auch immer die andere Seite im Blick zu haben und den Studenten zu vermitteln.
> Okay bei uns ist auch nicht alles toll, aber trotzdem es gibt verschiedenen Dinge,
> die muss man mal besprechen..."

Der Bedarf an Neuerung wird gerade in der Gestaltung der Lehrmethoden
gesehen. Hier versuchen insbesondere die Boschlektoren neue Methoden
anzuwenden, die auf eine aktive Mitarbeit und interaktive Prozesse setzen
und fern des in russischen Hochschulen präsenten Frontalunterrichts liegen.
In einer typischen Beschreibung meint ein ehemaliger Lektor, dass er:

> [III b (3) ST11ka] "...versucht habe, dem ein Stück weit etwas entgegenzusetzen in
> dem ganz kleinen Mini-Rahmen den ich hatte, den ich berührt hab. Da ging es zum
> einem um die Art zu lernen, [...]. Das war sozusagen ein Ansatz, was entgegenzu-
> setzen oder eine Alternative anzubieten, andere Lernformen aber auch den Hori-
> zont von den Lernenden ein Stück weit zu erweitern, etwas anders als die russische
> Gesellschaft geboten hat."

Die Vermittlung von anderen, in dem Fall aus dem deutschen Kontext kommenden Methoden des jeweiligen Faches impliziert oft kleine, aber wirkungs-
volle Unterschiede. Die Lektoren sind sich dessen sehr bewusst:

[III b (3) FR10] "Ganz sicher ist das auch eine Form von Kulturexport. Wir haben ein Foto-Workshop gemacht, dann haben wir die Studentenredaktion der St. Petersburgischen Zeitung gemacht und schon wenn man den russischen Studenten erklärt: Du schreibst jetzt in deinem Artikel nicht deine Meinung. Du beschreibst, was du gesehen, was du erlebt hast und du als Schreiber trittst zurück ein Schritt und näherst dich dem angelsächsischen Grundverständnis von Journalismus - allein schon damit ist ja schon so eine Art Kulturexport getan..."

Der Austausch in Form der studentischen Mobilität ist zwischen Deutschland und Russland nach wie vor nicht unkompliziert. Eine Schwierigkeit liegt in der Anerkennung von Leistungen. Sie ist trotz des BP ein Problem, da die Anerkennung vor allem an den russischen Hochschulen im Untersuchungszeitraum uneinheitlich geregelt wird:

[I a (2) BE11] "...von den Bielefelder Studenten, die nach St. Petersburg kommen, die haben die Möglichkeit aufgrund ihrer Englischkenntnisse an diesem Masterprogramm teilzunehmen. Von russischen Studenten, die in Deutschland studieren, die besuchen meist zwei oder drei Kurse, schreiben dann auch eine Hausarbeit, bekommen vielleicht aufgrund des Gutdünkens des deutschen Professors ihren Schein dafür, allerdings wird dieser Schein in St. Petersburg überhaupt gar nicht anerkannt, weil diese Fächer in St. Petersburg gar nicht angeboten werden."

7.2.3 Bologna und die Arbeit der deutschen Organisationen

Interessanterweise kann die Entwicklung der deutschen Hochschulen im Bologna-Prozess in der russischen Perspektive als eine Anpassung an die russische Praxis gedeutet werden, denn dort hatte man von jeher eine festgeschriebene Studienstruktur in den Curricula. Angesprochen auf die diesbezüglichen Unterschiede entgegnet eine russische Dozentin, die eng mit deutschen Partnern kooperiert:

[IV_P2] "...ganz am Anfang war das immer das größte Problem, da das russische System sehr starr ist und die Studenten fast keine Möglichkeiten haben die Kurse auszuwählen. Das war natürlich der größte Unterschied überhaupt und jetzt aber mit Bologna-Prozess wird das auch in Deutschland immer weniger der Fall, deswegen würde ich sagen: das verschwindet, leider nicht in die gute Richtung, würde ich sagen, für beide Seiten."

Typ Ia und Ib

Die DFG ist von den Veränderungen aufgrund ihres ausschließlichen Fokuses auf Wissenschaftler mit einer abgeschlossenen Promotion nicht von dem BP betroffen. Die HRK hat die Zusammenarbeit mit der Russischen Rektorenkonferenz gerade wegen deren mangelndem Engagement für den BP eingeschränkt. Auf den Einfluss des BP angesprochen, bezeugt die Antwort eines DAAD-Mitarbeiters das ambivalente Ansehen des BP auch innerhalb dieser großen deutschen Organisation:

> [I a (1) MO10] "Gott sei Dank nicht so gravierend. Er berührt uns eigentlich nur in dem studentischen Segment. Russische Hochschulen werden sich ab nächstes Jahr vollständig den Regeln des Bologna Prozesses anpassen...".[397]

Der DAAD unterstützt die Anwendung und Implementierung der Verfahren des BP auch an russischen Hochschulen. Das zentrale Instrument:

> [I a (1) BO10] "...sind natürlich auch Programme, die den russischen Hochschulen helfen ihre Curricula zu modernisieren, sich an den Bologna-Prozess anzupassen. Die Nachfrage zu diesen Programmen zeigt uns, dass dort ein Wandel stattfindet. Qualität spielt eine größere Rolle und der Strukturwandel spielt eben auch eine größere Rolle. Das heißt: Die russischen Hochschulen haben ein Interesse von uns zu lernen, wie wir unsere Veränderungen bei Bologna durchführen."

Dabei werden die Probleme in Deutschland bei der Umsetzung des BP durchaus anerkannt und man hofft auf Lerneffekte, die auch an die Hochschulen in Russland transferiert werden sollen:

> [I a (1) BO10] "Ja, weil vieles, was der Bologna-Prozess eigentlich wollte, im Augenblick eigentlich nicht so eingetreten ist. Anstatt mehr Mobilität zu schaffen, haben wir sie eigentlich eingeschränkt. Aber nichtsdestotrotz versuchen wir zumindest den Russen unsere Erfahrungen zu vermitteln und sagen: Ihr müsst nicht alle Fehler, die wir mal gemacht haben, nachmachen..."

Allerdings sind die deutschen Lehrkräfte an den russischen Hochschulen stärker vom BP betroffen, der dort für die Kooperation als Internationalisierungshilfe positiv bewertet wird. Doch ist er nur ein Aspekt von europäischen Standardisierungsprozessen, der sich auf die Arbeit der deutschen Akteure auswirkt, wie ein Lektor deutlich macht:

> [I a (2) KA10] "Also der Bologna-Prozess spielt täglich eine Rolle. Auch der Gemeinsame Europäische Referenzrahmen für Sprachen: Die ganzen Sprachtests wurden umgestellt, der OnDaf wurde neu kreiert zum Nachweis deutscher Sprachkenntnisse. Das hat jetzt nicht direkt was zu tun mit dem Bologna-Prozess, aber die Einstufung in die neuen Sprachniveaus, die zieht sich bis in die Lehrbücher."

Typ II

In den Gesprächen mit den Angehörigen der Hochschulen fallen zwei Gruppen auf: Die Gruppe der Professoren und Mitarbeiter, die primär an einem fachlichen Austausch interessiert sind und die Gruppe derer, die Programme administrativ betreuen und koordinieren und diese gemeinsam mit den russischen Partnern kompatibel zu den Anforderungen im Europäischen Hochschulraum gestalten wollen. Charakteristisch für die erste Gruppe ist folgende Positionierung eines Lehrstuhlinhabers zum BP:

---

397   Das Gespräch wurde im November 2010 geführt.

[II b (3) LE11] "Kann ich so noch nicht sagen, da bin ich zu wenig drin eigentlich. Die Reisen alle paar Jahr und dann mal ein paar Vorträge, das bekomme ich nicht so mit."

Hier wird mindestens ein Desinteresse an der Thematik des BP deutlich, was als typisch für diese Gruppe der Hochschulangehörigen gelten kann. Aber auch auf der institutionellen Ebene ist der BP nicht in allen Partnerschaften ein wichtiges Thema in der Kooperation:

[II b (1) LE11] "Für die hiesigen Studenten, die hingehen durch ihre Fenster. Aber für die Partner, ich weiß nicht, ob die Kasaner da irgendwie darauf Wert legen in welchem Studiengang die sind. [...] Für die Zusammenarbeit spielt das keine Rolle."

Ein Hochschullehrer, der der zweiten Gruppe zugerechnet werden kann, verdeutlicht im Gespräch die ambivalente Haltung der deutschen Professoren und damit auch der Hochschulen zum BP recht gut: zuerst wurde die Reform von ihm unterstützt und heute wird sie dagegen skeptisch bewertet. Dabei habe er engagiert in der Koordination mitgewirkt:

[II b (3) GI11] "...seiner Zeit mit dem Studiendekan erstmals an unserem Fachbereich und damit erstmals an der Uni Doppel-Abschlüsse, damals war ich überzeugt davon, dass das der Superschritt sei und heute bin ich aber sehr viel skeptischer, weil wir haben die Prüfungsbelastung verdoppelt. Wir haben die Möglichkeit ins Ausland zu gehen, glaub ich, eingeschränkt und vieles von denen, was als Ziel da war ist, hat sich nicht so realisiert. Und davon bin ich etwas enttäuscht heute eigentlich."

Der BP wird trotz alledem weiter unterstützt. Der frühere Dekan ist über die Entwicklung enttäuscht, doch nutzt er die für ihn positiven Aspekte des BP, um das gemeinsame Projekt mit der russischen Partnerhochschule weiter zu entwickeln:

[II b (3) GI11] "Er spielt insofern eine Rolle, als man strategisch natürlich auch die Partner in Kasan ein bisschen antreiben kann, so nach dem Motto: "wenn ihr dazugehören wollt, dann bitte schön orientiert euch doch mal ein bisschen nach außen und guckt was die Anderen machen und versucht die Programme zu nutzen". Das machen wir unter dem Deckmantel Bologna und dann stehen auch alle stramm. Es hat schon so eine Eigendynamik. Aber was die Inhalte von Bologna angeht, da würde ich glaub ich gar nicht so gerne mit den Russen darüber diskutieren, weil dann würden sie sehr schnell drauf kommen, dass so viel im Argen ist und dann dass sie womöglich ihre eigenen Bemühungen stoppen würden."

Typ III

Die RBS sieht sich nicht als hochschulpolitischen Akteur und formuliert diesbezüglich auch keine Ziele für das Engagement in Osteuropa oder in Russland:

[III b (1) ST10] "...auch wenn wir schon Bologna-Seminare gefördert haben, aber es gibt keinen direkten Bezug dazu, aber natürlich einen indirekten, weil die Hochschulen, deutsche wie ausländische, in diesem Prozess drin sind, sich anpassen müssen und es natürlich entsprechende Schwierigkeiten gibt und das immer wieder die von uns geförderten Personen mitbetrifft und der Bologna Prozess ist extrem wichtig, aber er ist nicht Bestandteil der Stiftungsarbeit. Aber beeinflusst sie natürlich maßgeblich."

Bis Mitte der 2000er Jahre spielte der BP für die praktische Arbeit an den russischen Hochschulen und die Ausrichtung des Lektorenprogramms keine Rolle. Im Jahr 2006 war das Lektorenprogramm das am längsten kontinuierlich durchgeführte Programm der RBS. In der Regel wurde diese Art von Stiftungsinitiativen nach einer Förderperiode von über zehn Jahren innerhalb der Stiftung zur Disposition gestellt, allein um mit neuen Programmen den innovativen Charakter der Stiftungspolitik zu dokumentieren. Im Fall des Lektorenprogramms wurde die Entscheidung getroffen, das Programm fortzusetzen. Eine Bedingung war die Anpassung oder besser die stärkere Ausrichtung auf Anforderungen, die im Hochschulsystem wahrgenommen wurden. Dies änderte auch die Anforderungen an die Hochschulen, die sich um ein Lektorat bewarben, dabei war:

[III b (1) ST11] "Ein weiterer Schwerpunkt, die außer-curriculare Arbeit, also die Arbeit innerhalb der Institution, aber an den Strukturen, an der Weiterentwicklung, also Stichwort Bologna Prozess, alles was damit zusammenhängt und sobald die Hochschule klar machen kann in ihrem Antrag, den sie ja jährlich stellt, dass sie ein solches Betätigungsfeld bietet für einen Lektor, ist sie im Pool drin."

Die Boschlektoren als junge deutsche Hochschulabsolventen haben dabei keine einfache Position, aus der heraus sie Einfluss auf die Entwicklungen an den Lehrstühlen ihrer Gasthochschulen nehmen können; dessen ist man sich am koordinierenden OEZ bewusst:

[III b (1) ST11] "...auf den verschiedenen Arbeitsebenen, die für einen Lektor relevant sind, da noch nicht das Vertrauen da ist, dass eben ein Hochschulabsolvent kommt, der zeitgleich Weitergebildete führt zu dem Thema, dass der da so gestalterisch aktiv werden kann. Ich finde, dass das zum Teil auch Berechtigung hat."

Allerdings sollen sie als Bildungsmanager oder Organisationsentwickler, die sich selbst in der Ausbildung befinden, an den Gasthochschulen Projekte initiieren und dadurch lernen. Zugleich können damit vor Ort Impulse gegeben werden, die innerhalb der Gasthochschulen aufgenommen werden. Die Umsetzung der BP-bezogenen Arbeit ist ein Vorhaben, welches nicht überall auf die uneingeschränkte Gegenliebe an den Hochschulen trifft:

[III b (2) MO10] "Wir haben diese Profilarbeit zu machen. Wir schließen auch eine Profilvereinbarung mit den Lehrstühlen. Das ist halt zum Teil schwer umzusetzen. [....] Im Rahmen der Profilarbeit habe ich andere, kleinere Ansätze versucht. Ich habe versucht die Lehrstuhlbibliothek irgendwie zu strukturieren und da irgendwie ein Ausleihesystem zu entwickeln. Das wurde dann eigentlich nie umgesetzt. Aber so was zählt eben dann auch in die Profilarbeit. Und jetzt, in diesem Jahr bin ich eben hier im Institut und da versuche ich als Profilarbeit eine Evaluation zu machen. Die Idee ist die Absolventen des Instituts zu befragen. Und auch die aktuell Studierenden. [...] und eventuell wollen wir dann auch so ein Alumni-Tag mal gestalten, [...]. Das wurde jetzt begrüßt vom Institut."

An diesem Beispiel wird deutlich, dass die von den Lektoren ausgehenden Impulse zwar aufgenommen werden, aber nur dann wenn sie keine Veränderungen in den Arbeitsabläufen und Organisationsstrukturen beinhalten. Eine Absolventenbefragung stellt eine zusätzliche Aufgabe im Rahmen der Profilarbeit der Lektoren und eventuell für die sie unterstützende junge russische Lehrkraft dar, gefährdet aber in keiner Weise die bisherigen Arbeitsprozesse und Strukturen an den Gasthochschulen.

7.2.4 Deutsche als "politische Agenten"?

Ausländische Organisationen haben seit der "Orangenen Revolution" in der Ukraine einen schweren Stand in der RF. Im Zuge der Proteste nach den Wahlen 2011/12 nannte sie der nun wieder regierende Präsident Vladimir Putin "Agenten" und verschärfte den Kurs gegen nichtstaatliche Organisationen in Russland, die mit Organisationen aus dem Ausland kooperieren oder von diesen finanzielle Unterstützung erhalten.

Alle deutschen Akteure verneinen aufgrund ihres organisatorischen Selbstverständnisses einen politischen Charakter ihres Engagements in Russland. Charakteristisch steht hierfür folgende Aussage eines DAAD-Mitarbeiters:

[I a (1) BO11] "...wir haben keinen politischen Auftrag, politische Systeme zu stabilisieren oder zu destabilisieren. Unser Auftrag ist es die Freiheit der Wissenschaften und des akademischen Austausches zu unterstützen. Und wir halten uns im Wesentlichen doch eher von konkreten politischen Fragen fern. Das ist vielleicht auch wichtig, die Unterscheidung des DAAD von politischen Stiftungen."

Der GP betont das wissenschaftliche Selbstverständnis, also die Freiheit von Forschung und Lehre. Doch genau diese kann in Russland schneller eine politische Brisanz erhalten als dies in der Bundesrepublik der Fall ist, wie er weiter ausführt:

[I a (1) BO11] "Wir glauben aber trotzdem, dass es im Gegenteil oder gerade deshalb, weil die Akzeptanz von Kritik im öffentlichen Raum oder auf der Straße nicht
so hoch ist, umso wichtiger ist, dass die Wissenschaft Räume hat, in denen sie kritisch reflektiert arbeitet. Und wir glauben, dass es diesen Niederschlag dann ir-
gendwann auch an anderen Orten geben wird."

Der Vertreter der HRK macht deutlich, dass seine Organisation auch in der
grenzübergreifenden Arbeit die Freiheit von Forschung und Lehre für zentral
hält:

[I b (1) BO11] "Wir thematisieren die Frage der Hochschulautonomie mit allen internationalen Partnern. In Deutschland betrachten wir die Hochschulen als das Kern-
stück des gesamten Wissenschaftssystems. Diese Sicht wird innerhalb des europäischen Hochschul- und Forschungsraums geteilt."

Die Autonomie der Wissenschaft und damit auch der Lehre ist für den GP der
DFG ein wichtiger Aspekt, jedoch hält er die Handlungsmöglichkeiten der externen Akteure für sehr begrenzt:

[1 b (1) MO10] "Ansonsten kann man hier nicht viel machen, der Einfluss ist extrem
begrenzt. Russland sieht sich als ein Land, was auf Augenhöhe betrachtet werden
will und obwohl es immer zu den BRIC-Staaten gezählt wird, kein Schwellenland ist,
im herkömmlichen Sinne. Russland schreibt schwarze Zahlen..."

Aus der Sicht eines DAAD-Lektors hat die akademische Mobilität Auswirkungen auf die politische Sozialisation der russischen Studierenden, die die Möglichkeit eines Studienaufenthaltes in Deutschland hatten:

[1 a (2) BE11] "Ich denke, das ist sehr positiv für Deutschland, dass die Studenten
sehen, wie offen dieses Land ist. Dass man hier vielleicht unbeobachtet oder frei
seine Meinung äußern kann, was ja in Russland gar nicht möglich ist. Dass es möglich ist, dass in deutschen Universitäten Plakate hängen, dass es Wahlen gibt [...]
Das sind Erfahrungen, von denen mir die Studenten berichten, wenn sie wieder in
Russland sind oder wenn die Studenten ihre Rapports schreiben, nachdem sie in
Deutschland waren."

Auch der Inhaber eines geisteswissenschaftlichen Lehrstuhles sieht eine politische Dimension im akademischen Austausch und thematisiert diese auch
auf einer zwischenmenschlichen Ebene in seinen Kooperationsbeziehungen:

[II a (3) LE11] "Das ist auch ein Punkt, der mich interessiert: Ich möchte, dass die
Russen soviel wie möglich hierhin kommen und unser System und unsere Gesellschaft kennenlernen, weil es aus unserer Sicht diese Defizite im Verständnis von
Freiheit gibt. Und dass man sieht, dass man friedlich, auch freiheitlich leben kann,
dass es nicht zaristisch sein muss und, ja, dass da gewisse Standards auch entstehen im Journalismus usw. und in der Ausübung von Kunst, dass die in Russland oft
verhindert und zensiert werden [...], das häufige Treffen und Zusammenleben, dass
man da auch ein bisschen das politische Bewusstsein stärkt, auf beiden Seiten natürlich."

Die historisch gewachsene Autonomie bzw. die Freiheit von Forschung und

Lehre in deutschen Hochschulen wird von allen deutschen Gesprächspartnern betont. Die Situation in Russland stehe dazu im Kontrast. Die konkreten
Arbeitsbedingungen in den Hochschulen werden jedoch diesbezüglich mehrheitlich positiv kommentiert und von keinem der verschiedenen Organisationstypen eine Beeinträchtigung beklagt:

> [I a (2) KA10] "Ich kann von meiner Arbeit berichten: ich kann frei arbeiten, ich kann
> frei berichten, ich werde nicht zensiert, mir werden alle erfüllbaren Wünsche er-
> füllt..."

Dagegen wird die politische Atmosphäre, die politische Kultur, die auch die
soziale Praxis im Alltag prägt, durchaus als autoritär beschrieben:

> [II b (1) GI11] "Problematisch sind die autoritären Tendenzen, die man in Russlands
> politischem institutionellem System seit einigen Jahren sieht. Die machen vor der
> Universität nicht halt. Also die Vertikale der Macht funktioniert meines Erachtens
> sehr viel besser als in den letzten Jahren."

Auch russische Kolleginnen beklagen die bevormundende Entwicklung der
Hochschulorganisation im Zuge einer Rezentralisierung:

> [IV_K1] "Also eine der negativen Entwicklungen: Es gibt keine [...] öffentliche Dis-
> kussion. Ich verstehe, dass die Menschen, zum Beispiel bei uns 15.000 Mitarbeiter,
> sie haben alle unterschiedliche Meinungen und die Diskussionen führen manchmal
> zu Nichts. Aber zumindest sollte man doch mit den Leuten sprechen. Wenn die Dis-
> kussion kein Ergebnis hat, dann wäre das schon der Grund eine autoritäre Ent-
> scheidung zu treffen. Jetzt wird etwas an der Uni entschieden, wozu wir nicht ge-
> fragt wurden. Also es wird jetzt einfach alles entschieden ohne etwas zu fragen, oh-
> ne zu diskutieren. Das finde ich sehr bedrückend."

Auf die Arbeit der deutschen Organisationen hat bislang weder die NGO- Gesetzgebung, noch die politische Situation in Russland einen negativen Einfluss gehabt. Insbesondere der DAAD sieht hier kein Anlass zu Klagen:

> [I a (1) BO10] "Das sind so Sachen, die immer negativ sind, ja, aber die Gott sei
> Dank jetzt nicht so negativ auf uns wirken, dass wir sagen: Hier müssen wir unsere
> Politik ändern oder wir müssen auch vielleicht mal Tacheles reden und sagen:
> Wenn ihr so weiter macht, dann gehen wir. Das hat es nicht gegeben und ich neh-
> me auch mal an, das wird es nicht geben."

Die Vertreterin des deutschen Studienganges, der an der FU Berlin mit der
"Elite-Hochschule" MGIMO durchgeführt wird, sieht ebenfalls keine Probleme
durch die autoritären Strukturen oder etwaige negative Auswirkungen auf ihren eigenen Arbeitsalltag.

Die Lehre kann durchaus kritische Themen behandeln. Am deutsch-
russischen ZDES fand an der SPbGU im November 2010 die Konferenz "Civil Society and NGOs in Europe and Russia" statt. Der erste Tag wurde gemeinsam mit Petersburger NGOs durchgeführt. Die russische Geschäftsführerin als auch der Bielefelder wissenschaftliche Direktor des Zentrums beto-

nen, dass die sozialwissenschaftliche Arbeit des ZDES über die Universität und reine deutsch-russische Zusammenarbeit hinaus wirken soll: [II a (1) GI11] "...auch hinein strahlen in die Gesellschaft, wenn man so will, ist ein Punkt, ein Ziel."

Vor allem Personen aus dem Boschlektorenprogramm äußerten sich in den Interviews häufig dahingehend, dass sie für eine deutsche Position in Bezug auf Demokratie und Zivilgesellschaft durch ihr Wirken vor Ort werben möchten:

> [III b (2) FR10] "...deutsche Kultur, den Anderen nahe bringen und natürlich auch unser Demokratieverständnis. Ich habe auch ganz stark das Gefühl, dass das für meine Position wichtig ist und dass das mein Ziel ist und mein Ziel sein sollte. Man hat ja sehr bald verstanden, dass man immer in diesem Spagat ist zwischen den westeuropäischen Medien, Demokratie und Kulturverständnis und dem Russischen. [...], da die Waage zu halten, zwischen: Ich komme jetzt und erkläre euch, wie es geht und ich sag euch, wie wir es machen..."

Auch wenn eine politische Einflussnahme nicht im Boschlektorenprogramm vorgesehen ist, so finden sich hier doch viele Stipendiaten, die durch ihre Lehrtätigkeit auf die Studierenden einwirken möchten, in dem man einen anderen Seminarstil anbietet, wie an folgender Aussage deutlich wird:

> [III b (2) MO10] "...indem man halt alternative Arbeitsweisen anbietet, Projektarbeit macht und sozusagen auch in Richtung Stützen der Zivilgesellschaft oder Aufbau der Zivilgesellschaften geht."

7.2.5 Ein Ort des Transfers und des Austausches

Das im Kapitel 6 vorgestellte Zentrum für Deutschland- und Europastudien (ZDES) ist aufgrund der deutsch-russischen Kooperation seit knapp zehn bzw. wenn man den deutschsprachigen Studiengang mitzählt sogar seit 20 Jahren ein Ort des Austauschs zwischen russischen Sozialwissenschaftlern mit denen im westlichen Ausland. Das deutsche Personal des ZDES hat eine rein positive Wahrnehmung des Zentrums in Petersburg:

> [I a (2) BE11] "Das ZDES ist ein großes Gewicht in den Sozialwissenschaften und in den Forschungen, aber auch in der Kooperation zwischen russischen, deutschen und internationalen Wissenschaftlern."

Dieser deutsch-russische Ort wird von den Beteiligten bewusst als einer des Austausch betrachtet, denn hier ist:

> [II b (1) GI11] "...Austausch von Ideen, von Interessen, von Diskursen, von theoretischen Ansätzen, also Austausch im weitest möglichen Sinne; auch bis hinzu Austausch zu schauen, wie funktioniert denn Hochschuladministration."

Einen Austausch in Bezug auf hochschulpolitische Themen und die Veränderungen von Strukturen gibt es auch auf der Ebene der Direktoren über das ZDES hinaus nicht:

[II b (1) GI11] "...aber wir gehen mit Hochschuladministration um und als Zentrum, das an beiden Universitäten auf Lektoratsebene angesiedelt ist, also wir sind zwar auch an die beiden Fakultäten für Soziologie angegliedert, aber unterstehen den Lektoraten. Auch da Austausch über letztlich die technische Implementierung solcher Kooperationen."

Ein Grund für die gute Nachfrage nach dem Studiengang am ZDES wäre die Einführung westlicher Konzepte, so der deutsche Direktor, dabei sind:

[II b (1) GI11] "solche Elemente, die im Prinzip in der russischen Hochschullehre vollends unbekannt sind: [...] Projektarbeit mit den Dozentinnen und Dozenten, relativ kleine Gruppengrößen, also das spielt eine ganz wesentliche Rolle und damit letztendlich ja Standards aus dem deutschen, bzw. sagen wir mal westeuropäischen, internationalen Lehrwesen an Universitäten. Das wird dann in Russland institutionalisiert in diesem Studiengang."

Aufgrund der Anbindung an die Soziologie sowohl in St. Petersburg als auch in Bielefeld ergab sich die Ausrichtung:

[II a (1) GI11] "...mit einem soziologischen Schwerpunkt, also auch da wäre jetzt inhaltlich ein besonderes Ziel European Studies [...] mit einem genuin gesellschaftlichen Fokus und einer soziologischen Perspektive zu betreiben. Der Studiengang als solches ist auch inhaltlich innovativ und das wäre er auch, wenn er nicht in Russland stattfinden würde."

Das ZDES organisiert mindestens eine internationale Konferenz im akademischen Jahr. Die Partner kommen nicht nur aus Deutschland, sondern auch verstärkt aus den USA. An einer US-amerikanischen Universität fanden 2010 und 2011 zwei Konferenzen für Nachwuchswissenschaftler statt, bei der die Kooperation mit Bielefeld zum Tragen kam.[398] Das ZDES trägt so zur internationalen Vernetzung der Sozialwissenschaften in St. Petersburg bei. Darüber hinaus werden Publikationen vor allem in englischer Sprache erstellt, die die Forschungsergebnisse der mit dem ZDES verbundenen Wissenschaftler dokumentieren sollen. Hinzu kommt die Erstellung von Lehr- und Methodenmaterial.[399] In der ersten bis 2008 dauernden Phase wurden auch verstärkt Methoden-Workshops sowohl für Studierende und vor allem für Lehrende bzw. Wissenschaftler angeboten. Dieser Bedarf wird aber derzeit nicht gesehen, so die russische Geschäftsführerin im Interview. Als ein zentraler Teil gilt die Ausbildung von Aspiranten, also von Doktoranden oder zumindest deren institutionelle Anbindung an das ZDES.[400]

---

398   2011 fand die Konferenz mit dem Titel "German and Russian Identities across Time and Borders" an der University of Notre Dame statt.

399   Siehe URL (letzter Zugriff 30.1.2013): http://www.zdes.spbu.ru/nauchnyij-dialog/publikaczii2

400   Siehe URL (letzter Zugriff 30.1.2013): http://www.zdes.spbu.ru/issledovaniya/aspirantskaya-programma

Wie bereits dargelegt, war ein Motiv für das Engagement der Bielefelder Soziologen, die Entwicklung des Faches Soziologie bzw. der Sozialwissenschaften an der SPbGU mit zu beeinflussen und deren Weiterentwicklung zu unterstützen. Hier wird derzeit immer noch Bedarf gesehen:

> [I a (2) BE11] "Ich denk mal, das einzige richtige Programm, was an dieser ganzen Fakultät läuft, ist das englischsprachige Masterprogramm. Hier wird den Studenten richtig Soziologie vermittelt, aber das lebt davon, dass ausländische Dozenten bzw. russische Dozenten, die Englisch sprechen, Soziologie oder European Studies vermitteln. Was für Literatur jetzt vom russischen Dozenten verwendet wird in Vorlesungen, weiß ich nicht. Wenn ich allerdings mal in meinem Seminar, meinem englischsprachigen Seminar, auf aktuelle Autoren der Soziologie Bezug nehme, sind das meist für die böhmische Dörfer, die die gar nicht kennen."

In der ersten Förderphase bis zum akademischen Jahr 2008/09 lag der Schwerpunkt noch auf Themen, die in Deutschland und vor allem in Russland verortet waren und es wurde stärker auf die Förderung der deutsch-russischen Kontakte geachtet. Diese auf Russland und die bilateralen Beziehungen fokussierte Arbeit wurde jedoch bei der Evaluierung durch den DAAD kritisiert. Daraufhin erfolgte eine Überarbeitung, nach der nun stärker Europa als Ganzes in den Blickpunkt genommen wird:

> [II b (1) GI11] "...wir sehen uns auch immer noch als Ansprechpartner..., aber die Vergangenheit oder die erste Förderphase war doch dadurch gezeichnet, dass vielleicht der Schwerpunkt im Bereich der Osteuropakunde ein bisschen zu stark war und der eigentlichen Zielsetzung, was ich ja schon gesagt hatte, ein Zentrum für Deutschland- und Europastudien in Russland nicht ganz gerecht wurde und vor allen Dingen inhaltlich ist da eine Neukonstituierung 2008, 2009 vollzogen worden, also eine klare Fokussierung aller Aktivitätsbereiche auf Deutschland- und Europastudien."

Eine stärkere internationale Ausrichtung macht aber auch aus purem Eigeninteresse und im Sinne des finanziellen Überlebens für das ZDES Sinn:

> [IV_P2] "...also für M.A. Programm um das zu behalten, brauchen wir eigentlich Geld und wir können dieses Geld auch von Studiengebühren bekommen und zwar von den russischen aber auch von den [...] ausländischen Studenten, weil ausländische Studenten immer Studiengebühren bezahlen sollen [...]. Die das ganze Programm machen, die sollen nach der staatlichen russischen Gesetzgebung alle Studiengebühren zahlen."

Die Gründung des ZDES erfolgte zu einem Zeitpunkt als in der Bundesrepublik und etwas später auch in Russland der BP zum wichtigsten Anlass für Reformen im Hochschulsystem avancierte. Die Gestaltung des neuen Studienganges am ZDES erfolgte daher analog zu den im BP verhandelten und formulierten Kriterien. Hier sind für die deutschen Partner die Bedingungen, die in Deutschland den Rahmen bestimmten auch für das Handeln im russischen

Kontext die Ausgangsbasis gewesen. Die Absolventen erhalten so beispiels-weise ein zusätzliches Diploma Supplement von der Universität Bielefeld zum Abschluss an der SpbGU.

Die Kommunikation und Koordination zwischen den drei maßgeblich beteilig-ten Akteuren, die SpbGU, der DAAD und die Universität Bielefeld findet ne-ben Emails und Telefonaten vor allem während der vier jährlich durchgeführ-ten Treffen des "Koordinationskomitees", also der Direktoren, der Geschäfts-führung sowie dem DAAD statt. Dies beinhaltet auch ein Treffen der Rektoren von Bielefeld und St. Petersburg und der Programmleitung Nord des DAAD. Daneben existiert ein wissenschaftlicher Beirat bestehend aus je drei Wis-senschaftlern aus Russland und Deutschland.

Die SpbGU führt das Programm "European Studies" als ein Beispiel für eine erfolgreiche Kooperation auf. Auch für Vertreter des DAAD ist das ZDES er-folgreich. Der Vertreter des DAAD macht hier auch eine gesellschaftspoliti-sche Ebene in der Arbeit des ZDES deutlich, dass:

> [I a (1) BO11] "...das ZDES, dazu, sagen wir mal so, das sind einfach Think-Tanks für die intellektuelle Elite des Landes...".

Trotz der unübersichtlichen Vielfalt von heutigen Erwerbsbiografien ist jedoch zweifelhaft, ob mit dem ZDES, die vom DAAD im Sinne der AKP erwünschten politischen und ökonomischen Entscheidungsträger der Zukunft erreicht und ausgebildet werden können, denn auch wenn die Alumnis durchaus respek-table Positionen inne haben, sind derzeit diese doch weit von "Elite" ent-fernt.[401] Die Förderung der Zentren für Deutschland- und Europastudien er-folgt durch den DAAD für zehn Jahre. Anschließend muss der Partner im je-weiligen Land bzw. die jeweilige Hochschule die Finanzierung sicherstellen. Von einigen Hochschullehrern wird die Verstetigung des ZDES durch die rus-sische Seite, also durch die SPbGU nach 2014, aufgrund der institutionellen Entwicklung der Universität als bedroht angesehen:

> [I a (2) BE11] "Ich denke, das hat in den letzten Jahren vielleicht an Stellenwert ge-litten. Ich denke, das hängt auch damit zusammen, dass der Rektor ausgewechselt wurde an der Universität. Das ist jetzt ein Jurist, ein Mitglied der in Russland derzeit stärksten Partei und nicht westlich gesinnt, nicht pro-westlich."

Als entscheidender negativer Faktor kommt aber hinzu, dass die Sozial- und

---

401   Auf der Internetpräsenz des Master-Studiengangs gibt es neben einer Aufführung von Absolventen auch eine Liste mit ihren gegenwärtigen Positionen. Diese reichen vom Studium an anderen Hochschulen über Positionen bei Firmen (Samsung) bis zu Hochschulen (Nowosibirsk). Die Elite- und Machtpositionen des russischen Staates wurden (bislang) nicht erreicht, siehe URL (letzter Zugriff 30.1.2013): http://www.euro pean-studies-st-petersburg.com/Our-Alumni-Node_14499.html

Gesellschaftswissenschaften nicht zu den Disziplinen gehören, die von Seiten des russischen Staates bzw. des Ministeriums für Bildung und Wissenschaft eine besondere finanzielle Förderung erfahren.

7.3 Diffusionswege

Beratung ist ein direkter Weg, dem Gegenüber die eigenen Verfahren und Prozesse nahezulegen. Von den Vertretern deutscher Organisationen formulierte es der Leiter der DFG in Moskau am deutlichsten, dass sie sich in Russland in der Rolle eines Vorbildes, als "modellbildend" für die russischen Partner sieht. Dabei beschreibt er zugleich die Wege des Modelltransfers:

> [I b (1) MO10] "Wir haben sehr enge institutionelle Kontakte und einen guten Austausch auf administrativer Ebene. Russische Gäste besuchen die DFG-Geschäftsstelle in Bonn und DFG-Mitarbeiterinnen und -mitarbeiter kommen hierher nach Moskau. Dieser Austausch dient auch dem Abgleich der Förderverfahren, hier nenne ich exemplarisch die Kooperation mit der RGNF, mit der wir gemeinsame Workshops zum Thema Begutachtung veranstaltet haben. Deutschland ist einer der wichtigsten und willkommensten Partner hier in Russland, weshalb man auch den Kontakt zur DFG sucht. Die DFG genießt international einen sehr guten Ruf und ist weltweit vielleicht nur noch mit der amerikanischen National Science Foundation (NSF) zu vergleichen."

In den deutsch-russischen Kooperationen sind bestimmte Verfahren und Prozesse auszumachen, in denen kommunikativ vereinbart wird, zu welchen Themen und Bedingungen zusammengearbeitet wird. Einzelne Faktoren sind hier klar als "Kanäle des Exports" von Methoden aus dem deutschen und westeuropäischen Hochschulraum auszumachen. Dazu zählen unter anderem die Verträge und Anträge, bei denen die deutsche Seite mittels finanzieller Anreize ihre Verfahren anbietet.

7.3.1 Anträge

Der erste und oft entscheidende Schritt zur Durchführung gemeinsamer grenzübergreifender Veranstaltungen, Forschungsprojekte oder von Studiengängen ist die Einwerbung von zusätzlichen finanziellen Mitteln, die notwendig sind, da in aller Regel in den nationalen Systemen die Grundfinanzierung wenig oder gar keine Mittel für die Kooperationen bereitstellt. Allerdings springt der DAAD hier als wichtigster Geldgeber ein:

> [I a (1) BO10] "die deutschen Hochschulen können Geld beantragen, um zusammen mit ihren russischen Kollegen etwas Gemeinsames auf die Beine zu stellen, ohne dass wir ihnen strikt vorschlagen was, ob sie nun den Studentenaustausch fördern, den Wissenschaftsaustausch fördern, gemeinsame Forschung machen usw. Das ist uns egal, wir stellen Mittel bereit."

In den deutsch-russischen Kooperationen sind die Adressaten für die Anträge der Drittmittel in erster Linie deutsche Akteure. Die EU-Programme stellen eine Ausnahme dar. Bei allen Anträgen muss sich in den Formulierungen an der Ausschreibung bzw. dem organisatorischen Profil und Anliegen der Geldgeber orientieren. Gerade für Menschen aus einem institutionell anders geprägten Sprachraum erscheint eine solche Hilfe für den Antragsprozess notwendig. Diese Unterstützung wird auch von deutschen Organisationen und ihren Mitarbeiter/innen in der RF geleistet. Sie sind dabei:

[II a (1) MO11] "... auch ein bisschen kulturelle Übersetzer. Also meine Funktion ist häufig auch kulturelles Übersetzen in dem man jungen Wissenschaftlern erklärt, wie man Anfragen erfolgreich formulieren und zusammenstellen muss, um tatsächlich eine Antwort zu bekommen."

Die Unterstützung wird auch deshalb für notwendig erachtet, damit Verfahren verstanden und gegebenenfalls auch von entsprechenden russischen Organisationen adaptiert werden, allerdings ist dies bislang:

[I b (1) MO10] "...nicht der Fall, weil Russland in der Wissenschaft noch keine echte Antragskultur entwickelt hat. Die Forscherinnen und Forscher sind nicht an die sonst in Westeuropa üblichen Ausschreibungen gewöhnt, weil in Russland lange Zeit Mittel nur von oben nach unten durchgereicht wurden. Daher entschieden Institutsdirektoren der Akademie oder der Universitäten über die Verteilung des Geldes – und nicht der Wettbewerb, der in Westeuropa und den USA favorisiert wird."

Die deutschen Organisationen, angefangen von dem Internationalen Büro des DLR über den DAAD und die DFG sehen die Beratung der russischen Partner als einen essentiellen Teil ihres Aufgabenprofils an.

Die Lektoren spielen hier ebenfalls eine Rolle, wenn auch eine inoffizielle. Im Rahmen des Boschlektorenprogramms können sie beispielsweise ihre Gasthochschulen bzw. die beantragenden Mitarbeiter bei der Beantragung unterstützen.

Das Schreiben von Förderanträgen im wissenschaftlich-akademischen Feld ist heute ein langwieriger und aufwendiger Prozess. Das gilt im besonderen Maße für Forschungsprojekte. Hier trägt die Verständigung von Partnern aus verschiedenen Ländern über den Antrag auch zur inhaltlichen Auseinandersetzung und zu einer fachlichen Debatte bei:

[II b (3) GI10] "Also ich kann mich erinnern, wir haben einmal versucht in der Zusammenarbeit mit Kasan [...] einen Antrag an die Volkswagenstiftung zu richten und in diesen Antrag sollte es ganz kurz gesagt um Diskursanalysen von Mediendiskursen gehen und zwar vergleichend sozusagen Europa – Russland, und dann aber auch wechselseitig. Also wie wird dann das jeweils Andere repräsentiert. Und ich kann mich richtig gut an die Diskussion erinnern, der Frage nämlich nach welcher Methodologie man da jetzt eigentlich vorgeht [...] und das waren einfach andere Konzepte als die, die zu dieser Zeit damals in Kasan genutzt wurden. Und von da-

her war das glaube ich, ein ganz gutes Beispiel, für das was insgesamt bestimmt passiert: Das eben auf dem Wege der Finanzierung, wo kommt das Geld her, und dann auch die Konzepte mit dem Geldbeutel reisen."
Der GP hat hier selbst den Transferweg von Konzepten und den Zusammenhang mit den Fördermittelgebern dargestellt. Die konzeptionelle Darstellung der Vorhaben trägt zur einer konformen Entwicklung und einer Anpassung an die Vorgaben der Geldgeber und deren diskursiven Stil bei. Die Formulierung von Anträgen führt aber auch zu einer Verständigung über die angestrebte Organisationsentwicklung der gemeinsamen Projekte:

> [II b (1) GI11] "In der schwierigen Zeit der Neubeantragung 2009 haben sich beide Universitäten und d. h. Universitätsleitungen größte Mühe gegeben, die Fortführung und Neubeantragung des Zentrums zu einem Erfolg werden zu lassen, bis hin dazu, dass die Universität Bielefeld eine neue Professur geschaffen hat..."

7.3.2 AKP und EU-Programme

Wie bereits dargelegt worden ist, bildet der außenpolitische Rahmen ein besonderes Handlungsgefüge für die deutsch-russischen Beziehungen in der Hochschulzusammenarbeit. Dies wird durch diverse Programme der EU flankiert. Im Zentrum stehen jedoch zweifelsohne die bilateralen Beziehungen und damit die AKP. Das für die deutsch-russischen Wissenschaftsbeziehungen wichtige WTZ-Abkommen wurde vom BMBF und dem russischen Ministerium für Bildung und Wissenschaft ausgehandelt. Hier ist auch die strategische Partnerschaft im Wesentlichen verankert. Einmal im Jahr treffen sich die Vertreter/innen der russischen und deutschen Seite, um Details sowie notwendige zusätzliche Vereinbarungen im Rahmen der WTZ zu besprechen. Das auf deutscher Seite zuständige Internationale Büro des DLR e.V. agiert hier im Auftrag des BMBF. Der direkte Ansprechpartner sind aber die beauftragten Agenturen der russischen Seite bzw. das Moskauer Ministerium. Eine Interaktion mit Hochschulen findet kaum statt. Hier spielen die Vertreter des DAAD eine größere Rolle; sie sind sich bewusst, dass ihre Organisation eine besondere politische Rolle innehat:

> [I a (1) MO10] "Das war eigentlich das politische Konzept, der Staat schickt seine Vorboten voraus: Goethe, Humboldt, DAAD, die auf dem Weg des Austausches junger Leute, die auch ein Land anders erfassen. Das ist schon ein Unterschied. Ein Student nimmt das Land komplett anders war, als ein junger Wissenschaftler. Da gibt es eine Interaktion zwischen Außenpolitik und Mittler."

Ein anderer Mitarbeiter des DAAD weist auf die unterschiedlichen Einflussebenen der AKP hin. Die Außenpolitik spielt für die Organisation eine immanente Rolle, jedoch nicht für die Lektoren selbst. Die Rolle der AKP wird von der überwiegenden Mehrzahl der anderen Gesprächspartner und Gesprächspartnerinnen des Akteurstyp Ib, IIa, IIb und IIIb als relativ gering eingeschätzt. Sie pflegen ihre bilateralen Beziehungen zum russischen Partner bzw. agieren als Organisation generell unabhängig von direkten außenpolitischen Zielvorgaben. Die AKP schlägt sich aber am ZDES in der thematischen Arbeit zu besonderen Anlässen im Rahmen von Veranstaltungsreihen nieder, die i. d. R. der Außendarstellung der Bundesrepublik dienen sollen:

> [IV_P2] "Und bei diesen Kulturmittlertreffen zum Beispiel ist diese deutsche Woche dann immer das Hauptthema und sie versuchen das jedes Jahr, obwohl das nicht so richtig gelingt, aber sie versuchen da im deutschen Konsulat immer Schwerpunkte für die deutsche Woche zu bestimmen."

Außerdem greifen, wie oben schon geschildert, an einigen Standorten Anforderungen des DAAD und der AKP an die Lektorate. Lektoren sollen sich aufgrund der in Russland sinkenden Schüler- und Studierendenzahlen verstärkt in der Werbung für die deutsche Sprache engagieren. Hieraus ergibt sich auch die Notwendigkeit mit anderen Mittlerorganisationen zu kooperieren:

> [I a (2) SP11] "Wir hier jetzt vor Ort [...] wenn jetzt eine Werbekampagne gemacht wird, beispielsweise das Goethe-Institut, das im Dezember letzten Jahres einen Deutsch-Tag organisiert hatte. Da sind wir dann mit einem Stand vertreten. Umgekehrt, wenn wir Veranstaltungen machen, dann versuchen wir das Goethe-Institut dabei zu haben. Das Goethe-Institut plant jetzt für die zweite Jahreshälfte in den Nordwest-Regionen eine Informationsreise und da wurden wir angefragt, uns zu beteiligen."

Der DAAD ist als akademische Organisation und Mittlerorganisation der AKP ungleich direkter mit der AKP konfrontiert. Ein Gesprächspartner verweist darauf, dass sich politische Veränderungen in den Zielländern auch auf die Programmstruktur des DAAD auswirken:

> [I a (1) BO11] "Also ein Stichwort wäre die EU-Zentralasien-Initiative vor ein paar Jahren. In der Folge gibt es dann eben spezielle TEMPUS-Programme oder spezielle Windows of Cooperation - oder wie das dann immer heißt für Zentralasien - spezielle Budgets auch dafür; dann haben wir zum Beispiel die europäische Nachbarschaftspolitik für Osteuropa, die ENP. Und dann haben wir die neue östliche Partnerschaft. Das ist das jüngste Beispiel wo mit so einem Kreis von acht Ländern, vom Kaukasus bis zur Ukraine, Moldawien usw. gearbeitet wird. Das hat dann schon Auswirkungen, die sich irgendwann auch in EU-Programmen niederschlagen und wir nehmen das dann eben vor Ort auch wahr bis hin zu den Lektoren, die dann feststellen, hier gibt es auf einmal eine neue Förderung. Es gibt jährliche TEMPUS-Konferenzen, da sind wir dann im unmittelbaren Austausch."

Eine direkte Kooperation mit der EU und deren Vertretung in Moskau erfolgt nicht. Lediglich der Vertreter des DAAD vor Ort in Moskau verweist auf ein Netzwerk an Kontakten mit Organisationen aus anderen europäischen Ländern. Die EU-Programme werden allerdings als eine wichtige Möglichkeit betrachtet, grenzübergreifende europäische Netzwerke herzustellen. Darüber hinaus bieten sie die Chance die "westlichen Verfahren" zur Anwendung zu bringen:

> [I a (1) BO10] "...dadurch, dass man bei TEMPUS ja immer drei Partner benötigt, haben wir natürlich auch die Chance gehabt sie miteinander zu vernetzen. Wir konnten also - was früher vielleicht undenkbar gewesen war - eine deutsche, eine polnische und eine russische Hochschule zusammenbringen oder eine deutsche, eine ukrainische; [...] Qualitätskontrolle, ja was ist Kontrolle? Früher hat man, - das Wort Evaluation glaube ich gibt es im Russischen gar nicht so richtig - also nicht im Sinne wie wir es benutzen. Oder eine Eigenevaluation, da wurde was zusammen-gelogen, dass sich die Balken bogen. Aber da hat sich sehr viel in den Köpfen der Leute bewegt. [...] Ich erinnere mich zum Beispiel an der TU in Irkutsk. Dort gab es ein großes Projekt mit der Uni in Kiel beim Aufbau eines International Office. Die haben wirklich ein akademisches Auslandsamt aufgebaut nach Kieler Vorbild, was bis heute funktioniert."

Im Zitat wird neben der Internationalisierung auch die Frage der Qualitätskon-trolle und der Evaluation als Verfahren hervorgehoben. An den Maßnahmen zur Qualitätssicherung war auch das Bildungsministerium in Moskau in zu-nehmendem Maße interessiert. Hierfür wurden zahlreiche Projekte mit EU-Mitteln an russischen Hochschulen durchgeführt. Das EU-Programm TEM-PUS wird als Programm in der inhaltlichen Ausrichtung ebenso wie die dahin-ter stehende Expertise als sehr positiv bewertet. Der zu betreibende Auf-wand, um einen Antrag zu stellen, wird jedoch kritisch gesehen, wie die büro-kratische Verwaltungsstruktur, die sich in Brüssel etabliert hat und die für die Durchführung des Programms verantwortlich ist. Auch die deutschen Hoch-schulangehörigen bewerten den Nutzen und den Einfluss des EU-Programms einhellig positiv. Die Fördermittel bieten den Rahmen, um Projekte und Ideen der beteiligten Personen umsetzen zu können, wie ein Zitat eines Gießener Hochschullehrers verdeutlicht:

> [II b (3) GI11] "...allein durch TEMPUS-Programme von der EU und da hab ich eine Heerschar von jungen Leuten hier gehabt, die inzwischen hier promoviert sind und das ist mein persönlicher Beitrag. Ich habe ganz viele ukrainische und neuerdings haben wir auch Kasaner Studenten, die ich auf den Weg gebracht habe, die zurück sind und dort erfolgreich in Firmen arbeiten [...] sowohl hier, als auch in der Ukraine und über dieses Institut fördern wir im Übrigen viele junge Leute in Jobs auch in der Wirtschaft und das ist mein persönlicher Beitrag für diese Art der Internationalisie-rung."

Die Förderprogramme sowie die durchaus existierende TEMPUS-Projektarbeit sind in russischen Hochschulen auf der Ebene der einfachen Hochschulmitarbeiter/innen kaum bekannt. Exemplarisch sei hier eine Hoch-schullehrerin der SPbGU erwähnt, die sich selbst in grenzübergreifenden

Projekten engagiert; angesprochen auf EU-Programme erwidert sie, dass sie diese nicht kennt bzw. nicht weiß in welchem Kontext ihre Universität daran mitwirkt.

7.3.3 Verträge

Die Aushandlung von Vertragsbeziehungen sichert eine langfristige Planung der Kooperationen ab und regelt die Details der Zusammenarbeit. Diese reichen von der Zahl der am Austausch teilnehmenden Studierenden und Wissenschaftlern bis hin zur Gestaltung von Curricula von gemeinsamen Studiengängen.

Die Gestaltung der Verträge zwischen deutschen und russischen Hochschulen erinnern an diplomatische Beziehungen. Sie beruhen auf dem Prinzip der Gegenseitigkeit bzw. der Äquivalenz und dies betrifft die Ebene der aushandelnden und unterzeichnenden Hochschulangehörigen als auch den Status der Hochschule: Ein russischer Professor erwartet, dass der deutsche Verhandlungspartner ebenfalls ein Lehrstuhlinhaber ist oder eine entsprechend hohe Stellung in der Hochschulverwaltung beispielsweise als Leiter des Auslandsamtes innehat. Eine Fakultätsvereinbarung muss von den Dekanen unterzeichnet werden, während wiederum ein Vertrag, der die gesamte Hochschule umfasst, die Unterzeichnung durch die Rektoren bzw. Präsidenten der beteiligten Einrichtungen verlangt.

Hochschulen kooperieren in aller Regel mit Hochschulen im Ausland, denen in ihrem jeweiligen nationalen Kontext ein Status zugeschrieben wird, der ihrem entspricht, wie am Beispiel der FU Berlin gezeigt wurde. Als von der DFG ausgezeichnete Exzellenz-Universität ist es das erklärte Ziel, nur mit anderen als exzellent geltenden Universitäten zu kooperieren. Diese müssen Volluniversitäten sein oder zumindest das breite an der FU angebotene Fächerspektrum aufweisen. Auf den unteren Ebenen ist es den Instituten und Fakultäten freigestellt, mit anderen Partnern zu kooperieren. Vor allem hier zählt die persönliche Ebene, die "Chemie" zwischen den Beteiligten und ihr Engagement. Sie können damit wesentlich dazu beitragen, dass ihre Verbindungen ausgebaut und stärker von ihren Hochschulen institutionalisiert werden können. Das Zustandekommen von Vereinbarungen und Verträgen ist auch auf der Leitungsebene von dem Engagement einzelner Personen abhängig. In den hier untersuchten Fällen war gerade in den Hochschulen die Expertise und das soziale Kapital, dass sie hinsichtlich der Kooperation einsetzen konnten, von entscheidender Bedeutung. In einem Fall wird eine Mitarbeiterin der damaligen KGU von einer Mitarbeiterin der deutschen Universität als das "Herz des Vertrages" bezeichnet, obwohl die Dozentin und Mitarbeiterin des

Internationalen Büros ansonsten offziell nirgendwo namentlich erwähnt wird. Die individuelle Expertise kann aber auch in kritischen Situationen der Vertragsgestaltung bzw. der Vertragsverlängerung die entscheidende Komponente des Erfolgs bedeuten:

> [IV_P2] "...weil es ganz viele Konflikte gab in 2007/2008, nach dieser Evaluierung wollte der DAAD eigentlich nicht mehr weiter finanzieren, weil sie soviel Kritik hatten [...]. Dann kam ein neuer Rektor an der Staatlichen Universität und man sollte einen neuen Vertrag unterschrieben und das war ja alles so kompliziert, man konnte das wirklich nicht so richtig lösen und deswegen war meine Aufgabe, als ich sie gesehen habe, diese Konflikte zu lösen, weil ich wusste, ich bin dann für alle, für alle Seiten gut, also ich hatte keine Konflikte mit jemanden von ihnen und ich konnte das vermitteln."

Doch die Unterzeichnung von Verträgen ist auch in den deutsch-russischen Beziehungen nicht immer problemlos möglich. Gerade dann, wenn sich die russische Seite stark ihren Verfahren und einem russischen Hochschulmodell verpflichtet fühlt, erwächst entweder in den Hochschulen ein gegenüber den Deutschen unausgesprochener Widerstand in der Form der Nichtumsetzung von Vereinbarungen oder die beabsichtigte Vereinbarung kommt erst gar nicht zu Stande, wie es im folgenden Fall geschildert wird:

> [I b (1) BO11] "Die HRK hat dem russischen Rektorenverband Ende der 1990er Jahre ein bilaterales Abkommen über Hochschulzusammenarbeit vorgeschlagen. Der russische Rektorenverband hat diesen Vorschlag abgelehnt und ein zwischenstaatliches Äquivalenzabkommen präferiert. Im Vorgriff auf langjährige Verhandlungen über ein Abkommen wurde 1999 eine Empfehlung mit dem russischen Hochschulministerium unterzeichnet, die jedoch nicht den rechtlichen Status eines zwischenstaatlichen Abkommens besitzt. Die Verhandlungen über ein Abkommen wurden daraufhin nicht fortgesetzt."

Die Gestaltung von Vereinbarungen führt nicht nur zwischen den Partnern zu Verständigungsprozessen, sondern ist oft auch Anlass in komplexen Einrichtungen wie den Universitäten für Selbstverständigungsprozesse über die eigenen Ziele. In den Gesprächen gab:

> [II b (3) GI10] "...es auch schon mal durchaus unterschiedliche Ansichten, wie man das zu rechnen hätte. Aber nicht nur zwischen Gießen und Kasan, sondern auch innerhalb von Gießen, meiner Wahrnehmung nach auch innerhalb von Kasan."

In den Verträgen wird nach 2003 von deutscher Seite bei der Vereinbarung über die Durchführung von gemeinsamen Studiengängen darauf gedrängt, diese kompatibel zu den im Bologna-Prozess entwickelten Kriterien zu gestalten:

> [II a (1) BE10] "Also immer so bald es wirklich in die Detailarbeit geht und damit meine ich das Schreiben von Agreements zum Beispiel – dann ist Bologna sehr präsent. Und an diesen Punkten merkt man vielleicht auch, dass die Auffassung dessen, was ein Student leisten sollte, doch eben noch anders ist. Einfach deshalb,

weil auch durch Bologna fangen beide Hochschulsysteme ja nicht bei Null an, sondern die haben ihre Traditionen, die sie mitbringen und die streicht man nicht
dadurch weg."
Bei der Gestaltung reiner Austauschbeziehungen können aber auch deutsche
und russische Hochschulen auf komplexe Regelungen verzichten, wie dies
zwischen der KFU und der Universität Leipzig im Bereich der akademischen
Mobilität der Fall ist. Für die promovierenden Nachwuchswissenschaftler
spielt der BP in den deutsch-russischen Kooperationen derzeit noch keine
erkennbare Rolle.

7.3.4 Programmstrukturen

In Bezug auf die finanzielle Förderung von Forschung und Lehre im deutsch-
russischen Kontext sind der DAAD und die DFG sowie das BMBF über den
Projektträger DLR die wichtigsten Organisationen auf der deutschen Seite.
Sie sehen die Verfahren der russischen Seite bislang als wenig effektiv an.
Deshalb ist es das Ziel sowohl des DAAD als auch der DFG, dass sich der
russische Staat in der Praxis seiner Förderpolitik dem der Bundesrepublik
annähert, wobei dies auch die Absicht des russischen Ministeriums wäre, wie
eine GP des Internationalen Büro betont.[402] In der Kooperation wird den russischen Partnern eine Übernahme der deutschen Verfahren empfohlen. Hier
wird das dem Wissenschaftssystem innewohnende subsidiäre Prinzip der
Vertrauens- und Selbstkontrolle als adäquat betrachtet. Dagegen setzt das
etatistische russische Modell auf Kontrolle und behindert letztendlich die Weiterentwicklung, wie die Gesprächspartner der deutschen Organisationen argumentieren. In der Propagierung der deutschen Verfahren wird auf die Vorbildwirkung und die Vernetzung der deutschen Akteure gesetzt, dabei versuchen:

> [I a (1) BO10] "...wir zunehmend zur Unterstützung die anderen befreundeten Or-
> ganisationen mit einzubeziehen. Das ist auch etwas Neues, dass wir dort gemein-
> sam auftreten, um über dieses Auftreten der russischen Seite zu signalisieren:
> Schaut mal, wie in Deutschland die Wissenschaftsfinanzierung organisiert ist..."

Die strategische Ausrichtung der deutschen Förderpolitik kommt durch eine
Bevorzugung von den Hochschulen, die am ehesten als anknüpfungsfähig

---

402 Hierbei   wurde   dargelegt,   dass   in   der   Durchführung   gemeinsamer
     Förderwettbewerbe auf Augenhöhe agiert werde und die gegenseitige Annäherung
     der   Verfahren   im   Vordergrund   stehe.   Dabei   sei   das   russische
     Wissenschaftsministerium aber auch bereit, sich an der deutschen Erfahrung zu
     orientieren.   Hinzu   komme,   dass   sich   das   Ministerium   bei   nationalen
     Förderwettbewerben in einzelnen Fällen zunehmend auch internationaler Gutachter
     bediene.

und kompatibel für die eigenen Programme betrachtet werden, zum Tragen. Der Ansatz wird wie folgt beschrieben:

> [I a (1) BO10] "Also unsere Prioritäten versuchen wir damit durchzusetzen, indem wir demonstrativ bestimmte Richtungen, bestimmte Hochschulen, bestimmte Gegenden besonders fördern."

Für die Zusammenarbeit in gemeinsamen Programmstrukturen wird die Kooperation "auf Augenhöhe" von Gesprächspartnern aller Akteurstypen betont. Mit der Zunahme des russischen Selbstbewusstseins und der prinzipiellen finanziellen Leistungsfähigkeit des russischen Staates nimmt auf der deutschen Seite der Anspruch zu, dass die Augenhöhe der Kooperation von der russischen Seite auch in der Finanzierung gewährleistet wird:

> [I a (1) BO10] "Man muss wenn man mit ihnen auf Augenhöhe diskutieren will und Veränderungen schaffen will, sie auch als vollwertigen Partner akzeptieren, dass funktioniert nicht, wenn der DAAD immer alles bezahlt. Wir müssen sie auch zwingen, eigenes Geld zu investieren. [...] ... wir haben bereits im Jahr 2003, ein fifty fifty finanziertes Programm Lomonossov geschaffen, für Naturwissenschaften und Technik. Wir haben 2005 ein Programm Immanuel Kant für Geisteswissenschaften, Sozialwissenschaften, Rechts- und Wirtschaftswissenschaften geschaffen."

Die gemeinsamen Programme entstehen dabei auch durch die Initiative von einzelnen Mitarbeitern. Eine in diesem Zusammenhang geschilderte Situation fand innerhalb eines hochschulpolitischen Treffens in Tatarstan statt, bei dem zuerst US-amerikanische, britische und französische Agenturen ihre Programme vorstellten und zur akademischen Mobilität in ihre Länder einluden. Ein DAAD-Mitarbeiter reagierte hierauf spontan und schlug ein strukturiertes deutsch-russisches Studienprogramm in gemeinsamer Finanzierung vor, wie ein Lektor sich erinnert:

> [I a (2) KA10] "Es gab hier eine sehr berühmte Rede [...] wo auch der damalige Ministerpräsident, der jetzt mittlerweile Präsident ist, wo Herr Minnichanov saß, wo er vorgeschlagen hat, nicht Studenten für zwei Monate zum Sprachen lernen, zu Schnupperkursen zu Universitäten zu schicken, sondern solide zwei-jährige Master-Programme, die damals zum Bologna-Prozess aufkamen, nach Deutschland zu schicken, dann ausgestattet mit dem Diplom eines russischen Spezialisten und nach zwei weiteren Jahren mit einem deutschen Master zurückzukehren, da wurde der auf einmal sehr hellhörig, hat das versöhnlich protegiert und auch entsprechende Anträge und Aufträge unterzeichnet als Ministerpräsident – das war so eine Initialzündung."

Die deutschen Akteure zeigen durch die Fähigkeit, schnell auf Gelegenheiten vor Ort zu reagieren, eine bemerkenswerte Flexibilität, die nur möglich ist, indem die Mitarbeiter über einen großen Gestaltungsspielraum zum eigenverantwortlichen Handeln verfügen. Andererseits funktioniert die Kooperation nur, weil eben auch die russische bzw. in diesem Fall die tatarische Seite den deutschen Partner als Vorbild betrachtet, an dem man sich in der Modernisierung von Wirtschaft und Verwaltung orientierten kann. Der DAAD-Lektor betonte nicht nur die guten Beziehungen Tatarstans mit Organisationen in Deutschland, sondern auch das positive Deutschlandbild im Präsidialamt der Republik. Der Bedarf nach Kooperation und Unterstützung wird auch durch das russische Ministerium an die deutschen Partner herangetragen. Ein wichtiger Aspekt ist die Durchführung gemeinsamer Wettbewerbe, die ein direktes Lernen vom Anderen leicht ermöglichen. Dabei wird, wie im Interview mit dem DLR hervorgehoben wird, von den russischen Partnern das Bedürfnis geäußert, in den gemeinsam mit den deutschen Partnern durchgeführten Verfahren von deren Praxen zu lernen. Gerade die Durchführung gemeinsamer Studienprogramme und die Durchführung von wissenschaftlichen Projekten in der Bio-, Nano- und der Polarforschung werden hervorgehoben. Trotz der positiven Grundstimmung über neue institutionelle Möglichkeiten herrscht allerdings auch noch Skepsis bei den deutschen Wissenschaftsorganisationen vor, denn immer noch ist der russische Staat oder im Ausnahmefall eine Republik wie Tatarstan der zentrale Partner für die deutschen großen Förderorganisationen. Die Russische Stiftung für die Grundlagenforschung (RFFI) ist zwar beteiligt und ebenso können Partner aus anderen europäischen Partnerländern für Kooperationen gewonnen werden, doch eine gemeinsame Ausschreibung oder Koordination fehlt bislang.

7.3.5 Gemeinsame Studiengänge

Die gemeinsame Durchführung von Studiengängen stellt m. E. derzeit eine der wichtigsten Kanäle dar, in denen es zu einer Verbreitung westlicher Lehrinhalte und Formen der Studienorganisation kommen kann. Allerdings gibt es gegenwärtig keinen als "Joint Degree" durchgeführten deutsch-russischen Studiengang in den Sozialwissenschaften, bei dem eine gemeinsame Erarbeitung und Durchführung der Curricula erfolgt. Dafür existieren jedoch einige Programme mit doppelten Abschlüssen. Es lassen sich für die in der jeweiligen Verantwortung der beiden Hochschulen durchgeführten Doppel-Abschlüsse zwei Varianten unterscheiden: Ein Studiengang zielt explizit auf eine Kompatibilität mit den im Rahmen des Bologna-Prozess entwickelten Anforderungen und somit auf ein westliches, in Europa geltendes Modell der Studienorganisation. Die deutschen Akteure bestehen in dieser Art der Kooperation auf Strukturen, die ihnen selbst im Rahmen des BP abverlangt werden. bei denen nach erfolgreichem Studium der M.A. vergeben wird. Die zweite Variante ist die, bei der zwar auf eine Kompatibilität in Form der Vergabe von Punkten des ECTS geachtet wird, aber der Studiengang nicht ein eigenständiger Abschluss sein muss. In beiden Fällen obliegt die Durchführung jeweils der deutschen und der russischen Seite. Beide Varianten können vom DAAD unterstützt werden, da sie zur beabsichtigten Internationalisierung der deutschen Hochschulen beitragen. Dabei sollen die besten Studierenden nach Deutschland kommen, wie der Vertreter der HRK deutlich macht:

> [I b (1) BO11] "dass man in einem gemeinsamen Studiengang versucht, Studierende bereits in deutscher Sprache auszubilden und beispielsweise in den Ingenieurwissenschaften praktische Phasen in deutschen Laboren zur Erstellung von Abschlussarbeiten zu ermöglichen. Die besten Absolventen der Master- und Diplomstudiengänge werden häufig anschließend in z. B. von der DFG geförderte Forschungsprojekte eingebunden, um sich wissenschaftlich weiter zu qualifizieren."

Die Wirtschaftswissenschaften der JLU Gießen nutzten DAAD-Mittel für das Projekt "Modernisierung des Studiengangs Management" und für die Konzeption eines gemeinsamen Studienganges Verwaltungsmanagement, während die Physiker beider Universitäten Forschungsmittel der EU und der DFG einwerben konnten (Justus-Liebig-Universität Gießen/Staatliche Universität Kasan 2009: 6). Der Doppel-Master ist derzeit die häufigste Form von deutsch-russischen Studiengängen. Allerdings bewerten deutsche Akteure diese Doppel-Masterprogramme als ambivalent, da die russische Anforderungen an Bachelor-Absolventen nicht mit den deutschen kompatibel sind, wie ein Hochschulvertreter deutlich macht:

> [II a (1) MO11] "...[ein] gutes Mittel ist, Doppel-Masterprogramme zu entwickeln. Nur ist das Problem, dass wenn man von einem echten Doppel-Master spricht, bei dem deutsche Studierende in Russland in einem russischen Master-Programm oder Doppel-Master studieren, das heißt, dass sie in zwei Hochschulen eingeschrieben sind. Es im Moment keine Möglichkeit, dass sich deutsche Studierende mit einem 3-jährigen Bachelorabschluss in einen russischen Master einschrieben können, weil die Vorgabe dort 240 ECTS sind. Das sind vier Jahre Studium und nicht drei. [...] Daran arbeiten das Ministerien, die Russischen Hochschulen, das Problem wird diskutiert."

Beide Seiten führen den Studiengang entweder komplett in Englisch durch, so im o. g. Studiengang der JLU und der KGU, oder im Studiengang sind Deutsch und Russisch die Arbeitssprachen, wie dies z. B. beim Master für Internationale Beziehungen (MAIB) der MGIMO mit den drei deutschen Universitäten inkl. der FU Berlin der Fall ist. Die Zielgruppe für diese Art des Studiengangs ist jedoch eingeschränkter, da gerade in Deutschland die Zahl der Studierenden mit Russisch-Kenntnissen auf C1-Niveau gering ist. Am MAIB nehmen nicht mehr als ein halbes Dutzend Studierender pro Jahrgang teil. Die Verständigung zu gemeinsamen Studiengängen gehört in zunehmendem

Maße zum Aufgabenprofil von deutschen Hochschulangehörigen, die im russischen Kontext arbeiten. Der folgenden Passage sind exemplarisch die handlungsrelevanten Themen zu entnehmen:

> [II a (1) MO11] "Wie strukturiert man das eigentlich, also wie findet man Partner? Wie designt man solche Programme, was sind so die typischen Fragestellungen, die damit verbunden sind. Also quasi die russischen Hochschulen fit machen für Bologna. Da nehme ich auch teil an. Also da kommen wir dann natürlich als Universität auch wieder ins Spiel. [...] wenn man Doppel-Masterprogramme als Teil einer Strategie zur Profilbildung versteht, muss sich auch einfach überlegen, passt das strategisch zu uns und welche nicht. Da können wir, glaube ich, ein bisschen was beisteuern."

Es zeigt sich hier wieder, dass die Auswahl der Partner nicht willkürlich erfolgt, sondern an die organisationsinterne Strategie gebunden ist. Der BP wird in diesem Zusammenhang als eine Gelegenheit beschrieben, die Kooperationsbedingungen zu verbessern:

> [II a (1) BE10] "Ich denke, dass der Bologna-Prozess bei Doppel-Masterprogrammen sehr hilfreich ist, weil es dabei europäische Richtlinien gibt, also eben keine deutsche und keine russische, sondern eine Ebene darüber und das macht es einfacher. Also ich hab in meiner Arbeit festgestellt, dass es eigentlich seit 2008 ziemlich gut läuft. Wir haben dieses Doppelmasterprogramm, dem liegt sozusagen ein gemeinsames Agreement zu Grunde und wir haben das 2008 noch mal angepasst an die Zustände, wie es tatsächlich läuft und seit dem läuft es eigentlich ziemlich gut."

Gemeinsame Studiengänge ermöglichen auch einen verstärkten fachlichen Austausch, da hierbei häufiger Wissenschaftler an die jeweilig andere Hochschule reisen und sich auch inhaltlich verständigen. Allerdings ist es nicht in jedem angestrebten Fall möglich gewesen einen Studiengang zu entwerfen, der für beide Seiten vertretbar ist. Die Abstimmungsprobleme zwischen der Journalistik der FU Berlin und dem FRDIP über die Durchführung eines Master-Studiengangs ließen sich beispielsweise nicht lösen.[403] Hier scheiterte ein Transfer schon im Ansatz, da sich der potentielle Partner einer Zusammenarbeit verweigerte. Doch auch laufende Kooperationen sind kein Garant für eine erfolgreiche Implementierung eines Studiengangs; so wird der Master zwischen der JLU und der Kasaner Universität zwar von der JLU vorangetrieben, doch das Engagement der Gegenseite bewertet ein Hochschullehrer der JLU

---

403   [III b (2) MO10] "Das was bisher gemacht wurde, war ein Zusatzstudiengang für russische Studenten. [...] Der lief als ein Test und da haben sich zu wenig Leute angemeldet. Es war zu teuer, aber hab ich jetzt von ein von dem FU-Verantwortlichen gehört, dass das die es jetzt wieder eingestellt haben, weil es mit der Lomonossov-Universität gar nicht geht, weil die Lomonossov-Universität sich nicht auf Bachelor und Master umstellt, also die verweigern das."

ambivalent:

> [II b (3) Gl11] "Die sehen nicht so richtig die Entwicklungsaufgabe, die natürlich auch der Wissenschaftler noch hat, ganz abgesehen davon, dass es sehr vielversprechende junge Leute gibt, die im Schatten stehen, die so noch nicht erkannt worden, weil der Dekan immer wieder das nicht zulässt, die aber selbst schon in USA waren oder selbst Veröffentlichungen haben, [...] kommen aber nicht aus dem Dunstkreis dieser Hierarchie heraus, aber es gibt schon gute Leute da."

Die Lösung des Master-Problems wird von der russischen Seite wiederholt verzögert, wie der Professor aus Gießen beklagt:

> [II b (3) Gl11] "Wir können das immer wieder nur sagen, wenn wir dort sind [...], da wird das angesprochen werden, was der DAAD genau erwartet und da müssen wir sehen, ob die Kasaner darauf eingehen oder ob sie sich herausreden, wie das oft so der Fall ist, dass sie sagen, ja wir würden ja gerne, aber das Ministerium macht nicht mit. Und dann ist Schluss, dann kann man in der Uni nicht weiter diskutieren..."

7.3.6 Akademische Begegnungen

Der unmittelbare Kontakt und das Zusammenwirken mit Personen des russischen Hochschulsystems gehören für alle deutschen Akteure zum Aufgabenprofil. Für die Moskauer Außenstelle des DAAD beinhaltet der Kontakt Individualgespräche mit Studierenden sowie mit den Professoren und den Rektoren. Bei den Besuchen vor Ort wird die Möglichkeit gesucht, vor dem Gremium des wissenschaftlichen Rates zu sprechen. Außerdem ist die Präsenz auf Bildungsmessen eine zentrale Aufgabe, auch um hier in der persönlichen Ansprache für Deutschland als Hochschulstandort zu werben. Der DAAD fördert über die akademische Mobilität hinaus auch hochschulpolitische Weiterbildungsveranstaltungen. Hochschuladministratoren, also Mitarbeiter der Verwaltung, der Auslandsämter und der Hochschulgremien, stehen dabei im Fokus.

Der direkte Kontakt ist für die Lektoren an den Hochschulen generell durch die Lehre und die Interaktion mit den Kollegen der jeweiligen Kafedra gegeben. Dies ist ein unvermeidlicher sozialer Ort des Austausches, da für einfache Hochschullehrer und Dozenten keine eigenen Arbeitsräume vorhanden sind. Von der Ebene der Gremien und der Entscheidungsfindung sind die Lektoren des Boschlektorenprogramms in aller Regel weit entfernt. Die Lektoren des DAAD können hier an einigen Standorten zumindest einen Zugang haben.

Von der HRK wird der Kontakt zu der Ebene der Rektoren und ihrer Vertretung gesucht. Deren Vertreter erörtert die Themen mit den russischen Partnern in einem kleinen Kreis, den der GP der HRK als Rahmen für wirkungsvoller hält:

> [I b (1) BO11] "Häufig ist ein kleines, inhaltlich fokussiertes Seminar oder Treffen fruchtbarer, als große Konferenzen. Die Teilnehmer sind an der Erreichung eines gemeinsamen Ziels interessiert und können auch Fragen der Hochschulautonomie in konkreten Handlungsfeldern diskutieren. In solchen Runden wird deutlich, wo russische Hochschulen Reformen und mehr Autonomie benötigen. In einem definierten Kontext können dann leichter auch konkrete Absprachen getroffen werden..."

Hochschullehrer von deutschen Hochschulen, die ihren Schwerpunkt in der fachlichen Arbeit haben, sehen kaum Anknüpfungspunkte, um sich stärker in Fragen der Hochschulentwicklung einzubringen oder zeigen großes Interesse hieran, denn sie und vor allem ihre russischen Partner sind mit dieser Arbeit ausgelastet, wie ein GP deutlich macht:

> [II b (3) LE11] "Wir besprechen unsere fachlichen Dinge, unsere gegenseitigen Wahrnehmungsprozesse, aber wohin die Universität geht, ich glaub darüber haben wir noch nicht gesprochen. Die sind da auch alle sehr beschäftigt in Russland, die sind ja auch wahnsinnig überarbeitet."

Delegationsreisen an die jeweilig andere Partnerhochschule sind ein Charakteristikum der Universitätspartnerschaften. In Rahmen dessen werden die wichtigsten Vereinbarungen besprochen, Veranstaltungen geplant und Verträge unterzeichnet. Diese Treffen sind zentral für die Weiterentwicklung der Partnerschaften. Bei einer entsprechenden Regelmäßigkeit und Tradierung beinhalten sie auch rituelle Formen, so beschreibt ein GP die regelmäßigen Treffen zwischen der JLU und der KGU wie folgt:

> [II b (3) GI10] "...das hatte durchaus auch immer einen zeremoniellen Aspekt, weil dann irgendwann die [...] Universitätspartnerschaft zwischen Gießen und Kasan weiterentwickelt werden konnte, und das war ein ziemlich großes Symposium, und auch da war es eben so, dass die Universität Gießen daran interessiert war, dass möglichst viele Fächer repräsentiert sind und ich auf diese Weise dann immer angesprochen wurde bei solchen Angelegenheiten."

Darüber hinaus werden russische Lehrkräfte auch zu gemeinsamen Veranstaltungen und zur Fortbildung nach Deutschland von ihren Partnern eingeladen:

> [II a (1) BE10] "..wir holen die regelmäßig - wenn wir Joint Seminars durchführen, kommen immer auch russische Kollegen, also für den MAIB, [...] die dann eben die Möglichkeit haben, für zwei Wochen nach Deutschland zu kommen, zu recherchieren, auch mal eine Vorlesung zu machen, aber halt keine Langzeitdozenturen, aber das machen wir umgekehrt auch nicht am MGIMO."

Am ZDES gehört der beständige grenzübergreifende Austausch durch Tagungen und Seminare zum vom DAAD vorgegebenen Aufgabenprofil, wie eine Mitarbeiterin erklärt:

[IV_P2] "Wir haben nur solche Forderungen wie: eine große Konferenz, zwei drei Forschungsworkshops, eine Sommerschule, einen Lehrenden-Workshop [...]. Was für Themen wir da drin machen, was wir dafür machen, das ist alles ganz frei."

Auf Tagungen und Konferenzen und in den gemeinsam durchgeführten Seminaren wird das Wissen an die Studierenden oder an die Hochschullehrer aber auch an Hochschulpolitiker weitergegeben. Hier werden temporäre Räume des Transfers von Ideen und Modellen innerhalb der Hochschulen geschaffen. Allerdings ist damit noch wenig über die Umsetzung oder die Nachhaltigkeit gesagt. Bei einer Unterbrechung der Beziehungen erleichtern die auf diesen Treffen geschlossenen Bekanntschaften und Freundschaften den Neubeginn, denn die "Wiederaufnahme des Kontakts läuft über persönliche Kontakte" [II b (3) GI10].

7.3.7 Faktoren der Diffusion: Zeit und Entfernung

Auf die Arbeit der deutschen Akteure haben auch physikalische Faktoren Einfluss, die schwer zu beeinflussen sind. Zu diesen gehört die Entfernung zwischen den Orten der Kooperation. Gerade die Distanz und die damit verbundenen Reisekosten beschränken die Aktivitäten der Organisationen:

[I b (1) BO11] "..eine Organisation wie die Hochschulrektorenkonferenz kann dauerhaft und flächendeckend intensive Aktivitäten mit einem Land nicht gewährleisten. Dazu fehlen uns sowohl personelle als auch finanzielle Ressourcen. Wenn ich alle zwei Jahre in Russland bin, so wie in der letzten Zeit, fehlt mir ebenfalls auch eine direkte Einsicht in die Entwicklungen, die man aus Besuchen in Hochschulen und Gesprächen mit verschiedenen Hochschulangehörigen gewinnt. Diese Einsicht hatte die HRK durchaus in den 90er Jahren, als uns andere Ressourcen zur Verfügung standen."

Gemeinsam verbrachte Zeit in Projekten trägt zur Vertrauensbildung und zur Kenntnis der örtlichen Gegebenheiten bei. Die fehlende Präsenz bzw. der seltene regelmäßige Kontakt mit den russischen Kollegen kann umgekehrt jedoch die Regionalexpertise verringern. Selbst den koordinierenden Stellen in Deutschland fällt es schwer, die Prozesse im anderen Land ständig im Blick zu haben und zu verfolgen. Ein ehemaliger Mitarbeiter des das Boschlektorenprogramm koordinierenden OEZ beschreibt die Situation so:

[III b (1) ST11ka] "...die Arbeit an den einzelnen Standorten - gut, es war immer die Problematik, dass man unterm Strich immer weit weg war. Wir haben da sehr viel dem Lektor vertraut."

Die Distanzen können heute bekanntlich schnell überwunden werden. Dadurch vereinfachte sich die Tätigkeit der aus Deutschland kommenden Akteure auch in weit entfernten Regionen. Die Verwendung von digitaler Technik ist Teil des Arbeitsalltags geworden, wie ihn ein Lektor beschreibt:

[I a (2) KA10] "Ich bilde mich fast täglich [...] im Internet fort: Gucke, was sagt die Hochschulrektorenkonferenz. Ich lese meist auch am Feierabend Statistiken: Wie wird der Master angenommen, woher kommen die Studierenden."

Die Weiterbildung der Boschlektoren erfolgt über Lernplattformen im Internet. Beim DAAD existiert ebenfalls eine digitale Projektplattform. Diese Art der berufsbegleitenden Fortbildung bzw. der Projektorganisation wäre noch zu Anfang der 2000er Jahre nicht möglich gewesen, da die technische Infrastruktur hierfür kaum vorhanden war. Der Transfer von Ideen an die Wolga und hinter den Ural kann heute dagegen in "Echtzeit" erfolgen. Dem Internet wird von einem DAAD-Mitarbeiter eine Brückenfunktion für die Internationalisierung zugeschrieben, sogar [I a (1) MO10]: "weitaus mehr als die Auslandsaufenthalte, die ja dann nur einen relativ kleinen Prozentsatz betreffen." Die Lehrkräfte an den russischen Gasthochschulen müssen sich dabei auch auf eine rasant gestiegene Digitalisierung des russischen Alltags einstellen:

[III (b) (2) MO10] "Dieser immer stärkere Gebrauch von Medien und insbesondere dem Internet, also viele Lektoren benutzen zum Beispiel hier das russische Facebook "Vkontakte", für ihre Arbeit mit den Studenten. Weil man darüber die Studenten ja ziemlich einfach ansprechen, ziemlich leicht erreichen kann. Das ist für die sozusagen [...] eigentlich eine bessere Kommunikation als über Email, weil die viel öfter in diesen Netzwerken verkehren."

Die akademische Kooperation kann auch deshalb eine Intensität erreichen, weil die Entfernung zwischen beispielsweise Gießen und Kasan heute auf circa vier Flugstunden reduziert wurde. Dagegen dürften zu Zeiten der Gründung der Kasaner Universität 1804 die deutschen Mitglieder des Rektorats und des Lehrkollegiums gut vier Wochen unterwegs gewesen sein. Heute sind dagegen mit Emails und Video-Konferenzen nicht nur leicht Konferenzen zu organisieren, sondern sogar die Entwicklung von Studiengängen möglich. Gemeinsame Workshops, Seminare oder eben Studiengänge sind heute weniger eine logistische Herausforderung als eine finanzielle.[404] Die Beschleunigung durch digitale Medien ist ein wichtiger Faktor in der grenzübergreifenden Zusammenarbeit, die dadurch erheblich erleichtert wird.

Eine andere Zeit-Komponente für die deutsch-russischen Kooperationsbeziehungen ist ein Faktor, den frühere Generationen geschaffen haben. Die Geschichte spielt als Thema und historischer Kontext eine besondere Rolle und

---

404 Die Föderale Universität, die frühere Staatliche Universität Kasan beherbergte zuletzt Ende April eine Russisch-Deutsche Konferenz zu EU-Hochschulprogrammen. Anwesend waren hier neben Vertretern von Hochschulen aus Kasan, Gießen, Samara, Stuttgart, Omsk, Vertreter der Regionalregierung von Tatarstan, des DAADs und diverser Bildungsagenturen der russischen Regierung und des Moskauer EU-TEMPUS-Büros.

ist dadurch implizit auch ein Faktor in den Kooperationsbeziehungen. Ereignisse der Vergangenheit sind nicht zuletzt auch Teil eines kulturellen Gedächtnisses der Organisationen.

Die guten wissenschaftlichen Beziehungen zwischen Deutschland und Russland bis zum 1.Weltkrieg werden häufig in den Interviews mit dem Akteurstyp la und lb angesprochen. Der 2.Weltkrieg wird selten oder nie von den russischen Partnern und Kollegen konfrontativ thematisiert, doch ist er gleichzeitig für Mitarbeiter der deutschen Organisationen trotzdem präsent:

> [I a (1) MO10] "Das Arbeiten ist - von gewissen äußeren Bedingungen: Ferndistanzen und so in Russland [...] sehr viel besser geworden als früher, aber die wechselseitige Wahrnehmung ist eigentlich ungebrochen positiv. [...] Ich habe gewissermaßen, obwohl sicher dieses Land durch den zweiten Weltkrieg zumindest in seinen westlichen Teilen enorme menschliche Probleme und Sachverluste erlitten hat, nicht ein einziges Mal ein Ressentiment gespürt, absolut null."

Das Boschlektorenprogramm hat hier sogar seine Wurzeln, da es laut Stiftungszweck der Völkerverständigung mit den ehemals von Deutschland überfallenen Ländern dienen soll.

Die Dauer der jeweiligen deutsch-russischen Kontakte oder auch frühere zurückliegende Beziehungen werden immer wieder als relevant thematisiert. Gleichzeitig betonen die GP, dass das zwischenmenschliche Vertrauen in anhaltenden persönlichen Bekanntschaften und Freundschaften ein wichtiges Element für die Kooperationsbeziehungen sind. Dieses Vertrauen muss sich durch Präsenz erarbeitet werden, wie ein Mitarbeiter des DAAD betont:

> [I a (1) BO10] "In dieser ganzen Geschichte spielt natürlich das private persönliche Engagement eine Rolle. [...] Wenn sie das nur runterreißen, weil sie dazu verdonnert sind da ein Jahr zu machen, merken die Russen das sofort und sie können sich eigentlich erschießen. Sie können dann nichts bewegen. Je mehr sie das Vertrauen der Leute haben, desto leichter ist es, etwas zu bewegen."

Auch der Vertreter der RBS sieht die über viele Jahre gewachsene Expertise als eine Grundlage für eine Vertrauensbasis zwischen den deutschen und russischen Institutionen und Partnern. Auftretende Probleme können so schnell gelöst werden. Erst mit Hilfe der persönlichen Netzwerke ist es den individuellen Akteuren vor Ort möglich, auf die Struktur des Bildungssystems Einfluss zu nehmen:

> [I a (2) KA10] "Ich hab auch schon dem russischen oder dem tatarischen Bildungsministerium vorgeschlagen auf Bildungsmessen aktiv zu werden, um für Kasan zu werben und für Tatarstan. Das wurde auch angenommen, also die waren auf entsprechenden Messen vertreten und da zeigt sich schon eine erste Wirkung."

Das Erteilen von Ratschlägen an Vertreter von Ministerien in Russland erfordert eine Arbeitsebene, die auf Respekt und vor allem Vertrauen beruht. Der hier zitierte Lektor profitiert von seiner mehr als zehnjährigen Arbeitserfahrung vor Ort.

7.4   Probleme in der Kooperation

Die grenzübergreifende Zusammenarbeit kann auch Probleme aufwerfen, die eventuell eine Kooperation unmöglich werden lassen. Anknüpfend an die soeben als bedeutend herausgestellte zwischenmenschliche Ebene, kann hier festgehalten werden, dass diese auch als ein Faktor benannt wurde, der zu Problemen an vereinzelten Standorten geführt hat. Das trifft in erster Linie auf die Lektorenprogramme des DAAD und der RBS und seltener auf die Kooperation zwischen den Hochschulen zu, doch auch für die FU Berlin wurde dieser Punkt erwähnt.[405] Für den DAAD ist dies die wichtigste Erklärungsvariante für Probleme:

> [I a (1) MO10] "Ja, dass das gelegentlich mal zwischen einer Hochschule und dem Lektor nicht klappt, liegt im menschlichen Bereich und dann haben wir gesagt, muss man sich ja nicht ewig ärgern und dann haben wir das mal pausiert."

Doch neben diesen individuellen Herausforderungen, die sowohl auf der russischen als auch auf der deutschen Seite liegen können, gibt es strukturelle Probleme, die nicht immer von den deutschen Akteuren beeinflusst werden können.

7.4.1 Sprachkenntnisse

In keinem anderen Land wird Deutsch als Fremdsprache so häufig gesprochen und unterrichtet wie in der Russischen Föderation. Deutsch steht jedoch als Fremdsprache auch in Russland unter Druck. In den Hochschulen findet Englisch in der Lehre und als Arbeitssprache während Tagungen und Konferenzen auch in einem rein deutsch-russischen Kontext immer häufiger Verwendung und macht die Kenntnis des Deutschen entbehrlich. Das gilt sowohl für das russische aber erst recht für das deutsche Hochschulsystem, da gerade die Zahl der international ausgerichteten Master-Studiengängen und die der Forschungseinrichtungen in englischer Sprache stetig zunimmt. Hier versucht der DAAD als Mittlerorganisation der deutschen AKP gegen zu halten, wie ein Mitarbeiter erklärt:

---

405   Hier jedoch nicht von GP der FU Berlin, sondern vom GP anderer Organisationen.

[I a (1) BO10] "Wir haben ja eine ganze Menge gemeinsamer Programme [...] inzwischen mit der Russischen Föderation, wo wir natürlich auch interessiert sind,
dass die Leute nicht mit Englisch hier herkommen und in diese Graduate Schools
gehen, sondern auch mal ein Graduiertenkolleg in deutscher Sprache mit besuchen
können, weil natürlich auch über die Sprache viele ganz andere Bindungen für die
Zukunft entstehen. Mit Englisch kann ich dann später auch nach Holland, nach
England gehen oder sonst wohin, aber wenn ich Deutsch kann, dann werde ich
mein ganzes Leben lang so mit einem Auge, mit einem Ohr immer an der deutschen Wissenschaft dranbleiben. Das hilft uns letztendlich in der Durchsetzung
neuer gemeinsamer Programme."

Allerdings erfolgte, wie bereits geschildert, auch in dem vom DAAD geförderten ZDES eine Umstellung in der Arbeitssprache von Deutsch auf Englisch.
Es werden jetzt nicht nur alle Tagungen in Englisch und Russisch organisiert,
sondern auch der Großteil der Lehre findet in Englisch statt, womit dem Fakt
Rechnung getragen wird, dass die neue Generation der Studierenden eher
über sehr gute Englisch-Kenntnisse verfügt, als dass sie des Deutschen
mächtig ist. Die ältere Generation der russischen Hochschullehrer ist dagegen von der Entwicklung benachteiligt:

[IV_P2] "Wir hatten ja die Situation, dass viele Professoren Deutsch konnten und
kein Englisch. Wir haben immer noch solche Professoren an der Fakultät für Soziologie, die da im Programm gar nicht teilnehmen, weil sie nur Deutsch können und
kein Englisch. An der Fakultät für Soziologie wäre es möglich, aber die Entscheidung wurde schon getroffen, das war schon klar: Das geht auf Englisch und als wir
zur Fakultät für Soziologie kamen, ging es wieder nur auf Englisch."

Allerdings wird auch kritisiert, dass Englisch in der Verwaltung oder sogar im
Auslandsamt der SPbGU nicht gesprochen oder angewandt wird. Auf der anderen Seite beherrschen viele deutsche Hochschulangehörige und entsandte
Boschlektoren gerade am Anfang nicht die russische Sprache, was wiederum
deren Möglichkeiten erheblich einschränkt, wie eine ehemalige Boschlektorin
rückblickend einschätzt:

[III b (3) FR10] "Und um da richtig Einfluss zu nehmen oder richtig zu merken wie
das funktioniert, war auch mein Russisch in den ersten Jahren noch zu schlecht..."

Deutsch, früher als Fremdsprache vom Staat gefördert, verliert aufgrund institutioneller Veränderungen im russischen Schul- und Hochschulsystem an
Bedeutung. Als erste Fremdsprache wird in Russland in erster Linie Englisch
gelernt. Die Strategie der deutschen Mittlerorganisationen ist es, Deutsch als
zweite Fremdsprache für alle zu propagieren. Mit diesem Ansatz gehen Kampagnen an Schulen und Hochschulen einher. Das Problem verstärkt sich
noch einmal durch die derzeit rasant sinkende Zahl an Schülern und damit
mittelfristig auch die der Studierenden an den Hochschulen. Die sinkende
Zahl von deutschsprechenden Personen im russischen Hochschulsystem

wird auch von den Vertretern des Boschlektorenprogramms als Problem wahrgenommen:

> [III b (2) MO10] "Also es gibt jetzt überall das Problem, dass die Studentenzahlen zurückgehen, dass weniger Deutsch gelernt wird, dass man Werbung für Deutsch an Schulen machen muss und das sind halt Fragen, die uns als Lektoren eben auch betreffen, als Boschlektoren. Und viele Boschlektoren sind zum Beispiel eingespannt, wenn es irgendwie darum geht neue Studenten anzuwerben. Zum Beispiel entwickelt das Goethe-Institut gerade professionelle Materialien, mit denen man an Schulen gehen kann..."

Von den deutschen Hochschulen wird das Thema nur vereinzelt thematisiert. Kritisch betrachtet der Vertreter der FU Berlin in Moskau die Entwicklung, denn:

> [II a (1) MO11] "Wenn in den Schulen die Deutschlerner wegfallen, gibt es keine Leute, die an die Hochschulen gehen und da die Kurse mit Deutsch als erste Fremdsprache belegen. Was dann noch dazukommt, ist selbst die, die das belegen, sind häufig die, die Deutsch als zweite Fremdsprache haben und in den englischen Teil nicht reingekommen sind, das heißt auch die Qualität in den Programmen, die es noch gibt, nimmt im Prinzip ab. Wir versuchen natürlich zu unterstützen, dass dieser Prozess sich vielleicht ein bisschen verlangsamt oder sogar gestoppt wird, weil wir natürlich viele unserer Programme auf Deutsch haben. Nehmen wir die ganzen Geistes- und Sozialwissenschaften, da ist Deutsch einfach auch als Fachsprache unheimlich wichtig."

7.4.2 Probleme der Organisationskultur

Die Unterschiede in der Organisationskultur zu deutschen Hochschulen sind kaum an der inzwischen perfekten Außendarstellung vieler russischer Hochschulen im Internet erkennbar, sondern machen sich in der Alltagspraxis der Kooperation bemerkbar, so wird von einigen deutschen Akteuren angemerkt, dass eine langfristige Planung mit russischen Partnern schwierig ist. Die Differenzen in der akademischen Organisationskultur werden dabei als problematisch angesehen, da sie im Zweifel für die Arbeit hinderlich sind:

> [II a (1) MO11] "...dass wir einen Vertragsentwurf geschickt haben, wo aber viele Punkte freigelassen wurden, weil man einfach verhandeln muss. Das wollten sie auf einmal in einer Hauruck-Aktion, so wie wir es geschickt hatten, unterschreiben und das macht einfach kein Sinn, weil die wesentlichen Fragen, insbesondere die über finanzielle Gesichtspunkte, überhaupt nicht geregelt waren."

Unterschiede sind nicht a priori negativ bzw. einer anderen Arbeitseinstellung oder sozialen Verhaltensweisen zuzuschreiben, sondern sind Ausdruck anderer, historisch gewachsener Strukturen, die jedoch mit denen der deutschen Organisationen inkompatibel sein können. Für den Vertreter der DFG ist die Einreichung von Anträgen ohne festgeschriebene Abgabetermine wichtig, doch:

[I b (1) MO10] "In Russland arbeitet die Forschungsförderung mit Abgabefristen und deren Ende ist immer der 30. September. Man ist bei der Finanzierung von Projekten immer an Kalenderjahre gebunden. Die DFG kann Anträge jederzeit finanzieren, was den Forschern eine zeitliche Flexibilität bei der Einreichung gibt. Bislang haben wir die RGNF noch nicht von der Aufgabe dieser deadlines überzeugen können, weil der Fonds viel kleiner ist als die DFG und die Strukturen auf eine deadline ausgerichtet sind. Das gilt – wenn auch nicht in gleichem Maße – für RFFI."

Der GP betont weiter, dass hierarchische Auswahlverfahren eine gemeinsame Durchführung von Projekten und damit eine weitere internationale Arbeit der russischen Wissenschaftler bzw. deutsch-russische Kooperationen einschränken:

[II b (1) MO10] "...weil es wenig Ansatzpunkte gibt, wo man tatsächlich im Sinne unserer bottom up Verfahren und im freien Wettbewerb mit transparenten Begutachtungsverfahren usw. Förderungen nach dem Peer-Review System durchsetzen kann."

Die hier angesprochenen Punkte sind immanent für die Auffassung der deutschen Organisationen von Wissenschaft. Von allen deutschen Akteuren wird in den Interviews dagegen die Bedeutung von Hierarchien im russischen Hochschulsystem betont. Dieser Aspekt wird jedoch eher als hinderlich angesehen.

Während die "Willkommenskultur" an einigen Hochschulen wie der KGU/KFU nicht bemängelt, sondern sogar gelobt wird, steht die der SPbGU in der Kritik. Dort werden Studierende und Dozenten aus dem Ausland in einer wenig freundlichen und bürokratischen Art und Weise behandelt. Für die Situation an der Petersburger Hochschule kann folgende Beschreibung exemplarisch stehen:

[I a (2) BE11] "Ich hab noch nie erlebt, dass in St. Petersburg ein deutscher Student kam, der vom International Office eine Broschüre bekommen hat. Das heißt, die schlagen sich dort alleine durch. Gerade vom International Office wird doch erwartet, dass man ausländische Studenten, ich möchte ja gar nicht sagen freundlich, aber dass man sie akzeptiert, dass man sie unterstützt. [...] Das ist gar nicht gegeben. Wenn da halt Chinesen oder Tadschiken ankommen, da wird mit denen umgesprungen in einem Ton, der ist abartig. Wenn ein westlicher Student kommt, dann wird gar nicht versucht, ein Wort in Englisch zu sprechen, weil man das vielleicht a) gar nicht kann oder b) Angst hat, einen Fehler zu machen. Ich denke, der größte Moment ist vielleicht nicht die mangelnde Sprachkenntnis, Fehler sind verzeihbar, aber die Angst des Russen, Fehler zu machen bei der Kommunikation, d. h. sein Gesicht zu verlieren."

Interessant ist hier der Verweis auf die Zweiteilung in der Behandlung internationaler Studierender, wenn vielleicht auch nicht in Englisch, so werden die Studierenden aus dem westlichen Ausland doch zurückhaltend behandelt; die aus einem Schwellenland Stammenden müssen sogar mit einem Kasernenton im Umgang mit dem Internationalen Büro rechnen. Es wundert daher nicht, dass vor Ort an der SPbGU die Internationalisierungsbereitschaft von den deutschen Akteuren i. d. R. kritisch betrachtet wird.

Die akademische Mobilität wird an einigen Hochschulen unterstützt, während an anderen sich russische Hochschulangehörigen für einen Auslandsaufenthalt rechtfertigen müssen.

An den beiden Beispielen KGU/KFU und SPbGU zeigt sich, dass sich positive und negative Erfahrungen an russischen Hochschulen nicht verallgemeinern lassen. Das gilt auch für den Problemkomplex der Korruption. Der wird selten, aber dennoch nennenswert in den Interviews von deutschen Hochschulangehörigen angesprochen. Ein Gießener Professor verweist darauf, dass das in einem gesamtgesellschaftlichen Kontext zu sehen ist:[406]

> [II b (3) GI11] "Und das ist so ein bisschen auch fast, was die Bevölkerung denkt über die Wissenschaft, die ist käuflich. [...] Die Abhängigkeit auch der Wissenschaftler von der Bürokratie, von der Politik, von den Leuten, die an der Spitze sind, ist zu groß..."

Korruption und Nepotismus im russischen Hochschulsystem werden nicht direkt von den DAAD-Verantwortlichen angesprochen. Doch wurde in den Gesprächen deutlich gemacht, dass dieses Problem zur Kenntnis genommen wurde. Allerdings hat der DAAD darauf durch strukturelle Arrangements reagiert und so sitzt:

> [I a (1) BO10] "Kein einheimischer Professor in der Auswahl, nur deutsche Professoren, dadurch ist diese ganze Manipulation [...] weg. Ein stellvertretender Minister hat das mal versucht und da bin ich dann gleich zum Premier gegangen und hab gesagt: Ich möchte mir das verbitten. Da hat er ganz scharf darauf reagiert und diesen stellvertretenden Minister vor allen Leuten zusammengedonnert."

Von den deutschen Organisationen wird die gestiegene Anzahl von Projekten betont, bei denen sich die russische Seite auf Augenhöhe mit einem Anteil bzw. mit einer ähnlich hohen Kofinanzierung beteiligt. Doch russische Partner können aus einer Position der Stärke heraus auch finanzielle Forderungen stellen, die zu Auseinandersetzungen führen und eine bestehende Universitätspartnerschaft belasten:

---

406 Er sieht allerdings auch die Institution Universität in Deutschland durch die jüngsten Plagiatsskandale insbesondere von Politikern gefährdet [II b (3) GI11]: "Naja gut, die Universität sollte natürlich, was die Disziplin angeht, nach der Wahrheit suchen und versuchen unabhängig von partikularen Interessen Glaubwürdigkeit nach Hause zu tragen. Es ist ja leider so, dass nicht mal mehr die Universität in der Bevölkerung eine hohe Glaubwürdigkeit besitzt. [...] Das ist natürlich ein anderer Verlust, der vielleicht auch durch solche Sachen wie dem Gutenberg-Skandal voran getrieben wird, also da müssen wir richtig aufpassen, dass wir diesen Status behalten, um wirklich neutral und unabhängig Rat zu geben."

[II b (1) LE11] "Es ist allgemeine Gepflogenheit, dass innerhalb von Austauschver-
einbarungen keine Studiengebühren erhoben werden. Was natürlich immer zum
Vorteil der Leipziger Studenten ist, weil wir keine haben. Noch nicht. Aber Moskau
besteht auf Studiengebühren auch in Austauschprogrammen. Und damit fällt das
flach. Und beim Wissenschaftler-Austausch ist es so, dass dann gesagt wird: 'Wir
können keinerlei Kosten mehr übernehmen. Ihr könnt gerne kommen, müsst aber
alles finanzieren.' Und so ist der Vertrag nicht abgeschlossen worden."

Die Arbeits- und Organisationsweise unterscheidet sich in den Details teilweise grundlegend, gerade auch bei internationalen Formaten; so wird in Russland zu Konferenzen häufig kurzfristig innerhalb von wenigen Wochen aufge-
rufen bzw. eingeladen; das hat nicht nur den Nachteil, dass eine rechtzeitige
Beantragung von Fördermitteln für die erheblichen Reisekosten kaum möglich ist, sondern mitunter auch die Beantragung eines Visums unmöglich
macht, wie ein Vertreter der FU in Moskau erklärt:

[II a (1) MO11] "Das heißt eine inhaltliche Vorbereitung kann nicht stattfinden, weil
die formale Organisation so spät ist, dass man eigentlich keine Chance hat, darauf
zu reagieren. Das macht übrigens viele Dinge unheimlich schwierig: Wie soll man
innerhalb von drei Tagen einen deutschen Professor nach Russland, der kein Visum
für Russland hat, hierher auf eine Konferenz bringen?"

Die hier beschriebene Ausschreibungspraxis für Konferenzen und Tagungen
ist auch m. E. an russischen Hochschulen vorhanden, doch gerade sich international orientierende Einrichtungen wie die Moskauer HSE organisieren
Konferenzen in einer Form, wie sie auch an Universitäten in Deutschland anzutreffen sind. Das ZDES als deutsch-russische Einrichtung führt in St. Petersburg regelmäßig internationale Konferenzen durch. Die Teilnahmefristen
lassen hier auch im Ausland ausreichend Zeit zur Vorbereitung. Wichtig für
die ausländischen Wissenschaftler ist weiterhin, dass das ZDES als Teil einer
russischen Hochschule Einladungen zur Ausstellung von VISA erstellen kann,
die im Übrigen für deutsche Hochschulangehörige aufgrund der bilateralen
Vereinbarungen kostenfrei sind.

7.4.3 VISA, Registrierung und Behörden

Ein wichtiges Hindernis innerhalb der deutsch-russischen Zusammenarbeit
(nicht nur) im Hochschulsektor ist die Genehmigung der Einreise in das jeweilig andere Land:

[I a (1) BO10] "Ja, es wird ja seit vielen Jahren immer wieder von Visa-Freiheit ge-
redet. Als ich angefangen habe in den 90er Jahren standen teilweise jeden Tag fünf
bis acht Tausend Russen vor der Rechts- und Konsularabteilung der deutschen
Botschaft: Händler, Touristen, ein paar wenige Studenten, ein paar wenige Wissenschaftler."

Auch Vertreter des DAAD kritisieren die Gestaltung der VISA-Politik, die auch mitverantwortlich dafür gemacht wird, dass sich Studierende aus Deutschland nicht für einen Studienaufenthalt in der RF entscheiden, denn:

> [I a (1) MO10] "...die Restriktionen, die mit Visum und Aufenthaltsrecht verbunden sind, sind mittlerweile so antiquiert, dass junge Leute sagen: Na, das muss nicht sein."

Die Probleme werden in erster Linie auf der russischen Seite gesehen. Es gab in den 2000er Jahren diverse Änderungen in den Registrierungsbestimmungen durch die russischen Behörden. Sie haben jedoch i. d. R. wenig zur Vereinfachung des Arbeitsaufenthalts beigetragen, wie von einem Lektor kritisiert wird:

> [I a (2) BE11] "...ich bin ja auch Betroffener des Petersburger Dialoges, da war z.B. die Abschaffung des Visa-Systems ein Ziel in der Zukunft. Wann ist diese Zukunft? [...] Warum bekomme ich kein Jahresvisum? Warum kann ich immer nur mit einem Einfachvisum einreisen und muss sechs Wochen in Russland bleiben, um ein Mehrfachvisum zu bekommen. Das heißt, ich werde in meiner Mobilität als Dozent eingeschränkt. Für einen Zeitraum von sechs Wochen komm ich nicht raus."

Das VISA-Problem ist für beide Seiten in den außenpolitischen Beziehungen ein zu klärendes Problem, denn auch die russische Seite drängt immer wieder auf Erleichterungen in der VISA-Erteilung für ihre Staatsbürger, was jedoch von der Mehrzahl der EU-Staaten bislang abgelehnt wird, so dass die RF nach dem diplomatischen Prinzip der Gegenseitigkeit diese Bestimmungen wiederum nicht lockert. Allerdings profitieren deutsche und russische Lehrende und Wissenschaftler trotz der hier geschilderten Kritik von den bilateralen Sondervereinbarungen. So erhalten sie die VISA unentgeltlich und spätestens innerhalb von 14 Tagen. Da die Hochschulen die Beantragung mit Einladungsschreiben unterstützen, liegt das Verfahren an deren regional verschiedenartig ausgeprägter Handhabung, die insbesondere in St. Petersburg vergleichsweise restriktiv organisiert ist, denn dort gibt es nur:

> [I a (2) BE11] "ein einmaliges Einreisevisum, als Hochschullehrer, das muss dann in Russland mit einem neuen Arbeitsvertrag abgegeben werden. Das heißt ich muss jedes Jahr einen neuen Lebenslauf schreiben, jedes Jahr eine neue Biographie, jedes Jahr eine Liste von Publikationen, handschriftlich mit dem Kugelschreiber. Es ist nicht möglich, das zu kopieren oder maschinell zu erstellen; jedes Jahr zum Röntgentest wegen der Lunge, ob ich Tuberkulose habe oder nicht, jedes Jahr einen AIDS-Test abliefern, damit ich nicht HIV-krank bin, und mit diesem ganzen Unterlagenpaket, auch mit dem Arbeitsvertrag, der wieder neu aufgesetzt wird, obwohl es wieder der identische der letzten drei Jahren ist, wird das zu dieser Migrationsstelle gegeben."

Andere Lektoren sehen im Gegensatz zu den obig geschilderten Problemen bei ihrer Tätigkeit keinerlei Probleme.

Das Verhältnis zwischen dem DAAD und dem russischem Staat wird insgesamt als ein kooperatives beschrieben. Die Hochschule wird dabei auch als ein Teil des Staates betrachtet, denn wie ein DAAD-Mitarbeiter erklärt:

> [I a (1) BB] "Ein Rektor ist in Russland eigentlich auch immer ein politischer Akteur, das heißt ein Rektor einer einigermaßen bedeutenden Hochschule muss gute Kontakte zur lokalen Politik haben..."

Darüber hinaus werden aber auch die Kontakte zu den Ministerien einschließlich der Sicherheitsbehörden von den DAAD-Mitarbeitern in Moskau gepflegt. Diese guten Kontakte helfen in Situationen zum Beispiel wenn:

> [I a (1) BO10] "...irgendwelche örtlichen Organe, die meinen, die müssen von den russischen DAAD-Stipendiaten deren Stipendien versteuern, um deren Datsche zu renovieren. Da wird sich oft massiv eingemischt, aber da gehen wir meistens nicht über die lokalen Organisationen, sondern über Moskau und lassen ein Gespräch mit dem Innenministerium oder mit dem Außenministerium folgen. Die sagen dann ihren Kollegen vor Ort Bescheid: also ihr habt Mist gebaut oder das ist nach russischen Gesetzen nicht so..."

Diese Art der Problemlösung ist wiederum nur durch ein persönliches Netzwerk möglich und gleichzeitig an die als gut geltenden deutsch-russischen Beziehungen gebunden, wobei insbesondere die russische Seite den deutschen Organisationen mit Respekt und Unterstützung begegnet.

Die Kontakte können jedoch auch negativer Natur sein. Lektoren sind so beispielsweise in das Fadenkreuz der lokalen Sicherheitsbehörden geraten, wenn sie in außercurricularen Projekten politische Themen behandelten, wie dies bei Boschlektoren in Kasan und in St. Petersburg der Fall war. Doch nicht nur deutsche Lehrkräfte werden von den russischen Behörden im Zweifelsfall gebeten ihre Projekte an die politische Situation "anzupassen", sondern auch die russischen Kolleginnen werden angesprochen und um Informationen zu den Aktivitäten der deutschen Akteure gebeten, wie folgende Episode zeigt:

> [IV_P1] "Einer von der internationalen Abteilung rief mich an: Ich möchte mal mit Ihnen sprechen. Also können sie da und dann kommen? Ich hatte ja null Ahnung, was da war und plötzlich komme ich dorthin und zwei KGB-Leute sind da, und die sehen aus, wie im Film: grauer Anzug, ein Gesicht, das man nie im Leben wiedererkennt. Sascha und Viktor [lacht] oder so ähnlich und die haben mich ausgefragt. [...] Ich hab ihnen gesagt, das geht Sie nichts an, und die ganzen Informationen können sie offiziell auf der Seite der Bosch Stiftung finden. Fragen hatten die, also sie waren schlecht vorbereitet. Sie haben so Fragen gestellt, die wirklich öffentlich überall stehen. [...] Das habe ich ihnen gesagt. Weißt du was sie geantwortet haben? Wir können kein Deutsch. [...] Ja, was haben sie dann gefragt? Also wissen sie, da haben wir so ein nettes Gespräch geführt, also würden Sie nicht unsere Telefonnummer nehmen, dass sie uns, wenn wir sie brauchen uns Informationen geben. Stell dir das mal vor! Ich habe geantwortet: Ich will nicht, dass die KGB-Leute in meinem Privatleben sind. Ich will nichts damit zu haben und dann bin ich weggegangen."

Die angespannte politische Atmosphäre wird von den Lehrkräften vor Ort wahrgenommen und als ein negativer Einfluss auf das alltägliche Wohlbefinden in Russland beschrieben, auch wenn sie selbst keinerlei Einschränkungen erfahren haben. Insbesondere der rüde Ton von Beamten wird als negative Alltagserfahrung erwähnt. Allerdings sehen die deutschen Akteure auch ihre privilegierte Stellung im Vergleich zu den einheimischen Hochschulangehörigen:

> [III b (3) ST10] "Also es gab ja den Spruch in Belarus: Das Schlimmste, was uns passieren kann, ist, dass man uns rausschmeißt. Aber ist das für einen Lektor, der für eins, zwei Jahre da ist, wirklich eine Bedrohung da raus zu fliegen?"

7.5   Bologna und Internationalisierung an den Gasthochschulen

Bedingt durch den Prozesscharakter können nur Momentaufnahmen in Bezug auf die Wahrnehmung der Organisationsentwicklung skizziert werden. Die Einschätzung der russischen Hochschulen schwankt stark bei den einzelnen Lektoren, den Mitarbeiter/innen der deutschen Organisationen sowie der russischen Hochschulen. Dies reicht von optimistischen Einschätzungen bis hin zu einer pessimistischen Diagnose von einer wiederkehrenden Abschottung "hinter dem Eisernen Vorhang" [IV K2], wie dies ein russischer GP formuliert. Angesprochen auf die Internationalisierung meint ein seit langem in Russland tätiger DAAD-Lektor es gäbe:

> [I a (2) SP11] "...also so gut wie gar keine Internationalisierung. Es ist eher eine De-Internationalisierung. [...] Russische Hochschulen sind sehr begrenzt darauf eingerichtet, auch eingestellt darauf ausländische Wissenschaftler, Studenten aufzunehmen. Das ist unterschiedlich. Es gibt ein paar Universitäten, die da besser darauf vorbereitet sind, weil sie einfach aus der Sowjetzeit noch Kontakte haben..."

Diese im Interview geäußerte Sicht steht im Gegensatz zu der offiziellen Darstellung des DAAD, aber auch zu den optimistischeren Einschätzungen anderer deutscher Akteure vor Ort:

> [I a (2) KA10] "In den letzten zwei Jahren sieht man das in der größer werdenden Offenheit der russischen Administration, des Bildungsministeriums und dem wirklich nachhaltigen Wunsch Leute nach Deutschland zu schicken....."

7.5.1 Entwicklung der Gasthochschulen

Das von den deutschen Organisationen angestrebte selbstverantwortliche und kooperative Verhalten in den gegebenen Strukturen der Gasthochschulen ist in Ausnahmefällen aufgrund der dort herrschenden bürokratischen und akademischen Kultur nicht willkommen, wie ein Boschlektor im Interview berichtet:

[III b (3) BE08] "Ein wesentliches Standbein der Arbeit des Lektors ist durch Eigen-
initiative geprägt, [...] ist an diesem Institut einfach sehr schwer, weil entweder gibt
es keine Unterstützung oder es wird häufig gegenläufig gearbeitet."

Deutsche Akteure haben nur eine reguläre Sanktionsmöglichkeit gegenüber
ihren Partnern, wenn diese sich nicht an geschlossene Verträge halten oder
sich einer Anpassung an internationale Entwicklung gänzlich verschließen.
Doch diese Variante, das Ende der Kooperation, wird relativ selten herbeige-
führt:

[III b (3) PO09] "...also zumindest dieses eine Lektorat in Moskau wurde geschlossen, weil das Interesse zu mager war, zu oberflächlich. Das hat nicht ausgereicht.
Da gab es parallel zur gleichen Zeit wirklich andere Anfragen von Hochschulen in
Provinzen, die deutlich mehr Interesse gezeigt haben. Und aus dem Grund, das
war eigentlich so der Hauptgrund überhaupt für Lektoratsschließungen..."

MGIMO

Im russischen Kontext kann das MGIMO als eine Vorzeige-Einrichtung im
Sinne der Internationalisierung und in der Umsetzung des BP gelten. Der
Hochschule wird von den dort tätigen Deutschen eine starke internationale
Ausrichtung attestiert, wobei der BP hierfür als eine förderliche Grundlage
gilt. Auch schwierige Fälle werden hier im Sinne der deutschen Partner gelöst. Der 3-jährige "deutsche Bachelor" entspricht zwar nicht der 4-jährigen
russischen Variante. Trotzdem ist es möglich, dass B.A.-Absolventen der FU
in die Programme der MGIMO aufgenommen werden, wie eine Mitarbeiterin
zufrieden feststellt:

[II a (1) BE10] "Also unsere mit dem 3-jähren Bachelor kommen in dieses Master-
Programm hinein. Das könnte damit zusammenhängen, dass das MGIMO dem Außenministerium untersteht und da andere Regelungen gelten."

KGU/KFU

An der KGU bzw. der heutigen KFU wird eine Zunahme der akademischen
Mobilität festgestellt. Außerdem wird auf das gemeinsame Programm des
DAAD und der tatarischen Regierung als erfolgreiches Beispiel der Internationalisierung verwiesen, aber ebenso gelten die Mobilität von Doktoranden
innerhalb Russlands sowie Master-Programme mit Hochschulen in anderen
Ländern als positive Indikatoren. Der BP wird als ein eindeutiger Beschleuni-
ger für die internationale Ausrichtung in der Lehre gesehen. Zugleich wird betont, dass in die Kasaner Universität signifikant Geld investiert werde und eine positive Entwicklung der Hochschule sichtbar wäre.
An der KGU sind gegenwärtig 144 Bachelor- und 159 Master- und nur noch 6

Diplomstudiengänge verzeichnet.[407] Von den russischen Hochschullehrern wird der BP an der Universität jedoch ambivalent betrachtet. Selbst diejenigen, die eng mit europäischen und deutschen Partnern kooperieren, treten gleichzeitig für einen "russischen Weg" in der Gestaltung der Studienstruktur ein, wie an folgender Äußerung deutlich wird:

> [IV_K1] "...ich denke, es sollen doch alle Prinzipien des Bologna Prozesses realisiert werden, wenn die Dokumente schon unterschrieben werden, obwohl es hier viele Menschen gibt, die das nicht unterstützen und manchmal mit gutem Recht. Es gab schließlich auch sehr gute Traditionen in der sowjetischen Hochschule. Aber es geht jetzt darum, dass der Bologna Prozess in dem Maße realisiert werden soll, dass diese Traditionen nicht irgendwie zerstört werden. Das eine stört das andere nicht."

SPbGU

Die Entwicklung an der SPbGU wird von den deutschen Akteuren widersprüchlich betrachtet, obwohl die Leitung der Universität russlandweit zu den Protagonisten des BP zählt. Der BP wird dort zwar umgesetzt, doch die Implementierung wird auch von Mitarbeitern und Mitarbeiterinnen, die stark in der grenzübergreifenden Zusammenarbeit mit anderen europäischen Ländern engagiert sind, kritisch gesehen:

> [IV_P1] "Wir haben das nicht. [...] an meiner Uni, spüre ich das nicht. [...] Ich bin auch gegen den Bologna-Prozess, aber ich werde nicht gefragt."

Die Implementierung des BP betrifft bis zum gegenwärtigen Stand nur einen Teil der Fakultäten. Das ZDES ist hier innerhalb der Hochschule ein Vorreiter, aber als organisatorische Einheit mit wenigen Studierenden und Lehrkräfte auch relativ klein. Allerdings hat die Soziologische Fakultät komplett auf die gestuften Studiengänge umgestellt. Die Zusammenarbeit mit den deutschen Organisationen und vor allem mit der UB wird von der Fakultät hervorgehoben und stellt neben staatlichen Vorgaben einen zusätzlichen Anreiz bei der Umstellung dar.[408] Die Reformen in der SPbGU gehen jedoch auch zu Lasten einer sozialen Ebene, so wird festgestellt:

> [I a (2) BE11] "Als dieses Masterprogramm eingeführt wurde, gab es 15 freie Budgetplätze. Das heißt 15 kostenfreie Studienplätze. Seit diesem Jahr haben wir nur noch neun. Das heißt, die Universität oder die Fakultät hat die Zahl der kostenfreien Studienplätze stark gekürzt."

Darüber hinaus wird die akademische Mobilität von Nachwuchswissenschaftlern durch einen paternalistischen Führungsstil eingeschränkt. Ein Auslands-

---

407 Siehe URL (letzter Zugriff 10.2.2013): http://www.kpfu.ru/main_page?p_sub=17781
408 Siehe URL (letzter Zugriff 10.2.2013): http://www.soc.spbu.ru/rus/faculty/internationa
       l/

aufenthalt findet eventuell nicht statt, weil:

> [I a (2) BE11] "... die haben Angst rauszufliegen an der Universität. Erstens müssen
> sie auch Seminare geben für ihre Professoren, Pflichtseminare. Sie haben meist ei-
> ne halbe Stelle und haben natürlich Angst, wenn sie das Semester nach Deutsch-
> land gehen, oder dieses halbe Jahr, dass sie, wenn sie wiederkommen, ihre Stelle
> verlieren. [...] Ich glaube darüber ist sich in Deutschland auch beim DAAD gar kei-
> ner bewusst."

Die Auswirkungen des BP werden allerdings auch an der SPbGU durchaus
positiv wahrgenommen, insbesondere dann, wenn die Hochschullehrer/innen
mit dem westlichen System vertraut sind bzw. mit Partnern dort kooperieren,
wie die Gesprächspartnerin von der das folgende Zitat stammt:

> [IV_P2] "Also mit den Studenten ist der Unterschied, dass die Studenten hier fast
> immer in an der Uni sein sollen, also in den Klassenzimmern und das ist nicht so
> toll. Also selbstständige Arbeit findet ganz wenig statt, obwohl das der Bologna Pro-
> zess ändert, und da gibt es mehr selbständige Arbeit für russische Studenten. Das
> ist schon ein gutes Ergebnis."

Als ein positiver Effekt des BP wird die verpflichtende Einführung des Trai-
nings von Kompetenzen, die die Handhabung von digitalen Medien, aber
auch zeitgemäße Kommunikationsfähigkeiten ermöglichen, wahrgenommen:

> [IV_P2] "Also da sind so die Kommunikationskompetenzen: Präsentation, Lea-
> dership und selbständiges Denken oder kritisches Denken. [...] In unserem M.A.
> Programm haben wir da viel gemacht in diese Richtung."

Der BP gilt auch als eine Möglichkeit, die Strukturreformen am ZDES gegenüber der Fakultät und dem Rektorat zu legitimieren:

> [IV_P2] "Insgesamt würde ich sagen, der Bologna Prozess ist wirklich gut für das
> ZDES. Man sagt immer: Unser Programm ist wirklich Bologna-konform. Wir haben
> jetzt keine großen Probleme, aber wenn wir sie hätten, dann würden wir immer sa-
> gen: Das ist gemäß Bologna und das ist gut so!"

MGU

Im Vergleich zur MGIMO gilt die MGU als eine Hochschule, bei der die Zusammenarbeit im Rahmen des BP und die Einführung von Bachelor und
Master nicht für möglich gehalten wird. Als eine Belastung wird innerhalb der
Kooperationsbeziehungen eine mangelnde Bereitschaft zur Veränderung
empfunden. Selbst wenn diese zum Zweck der Außendarstellung bekundet
wird und deutsche Akteure in den in Deutschland gelegenen Koordinierungs-
stellen damit zufrieden sind, kommen die deutschen Lehrkräfte am FRDIP zu
ganz anderen, negativen Eindrücken: [III b (3) BE08] "Also die Substanz dieses Studiums ist mehr als fraglich." Der Wille den Prozess an den Lehrstühlen gestalten zu wollen, trifft hier auf erheblichen Widerstand:

[III b (3) BE08] "Der einzige Berührungspunkt, den ich mit dem Bologna-Prozess in Moskau gehabt habe, war in meinem Profil Bildungsmanagement. Aus vertraglichen Verpflichtungen war es nötig, dass ich ein Projekt Bildungsmanagement mitmachte. Die Lehrstuhlleiterin hat versucht, dies zu boykottieren und da bin ich hartnäckig geblieben. Dann haben wir uns im Endeffekt darauf geeinigt, dass ich den Leistungsnachweisschein, den es bis dahin gab, umgestalte zu einem ECTS-Schein. Das heißt, da steht dann nicht mehr darauf: hat teilgenommen oder hat eine Arbeit geleistet, sondern da stand dann drauf, hat vier oder sechs Punkte erreicht. Der ist aber auch nie benutzt wurden, das war aber mein Bildungsmanagement-Projekt. Also, ein Witz."

Die Haltung des FRDIP und auch der MGU zu Veränderungen ihrer Strukturen ist ablehnend. Eine nachvollziehbare Vereinfachung von Studienabläufen und der hierfür notwendigen Bürokratie wurde ebenso wie Reformen im Curriculum, so ein GP im Rückblick, gerade so ausgeführt, dass der westliche Partner sich nicht für die konkrete Umsetzung interessierte. Die Schilderung der Umsetzung erinnert an die von John W. Meyer beschriebenen Entkoppelungsprozesse. Nach außen hin wurde eine gegenüber den Partnern funktionierende Fassade errichtet, die eigentliche Struktur blieb aber unverändert:

[III b (3) BE08] "...es ist kein Curriculum, keine Studienordnung geschrieben worden. Es ist von deutscher Seite ein Studienordnungsvorschlag nach Moskau geschickt worden, der ist unverändert eins zu eins so übernommen worden. Ich möchte fast behaupten, ungelesen."

In den Gesprächen wurde von den interviewten Personen darauf verwiesen, dass die schwierige Situation am Institut als ein Einzelfall zu betrachten wäre, der wiederum abhängig von der Situation der Hochschule und der Institutsleitung abhängig ist. Zumindest für diesen Problemfall gilt, dass solange man aus der Kooperation mit den Deutschen profitieren kann, Konflikte nicht offen von der russischen Seite ausgetragen werden. Die deutsche Seite hält wiederum aus strategischen Gründen an der Kooperation fest.

Andere russische Partner

Die Kontakte mit den großen russischen Wissenschaftsorganisationen als auch zum Wissenschaftsministerium werden als konstruktiv beschrieben. Die Förderpraxis der westlichen Organisationen wird, so ein DAAD-Mitarbeiter, sowohl von den staatlichen Stellen akzeptiert, als auch auf einer individuellen Ebene übernommen:

[I a (1) BO11] "Das hat sich dann durch die kontinuierliche Arbeit auch gewandelt und die Leute haben dann zunehmend fachlich begründen können und begründet [...], aber man merkt einfach an der Qualität, dass die Qualität der Förderanträge inhaltlich massiv gestiegen ist, dass sie auch wissen, was internationale Anforderungen sind, sowohl die Studierenden als auch die Wissenschaftler. Sie wissen zunehmend, wie man eine vernünftige Bewerbung bei einer internationalen Förderorganisation stellt, und wie man sich darauf vorbereitet."

Allerdings beklagt die DFG, die immer noch schwache finanzielle Ausstattung der Partner, vor allem der Stiftungen für die Grundlagenforschung durch den russischen Staat. Insbesondere die Zusammenarbeit mit der RGNF als russische Förderorganisation für die Geistes- und Sozialwissenschaften wird dadurch eingeschränkt, da diese kaum Mittel zur Verfügung gestellt bekommt.

In Bezug auf den Bologna-Prozess ist der Vertreter der HRK rückblickend über die Entwicklung seines russischen Hauptansprechpartners, die Russische Rektoren-Union wenig erfreut: [I b (1) BO11] "Der Partner in Russland ist nicht so einer, den wir uns gewünscht hätten." Die Kritik macht sich vor allem an der mangelnden Bereitschaft zur Kooperation und der geringen Unterstützung des BP fest. Außerdem wäre das Wissen über die Umsetzung gerade in den Regionen kaum vorhanden, so der GP. Dort würde an den Hochschulen auf die Anweisung des Moskauer Ministeriums gewartet und das umgesetzt, was dort als Muster empfangen wird.

[I b (1) BO11] "Seit dem Beitritt Russlands [...] ist meiner Ansicht nach wenig für die Umsetzung der Bologna-Ziele passiert, und der russische Rektorenverband unterstützt die damit verbundene Errichtung des Europäischen Hochschulraumes bestenfalls deklaratorisch. Ich bin sehr sehr skeptisch, dass sich dies absehbar ändert. Gerade in den Kernbereichen der Studienstrukturreform und der Qualitätssicherung ist alles unter staatlicher Kontrolle geblieben. Die staatliche Regelungsdichte nimmt insgesamt spürbar zu. Klar, die Strukturen sind transparenter geworden. Es gibt mehr Websites und mehr Informationen auf den Websites. Aber gut, das hätte es vielleicht auch so [ohne Bologna-Prozess] gegeben."

Die Kritik der staatlichen Strukturen ist einerseits dem Verdacht geschuldet, dass russische Staatsstrukturen nicht effizient arbeiten, aber auch der deutschen Auffassung, wonach zum Beispiel der erwähnte Bereich der Qualitätssicherung und Akkreditierung privaten Akteuren zu überantworten ist.

7.5.2 Internationalisierung und Einfluss der deutschen Akteure

Die deutschen Akteure sind insgesamt eher zurückhaltend in der Bewertung ihres direkten Einflusses auf die institutionellen Veränderungen im russischen Hochschulsystem und die Einbindung der Partner in den Europäischen Hochschulraum. Dabei wird allerdings auch betont, dass dies nicht ihre explizite Aufgabe sei, sondern: [I a (2) SP11] "eher so ein Nebenprodukt ist". DAAD-Mitarbeiter setzen dabei auf die langfristige Beeinflussung und Europäisierung durch die Förderung von Aufenthalten in der Bundesrepublik. Gleichzeitig sehen sie auch eine starke Orientierung auf die Programme, die in Kooperation mit dem russischen Partner durchgeführt werden. Der DAAD betont nicht nur die guten Beziehungen zu den staatlichen Stellen in Russland, sondern die Entscheidungsträger bringen ihm auch eine hohe Wertschätzung entgegen, wie in den Interviews betont wird.

In der Propagierung des Europäischen Forschungsraums, der durch die Wissenschaftler wiederum auch mit einem Europäischen Hochschulraum verbunden ist, betrachtet sich die DFG sogar als erfolgreich, der Büroleiter sieht darin:

> [I a (1) MO10] "...eben auch eine dieser Aufgaben des Moskauer Büros, dass wir schon an der Schaffung eines europäischen Forschungsraums mit der Integration Russlands beteiligt sind. Also unsere Kooperationen sind häufig ja der Auslöser für weitere Projekte, die dann mit einem Partner aus den EU-Mitgliedsstaaten, oder zwei weiteren, dann Früchte tragen. Die Russen selber haben ein extrem wachsendes Interesse. Es ist so, dass wir immer wieder hören, dass die EU Programme sehr attraktiv sind."

Die GP der Hochschulen sehen ihre Möglichkeiten und die Auswirkungen ihres Handelns in länger bestehenden Partnerschaften stärker gegeben. In den Sozialwissenschaften wird dagegen ein konkreter Einfluss der deutschen Akteure verneint. Dort sehen sich die Vertreter aber als Teil eines gesamtwestlichen Einflusses. Der wäre auch sichtbar und führe zu langsamen Veränderungen. Der deutsche Einfluss spiele dabei eine weniger exponierte Rolle, wie eine GP meint:

> [II a (1) BE10] "...würde ich jetzt nicht sagen, dass das so wahnsinnig einflussreich ist. Ich denke jetzt auch gar nicht, dass die uns so sehr als Deutschland wahrnehmen, sondern eher als Europa. Und mein Eindruck ist, dass in Bezug auf die Politikwissenschaften sich in den letzten drei Jahren richtig viel getan hat. Ich sehe das, wenn ich ein russisches politikwissenschaftliches Buch aufschlage, dass es inzwischen erheblich beeinflusst ist von der westlichen Politikwissenschaft. Ganz besonders deutlich wird das im Bereich Internationale Beziehungen. Da sind die Einflüsse klar. Immer mehr russische wissenschaftliche Mitarbeiter, Dozenten, Professoren verkehren auch viel im westlichen Ausland und lassen sich schon sehr intensiv inspirieren. Aber ich würde nicht sagen, dass der Einfluss unbedingt konkret aus Deutschland kommt, sondern eher aus dem Westen oder aus Europa..."

Der Einfluss aus Westeuropa und den USA bei der Generation, der seit den 1990er Jahre sozialisierten Sozialwissenschaftler/innen ist nicht zu unterschätzen, wie auch eine russische GP deutlich macht:

318   RENÉ LENZ

[IV_P2] "...das Einzige was sie kennen, ist die westliche Wissenschaft, amerikanische Wissenschaft und europäische Wissenschaft zum Teil, aber vor allem amerikanische Soziologie, Politikwissenschaft."

Eine Internationalisierung wird durch die Präsenz als Lehrkraft und das Umsetzen von Projekten auf einer individuellen Ebene erreicht. Neben dem Unterrichten wird gerade die Relevanz der zwischenmenschlichen Komponente
für das Entstehen grenzübergreifender Netzwerke von Boschlektoren und
den russischen Kollegen betont. So stellt ein ehemaliger Lektor rückblickend
fest:

[III b (3) BE08] "...dass das Engagement von deutschen Lektoren an Lehrstühlen
ganz wesentlich zu dem beiträgt, was die Robert Bosch Stiftung Völkerverständigung nennt, nämlich dass die Leute mit Ausländern Kontakt haben, ein freund-
schaftliches Verhältnis, ein kollegiales Verhältnis zu Lehrern, Lehrerinnen aus
Deutschland haben und dadurch einfach sehr praxisnah erlebt wird, was es heißt
mit Leuten aus anderen Kulturen zusammenzuarbeiten..."

Dies wird auch von einer früheren Tandemlektorin bestätigt. Ihr grenzübergreifendes Aktionsfeld ist mittlerweile weniger auf Deutschland oder die RBS
bezogen, sondern auf die direkten westlichen Nachbarländer Russlands. Mit
Kollegen an Hochschulen in Polen und in der Ukraine steht sie in einem beständigen fachlichen Austausch. Die Erfahrungen des Lektorenprogramms
bewertet sie eindeutig positiv:

[IV_P1] "Ja, da habe ich viel gelernt, muss ich sagen. Was das konkret war, ist jetzt
schwer zu sagen, aber das hat mir persönlich vieles gebracht im Sinne der Interkul-
turalität, also nicht nur deutsch, deutsch-russisch, sondern auch mit anderen Völ-
kern. [...] Ich habe sehr viel mit Leuten aus unterschiedlichen Ländern Kontakt gehabt und hab einfach sehr viele Menschen kennengelernt, wenn ich das [Tandem-
lektorat] nicht gehabt hätte, wäre ich nie dazu gekommen."

7.6   Rolle individueller Akteure in transnationalen Prozessen

Die deutschen Organisationen arbeiten in dem nationalen Kontext des russischen Hochschulsystems. Gleichzeitig ist die jeweilige Kooperation als soziale Praxis an das Engagement einzelner "individueller Agenten" vor Ort geknüpft. Dabei greifen die spezifischen lokalen Bedingungen, die sowohl von
hierarchischen und autoritären Strukturen als auch von Desinteresse oder
von Offenheit und Professionalisierung der Hochschulverwaltung geprägt
sein können. Bei den hier untersuchten Akteuren fiel trotz der geringen Anzahl der Hochschulen eine erstaunliche Vielfalt an Projekten und Kooperationsbeziehungen auf, die aufgrund individueller Initiative gestartet wurden.
Diese Projekte und Kooperationen geben wiederum den Organisationen erst
ihre Innovationskraft.

Für alle drei untersuchten Akteurstypen – Hochschule, Stiftung und Wissenschaftsorganisation – gilt, dass der Einsatz von Personal vor Ort ein zentraler Aspekt des Handelns ist. Das Ausmaß dessen ist jedoch ressourcenabhängig. Zu den grundlegenden Instrumenten und Arbeitsmaßnahmen gehören gemeinsame Seminare, Tagungen und Konferenzen, aber auch Werbemaßnahmen für die Organisationen und ihre Programme sowie die Hochschulen der Bundesrepublik. Stiftungen und Wissenschaftsorganisationen arbeiten darüber hinaus mit dem Instrument der persönlichen Förderung durch Stipendien. Diese können je nach Programmstruktur sowohl an deutsche und russische oder ausschließlich an jeweils eine dieser Personengruppen vergeben werden.

Die Mitarbeiter der verschiedenen Akteure unterschieden sich hinsichtlich Rekrutierung, des Arbeitsortes in Russland und der Art des Beschäftigungsverhältnisses und damit in der Beziehung zu den sie entsendenden Organisationen.

Lektoren sowohl im Programm des DAAD als auch im Boschlektorenprogramm bewerben sich explizit für ihre Tätigkeit im Ausland. Gleiches gilt für die Mitarbeiter der akademischen Organisationen und deren Engagement im Ausland. Mitarbeiter/innen sowie Professor/innen der diversen deutschen Hochschulen bleiben räumlich ihrem nationalstaatlich gefassten Hochschulsystem und vor allem ihrer Hochschule verpflichtet. Alle individuellen Akteure aus Deutschland verfügen über eine materielle Sicherheit, die für die meisten ihrer russischen Kollegen in der Form bis heute kaum gegeben ist.[409]

Innerhalb der Organisationen sind die für sie arbeitenden Personen für die Umsetzung und das Erreichen der Ziele verantwortlich. Das gilt auch für die hier untersuchten Akteure und deren Mitarbeiter bzw. für die auf der Basis von Stipendien arbeitenden Lektoren. Die Tätigkeit ist eigenverantwortlich zu gestalten. Sie haben bei der Gestaltung der Lehre und dem Engagement in den Projekten einen relativ großen Handlungsspielraum und Entscheidungsfreiheit, die bewusst von den Organisationen eingeräumt worden ist, denn nur so ist die Arbeit an den Gasthochschulen ohne beständige Rücksprache möglich:

---

409 Eine Ausnahme stellen sicherlich Mitarbeiter/innen in privilegierten Posten auf der Ebene der höheren Verwaltung dar, insbesondere dann, wenn diese Stellen mit internationalen Kooperationen und/oder der Verteilung von Finanzmitteln verbunden sind. Allerdings verbessert sich die Lage seit wenigen Jahren für alle Mitarbeiter an russischen Hochschulen deutlich.

[III b (3) ST10] "Also die Beziehungen waren ja immer, fanden nur über das Verbindungsglied Lektoren statt, weil direkte Beziehungen zwischen dem OEZ und den Hochschulen gab es nur sehr limitiert. Das ist natürlich jetzt auch durch die Reform stärker geworden, weil die Anzahl der Treffen zugenommen hat, weil man vor einigen Jahren auch angefangen hat Hochschulvertreter zu Seminaren einzuladen. [...] Auch der Austausch dann über Anträge und wie man das machen kann, aber letztlich, wenn man ehrlich ist, besteht die Hauptbeziehung über das Element Lektor und dieser Lektor wechselt spätestens alle zwei Jahre und deswegen kann man da eigentlich nicht von einer Entwicklung sprechen. Also innerhalb dieses Jahres gibt es bestimmt für jeden Lektor eine Entwicklung, aber natürlich nicht über lange Zeit."

Die Lektoren des DAAD und des Boschlektorenprogramms erhalten alle einen regulären russischen Arbeitsvertrag an den Gasthochschulen, sind aber gleichzeitig nicht in die dortigen Hierarchien eingebunden. Sie haben damit eine hybride Stellung zwischen ihren deutschen Organisationen und den russischen Hochschulen inne, die ihnen i. d. R. einen Gestaltungsspielraum gewährt, der dem von Professor/innen ähnelt. Allerdings können diese ihre Aktivitäten langfristig über mehrere Jahre planen. Die Lektoren des DAAD sind i. d. R. maximal fünf Jahre vor Ort. Die zuständigen DAAD-Mitarbeiter sind dauerhaft in der auf die Region GUS bzw. Russland zielenden Abteilung tätig. Dies stärkt die Expertise und das Vertrauensverhältnis zu den russischen Stellen und Partnern; dort meint ein langjähriger Mitarbeiter:

[I a (1) BO10] "Ich kann heute von hier aus, von diesem Schreibtisch, im Prinzip fast jeden Rektor einer russischen Hochschule anrufen. Der weiß, wer ich bin und der weiß, wenn ich ihn anrufe, dass ich etwas Wichtiges will, und dass er mir helfen kann. Das sind alles Sachen, die auf der privat-persönlichen Schiene laufen, die in vielen Ländern eine Rolle spielen, aber in Russland eben extrem."

Die Lektoren der RBS verlassen jedoch schon nach zwei Jahren ihren Arbeitskontext. Der Arbeitskontext benötigt also Personen, die sich schnell in den zum Teil ungewohnten Arbeits- und Lebensbedingungen orientieren und dann agieren können. Dies ist insbesondere bei Projekten notwendig, die über eine reine Lehrtätigkeit hinausgehen. Zu den notwendigen Fähigkeiten gehört eine soziale Kompetenz, die den Aufbau von persönlichen Netzwerken ermöglicht.

Von allen Beschäftigungsprofilen sind die Boschlektoren als Berufseinsteiger in der schwächsten Position.[410] Dafür verfügen sie aber aufgrund ihres Alters

---

410   Die Boschlektoren haben sicherlich auch die prekärste finanzielle Lage unter den nach Russland gehenden Deutschen, denn das Stipendium betrug im Jahr 2003/04 exakt 820 Euro monatlich. Plus einen Arbeitslohn der russischen Hochschule, der selten eine Grenze von 100 Euro überstieg. Materielle Gründe können also hier nur eine untergeordnete Rolle bei der Entscheidung für die Arbeit im Ausland spielen, siehe URL (letzter Zugriff: 12.2.2013): http://dl.dgo.dgo-online.org/rundbrief/dl/rb-

über einen einfachen Zugang zur Zielgruppe der Studierenden. Eine struktur-
gebende Macht der Organisation, in dem Fall des OEZ und der RBS in Stuttgart, ist ohne Zweifel vorhanden und gibt den Stipendiaten auch ein Arbeits-
und Aufgabenprofil mit. Doch das Lektorenprogramm lebt von den freiwillig
initiierten Projekten.[411]

Für die zentrale Stellung der Professoren in den Kooperationsbeziehungen
finden sich zahlreiche Hinweise. Sie haben aufgrund ihrer unabhängigen Position oft Projekte entwickelt, die zwar offiziell im Rahmen der Zusammenarbeit der beteiligten Organisationen und Hochschulen stattfinden, doch ihre
Expertise ist i. d. R. so stark, dass der Weggang von solch wichtigen individuellen Agenten zu einem Abbruch der Kooperationen führen kann. Dies
zeigt sich bei der sozialwissenschaftlichen Zusammenarbeit zwischen der
JLU und der KGU für beide Seiten. Generell kann also für die Kooperationen
festgestellt werden:

> [II b (1) LE12] "Das hängt auch wieder ganz stark von Persönlichkeiten ab. Wenn z.
> B. ein Professor hier war und hat irgendein Projekt aufgebaut und geht dann woan-
> ders hin, geht in der Regel das Projekt mit oder es wird hier nicht weiter geführt. Es
> ist immer schwieriger, Projekte, die etabliert waren, dann weiterzugeben. Was man
> nicht machen kann, dass man dann von administrativer Seite versucht, eine Part-
> nerschaft wiederzubeleben. Das kann man versuchen, bringt aber nichts, wenn die
> Fakultäten nicht mitspielen."

Alle Projekte werden von den individuellen Akteuren der Organisationen teilweise freiwillig oder sogar ganz in ihrer eigentlichen Freizeit durchgeführt.
Einzelne besonders engagierte Hochschulangehörige werden für die Entwicklung der Universitätspartnerschaften als entscheidend angesehen. Diese benötigen einen Unterbau in der Form von vertraglich vereinbarten Kooperationen zwischen den Fakultäten der Hochschulen, bei dessen Zustandekommen
die individuellen Akteure ebenfalls eine Bedeutung haben:

> [II a (1) MO11] "... strategische Partnerschaften beginnen mit konkreten Personen,
> man kann sagen: wir sind strategische Partner, aber tatsächlich passiert nix. Das
> bringt ja nix, sondern das muss sozusagen wachsen, da muss man sozusagen die
> einzelnen Professoren ermuntern und denen aufzeigen und gucken, ob sich daraus
> etwas ergibt. Das ist gar nicht so einfach."

200204.pdf

411 Allerdings können Lektoren, gerade weil sie Stipendiaten sind, nicht uneingeschränkt
handeln. Teilweise fallen die Entscheidungen über die Schließung von Lektoraten
trotz gegenteiliger Empfehlungen, wie eine Regionalkoordinatorin des
Boschlektorenprogramms deutlich macht: [III b (2) MO10] "Also ich hab eigentlich da
so gut wie kein Mitspracherecht. Zum Beispiel im letzten Jahr, also vom letzten zu
diesem Jahr, wurde ein Standort geschlossen. Der Standort in Jekatarinburg. Und
das kam für alle überraschend..."

Die Expertise und das Netzwerk trägt auch das ZDES in St. Petersburg, welches gerade von dem Engagement einzelner Professoren und Mitarbeiter lebt:

[I a (2) BE11] "Aber das sind halt auch alles Freundschaften oder vielleicht persönliche Netzwerke, die sich über Jahre stabilisiert haben, wovon das abhängig gemacht wird. Ich weiß jetzt nicht, wenn z.b. unsere stellvertretende Leiterin des Zentrums weggeht, aufhört, sich eine andere Stelle sucht, wie das dann praktisch weitergeführt werden sollte. Weil dieser individuelle Moment dann wegfällt, wegplatzt..."

Das hier beschrieben Szenario beschränkt sich nicht nur auf die Hochschulen, sondern auch auf die wissenschaftlichen Organisationen, so stellt ein Mitarbeiter dort fest:

[I b (1) MO10] "Mit den Personen gehen auch die Kontakte verloren und umso wichtiger ist es aber hier vor Ort zu sein, um den Kontakt zu halten bzw. wieder gleich neu aufbauen zu können. Also wir haben eine hohe Personalfluktuation auch in Russland in den Bereichen."

Individuen sind die eigentlichen Träger von Kooperationen im Hochschulwesen. Die grenzübergreifend arbeitenden Organisationen schaffen die notwendige Basis für die Kooperationen und damit für Diffusionsprozesse. Sie treten in der Absicherung der Kontakte in Form von Verträgen als eigenständige Akteure auf. Die alltägliche Praxis können nur die Hochschulmitglieder gewährleisten; die autonome Stellung der Professoren als Hochschullehrer verschafft diesen nahezu eine vollständige unabhängige Position innerhalb ihrer Hochschulen. Die zentrale Stellung der Hochschullehrer wird noch dadurch gestärkt, dass die Kooperation mit russischen Hochschulen ein spezielles Interesse und entsprechende Expertise verlangt.

Organisationen gewinnen durch handlungsfähige Individuen, die als Akteure Träger von Ideen sind und sie umsetzen. Die individuellen Akteure sind dafür verantwortlich in welcher Form die Modelle transferiert werden, wie Konzepte und handlungsleitende Modelle in der Praxis Anwendung finden. Individuelle Akteure können als Träger von Erfahrungen und den diversen Wissensformen diese Kenntnisse an andere Personen in ihrer Umgebung weitergeben, welche wiederum die Informationen aufnehmen und schon bei diesem Schritt eventuell umdeuten können.

8 Kooperation, Internationalisierung und Transfer

Die vorausgegangene Analyse des Engagements deutscher Organisationen im russischen Bildungssystem hat gezeigt, dass sie mit jeweils eigenen Interessen und strategischen Ansätzen tätig sind. Sie unterstützen dabei einen Prozess, der die akademische Gemeinschaft in Russland mit denen der Staaten in den OECD-Staaten stärker verbindet. Damit wachsen zugleich Netzwerke zwischen Hochschulen und wissenschaftlichen Organisationen sowie Individuen.

8.1 Zusammenfassung

Der theoretische Ausgangspunkt der vorliegenden Arbeit wurde im Kapitel 2 anhand des Forschungsstandes zu Organisationen und Institutionen und insbesondere der Arbeiten von Vertretern des soziologischen Institutionalismus diskutiert. Der hierzu gehörende World Polity Ansatz stellt die weltweite Ausbreitung von Normen, Verfahren und Modellen fest. Dies gilt auch für die Hochschulen. Für sie wie auch andere akademische Organisationen wurde überprüft, wie ihre grenzübergreifende Zusammenarbeit begrifflich gefasst werden kann. An der Herausbildung eines transnationalen europäischen Hochschulraumes ist eine Vielzahl von Akteuren beteiligt. Hierzu zählen auch die von mir beispielhaft untersuchten deutschen Organisationstypen, die Hochschulen, die akademischen Organisationen und Agenturen als auch die Stiftungen. Mit den Begriffen transnationale Politik bzw. transnationale Gesellschaft lassen sich Aspekte einer grenzüberschreitenden Praxis von Institutionen und Organisationen beschreiben. Die transnationale Verflechtung hat seit 1989 stark zugenommen. Dafür sorgten nicht zuletzt die technischen Möglichkeiten, insbesondere die neuen digitalen Kommunikationsmittel und die beinahe für alle mögliche Mobilität.
Im dritten Kapitel galt der Fokus der Entwicklung der Hochschulen in der Bundesrepublik, denn das primäre, sie prägende organisationale Feld ihrer Tätigkeit ist, mit Ausnahme der RBS, das bundesdeutsche Hochschulsystem. Es konnte in der Analyse ein Wandel hin zu einem Organisationsmodell herausgearbeitet werden, das auch weiterhin von einer Autonomie der Organisation geprägt ist; vor allem bezogen auf interne Entscheidungsprozesse und in auf Forschung und Lehre. Die staatliche Aufsicht durch die entsprechenden

Ministerien der Bundesländer und deren Finanzierung bleibt bestehen. Gleichzeitig wurden aber verstärkt Instrumente des New Public Management eingeführt. Außerdem wurden in der Wissenschaft fremde Wettbewerbselemente und Zielvorstellungen eingeführt. Die Autonomie der staatlich geförderten akademischen Organisationen in der Forschungs- und in der Mobilitätsförderung bleibt jedoch weiter bestehen.

Daran anschließend wurde die Entwicklung eines "westlichen" Modells der Universität skizziert. Dies hat seine Wurzeln in verschiedenen Systemen, wobei gegenwärtig das US-amerikanische als die wichtigste Quelle für Handlungs- und Organisationsmuster gelten kann. Es ist zugleich das global dominierende Hochschulmodell und prägt die Entwicklung in Europa und in Russland. Der für die grenzübergreifende Aktivitäten genutzte Begriff der Internationalisierung wurde in Bezug auf das bundesdeutsche Hochschulsystem analysiert, wobei deutlich wurde, dass in Deutschland die Internationalisierung der Hochschulen vom Staat gefördert wird, um den Hochschulstandort Bundesrepublik besser zu positionieren und zu profilieren. Die grenzübergreifende Kooperation mit Partnern gehört dabei inzwischen zum Arbeitsalltag an den Hochschulen in Deutschland. Dies impliziert, dass Wege und Formen der Kooperation nicht nur in gemeinsamen Forschungs- sondern auch in Lehrprojekten gefunden werden müssen.

Eine globale Perspektive ergibt sich auch durch die Beobachtung der "Internationalisierung" der deutschen Hochschulen, als auch die in anderen Ländern. Die Anzahl der ausländischen Studierenden und Wissenschaftler/innen gilt dabei als ein Gradmesser für die internationale Attraktivität der Hochschulen in Deutschland. Die Hochschulpolitik drängt auf eine stärkere Ausrichtung auf einen vermeintlichen internationalen Wettbewerb um Studierende und Wissenschaftler. Dies konnte an den allmählich gewachsenen strategischen Ansätzen und dem Maßnahmenpaket zur Internationalisierung in Deutschland gezeigt werden. Zugleich wurde anhand der Analyse der statistischen Daten ein deutlicher Anstieg der akademischen Mobilität deutlich. Dabei gehören die Studierenden und die Wissenschaftler aus der Russischen Föderation zu einer der größten und wichtigsten Gruppe an den deutschen Hochschulen. Währenddessen wählen deutsche Hochschulangehörige, trotz aller Förderprogramme, relativ selten den Weg nach Russland.

Als eine weitere Maßnahme im Hinblick auf einen vermeintlichen globalen Wettbewerb kann aber auch die Etablierung eines Systems von besonders geförderten Universitäten gezählt werden. Der bundesdeutsche Staat unterstützt dabei ausgewählte Hochschulen, um sie in einer Art Leuchtturmprinzip

INTERNATIONALISIERUNG, KOOPERATION UND TRANSFER   325

unter den anderen staatlichen Hochschulen herauszuheben und gewährt zusätzliche Mittel für internationale Aktivitäten, die ihnen zusätzliche Werbemaßnahmen im Ausland ermöglichen. Dies zielt auf eine bessere Wertung in
den zu Vergleichszwecken im Internationalisierungsdiskurs genutzten Ranglisten. Dabei orientiert sich das deutsche System an einem bisher fremden
Element: Hochschulsysteme mit wenigen international renommierten forschungsstarken Universitäten wie beispielsweise den privaten Ivy League
Universitäten in den USA oder dem britischen Phänomen "Oxbridge" gelten
als das nachzuahmende Vorbild. Langfristig könnte das auch in Deutschland
zu einem ähnlichen Modell führen; dem eines untergliederten Hochschulsystems, an dessen Spitze einige Dutzend im akademischen Feld besonders
anerkannte und geförderte Universitäten stehen.
Der Bologna-Prozess bestimmt als ein bildungspolitischer Rahmen in Europa
die Zusammenarbeit in der Lehre in und zwischen den Hochschulen. Dieser
Prozess zur institutionellen Angleichung der Studienstrukturen wird in
Deutschland sehr kritisch betrachtet, allerdings ohne dort direkte Auswirkungen auf die Entwicklung zu haben.
Im Kapitel 4 konnte der Wandel des russischen Hochschulsystems in den
vergangenen zwei Dekaden gezeigt werden. Die "Entsowjetisierung" bestimmte die Reformen nach 1991. Gleichzeitig kämpften die Hochschulen
lange um ihr Überleben. Westliche Organisationen unterstützten in der Kri-
senära der 1990er Jahre an einigen wichtigen Standorten den Erhalt von Forschung und Lehre sowie die organisatorische Entwicklung. Mit dem Beitritt
der Russischen Föderation zum Bologna-Prozess wandte sich vor allem das
russische Ministerium für Bildung und Wissenschaft der Entwicklung im Europäischen Hochschulraum und dem westeuropäischen System der Studienorganisation zu. Dagegen wurde dieser Schritt von wichtigen Vertretern russischer Hochschulen mit Skepsis angenommen. Die Anpassung an westliche
Studienstrukturen wurde nach 2007 mit dem Zwang des Gesetzgebers sukzessive durchgesetzt. Die staatlich verordneten Strukturen des Hochschulsystems geben ein regelkonformes Befolgen der neuen Regeln und Normen
sowie eine Integration in das Projekt des Europäischen Hochschulraums vor.
Die Entwicklung des russischen Hochschul- und Wissenschaftssystems lässt
ohne Zweifel isomorphe Prozesse erkennen, wobei es sich internationalen
Mustern formal angleicht. Dabei erfolgt nicht in jedem Fall eine exakte Übernahme westlicher Modelle, denn "vor und hinter den Kulissen" bestehen tra-
dierte Verhältnisse weiter. Die weitere Entwicklung und die Analyse der realen
Veränderungen an russischen Hochschulen sollte daher eine Aufgabe für zu-

künftige Forschungsarbeiten sein.

Im Kapitel 5 wurde der Blick auf die deutsch-russischen Beziehungen gelenkt. Hier konnte die besondere Bedeutung der Außenpolitik für die Mittlerorganisationen und damit auch für die internationale Kooperationsarbeit der deutschen Hochschulen gezeigt werden. Die deutschen Akteure profitieren bei ihrem Engagement in Lehre und Forschung von den bilateralen deutschrussischen Beziehungen auf der Regierungsebene.

Die deutschen Organisationen wurden als Akteure im russischen Kontext mit ihren jeweiligen Ressourcen und Projekten im Kapitel 6 vorgestellt. Anhand dessen war eine Typisierung in verschiedene Akteurstypen möglich. Dabei zeigte sich hier der Stellenwert der AKP nicht nur für den Organisationstyp Ia, eine an der AKP ausgerichtete akademische Organisation, sondern auch für den Typ IIa und IIb, also die deutschen Hochschulen. Die Internationalisierungsprojekte der deutschen Akteure werden maßgeblich vom Auswärtigen Amt und dem BMBF finanziell unterstützt. Dies gilt auch für die hier untersuchten Beispiele, die an den Standorten Kasan, Moskau und St. Petersburg aktiv sind oder waren. Die Rahmenbedingungen unterscheiden sich aufgrund der lokalen Gegebenheiten.

Im Kapitel 7 erfolgte eine Analyse der Umsetzung der Organisationsziele in der RF auf der Basis der ausgewerteten Interviews. Es konnte gezeigt werden, dass eine Diffusion von Modellen und Verfahren durch die Tätigkeit der externen Akteure beabsichtigt ist und erfolgt. Zugleich konnten die dabei zur Geltung kommenden Wege und Kanäle der Diffusion herausgearbeitet werden. Der vorsichtige und sanfte Transfer der deutschen Organisationen setzt dabei auf die Vorbildwirkung der eigenen Verfahren und Strukturen, an denen sich die russischen Partner orientieren sollen. In der deutsch-russischen Zusammenarbeit wird von den deutschen Akteuren erwartet, dass die russischen Partner auf die Entwicklungen im Europäischen Hochschulraum angemessen reagieren. Dies kommt vor allem in gemeinsamen Projekten zum Tragen. Insbesondere Anträge zur Finanzierung und die Aushandlung von Verträgen sind für die Kooperationsbeziehungen Mechanismen zur Verbreitung der Modelle und Praxen der deutschen Akteure.

Der BP hat aufgrund der Gestaltung von gemeinsamen deutsch-russischen Studiengängen eine zentrale Bedeutung. Formen des wissenschaftlichen Austauschs wie Tagungen und Seminare unterstützen den Transfer. Ein wichtiger "individueller" Punkt in der Diffusion westlicher Handlungsmuster ist das Entsenden von deutschen Lehrkräften und deren Tätigkeit an russischen Hochschulen, da sie auf die Prozesse vor Ort Einfluss nehmen können.

8.2   Deutsche Organisationen als Transferträger

Eine Grundlage der Tätigkeit deutschenr Akteure im russischen Hochschulsystem sind einheitliche bzw. im Prinzip ähnliche Auffassungen von Wissenschaft und Hochschule. Die Autonomie von Forschung und Lehre ist für alle
Beteiligten der verschiedenen Organisationen in der Kooperation mit russischen Partnern unbestritten.

8.2.1 Vergleich der Akteurstypen

Die Beantwortung der Frage, warum sich die deutschen Organisationen im
russischen Hochschulsystem und für die Zusammenarbeit mit den russischen
Partnern engagieren, ist komplexer. Hier lassen sich drei Gruppen von Zielen
unterscheiden:

Wissenschaftsinterne und ideelle Gründe sind eine zentrale Basis des
Engagements: Sie bestimmen die Kooperation in der Forschung und Lehre.
Das fachliche Interesse in der Zusammenarbeit gilt ebenso wie die Mobilität
von Wissenschaftlern und Studierenden als ein immanenter Teil der Wissenschaft. Außerdem greifen bei der Entwicklung auch historische Gründe bei
den bestehenden Partnerschaften. Dabei erscheint der jeweilige bisherige
Partner als ein naheliegender "strategischer" Partner in der Internationalisierung.

Organisationsziele legen das Handeln der Akteure fest: Die grenzübergreifende Zusammenarbeit ist hier Ziel und Zweck der Organisation. Dies trifft
in besonderem Maße für Typ I, also akademische Organisationen – vor allem
die der AKP verpflichtet sind – sowie Typ IIIb, also die Stiftungen mit dem Ziel
der Völkerverständigung zu.

"Internationalisierung" ist ein politisch unterstütztes bzw. vorgegebenes
Ziel: Es dient den Akteuren zur Profilierung, aber auch als ein legitimer Grund
der Aktivitäten, da damit zusätzliche Mittel für diesen vom Staat protegierten
Auftrag eingeworben werden können. Dem Akteurstyp II dienen der Diskurs
und die vom Staat bereitgestellten Gelder als "Mittel zur Ressourcenerweiterung" [II b (3) BI10] für die eigene Organisation. Eine hohe Zahl von ausländischen Wissenschaftlern und Studierenden steigert die Reputation und unterstützt die Profilierung als internationalisierte Hochschule.

Theoretischer Ausgangspunkt der Arbeit ist, dass deutsche Organisationen
zur Diffusion von westlichen Modellen im russischen Hochschulsystem beitragen. Dies konnte verifiziert werden. Für die soziale Praxis des Transfers
von Praxen und Modellen sind die Parameter Raum, Zeit und Institutionen
samt ihrer handlungsbegrenzenden und handlungsermöglichenden Optionen

entscheidend. Die Organisation ist wiederum der Rahmen, in dem Gelegenheiten geschaffen werden, die Kooperationszusammenhänge ermöglichen. Die Dynamik dieser dabei entstehenden Prozesse unterstützt nicht nur die Arbeit der jeweiligen Organisation, sondern schafft Querverbindungen zwischen den Organisationen. Diese "Links" sind Kommunikationsnetzwerke zwischen den Akteuren in beiden Ländern. Über diese Netzwerke erfolgt ein Austausch von Ideen und Modellen; schließlich werden hier auch die Regeln der Zusammenarbeit vereinbart.

Die hier untersuchten Akteure sind Träger von Ideen und Modellen im akademischen Feld. Sie sind zugleich aber auch Mittler zwischen den beiden Gesellschaften in Europa. Das ist wenig verwunderlich, wo doch einige Organisationen des Typs Ia zu den Mittlerorganisationen der Auswärtigen Kulturpolitik gehören. Die Mitarbeiter und Lektoren aller hier untersuchten Akteurstypen sind über ihre Repräsentationsaufgaben und die Lehrtätigkeit hinaus auch als Transferagenten vor Ort aktiv. Sie knüpfen die Netzwerke und setzen die thematischen Schwerpunkte. Dabei verfügen sie alle über genügend Gestaltungsfreiraum, der ihnen von ihren Organisationen gewährleistet wird. Begrenzt wird dieser lediglich durch die Möglichkeiten im spezifisch russischen Kontext. Der Bologna-Prozess und der Diskurs zur Internationalisierung bieten einen Rahmen, in dem in den Kooperationsbeziehungen mit den russischen Partnern Reformen thematisiert werden können. Dies erfolgt jedoch nicht in allen Fällen in den institutionellen Strukturen. Alle im Rahmen des Forschungsprojektes untersuchten deutschen Organisationen sind um ein vernetztes Agieren bemüht. Dies ist der offizielle Ansatz der AKP; und damit von besonderer Relevanz für den Typ Ia. Der Ansatz findet sich auch in der Vorgehensweise der hier untersuchten Stiftung, die für den Typ IIIb steht. Ungeachtet der seit jeher stattfindenden wissenschaftlichen Zusammenarbeit, reagieren die Hochschulen mit ihren verstärkten grenzübergreifenden Kooperationen mit anderen Hochschulen sowohl auf die von außen geforderte Internationalisierung als auch auf die tatsächlich zusätzlich bereitgestellten Fördermittel sowie die günstigere technische Infrastruktur für eine Mobilität. Das nationale Hochschulsystem stellt das entscheidende Anreizsystem dar, zumindest lässt sich dies für die deutschen Hochschulen zeigen.

Die offizielle AKP hat einen minimalen diskursiven Einfluss auf die anderen im Feld aktiven Organisationen. Die anderen Akteure, insbesondere die Boschlektoren, können aber durchaus im Sinne der AKP als Kulturmittler in Orten werbend tätig sein, wo keine DAAD-Lektorate existieren bzw. sie erfüllen als Mittler eine ähnliche Funktion wie ihre DAAD-Kollegen. Interessanterweise wird der AKP bei der konkreten Arbeit vor Ort keine große Bedeutung beigemessen. Das gilt auch für die individuellen Akteure an ihren Hochschulen und in den lokalen Kontexten. Die Rolle der bundesdeutschen Botschaft wird in einer vermittelnden Position zwischen den Mittlern und in Ausnahmefällen den russischen Behörden gesehen. Die Internationalisierung und die Entwicklung des BP ist ein bei allen Akteuren anzutreffendes Thema.

Die Mittlerorganisationen der AKP und auch die Stiftungen arbeiten mit langfristig angelegten strategischen Zielen. Sie wollen ein positives Deutschlandbild im Zielland fördern als auch durch ihre individuelle Mobilitätsförderung den Zugang zu zukünftigen Entscheidungsträgern im In- und Ausland erhalten. In den Publikationen und vor allem im Jahresbericht des DAAD und in den Interviews mit seinen Vertretern spielt die Analyse der gesellschaftlichen Entwicklungen und der Modernisierung eine größere Rolle als dies bei den Hochschulen oder dem Boschlektorenprogramm der Fall ist. Als weitere Zielformulierungen werden von den Vertreter/innen des Boschlektorenprogramms aber auch die Darstellung eines weltoffenen Klimas und die Vermittlung von demokratischen Ideen genannt. Die Förderung der individuellen Bildungskarriere ist hierfür ein ideales Instrument.

Deutsche und von deutschen Organisationen geförderte russische Lehrkräfte, die an russischen Bildungseinrichtungen tätig sind und dort ein positives Deutschlandbild vermitteln, können als wichtige Multiplikatoren gelten. Zahlenmäßig stärker ist die individuelle Förderung der russischen Mobilität gen Deutschland durch den DAAD.

In den für das Forschungsprojekt geführten Interviews wird die Rolle von individuellen Akteuren für die verschiedenen Formen der Kooperation deutlich. Ein besonderes Engagement wird dabei in erster Linie bei den deutschen Wissenschaftlern gesehen. Deutsche individuelle Akteure helfen ihren russischen Partnern häufig bei der Kontaktanbahnung. Sie können vor Ort beraten und erste kommunikative Klippen umschiffen helfen sowie bei der Formulierung von Förderanträgen zur Seite stehen.

Typ Ia und Ib: Akademische Organisationen

Für den Akteurstyp Ia, und damit für den DAAD, sind die Kontakte zu den Behörden hervorhebenswert. Sie werden angestrebt, denn vor allem durch gute Kontakte zum Bildungsministerium oder auch zu starken regionalen Entscheidungsträgern lassen sich gemeinsame Projekte in der Russischen Föderation leichter und gegebenenfalls erfolgreich durchführen. Die bestehenden Kontakte helfen zugleich lokal auftretende Probleme zu lösen.

Seitens des DAAD werden die von ihm geförderten deutsch-russischen Studien- und Stipendiatenprogramme als erfolgreich bewertet. Sie tragen direkt zur positiven Außendarstellung bei. Sie sind außerdem eine weitere Basis für die deutsch-russische Zusammenarbeit als auch für die Internationalisierung der deutschen Hochschulen, womit zugleich zwei wichtige Punkte für die Legitimation der Organisation DAAD genannt sind.

Erkennbar ist eine Entwicklung in den deutschen Organisationen und hier für den Typ Ia, die als eine Abkehr von der reinen Spracharbeit hin zu einer stärkeren Betonung der Werbetätigkeit für Deutschland als Hochschulstandort zu charakterisieren ist. Die Verbreitung von Informationen zu Austauschprogrammen und die Übernahme einer Funktion als primärer Ansprechpartner für die Kontakte mit den deutschen Hochschulen sind hierbei zentrale Aspekte der Tätigkeit. Von allen Akteuren, aber insbesondere von Typ Ia und Ib, wird das gestiegene russische Selbstbewusstsein wahrgenommen. Im selben Maße legen aber die deutschen akademischen Organisationen verstärkt Wert auf eine Gegenfinanzierung der Projekte durch die russischen Partner. Hervorzuheben ist, dass die DFG und der DAAD mit mindestens einem Büro vor Ort präsent sind, während die sporadischen Aktivitäten der HRK von Bonn koordiniert werden müssen.

Typ IIa und IIb: Hochschulen

Jede Hochschulpartnerschaft erfordert von beteiligten Seiten zusätzliche personelle und finanzielle Ressourcen. Die zur Verfügung stehenden finanziellen Ressourcen stellen den Hauptunterschied zwischen den Typ IIa und IIb dar. Durch die besondere Förderung ist einigen deutschen Hochschulen, dem Typ IIa, ein verstärktes grenzübergreifendes Engagement inklusive der Eröffnung eines Büros in Russland möglich. Die Internationalisierung der deutschen Hochschule ist ein wichtiges strategisches Ziel in der Zusammenarbeit der Akteure des Typs II für die Kooperation mit den russischen Partnern. Die Mittel müssen auf wenige Partnereinrichtungen konzentriert werden, zu denen besondere Beziehungen gepflegt werden.

Neben der DFG ist der DAAD für die deutschen Hochschulen die zentrale Finanzierungsquelle bei Auslandsaktivitäten. Mit seiner institutionellen Programmsparte "Ostpartnerschaften" wird das Engagement in den MOE-Staaten gefördert. Bei gemeinsamen, mindestens trilateral angelegten Projekten können auch EU-Programme hierfür genutzt werden. Hinzu kommen individuelle Forschungsaktivitäten, die wiederum von den großen Wissenschaftsorganisationen, also vor allem von der DFG gefördert werden können. Die Kooperation von Hochschulen lebt von einem wechselseitigen Verhältnis,

d. h. beide Seiten müssen ein ausgeprägtes Interesse aneinander haben und dies auch pflegen. Sie müssen Ressourcen in personeller und materieller Form gemeinsam zur Verfügung stellen. Ohne das freiwillige Engagement der Forschenden und Lehrenden – ihre Arbeits- und Lebenszeit – droht ein Abbruch oder ein "Einschlafen" der Kontakte. Die kontinuierliche Weiterentwicklung guter Kontakte ist für die Kooperation von zentraler Bedeutung. Sie kann dazu führen, dass die Zusammenarbeit als etwas Selbstverständliches gilt. Allerdings kann es auch dann zu Brüchen kommen, die sich einerseits mit organisatorischen Gründen auf der deutsche Seite begründen lassen, aber auch mit einer Passivität der russischen Hochschule bzw. ihrer Mitarbeiter/innen. Die sozialwissenschaftliche Zusammenarbeit ist eng gekoppelt an bestimmte Personen. Der Weggang dieser kann auch bei weiterhin bestehenden Partnerschaftsvereinbarungen zum zumindest zeitweisen Abbruch der Kooperation in einzelnen Fachbereichen führen. Ein Grund hierfür ist sicherlich, dass durch den Weggang individueller Akteure mit ihren Forschungsinteressen und/oder ihren Sprachkenntnissen nicht mehr für ein weiteres gemeinsames Projekt vorhanden waren. Eine reine Marketing-Präsenz reicht für eine Zusammenarbeit von Hochschulen nicht aus. Hier liegt auf jeden Fall ein Unterschied zum DAAD aber auch zu den Stiftungen vor. Der fachlichen und wissenschaftlichen Arbeit kommt hier i.d.R. die oberste Priorität zu.

Typ III: Stiftungen

Private Stiftungen sind keine wissenschaftlichen Organisationen. Sie können aber Prozesse und Personen bei ihrer akademischen Arbeit und ihrem Werdegang unterstützen. Die wissenschaftliche Arbeit ist dann ein Aspekt ihrer Tätigkeit. Die hier untersuchte Robert Bosch Stiftung ist als fördernde Organisation im sozial- und geisteswissenschaftlichen Fachgebiet aktiv. Der Fokus galt hier ausschließlich dem Boschlektorenprogramm, wobei Hochschulabsolvent/innen aus Deutschland die primäre Zielgruppe darstellen. Doch die Stipendiat/innen des Boschlektorenprogramms unterstützen durch ihre Lehr- und Projektpraxis auch Kooperationen zwischen deutschen und russischen Hochschulen. Der Export von deutschen Methoden und fachlichen Ansätzen ist dabei ein implizites Ziel des Boschlektorenprogramms.

Zivilgesellschaftliches Engagement ist kein expliziter Teil des organisatorischen Handelns der deutschen Organisationen im russischen Hochschulsystem. Gleichzeitig nutzen aber individuelle Agenten ihre Möglichkeiten vor Ort, um in Kontakt mit Organisationen zu kommen oder um Projekte zu fördern, die durchaus als politische Aktivität interpretiert werden können. Dies gilt insbesondere für das Lektorenprogramm der RBS. Die Förderung zivilgesellschaftlicher Strukturen ist kein primäres Ziel des Stiftungsprogramms, wohl aber ein indirektes, wenn auch in der Regel unausgesprochenes Ziel. Die Boschlektoren entwickeln durch ihr persönliches Engagement temporäre Schwerpunkte in der Projektarbeit. In diesem Kontext hervorhebenswert ist, dass die Stiftung neben dem Lektorenprogramm außerdem eine Reihe von zivilgesellschaftlichen Organisationen in der Bundesrepublik und in den MOE-Staaten bis hin zu den zentralasiatischen Ländern wie Usbekistan fördert.

8.2.2 Vergleich der Transfertätigkeit

Das Bedingungsgefüge für eine Diffusion westlicher Modelle ist dann ideal, wenn die Themen der externen Akteure vor Ort auf das Interesse der Partner stößt. Konkret heißt das zum Beispiel, dass gemeinsame Projekte die Chance haben, zu Selbstläufern zu werden, wenn die Internationalisierungsbestrebungen der Deutschen auf ähnliche Interessen ihrer russischen Kollegen stoßen bzw. diese einen entsprechenden Bedarf deutlich machen können. Umgekehrt bedeutet es, dass wenn Motivation und Interesse fehlen, das Engagement rasch im Sande verläuft bzw. es oft nur ein ausschließliches Interesse an den Ressourcen der deutschen Organisationen geben kann.

Reformen im Hochschulsystem

Deutsche Organisationen tragen zur Diffusion von Ideen und Modellen bei, die sie aus ihrem eigenen Handlungskontext kennen. Sie unterstützen Prozesse, die bereits im Gastland begonnen haben. Sie wirken dabei als Verstärker von isomorphen Prozessen. Die deutschen Organisationen im russischen Hochschulsystem sind vielleicht nicht ursächlich für eine Diffusion von globalen Modellen verantwortlich oder immer von Beginn an daran beteiligt, aber sie haben durch ihre beständige Präsenz in Russland eine Position erlangt, die ihnen ihre Tätigkeit dort und die Verbreitung ihrer Ideen und Handlungsmodelle später erheblich erleichtert. Der BP wird als Thema aufgegriffen, da er in der Mehrheit der Fälle die Arbeit in der Russischen Föderation beeinflusst. Der DAAD hat dabei durch seine diversen Förderprogramme auf allen Ebenen eine Schlüsselrolle inne. Er verfügt über ein im ganzen Land aktives Netz von lokal und regional tätigen Lektoren. Für die lokale Ebene sind zugleich Hochschul- und Institutspartnerschaften mit ausländischen Partnern von ebenso großer Bedeutung. Hier spielen deutsche Hochschulen eine wichtige Rolle, wobei sie häufig mit Geldern des DAAD unterstützt werden. Hinzu kommt die Präsenz zivilgesellschaftlicher Akteure, die in der

Mehrzahl Stiftungen bzw. von ihr geförderte Lektor/innen sind. Der BP wird von den deutschen Akteuren auf der individuellen Ebene eher ambivalent betrachtet. Zugleich gelten die Reformen als unausweichlich. Kritik hieran gibt es aber von Seiten der Organisationen nicht. Der DAAD betrachtet sich selbst als ein Motor des BP. Für das Boschlektorenprogramm sind hierbei Fragen des Bildungsmanagements und der Organisationsentwicklung Anknüpfungspunkte, da die entsprechenden Weiterbildungsprofile und Projekte an den Gasthochschulen für die berufliche Entwicklung von Stipendiaten als relevant betrachtet werden. Über diesen Weg können auch Hochschulreformen in einem lokal begrenzten Kontext gefördert werden.

Die Implementierung von den neuen Studiengangsstrukturen Bachelor und Master erfordert bei der gemeinsamen Durchführung durch deutsche und russische Partner die Anwendung der im BP formulierten Kriterien und Erwartungen. Hierzu ist aber auch die Kompromissbereitschaft von beiden Seiten notwendig. Gleichzeitig setzen die deutschen Organisationen bei der Auswahl der Partner in der RF auf die Bereitschaft, die Praxis und die Verfahrensprozesse denen in Deutschland anzupassen oder sich zumindest an diesen zu orientieren.

Im Rahmen meines Forschungsvorhabens zeigte sich aber auch, dass die deutschen Organisationen nicht unbedingt am Beginn einer Diffusionskette von globalen Modellen wie etwa dem Bologna-Prozess stehen, dieser aber zugleich die Tätigkeit zum Teil stark beeinflusst. Der BP ist ein Thema, das je nach Organisationsziel für die Arbeit bestimmend ist. Die Konkurrenzfähigkeit der Partner wird vor allem von den Akteurstypen Ia und IIa diskutiert.

Ein signifikanter Einfluss des NPM konnte entgegen der Erwartung für keinen der Akteurstypen bzw. ihre Kooperationen mit russischen Partnern festgestellt werden. Allerdings treten alle deutschen Organisationen für die Autonomie der Wissenschaft ein, insbesondere die Akteurstypen Ia und Ib und II betonen dies. In der Gestaltung der Lehre und vor allem in der Projektarbeit kommt beim Akteurstyp IIIb deutlich ein zivilgesellschaftliches Element und Engagement zum Tragen. Dies findet sich aber auch bei den Akteurstypen IIa und IIb.

Kooperation, akademischer Austausch und Transfer

Der Austausch zwischen deutschen und russischen Wissenschaftlern findet in allen Disziplinen und Fachrichtungen statt. Es kann hier zwischen der Dauer und vor allem der Intensität der Kooperationen zwischen den deutschen Hochschulen unterschieden werden: Eine über Jahrzehnte anhaltende Zusammenarbeit unterstützt die disziplinäre Breite der Kooperation durch die Schaffung von erprobten Strukturen sowie durch ein hohes Vertrauen zwischen den jeweiligen Partnern. Gemeinsame Studien- oder Forschungsprogramme sind ein deutliches Zeichen für eine funktionierende Kooperation. Ein beliebtes Mittel sind Doppelmasterprogramme, wie sie zwischen Kasan und Gießen existieren. Der Hauptfinanzgeber ist hier der DAAD.

Der Grad des Einflusses variiert von Disziplin zu Disziplin. Ein rein deutscher Einfluss wird von den Gesprächspartner/innen nicht gesehen. Gerade in den Sozialwissenschaften und vor allem in der Politikwissenschaft wird die US-amerikanische Disziplin als dominant wahrgenommen. Dagegen werden in der Soziologie die durchaus eigenen deutschen Ansätze rezipiert.

Die Internationalisierung der Hochschulen wird von allen hier untersuchten Organisationen thematisiert. Dies gilt vor allem seit dem Beginn der zweiten Hälfte der ersten 2000er Dekade. Die Zusammenarbeit von deutschen und russischen Hochschulen ist ein von beiden Seiten beabsichtigtes Ziel, um die jeweilige Position im nationalen wie auch weltweiten Wettbewerb um "Sichtbarkeit" zu verbessern. Die Kooperation stellt sich hierbei als eine Situation zum beiderseitigen Gewinn dar. Eine Hochschule mit ausgeprägten internationalen Kontakten profitiert durch ihre dabei gewonnene Sichtbarkeit als auch durch die i. d. R. hierfür gewährte finanzielle Förderung. Größere und seit langem in Forschung und Lehre stark verankerte Hochschulen haben hierfür eine privilegierte Stellung inne. Sie verfügen oft schon über diverse etablierte Kontakte, die sie in der gegenwärtig zu beobachtenden Internationalisierungswelle ausbauen können.

Das akademische Leben findet nicht nur in abstrakter wissenschaftlicher Kommunikation, sondern auch als soziale Praxis in den Räumen der Universitäten und in außeruniversitäten Forschungseinrichtungen statt. Hier werden Erlebnisse und Erkenntnisse weitergegeben und tradiert. Veranstaltungen wie Konferenzen oder Tagungen gehören zum akademischen Repertoire in Russland wie in Deutschland. Die Konferenzbeiträge werden publiziert und in dem vorhandenen Rahmen der russischen akademischen Öffentlichkeit verbreitet. Im weitesten Sinne trägt die Vermittlung alternativer Methoden, die bewusst auf die Partizipation der Teilnehmenden abzielen, zur Gestaltung einer offeneren Atmosphäre und Gesprächskultur bei. Diese werden im Arbeitsalltag auch in den Hochschulen aufgegriffen und können somit einen langfristigen Effekt haben, der jedoch schwer zu messen sein dürfte. In Bezug auf die Diffusion und die verschiedenen Wissenschaftstraditionen kann hier ein Bedarf an weiterer Forschung angemerkt werden.

Transport politischer Ideen

Die deutschen Organisationen thematisieren die gesellschaftspolitische Entwicklung in Russland auch im Kontext ihrer Arbeit, sie beabsichtigen jedoch nicht, die Machtverhältnisse direkt politisch zu beeinflussen oder in Frage zu stellen. Andererseits ist die Lehrtätigkeit per se dem Transfer von Wissen, Ideen und Methodenkenntnissen gewidmet.

Bei den hier in den Blick genommenen Hochschulpartnerschaften spielen genuin politische Themen keine Rolle. Allerdings wurde insbesondere in der Partnerschaft zwischen der KFU in Kasan und der JLU in Gießen die Reform des wirtschaftswissenschaftlichen Studiums in Kasan im Sinne einer marktwirtschaftlichen Perspektive vorangetrieben. Die Nachhaltigkeit dieser Veränderung in den Curricula und in den Lehrmethoden entzieht sich jedoch derzeit einer Überprüfung.

Das Boschlektorenprogramm des Akteurs IIIb richtet sich in erster Linie an junge deutsche Hochschulabsolventen, die in der RF lehren sollen und damit zugleich Erfahrungen in der internationalen Zusammenarbeit gewinnen können. Ein wesentlicher weiterer Aspekt ist die gewünschte außer-curriculare Projektarbeit. Hier führten vor allem einige Fachlektoren Seminare mit Themen durch, die im Kontext der gegebenen politischen Verhältnisse einen brisanten Charakter hatten. Dabei wurden die Durchführung von Wahlen und ihre Beobachtung thematisiert oder über die Entwicklung der Demokratie diskutiert.

Der DAAD mit seinen Lektoren ist – obwohl Mittler der AKP – kein genuin politischer Akteur. Doch, wie bei den anderen Akteuren, finden sich Ansätze der Thematisierung politischer Themen im Rahmen der Arbeit einzelner individueller Akteure der Organisation. Diese erfolgt in der Regel durch eine akademische Rahmung; hierbei können Seminare und Konferenzen den Zustand der Zivilgesellschaft reflektieren und ein Forum zur Diskussion in einer freien Form bieten. Da hier jedoch ein sensibles Gebiet tangiert wird, sind Themen der internationalen Entwicklung oder Diskussionen zur Bundesrepublik häufiger anzutreffen. Aber auch auf diesem Wege lassen sich problematische Bereiche und gesellschaftliche Themen ansprechen und eine "westliche" Sicht darlegen.

Übernahme von Ideen und Praxen

Das Forschungsprojekt zielte nicht auf die Überprüfung der Auswirkungen oder des Erfolgs der Diffusion von Ideen, Praxen und Handlungsmuster. Anhand der eigenen Beobachtungen kann hierzu aber festgestellt werden, dass eine Ausbreitung westlicher Modelle und Praxen auf allen Ebenen im russischen Hochschulsystem stattfindet; sowohl auf einer individuellen, einer organsiationalen als auch der nationalen Ebene. Dabei gilt auch, dass das nach außen hin demonstrative Befolgen des Verhaltenskanons eines organisationalen Feldes und die Übernahme der regulären Modellstrukturen, die Anerkennung durch die Partner in diesem Feld sichert. Hinter dem Vorhang des offiziellen Wohlverhaltens kann es jedoch zu alternativen Praxen oder sogar zu offensichtlichen Verstößen kommen, die gleichzeitig als adäquat für die Bedürfnisse gehalten werden und den Frieden in der Organisation sichern. Wenn diese interne Praxis in der jeweiligen Organisation nicht sanktioniert wird, kann von einer strukturellen Entkoppelung gesprochen werden. Dies gilt sicherlich für viele Projekte an russischen Hochschulen, die von den diversen deutschen Akteuren initiiert oder gefördert werden, und die auf die interne Struktur und Organisation der russischen Partner zielen. Selbst bei konkret getroffenen Vereinbarungen ist es nicht sicher, ob diese eingehalten werden. Dies liegt nicht unbedingt an den lokalen Verhältnissen, sondern auch an der nationalen Gestaltung des Bildungssystems. So ist die Autonomie der russischen Hochschulen im Bereich der Curriculumsgestaltung und Prüfungsinhalte beschränkt, da hier auch weiterhin zentralisierte Vorgaben durch die politischen Institutionen in Moskau erfolgen.

Verhältnis Individuum und Organisation

Das Innovationspotential der Organisationen ist mit den für sie tätigen Personen und deren sozialem und kulturellem Kapital verbunden. Der Kontext des Wissenstransfers, der Rahmen der die Praxis ermöglicht, wird in der Moderne mehrheitlich von Organisationen gestellt, die mit ihren Regeln und Normen dem Wissenstransfer einen institutionellen Rahmen geben, ohne den der Transfer wiederum kaum möglich wäre. Der Wissenstransfer findet in aller Regel in einer Form von institutionell abgesicherter Kooperation statt. Diese kann in einer partizipativen aber auch in einer hierarchischen Form erfolgen. Während die bloße Weitergabe von Fakten ein formaler Prozess ist, der ohne kritische Reflexion auskommt, erfordert die Weitergabe und der Transfer von Wissen und Modellen in transnationalen Bildungskooperationen eine Interaktion auf einer partnerschaftlichen Ebene. Dabei ist es in diesem wechselseitigen Verhältnis von Bedeutung, dass sich die Partner als gleichwertig betrachten und "auf Augenhöhe" handeln.

Individuen tragen selber ganz wesentlich dazu bei, dass sich die Institutionen und die Organisationen, für die sie als primärer handlungstragender Agent tätig sind, weiterentwickeln. Die individuellen Fähigkeiten sind schwer zu übertragen. Die Lektoren des Akteurstyps Ia und besonders des Typs IIIb sind eher als (Lehr- und Projekt-)Beauftragte ihrer Organisationen aktiv und weniger als stimmberechtigte Mitglieder. Dennoch verfügen sie im hier untersuchten Handlungskontext über eine wichtige Gestaltungsmacht. Damit zeigt sich, dass sie Träger ihrer Organisationen für die Prozesse auf einer Mikro-Ebene sind. Das gilt auch für Meta-Organisationen, denn auch hier sind Individuen die Träger der sozialen Praxis. Einzelne individuelle Akteure prägen also im Zusammenwirken mit anderen Menschen die soziale Entwicklung einer Organisation, so wie diese als ein Bedingungsgefüge wiederum auf die einzelnen Individuen einwirkt. Organisationen haben unterschiedliche Ressourcen, die sie ihren Mitgliedern zur Verfügung stellen und in den Netzwerken auch unterschiedlich einsetzen können. Sie können außerdem die Biographie ihrer Mitglieder beeinflussen. Darüber hinaus stellen Organisationen wichtige Kommunikationsräume in den Gesellschaften dar. Sie gewährleisten, dass Wissen transportiert und gesichert wird. Organisationen geben nicht nur einem europäischen Integrationsprojekt Stabilität, sondern verschaffen ihm auch dynamische Entwicklungsräume. Insbesondere das akademisch-wissenschaftliche Feld und seine Organisationen sind hierfür ein wichtiges Beispiel.

8.3   Fazit

Die vorliegende Arbeit analysierte, ob und wie eine Diffusion "westlicher Handlungsmuster" durch verschiedene Akteurstypen im akademischen Feld zwischen Deutschland und Russland erfolgt. Der Fokus lag dabei auf den deutschen Organisationen. Als Ergebnis kann festgehalten werden, dass sie in der Zusammenarbeit mit den russischen Partnern implizit und explizit ihre Modelle der Organisation von Forschung und Lehre in das Hochschulsystem des Gastlandes transportieren. Für die deutschen Hochschulen ist die Zusammenarbeit mit Partnerhochschulen eine wichtige Komponente ihrer jeweiligen Internationalisierungsstrategie. Durch die Bereitstellung von kommunikativen Handlungsmöglichkeiten mit den russischen Partnern haben sie zugleich einen wichtigen Anteil an der Herstellung eines transnationalen europäischen Hochschulraumes in diesem nicht zur EU gehörenden Teil Europas. In der grenzübergreifenden Arbeit der deutschen Organisationen können dauerhafte Kontakte zwischen deutschen und russischen Wissenschaftlern und Wissenschaftlerinnen entstehen, die als kommunikative Knotenpunkte in einem transnationalen akademischen Feld verstanden werden können. Der

Bologna-Prozess ist hierbei ein Referenzrahmen, der vor allem Instrumente und Modelle zur Orientierung in der Gestaltung gemeinsamer Projekte in der Lehre bereitstellt.

Als ein Ergebnis der Internationalisierungsmaßnahmen der deutschen Hochschulen ist ein Anstieg der Werbemaßnahmen für den Standort Deutschland in Russland zu beobachten. Die Zahl der russischen Studierenden und Wissenschaftler/innen an deutschen Hochschulen ist relativ hoch. Darüber hinaus haben die sozialen Interaktionen von Akteuren der deutschen und russischen Gesellschaft zugenommen. Organisationen und Individuen profitieren dabei von den vertraglich geregelten bilateralen Beziehungen zwischen der Bundesrepublik und Russland. Die Reformen im russischen Hochschulsystem zielen auf eine Anpassung an ein globales Modell in der Organisation von Hochschulbildung, was sich insbesondere an der fortgesetzten Entwicklung von "Elite-Universitäten" zeigt. Doch darüber hinaus lässt die russische die Hochschulkultur erwarten, dass im Land ein weiterer institutioneller Wandel notwendig ist, wenn sich die Hochschulen wirklich an dem Projekt des Europäischen Hochschul- und Forschungsraum beteiligen sollen.

Die deutschen Akteure können dabei nur zeigen, welche Praxen, Verfahren und Modelle sich in der Bundesrepublik bewährt haben und zugleich die Kooperationen unterstützen, die der Kern der Austauschbeziehungen sind. Selbst wenn dies nur aus Eigennutz geschieht, um das internationale Profil der deutschen Hochschulen zu stärken, so kann dies im Sinne einer Europäisierung begrüßt werden.

Durch ihre seit mehr als zwei Jahrzehnten anhaltende Präsenz im russischen Hochschulsystem haben deutsche Organisationen eine Position erlangt, die ihnen die Diffusion von Ideen und Modellen erheblich erleichtert. Deutsche Organisationen bauen kommunikative Brücken und schaffen "weiche" Anreizsysteme, die individuellen Akteuren einen Aufenthalt und eine Kooperation gestattet. Kooperationsbeziehungen fördern eine Anbindung der Russischen Föderation an den Europäischen Hochschulraum. Dies erscheint jedoch weniger das Ergebnis einer kohärenten Strategie der externen Akteure zu sein, als die Folge einer schon vor dem Bologna-Prozess verbreiteten Praxis der akademischen Zusammenarbeit.

8.4   Perspektiven der Internationalisierung

Aus der dargelegten Forschungsarbeit und den vor Ort gemachten Beobachtungen ergeben sich für die grenzübergreifende Arbeit der deutschen Akteure Empfehlungen in Bezug auf die Internationalisierung, die Zusammenarbeit mit russischen Partnern, aber auch den bundesdeutschen Ansatz der AKP, die im Folgenden erläutert werden.

Außenkulturpolitik

Trotz der gestiegenen Relevanz asiatischer Länder wie China und Indien bleibt es für die AKP essentiell, auch in Richtung Osteuropa und Russland zu schauen. Es gilt dabei, die Beziehungen, die sich gerade in den letzten beiden Jahrzehnten entwickelt haben, weiter zu fördern. Bildung ist nicht nur eine wichtige Ressource, die die gesellschaftliche Entwicklung bekanntermaßen entscheidend mitbeeinflusst, sondern im Sinne von "Soft Power" auch eine zentrale Arena der zwischenstaatlichen Zusammenarbeit.

Die institutionellen und persönlichen Brücken, die in der Zusammenarbeit zwischen den Hochschulen und anderen akademischen Organisationen gebaut wurden, sind auch in Zeiten eines schwierigen außenpolitischen Klimas von zentraler Bedeutung. Der Partner Russland ist im europäischen Kontext durchaus einer der eigenwilligsten. "Er" steht jedoch der Einbindung in europäische Strukturen nicht grundsätzlich ablehnend gegenüber, sondern die Kooperation wird im Sinne eines Kosten-Nutzen-Kalküls auch gesucht. Dabei gilt für die deutsche Seite, dass die Wahrung der Augenhöhe in der Kooperation hier im besonderen Maße zu gewährleisten ist.

Deutschland wird in der RF als ein zuverlässiger Partner wahrgenommen; hier ist man dem außenpolitischen Anspruch bei der Förderung der Mittlerorganisationen gerecht geworden. Wenn die AKP dagegen auf die zukünftige wirtschaftliche und politische Elite an den russischen Hochschulen abzielte, so hat sie hier bisher wenige Erfolge zu verzeichnen. Bislang erreicht die Förderpolitik der deutschen Organisationen die eigentlichen Institutionen der russischen Elitenreproduktion in politisch-administrativen Zweigen der Hochschulausbildung kaum. Der Anspruch der bundesdeutschen AKP, die zukünftigen Eliten in einem deutschen oder auch europäischen Sinne zu prägen, erscheint langfristig nur wirklich umsetzbar, wenn die Stipendiat/innen auch in diesem Hochschulsystem studieren, leben und arbeiten können und diese Erfahrungen in ihr Land wieder zurückbringen. Das Erleben des spezifischen deutsch-europäischen Kontextes ist also durch entsprechende Austauschprogramme und Stipendien abzusichern. Langfristig bedeutet das auch, dass der Erwerb der deutschen Sprache relevant bleibt, denn ein Verständnis der politischen Prozesse ist sicherlich erst durch einen nachhaltigen Spracherwerb und ein damit verbundenes kulturelles Verständnis möglich. Die Kommunikationsfähigkeit in Deutsch kann, wie es jetzt schon von den Mittlerorganisationen propagiert wird, als Teil einer individuellen Profilierung beworben werden. Die Öffentlichkeitsarbeit und damit das Werben für die Partnerschaft zwischen deutschen und russischen Organisationen sollte in den Wissenschaftssprachen Russisch, Deutsch und Englisch erfolgen.

Die Förderung sollte gezielt auf weitere gemeinsame Projekte und die Partnerschaftsanbahnung zwischen deutschen und russischen Organisationen setzen. Eine Entwicklung im Sinne von Reformen kann kurz- und mittelfristig von außen nur durch eine langfristige Zusammenarbeit gefördert werden – aber auch dann kann sie nicht von externen Akteuren initiiert werden. Daraus folgt, dass ein Angebot immer eine entsprechende Nachfrage der Partner im Inneren des Landes bedarf, die hierbei die Initiative "auf Augenhöhe" auch in der Beantragung der Programmmittel zeigen müssen.

Eine Regionalexpertise ist natürlich auch für die deutsche Seite essentiell, um gesellschaftliche Vorgänge und damit auch das außenpolitische Denken der Partnerländer zu verstehen. Das gilt im besonderen Maße für Russland. Dies impliziert natürlich auch eine gewisse Fremdsprachenkompetenz. Diese ist für die slawischen Sprachen, die leider nur im geringen Maße an den deutschen Schulen angeboten werden, auch in den Hochschulen anzubieten und das nicht nur für Studierende der Slawistik. Daraus folgt, dass die hierfür notwendige Regionalexpertise auf der deutschen Seite stärker zu fördern ist. Ein stärkeres Engagement für die eigene Sache sollte aber auch gegenüber den russischen Partnern eingefordert werden. Nicht zuletzt können von etwaigen russischen Stipendien auch deutsche Studierende und Wissenschaftler/innen profitieren, wie dies in einem begrenzten Rahmen schon heute in einigen deutsch-russischen Programmen der Fall ist.

Akteure der Kooperation

Die Werbung und Beratungsleistungen für deutsch-russische Kooperationen in grenzübergreifenden Projekten fördert auch eine institutionelle Zusammenarbeit. Die russische Seite zeigt auch hier relativ wenig Engagement, ihre eigenen wissenschaftlichen und hochschulpolitischen Ansätze im Ausland zu kommunizieren. Eine Präsenz der deutschen Akteure im russischen Hochschulsystem erscheint notwendig, um eine kontinuierliche Kommunikation zu gewährleisten.

Internationalisierung ist ein langfristiges "Projekt", welches Vertrauen und einer persönlichen Kontinuität in den Kooperationen bedarf. Neben dem Auslandsamt oder dem "International Office" liegt die Verantwortung hierfür in den Fakultäten. Das bedeutet für die in grenzübergreifenden Projekten engagierten Hochschulmitglieder, dass sie aus einer beruflich abgesicherten Position heraus handeln müssen. Einzelne Professoren und Professorinnen sind die Schlüsselakteure. Die Ebene der wissenschaftlichen Mitarbeiter/innen muss allerdings ebenso einen entsprechenden Stellenanteil zugesichert bekommen, um damit die Basis für Internationalisierungsmaßnahmen in den Fakultäten zu verbreitern. Auf eine fachliche Anbindung ist dringend zu achten. Die Schaffung von weiteren ausschließlichen administrativen Stellen gilt es, wenn möglich, zu vermeiden. Deren Ausbau vergrößert zwar den unterstützenden Verwaltungsapparat, dem Zweck und Ziel einer Universität ist jedoch wenig gedient, immer stärker Verwaltungsaufgaben wahrzunehmen, auch nicht für die Internationalisierung, eher muss die Ebene von Forschung und Lehre in den grenzübergreifenden Kooperationen gestärkt werden.

Gleichzeitig benötigen die Universitäten eine sichere finanzielle Grundlage und organisationsinterne Stabilität. Die Probleme der Hochschulen werden jedoch häufig durch eine strukturelle Unterfinanzierung verstärkt. Die Reformen im Rahmen des Bologna-Prozesses tragen zur Lösung dieser Probleme nicht bei. Der Bund und die Bundesländer müssen das zusätzliche Organisationsziel Internationalisierung auch entsprechend fördern. Einige Beispiele zeigen, dass es den Bundesländern möglich ist, ihre Hochschulen in der Internationalisierung und damit auch in der Kooperation mit zusätzlichen Mitteln zu unterstützen. Eine begründete strategische Ausrichtung auf einzelne Partner und Zielregion ist dabei naheliegend.

Die Aufgabe der Hochschulen ist es nicht, für hochschulpolitische Entwicklungen zu werben, insbesondere dann, wenn sie so ambivalent erscheinen wie das Projekt Bologna-Prozess, das mindestens hinter vorgehaltener Hand von den deutschen Hochschulangehörigen oder Mitarbeiter/innen akademischer Organisationen kritisiert wird. Die Kritik zielt auf die strikte Gestaltung der Curricula, die eine grenzübergreifende Mobilität und vor allem längere internationale Studienaufenthalte innerhalb der Studiengänge einschränkt. Die Wissenschaftsorganisationen müssen die beobachtbare Stagnation der Mobilität als ein Argument für eine Reform der Reform nutzen.

Der institutionelle Rahmen der Kooperation wird durch Partnerschaftsvereinbarungen gewährleistet. Der Bologna-Prozess bietet sich hier als ein Mittel an, um den Rahmen in der gemeinsamen Curricula-Entwicklung als auch in den Bestimmungen für die studentische Mobilität abzusichern. Russische und deutsche Hochschulen müssen hierbei den Raum und die Strukturen bieten, damit einerseits ein konsequent organisiertes Studieren und andererseits genug Wahlfreiheit für andere Ansätze und Mobilität im Studium möglich sind. Der studentische Austausch sollte immer ein Teil der Partnerschaftsvereinbarungen sein. Über diesen Austausch kann potentiell auch ein zukünftiges Interesse an dem Partnerland erreicht werden.

Die Kommunikation auf "Augenhöhe" impliziert auch klare Ansagen und ein direktes Ansprechen von Problemen, die sicherlich auch in erfolgreichen Kooperationsbeziehungen auftreten können. Die Nutzung von direkter Kommunikation via Videotelefonaten erleichtert eine kontinuierliche Zusammenarbeit mit Partnern selbst bis nach Nowosibirsk.

Die Kooperation erfordert zugleich zusätzliche Mittel für Werbemaßnahmen in den Ländern der Partner aber auch innerhalb der eigenen Hochschule, denn auch dort muss der Sinn und der Nutzen der Kooperation kommuniziert werden. Die Hochschulangehörigen sollten prinzipiell wissen, wer die Partner sind und wie eine Kooperation erfolgen kann. Die Willkommenskultur in den Hochschulen kann durch integrierende Maßnahmen gestärkt werden, wobei insbesondere studentische Ansprechpartner/innen zusätzliche Hilfe bieten können. Die Studierendenvertretungen in den Hochschulen bieten sich hier als Partner an.

Es ist naheliegend zu empfehlen, dass deutsche Organisationen zentrale Akteure der russischen Hochschullandschaft für eine Zusammenarbeit gewinnen sollen. Einzelne deutsche Organisationen sind schon heute auch in den russischen Regionen an wichtigen Standorten aktiv. Die Entwicklung hier ist genau zu beobachten, denn durch die beabsichtigte zunehmende Differenzierung des russischen Hochschulsystems können einige Einrichtungen nicht nur an Renommee verlieren, sondern auch real an ihrem bisherigen Potential in Forschung und Lehre.

Stiftungen sind inzwischen für Hochschulen, Studierende und Wissenschaftler/innen wichtige Fördermittelgeber. Das gilt auch für die Region Mittel- und Osteuropa einschließlich Russlands. Allerdings wäre hier ein stärkeres Engagement zu wünschen. Im Sinne einer Nachhaltigkeit ist eine langfristige Förderaktivität zu empfehlen, wobei die komplexe Förderung der Robert Bosch Stiftung als ein Beispiel dienen mag. Sie hat sicherlich zu einer stärkeren "Osteuropakompetenz" im deutschsprachigen Raum und zu einer weiteren Vernetzung im deutsch-russisch-europäischen Kontext beigetragen. In der Kooperation mit den Hochschulen im In- und Ausland sollte nicht nur auf die leistungsstarken Besten gesetzt werden, sondern unabhängig davon auch auf aktive Multiplikatoren, die sich außerhalb des akademischen Lebens engagieren.

Wenn möglich sollte die Kooperation mit Stiftungen auch für Internationalisierungsprojekte genutzt werden, um damit zusätzliche Mittel einzuwerben.

Gleichzeitig bieten EU-Programme und das gegenwärtige Forschungsrah-
menprogramm »Horizon 2020« für die Forschungsförderung wichtige zusätzliche Mittel auch in der Zusammenarbeit mit russischen Partnern.

Anmerkungen zum Europäischen Hochschulraum

Hochschulkooperationen stellen als institutionelle Knotenpunkte wichtige
Zentren eines kommunikativen Netzwerkes einer transnationalen akademischen Gesellschaft dar. Dabei gilt, dass je häufiger diese Knotenpunkte in einem gesellschaftlichen Feld zu finden sind, desto engmaschiger und stabiler
funktioniert das Netzwerk in einem sozialen Raum. Wenn der Fokus auf wenige Knotenpunkte als Leuchttürme einer akademischen Gesellschaft gelegt
wird, führt das dazu, dass ganze Regionen von der Internationalisierung und
dem Europäischen Hochschulraum ausgenommen bleiben bzw. ihn als ein
rhetorisches Konstrukt erleben. Die so entstehenden Lücken sind in der Zukunft schwerer zu schließen, da die Dynamik andernorts weiter voran schrei-
tet und die zurückgefallenen Standorte in zunehmendem Maße von der Entwicklung abgeschnitten werden.

Hochschulen sind institutionelle Knotenpunkte in einem akademischen Netzwerk. Akademische, wissenschaftliche Netzwerke sind wiederum ein wichtiger Pfeiler in der Grundstruktur, die dem europäischen Projekt – also dem
Zusammenwachsen der regionalen und vor allem der nationalstaatlich organisierten Gesellschaften – eine reale gesellschaftliche Basis geben. Dies wird
vor allem dann offensichtlich, wenn eine rein auf die EU fixierte Perspektive
auf die Entwicklungen in Europa aufgegeben wird. Die Förderung der akademischen Mobilität für eine große Anzahl von Studierenden und Lehrenden
ist nicht nur ein wichtiges Ziel des Europäischen Hochschulraumes, sondern
auch für die Europäisierung und Internationalisierung entscheidend, denn gerade diese "Masse" der im Ausland Studierenden kann später helfen, aus
dem Elitenprojekt EU eine gelebte Idee "Europa" werden zu lassen und zugleich eine globale Perspektive im akademischen Leben weiter zu entwickeln.
Beides hätte das Potential auf andere gesellschaftliche Bereiche auszustrah-
len.

Literatur und Dokumente

Adloff, Frank/Philipp Schwertmann/Rainer Sprengel/Rupert Graf Strachwitz (2007): Germany. In: Anheiner, Helmut K./Siobhan Daly (Hg.) (2007): The Politics of Foundations. A comparative analysis. London/New York: Routledge. S. 172-185.

Adomeit, Hannes/Rainer Lindner (2005): Die "Gemeinsamen Räume" Rußlands und der EU. Wunschbild oder Wirklichkeit? Studie der Stiftung Wissenschaft und Politik. Berlin.

Ahrne, Göran/Nils Brunsson (2006): Organizing the World. In: Djelic, Marie-Laure/Kerstin Sahlin-Anderson (Hg.) (2006): Transnational Governance, Institutional Dynamics of Regulation. Cambridge (Mass.)/London: Harvard University Press. S. 74-94.

Alexandrova, Olga (1997): "Strategische Partnerschaft" aus russischer Sicht. BIOst Nr. 24/ 1997. Bundesinstitut für ostwissenschaftliche und internationale Studien, Köln.

Altbach, Philip G./Knight, Jane (2007): The Internationalization of Higher Education: Motivations and Realities. In: Journal of Studies in International Education. 11/2007. S. 290-305.

Alter, Peter (Hg.) (2000): Der DAAD in der Zeit Geschichte, Gegenwart und zukünftige Aufgaben - vierzehn Essays. Spuren in die Zukunft. Der Deutsche Akademische Austauschdienst 1925-2000, Bd. 1, Bonn: DAAD.

Altvater, Elmar (1996): Westeuopäische Integration und osteuropäische Transformation in der Standortkonkurrenz. In: Jachtenfuchs, Markus/Beate Kohler-Koch (Hg.): Europäische Integration. Opladen: Leske & Budrich. S. 531-557.

Anderson, Robert (2006): British Universities. Past and Present. London/New York: Hambledon Continuum.

Amsler, Sarah (2008): Higher Education Reform in Post-Soviet Kyrgyztan. The Politics of Neoliberal Agendas in Theory and Practice. In: Canaan, Joyce E./Wesley Shumar (2008) Structure and Agency in the Neoliberal University. New York/London: Routledge. S. 101-127.

Ammon, Ulrich (2010): The hegemony of English. In: United Nations Educational, Scientific and Cultural Organization / International Social Science Council (Hg.): World Social Science Report. Knowledge Divides. Paris: UNESCO Publishing. S. 154-155.

Anheiner, Helmut K./Siobhan Daly, 2007: Philanthropic foundations in modern society. In: Anheiner, Helmut K./Siobhan Daly (Hg.) (2007): The Poltics of Foundations. A comparative analysis. London/New York: Routledge. S. 3-26.

Anweiler, Oskar (1978): Geschichte der Schule und Pädagogik in Rußland. Vom Ende des Zarenreiches bis zum Beginn der Stalin-Ära. Osteuropa-Institut an der Freien Universität Berlin. Erzeihungswissenschaftliche Veröffentlichungen. Wiesbaden: Otto Harrassowitz.

August, Jochen (Hg.) (1997): »Sonderaktion Krakau«. Die Verhaftung der Krakauer Wissenschaftler am 6. November 1939. Hamburg: Hamburger Edition.

Barblan, Jousch Andris (2010): Von der "Universität in Europa" zu den Universitäten Europas. In: Rüegg, Walter (Hg.): Geschichte der Universität in Europa. Band 4: Vom 2. Weltkrieg bis zum Ende des 20. Jahrhunderts. München: Beck, 2010. S. 485-506.

Bain, Olga B. (2003): University Autonomy in the Russian Federation since Perestroika. New York/London: Routledge/Falmer.

Baldauf, Josefine et al. (2008): "Exzellenz": 1989 bis heute. In: Hoffmann, Jessica/Helena Seidel/Nils Baratella (Hg.): Geschichte der Freien Universität Berlin. Ereignisse - Orte - Personen. Berlin: Verlag Frank & Timme. S. 99-33.

Baldridge, J. Victor (1971): Power and Conflict in the University: Research in the Sociology of Complex 0Organizations. New York: John Wiley & Sons.

Bälz, Ottilie (2002): Netzwerke für die Zukunft. Die deutsch-russischen Kulturbeziehungen, Bestandsaufnahme, und Empfehlungen. Institut für Auslandsbeziehungen e.V. (ifa), Stuttgart.

Bälz, Ottilie (2009): Ein weltweites Bild verändern – Die Auswärtige Kulturpolitik der Russischen Föderation. In: Maaß, Kurt-Jürgen (Hg.) (2009): Kultur und Außenpolitik. Handbuch für Studium und Praxis. Baden-Baden: Nomos Verlagsgesellschaft. S. 411-422.

Barnickel, Christiane/Timm Beichelt (2011): Netzwerke, Cluster, Einzelkämpfer. Universitäre Osteuropaforschung in Deutschland. In: Osteuropa, 61.Jg., 7/2011. S. 25-43.

Bartelson, Jens (2006): Making Sense of Global Civil Society. In: European Journal of International Relations. Vol.12 (3), September 2006. S. 371-395.

Bartsch, Sebastian (1998): Politische Stiftungen: Grenzgänger zwischen Gesellschafts- und Staatenwelt. In: Eberwein, Wolf-Dieter/Karl Kaiser (Hg.) (1998): Deutschlands neue Außenpolitik, Bd. 4: Institutionen und Ressourcen. München: Oldenbourg Verlag. S. 185-198.

Bartz, Olaf 2006: Wissenschaftsrat und Hochschulplanung. Leitbildwandel und Planungsprozesse in der Bundesrepublik Deutschland zwischen 1957 und 1975. Dissertation: Universität zu Köln. Hier URL (letzter Zugriff 19.2.2012): http:// kups.ub.uni-koeln.de/vollt exte/2006/1879/

Bartz, Olaf (2007): Expansion und Umbau. Hochschulreformen in der Bundesrepublik Deutschland zwischen 1964 und 1977. In: die hochschule 2/2007. S. 154-170.

Bastian Katrin (2006): Die Europäische Union und Russland. Multilaterale und bilaterale Dimensionen in der europäischen Außenpolitik. Wiesbaden. VS Verlag für Sozialwissenschaften.

Beckfield, Jason (2010): The Social Structure of the World Polity. In: American Journal of Sociology. Band 115, Nummer 4, Januar 2010. S. 1018-1068.

Beer, Doris (2006): Ideen auf Reisen. Institutionentransfer in der Politikberatung für die Tranformationsländer. Baden-Baden: Nomos Verlagsgesellschaft.

Beichelt; Timm/Susanne Kraatz (2000): Zivilgesellschaft und Systemwechsel in Rußland. In: Wolfgang Merkel (Hg.) (2000): Systemwechsel 5. Zivilgesellschaft und Transformation. Opladen: Leske & Budrich. S.115-143.

Beisheim, Marianne (2004): Fit für Global Governance? Transnationale Interessengruppenaktivitäten als Demokratisierungspotential - am Beispiel Klimapolitik. Opladen: VS Verlag für Sozialwissenschaften.

Belakurova, Elena (2003): Deutschland- und Europastudien in Russland: Forschungsstand, Defizite und Probleme. Siehe URL (letzter Zugriff 12.11.2012): http://www.medias prut.ru/germ/downloads/rus-ger-de.doc

Belokurova, Elena (2010): Introduction: New Tendencies in European Studies in Russia. In: Diess.: European Politics and Society. Studies by Young Russian Scholars. St. Petersburg: Intersocis Publishing House. S. 11-23.

Below, Wladislaw Borissowitsch (2010): Russland-Deutschland: Partnerschaft für Modernisierung. In: Internationales Leben, deutsche Ausgabe von "Meždunarodnaja žisn", Ministerium für Auswärtige Angelegenheiten Russlands, Moskau. S.85-96. Hier URL (letzter Zugriff 23.3.2013): http://de.interaffairs.ru/i/IA_Deutsch2010.pdf

Bell, Daniel (1971): The Coming of Post-Industrial Society. New York. Basic Books.

Bell, Peter D. (1971): The Ford Foundation as a Transnational Actor. In: International Organization 25 (3), 1971. S. 465-478.

Bender, Peter (2005): Die Aufsicht der beiden deutschen Staaten. In: Blätter für deutsche und internationale Politik. 10/2005. S. 1213-1220.

Berchem, Theodor (2005): Maßnahmen an der Spitzengruppe. Wie wettbewerbsfähig ist die deutsche Universität? In: Forschung und Lehre. 5/2005. S. 234-239.

Berger, Peter L. /Thomas Luckmann (2000): Die gesellschaftliche Konstruktion der Wirklichkeit. Eine Theorie der Wissenssoziologie. Frankfurt am Main: Fischer Verlag.

Berghorn, Gregor (2008): Zur Eröffnung des Thomas Mann-Lehrstuhls an der RGGU Moskau. In:Kemper, Dirk/ Iris Bäcker (Hg.) (2008): Deutsch-russische Germanistik. Ergebnisse, Perspektiven und Desiderate der Zusammenarbeit. S.23-27. Hier URL (letzter Zugriff 10.1.2013): http://www.dirk-kemper.de/bucher/55-deutsch-russische-germanistik

Bertelsmann Foundation (Hg.) (1999): Community foundations in civil society. Gütersloh: Bertelsmann Verlag.

Bertelsmann Stiftung (Hg.) (2004): Bertelsmann Transformation Index 2003 Towards Democracy and a Market Economy. Gütersloh: Bertelsmann Verlag.

Beyme, Klaus von (1991): Theorie der Politik im 20.Jahrhundert. Von der Moderne zur Postmoderne. Frankfurt am Main: Suhrkamp Verlag.

Beyme, Klaus von (1998): Kulturpolitik und nationale Identität. Studien zur Kulturpolitik zwischen staatlicher Steuerung und gesellschaftlicher Autonomie. Opladen/Wiesbaden: Westdeutscher Verlag.

Beyme, Klaus von (2000): Zivilgesellschaft – Von der vorbürgerlichen zur nachbürgerlichen Gesellschaft. In: Wolfgang Merkel (Hg.): Systemwechsel 5. Zivilgesellschaft und Transformation. Opladen: Leske & Budrich. S. 51-70.

Beyme, Klaus von (2001): Russland zwischen Anarchie und Autokratie. Wiesbaden: VS Verlag für Sozialwissenschaften.

Bikbov, Alexander (2005): Fragliche Autonomie. Zur Lage der Soziologie im heutigen Russland. In: Berliner Journal für Soziologie. Heft 3/2005. S. 309-330.

Bikbov, Alexander (2009): Is Sociology the same discipline in Russia and France? A brief political micro-history. In: Laboratorium Russian review of social research, 2009: 1. S. 124-139.

Bister, Anita (2002): Handlungsspielräume der zivilen Gesellschaft in Russland. In: Gerhard Mangott (Hg.) (2002b): Zur Demokratisierung Russlands, Band 2 – Leadership, Parteien, Regionen und Zivilgesellschaft. Baden-Baden: Nomos Verlagsgesellschaft. S. 117-167.

Bochow, Michael/Hans Joas (1987): Wissenschaft als Karriere. Der berufliche Verbleib des akademischen Mittelbaus. Frankfurt am Main/New York: Campus Verlag.

Bogdanva, Elena/Mischa Gabowitsch (2011): The Russian Field: Views from Abroad. Introduction No 1 (2011), Laboratorium. 2011. Vol. 3, No. 1. S. 5–13.

Bogumil, Jörg/Rolf G. Heinze (Hg.) (2009): Neue Steuerung von Hochschulen. Eine Zwischenbilanz. Berlin: edition sigma.

Bornhak, Conrad (1910): Die Korporationsverfassung der Universitäten. Festgabe zur 100jährigen Jubelfeier der Königl. Friedrich Wilhelm-Universität zu Berlin. Berlin: Carl Henmanns Verlag.

Bomsdorf, Falk (2007): 15 Jahre nach dem Ende der Sowjetunion: Das wiedererstandene Russland. Aus russischen Fachzeitschriften und Zeitungen des Jahres 2006. Diskussionspapier Forschungsgruppe Russland/GUS FG 5/2007, Berlin: Stiftung Wissenschaft und Politik.

Börzel, Tanja/Thomas Risse (2009): The Transformative Power of Europe. The European Union and the Diffusion of Ideas. Working Paper Nr.1, KFG, The normative power of Europe. Freie Universität Berlin.

Bourdieu, Pierre (1988): homo academicus. Frankfurt am Main: Suhrkamp Verlag.

Bourdieu, Pierre (1998): Vom Gebrauch der Wissenschaft. Für eine klinische Soziologie des wissenschaftlichen Feldes. Konstanz: UVK-Verlagsgesellschaft.

Bourdieu, Pierre (2001): Das politische Feld. Zur Kritik der politischen Vernunft, Konstanz: UVK-Verlagsgesellschaft.

Bourdieu, Pierre (2011): Der Tote packt den Lebenden. Neuauflage der Schriften zu Politik & Kultur 2. Hamburg: VSA Verlag.

Brenner, Peter J. (2009): Bologna-Prozess als Organisationsform der Ineffizienz. In: Volker Stein/Christian Scholz (Hg.) (2009): Bologna-Schwarzbuch. Bonn: Deutscher Hochschulverband. S. 89-106.

Brix, Emil (2002): Menschenbildung oder Karrierebaukasten. Wie zivil ist die Universität? In: Brix, Emil/Nautz, Jürgen (Hg.) (2002): Universitäten in der Zivilgesellschaft. Wien. S. 21-29.

Brixa, Bettina (2005): Der Mythos vom Westen im postsozialistischen Russland. In: Riegler, Johanna (Hg.) (2005): Kulturelle Globalisierung: ost- und westeuropäische Transformationsprozesse aus sozial-anthropologischer Perspektive. Wien: Passagen Verlag. S. 257-280.

Bröckling, Ulrich/Susanne Krasmann/Thomas Lemke (2000): Gouvernementalität der Gegenwart. Studien zur ökonomisierung des Sozialen. Frankfurt am Main: Suhrkamp Verlag.

Brusius, Martin (2010): Institutionentransfer und Regionalstudien. Politikwissenschaftliche Überlegungen. In: Osteuropa, 60.Jg. Heft 9, September 2010, S. 71-79.

Brown, Archie (2001): Evaluating Russia's Democratization. In: Brown, Archie: Contemporary Russian Politics. A Reader. Oxford: Oxford University Press. S. 546-568.

Brühl, Walter L. (1974): Einführung in die Wissenschaftssoziologie. München: C.H. Beck.

Brunnengräber, Achim/Ansgar Klein/Heike Walk (Hg.) (2005): NGOs im Prozess der Globalisierung. Mächtige Zwerge – umstrittene Riesen. Bonn: Bundeszentrale für politische Bildung.

Brusis, Martin/Peter Thiery (2005): Democracy and Governance. Exploring the Scope for Institutional Reforms. Strategy Paper for the Transformation Conferences. Bertelsmann Stiftung. Berlin, Oktober 2005.

Buchholz, Arnold (1982): Osteuropaforschung in der Bundesrepublik Deutschland. In: Ders. (Hg.) (1982): Internationale Osteuropaforschung. Ausgewählte Beiträge zum 2.Weltkongreß für Sowjet- und Osteuropastudien. Berlin: Berlin Verlag. S. 84-94.

Buck-Morss, Susan (2009): Hegel, Haiti and Universal History. Pittsburgh: Pittsburgh University Press.

Buhbe, Matthes (2007): Grundzüge einer deutschen Russland-Strategie. Kompass 2020. Friedrich-Ebert-Stiftung. Bonn/Berlin 2007.

Bullard, Deanna Barcelona (2007): Academic Capitalism in the Social Sciences: Faculty Responses to the Entrepreneurial University. Dissertation, University of South Florida. Hier URL (letzter Zugriff 10.4.2013): http://scholarcommons.usf.edu/cgi/viewcontent.cgi?article=1646&context=etd

Burge, B./R. Ager/R. Cunningham./R.Wheater (2012). European Survey on Language Competences: England Initial Findings Report. Slough: NFER. Hier URL (letzter Zugriff 10.1.2013): http://ec.europa.eu/languages/eslc/docs/england-national-report-eslc_en.pdf

350 RENÉ LENZ

Burke, Peter (2012): A social history of knowledge. Volume II. From the Encyclopédie to Wikipedia. Cambridge/Malden: Polity.

Burnell, Peter (2000): Democracy Assistance: The State of the Discourse. In: Burnell, Peter (Hg.): Democracy Assistance. International Co-operation for Democratization. London/Portland: Routledge. S. 3-33.

Carothers, Thomas (2002): The End of the Transition Paradigm. In: Journal of Democracy. Vol. 13, 1/2002. S. 5-21.

Carroll, William K. /Jean Philippe Sapinski (2010): The Global Corporate Elite and the Transnational Policy-Planning Network, 1996-2006: A Structural Analysis. In: International Sociology, Vol. 25(4), 2010. S. 501–538.

Charle, Christophe (2004a): The intellectual networks of two leading universities: Paris and Berlin 1890-1930. In: Charle Christophe/Jürgen Schriewer/Peter Wagner (Hg.) (2004): Transnational intellectual networks. Forms of academic knowledge and the search for cultural identities. Frankfurt am Main/New York: Campus Verlag. S. 401-450.

Charle, Christophe (2004b): Grundlage. In: Ruegg, Walter (Hg.) (2004): Die Geschichte der Universität in Europa. Band III. Vom 19. Jahrhundert zum Zweiten Weltkrieg. München: Verlag C.H. Beck. S.43-80.

Clarke, Adele E. (2012): Situationsanalyse. Grounded Theory nach dem Postmodern Turn. Herausgegeben und mit einem Vorwort von Reiner Keller. Wiesbaden: Springer VS.

Cohen, Steve F. (2000): Failed Crusade. America and the Tragedy of Post-Communist Russia. New York: W. W. Norton & Company.

Colliander, Peter (2007): Auch aus einem Dornröschenschlaf auf Lorbeeren gibt es ein jähes Erwachen. Überlegungen zur bedrängten Situation der Auslandsgermanistik. In: Das Wort. Germanistisches Jahrbuch Russland 2007. S.11-21. Hier URL (letzter Zugriff 12.2.2013): http://www.daad.ru/wort/wort2007/2_Colliander-Dornrroschenschlaf.pdf

Connelly, John (2000): Captive University. The Sovietization of East German, Czech, and Polish Higher Education, 1945-1956. Chapel Hill and London: The University of North Carolina Press.

Corbett, Anne (2011): Ping Pong: competing leadership for reform in EU higher education 1998–2006. In: European Journal of Education,Vol. 46, No. 1, 2011. S. 36-53.

Cox, Robert W. (1981): Social Forces, States and World Orders: Beyond International Relations Theory. In: Millennium - Journal of International Studies 1981 10. S. 126-155.

Cox, Robert W. (1998): Civil Society at the Turn of the Millenium: Prospects for an Alternative World Order. In: Review of International Studies 25 (1), 1998. S. 3-28.

Crane, Diana (1971): Transnational Networks in Basic Science. In: International Organizations, Sonderband "Transnational Relations and World Politics." Vol. 25, No.3, Sommer 1971. S. 585-601.

Croissant, Aurel/Hans-Joachim Lauth/Wolfgang Merkel (2000): Zivilgesellschaft und Transformation: ein internationaler Vergleich. In: Wolfgang Merkel (Hg.): Systemwechsel 5. Zivilgesellschaft und Transformation. Opladen: Leske & Budrich. S. 9-49.

Crouch, Colin (2008): Post-Demokratie. Frankfurt am Main: Suhrkamp Verlag.

Crowley, Stephen (2004): Explaining labor weakness in post-communist Europe. Historical legacies and comparative perspective, In: East European Politics and Societies 3-2004 (September). S. 394-429.

Csigó, Monika (2006): Institutioneller Wandel durch Lernprozesse. Eine neoinstitutionalistische Perspektive. Wiesbaden: VS Verlag für Sozialwissenschaften.

Czada, Roland (1998): Vereinigungskrise und Standortdebatte. Der Beitrag der Wiedervereinigung zur Krise des westdeutschen Modells. In: Leviathan. Zeitschrift für Sozialwissenschaft. 26. Jahrgang, 1998, Heft 1. S. 24-59.

Czada, Roland/Susanne Lütz (Hg.) (2000): Die politische Konstitution von Märkten. Wiesbaden: Westdeutscher Verlag.

Dahrendorf, Ralf (1995): LSE. A History of the London School of Economics and Political Science 1895-1995. Oxford/New York: Oxford University Press.

Dauderstädt, Michael/Marika Lerch (2005): Internationale Demokratieförderung: Mit begrenzter Macht zur Machtbegrenzung. Friedrich-Ebert-Stiftung Bonn, März 2005.

Deitelhoff, Nicole (2006): Überzeugung in der Politik. Grundzüge einer Diskurstheorie internationalen Regierens. Frankfurt am Main. Suhrkamp Verlag.

Demirovic, Alex (1992): Regulation und Hegemonie. Intellektuelle, Wissenspraktiken und Akkumulation. In: Demirovic, Alex/Hans-Peter Krebs/Thomas Sablowski (Hg.). Hegemonie und Staat. Kapitalistische Regulation als Projekt und Prozess. Münster: Verlag Westfälisches Dampfboot. S. 128-157.

Demirovic, Alex (2007): Politische Gesellschaft – zivile Gesellschaft. Zur Theorie des integralen Staates bei Antonio Gramsci. In: Buckel, Sonja/Fischer-Lescano, Andreas (Hg.) (2007): Hegemonie gepanzert mit Zwang. Zivilgesellschaft und Politik im Staatsverständnis Antonio Gramscis, Baden-Baden: Nomos Verlagsgesellschaft. S. 21-41.

Bieling, Hans Jürgen/Frank Deppe (1996): Internationalisierung, Integration und politische Regulierung. In: Jachtenfuchs, Markus/Beate Kohler-Koch: Europäische Integration. Opladen. Leske & Budrich. S. 481-511.

Deutsches Institut für Menschenrechte (2003): Russland auf dem Weg zum Rechtsstaat? Antworten aus der Zivilgesellschaft. Berlin.

Diamond, Larry (1997): Promoting democracy in the 1990s: actors, instruments and issues. In: Hadenius, Axel (Hg.) (1997): Democracy's victory and crisis. Nobel Symposium No.93. Cambridge: Cambridge University Press.

DiMaggio, Paul J./Powell Walter W. (1983): The Iron Cage Revisited: Institutional Isomorphism and Collective Rationality in Organizational Fields. In: American Sociological Review 1983, Vol. 48. (April). S. 147-160.

Dittmann, Frank (2009): Technik versus Konflikt. Wie Datennetze den Eisernen Vorhang durchdrangen. In: Osteuropa. Vol. 59, 10/2009. S. 101-119.

Djelic, Marie-Laure (2006): Marketization: From intellectual agenda to global policymaking. In: Djelic, Marie-Laure/Kerstin Sahlin-Anderson (Hg.) (2006): Transnational Governance, Institutional Dynamics of Regulation. Cambridge (Mass.) /London: Harvard University Press. S. 53-73.

Djelic, Marie-Laure/Kerstin Sahlin-Anderson (2006): Institutional dynamics in reordering world. In: Djelic, Marie-Laure/Kerstin Sahlin-Anderson (Hg.): Transnational Governance, Institutional Dynamics of Regulation. Cambridge (Mass.)/London: Harvard University Press. S. 375-397.

Dobbin, Frank/Beth Simmons/Geoffrey Garrett (2007): The Global Diffusion of Public Policies: Social Construction, Coercion, Competition, or Learning? In: Annual Revue of Sociology 2007: 33. S.449-472.

Donath, Klaus-Helge (2008): Das Kreml-Syndikat. Berlin: Rotbuch Verlag.

Draheim, Susanne/Tilman Reitz (2007): Streit der Exzellenzen. Die konservative Kritik des deutschen Bologna Prozesses. In: Das Argument, 272/2007. S. 491-501.

Drori, Gili S./John W. Meyer (2006): Scientization: Making a world safe for organizing. In: Djelic, Marie-Laure/Kerstin Sahlin-Anderson (Hg.) (2006): Transnational Governance, Institutional Dynamics of Regulation. Cambridge (Mass.)/London: Harvard University Press. S. 31-52.

Dubiel, Helmut (1993): Reflexive Modernisierung, Zivilgesellschaft und die Transformation Mittelosteuropas. In: Deutsche Gesellschaft für Soziologie (Hg.): Lebensverhältnisse und soziale Konflikte im neuen Europa. Verhandlungen des 26. Deutschen Soziologentages in Düsseldorf 1992. Frankfurt/New York: Campus Verlag. S. 166-173.

Duina, Francesco/Tapio Raunio (2007): The open method of co-ordination and national parliaments: further marginalization or new opportunities? In: Journal of European Public Policy, 14:4, June 2007.S. 489-506.

Düwell, Kurt (2009): Zwischen Propaganda und Friedensarbeit – 100 Jahre Geschichte der deutschen Auswärtigen Kulturpolitik. In: Maaß, Kurt-Jürgen (Hg.) (2009): Kultur und Außenpolitik. Handbuch für Studium und Praxis. Baden-Baden: Nomos Verlagsgesellschaft. S. 61-111.

Efremov, Alexander P. (2006): Bolonskie prinzipy i rossijkie regiony. In: Ministry of Education and Science of the Russian Federation/Kazan State University/Program UE Tempus-Tacis (Hg.): Rossija i Evropejskoe vysšee obrazovanie. Obšye boloskije strategii i regional'nye Praktiki. Kazan': Kazanskij Gosudarstvennyj Universitet. S.7-13.

Eicher, Claudia/Timm Beichelt (2006): Osteuropa. In: Merkel, Wolfgang et.al. (2006): Defekte Demokratie. Band 2: Regionalanalysen. Wiesbaden: VS Verlag für Sozialwissenschaften. S.295-364.

Ehrke, Michael (2000): Zivilgesellschaft und Sozialdemokratie. Arbeitspapier der Analyseeinheit Internationale Politik der Friedrich-Ebert-Stiftung. Bonn, Friedrich-Ebert Stiftung, 2000.

Eimermacher, Karl/Anne Hartmann (Hg.) (2000): Fluchtlinien. Topographie der Bildungslandschaft Rußlands. Bochum: Lotman-Institut für Russische und Sowjetische Kultur, Ruhr-Universität Bochum.

Eimermacher, Karl/Ursula Justus (Hg.) (2002): Vom Sinn und Unsinn westlicher Förderung in Rußland. Bochum: Lotman-Institut für Russische und Sowjetische Kultur, Ruhr-Universität Bochum.

Eisfeld, Rainer/Leslie A. Pal (2010): Political Science in Central-East Europe and the impact of politics: factors of diversity, forces of convergence. In: European Political Science 9/2010. S. 223-243.

Ellwein, Thomas (1992): Die deutsche Universität vom Mittelalter bis zur Gegenwart. Frankfurt am Main: Anton Hain Verlag.

Elsenhans, Hartmut (1997): Konzepte und Chancen nationaler Wirtschafts- und Gesellschaftspolitik im Zeitalter der Globalisierung. In: Fricke, Werner (Hg.) (1997): Jahrbuch Arbeit und Technik. Globalisierung und institutionelle Reform. Bonn: Verlag J.H.W. Dietz Nachfolger. S. 147-158.

Elsenhans, Hartmut (2000): Individualistische Strategien der Haushalte zur Zukunftssicherung: Grundlage für den Niedergang des wohlfahrtsstaatlichen Kapitalismus. Unveröffentlichtes Manuskript Universität Leipzig, Seminar "Internationalisierung der Finanzmärkte", Sommersemester 2000.

Elsenhans, Hartmut (2001): Das internationale System zwischen Zivilgesellschaft und Rente. Münster/Hamburg/London: LIT-Verlag.

Elzinga, Aant (1996): Unesco and the Politics of Scientific Internationalism. In: Elzinga, Aant/Catharina Landström (Hg.) (1996): Internationalism and Science. London/Los Angeles: Taylor Graham. S.21-45.

Endovnikij D.A. /A.A. Fedschenko (2009): Oplata truda rabotnikov vuza: realnost' I perspektivy. In: Vysšee obrazovanie v Rossii. № 3, 2009. S.12-21.

Engels, Anita (2006): Globalisierung der universitären Forschung. Beispiele aus Deutschland und USA. In: die hochschule. 1/2006. S. 115-133.

Engelhardt, von Dietrich (2011): Deutsch-russische Wissenschaftsbeziehungen um 1800 im europäischen Kontext. In: Riha, Ortrun/Marta Fischer (Hg.) (2011): Naturwissenschaft als Kommunikationsraum. Internationale Tagung, Leipzig 29.9.-1.10.2010. Aachen: Shaker Verlag. S.27-48.

Entin, Mark L. (2005): On the prospects for the Establishment of the Common Space of Education between the Russian Federation and the European Union. In: Russian-European Centre for Economic Policy (2005): The Bologna Process and its Implications for Russia. The European Integration of Higher Education. Moskau: RECEP. S.52-62.

Erkkilä, Tero /Piironen, Ossi (2009): Politics and Numbers. The Iron Case of Governance Indices. In Cox, Raymond (Hg.) Ethics and Integrity of Public Administration: Concepts and Cases.Armonk: ME Sharpe. S.125-145.

354   RENÉ LENZ

Erler, Gernot (2005): Russland kommt. Putins Staat - der Kampf um Macht und Modernisierung. Freiburg: Herder Verlag.

Erofeev, Sergej A. (2006): Russia and European Higher Education: General Bologna Strategies and Regional Practices. Kazan: Pechatny dwor.

Ettrich, Frank (2005): Editorial. In: Berliner Journal für Soziologie. Heft 3/2005. S.305-308.

Faist, Thomas (2000): Jenseits von Nation und Post-Nation. Transstaatliche Räume und Doppelte Staatsbürgerschaft. In: Zeitschrift für Internationale Beziehungen. 7. Jg. Heft 1 Juni 2000. S. 109-144.

Fedorov I. B./ Korshunov S. V./ E.V. Karavaeva (2009): Struktura podgotovki v vysšee Škole: analiz izmenenij v zakonodatel'stve Rossijckoj Federazij. Vysšee obrazovanie v Rossij . № 5, 2009. S. 3-14.

Fein, Elke (2002): Zivilgesellschaftlicher Paradigmenwechsel oder PR-Aktion: zum ersten allrussischen "Bürgerforum" im Kreml. In: Osteuropa, 2/2002. S. 158-179.

Finger, Claudia (2012): Steht die Welt allen offen? Bologna und die internationale Mobilität der Studierenden. WZBrief Bildung, Wissenschaftszentrum Berlin für Sozialforschung vom 20. April 2012. Hier URL (letzter Zugriff 1.2.2013): http://bibliothek.wzb.eu/wzbrief-bildung/WZBriefBildung202012_finger.pdf

Finnemore, Martha/Sikkink, Kathryn (1998): International Norm Dynamics and Political Change. In: International Organization 52. Jg., Autumn 1998. S. 887-917.

Florian, Michael (2008): Felder und Institutionen. Der soziologische Neo-Institutionalismus und die Perspektiven einer praxistheoretischen Institutionenanalyse. In: Berliner Journal für Soziologie 18, Heft 1, 2008, S. 129-155.

Fomin, E./I. Oswald/V. Voronkov (1995): Armament, Migration, and Brain Drain. The Military Industrial Complex and Scientific Institutions in Russia. Cente for Independent Social Research, St. Petersburg. Hier URL (letzter Zugriff am 23.1.2013): http://cisr.ru/files/publ/wp1_en.pdf

Forschungsgruppe Weltgesellschaft (1996): Weltgesellschaft. Zur Identifizierung eines ‚Phantoms'. In: Politische Vierteljahresschrift 37. S. 5-26.

Frank, David John/Wong, Suk-Ying/Meyer, John W./Ramirez, Francisco 0 .(2000): What Counts as History: A Cross-National and Longitudinal Study of University Curricula. In: Comparative Education Review, Vol. 44, No. 1. (Feb., 2000). S. 29-53.

Frantz, Christiane/Zimmer, Annette (2002): Zivilgesellschaft international – NGOs als Global Players. Opladen: Leske & Budrich.

Frei, Daniel (1986): "Fehlwahrnehmungen" und internationale Verständigung. Ein theoretischer und empirischer Ansatz mit einer Anwendung auf die sowjetisch-amerikanischen Beziehungen. In: Politische Vierteljahresschrift, Jg. 27, Heft 2 Juni 1986, S. 159-175.

Freire, Maria Raquel (2009): The EU and Russia. Forging a strategic Partnership? In: Kanet, Roger A. (Hg.) (2009): A resurgent Russia and the West. The European Union, NATO and beyond. Dordrecht: Republic of the Letters. S. 71-92.

Freise, Matthias (2004): Externe Demokratieförderung in postsozialistischen Transformationsstaaten. Münster: LIT Verlag.

Freise, Matthias (2005): Demokratie-Bildung. Die Förderung der Zivilgesellschaft in Ostmitteleuropa. In: Osteuropa, 55. Jg., 8/2005. S. 83-93.

Frenken, Koen/Jarno Hoeman/ Sjoerd Hardeman (2010): The globalization of research collaboration. In: United Nations Educational, Scientific and Cultural Organization / International Social Science Council (Hg.): World Social Science Report. Knowledge Divides. Paris: UNESCO Publishing. S. 145-148.

Fricke, Werner (Hg.) (1997): Jahrbuch Arbeit und Technik. Globalisierung und institutionelle Reform. Bonn: Verlag J.H.W. Dietz Nachfolger.

Friedland, Roger (2009): The endless fields of Pierre Bourdieu. In: Organization. Volume 16(6). S. 887-917.

Friedrich, Hans R. (2005): Der Bologna-Prozess nach Bergen. Perspektiven für die deutschen Hochschulen. In: die hochschule 2/2005, 14. Jahrgang. S. 114-135.

Friedrich-Ebert-Stiftung (Hg.) (2009): Arbeitsplatz Hochschule. Zum Wandel von Arbeit und Beschäftigung in der "unternehmerischen Universität". Memorandum des des Arbeitskreises Dienstleistungen der Friedrich-Ebert-Stiftung: Bonn. Hier URL (letzter Zugriff 12. 9. 2009): http://library.fes.de/pdf-files/wiso/06669.pdf

Freunek, Sigrid (2005): Učit'sja, učit'sja und nochmals učit'sja: Einige Schlüsselbegriffe des russischen Hochschulbetriebs und was dahintersteckt. In: Umland, Andreas (2005): Geistes- und sozialwissenschaftliche Hochschullehre in Osteuropa I. Eindrücke. Erfahrungen und Analysen deutscher Gastlektoren. Frankfurt et. al.: Peter Lang Verlag S.49-62.

Fröhlich, Christian (2009): Internationale Förderung und politische Kultur in der russischen Zivilgesellschaft. Das Beispiel der NGOs in der Behindertenhilfe.In: russlandanalysen 188/09; Hier URL (letzter Zugriff 10.1.2013): http://www.laender-analysen.de/russland/pdf/Russlandanalysen188.pdf

Frühwald, Wolfgang (2005): Die Universität als "Cosmopolitan local institution" Welche Chancen haben die deutschen Hochschulen im internationalen Wettbewerb? In: Forschung und Lehre. 5/2005. S. 243-245.

Füllsack, Manfred (2004): Reform oder Restauration? Zur Transformation der Höheren Bildung im östlichen Europa. In: Österreichische Osthefte. Jg. 46. Münster et. al. S. 143-160.

Fursenko, Andrej Aleksandrovič (2004): O sostojanii i osnovnych napravlenijach rasvitija zakonodatelstva. In: Voprosy obrazovanija. No.1, 2004. S. 31-47.

Füssel, Hans-Peter/Achim Lechinsky (2008): Der institutionelle Rahmen des Bildungswesens. In: Cortina, Kai S. et. al. (Hg.) (2008): Das Bildungswesen in der Bundesrepublik Deutschland. Strukturen und Entwicklungen im Überblick. Reinbek: Rowohlt Verlag. S. 144-179.

Galbas, Michael/Rainer Lindner (2008): Russlands Wissenschaft unter Druck. Schließung der Europäischen Universität in St. Petersburg vorerst abgewendet. Diskussionspapier, Stiftung Wissenschaft und Politik, Berlin, April 2008.

Gallup Organization (2009): Students and Higher Education Reform. Survey among students in higher education institutions in the EU Member States, Croatia, Iceland and Turkey. Flash Eurobarometer. Brussels: European Commission. Hier URL (letzter Zugriff 1.3.2013): http://ec.europa.eu/public_opinion/flash/fl_260_en.pdf

Gartenschläfger, Uwe (2000): Zur Rolle von Nichtregierungsorganisationen in der russischen Erwachsenenbildung. In: Eimermacher, Karl/Anne Hartmann (Hg.) (2000): Fluchtlinien. Topographie der Bildungslandschaft Rußlands. Bochum. S. 139-152.

Gavrilov, V.S./V.I. Kolesnikov/E.V. Olesyeyuk/ A.A. Shulus (2009): K vobrosu o nazianalnych modeljach obrazovaniya. In: Vyzshee obrazovanie v Rossii. 3/2009. S. 137-149.

Gerber, Sascha/Jörg Bogumil/Rolf G. Heinze/Stephan Grohs (2009): Hochschulräte als neues Steuerungsmodell. In: Bogumil, Jörg/Rolf G. Heinze (Hg.) (2009): Neue Steuerung von Hochschulen. Eine Zwischenbilanz. Berlin: edition sigma. S. 93-122.

Gerhards, Jürgen/Jörg Rössel (1999): Zur Transnationalisierung der Gesellschaft der Bundesrepublik. Entwicklungen, Ursachen und mögliche Folgen für die europäische Integration. In: Zeitschrift für Soziologie, Jg. 28, Heft 5, Oktober 1999. S. 325-344.

Giddens, Anthony (1984): The Constitution of Society. Outline of the Theory of Structuration. Cambridge/Malden: Polity Press.

Giddens, Anthony (1998): The Third Way. The Renewal of Social Democracy. Cambridge/Malden: Polity Press.

Giesen, Bernhard (1993): Intellektuelle, Politiker und Experten: Probleme der Konstruktion einer europäischen Identität. In: Deutsche Gesellschaft für Soziologie (Hg.): Lebensverhältnisse und soziale Konflikte im neuen Europa. Verhandlungen des 26. Deutschen Soziologentages in Düsseldorf 1992. Frankfurt/New York: Campus Verlag. S. 492-504.

Giesen, Klaus-Gerd (2004): Einleitung: Ideologien und Weltpolitik. In: Giesen, Klaus-Gerd (Hg.): Ideologien in der Weltpolitik. Wiesbaden: VS Verlag für Sozialwissenschaften. S. 9-18.

Giesen, Klaus-Gerd/ Kees van der Pijl (Hg.) (2006): Global Norms in the Twenty-First Century. Newcastle: Cambridge Scholars Press.

Gill, Stephen (1993): Gramsci, Historical Materialism and International Relations. Cambridge: Cambridge University Press.

Gill, Stephen/David Law (1989): Global hegemony and the structural power of capital. In: International Studies Quarterly, Vol.33, No.4 (Dec.1989). S. 475-499.

Gingras, Yves/ Sébastien Mosbah-Natanson (2010): Where are social sciences produced? In: United Nations Educational, Scientific and Cultural Organization/International Social Science Council (Hg.): World Social Science Report. Knowledge Divides. Paris: UNESCO Publishing. S.149-153.

Gläser, Jochen/Lange, Stefan (2007): Wissenschaft. In: Benz, Arthur/Lütz, Susanne/Schimank, Uwe/Simonis, Georg (Hg.): Handbuch Governance. Theoretische Grundlagen und empirische Arbeitsfelder. Wiesbaden: VS Verlag für Sozialwissenschaften. S. 437-451.

Gläser, Jochen/Lange, Stefan (2009): Governance-Reformen nationaler Hochschulsysteme. Deutschland in internationaler Perspektive. In: Bogumil, Jörg/Rolf G. Heinze (Hg.): Neue Steuerung von Hochschulen. Eine Zwischenbilanz. Berlin: edition sigma. S. 123-137.

Gläser, Jochen/Peter Weingart (2010): Die Exzellenzinitiative im internationalen Kontext. In: Leibfried, Stefan (Hg.) (2010): Die Exzellenzinitiative. Zwischenbilanz und Perspektiven. Frankfurt am Main/New York: Campus Verlag. S. 233-258.

Goldstein, Judith/ Robert O. Keohane (1993): Ideas and Foreign Policy: Beliefs, Institutions, and Political Change. Ithaca/London.

Goldschmidt, Daniel (1991): Die gesellschaftliche Herausforderung der Universität. Historische Analysen, internationale Vergleiche, globale Perspektiven. Weinheim: Deutscher Studienverlag.

Goldthau, Andreas/ Oliver Schütt (2005): Ursachen, Mechanismen und Auswirkungen von Korruption an russischen   Hochschulen: ein Fallbeispiel aus Sibirien. In: Umland, Andreas (2005): Geistes- und sozialwissenschaftliche Hochschullehre in Osteuropa I. Eindrücke. Erfahrungen und Analysen deutscher Gastlektoren. Frankfurt et. al.: Peter Lang Verlag. S. 105-117.

Golombek, Hans (2006): Strategien und Aufgaben des Deutschen Akademischen Austauschdienstes (DAAD) bei der Entwicklung von Humanressourcen in Deutschland und den MOE-Staaten. Plenarvortrag. In: Scherm, Ilona/Rainhart Lang (Hg.) (2006): Humanressourcen gemeinsam entwickeln?! Tagungsband des 2. Sächsischen Mittel- und Osteuropatages am 20.Mai 2005. Frankfurt am Main et. al.: Peter Lang Verlag. S. 40-57.

Gorbunowa, Ekaterina Michailovna (2008): Osnovnye resul'taty monitoringa učastija Rossii v Bolonskom prozesse: Bolon'ja glazami studentov. In: Vestnik meždunarodnych organizacij: obrazovanie ,nauka, novaja ekonomika. №2, Moskau, 2008. Hier URL (letzter Zugriff 2.12.2009): http://www.iori.hse.ru/es/materials/gor_osn_rez.pdf

Gorbunova, Katya M/ Konstantin S. Furso/Elena A. Karpukhina (2007): Transnational commercial provision of higher education: the case of Russia. In: Martin, Michaele (Hg.): Cross-border higher education: regulation, quality assurance and impact. Argentina, Kenya, Russia. Volume II. International Institute for Educational Planning. S. 219-346. Hier URL (letzter Zugriff 10.1.2013): http://unesdoc.unesco.org/images/0015/001578/15789 9e.pdf

Görg, Christoph (2002): Einheit und Verselbständigung. Probleme einer Soziologie der "Weltgesellschaft". In: Zeitschrift für Internationale Beziehungen 9: 2/2002. S. 275-304.

Gornitzka, Åse (2006): The Open Method of Coordination as practice – A watershed in European education policy? Working Paper, Nr. 16, December 2006. University of Oslo, Centre for European Studies, Arena Institut, Oslo.

Gornitzka, Åse (2007): Networking Administration in Areas of National Sensitivity - The Commission and European Higher Education Working Paper No. 02, January 2007. University of Oslo, Centre for European Studies, Arena Institut, Oslo.

Gornitzka, A. (2010): Bologna in Context: a Horizontal Perspective on the Dynamics of Governance Sites for a Europe of Knowledge. European Journal of Education, 45, S. 535–548.

Gornitzka, Å./Maassen, P./Olsen, J. P. /Stensaker, B. (2007): "Europe of Knowledge": Search for a New Pact. Working Paper, Nr. 03, February 2007. University of Oslo, Centre for European Studies, Arena Institut, Oslo.

Gorzka, Gabriele/Peter W. Schulze (Hg.) (2004): Wohin steuert Russland unter Putin? Der autoritäre Weg in die Demokratie. Frankfurt a. M./New York: Campus Verlag.

Gorzka, Gabriele/Ute Lanzendorf (Hg.) (2006): Russlands Hochschulen und Forschungseinrichtungen auf dem Weg nach Europa Eine aktuelle Bestandsaufnahme, (Ost-West-Dialog 9). Kassel.

Gosewinkel, Dieter/Dieter Rucht/Wolfgang van den Daele/Jürgen Kocka (Hg.) (2004): Zivilgesellschaft – national und transnational. Berlin: edition sigma.

Goussakov, M./A.Fomin (1996): National Science and Technology Policies in the Genesis of soviet Russia and the Problems of International Corporation of Scientists: Between Isolation and Openess. In: Elzinga, Aant/Catharina Landström (Hg.) (1996): Internationalism and Science. London/Los Angeles: Taylor Graham. S. 21-45.

Graumann, Olga /Rudolf W. Keck/Michail Pewsner/Anatoli Rakhkochkine/Alexander Schirin (Hg.) (2004): Schul- und Hochschulmanagement: 100 aktuelle Begriffe. Ein vergleichendes Wörterbuch in deutscher und englischer Sprache. Hildesheim: Universitätsverlag Hildesheim.

Gretčenko Anatolij I./Gretčenko, Alexander A. (2009): Bolonskij process: integrazija Rossii v evropeickoe i miravo obrazobatel'noe prostranstvo. Moskau: Knorus.

Grolig, Winfried/Rainer Eugen Schlageter (2007): Auswärtige Kultur- und Bildungspolitik und Public Diplomacy. In: Jäger, Thoams/ Alexander Höse/Kai Oppermann: Deutsche Außenpolitik. Sicherheit, Wohlfahrt, Institutionen und Normen. Wiesbaden: VS Verlag für Sozialwissenschaften. S. 547-566.

Grüttner, Michael (2010): Nationalsozialistische Wissenschaftler: Ein Kollektivporträt. In: Grüttner, Michael/ Rüdiger Hachtmann/ Konrad H. Jarausch/ Jürgen John/ Matthias Middell (Hg.): Gebrochene Wissenschaftskulturen. Universität und Politik im 20. Jahrhundert. Göttingen: Vandenhoeck & Ruprecht. 149-166.

Gudkov, Lev/Victor Zaslavsky (2011): Russland. Kein Weg aus dem postkommunistischen Übergang. Aus dem Italienischen von Rita Seuß. Berlin Verlag Klaus Wagenbach.

Guilhot, Nicolas (2007): Reforming the World: George Soros, Global Capitalism and the Philanthropic Management of the Social Sciences 1. In: Critical Sociology 2007 (33). S. 447-477.

Gustafson, Thane (1999): Capitalism Russian-Style. Cambridge: Cambridge University Press.

Haas, Peter M. (1992): Introduction: Epistemic Communities and International Policy Co-ordination. International Organization: 46. S. 1–35.

Habermas, Jürgen (1969): Protestbewegung und Hochschulreform. Frankfurt am Main, Suhrkamp Verlag.

Habermas, Jürgen (1994): Faktizität und Geltung. Beiträge zur Diskurstheorie des Recht und des demokratischen Rechtsstaats. Frankfurt am Main: Suhrkamp Verlag.

Hägel, Peter/ Pauline Peretz (2004): States and Transnational Actors. Who's Influencing Whom? A Case Study in Jewish Diaspora Politics during the Cold War. In: European Journal of International Relations, Vol. 11 (4), December 2004. S. 467–493.

Haller, Max (2009): Die Europäische Integration als Elitenprozess. Das Ende eines Traums? VS Wiesbaden: Verlag für Sozialwissenschaften.

Hahn, Karola/Teichler Ulrich (2012): Internationalisierungspolitiken und Strategien im deutschen Hochschulsystem. In: Kehm, Barbara M./Harald Schomburg/Ulrich Teichler (Hg.): Funktionswandel der Universitäten. Differenzierung, Relevanzsteigerung, Internationalisierung. Frankfurt am Main/ New York: Campus Verlag. S. 459-474.

Halffman, Willem/ Loet Leydesdorff (2010): Is Inequality Among Universities Increasing? Gini Coefficients and the Elusive Rise of Elite Universities. In: Minerva (2010) 48. S.55–72.

Halsey, Alber Henry (2010): Der Zugang zur Universität. In: Rüegg, Walter (Hg.) (2010): Die Geschichte der Universität in Europa. Band IV Vom Zweiten Weltkrieg bis zum Ende des 20. Jahrhunderts. München: Verlag C.H.Beck. S.191-216.

Hammerstein, Notker (2004): Universitäten und Kriege im 20.Jahrhundert. In: Ruegg, Walter (Hg.) (2004): Die Geschichte der Universität in Europa. Band III. Vom 19. Jahrhundert zum Zweiten Weltkrieg. München: Verlag C.H. Beck. S. 515-545.

Hammerstein, Notker/Dirk Heibaut (2010): Sozialwissenschaften, Geschichte und Rechtswissenschaft. In: Ruegg, Walter (Hg.) (2004): Die Geschichte der Universität in Europa. Band IV Vom Zweiten Weltkrieg bis zum Ende des 20. Jahrhunderts. München: Verlag C.H. Beck. S.331-375.

Harnisch, Sebastian (2003): Theorieorientierte Außenpolitikforschung in einer Ära des Wandels. In: Hellmann, Gunther/Klaus Dieter Wolf/Michael Zürn (Hg.): Die neuen Internationalen Beziehungen. Forschungsstand und Perspektiven in Deutschland. Baden-Baden: Nomos Verlagsanstalt. S. 313-360.

Harnischfeger, Horst (2007): Auswärtige Kulturpolitik. In: Schmidt,Siegmar/ Gunther Hellmann/Reinhard Wolf (Hg.) (2007): Handbuch zur deutschen Außenpolitik. Wiesbaden: VS Verlag für Sozialwissenschaften. S. 713-723.

Hartmann, Michael (2007): Eliten und Macht in Europa. Ein internationaler Vergleich. Frankfurt am Main/New York: Campus Verlag.

Hartmann, Michael (2010): Die Exzellenzinitiative und ihre Folgen. In: Leviathan (2010) 38, S. 370-387.

Hasse, Raimund/Georg Krücken (2005): Neo-Institutionalismus. Mit einem Vorwort von John Meyer. Bielefeld: Transcript Verlag.

Haß, Ulrike/Nikolaus Müller-Schöll (Hg.) (2009): Was ist eine Universität? Schlaglichter auf eine ruinierte Institution. Bielefeld: Transcript Verlag.

Heidernreich, Maja (2011): Kultur der Partnerschaft – Perspektiven der deutsch-russischen Kulturbeziehungen. Ifa-edition Kultur und Außenpolitik. Stuttgart.

Heinecke, Susann (2011): Die deutsche Russlandpolitik 1991-2005: Entwicklungen und gesellschaftliche Einflüsse in außenpolitischen Entscheidungsprozessen. Dissertation, Universität zu Köln. Hier URL (letzter Zugriff 2.2.2013): http://kups.ub.uni-koeln.de/4329/

Heinemann, Manfred (Hg.) (2000): Hochschuloffiziere und Wiederaufbau des Hochschulwesens in Deutschland 1945-1949. Die Sowjetische Besatzungszone. Berlin: Akademie Verlag.

Heller, Klaus/Hansgerd Göckenjan/Iskander Giljazow/Ilschat Gimadejew/Jan Plamper (2001): Die heutige nationale "Wiedergeburt" der Tataren in Rußland. Forschungsprojekte im Rahmen der Universitätspartnerschaft Gießen- Kasan. In: Spiegel der Forschung 18, (2001), Nr. 1. S. 84-89.

Hellmann, Gunther (2003): Agenda 2020. Krise und Perspektive deutscher Außenpolitik. In: Internationale Politik, 9/2003. S. 39-50.

Hellmann, Gunther et al. (Hg.) (2006): Deutsche Außenpolitik. Eine Einführung. Wiesbaden: VS Verlag für Sozialwissenschaften.

Hempel, Peer (1999): Deutschsprachige Physiker im alten St. Petersburg. Georg Parrot, Emil Lenz und Moritz Jacobi im Kontext von Wissenschaft und Politik. München: Oldenbourg Verlag.

Henderson, Sarah L. (2002): Selling Civil Society. Western Aid and the Nongovernmental Sector in Russia In: Comparative Political Studies, Vol. 35, No.2, März 2002, S. 139-167.

Herborth, Bejamin (2004): Die via media als konstitutionstheoretische Einbahnstraße. Zur Entwicklung des Akteur-Struktur-Problems bei Alexander Wendt. In: Zeitschrift für Internationale Beziehungen, 11 Jg. (2004) Heft 1. S. 61-87.

Hirsch, Joachim (2005): Materialistische Staatstheorie. Transformationsprozesse des kapitalistischen Staatensystems. Hamburg: VSA Verlag.

Hochschulrektorenkonferenz (1995): Die 'Entsowjetisierung' der russischen Hochschule. Historische Voraussetzungen, Anliegen und Verlauf der Hochschulreform in Rußland seit 1985. Mit einem Quellenanhang in Übersetzungen von Gunhild Kaschlun. Dokumente zur Hochschulreform 103/1995. Bonn.

Hödl, Erich/Wolf Zegelin (1999): Hochschulreform und Hochschulmanagement. Eine kritische Bestandsaufnahme der aktuellen Diskussion. Marburg: Metropolis-Verlag.

Höhmann, Hans-Herrmann/Christian Meier/Heinz Timmermann (1997): Rußland und Deutschland in Europa. Aktuelle Entwicklungstrends in den politischen und wirtschaftlichen Entwicklungen. Bericht des BIOst Nr. 38/1997, Bundesinstitut für ostwissenschaftliche und internationale Studien, Köln.

Holmes, Brian/Gerald H. Read/ Natalya Voskresenskaya (1995): Russian education: tradition and transition. New York/London: Garland Publishing.

Holtz, Günter (1980): Der Austausch technisch-wissenschaftlicher Literatur zwischen der Bundesrepublik Deutschland sowie West-Berlin und Osteuropa. In: Deutsche Gesellschaft für Friedens- und Konfliktforschung (Hg.) (1980): DGFK - Jahrbuch 1979/80. Zur Entspannungspolitik in Europa. Baden-Baden: Nomos-Verlagsgesellschaft. S. 791-806.

Horkheimer, Max/Theodor W. Adorno (1996): Dialektik der Aufklärung. Philosophische Fragmente. Frankfurt am Main: Fischer Taschenbuch Verlag.

Hornberg, Sabine (2009): Potential of the World Polity Approach and the Concept 'Transnational Educational Spaces' for the Analysis of New Developments in Education. In: Journal für Bildungsforschung Online. Volume 1 (2009), No. 1. S. 241–253. Hier URL (letzter Zugriff 12.9.2011): http://www.j-e-r-o.com/index.php/jero/article/view/69/57

Hornbostel, Stefan/ Dagmar Simon/Saskia Heise (Hg.) (2008): Exzellente Wissenschaft. Das Problem, der Diskurs, das   Programm und die Folgen. ifQ-Working Paper No. 4, Oktober 2008. Bonn: ifQ – Institut für Forschungsinformation und Qualitätssicherung. Hier URL (letzter Zugriff 1.3.2013): http://www.forschungsinfo.de/Publikationen/Down load/working_paper_4_2008.pdf

Huber, Maria (2005): Demokratieexport nach Osteuropa: US-Strategien in der Ukraine. In: Blätter für deutsche und internationale Politik. 12/2005. S. 1463-1472.

Humboldt, Wilhelm von (1809/1810): Über die innere und äussere Organisation der höheren wissenschaftlichen Anstalten in Berlin. In: Anrich, Ernst (Hg.) (1956): Die Idee der deutschen Universität. Darmstadt: Hermmann Gentner Verlag. S. 375-386.

Imangalijev, Rawil N. (2006): Novaja Germanija v menjajuščemsja mire. Meždunarodnoe položenie i vnšnjaja politika Germanii na rubeže XX-XXI vv. Kazan': Novoe znanie.

Interdisziplinäre Arbeitsgruppe "Exzellenzinitiative" der Berlin-Brandenburgischen Akademie der Wissenschaften (2010): Bedingungen und Folgen der Exzellenzinitiative. In: Leibfried, Stephan (Hg.) (2010): Die Exzellenzinitiative. Zwischenbilanz und Perspektiven. Frankfurt am Main/New York: Campus Verlag. S. 35-50.

Jahn, Egbert (2004): Die Außenpolitik Russlands. In: Knapp, Manfred/Gert Krell: Einführung in die internationale Politik. München/Wien. S. 250-284.

Jaich, Roman (2002): Wieviel Wissen braucht die Zivilgesellschaft? Die Universität zwischen intellektueller Gemeinschaft und Marktplatz. In: Brix, Emil/Nautz, Jürgen (Hg.) (2002): Universitäten in der Zivilgesellschaft. Wien: Passagen Verlag. S. 161-179.

Jansen, Christian (2004): Exzellenz weltweit. Die Alexander von Humboldt-Stiftung zwischen Wissenschaftsförderung und auswärtiger Kulturpolitik (1953-2003). Köln: DuMont Literatur und Kunst Verlag.

Jervis, Robert (1978): Cooperation under the Security Dilemma. In: World Politics 30, Issue 2 (Jan. 1978), S.167-214).

Kaiser, Karl (1969): Transnationale Politik. Zu einer Theorie der multinationalen Politik. In: Politische Vierteljahresschrift 1 (1969). S. 80-109.

362   RENÉ LENZ

Karl Kaiser (1971): Transnational Politics. In: Toward a Theory of Multinational Politics. In: International Organization 25(4). S. 790-817.

Kaiser, Karl/Wolf-Dieter Eberwein (Hg.) (1998): Deutschlands neue Außenpolitik. Band.4: Institutionen und Ressourcen. München: Oldenbourg Verlag.

Kaldor, Mary (2003). Global Civil Society: An Answer to War. Polity Press, Cambridge: Cambridge University Press.

Kamensky, Helene/Gregor Berghorn (2003): Rahmenbedingungen für deutsche Hochschulaktivitäten, DAAD-Länderanalyse Russland. Kassel.

Kašin, Oleg/ Marija Semendjaeva (2012): Park permskogo perioda. Kulturnaja revoljutzija. In: Kommersant vlast, vom 25.6.2012. S. 15-19.

Kastouéva-Jean, Tatiana (2007): Rossija v Bolonskom processe: ocenki četyrechletnego opyta I perspektivy. Vestnik meždunarodnych organizacij, №7, Moskau, 2007. Hier URL (letzter Zugriff 20.1.2009): http://www.ifri.org/files/Russie/bologne_vestnik_kastuevajean.p df

Kastouéva-Jean, Tatiana (2010): «Soft power» russe: discours, outils, impact. Russie.Nei.Reports n°5, Octobre 2010, Centre Russie/NEI, Paris. Hier URL (letzter Zugriff 10.1.2013): http://www.ifri.org/downloads/ifrikastuevajeanrussiasoftpoweroct2010.pdf

Kazanzev, Andrej A./Merkuschev, Vitalij N. (2008): Rossija i postsovetskoe prostranstvo persspektiv ispol'zovanaja "mjakoj sily". Polis, 2/2008. S. 122-135.

Keith, Thomas/Andreas Umland (Hg.) (2006): Geistes- und sozialwissenschaftliche Hochschullehre in Osteuropa II. Deutsche und österreichische Impressionen zur Germanistik und Geschichtswissenschaft nach 1989. Frankfurt am Main et. al.: Peter Lang Verlag.

Keller, Andreas (2000): Hochschulreform und Hochschulrevolte. Selbstverwaltung und Mitbestimmung in der Ordinarienuniversität der Gruppenhochschule und der Hochschule des 21. Jahrhunderts. Marburg: BdWi-Verlag.

Keller, Andreas (2004): alma mater bolognaise. Perspektiven eines Europäischen Hochschulraums im Rahmen des Bologna-Prozesses. Gewerkschaft Erziehung und Wissenschaft: Analysen und Alternativen für Bildung und Wissenschaft, Frankfurt am Main. Hier URL (letzter Zugriff 12.3.2013): http://www2.bdwi.de/texte/001.pdf

Keller, Reiner (2004): Diskursforschung. Eine Einführung für SozialwissenschaftlerInnen. Wiesbaden: VS Verlag für Sozialwissenschaften.

Kellermann, Paul/Manfred Boni/Elisabeth Meyer-Renschhausen (Hg.) (2009): Zur Kritik europäischer Hochschulpolitik. Forschung und Lehre unter dem Kuratel betriebswirtschaftlicher Denkmuster. Wiesbaden, VS Verlag für Sozialwissenschaften.

Kemper, Dirk/ Iris Bäcker (Hg.) (2008): Deutsch-russische Germanistik. Ergebnisse, Perspektiven und Desiderate der Zusammenarbeit. Hier URL (letzter Zugriff 10.1.2013): http://www.dirk-kemper.de/bucher/55-deutsch-russische-germanistik

Kenneth-Nagel, Alexander (2007): Neue Akteure in der Hochschulpolitik. Am Beispiel der »E4-Gruppe« im Bologna-Prozess. In: die hochschule, 2/2007, 16. Jahrgang. S. 54-72.

Keohane, Robert (1998): International Institutions - Can Interdependence Work? In: Foreign Policy, Spring 1998. S. 82-95.

Kieser, Alfred (2010): Unternehmen Wissenschaft? In: Leviathan (2010) 38. S. 347-367.

Kießling, Bernd (1988): Die "Theorie der Strukturierung". Ein Interview mit Anthony Giddens. In: Zeitschrift für Soziologie, Jg. 17, Heft 4, Juni 1988, S. 286-295.

Kitaev, Igor V. (1994): The Labor Market and Education in the Post-Soviet Era. In: Jones, Anthony (Hg.) (1994): Education and Society in the New Russia, Armonk/London: M.E.Sharpe: S. 311-332.

Kljačko, T.L. (2011): Obrazovanie v Rossiiskoj Federacii: problemy i tendencii razvitie načale XXI veka. Mir Rossii. 2011. No.1. S. 98-124.

Klein, Ansgar (2001): Der Diskurs der Zivilgesellschaft. Politische Kontexte und demokratietheoretische Bezüge der neueren Begriffsverwendung. Opladen: Leske & Budrich.

Klein, Eduard (2010): Korruption im russischen Hochschulwesen. In: Arbeitspapiere und Materialien – Forschungsstelle Osteuropa Bremen, Nr. 108. Universität Bremen.

Klemm, Klaus (2009): Bildungsausgaben im föderalen System. Zur Umsetzung der Beschlüsse des ‚Bildungsgipfels'. Friedrich-Ebert-Stiftung, Berlin. Hier URL (letzter Zugriff 1.3.2013): http://library.fes.de/pdf-files/stabsabteilung/06218.pdf

Kocka, Jürgen (1990): Arbeitsverhältnisse und Arbeitsexistenzen. Grundlagen der Klassenbildung im 19.Jahrhundert. Bonn: Verlag J.H. W. Dietz Nachf.

Kolesov, Vasiliy P. (2005): Training of economists in the light of Bologna process: experience of the Department of Economics of the Lomonosov Moscow State University (MSU). In: Russian European Centre for Economic Policy (2005): The Bologna Process and its Implications for Russia. The European Integration of Higher Education. Moskau: RECEP. S. 88-103.

Knapp, Manfred (2004): Die Außenpolitik der Bundesrepublik Deutschland. In: Knapp, Manfred/Krell Gert: Einführung in die Internationale Politik. München/Wien: Oldenbourg Wissenschaftsverlag. S. 135-200.

Knie, Andreas/Holger Braun-Thürmann (2008): Katalysator des Wandels: Die Wirkung der Exzellenzinitiative auf das Verhältnis von Wirtschaft und Wissenschaften. In: Hornbostel, Stefan/ Dagmar Simon, Saskia Heise (Hg.): Exzellente Wissenschaft. Das Problem, der Diskurs, das Programm und die Folgen. ifQ-Working Paper No. 4, Oktober 2008. Bonn: ifQ – Institut für Forschungsinformation und Qualitätssicherung. S. 81-92.

Knill, Christoph (2005): Introduction: Cross-national policy convergence: concepts, approaches and explanatory factors. In: Journal of European Public Policy, 12:5, S. 764-774.

Knill, Christoph/Michael Dobbins (2009): Hochschulpolitik in Mittel- und Osteuropa: Konvergenz zu einem Modell? In: Politische Vierteljahresschrift, PVS (50). S. 226-252.

Knodt, Michèle/Barbara Finke (Hg.) (2005): Europäische Zivilgesellschaft: Konzepte, Akteure, Strategien. Wiesbaden: VS Verlag für Sozialwissenschaften.

Knjazev, Evgenij A. (Hg.) (2001): Rasvitie strategičesskogo podchoda k upravleniju v rossiiskich universitetach. Kazan': Unipress.

Knjazev, Evgenij A. (2001a): Mešdunarodnoe sotruničestvo. In: Ders. (2001): Rasvitie strategičesskogo podchoda k upravleniju v rossiiskich universitetach. Kazan': Unipfress. S. 439-451.

König, Karsten (2006): Verhandelte Hochschulsteuerung. 10 Jahre Zielvereinbarungen zwischen den Bundesländern und ihren Hochschulen. In: König, Karsten (Hg.): Verwandlung durch Verhandlung. Kontraktsteuerung im Hochschulsektor. die hochschule 2/2006, Wittenberg: Institut für Hochschulforschung. S.34-54.

König, Corinna/Michael Männel (2009): Struktur und Entwicklung zivilgesellschaftlicher Organisationen in Russland am Ende der Putinzeit. In: Russland-Analysen, Nr. 181, 24.4.2009. S.3-10. Hier URL (letzter Zugriff 2.3.2013): http://www.laender-analysen.de/russland/pdf/Russlandanalysen181.pdf

Künzel, Rainer (2010): Das Steuerungsproblem in der Studienstrukturreform. In: Wernstedt, Rolf/Marei John-Ohnesorg (Hg.) (2010): 10 Jahre nach Bologna. Ziele und Umsetzung der Studienstrukturreform. Berlin: Friedrich-Ebert-Stiftung. S. 23-27.

Krause, Konrad (2003): Alma Mater Lipsiensis: Geschichte der Universität Leipzig von 1409 bis zur Gegenwart. Leipzig: Leipziger Universitätsverlag.

Krücken, Georg (2006): World Polity Forschung. In: Senge, Konstanze/Kai-Uwe Hellmann (Hg.) (2006): Einführung in den Neo-Institutionalismus. Mit einem Beitrag von W. Richard Scott. Wiesbaden: VS Verlag für Sozialwissenschaften. S. 139-149.

Krücken, Georg (2011): Soziologische Zugänge zur Hochschulforschung. In: die hochschule, 2/2011, 20.Jg. S. 102-116.

Krücken, Georg/Albrecht Blümel/Katharina Kloke (2010): Hochschulmanagement – Auf dem Weg zu einer neuen Profession? In WSI Mitteilungen 5/2010. S. 234-241.

Kruse, Jan (2009): Einführung in die qualitative Interviewforschung. Reader, Seminarunterlage für "Qualitative Interviewforschung und Grounded Theory" FU Berlin Weiterbildungszentrum, unveröffentlicht.

Kryschtanowskaja, Olga (2005): Anatomie der russischen Elite. Die Militarisierung Russlands unter Putin. Köln: Kiepenheuer & Witsch.

Kubicki, Karol/Siegward Lönnendonker (Hg.) (2008): Die Freie Universiät Berlin 1948 - 2007. Von der Gründung bis zum Exzellenzwettbewerb. Göttingen: V&R unipress.

Kuebart, Friedrich (2002): Von der Perestrojka zur Transformation: Berufsausbildung und Hochschulwesen in Rußland und Ostmitteleuropa. Leipzig: Leipziger Universitätsverlag.

Kunczik, Michael (2010): Public Relations: Konzepte und Theorien. Stuttgart: UTB Verlag.

Lämmert, Eberhard (1999): Freie Universität Berlin. Veritas – Iustitia – Libertas. In: Demandt, Alexander (Hg.) (1999): Stätten des Geistes. Große Universitäten Europas von der Antike bis zur Gegenwart. Köln/Weimar/Wien: Böhlau Verlag. S.279-301.

Landström, Catharina (1996): Internationalism between two wars. In: Elzinga, Aant/Catharina Landström (Hg.) (1996): Internationalism and Science. London/Los Angeles: Taylor Graham. S. 46-77.

Landua, Ralf (2008): Am Rand der Dimensionen. Gespräche über die Physik am CERN. Frankfurt am Main: Suhrkamp Verlag.

Lange, Susanne (2004): Zivilgesellschaft und bürgerschaftliches Engagement in Russland. FES, Internationale Politikanalyse, Europäische Politik, Politikinformation Osteuropa. 4/2004.

Langenohl, Andreas/Kirsten Westphal (2006): Internationale Problemlagen - internationale Lehrformen. Bericht über ein sozialwissenschaftliches Lehrforschungsprojekt an den Universitäten Gießen und Kazan (Tatarstan). In: Spiegel der Forschung 23. Jg., 1/2 November 2006. S. 43-47.

Lanvers, Ursula (2011): Language education policy in England. Is English the elephant in the room? In: Apples -Journal of Applied Language Studies. Vol. 5, Jg. 3 , 2011. S. 63-78.

Lanzendorf, Ute/Peer Pasternack (2009): Hochschulpolitik im Ländervergleich. In: Bogumil, Jörg/Rolf G. Heinze (Hg.) Neue Steuerung von Hochschulen. Eine Zwischenbilanz. Berlin: edition sigma. S. 13-44.

Larson, Deborah Welch/Alexei Shevchenko (2003): Shortcut to Greatness: The New Thinking and the Revolution in Soviet Foreign Policy. In: International Organization 57, Winter 2003. S. 77-109.

Leibfried, Stephan (1969): Die angepaßte Universität. Zur Situation der Hochschulen in der Bundesrepublik und den USA. Frankfurt am Main: Suhrkamp Verlag.

Leibfried, Stefan (Hg.) (2010): Die Exzellenzinitiative. Zwischenbilanz und Perspektiven. Frankfurt am Main/New York: Campus Verlag.

Leibfried, Stephan/Martens, Kerstin (2008): PISA – Internationalisierung von Bildungspolitik. Oder: Wie kommt die Landespolitik zur OECD? In Leviathan, 1/2008. S. 3-14.

Lenz, René (2007): Externe bildungspolitische Akteure in der Russischen Föderation. Das Beispiel der Robert Bosch Stiftung." In: Beiträge für die 15. Tagung Junger Osteuropa-Experten vom 23. – 25. November 2007 Europäische Akademie Berlin: "Regimewechsel und Gesellschaftswandel in Osteuropa" Arbeitspapiere und Materialien. Forschungsstelle Osteuropa Bremen. S. 119-123.

Lenz, René (2009): Demokratie und die Reformen im Hochschulsektor. Der hochschulpolitische Wandel in Deutschland" 22.-25.10.2009 Hallstatt, Österreich: Konferenz Momentum09/Freiheit. Hier URL (letzter Zugriff 10.4.2013): http://momentum-kongress.org/cm s/uploads/documents/Lenz_Finaler%20Beitrag%20200915_9_2011_3446.pdf

Lenz, René (2010): Bologna or Potemkin village? Higher Education Institutions as part of the modernisation process in Russia. Im Slot 252 "Is Higher Education Fit for Knowledge Society?" während der "Standing Group International Relations 7th Pan-European International Relations Conference" in Stockholm 9.-11. September 2010.

Lenz, René (2011): Russlands Hochschulen im Modernisierungsprozess. Zur Frage einer Integration in den Europäischen Hochschulraum. In: die hochschule. journal für wissenschaft und bildung, 2/2011, S. 146-160.

Lerch, Marika (2004): Menschenrechte und europäische Außenpolitik. Eine konstruktivistische Analyse. Wiesbaden: VS Verlag für Sozialwissenschaften.

Levinson, Aleksej (2007): Das "Phänomen L". Zum ersten Todestag von Jurij Levada (1930-2006). In: Osteuropa, 57. Jg, 10/2010. S. 85-94.

Liebold, Renate/Rainer Trinczek (2009): Experteninterviews. In: Kühl, Stefan/Petra Strodtholz/Andreas Taffertshofer Hg.): Handbuch Methoden der Organisationsforschung. Quantitative und Qualitative Methoden. Wiesbaden: VS Verlag für Sozialwissenschaften. S.32-56.

Light, Margot (2005): Foreign Policy. In: White, Stephen/Zvi Gitelman/ Richard Sakwa (Hg.) (2005): Develpoments in Russian Politics. Houndmills/New York: Palgrave Macmillan. S. 221-240.

Link-Heer, Ursula (2008): Die Universität im Würgegriff von CHE-Consult: Ein Regimewechsel von noch nicht begriffener Gewalt. In: Ulrike Hass, Nikolaus Müller-Schöll (Hg.): Was ist eine Universität? Schlaglichter auf eine ruinierte Institution. Bielefeld: Transcript Verlag. S. 55-68.

Lockwood, Geoffrey (2010): Management. In: Ruegg, Walter (Hg.) (2010): Die Geschichte der Universität in Europa. Band IV Vom Zweiten Weltkrieg bis zum Ende des 20. Jahrhunderts. München: Verlag C.H. Beck.S.121-152.

Lorenz, Chris (2006). Will the universities survive the European integration? Higher education policies in the EU and in the Netherlands before and after the Bologna Declaration. In: Sociologia Internationalis 44 (2006), Nr. 1, S. 123-153.

Lomagin, Nikita A. (2009): The Russian perception of Europe and its implication for Russia-EU relations. In: Kanet, Roger A. (Hg.) (2009): A resurgent Russia and the West. The European Union, NATO and beyond. Dordrecht: Republic of the Letters. S. 55-70.

Lugunova, Olga Sergeeva (2009): Osobenosti postroenija denovych strargij vuzami Moskvy. In: Socis, No.11 (307) 2009. S. 117-124.

Luhmann, Niklas (1987): Die Richtigkeit soziologischer Theorie. In: Merkur, Deutsche Zeitschrift für europäisches Denken, Heft 1, 41. Jg. Januar 1987, S. 36-49.

Luhmann, Niklas (1992): Die Universität als Milieu. Hrsg. Von André Kieserling. Bielefeld: Haux.

Luhmann, Niklas (2000): Die Politik der Gesellschaft. Hrsg. von André Kieserling. Frankfurt am Main: Suhrkamp Verlag.

Luijten-Lub, Anneke (2007): Choices in Internationalisation. How higher education institutions respond to internationalisation, europeanisation and globalisation. Dissertation, Universität Twente. Hier URL (letzter Zugriff 20.6.2008): http://www.utwente.nl/cheps/phdporta l/CHEPS%20Alumni%20and%20Their%20Theses/thesisluijtenlub.pdf

Lütz, Susanne (2007): Policy-Transfer und Policy-Diffusion. In: Benz, Arthur et. al. (2007): Handbuch Governance. Theoretische Grundlagen und empirische Arbeitsfelder. Wiesbaden: VS Verlag für Sozialwissenschaften. S. 437-451.

Maasen, Sabine/Peter Weingart (2006): Unternehmerische Universität und neue Wissenschaftskultur. In: die hochschule 1/2006, S. 19-45.

Maaß, Kurt-Jürgen (2003): Die Struktur der auswärtigen Kulturbeziehungen Deutschlands. Papier, Institut für Auslandsbeziehungen. Stuttgart. Hier: URL (letzter Zugriff 12.1.2012) http://cms.ifa.de/fileadmin/content/ueber_uns/downloads/akp_struktur.pdf

Maaß, Kurt-Jürgen (Hg.) (2005): Kultur und Außenpolitik. Handbuch für Studium und Praxis. Baden-Baden: Nomos Verlagsgesellschaft.

Maaß, Kurt-Jürgen (2009): Das deutsche Modell – Die Mittlerorganisationen. In: Maaß, Kurt-Jürgen (Hg.) (2009): Kultur und Außenpolitik. Handbuch für Studium und Praxis. Baden-Baden: Nomos Verlagsgesellschaft. S. 269-291.

Maksimycev, Igor' Fedorovic (2005): Russo-German relations: what will tomorrow bring? In: International Affairs, 51 (2005) 5. S. 102-110.

Malerius, Stephan/Eveline Odermatt (2005): Die Zivilgesellschaft stärken. Der Deutsch-Russische Austausch. In: Osteuropa, 55.Jg., 8/2005. S. 175-184.

Mangott, Gerhard (2002a): Zur Demokratisierung Russlands. Band 1 Russland als defekte Demokratie. Baden-Baden: Nomos Verlagsgesellschaft.

Mangott, Gerhard (Hg.) (2002b): Zur Demokratisierung Russlands. Bd. 2., Leadership, Parteien, Regionen und Zivilgesellschaft. Baden-Baden: Nomos Verlagsgesellschaft.

March, James G./ Johann P. Olsen (1984): The New Institutionalism: Organizational Factors in Political Life. In: American Political Science Review, Vol.78, No.3, September 1984. S. 734-749.

March James G./Olsen, Johan P. (1989): Rediscovering Institutions. The Organizational Basis of Politics. New York: The Free Press.

March, James G./Olsen, Johan P. (1998): The Institutional Dynamics of International Political Orders. In: International Organization 52 (4), S. 943-969.

Marginson, Simon (2008): Global field and global imaning: Bourdieu and worldwide higher education. In: British Journal of Sociology of Education. Vol. 29, No. 3, May 2009. S. 303-315.

Marginson, Simon (2009): University Rankings, Government and Social Order. Managing the field of higher education accordinmg to the logic of the perfomative present-as-future. In: Simons, M./ M. Olssen/ M. Peters (Hg.): Re-reading Education Policies: Studying the policy agenda of the 21th century. Rotterdam: Sense Publishers.

Marginson, Simon/van der Wende, Marijk (2007): Globalisation and Higher Education. OECD Education Working Paper No.8, EDU/WKP(2007)3. Paris. Hier URL (letzter Zugriff 10.3.2013): http://doc.utwente.nl/60264/1/Marginson07globalisation.pdf

Martens, Kerstin/Klaus Dieter Wolf (2006): Paradoxien der Neuen Staatsräson. Die Internationalisierung der Bildungspolitik in der EU und der OECD. In: Zeitschrift für Internationale Beziehungen, 13. Jg.(2006) Heft 2. S. 145-176.

Mastanduno, Michael (1985): Strategies of Economic Containment: U.S. Trade Relations with the SovietUnion. In: World Politics, 1985, Vol.37(4). S. 503-531.

Maull, Hanns W. (2004): "Normalisierung" oder Auszehrung? Deutsche Außenpolitik im Wandel. In: Aus Politik und Zeitgeschichte B11/2004). S. 17-23. .

Maull, Hanns / Harnisch, Sebastian / Grund, Constantin (Hg.) (2004): Deutschland im Abseits? Rotgrüne Außenpolitik 1998-2003. Baden-Baden: Nomos Verlagsgesellschaft.

McIntosh Sundstrom, Lisa (2005): Foreign Assistance, International Norms, and NGO Development: Lessons from the Russian Campaign. In. International Organization 59, April 2005. S. 419-449.

Meier, Christian (2003): Deutsch-Russische Beziehungen auf dem Prüfstand. Der Petersburger Dialog 2001-2003. SWP-Studie S 10, März 2003, Berlin: Stiftung Wissenschaft und Politik.

Meier, Frank (2009): Die Universität als Akteur. Zum institutionellen Wandel der Hochschulorganisation. Wiesbaden: VS Verlag für Sozialwissenschaften.

Meister, Stefan (2007): Russlands Hochschulpolitik zwischen Wettbewerb und staatlicher Kontrolle. In: Russlandanalysen Nr. 132. 27.4.2007. S. 4-6. Hier URL (letzter Zugriff 1.3.2013):   http://www.laender-analysen.de/dlcounter/dlcounter.php?url=../russland/pdf/Russlandanalysen132.pdf

Meister, Stefan (2008): Das postsowjetische Universitätswesen zwischen nationalem und internationalem Wandel: Die Entwicklung der regionalen Hochschule in Russland als Gradmesser der Systemtransformation. Stuttgart: Ibidem-Verlag.

Meister, Stefan (2009a): Bologna po russkij. Internationalisierung der Hochschulbildung. In. Osteuropa. 59. Jg, 5/2009. S. 59-71.

Meister, Stefan (2009b): Föderale Hochschulen – Russlands neue Kaderschmieden? In: Russland-Analysen 185/09. S. 2-5. Hier URL (letzter Zugriff 11.3.2013): http://www.laender-analysen.de/russland/pdf/Russlandanalysen185.pdf

Mense-Petermann, Ursula (2006): Das Verständnis von Organisation im Neo-Institutionalismus. Lose Koppelung, Reifikation, Institution. In: Senge, Konstanze/Kai-Uwe Hellmann (Hg.) (2006): Einführung in den Neo-Institutionalismus. Mit einem Beitrag von W. Richard Scott. Wiesbaden: VS Verlag. S. 62-74.

Merkel, Wolfgang (2007): Gegen alle Theorie. Die Konsolidierung der Demokratie in Ostmitteleuropa. In: Politische Vierteljahreszeitschrift. 48. Jg., September 3/2007. S. 413-433.

Merkel, Wolfgang/Hans-Jürgen Puhle/ Aurel Croissant (2003): Defekte Demokratie. Band 1: Theorien und Probleme. Opladen: Leske & Budrich.

Merkel, Wolfgang/Hans-Jürgen Puhle/Aurel Croissant/ Peter Thiery (Hg.) (2006): Defekte Demokratie. Band 2: Regionalanalysen. Wiesbaden.

Merle, Marcel (1976): Sociologie des relations internationales. Paris: Dalloz.

Metzler, Gabriele (2010): Deutschland in den internationalen Wissensbeziehungen, 1900-1930. In: Grüttner, Michael/ Rüdiger Hachtmann/ Konrad H. Jarausch/ Jürgen John/ Matthias Middell (Hg.): Gebrochene Wissenschaftskulturen. Universität und Politik im 20. Jahrhundert. Göttingen: Vandenhoeck & Ruprecht. S. 55-82.

Meyer, John W. (1977): The effects of education as an institution. American Journal of Sociology, Vol. 83, No. 1 (Juli, 1977). S. 55-77.

Meyer, John W. (2005a): Weltkultur. Wie die westlichen Prinzipien die Welt durchdringen. Frankfurt am Main: Suhrkamp Verlag.

Meyer, John W. (2005b): Vorwort. In: Hasse, Raimund /Georg Krücken (2005): Neo-Institutionalismus. Mit einem Vorwort von John Meyer. Bielefeld: Transcript Verlag, S. 5-12.

Meyer, John W. (2007): Globalization. Theory and Trends. In: International Journal of Comparative Sociology, 2007, 48. S. 261-273.

Meyer, John W./Boli, John/Thomas, George M./Ramirez, Francisco (1997): World Society and the Nation-State. In: American Journal of Sociology Vol. 103 No.1. S. 144-181.

Meyer, John W./Jepperson, Ronald L. (2000): The "Actors" of Modern Society: The Cultural Construction of Social Agency. In: Social Theory, Vol. 18, No.1 (March 2000). S. 100-120.

Meyer, John W./Ramirez, Francisco O. (2005): Die globale Institutionalisierung der Bildung. In: Meyer, John W. (2005): Weltkultur. Wie die westlichen Prinzipien die Welt durchdringen. Frankfurt am Main: Suhrkamp Verlag, S. 212-234.

Meyer, John/ Francisco Ramirez/David John Frank/Evan Schofer (2006): Higher Education as an Institution. CDDRL Working Papers, Stanford University May 2006. Hier URL (letzter Zugriff 11.3.2013): http://iis-db.stanford.edu/pubs/21108/Meyer_No_57.pdf

Meyer, John W./Brian Rowan (1977): Institutionalized Organizations: Formal Structures as Myth and Ceremony. In: American Journal of Sociology, 83 (September 1977). S. 340-363.

Meyer, Renate/Gerhard Hammerschmid (2006): Die Mikroperspektive des Neo-Institutionalismus. Konzeption und Rolle des Akteurs. In: Senge, Konstanze/Kai-Uwe Hellmann (Hg.) (2006): Einführung in den Neo-Institutionalismus. Mit einem Beitrag von W. Richard Scott. Wiesbaden: VS Verlag. S. 160-171.

Michailov, Anatoli (2005): Die Rolle der Universität in der Entwicklung der Zivilgesellschaft im postsowjetischen Raum. In: Rosa, Hartmut: Bürgerbewusstsein und Demokratie in Mittel- und Osteuropa. Zum Zustand der politischen Kultur in postsozialistischen Staaten. Jena: Christine Jäger. S. 56-62.

Ministry of Education and Science of the Russian Federation (2009): National Innovation System and State Innovation Policy of the Russian Federation. Background Report to the OECD Country Review of the Russian Innovation Policy. Moskau. Hier URL (letzter Zugriff 1.3.2013): http://he.ntf.ru/DswMedia/091111_dokladonis_eng.pdf

Mitrokhin, Nikolay (2009): Short Remarks about Certain Structural Problems of Contemporary Russian Sociology. In: Laboratorium, Russian review of social research, 1/2009. S.211-215.

Mironov, Wladimir W. (2005): Bolonsgii prozess i nazionalnaya sistemaobrasovaniya. In: Lomonossow, 3/2005. S. 31-38.

Mohrman, Kathryn/ Wanhua Ma/ David Baker. (2008). The Research University in Transition: The Emerging Global Model. In: Higher Education Policy (2008) 21, S. 5–27.

Moraw, Peter (1982): Kleine Geschichte der Universität Gießen 1607-1982. Gießen: Verlag der Ferber'schen Universitäts-Buchhandlung Gießen.

Mühle, Eduard (1993): Analyse. In: Hochschulrektorenkonferenz (Hg.) (1993): Die Neugründung der Akademie der Wissenschaften. Analyse und Dokumente. Dargestellt und übersetzt von Eduard Mühle. Dokumente zur Hochschulreform 81/1993. S. 3-40.

Mühle, Eduard (1995): Die "Entsowjetisierung" der russischen Hochschule. Historische Voraussetzungen, Anliegen und Verlauf der Hochschulreform in Rußland seit 1985. Mit einem Quellenanhang in Übersetzungen von Gunhild Kaschlun. Dokumente zur Hochschulreform 103/1995 herausgegeben von der Hochschulrektorenkonferenz, Bonn.

Müller, Hans-Peter (2007): Auf dem Weg in eine europäische Gesellschaft? Begriffsproblematik und theoretische Perspektiven. In: Berliner Journal für Soziologie, Band 17, 1/2007. S. 7-31.

Müller, Karel B. (2006): The Civil Society – State Relationship in Contemporary Discourse: A Complementary Account from Giddens's Perpective. In: British Journal of Politics & International Relations. Vol.8 2006. S. 311–330.

Müller, Martin (2009): Making great power identities in Russia. An ethnographic discourse analysis of education at a Russian elite university. Münster: LIT Verlag.

Müller-Jentsch, Walther (2003): Organisationssoziologie. Eine Einführung. Frankfurt am Main/New York: Campus Verlag.

Münch, Richard (2007): Die akademische Elite: Zur sozialen Konstruktion wissenschaftlicher Exzellenz. Frankfurt am Main: Suhrkamp Verlag.

Münch, Richard (2008) Die Konstruktion der europäischen Gesellschaft. Zur Dialektik von transnationaler Integration und nationaler Desintegration. Frankfurt am Main/New York: Campus Verlag.

Münch, Richard (2009): Globale Eliten, lokale Autoritäten. Bildung und Wissenschaft unter dem Regime von PISA, Mckinsey & Co. Frankfurt am Main: Suhrkamp Verlag.

Münch, Richard (2011): Akademischer Kapitalismus. Über die politische Ökonomie der Hochschulreform. Frankfurt am Main: Suhrkamp Verlag.

Münch, Richard/Max Pechmann (2009): Der Kampf um Sichtbarkeit. Zur Kolonisierung des wissenschaftsinternen Wettbewerbs durch wissenschaftsexterne Evaluationsverfahren. In: Bogumil, Jörg/Rolf G. Heinze (Hg.) Neue Steuerung von Hochschulen. Eine Zwischenbilanz. Berlin: edition sigma. S. 67-92.

Naidoo, Vjk (2009): Transnational Higher Education: A Stock Take of Current Activity. In: Journal of Studies in International Education 2009, 13. S. 310-329.

Neidhardt, Friedhelm (2010): Exzellenzinitiative – Einschätzungen und Nachfragen. In: Leibfried, Stefan (Hg.) (2010): Die Exzellenzinitiative. Zwischenbilanz und Perspektiven. Frankfurt am Main/New York: Campus Verlag. S. 53-80.

Niederhut, Jens (2009): Grenzenlose Gemeinschaft? Die scientific community im Kalten Krieg. In: Osteuropa, 10/2009. S. 57-68.

Nikol'skij, V. S. (2009). Kak nel'zya govorit' o russkoj modeli universiteta. In: Vyzshee obrazovanie v Rossij. No. 2, 2009. S. 126-131.

Nolte, Hans-Heinrich (2005). Kleine Geschichte Rußlands. Bonn: Bundeszentrale für politische Bildung.

Nölke, Andreas (1997): Transnationale Nichtregierungsorganisationen als "Internationale Zivilgesellschaft"? Vergleichende Perspektiven. In: Comparativ 7:4. S. 7-11.

Nölke, Andreas (2000): Regieren in transnationalen Politiknetzwerken? Kritik postnationaler Governance-Konzepte aus der der Perspektive einer transnationalen (Inter-) Organisationssoziologie). In: Zeitschrift für internationale Beziehungen, 7. Jg. H. 2 2000. S. 331-358.

Nölke, Andreas (2003): Intra- und interdisziplinäre Vernetzung: die Überwindung der Regierungszentrik? In: Hellmann, Gunther/Klaus-Dieter Wolf/ Michael Zürn (Hg.) (2003): Die neuen Internationalen Beziehungen. Forschungsstand und Perspektiven in Deutschland. Baden-Baden: Nomos Verlagsgesellschaft. S. 519-554.

Nye, Joseph S., Jr. (1990): Soft Power. In: Foreign Policy, Nr. 80, Autumn 1990, S. 153-171.

Nye, Joseph S., Jr. (2004): Soft Power. The Means to Success in World Politics. New York: PublicAffairs.

Nye, Joseph S., Jr./ Keohane, Robert O. (Hg.) (1971): Transnational Relations and World Politics: An Introduction. International Organization 25 (3), 1971. S. 329-349.

Nuscheler, Franz (1993): Denkfabriken und diplomatische Hilfstruppen. Die politischen Stiftungen der Parteien und ihre Auslandsarbeit. In: Weirich, Dieter (Hg.) (1993): Auftrag Deutschland: Nach der Einheit: unser Land der Welt vermitteln. Mainz/München: v. Hase und Koehler Verlag. S. 223-240.

Olsen, Johan P. (2005): The institutional dynamics of the (European) University. Arbeitspapier No. 15, März 2005. Centre for European Studies, University of Oslo. Hier URL (letzter Zugriff 10.11.2007): http://www.sv.uio.no/arena/english/research/publications/arena-publications/workingpapers/working-papers2005/wp05_15.pdf

Olsen, Johan P. (2007): Understanding Institutions and Logic of Appropriateness: Introductionary Essay. Arbeitspapier No. 13, August 2007. Centre for European Studies, University of Oslo. Hier URL (letzter Zugriff 10.3.2008): http://www.sv.uio.no/arena/english/research/publications/arena-publications/workingpapers/working-papers2007/wp07_13.pdf

Osadšaja, Galina Iwanova (2009): Zametki o soziologišeskom obrazovanii v Rossii: Refleksija novych trebovanij obšestvo. In: Socis. 2/2009, No. 2 (298). S. 102-107.

Osipian, Arrarat L. (2008): Corruption in Russian Higher Education as Reflected in the Media. Paper, Vanderbilt University, Nashville. Hier URL (letzter Zugriff 10.5.2010): http://mpra.ub.uni-muenchen.de/7594/1/MPRA_paper_7594.pdf

Otten, Matthias (2006): Interkulturelles Handeln in der globalisierten Hochschulbidung. Eine kultursoziologische Studie. Bielefeld: Transcript Verlag.

Paletschek, Sylvia (2010): Was heißt "Weltgeltung deutscher Wissenschaft?" Modernisierungsleistungen und -defizite der Universitäten im Kaiserreich. In: Grüttner, Michael/ Rüdiger Hachtmann/ Konrad H. Jarausch/ Jürgen John/ Matthias Middell (Hg.): Gebrochene Wissenschaftskulturen. Universität und Politik im 20. Jahrhundert. Göttingen: Vandenhoeck & Ruprecht. S. 29-54.

Parsons, Talcott/Platt Gerald M. (1990): Die amerikanische Universität. Ein Beitrag zur Soziologie der Erkenntnis. Frankfurt am Main: Suhrkamp Verlag.

Pasternack, Peer (1999): »Demokratische Erneuerung« Eine universitätsgeschichtliche Untersuchung des ostdeutschen Hochschulumbaus 1989-1995. Mit zwei Fallstudien: Universität Leipzig und Humboldt-Universität zu Berlin. Weinheim: Deutscher Studienverlag.

Pasternack, Peer (2001): Die aktuelle deutsche Hochschulreform. Eine Demokratieverträglichkeitsprüfung. In: Benjamin Hoff / Petra Sitte (Hg.): Politikwechsel in der Wissenschaftspolitik? Ein Lesebuch. Berlin: Karl Dietz Verlag. S. 34-45.

Pasternack, Peer (2002): Wozu Hochschulen? Die Funktion von Hochschule und Hochschulpolitik als Regionalstrukturpolitik. In: die hochschule 2/2002. S. 107-124.

Pasternack, Peer (2008): Exzellenzinitiative als politisches Programm. Fortsetzung der normalen Forschungsförderung oder Paradigmenwechsel? In: Roland Bloch/Andreas Keller/André Lottmann/ Carsten Würmann (Hg.) (2008): Making Excellence. Grundlagen, Praxis und Konsequenzen der Exzellenzinitiative, Bielefeld: W. Bertelsmann Verlag. S. 13-36.

Pasternack, Peer (2010): Wissenschaft und Politik in der DDR. Rekonstruktion und Literaturbericht (HoF-Arbeitsbericht 4'10), hrsg. vom Institut für HochschulforschungHalle-Wittenberg (HoF), Wittenberg.

Patomäki, Heikki/ Pursianen, Christer (1998): Western Models and the Russian Idea: Beyond Inside/Outside in the Discourses on Civil Society. UPI Working Paper 4 (1998), Helsinki.

Pechar, Hans (2006): Vom Vertrauensvorschuss zur Rechenschaftspflicht. Der Paradigmenwechsel in der britischen Hochschul- und Forschungspolitik seit 1980. In: Österreichische Zeitschrift für Politikwissenschaft 2006/1. S. 57-73.

Peters, Tim (2005): Wahlbeobachtung in Tatarstan: Möglichkeiten und Grenzen politischer Projektarbeit im heutigen Russland. In: Umland, Andreas (Hg.) (2005):Geistes- und sozialwissenschaftliche Hochschullehre in Osteuropa I. Eindrücke, Erfahrungen und Analysen deutscher Gastlektoren Ein Projekt des Lektorenprogramms der Robert Bosch Stiftung in Mittel- und Osteuropa. Frankfurt am Main et. al.: Verlag Peter Lang. S. 151-160.

Pfrepper, Regine (2009): Lebensvorgänge. Deutsch-russische Wechselbeziehungen in der Physiologie des 19.Jahrhunderts. Aachen: Shaker Verlag.

Pfrepper, Regine (2012): Wirksubstanzen. Deutsch-russische Beziehungen in der Pharmakologie des 19.Jahrhunderts. Aachen: Shaker Verlag.

Pipiya, Liudmila (2010): The status of social sciences in the Russian Federation. In: United Nations Educational, Scientific and Cultural Organization/International Social Science Council (Hg.): World Social Science Report. Knowledge Divides. Paris: UNESCO Publishing. S. 87-91.

Plehwe, Dieter/Bernhard Walpen (1999): Wissenschaftliche und wissenschaftspolitische Produktionsweisen im Neoliberalismus. Beiträge der Mont Pèlerin Society und marktradikaler Think Tanks zur Hegemoniegewinnung und -erhaltung. In: Prokla. H.115. 29. Jg.,1999. Nr.2. S. 203-235.

Pletl, Renate/Schindler; Götz (2007): Umsetzung des Bologna-Prozesses. Modularisierung, Kompetenzvermittlung, Employability. In: HSW, Das Hochschulwesen 2/2007. S. 34-38.

Plümper, Thomas/Christina J. Schneider (2007): Too much to die, to little to live: unemployment, higher education policies and university budgets in Germany. In: Journal of European Public Policy, 14:4, June 2007: 631-653.

Pogorelskaja, Swetlana W. (1997): Die politischen Stiftungen in der deutschen Außenpolitik. Überlegungen am Beispiel der Tätigkeit der Konrad-Adenauer-Stiftung und der Hanns-Seidel-Stiftung in der Gemeinschaft der Unabhängigen Staaten und in den baltischen Staaten. Bonn: Holos Verlag.

Pogorelskaja, Swetlana W. (2002): Die parteinahen Stiftungen als Akteure und Instrumente der deutschen Außenpolitik. In: Aus Politik und Zeitgeschichte B 6-7/2002. S.29-38.

Pogorel'skaja, Swetlana (2008): Gleichschaltung oder Modernisierung. Russlands Akademie der Wissenschaften. In: Osteuropa, 1/2008, 53. Jg. S. 35-47.

Polk, Annett/Lil Rif (2009): Alte Herausforderungen und neue Wege in der der Hochschulzusammenarbeit zwischen Ost und West am Beispiel des Lektorenprogramms der Robert Bosch Stiftung. In: Bürgel, Matthias/Andreas Umland (Hg.): Geistes- und sozialwissenschaftliche Hochschullehre in Osteuropa IV. In: Frankfurt am Main et. al.: Peter Lang Verlag. S. 174-193.

Popov, D.S./ Tvorogova, S.V./Fedjukin, I.I./Frumin, I.D. (2011): Rossijskaja diaspora v oblasti sozial'nych I ekonomičeskich nauk: problemy i perspektivy sotrudničestva. In: Mir Rossii, No.1, 2011. S. 51-71.

Pörzgen, Gemma (2010): Dringend reformbedürftig. Der Petersburger Dialog auf dem Prüfstand. In: Osteuropa, 60.Jg., 10/2010. S. 59-81.

Pörzgen, Gemma (2012): Kräftereservoir. Die deutschen politischen Stiftungen in Russland. In: Osteuropa, 62.Jg., 6-8/2012. S. 485-504.

Powell, Walter W./ Jeanette A. Colyvas (2008): Microfoundations of Institutional Theory, Handbook of Organizational Institutionalism. Thousand Oaks: Sage Publishers. S. 276–298.

Prantl, Heribert (2010): Das tägliche Brot der Demokratie. Was Wissenschaft, Publizistik und Politik miteinander zu tun haben. In: Blätter für deutsche und internationale Politik 6/2010. S. 81-92.

Pries, Ludger (2008): Die Transnationalisierung der sozialen Welt. Sozialräume jenseits von Nationalgesellschaften. Frankfurt am Main: Suhrkamp Verlag.

Priestland, David (2010): Weltgeschichte des Kommunismus. Von der Französischen Revolution bis heute. Aus dem Englischen von Klaus-Dieter Schmidt. Bonn: Bundeszentrale für politische Bildung.

Pugach, V. F. (2011): Mobil'nye studenty v vysšem obrazovani Rossii. In: Vysšee obrazovanie v Rossii. № 4, 2011. S. 104-111.

Pursiainen, Christer/Sergey A. Medvedev (2005): The Bologna process, Russia and globalization. Russian-European Centre for Economic Policy (2005): The Bologna Process and its Implications for Russia. The European Integration of Higher Education. Moskau: RECEP. S.16-26.

Quigley, Kevin F.F. (1995): Spring into Summer. The Role of Private Foundations in Extending Public Debate in Central and Eastern Europe. In: Goodwin, Craufurd D./Michael Nacht (Hg.): Beyond Government. Extending the Public Debate in emerging democracies. Boulder et. al.: Westview Press. S. 405-422.

Rahr, Alexander (2006): Geopolitischer Infantilismus. In: Internationale Politik, Juli 2006, S.14-20.

Ramirez, Francisco O. (2002): Eyes Wide Shut: university, state and society. In: European Educational Research Journal, Volume 1, Number 2, 2002. S. 256-273.

Ramirez, Francisco O. (2006): The rationalization of universities. In: Djelic, Marie-Laure/Kerstin Sahlin-Anderson (Hg.) (2006): Transnational Governance, Institutional Dynamics of Regulation. Cambridge (Mass.) /London: Harvard University Press. S. 225-244.

Reisz, Robert D./Manfred Stock (2007): Theorie der Weltgesellschaft und statistische Modelle im soziologischen Neoinstitutionalismus. In: Zeitschrift für Soziologie, Jg. 36, Heft 2, April 2007. S. 82-99.

Richter, Solveig (2005): Frieden schaffen mit den Waffen der Demokratie? Theorie und Praxis als Friedensstrategie. In: Zeitschrift für Internationale Beziehungen 12. Jg. (2005) Heft 1. S. 77-116.

Riha, Ortrun/Marta Fischer (Hg.) (2011): Naturwissenschaft als Kommunikationsraum. Internationale Tagung, Leipzig 29.9.-1.10.2010. Aachen: Shaker Verlag.

Risse, Thomas (2000): Let's Argue! - Communicative Action in World Politics. In: International Organization 51, Winter 2000. S.1-41.

Risse-Kappen, Thomas (Hg.) (1995): Bringing Transnational Relations Back In: Non-State Actors, Domestic Structures and International Institutions. Cambridge: Cambridge University Press.

Risser, Dominik/Makhlis, Maxim (2007): Spezifische Studiengänge als Antwort auf die Osterweiterung des europäischen Hochschulraums. In: HSW, Das Hochschulwesen 5/2007: 148-153.

Röbbecke, Martina (2010): Akkreditierung. In: Simon, Dagmar et. al. (Hg.): Handbuch Wissenschaftspolitik. Wiesbaden: VS Verlag für Sozialwissenschaften. S. 334-346.

Roelofs, Joan. (1987): Foundations and Social Change Organizations: The Mask of Pluralism. In: Critical Sociology October 1987, 14. S. 31-72.

Rohdewald, Stefan (2009): Schneller, höher, weiter. Biomechanik zwischen Ost und West. In: Osteuropa. Vol. 59, 10/2009. S.185-195.

Rölle, Caroline (2007): Bürgerschaftliches Engagement in Mittel- und Osteuropa. Eine empirische Studie über das Theodor-Heuss-Kolleg der Robert Bosch Stiftung. Wissenschaftliche Arbeit zur Erlangung des Grades Magister Artium der Wirtschafts- und Sozialwissenschaften der Universität Stuttgart. Hier URL (letzter Zugriff 23.1.2013): http://www.theodor-heuss-kolleg.de/fileadmin/Material/wissenschaft/Magisterarbeit_Caroli nRoelle.pdf

Ropers, Norbert (1980): Transnationale Reisen und Kontakte zwischen Ost und West. In: Deutsche Gesellschaft für Friedens- und Konfliktforschung (Hg.) (1980): DGFK-Jahrbuch 1979/80. Zur Entspannungspolitik in Europa. Baden-Baden: Nomos-Verlagsgesellschaft. S. 701-748.

Rosa, Hartmut (2012): Weltbeziehungen im Zeitalter der Beschleunigung. Umrisse einer neuen Gesellschaftskritik. Frankfurt am Main: Suhrkamp Verlag.

Roth, Roland (2001): NGO und transnationale soziale Bewegungen: Akteure einer "Weltzivilgesellschaft"? In: Brand, Ulrich/Demirovic, Alex/Görg, Christoph/Hirsch, Joachim (Hg.): Nichtregierungsorganisationen in der Transformation des Staates. Münster: Verlag Westfälisches Dampfboot. S. 43-63.

Roth, Roland (2005): Transnationale Demokratie. Beiträge, Möglichkeiten und Grenzen von NGOs. Brunngräber, Achim/Ansgar Klein/Heike Walk (Hg.) (2005): NGOs im Prozess der Globalisierung. Mächtige Zwerge – umstrittene Riesen. Bonn: Bundeszentrale für politische Bildung. S. 80-128.

Röttger, Bernd (1997): Neoliberale Globalisierung und eurokapitalistische Regulation. Die politische Konstitution des Marktes. Münster: Westfälisches Dampfboot.

Roussanova, Elena (2011): Friedrich Konrad Beilstein (1838-1906) und sein Beitrag zur Kommunikation zwischen Deutschland und Russland auf dem Gebiet der Chemie. In: Riha, Ortrun/Marta Fischer (Hg.) (2011): Naturwissenschaft als Kommunikationsraum. Internationale Tagung, Leipzig 29.9.-1.10.2010. Aachen: Shaker Verlag. S. 75-96.

Routledge, Paul (2000): 'Our resistance will be as transnational as capital': Convergence space and strategy in globalising resistance. In: GeoJournal V. 52, (1). S. 25-33.

Roy, Arundhati (2012): Kapitalismus, Eine Gespenstergeschichte, 2.Teil. Der Imperialismus der Wohltäter. In: Blätter für deutsche und internationale Politik. 8/2012. S. 63-74.

Rüegg, Walter (Hg.) (2004): Die Geschichte der Universität in Europa. Band III. Vom 19. Jahrhundert zum Zweiten Weltkrieg. München: Verlag C.H. Beck.

Rüegg, Walter (Hg.) (2010): Die Geschichte der Universität in Europa. Band IV Vom Zweiten Weltkrieg bis zum Ende des 20. Jahrhunderts. München: Verlag C.H. Beck.

Rupprecht, Tobias (2010): Gestrandetes Flaggschiff. Die Moskauer Universität der Völkerfreundschaft. In: Osteuropa, 60.Jg., 1/2010. S. 95-114.

Russian-European Centre for Economic Policy (2005): The Bologna Process and its Implications for Russia. The European Integration of Higher Education. Moskau: Hier URL (letzter Zugriff 3.1.2013): http://www.recep.ru/files/publ/bologna_en.pdf

Sandschneider; Eberhard (2003): Externe Demokratieförderung. Theoretische und praktische Aspekte der Außenunterstützung von Transformationsprozessen. Gutachten für das Centrum für angewandte Politikforschung. Hier URL (letzter Zugriff 10.4.2009) http://www.cap.lmu.de/download/2003/2003_sandschneider.pdf

Sapper, Manfred (2007): Dialogstörung. Warum Levada, Dubin & Gudkov nicht gelesen werden. In: Osteuropa, 57.Jg., 10/2007. S. 95-102.

Sapper, Manfred (2012): Niedergang und Neuanfang in Russland. Die Krise der deutschen Russlandexpertise. In: Osteuropa, 62.Jg., 6-8/2012, S.505-520.

Scharpf, Fritz W. (2000): Interaktionsformen. Akteurszentrierter Institutionalismus in der Politikforschung. Aus dem Amerikanischen übersetzt von O.Treib. Opladen: Leske & Budrich.

Schäfers, Bernhard (1993): Zur Lage des Faches nach der Vereinigung. In: Deutsche Gesellschaft für Soziologie (Hg.): Lebensverhältnisse und soziale Konflikte im neuen Europa. Verhandlungen des 26. Deutschen Soziologentages in Düsseldorf 1992. Frankfurt/New York: Campus Verlag. S. 827-833.

Schemmann, Michael (2007): Internationale Weiterbildungspolitik und Globalisierung. Orientierungen und Aktivitäten von OECD, EU, UNESCO und Weltbank. Bielefeld: Bertelsmann Verlag.

Scherrer, Christoph (2004): Bildungswesen unter Globalisierungsdruck. Die Kernbestimmungen des GATS und deren Folgen. In: Utopie kreativ, H. 159, Januar 2004. S. 19-29.

Schiffer, Stefanie/Jens Siegert (2004): Bürgergesellschaft ohne Bürger. Wie zivil ist die russische Gesellschaft? In: Internationale Politik 3/2004, Bonn. S. 51-58.

Schimank, Uwe (2001): Festgefahrene Gemischtwarenläden – Die deutschen Hochschulen als erfolgreich scheiternde Organisationen. In: Stöltung,Erhard/Uwe Schimank (Hg.) (2001): Die Krise der Universitäten. Leviathan Sonderheft 20/2001. Wiesbaden: Westdeutscher Verlag. S. 223-242.

Schimank; Uwe (2009a): Governance-Reformen nationaler Hochschulsysteme. Deutschland in internationaler Perspektive. In: Bogumil, Jörg/Rolf G. Heinze (Hg.) Neue Steuerung von Hochschulen. Eine Zwischenbilanz. Berlin: edition sigma. S. 123-137.

Schimank, Uwe (2009b): Humboldt in Bologna – falscher Mann am falschen Ort? Eröffnungsvortrag der Fachtagung "Studienqualität" der HIS GmbH am 25./26.3.2009 in Hannover. Hier URL (letzter Zugriff 16.7. 2009): http://www.fernuni- hagen.de/imperia/md/co ntent/soziologie/sozii/humboldt_in_bologna_falscher_mann_am_falschen_ort_.pdf

Schimank, Uwe (2010): Handeln und Strukturen. Einführung in die akteurstheoretische Soziologie. Weinheim und München: Juventa Verlag.

Schleiermacher, Friedrich (1808): Gelegentliche Gedanken über die Universitäten in deutschem Sinn. Nebst einen Anhang über eine neu zu errichtende. In: Anrich, Ernst (Hg.) (1956): Die Idee der deutschen Universität. Darmstadt: Hermmann Gentner Verlag. S.219-308.

Schmidt, Diana (2005a): What kind of Civil Society does Russia have? In Pleines, Heiko (Hg.) (2005): How to explain Russia's post-Soviet Political and Economic System. Forschungsstelle Osteuropa Bremen, No. 69. September 2005. S. 23-45.

Schmidt, Diana (2005b): "Russische Demokratie" - Wertekluft oder geopolitische Herausforderung? In: Forschungsstelle Osteuropa Bremen (Hg.) (2005): Integration und Ausgrenzung im Osten Europas. Beiträge für die 13. Tagung junger Osteuropa-Experten. Bremsen, September 2005. S. 50-55.

Schmidt, Siegmar (2004): Transformation und Entwicklung messen. Zur Relevanz des Bertelsmann-Transformationsindexes für die Entwicklungspolitik. Internationale Politik, 11-12/2004. S. 103-112.

Schneider, Eberhard (2000): Der Entstehungsprozeß neuer politischer Parteien und Bewegungen. In: Bundesinstitut für ostwissenschaftliche und internationale Studien (Hg.) Russland in Europa? Innere Entwicklungen und internationale Beziehungen heute. Köln, Weimar, Wien, 2000. S. 87-106.

Schneider, Eberhard (2005a): Die Europäische Union und Rußland im 21. Jahrhundert. Interessen beider Seiten. Diskussionspapier FG 5 2005/01, Stiftung Wissenschaft und Politik. Berlin, Mai 2005.

Schneider, Eberhard (2005b): Russisches Machtmikado. In: Blätter für deutsche und internationale Politik. 7/2005. S. 841-850.

Schneider, Gerald/Julia Schiller (2000): Goethe ist nicht überall. Eine empirische Analyse der Standortentscheidungen in der Auswärtigen Kulturpolitik. In: Zeitschrift für Internationale Beziehungen. 7. Jg. Heft 1 Juni 2000. S. 5-32.

Schneider-Deters, Winfried (2005): Civil Diplomacy. Politische Stiftungen in Ost- und Ostmitteleuropa. In: Osteuropa, 55. Jg., 8/2005. S. 107-123.

Schofer, Evan (1999): Science Associations in the International sphere. 1875-1990: The Rationalization of Science and the Scientization of Society. In: Boli, John/George M. Thomas (ed.): Constructing World Culture. International Nongovernmental Organizations since 1875. Stanford: Stanford University Press. S. 249-266.

378   RENÉ LENZ

Schofer, Evan/Meyer, John W. (2005): The Worldwide Expansion of Higher Education in the Twentieth Century. In: American Sociological Review, December 2005, Vol. 70. S. 898-920.

Schrader, Heiko (Hg.) (2000): Russland auf dem Weg zur Zivilgesellschaft? Studien zur gesellschaftlichen Selbstorganisation in St. Petersburg. Münster/Hamburg/London: LIT Verlag.

Schreiner, Patrick (2008): Auswärtige Kulturarbeit zwischen Konzeption und Umsetzung. Steuerungsprobleme in einem schwierigen Politikfeld. SWP-Studie, Stiftung Wissenschaft und Politik, Berlin.

Schreiner, Patrick (2011): Außenkulturpolitik. Internationale Beziehungen und kultureller Austausch. Bielefeld: Transcript Verlag.

Scheiterer, Ulrich (2008): Traumfabrik Harvard. Warum amerikanische Universitäten so anders sind. Frankfurt am Main/New York: Campus.

Schröder, Hans-Henning (2009): Modernisierung von "oben". Medwedews zweiter Bericht zur Lage der Nation. In: Russland-Analysen, 20.11.2009 192/09. S. 2-12. Hier URL (letzter Zugriff 11.3.2013): http://www.laender-analysen.de/russland/pdf/Russlandanalysen192.pdf

Scott, W. Richard (1995): Institutions and Organization. Thousands Oaks/London/New Dehli: Sage Publication.

Schulte, Karl-Sebastian (2000): Auswärtige Kulturpolitik im politischen System der Bundesrepublik Deutschland. Konzeptionsgehalt, Organisationsprinzipien und Strukturneuralgien eines atypischen Politikfeldes am Ende der 13.Legislaturperiode. Berlin: Verlag für Wissenschaft und Forschung.

Schütte, Georg (2006): Diplomatie der Forscher. Wenn Deutschland international mithalten will, braucht es eine Außenwissenschaftspolitik. Ein Plädoyer. In: Die Zeit. Ausgabe Nr. 16, vom 12. April 2006. S. 83.

Schütte, Georg (2010): Aussenwissenschaftspolitik – Wissenschaft im globalen Wandel gestalten. In: Simon, Dagmar/Andreas Knie/Stefan Hornbostel (Hg.): Handbuch Wissenschaftspolitik. Wiesbaden: VS Verlag. S. 151-161.

Schwan, Stefan/Matthias Bürgel (2009): Wie international sind russische Hochschulen? Ergebnisse einer Befragung zum Grad ihrer Internationalisierung. In: Bürgel, Matthias/ Andreas Umland (Hg.): Geistes- und sozialwissenschaftliche Hochschullehre in Osteuropa IV. In: Frankfurt am Main et. al.: Peter Lang Verlag. S. 80-108.

Schwertmann, Philipp (2006): Stiftungen als Förderer der Zivilgesellschaft. Baden-Baden: Nomos.

Schwethelm, Judith (2005): Russland auf dem Weg zum Sozialstaat? Friedrich Ebert Stiftung, Internationale Politikanalyse, Europäische Politik, Politikinformation Osteuropa. Mai 2005.

Scott, W. Richard (1986): Grundlagen der Organisationstheorie. Frankfurt/New York: Campus Verlag.

Scott, W. Richard (1995): Institutions and Organization. Thousands Oaks/London/New Dehli: Sage Publication.

Scull, Marion (2006): Wo man noch wirklich staunen kann: Kulturvermittlung in Tatarstan. In: Keith, Thomas/Andreas Umland (Hg.) (2006): Geistes- und sozialwissenschaftliche Hochschullehre in Osteuropa II. Deutsche und österreichische Impressionen zur Germanistik und Geschichtswissenschaft nach 1989. Frankfurt am Main: Peter Lang Verlag. S. 63-71.

Seel, Norbert (2011): Reformy vysšeo obrazovanija v Erope na primere frajburgskogo universiteta. In: Voprosy obrazovanija. No.1, 2011. S. 114-124.

Seidelmann, Reimund (1994): Kolonialismus oder Reform? - Eine Zwischenbilanz zum Aufbau der Politikwissenschaft in den neuen Ländern der Bundesrepublik. In: perspektiven ds, 11.Jg. 1994, Heft 1, S. 19-33.

Senge, Konstanze (2006): Zum Begriff der Institution im Neo-Institutionalismus. In: Senge, Konstanze/Kai-Uwe Hellmann (Hg.) (2006): Einführung in den Neo-Institutionalismus. Mit einem Beitrag von W. Richard Scott. Wiesbaden: VS Verlag. S. 35-47.

Senghaas, Dieter (1992): Weltinnenpolitik- Ansätze für ein Konzept. In: Europa-Archiv 47, 1992. S. 643-652.

Serrano-Velarde, Kathia (2008): Deregulierung und/oder Internationalisierung? - Deutsche Qualitätspolitik im Zeichen Bolognas. In: Berliner Journal für Soziologie. 18/4. S. 550-574.

Shershneva, Elena/Jürgen Feldhoff (1998): The Culture of Labour in the Transformation Process. Empirical Studies in Russian Industrial Enterprises. Frankfurt am Main et. al.: Peter Lang Verlag.

Shils, Edward/John Roberts (2004): Die Übernahme europäischer Universitätsmodelle. In: Rüegg, Walter (Hg.) (2004): Die Geschichte der Universität in Europa. Band III. Vom 19. Jahrhundert zum Zweiten Weltkrieg. München: Verlag C.H. Beck. S. 145-196.

Shleifer; Andrei/Daniel Treisman (2004): A normal Country. In: Foreign Affairs, March/April 2004. S. 20-38.

Sievert, Stephan/ Sergei Sacharov/ Reiner Klingholz (2011): Die schrumpfende Weltmacht. Die demografische Zukunft Russlands und der anderen post-sowjetischen Staaten. Berlin Institut für Bevölkerung und Entwicklung.

Simeaner, H./ M. Ramm/ C. Kolbert-Ramm (2010): Datenalmanach Studierendensurvey 1993 - 2010. Studiensituation und Studierende an Universitäten und Fachhochschulen. Hefte zur Hochschulforschung (Heft 59). Konstanz, Arbeitsgruppe Hochschulforschung, Universität Konstanz.

Slaughter, Sheila/Gary Rhoades (2004): Academic capitalism and the new economy: markets, state, and higher education. Baltimore et. al.: Johns Hopkins University Press.

Smolentseva, Anna (2010): In Search of World-Class Universities: the Case of Russia. In: International Higher Education. Nummer 58, Winter 2010. S. 20-22.

Smolin, Oleg (1999): Das Hochschulwesen Russlands: Gesetzgebung, Realität, Kooperationspotential. Vortrag im Rahmen der Deutsch-Russischen Hochschulbörse Berlin, 2.-4.Mai 1999. In: Hochschulrektorenkonferenz (1999): Beiträge zu Hochschulpolitik 11/99. S. 47-54.

Smolin, Oleg N. (2005): Rossijskie vusy i Bolonskij prozess: vzgljad parlamentarija. In: Lomonossow (DAMU), 3/2005. S. 31-38.

Sokolov, Mikhail (200): Russian Sociology after 1991: The institutional and intellectual Dynamics of a "poor" discipline. In: Laboratorium, Russian Review of social research, 1/2009. S. 58-64.

Somsen, Geert J. (2008): A History of Universalism: Conceptions of the Internationality of Science from the Enlightenment to the Cold War. In: Minerva, 46 (2008). S. 361-379.

Soros, George (2004): The People's Sovereignty, Foreign Policy, January/February 2004 .S. 66-67.

Spanger, Hans-Joachim (2002): Moral versus Interesse? Die Ambivalenz westlicher Demokratiehilfe für Rußland. In: Osteuropa, 7.Jg. 7/2002. S. 853-870.

Spanger, Hans-Joachim (2004): Modernisierung contra Demokratisierung. Putins russischer Weg HSFK-Report 12/2004, Frankfurt am Main.

Spanger, Hans-Joachim (2005): Paradoxe Kontinuitäten. Die deutsche Russlandpolitik und die koalitionären Farbenlehren, HSFK-Report 12/2005, Frankfurt am Main.

Spanger, Hans-Joachim (2011): Das Moskauer Büro: Die Friedrich-Ebert-Stiftung in der Sowjetunion und in der Russischen Föderation. In: Spanger, Hans-Joachim/Bernd Reddies (2011): Die Arbeit der Friedrich-Ebert-Stiftung in der UdSSR/Russland und in der Volksrepublik China. Mit einem Vorwort von Ernst J. Kerbusch. Bonn: Verlag J.H. W. Dietz Nachf. S. 15-156.

Speth, Richard (2010): Stiftungen und Think Tanks. In: Simon, Dagmar/Andreas Knie/Stefan Hornbostel (Hg.): Handbuch Wissenschaftspolitik. Wiesbaden: VS Verlag für Sozialwissenschaften. S. 390-405.

Spiegel, Heinz-Rudi (2000): Bilanz der deutschen Hilfe aus der Sicht des Stifterverbands der Deutschen Wissenschaft. In: Eimermacher, Karl/Anne Hartmann (Hg.) (2000): Fluchtlinien. Topographie der Bildungslandschaft Rußlands. Bochum. S. 69-77.

Stent, Angela (2000): Rivalen des Jahrhunderts. Deutschland und Russland im neuen Europa. Berlin Propyläen Verlag.

Stephan, Helga/Eberhard Wiedemann (1990): Lohnstruktur und Lohndifferenzierung in der DDR. In: Mitteilungen aus der Arbeitsmarkt- und Berufsforschung, 23. Jg./1990, Mitteilungen aus der Arbeitsmarkt- und Berufsforschung (MittAB) Nürnberg. S. 550-562.

Stevens, Robert (2004): University to Uni. The Politics of Higher Education in England since 1944. London: Politico`s.

Stichweh, Rudolf (1991): Der frühmoderne Staat und die europäische Universität. Zur Interaktion von Politik und Erziehungssystem im Prozeß ihrer Ausdifferenzierung. (16.-18. Jahrhundert). Frankfurt am Main: Suhrkamp Verlag.

Stichweh, Rudolf (2000): Die Weltgesellschaft. Soziologische Analysen. Frankfurt am Main: Suhrkamp Verlag.

Stichweh, Rudolf (2004): From the Peregrinatio Academica to Contemporary International Student Flows: National Culture and Functional Differentiation as Emergent Causes. In: Charle, Christophe (2004): Transnational intellectual networks: forms of academic knowledge and the search for cultural identities.Frankfurt am Main/New York: Campus Verlag. S. 345-399.

Stone, Diane (2004): Transfer agents and global networks in the 'transnationalization' of policy. In: Journal of European Public Policy 11:3, Juni 2004. S. 545-566.

Stone, Diana (2010): Private philanthropy or policy transfer? The transnational norms of the Open Society Institute. Policy & Politics, Volume 38, Number 2, April 2010. S. 269-287.

Streichert, Christine: Deutschland als Zivilmacht. Quantitative und qualitative Inhaltsanalyse der deklaratorischen Außenpolitik Deutschlands anhand einer Auswahl an außenpolitischen Reden von Bundeskanzler Gerhard Schröder und Außenminister Joschka Fischer vor dem Hintergrund des Zivilmachtkonzeptes. Untersuchungszeitraum 1998 bis 2004. Trierer Arbeitspapiere zur Internationalen Politik, (TAZIP) Nr. 11, November 2005.

Strübing, Jörg (2008): Grounded Theory. Zur sozialtheoretischen und epistemologischen Fundierung des Verfahrens der empirisch begründeten Theoriebildung. Wiesbaden: VS Verlag für Sozialwissenschaften.

Stucke, Andreas (2001): Mythos Amerika – Die Bedeutung des Arguments "Amerika" im hochschulpolitischen Diskurs der Bundesrepublik. In: Stöltung, Erhard/Uwe Schimank (Hg.): Die Krise der Universitäten. Leviathan Sonderheft 20/2001. Wiesbaden: Westdeutscher Verlag. S. 118-136.

Stykow, Petra (2006): Staat und Wirtschaft in Russland. Interessensvermittlung zwischen Korruption und Konzertierung. Wiesbaden: VS Verlag für Sozialwissenschaften.

Stykow, Petra (2007): Unternehmerverbände in der Politik: ein Testfall für die Beziehungen zwischen Staat und Zivilgesellschaft. In: Buhbe, Matthes/ Gorzka, Gabriela (2007): Russland heute. Rezentralisierung des Staates unter Putin. Wiesbaden: VS Verlag für Sozialwissenschaften. S. 113-130.

Take, Ingo (2002): NGOs im Wandel. Von der Graswurzel auf das diplomatische Parkett. Wiesbaden: VS Verlag für Sozialwissenschaften.

Tarrow, Sidney (2005): The New Transnational Activism. Cambridge: Cambridge University Press.

Tatur, Melanie (1995): Interessen und Normen. Politischer Kapitalismus und die Transformation des Staates in Polen und Rußland. In: Wollmann, Hellmut; Wiesenthal, Helmut; Bönker, Frank (Hg.), Transformation sozialistischer Gesellschaften: Am Ende des Anfangs, Leviathan Sonderheft 15/1995. S. 365-391.

Teichler, Ulrich (2003): Europäisierung, Internationalisierung, Globalisierung – quo vadis, Hochschule? In: Ders. (2007): Die Internationalisierung der Hochschulen. Neue Herausforderungen und Strategien. Frankfurt am Main/New York: Campus Verlag. S. 51-60.

Teichler, Ulrich (2005): «Mainstreaming» der Internationalisierung an deutschen Hochschulen. In: Ders. (2007): Die Internationalisierung der Hochschulen. Neue Herausforderungen und Strategien. Frankfurt am Main / New York: Campus Verlag. S. 291-320.

Teichler, Ulrich (2006a): Was uns Statistiken über nationale studentische Mobilität verraten und was nicht. In: Ders. (2007): Die Internationalisierung der Hochschulen. Neue Herausforderungen und Strategien. Frankfurt am Main / New York: Campus Verlag. S. 73-87.

Teichler, Ulrich (2006b): Studienbezogene Internationalisierung der deutschen Hochschule. In: Ders. (2007): Die Internationalisierung der Hochschulen. Neue Herausforderungen und Strategien. Frankfurt am Main/New York: Campus Verlag. S. 307-320.

Teichler, Ulrich (2008): Exzellenz und Differenzierung: Auf der Suche nach einer neuen Systemlogik. In: Stefan Hornbostel, Dagmar Simon, Saskia Heise (Hg.) (2008): Exzellente Wissenschaft. Das Problem, der Diskurs, das Programm und die Folgen. iFQ-Working Paper No. 4, Oktober 2008. iFQ – Institut für Forschungsinformation und Qualitätssicherung. Bonn. S.13-22.

Teichler, Ulrich (2010): Europäisierung der Hochschulpolitik. In: Simon, Dagmar/Andreas Knie/Stefan Hornbostel (Hg.): Handbuch Wissenschaftspolitik. Wiesbaden: VS Verlag für Sozialwissenschaften. S. 51-70.

Teichmann, Christine (2001): Die Entwicklung der russischen Hochschulen zwischen Krisenmanagement und Reformen - aktuelle Trends einer Hochschulreform unter den Bedingungen der Transformation (Arbeitsberichte 4/2001). HoF Wittenberg - Institut für Hochschulforschung an der Universität Halle-Wittenberg. Wittenberg 2001.

Teichmann, Christine (2005): Nachfrageorientierte Hochschulfinanzierung und Effizienz des Mitteleinsatzes im russischen Hochschulwesen. In: Steier, Sonja (Hg.) (2005): Bildungspolitik und Bildungsfinanzierung in Russland zwischen Staat und Markt. Münster et. al.: Waxmann. S. 89-131.

Teichmann, Christine (2006): Auf dem Weg nach Bologna: Osteuropäische Lehrerfahrungen aus der Perspektive der Hochschulforschung. In: Keith, Thomas/Andreas Umland (Hg.) (2006): Geistes- und sozialwissenschaftliche Hochschullehre in Osteuropa II. Deutsche und österreichische Impressionen zur Germanistik und Geschichtswissenschaft nach 1989. Frankfurt am Main: Peter Lang Verlag. S. 159-172.

Teichmann, Christine (2007): Hochschullehre auf dem Prüfstand von Bologna – ein deutsch-russischer Vergleich. In: Das Hochschulwesen. 55. Jg. 1/2007. S. 21-24.

Teichmann, Christine (2008): Akademische Ausbildung in Russland an staatlichen Hochschulen: Auf Kosten des Staates oder gegen Gebühr. In Russlandanalysen. Nr.162, 18.4.2008. S.2-5. Hier URL: (letzter Zugriff 10.11.2012): http://www.laender-analysen.de/russland/pdf/Russlandanalysen162.pdf

Tent, James F. (1988): Freie Universität Berlin 1948-1988. Eine deutsche Hochschule im Zeitgeschehen. Berlin: Colloquium Verlag.

Tinguy, Ann de (2007): Migracii rossijskich kvalificirovannych specialistov: pričiny, problemy, perspektivy. In: Mir Rossii, 2007, No. 1. S. 147-172.

Titel, Christine (2001): Russland im Herzen und im Kopf. Absolventenorganisation der Moskauer Lomonossow-Universität als Dach für partnerschaftliche Projekte in Wissenschaft, Bildung und Kultur. In: hochschule ost, 1/2001. S. 223-230.

Tkachenko, Stanislav L. (2005): Bologna process in the Saint-Petersburg State University. In: Russian-European Centre for Economic Policy (2005): The Bologna Process and its Implications for Russia. The European Integration of Higher Education. Moskau: RECEP. S. 104-117.

Toens, Karin (2007): Die Sorbonne-Deklaration. Hintergründe und Bedeutung für den Bologna-Prozess. In: die Hochschule, 2/2007. S. 37-53.

Trautmann, Günter (1989): Sowjetunion im Wandel. Wirtschaft, Politik und Kultur seit 1985. Darmstadt: Wissenschaftliche Buchgesellschaft.

Trenin; Dimitri (2005): Reading Russia Right. Carnegie Endowment for International Peace. Policy Brief. Special Edition 42, October 2005. Hier URL (letzter Zugriff 11.3.2013): http://www.carnegie.ru/en/pubs/media/9425pb42.pdf

Trenin, Dimitri (2006): Der Westen und Russland: Das verlorene Paradigma. In: Russlandanalysen 88, 3.2.2006. S. 2-5. Hier URL (letzter Zugriff 11.3.2013): http://www.laender-analysen.de/russland/pdf/Russlandanalysen088.pdf

Trenn, Wolfgang (2000): Bi- und multilaterale Hochschulkooperation mit der Russischen Föderation am Beispiel der DAAD-Programme und des Tempus-Programms der EU. In: Eimermacher, Karl/Anne Hartmann (Hg.) (2000): Fluchtlinien. Topographie der Bildungslandschaft Rußlands. Bochum: Lotman-Institut für Russische und Sowjetische Kultur, Ruhr-Universität. S. 79-99.

Tröster-Gröning, Axel (2010): Zum Stand der Mitbestimmung bei der organisatorischen Neugestaltung der Wissenschaft. In WSI Mitteilungen 5/2010. S. 277-278.

Türk, Klaus (1995): Organisationssoziologische Perspektiven des Bildungssystems. In: Türk, Klaus (1995): "Die Organisation der Welt". Herrschaft durch Organisation in der modernen Gesellschaft. Opladen: Westdeutscher Verlag. S. 217-247.

United Nations Educational, Scientific and Cultural Organization / International Social Science Council (Hg.): World Social Science Report. Knowledge Divides. Paris: UNESCO Publishing.

Van der Pijl, Kees (1984): The Making of an atlantic ruling class. London: Verso.

Van Leeuwen, Thed N. /Henk F. Moed, Robert J. W. Tussen, Martin S.Visser & Anthony F.J. van Raan. (2001). Language biases in the coverage of the Sience Index and its consequences for international comparisons of national research performance. In: Scientometrics 51 (1). S. 335-346.

Verheugen, Günter (1994): Außenpolitik als globale Innenpolitik. In: Die neue Gesellschaft / Frankfurter Hefte, 41/10,1994. S. 897-902.

Vobruba, Georg (1997a) Autonomiegewinne: Sozialstaatsdynamik, Moralfreiheit, Transnationalisierung. Wien: Passagen Verlag.

Vobruba, Georg (1997b): Die soziale Dynamik von Wohlstandsgefällen. Prolegomema zur Transnationalisierung der Soziologie. In: Kappel, Robert (Hg.): Weltwirtschaft und Armut. Hamburg. S. 125-147.

Voegtle, Eva M. /Knill, Christoph /Dobbins, Michael (2011): To what extent does transnational communication drive cross-national policy convergence? The impact of the bologna-process on domestic higher education policies. In: Higher Education Policy, Vol.61, Issue 1 2010. S. 77-94.

Vogel, Ann (2006): Who's making global civil society: philanthropy and US empire in world society. In: British Journal of Sociology 2006 Volume 57 Issue 4. S. 635-655.

Von Ow-Freytag, Barbara (2006): Zwischen neuer Macht und alten Mythen. Die russische Zivilgesellschaft steht unter wachsenden Druck. In: Internationale Politik. Juli 2006. S. 47-55.

Votsos, Theo (2001): Der Begriff der Zivilgesellschaft bei Antonio Gramsci: ein Beitrag zu Geschichte und Gegenwart politischer Theorie. Hamburg: Argument Verlag.

Wagner, Patrick (2010): Forschungsförderung auf der Basis eines nationalsozialistischen Konsenses. Die Deutsche Forschungsgemeinschaft am Ende der Weimarer Republik und im Nationalsozialismus. In: Grüttner, Michael/ Rüdiger Hachtmann/Konrad H. Jarausch/Jürgen John/Matthias Middell (Hg.): Gebrochene Wissenschaftskulturen. Universität und Politik im 20. Jahrhundert. Göttingen: Vandenhoeck & Ruprecht. S. 183-192.

Walkenhorst, Heiko (2008): Explaining change in EU education policy. In: Journal of European Public Policy, 15:4, S. 567–587.

Walter, Thomas (2007): Der Bologna-Prozess im Kontext der europäischen Hochschulpolitik. Eine Genese der Synchronisierung internationaler Kooperation und Koordination. In: die hochschule, 2/2007, 16. Jg. S. 10-36.

Warkotsch, Alexander (2007): Internationale Institutionen als Sozialisierungsinstanzen? Die Europäische Union im postsowjetischen Raum. In: Zeitschrift für Politikwissenschaft, Heft 2, 17. Jg. S. 333-356.

Weingart, Peter (2001): Die Stunde der Wahrheit? Studienausgabe: Zum Verhältnis der Wissenschaft zu Politik, Wirtschaft, Medien in der Wissensgesellschaft. Weilerswist: Velbrück Wissenschaft.

Weingart, Peter (2010): Die »unternehmerische Universität«. In: Nach Feierabend. Züricher Jahrbuch für Wissenschaftsgeschichte. David Gugerli, Michael Hagner, Philip Sarasin, Jakob Tanner (Hg.): Zürich/Berlin: Diaphanes. S. 55-72.

Weiß, Anja (2006): Vergleichende Forschung zu hochqualifizierten Migrantinnen und Migranten. Lässt sich eine Klassenlage mittels qualitativer Interviews rekonstruieren? In: Forum Qualitative Sozialforschung. Volume 7, No. 3, Art. 2 – Mai 2006. Hier URL (letzter Zugriff 10.6.2012): http://www.qualitative-research.net/fqs/

Weiss, Cornelius (2012): Risse in der Zeit. Ein Leben zwischen Ost und West. Reinbek bei Hamburg: Rowohlt Verlag.

Weller, Christoph (2006): Zwischen Normen und Reformen. Deutsche Außenpolitik in der Weltgesellschaft. Vortrag beim Panel "Reform der Außenpolitik" der Sektion Internationale Politik beim 23. wissenschaftlichen Kongress der DPNW "Staat und Gesellschaft – fähig zur Reform?" Münster, September 2006. Hier URL (letzter Zugriff 11.3.2013): http://inef.uni -due.de/page/documents/Weller-ZwischenNormenundReformen.pdf

Welskopp, Thomas (1996): Soziale Kontinuität im industriellen Wandel. Arbeits- und industrielle Beziehungen in der deutschen und der amerikanischen Eisen- und Stahlindustrie von der Jahrhundertwende bis zu den 1960er Jahren. In: Frese, Martin (Hg.) (1996): Politische Zäsuren und gesellschaftlicher Wandel im 20.Jahrhundert. Regionale und vergleichende Perspektiven. Paderborn: Verlag Ferdinand Schöningh, S. 217-267.

Welter, Sebastian (2005): Demokratie leben lernen. Der Deutsche Volkshochschul-Verband in Russland. In: Osteuropa, 55.Jg., 8/2005. S. 214-224.

Wendt, Alexander E. (1987): The agent-structure problem in international relations theory. In: International Organization 41, 3, Summer 1987. S. 335-370.

Weßels, Bernhard (2004): Die Entwicklung der Zivilgesellschaft in Mittel- und Osteuropa: intermediäre Akteure, Vertrauen und Partizipation. In: Gosewinkel, Dieter/Dieter Rucht,/Wolfgang van den Daele/Jürgen Kocka (Hg.): Zivilgesellschaft – national und transnational. Berlin, 2004. S. 173-198.

Weyer, Johannes (2000): Soziale Netzwerke als Mikro-Makro-Scharnier. Fragen an die soziologische Theorie (Hg.), Soziale Netzwerke. Konzepte und Methoden der sozialwissenschaftlichen Netzwerkforschung, München: Oldenbourg Verlag. S. 237-254.

Weyland, Kurt (2009): The Diffusion of Revolution: '1848' in Europe and Latin America. In: International Organization 63, Summer 2009. S.391–423.

White, Stephen/Zvi Gitelman/Richard Sakwa (Hg.) (2005): Developments in Russian Politics 6. Houndmills: Palgrave Macmillan.

Wilson, Andrew (2005): Virtual Politics. Faking Democracy in the Post-Soviet World. New Haven/London.

Wissel, Carsten von (2007): Hochschule als Organisationsproblem. Neue Modi universitärer Selbstbeschreibung in Deutschland. Bielefeld: Transcript Verlag.

Wittrock, Björn (2004): Transformations of European universities: Recent literature on universities, disciplines, and professions in England, Germany, and Russia since 1870. Contemporary European History 13 (1). S. 101-116.

Wolf, Reinhard (2008): Respekt. Ein unterschätzter Faktor in den Internationalen Beziehungen. In: Zeitschrift für Internationale Beziehungen. 15. Jg., Heft 1 Juni 2000. S. 5-42.

Wortmann, Michael/ Christoph Dörrenbächer (1997: Multinationale Konzerne und der Standort Deutschland. In: Fricke, Werner (Hg.) (1997): Jahrbuch Arbeit und Technik. Globalisierung und institutioneller Reform. Bonn: Verlag J.H.W. Dietz Nachfolger. S. 28-42.

Yakovlev, Sergey M. (2005): Joint programmes: Russia's step into the European space of higher education. In: Russian-European Centre for Economic Policy (2005): The Bologna Process and its Implications for Russia. The European Integration of Higher Education. Moskau: RECEP. S. 75-87.

Zechlin, Lothar (2002): Die Universität zwischen Staat, Markt und Zivilgesellschaft. In: Brix, Emil/Nautz, Jürgen (Hg.) (2002): Universitäten in der Zivilgesellschaft. Wien: Passagen Verlag. S. 31-46.

Železov, B. V. / M. V. Larinova/ T.A. Mežkova/ S.V. Tvorogorva (2007): Dorožnaja karta Rossija- ES: vyborv pol'zu ravnopravnogo partnerstva. O buduČich scenarijach vzaimodejstija Rossii c ES vsfere vysČego obrazovahija. In: Vestnik meždunarodnych organizacij: obrazovanie, nauka, novaja ėkonomika. №5, Moskau, 2007. S.34-56.

Zucker, Lynne G. (1977): The Role of Internalization in Cultural Persistence. In: American Sociological Review 42. S.726-743.

Dokumente und andere Quellen

Amt für Statistik Berlin-Brandenburg (2006): 15 Jahre nach der Wende in Berlin aus statistischer Sicht. Teil 4. Hier URL (letzter Zugriff 23.1.2013): http://www.statistik-berlin-brandenburg.de/Publikationen/Aufsaetze/2006/MS-BE_200601-01.pdf

Auswärtiges Amt – Kulturabteilung (1999): Auswärtige Kulturpolitik – Konzeption 2000. Hier URL (letzter Zugriff 28.7.2011): http://www.auswaertiges-amt.de/cae/servlet/content blob/370486/publicationFile/3759/Konzept2000.pdf

Auswärtiges Amt (o. J.): Bericht zur Auswärtigen Kulturpolitik 2006/2007. Berlin.

Auswärtiges Amt (2003): Auswärtige Kultur- und Bildungspolitik. Eine Schriftenreihe des Auswärtigen Amts: Berlin.

Auswärtiges Amt (2009): Wissenswelten verbinden. Deutsche Außenpolitik für mehr Bildung, Wissenschaft und Forschung. Berlin, Auswärtiges Amt 19.-20. Januar 2009.Konferenzdokumentation. Hier URL (letzter Zugriff 1.3.2013): https://www.auswaertiges-amt.de/cae/servlet/contentblob/382832/publicationFile/3669/AWP-Konferenz.pdf

Auswärtiges Amt (2012): Bericht der Bundesregierung zur Auswärtigen Kultur- und Bildungspolitik 2010/2011. Hier URL (letzter Zugriff 14.3.2013): http://www.auswaertiges-amt.de/cae/servlet/contentblob/560176/publicationFile/144772/110112-AKBP-Bericht.pdf

Berchem, Theodor (2005): Wie wettbewerbsfähig ist die deutsche Universität? Vortrag im Rahmen des 55. Hochschulverbandtages in Lübeck am 4.April 2005. Zugleich: Maßnahmen an der Spitzengruppe. Wie wettbewerbsfähig ist die deutsche Universität? in: Forschung & Lehre 5/2005. S. 234-239. Sowie als Rede siehe URL (letzter Zugriff 15.12.2011): http://www.daad.de/portrait/de/dhv-wettbewerbsfaehigkeit.pdf

Berghorn, Gregor (2010): Moskau. In: DAAD (Hg.) (2010): Berichte der Außenstellen 2009. Bonn. S.296-315.

Berghorn, Gregor/Benedikt Brisch (2003): Länderanalyse Russland. Rahmenbedingungen für deutsche Hochschulaktivitäten. Projekt Länderanalysen im Hinblick auf das Angebot deutscher Studiengänge im Ausland. Im Auftrag des Deutschen Akademischen Auslandsdienstes (DAAD). Redaktion Dr. Ute Lanzendorf. Wissenschaftszentrum für Berufsbildungs- und Hochschulforschung, November 2003, Kassel.

Bode, Christian (2007): 20 Jahre Wandel durch Austausch. Rede des Präsidenten auf der Mitgliederversammlung 2007, Bonn, 26.06.2007. Hier URL (Zugriff 10.4.2010, letzter Zugriff 1.3.2013 nicht mehr abrufbar): http://www.daad.de/presse/de/Rede_MV_07_final.pdf

Bode, Christian (2009): The fall of the wall and what it meant for International Education in general amd for the DAAD in particular. Rede während des Großen Alumniseminars in Manchester: "20 Years after the Fall of the Wall" - Germany's Role in a Changing World, Manchester 11.09.2009. Hier URL (Zugriff 10.4.2010, letzter Zugriff 1.3.2013 nicht mehr abrufbar): http://www.daad.de/presse/de/2009_09_Rede_GS_Manchester.pdf

Bode, Christian (2010): Die bunte Welt der Transnational Education (TNE) – Versuch einer Systematik und Zwischenbilanz. Powerpoint Präsentation, 21.6.2010. Hier URL (letzter Zugriff 2.2.2013): http://www.daad.de/imperia/md/content/hochschulen/studienangebote deutscherhochschulenimausland/bode_export-powerpoint_freigegeben.2.pdf

Bundesministerium für Bildung und Forschung (2008a): Deutschlands Rolle in der globalen Wissensgesellschaft stärken. Strategie der Bundesregierung zur Internationalisierung von Wissenschaft und Forschung. Vorgelegt im Februar 2008. Berlin. URL (letzter Zugriff 12.3.2013): http://www.bmbf.de/pub/Internationalisierungsstrategie.pdf

Bundesministerium für Bildung und Forschung (2008b): Internationalisierung des Studiums – Ausländische Studierende in Deutschland – Deutsche Studierende im Ausland. Ergebnisse der 18. Sozialerhebung des Deutschen Studentenwerks durchgeführt durch HIS Hochschul-Informations-System. Berlin 2008. Hier URL (letzter Zugriff 22.3.2013): http://www.bmbf.de/pub/internationalisierung_des_studiums_2008.pdf

Bundesministerium für Bildung und Forschung (Hg.) (2010): Internationalisierung des Studiums– Ausländische Studierende in Deutschland – Deutsche Studierende im Ausland. Ergebnisse der 19. Sozialerhebung des Deutschen Studentenwerks durch HIS Hochschul-Informations-System. (Wolfgang Isserstedt, Maren Kandulla) Bonn/Berlin. Hier URL (letzter Zugriff 20.3.2013): http://www.studentenwerke.de/pdf/Internationalisierungbericht.pdf

Bund-Länder-Kommision für Bildungsplanung und Forschungsförderung (2000): Internationales Marketing für den Bildungs- und Forschungsstandort Deutschland. Gemeinsame Initiative von Bund, Ländern, Kommunen, Wissenschaft und Wirtschaft. Aktionsrahmen. Bonn. Hier URL (letzter Zugriff 2.2.2013): http://www.kmk.org/fileadmin/pdf/PresseUndAktuelles/2000/intmarketblk.pdf

DAAD (2005): Das Lektorenprogramm im Überblick. Präsentation. Hier URL (letzter Zugriff 11.3.2013): http://www.daad.de/de/download/ausland/praesentation_lektorenprogramm.pdf

DAAD (2009a): 20 Jahre Mauerfall – Die Integration der ostdeutschen Hochschulen in die europäische Bildungszusammenarbeit. Bonn. Hier URL (letzter Zugriff 10.3.2013): http://www.daad.de/presse/de/aktionsprogramm_9_07_08.pdf

DAAD (2009b): Als Lektor(in) ins Ausland. Das Lektorenprogramm des Deutschen Akademischen Austauschdienstes. Bonn. Hier URL (Zuletzt Zugriff am 8.10.2012): http://www.daad.de/medien/ausland/dokumente/daad_alslektorinsausland.pdf

DAAD (2009): DAAD Jahresbericht 2008. Bonn. Hier URL (letzter Zugriff 11.3.2013): https://www.daad.de/jahresbericht/090422_DAAD_JaBe2008_D.pdf

DAAD (2010): DAAD Jahresbericht 2009. Bonn. Hier URL (letzter Zugriff 11.3.2013): https://www.daad.de/imperia/md/content/portrait/jahresbericht_2009.pdf

DAAD (2010): Memorandum zur Förderung des Deutschen als Wissenschaftssprache. Hier URL (letzter Zugriff 7.1.2012): http://www.daad.de/de/download/broschuere_netzw erk_deutsch/Memorandum_veroeffentlicht.pdf

DAAD (2010): Große Sprünge wagen. Zehn Jahre DAAD/OSI-Programm. Stipendien für Studierende und Wissenschaftler aus dem Kaukasus, aus Zentralasien, Weißrussland, Moldau, der Ukraine und Südosteuropa- September 2010. Hier URL (letzter Zugriff 20.3.2013): http://www.daad.de/imperia/md/content/portrait/publikationen/osi_bilanzbrosch __re.pdf

DAAD (2010): Internationalität an deutschen Hochschulen – Konzeption und Erhebung von Profildaten, Februar, Dokumente und Materialien Band 65. Hier URL (letzter Zugriff 1.2.2013): http://www.daad.de/imperia/md/content/portrait/publikationen/dok_und_mat_ba nd_65.pdf

DAAD (2012): Wissenschaft weltoffen. Daten und Fakten zur Internationalität von Studium und Forschung in Deutschland. Facts and Figures on the International Nature of Studies and Research in Germany. Schwerpunkt |Focus Chinesische Studierende an deutschen Hochschulen Chinese Students at German Universities. Bielefeld: W. Bertelsmann Verlag. Hier URL (letzter Zugriff 1.2.2013): http://www.wissenschaftweltoffen.de/publikation/wiwe _2012_mit_links.pdf

Deutsche Forschungsgemeinschaft/Helmholtz-Gemeinschaft Deutscher Forschungszentren/ Botschaft der Bundesrepublik Deutschland (2008): Wissenschaft – Forschung – Bildung in der Russischen Föderation. Überblick. Moskau.

Deutscher Akademischer Austauschdienst (DAAD)/ Ministerium für Bildung und Wissenschaft der RF (2007): Gemeinsames deutsch-russisches Programm "Michail Lomonosov" zur Unterstützung der wissenschaftlichen Mobilität 2004-2007". Moskau.

Deutscher Bundestag (1996): Antwort der Bundesregierung auf die Kleine Anfrage durch die Bundestagsabgeordnete Annelie Buntenbach und der Bundestagsfraktion Bündnis '90/Die Grünen 13/4832 vom 11.06.1996, hier URL (letzter Zugriff 26. 9. 2012): http://dipbt.bundestag.de/dip21/btd/13/048/1304832.asc

Deutscher Bundestag (1997) Antwort der Bundesregierung auf die Große Anfrage der Abgeordneten Armin Laschet, Hermann Gröhe, Helmut Jawurek, Andreas Krautscheid, Thomas Rachel, Norbert Röttgen und der Fraktion der CDU/CSU sowie der Abgeordneten Roland Kohn, Dr.-Ing. Karl-Hans Laermann, Dr. Karlheinz Guttmacher und der Fraktion der F.D.P. – Drucksache 13/8165. Internationale Attraktivität und Wettbewerbsfähigkeit des Hochschulstandortes Deutschland als Aufgabe deutscher Politik. Drucksache 13/9372, 13. Wahlperiode, 09. 12. 97. Hier URL (letzter Zugriff 12.3.2013): http://dip21.bundestag.de/d ip21/btd/13/093/1309372.pdf

Deutscher Bundestag (1999): Unterrichtung durch die Bundesregierung. Bericht der Bundesregierung zur Auswärtigen Kulturpolitik 1998. Drucksache 14/1266 14. 23. Wahlperiode. Hier URL (letzter Zugriff 1.3.2013): http://dipbt.bundestag.de/doc/btd/14/012/140 1266.pdf

Deutscher Bundestag (2006): Unterrichtung durch die Bundesregierung. Bericht der Bundesregierung zur Auswärtigen Kulturpolitik 2005/2006. Drucksache 16/3500, 16. Wahlperiode 17. 11. 2006 Zugeleitet mit Schreiben des Auswärtigen Amts vom 15. November 2006 gemäß Beschluss des Deutschen Bundestages vom 15. Juni 1994 auf Bundestagsdrucksache 12/7890. Berlin. Hier URL (letzter Zugriff 1.3.2013): http://dip21.bundestag.de/di p21/btd/16/035/1603500.pdf

Deutscher Bundestag (2007): Antwort der Bundesregierung auf die Große Anfrage der Abgeordneten Dr. Uschi Eid, Marieluise Beck (Bremen), Birgitt Bender, weiterer Abgeordneter und der Fraktion BÜNDNIS 90/DIE GRÜNEN. Drucksache 16/2233, Berlin. Hier URL (letzter Zugriff 1.3.2013): http://dip21.bundestag.de/dip21/btd/16/040/1604024.pdf

Deutscher Bundestag (2008): Unterrichtung durch die Bundesregierung Bericht der Bundesregierung zur Auswärtigen Kulturpolitik 2007/2008. Drucksache 16/10962. 16. Wahlperiode 07. 11. 2008. Hier URL (letzter Zugriff 1.3.2013): http://dip21.bundestag.de/dip21/ btd/16/109/1610962.pdf

Deutscher Bundestag (2009): Unterrichtung durch die Bundesregierung. Bericht zur Strategie der Bundesregierung zur Internationalisierung von Wissenschaft und Forschung. Drucksache 16/13852, 16. Wahlperiode 20. 07. 2009. Zugeleitet mit Schreiben des Bundesministeriums für Bildung und Forschung vom 17. Juli 2009. Hier URL (letzter Zugriff 1.3.2013): http://dip21.bundestag.de/dip21/btd/16/138/1613852.pdf

Deutscher Bundestag (2010a): Antwort der Bundesregierung auf die Kleine Anfrage der Abgeordneten Ulla Schmidt (Aachen), Klaus Brandner, Willi Brase, weiterer Abgeordneter und der Fraktion der SPD – Drucksache 17/2225 – Haushaltskürzungen in Kernbereichen der Auswärtigen Kultur- und Bildungspolitik. Berlin. Hier URL (letzter Zugriff 10.3.2013): http://dip21.bundestag.de/dip21/btd/17/024/1702496.pdf

Deutscher Bundestag (2010b): Unterrichtung durch die Bundesregierung. Bericht der Bundesregierung zur Auswärtigen Kulturpolitik 2008/2009. Drucksache 17/970 17. Wahlperiode 04. 03. 2010. Hier URL (letzter Zugriff 12.3.2013): http://dip21.bundestag.de/dip2 1/btd/17/009/1700970.pdf

Deutscher Bundestag (2011): Bericht der Bundesregierung zur Auswärtigen Kultur- und Bildungspolitik 2009/2010. Berlin, 17. Wahlperiode, Drucksache 17/4413. Hier URL (letzter Zugriff 10.1.2012): http://dipbt.bundestag.de/dip21/btd/17/044/1704413.pdf

Deutsches Zentrum für Luft- und Raumfahrt, Projektträger im DLR/Internationales Büro des BMBF (Hg.) (2010): Jahresbericht 2009. Bonn. Hier URL (letzter Zugriff 22.2.2013): http://www.internationales-buero.de/_media/IB_Jahresbericht_2009_Barrieref rei_final.pdf

Donezkaja, Olga (2011): Razvitie politiko-pravovoj kultury studentov. Meždisciplininarnye obrazovatel'nye proekty v kasanskom universitete. Kazan': Kasanskij universitet.

Freistaat Sachsen (2008): Gesetz über die Hochschulen im Freistaat Sachsen (Sächsisches Hochschulgesetz, SächsHG) http://www.stura.uni-leipzig.de/fileadmin/stura/public/S aechshG/SaechsHG_Stand_2008_01_08-1.pdf

Hochschulrektorenkonferenz (Hg.) (1993): Dokumente zur Hochschulreform 81/1993. Dokumente zur Hochschulreform 81/1993: Die Neugründung der Russischen Akademie der Wissenschaften - Analysen und Dokumente. Bonn, 1993. Hochschulrektorenkonferenz (1994): The Instittutional Framework of Higher Education. Chaired by Hans-Uwe Erichsen. In: Hochschulrektorenkonferenz (Hg.) (1994): Perspectives on the Reform of Higher Education in Central and Eastern Europe. Conference held by the German Rector's Conference at the Villa Vigoni, Menaggio, Italy, 18th to 21st July, 1993. Dokumente zur Hochschulreform 90/1994, Bonn. S. 117-181.

Hochschulrektorenkonferenz (2000): Politika v oblasti v__ego obrazovanie v Rossij i Germanij. Vystuplenija v ramkach Rossijsko-nemezkoj konferenzii- vystavki g. Berlin, 2 no 4 maja 1999 g. Bonn 2000.

Hochschulrektorenkonferenz (2003): International University Cooperation in Border Regions. Beiträge zur Hochschulpolitik 6/2003.

Hochschulrektorenkonferenz (2004): Bologna-Reader. Texte und Hilfestellungen zur Umsetzung der Ziele des Bologna-Prozesses an den deutschen Hochschulen. Beiträge zur Hochschulpolitik 8/2004, Bonn.

Hochschulrektorenkonferenz (2005): Plenum am 29. November 2005: Ergebnisse der Konferenz und Empfehlungen für eine weitere erfolgreiche Umsetzung der Bologna-Ziele Berichterstattung Workshop 1: Geisteswissenschaften, hier URL (letzter Zugriff 1.4.2009): http://www.hrk.de/de/download/dateien/Bonn_Nov_05_Fincke_Berichterstattung_WS_1.pd f

Hochschulrektorenkonferenz (2006): Glossary on the Bologna Process. English-German-Russian. Beiträge zur Hochschulpolitik 7/2006. Bonn 2006.

House of Commons (2007): The Bologna Process. The Fourth Report of Session 2006-07, Education and Skills Committee. London: The Stationery Office Limited. Hier URL (letzter Zugriff 11.3.2013): http://www.publications.parliament.uk/pa/cm200607/cmselect /cmeduski/205/205.pdf

HRK/ KMK und dem Ministerium für Allgemeine und Berufliche Bildung der Russischen Föderation (1999): Gemeinsame Erklärung zur gegenseitigen akademischen Anerkennungvon Studienzeiten und Abschlüssen im Hochschulbereich sowie von Urkunden über russische wissenschaftliche Grade und deutsche akademische Qualifikationen. 1999.

Hüsken, Swantje P. (2011): Verbleibstudie 2010 – Lektoren-Alumni – Evaluation des beruflichen Verbleibs ehemaliger Lektoren und Lektorinnen in Osteuropa und China. Stuttgart: Robert Bosch Stiftung (unveröffentlicht).

Ilikova, Lilia E. (Hg.) (2006): Otnoženija Rossii i Evrosojuza: soziologičeskaja I politologičeskaja perspektiva. Sbornik materialov mešdunarodnogo studenčeskogo seminara. Kazan' 6.3.06-11.3.06. Kazanskii gosudarstvennyj universitet/Gissenskij Universitet.

Internationales Büro des BMBF/ VDI Technologiezentrum GmbH/ Bundesministerium für Bildung und Forschung (Hg.) (2012): Russland – Modernisierung durch Innovation und Forschung. Berichterstattung zur Forschungs-, Technologie- und Innovationspolitik weltweit. 5. Schwerpunktausgabe 01/12, Bonn.

Julius, Annette (2009): Internationalization: anticipating tomorrow's trends? Closing Keynote Speech held at the ACA Annual Conference 2009: "Innovation through internationalization" Warschau, 15. Mai 2009. Hier (Zugriff 10.4.2010, nicht mehr abrufbar letzter Zugriff 12.2.2013): http://www.daad.de/presse/de/Internationalisation_Warsaw0509_fin.pdf

Justus-Liebig-Universität Giessen/Staatliche Universität Kasan (2009): 20 Jahre Partnerschaft/20 let partnerstva. Gießen/Kasan.

Kultusministerkonferenz: Ländergemeinsame Strukturvorgaben für die Akkreditierung von Bachelor und Masterstudiengängen. (Beschluss der Kultusministerkonferenz vom 10.10.2003 i.d.F. Vom 04.02.2010). Siehe URL (letzter Zugriff 12.3.2013): http://www.km k.org/fileadmin/veroeffentlichungen_beschluesse/2003/2003_10_10-Laendergemeinsame-Strukturvorgaben.pdf

Landfried, Klaus (1999): Redebeitrag im Rahmen der Deutsch-Russischen Hochschulbörse Berlin,2.4.Mai1999. In: Hochschulrektorenkonferenz (Hg.) (2000): Hochschulpolitik in Russland und Deutschland. Beiträge zur Hochschulpolitik 11/1999. Bonn. S. 41-45.

Lux, Markus/Schuch, Gereon (Hg.) (2008): Das Carl Friedrich Goerdeler-Kolleg – ein Stipendienprogramm für Nachwuchskräfte aus Mitteleuropa. In: Dies. (Hg.): Das Das Carl Friedrich Goerdeler-Kolleg der Robert Bosch Stiftung. Redaktion Jula Pötter, Deutsche Gesellschaft für Auswärtige Politik, DGAPbericht, Mai 2008, Berlin. S.11-14.

Ministerstvo obrazovanija i nauki Rossijskoj Federacii (2012): Monitoring dejatel'nosti federal'nych obrazovatel'nych učreždennij vysšego professional'nogo obrazovanija. Rossijskaja Federacija. Hier URL (letzter Zugriff 26.1.2013): http://www.kp.ru/f/13/atta ched_file/27/18/2911827.pdf

"Netzwerk Deutsch" (2011): Die Deutsche Sprache in der Welt. Berlin, München, Hier URL (letzter Zugriff 12.3.2013): http://www.auswaertiges-amt.de/cae/servlet/contentblob/3 64458/publicationFile/156365/PublStatistik.pdf

392   RENÉ LENZ

Ohne Autor (2001): Protokoll der Sitzung der deutsch-russischen Gemischten Kommission für kulturelle Zusammenarbeit von 2001. Hier URL (letzter Zugriff 12.3.2013): http://www.daad:ru/status/deu/dt_russ_prot.pdf

Ohne Autor (2010): Institutionen und Wandel im Postsozialismus. Zum Arbeitsprogramm von KomPost. In: Osteuropa, 60.Jg. Heft 9, September 2010, S. 50-52.

Platonenko, Nina (2008): Jeder Lektor setzt Akzente. In: Robert Bosch Stiftung (Hg.) (2008): Lektorenprogramm der Robert Bosch Stiftung in Osteuropa und China. Stuttgart. S. 27.

Poller, Svend/Klaus Lange (2009): Leipzig auf dem Weg in die Welt. In: DAAD (Hg.) (2009): 20 Jahre Mauerfall- Die Integration der ostdeutschen Hochschulen in die europäische Bildungszusammenarbeit. S.169-174. Hier URL (letzter Zugriff 22.1.2013): http://eu.daad.de/imperia/md/content/eu/downloads/erasmus/publikationen/fin_09-30854_20jahre_mauerfall.pdf

Prahl, Thomas (2006): Moskau. In: DAAD (Hg.) (2006): Berichte der Außenstellen 2005. Bonn. S. 143-159.

Prahl, Thomas (2009): Moskau. In: DAAD (Hg.) (2009): Berichte der Außenstellen 2008. Bonn. S. 282-302.

Pravitel'stvo Rossijskaja Federaciya (2008): Koncepcija dolgosrochnogo social'no-ékonomicheskogo rasvitija Rossijskaja Federacija na period do 2020 goda. Directive 1662r from the 17th November 2008. Hier URL (letzter Zugriff 22.10.2010): http://www.ifa p.ru/ofdocs/rus/rus006.pdf

Robert Bosch Stiftung (Hg.) (1999): Beziehungen zu den Ländern Mittel- und Osteuropas 1974 – 1999. Redaktion Joachim Rogall und Markus Hipp. Stuttgart.

Robert Bosch Stiftung (2005): Bericht 2004. Stuttgart. Hier URL (letzter Zugriff 1.3.2013): http://www.bosch-stiftung.de/content/language1/downloads/01060000_Bericht_Deutsch_04.pdf

Robert Bosch Stiftung (2006): Bericht 2005. Stuttgart.

Robert Bosch Stiftung (2007a): Bericht 2006. Stuttgart.

Robert Bosch Stiftung GmbH (2007b): Fond imeni Roberta Boscha. Rabota po Rossii. Stuttgart.

Robert Bosch Stiftung GmbH (2008a): Bericht 2007. Stuttgart. Hier URL (letzter Zugriff 11.3.2013): http://www.bosch-stiftung.de/content/language1/downloads/Bericht_2007_Doppel.pdf

Robert Bosch Stiftung (2008b): Lektorenprogramm der Robert Bosch Stiftung in Osteuropa und China. Stuttgart. Hier URL (letzter Zugriff 12.3.2013): http://www.bosch-stiftung.de/content/language2/downloads/Lektoren_2008.pdf

Robert Bosch Stiftung (2010): Bericht 2009. Stuttgart Hier URL (letzter Zugriff 11.3.2013): http://www.bosch-stiftung.de/content/language1/downloads/RBS_Bericht_2009_www.pdf

Robert Bosch Stiftung GmbH (2011): Bericht 2010. Stuttgart. Hier URL (letzter Zugriff 11.3.2013): http://www.bosch-stiftung.de/content/language1/downloads/RBS_Taetigkei tsbericht_2010.pdf

Russian Federation (2007): Bologna Process National Reports 2005–2007. Hier (Zugriff am 4.11.2009): http://www.onderwijs.vlaanderen.be/hogeronderwijs/bologna/links/National-reports-2007/National_Report_Russian_Federation2007.pdf

Russian Federation (2009): Bologna Process National Reports 2007–2009. Hier URL(letzter Zugriff 12.12.2009): http://www.ond.vlaanderen.be/hogeronderwijs/bologna/lin ks/National-reports-2009/National_Report_Russia_2009.pdf

Sadownitschi, Wiktor (1999): Profilbildung der Hochschulen im zusammenwachsenden Europa. Vortrag im Rahmen der Deutsch-Russischen Hochschulbörse Berlin, 2.-4.Mai 1999. In: Hochschulrektorenkonferenz (1999): Beiträge zu Hochschulpolitik 11/99. S. 33-39.

Schulze, Svenja (2011): Abschluss-Keynote: Die Zukunft ist international! - Strategien für unsere Hochschulen. Während: Die Zukunft ist international! Strategien für unsere Hochschulen zum Abschluss des 5. Marketing-Kongresses GATE Germany 8. Juli 201, Bonn. Hier URL (letzter Zugriff 10.4.2013): http://www.gate-marketingkongress.de/imperia/md/content/gate-germany/2011/marketing-kongress/keynote_ministerin_marketing_endfassun g.pdf

Shershneva, Elena/Kuznetsova, Ludmyla (Hg.) (2009): The Economic Europe, Course Syllabuses, Module of the MA Programme Studies in European Societies. St. Petersburg: Intersocis.

Statistische Ämter des Bundes und Länder (2010): Internationale Bildungsindikatoren im Ländervergleich 2010. Wiesbaden: Statistisches Bundesamt.

Statistisches Bundesamt (2004): Deutscher Aussenhandel vor der EU-Erweiterung. Wiesbaden.

Statistisches Bundesamt (2008): Deutsche Studierende im Ausland. Statistischer Überblick 1996-2006. Wiesbaden.

Statistisches Bundesamt (2009): Deutsche Studierende im Ausland. Statistische Überblick 1997-2007. Wiesbaden.

Statistisches Bundesamt (2010): Bildung und Kultur 2009. Personal an Hochschulen. Fachserie 11, Reihe 4.4. Wiesbaden.

Statistisches Bundesamt (2011): Hochschulen auf einen Blick. Wiesbaden: Statistisches Bundesamt.

Statistisches Bundesamt (2012): Außenhandel. Rangfolge der Handelspartner im Außen-handel der Bundesrepublik Deutschland (mit Umsatz und Saldo). Wiesbaden.

Universität Bielefeld (2008): Internationalisierung an der Universität Bielefeld Program-mentwurf der Arbeitsgruppe Internationales, Stand 11/2008. Hier URL (letzter Zugriff 8.1.2013): http://www.uni-bielefeld.de/Universitaet/Ueberblick/Organisation/Rektorat/Intk om/Programm_Internationalisierung_2008.pdf

394   RENÉ LENZ

Universität Bielefeld (2010): Hochschulentwicklungsplan der Universitität Bielefeld. Siehe (letzter Zugriff 11.12.2011): http://www.uni-bielefeld.de/Universitaet/Serviceangebot/Doku mente/hochschulenwicklungsplan.pdf

Universität Leipzig (2005): Leitbild der Universität Leipzig. Hier URL (letzter Zugriff 23.1.2013): http://www.zv.uni-leipzig.de/fileadmin/user_upload/Service/PDF/Publikationen/l eitbild_de.pdf

Universität Leipzig (2008): Jahresbericht 2007/2008. Leipzig.

Universitet im. Justusa Libicha g. Gissen/Kasanskij gosudarstvenyj universitet. In: Hochschulrektorenkonferenz (2000): Praktika sotrudničestva vysšej školy Rossii I Germa-nii. Soobšenija na seminarach v ramkach Rossisko-nemecoj konferenzii-vystavki r. Berlin, 2 po 4 maja 1999 g. S. 40-42.

Verdi Landesbezirk Sachsen, Sachsen-Anhalt, Thüringen (2008): Die Position von ver.di zur Novelle des Sächsischen Hochschulgesetzes - SächsHG - (Stand 29. Januar 2008). Dresden. Hier URL (letzter Zugriff 20.10.2008): http://www.uni-leipzig.de/~se nat/saechshg/2006_02_25_Stellungnahme_ver.di_SHG.pdf

Wintermantel, Marget (2009): Eröffnung. In: Hochschulrektorenkonferenz (2010): Die Hochschulen: Motor wissenschaftlicher Entwicklung – 60 Jahre HRK. HRK-Jahresversammlung 2009. Beiträge zur Hochschulpolitik. Bonn. S. 5-11.

Wissenschaftsrat (2010): Leitfaden der »Institutionellen Akkreditierung« Drs. 9886-10 vom 7.5.2010, Potsdam. Hier URL (letzter Zugriff 11.3.2013): http://www.wissens chaftsrat.de/download/archiv/9886-10.pdf

Zentrum für Deutschland- und Europastudien (2010): Activities 2009. St. Peters-burg/Bielefeld.

Zentrum für Deutschland- und Europastudien (2011): Activities and Opportunities. Report 2010. St. Petersburg/Bielefeld 2010. St. Petersburg/Bielefeld, April 2011.

Zentrum für internationale Entwicklungs- und Umweltforschung (ZEU) (2010): Jah-resbericht 2009. Justus-Liebig-Universität Gießen.

SOVIET AND POST-SOVIET POLITICS AND SOCIETY

Edited by Dr. Andreas Umland

ISSN 1614-3515

ibidem-Verlag

Melchiorstr. 15

D-70439 Stuttgart

info@ibidem-verlag.de

www.ibidem-verlag.de
www.ibidem.eu
www.edition-noema.de
www.autorenbetreuung.de

www.ingramcontent.com/pod-product-compliance
Lightning Source LLC
Chambersburg PA
CBHW070715280326

41926CB00087B/2136